中国近代史学文献丛刊

王 东 李孝迁／主编

昆明《益世报》选辑

颜克成 王嘉淳／编校

上海古籍出版社

2022年度国家出版基金资助项目

华东师范大学社会主义历史与文献研究院、
"中国历史学话语体系建设与国际传播基地"资助项目

国家"十四五规划·文化工程"项目
"中华民族交往交流交融史料汇编·云南卷"阶段性成果

云南省兴滇英才支持计划青年人才专项
（YNWR-QNBJ-2019-298）

丛刊缘起

学术的发展离不开新史料、新视野和新方法,而新史料则尤为关键。就史学而言,世人尝谓无史料便无史学。王国维曾说:"古来新学问之起,大都由于新发现。"无独有偶,陈寅恪亦以为"一时代之学术,必有其新材料与新问题",取用此材料,以研求问题,则为此时代学术之新潮流;顺此潮流者,谓之预流,否则谓之未入流。王、陈二氏所言,实为至论。抚今追昔,中国史学之发达,每每与新史料的发现有着内在联系。举凡学术领域之开拓、学术热点之生成,乃至学术风气之转移、研究方法之创新,往往均缘起于新史料之发现。职是之故,丛刊之编辑,即旨在为中国近代史学史学科向纵深推进,提供丰富的史料支持。

当下的数字化技术为发掘新史料提供了捷径。晚近以来大量文献数据库的推陈出新,中西文报刊图书资料的影印和数字化,各地图书馆、档案馆开放程度的提高,近代学人文集、书信、日记不断影印整理出版,凡此种种,都注定这个时代将是一个史料大发现的时代。我们有幸处在一个图书资讯极度发达的年代,当不负时代赋予我们的绝好机遇,做出更好的研究业绩。

以往研究中国近代史学,大多关注史家生平及其著作,所用材料以正式出版的书籍和期刊文献为主,研究主题和视野均有很大的局限。如果放宽学术视野,把史学作为整个社会、政治、思潮的有机组成部分,互相联络,那么研究中国近代史学所凭借的资料将甚为丰富,且对其也有更为立体动态的观察,而不仅就史论史。令人遗憾的是,近代史学文献资料尚未有系统全面的搜集和整理,从而成为学科发展的瓶颈之一。适值数字化时代,我们有志于从事这项为人作嫁衣裳的事业,推出《中国近代史学文献丛刊》,计划陆续出版各种文献资料,以飨学界同仁。

丛刊收录文献的原则：其一"详人所略，略人所详"，丛刊以发掘新史料为主，尤其是中西文报刊以及档案资料；其二"应有尽有，应无尽无"，丛刊并非常见文献的大杂烩，在文献搜集的广度和深度上，力求涸泽而渔，为研究者提供一份全新的资料，使之具有长久的学术价值。我们立志让丛刊成为相关研究者的案头必备。

这项资料整理工作，涉及面极广，非凭一手一足之力，亦非一朝一夕之功，便可期而成，必待众缘，发挥集体作业的优势，方能集腋成裘，形成规模。华东师范大学历史学系，在史学理论与史学史研究领域有着长久深厚的学术传统，素为海内外所共识。我们有责任，也有雄心和耐心为本学科的发展贡献绵薄之力。在当下的学术评价机制中，这些努力或许不被认可，然为学术自身计，不较一时得失，同仁仍勉力为之。

欢迎学界同道的批评！

前　言

《益世报》作为民国时期具有重要影响力的报纸,自 1915 年发行至 1949 年停刊,共存续 34 年。其主要办刊阶段可分为天津时期(1915—1938、1945—1949)、[①]昆明时期(1938—1939)、重庆时期(1940—1945)。从其创刊缘起与内容上看,虽有宗教背景,但并不是为宣教,[②]创办人雷鸣远(比利时人)是在华传教士,始终对中国怀有炽热的情感,并在很短的时间内融入中国社会,为中国发出声音。据方豪回忆,《益世报》就是雷氏为了反对《二十一条》而发动民众,增进民族意识而创办的。"1918 年雷鸣远离开中国回到欧洲。在欧洲期间,他与中国旅欧勤工俭学的学生建立了密切联系,为他们提供经济资助。"1928 年雷氏正式加入了中国国籍,并言:"已将此身此生,献为中国之牺牲。"[③]他的此种情怀在《益世报》发刊词中就有深刻的践行,"欲使人人有道德,非先注意于政治、宗教、风俗不可。而欲注意于政治、宗教、风俗,尤非先注意于社会不可。盖必有良社会而后有真道德。此本报发刊之唯一宗旨也"。[④]《益世报》从创刊之日起就与中国社会诸方面的发展密不可分。

抗战爆发后,天津沦陷,《益世报》停刊三个月后,随即于 1938 年 12 月 8 日在昆明复刊,林森、孙科、陈立夫、龙云等皆在该报上题词纪念。《复刊词》中重新阐明了抗战立场:

[①] 《益世报》曾于 1916 年 2 月在北京设立《益世报》分馆,出版北京《益世报》,北京《益世报》与天津《益世报》虽都由雷鸣远出资兴办,但据罗隆基等人回忆,"两者之间根本不发生任何横向关系,更谈不上隶属关系"(赵晓兰、吴潮:《传教士中文报刊史》,复旦大学出版社,2011 年,第 381 页)。另外,1945 年 6 月到 8 月,《益世报》曾短暂地在西安发行《益世报》"西北版";1946 年 6 月增出《益世报》"上海版",顾颉刚于本年 9 月 6 日在此版《益世报》上主编《史苑》副刊。
[②] 《影印说明》,《益世报》影印本,南开大学出版社,2004 年。
[③] 赵晓兰、吴潮:《传教士中文报刊史》,第 373 页。
[④] 梦幻(唐莲荪):《本报发刊辞》,《益世报》(天津)1915 年 10 月 1 日,第 2 版。

本报今日急于复刊,则以国难存在一日,本报既有为国工作的义务与责任,本报愿努力担负前此未完的义务与未了的责任,抗敌救国是天津《益世报》从"九·一八"以后始终不变的主张。在这神圣,中国抗战期工作,当仁不让,这是本报在昆明复刊的主旨。①

在抗日战事进行期间,《益世报》更应该发挥力量,坚决反对日本武力侵略与强权欺凌的行为,紧守坚持抗战到底的主张。于此,在12月8日的《本报启示》上宣布要聘请各大学教授及国内外专家在原副刊的基础上,重新设定编辑副刊,初步确定副刊的主要内容包括边疆、史学、教育、医学、宗教与文化、读书等。② 从《顾颉刚日记》中,可以看到1938年12月3日《益世报》复刊前夕,内迁到昆明的顾颉刚便与容肇祖一道,拜访《益世报》社长于斌及神父牛若望,商谈创办副刊的相关事宜。1938年12月9日,顾颉刚又与牛若望及方豪商议办《边疆》周刊。1938年12月10日,顾颉刚至沈从文处,请其题写《边疆》周刊的"边疆"二字,12月15日他亲自撰写发刊词。③ 同一天洪思齐、容肇祖、吴晗、张荫麟来见顾颉刚,共同商谈创办《史学》周刊,"史学"二字由顾颉刚亲自题写,创刊词出自张荫麟之手。《边疆》周刊与《史学》周刊继而分别于1938年12月19日与12月27日正式发行。其他如《宗教与文化》《读书》《教育》等周刊皆沿袭天津时期的副刊。

昆明时期的《益世报》虽仅存短短一年,但在近代学术史上却占有非常重要的地位。顾颉刚、费孝通等人在《边疆》周刊讨论"中华民族是一个"的问题,被当下学界称之为"迈向主权的民族理论自觉","对于当代中国推动'中华民族多元一体格局'沿'主权'脉络继续往前走,仍有独特的意义"。④ 此外,《边疆》周刊上的其他文章,涉及滇缅铁路线走向、各少数民族之间关系及与汉族关系、僰夷民族种属问题、土司政治、

---

① 《复刊词》,《益世报》(昆明)1938年12月8日,第1版。
② 《本报启事(二)》,《益世报》(昆明)1938年12月8日,第1版。
③ 顾颉刚:《顾颉刚日记》第4卷,联经出版事业公司,2007年,第169—173页。
④ 谭同学:《迈向主权的民族理论自觉——围绕西南民族研究的三场分歧及其方法论反思》,《开放时代》2021年第2期。

边民风俗的历史考察等议题,是中国边疆学形成及发展时期的重要文献,具有重要的史料价值,也是学者群体在抗战时期播迁西南、国难方殷的迫切形式下,学术救国理想的真实图景。

《边疆》周刊是顾颉刚《禹贡》半月刊停刊后创办的专门研讨边疆民族问题的刊物,继承了《禹贡》半月刊的办刊思路,《史学》与《边疆》周刊都是顾颉刚"学术救国"的重要体现,两刊之间亦存在紧密联系。[①] 在《史学》《读书》《宗教与文化》《教育》等周刊上发表文章的作者,如钱穆、张荫麟、辰伯(吴晗)、及时(郑天挺)、陈梦家、姚从吾、旭生(徐旭生)、罗香林、孙次舟、汝灰(方豪)、杨向奎、伯平(冯家昇)、白寿彝、西山(张维华)、王玉哲、饶宗颐、方国瑜等,皆为当时学界一时之选。以上学者发表的文章,有许多不见于诸家身后的文集或全集,他们当时或正值学术成熟之年,或正在学术起步阶段,收集并研究诸家这一时期的文章也具有重要的学术史意义。抗战时因南北学者云集昆明,云南本土学人如方国瑜、江应樑、楚图南、张希鲁、周钟岳等皆在《益世报》上发文,推动了云南学术的蓬勃发展。《益世报》的学者们值国族危亡之际,在学术与政治之间寻找平衡,将学术思想与国家利益保持一致,对中国历史和边疆民族问题认识更全面、更深刻,从而推动了中国民族史、历史地理学、民族学、边政学等学科的发展。

编校者爰先行者示范,选辑昆明《益世报》所刊发文章 100 余篇,汇辑成书。编校遵循以下原则:(一)次序编排,依照史学、边疆、民族、时论四大主题分类,同类文献大体参照发表先后为序。"史学"主题文章依史学理论、史学专题研究、读书评论、读书札记、书籍跋文、人物传记等排序。因本书以选辑《边疆》《史学》二周刊为主,故附二周刊发文目录。(二)所辑文章,以佚文为主。但为突出昆明《益世报》副刊学术特色,有些已被他集收入者再次收录,编校者对照原刊,以证讹误。(三)格式编排,皆为横排简体。原文注释皆改为每页脚注。文中有需要说明者,皆以"编校者按"加注。(四)文字校勘。错字、衍字、脱字等皆径改。漫漶难以辨认者,以"□"表示,一字一格。多行损毁者,以

[①] 参见颜克成、唐淑权:《从〈边疆〉〈史学〉周刊看昆明〈益世报〉副刊的学术研究》,《史学理论与史学史学刊》2023 年上卷。

"……"表示。民国时期外文、他国人名译法、字词用法多样,仿照现行通用者修订。

本书编校,因受限于学力,若有失误不当处,肯请学界同仁批评指正。

编校者
2024年暮春于云南民族大学历史系

目 录

丛刊缘起　/ 1
前言　/ 1

史　　学

创刊辞　张荫麟 / 3
史学答问　钱　穆 / 4
习史杂感　翁同文 / 7
黑格尔的历史观　徐高阮 / 11
历史科学　佛娄德(J. A. Froude)撰　容琬译 / 20
历史的任务　姚从吾 / 40
历史与教育　姚从吾 / 44

论滕县铜器群之年代及邾国之起源　孙次舟 / 47
《楚辞》洞庭仍在江南辩　向长清 / 60
《楚辞》地名考补谊　钱　穆 / 67
《离骚·伯庸》考　饶宗颐 / 71
楚民发祥地及其都邑迁徙考　王玉哲 / 74
晋永嘉流人及其所建的坞壁　史念海 / 79
南宋的营田　余文豪 / 86
建文逊国传说考异　刘熊祥 / 95
明代倭患昭忠录(一)　辰　伯(吴晗) / 99
明末江阴孤城抗敌记　吴　晗 / 102

明末公教人士在西南之活跃　方　豪 / 108

前汉西南开边小记　成　憎 / 113
云南西部僰夷区域中的土司政治　江应樑 / 118
《云南西部僰夷区域中的土司政治》读后记
　　——兼论差发金银　梁方仲 / 135
僰夷种属考——序江著《云南西部之僰夷民族》　罗香林 / 138

说《元史》中的"回回""回鹘"与"畏兀儿"　杨志玖 / 153
说叶刊本《元朝秘史》中的"固姑冠"　姚从吾 / 159
王嚞创立全真教的推测
　　——读陈教友的《长春道教源流》（聚德堂丛书本）　姚从吾 / 162
元代云南也里可温考　方国瑜 / 166
三合会票据暗语的解释　李树桐 / 170
清内府舆图重印考略　徐宗泽 / 174
罗刹又名老羌或枪　张维华 / 178
"教育"二字连用考　曾作忠 / 182
百年来中国教育制度的变迁　蒋梦麟讲　郅玉汝记 / 185

《入华耶稣会士列传》读后——费赖之著，冯承钧译　牛亦未 / 191
读《汤若望与木陈忞》　方　豪 / 197
《新译几何原本》序　毛子水 / 200
读《天方历源》　董作宾 / 209
从《山海经》说到神的观念　方　豪 / 216
读《〈春秋〉"公矢鱼于棠"说》
　　——略论治古史及民族学方法　王　庸 / 218
评孙海波《〈国语〉真伪续考》　王玉哲 / 222
论名词之弊——一个经济史上的例题　吴于廑 / 232

官书与民间书　陈梦家 / 238
孔子与刘歆对于传布书籍的贡献　叶竞耕 / 242
疑古的老祖宗——欧阳修　容肇祖 / 245
论樊绰所纪诸语　闻宥 / 248
天南琐记　罗鸿 / 250
读《圣武记》札记又三则　西山（张维华）/ 253
读史札记　西山（张维华）/ 258
岛居脞言　黄仲琴 / 260

跋《咸阳王抚滇绩》　白寿彝 / 262
跋汉建初画刻　张希鲁 / 269
跋昭通汉六器　张希鲁 / 270
跋豆沙关唐袁滋摩崖石刻　张希鲁 / 271

记南明元江之护国英雄——那嵩　罗鸿 / 272
忆陈伯弢先生　姚从吾 / 275
陈伯弢先生传略　及时（郑天挺）/ 279
袁树五先生传　张连懋（张希鲁）/ 281

边　疆

发刊词　顾颉刚 / 289
"中国本部"一名亟应废弃　顾颉刚 / 292
读了顾颉刚先生的《"中华民族是一个"》之后　张维华 / 297
来函　白寿彝 / 300
关于民族问题的讨论　费孝通 / 303
坚强"中华民族是一个"的信念　马毅 / 310
续论"中华民族是一个"：答费孝通先生　顾颉刚 / 314
续论"中华民族是一个"：答费孝通先生（续）　顾颉刚 / 325

来函两通（附顾颉刚按语）　鲁格夫尔 / 335

名词的讨论——关于"国家、民族、华北、华南"等　方　豪 / 338

用历史的观点对鲁格夫尔先生说几句话　徐虚生（旭生）/ 342

论所谓汉族　杨向奎 / 348

我国边疆学之内外研究略史　伯　平（冯家昇）/ 350

今日的云南人　江应樑 / 356

广西边民的生活近况　马　毅 / 363

漫谈建水　杨玉光 / 367

夷人作斋的风俗　绍　房 / 369

夷边的人祖神话——汉夷是同胞兄弟　绍　房 / 373

民　族

我们对于国内寡小民族应取的态度　旭　生（徐旭生）/ 381

关于云南的民族问题　楚图南 / 388

清代怎样治理西南少数民族　宓贤璋 / 392

对西南诸族应有设施刍议　宓贤璋 / 397

西南寡小种族的传教问题　汝　灰（方豪）/ 402

湘西南的苗瑶和屯政　杨力行 / 407

关于路南撒尼夷的宗教　黄季方 / 438

路南撒尼、阿细二族琐记　方　豪 / 447

僰人与白子　方国瑜 / 458

云南西部边境中之僰夷民族

　　——"云南西部边境中之民族"之一　江应樑 / 473

云南西部边疆之汉人与山头民族

　　——"云南西部边境中之民族"之二　江应樑 / 482

云南西部边境中之傈僳等民族

　　——"云南西部边境中之民族"之三　江应樑 / 492

时　论

我的两个建议　徐虚生（旭生）/ 503

抗战中心的问题　张荫麟 / 507

关于暹罗改国名为"赛"　陶云逵 / 510

中国之民族性与抗战前途　周钟岳 / 514

《滇缅路线问题专号》引言　顾颉刚 / 517

我对滇缅铁路的五个希望　蒋云峰 / 518

关于滇缅铁路西段路线问题　李芷谷 / 523

略论滇缅铁路线问题　张重华 / 529

滇缅铁路应走北线吗？（附顾颉刚引言）　陈碧笙 / 534

在没落中的中国知识阶级　曾昭抡 / 549

抗战建国与史地教育　余文豪 / 551

四十年之北大
　　——并论目前国内高等教育一个重要的问题　钱　穆 / 554

读死书、死读书与读书死　钱　穆 / 558

促进边疆教育　牛若望 / 560

附　录 / 562

史　学

创刊辞[1]

张荫麟

或曰：稽古右文，本承平之饰。怀旧寄兴，乃暇逸之娱。值陵谷之倾翻，宜儒柔之丕变。抱孤主而讲《论语》，固无救于论胥。处围城而读《春秋》，亦奚裨于守御？况乃巨劫所被，文物斯毁。兰台之守，取作帷囊。石渠之藏，践于羯马。赵德父之仓皇奔命，卷轴尽抛。祁幼文之慷慨捐生，缥缃荡教。守残缺于荒边，望中兴于来日。尼父必归洙泗，始撰麟经，子长方在夜郎，畴稽凤纪？勉赓弦诵，只存告朔之饩羊。宣吁文章，有类禳凶之刍狗。是则"史学"之刊，毋亦可以已也？

对曰：子言有见于史之华，无见于史之实？有见于史之敝，无见于史之用。若夫明国族绳绳之使命，庶无馁于任重而道艰。表先民烈烈之雄风，期有效于起衰而振懦。斯今日之所急，舍读史而末由。唯我华胄，卓居族群。导中和之先路，立位育世人极。启文明于狉榛，播光华于黰黯。大任既已降于斯民，大难所以鼓其蕴力。偶蛮夷而猾夏，终礼义之胜残。泰必来于否极，元必起于贞下。斯史迹之炳垂，凡国民所宜念者也。若乃势当危迫，志存忠节。蹈东海而死，义不帝秦。抗绝岛而兴，誓将复汉。耻偷生之辱，血洗孤城。酬故国之恩，身膏敌斧。凛天地之正气，凌日月而永耀。不有述往，何以励今？同人等摧锋无技，深惭择术之乖。操翰有闲，愿尽济时之责云尔。

（《益世报·史学》第 1 期，1938 年 12 月 27 日，第 4 版）

---

[1] 编校者按：该篇创刊辞为张荫麟所作，与张氏《中国史纲》献辞内容一致，此文亦刊载于重庆《益世报·文史副刊》第 21 期，1942 年 12 月 10 日，第 4 版。

史学答问

钱 穆

大学诸生，听课之余，每就讲桌，问治史方法，各随机缘，拉杂酬答。记忆所及，缀于斯篇。

（一）

我常谓学问有两种，一种可说是生命的，一种可说是精力的。从生命中来的学问，并不依照前人之轨辙，亦不遵守学术之门类，他只从自己性情真处发生兴趣或发生问题，再从此等兴趣或问题上研寻出去，渐渐成一家数；从精力中出来的学问，他先有了学术之门类，前人之轨辙，他遵照着此等门类轨辙来下功夫，于是有一部分预定的材料以及几项预定的方法，从此做去，亦可成一家数。偶拈一例，如清初顾亭林属于前者，阎百诗则属于后者，我们可称顾亭林为一学者，可称阎百诗为一读书人。学者与读书人的分别，即是生命的学问与精力的学问之分别。说到史学上，太史公《史记》可说属于前者，班氏《汉书》可说属于后者，援附于章实斋的别类说法，则生命的学问是圆而神的，精力的学问是方以智的。近来的风气似乎看重精力的，而不够了解生命的。若论个人意见，似乎生命的学问其价值还远在精力的之上，惟此亦随便分说，其实两路互相会通，若既不懂得生命的学问之意趣，又误信方法材料之功用，认为有便道捷径，爱惜精力，不肯下死工夫，则两途无着落，必不能有所成就。

（二）

　　我虽在大学教历史，我却不愿人开始便学历史。我常想历史是一个应该较后研寻的学问，我私人意见，最好先治文学，其次治哲学，再次乃治史学。史学贵能体会，经验不老到，无从体会。史学又贵能批判，见解不老到，不能批判。青年先读文学，可使其感情笃厚，想象超卓，再进而治哲学，可使其理智清醒，思索入微，然后进而治史学，乃有根器，可以大成。史学乃人事总汇之学，不通文学哲学，如何能通人事，如何遽入人事总汇之门。所以不通文学哲学而治史学，决不能成第一第二流的史学家，至多亦是一种末流之史学而已。然现今大学学制，分门分科，我说势不可行，我有一变通的意见，最好治史的先从文学的史学入手，其次进而窥哲学的史学，最后乃可走上纯史学的路。所谓文学的史学者，只是在史学中而多带有文学的意味之谓。譬如读历代伟人传记、读历代关系兴亡大事等，此皆惊心动魄，可歌可泣，读历史兼如读文学，读文学亦即兼如读历史，此为治史之第一步。第二步则为哲学的史学，即是史学中而多带有哲学的意味之谓。譬如研读各时代关于改革各项政治、社会、宗教、伦理各方面大思想家之大议论大著作。当知真够得大者，无不与其时代有密切深微之关系，读历史兼如读哲学，读哲学亦即兼如读历史，此为治史之第二步。若学者先走过此两步，再慢慢摆出史学的架子来不迟。史学乃以细密的头脑而探求完全的知识，所以更该先有一番高的（文学）深的（哲学）培养。千万不要一眼早相定在历史上，历史上万事平铺，教人如何下手，于是急得要一立场，要一系统，尽先把自己眼光狭而又狭，小而又小，如何却来研寻广大繁复的人事。

（三）

　　诸君好问方法，好问门路，而我却不爱谈此，无已，我有一个无方法之方法，无门路之门路，若以战术兵略论，我则颇信曾文正扎硬寨打死仗之言，此处只见精神气力，不见方法巧妙。若定要方法巧妙，我愿介绍近代战略上说的所谓大迂回战略。譬如善围棋者下子,好像只在远处闲闲下,一忽紧凑起来,你便莫奈何他。你先短视,便认不清门路。你先着急,便耐不得方法。

(四)

如今且莫论做学问,譬如你到昆明来游览,你须告我预备花几多功夫,我为你编配一游览日程,近近远远,如翠湖公园、圆通公园、大观楼、西山、筇竹寺、黑龙潭、金殿等,人人知的你必知,人人到的你且到,你今匆匆只有几天,却专想到人家所不到的地方,好来夸耀于昆明人之前,其实谁是真知道了昆明。

(《益世报·史学》第 4 期,1939 年 2 月 7 日,第 4 版)

习史杂感

翁同文

一、"成一家之言"

自司马迁自以其书为"成一家之言"以来,此数字遂为史学界衣钵,凡以史家自许者,悉自谓为曾得之。前贤若郑樵(见《通志·总序》)、章实斋(《文史通义·答客问上》)皆然。余昔之于此句,颇觉其富有玄学意味,令人难解。其后虽不以辞害意而直取其义,但终觉其为史学界行文之一种不良习惯。兹请详其说。

所谓其富有玄学意味,令人难解者,乃在"一家"二字。此二字易使人怀疑史学界之是否有客观真理,抑亦如哲学界之有一家一家的哲学,各各"其持之有故,其言之成理"者乎?设果如是,史学其将永不成为学科矣。昔梁任公谓此乃表示中国史家之一种理想,即"史"与"道"之关系(见《历史研究法补篇》分论三第四章《史家史的做法》),以为史乃一种表现道的工具。若此其道乃客观之道,以客观之史料而达到之结论,则与科学之史学无异,原无可非议。但事实上既以道为目的,史为工具,而其道复因各人所见之不同而先事存在,则其势非至牺牲客观之史实以迁就其主观之道不可矣。国史上之有朱子及袁了凡等之纲目出现,推其源流,要为受此说影响所致也。(《资治通鉴》虽亦以"治道"为目的,但其方法较客观,不能与二者一概而论。)又若章实斋之所谓"独断之学",盖即其自以为能"成一家之言"者,其"独断"二字,与"一家"二字,同其费解,兹不重论。

如上述之义,以诘用此数语之人,则其答语,或以为"一家"二字,不过用以表示史家之别识新见,为前人所未见及者。若此而言,则亦未尝不可。但体今日科学界通例,则亦应废止。何则?盖今日科学界通例,及对某学科有所发明而成为该科定律者,则或记其事于该学科之学术史中,或以发明者之名,名其定律而述之。总之,皆仅有称某某科学,而未有称之为某某人一家之科学者。如以物理学为例,有物理学中之牛顿氏定律,但无牛顿氏物理学。史学今日虽尚未能如自然科学之有确切定律,但史学家有所新见,可写入史学史,而不必即以一家名学也。

总之,前贤往哲,因种种治学工具未备,每得一意,未能以概念清晰之名词出之,遂使后人耗无谓之精力以解释之,限于时代,其苦衷可谅。至于今人,则务避免此种弊病,万不得已,亦必以注明之,庶几学术界得渐行向科学之途而进乎。

二、"史律阶段"

昔梁任公先生曾撰"史迹集团"一词,谓因其兼涵空间观念之故,以为有异于旧日之"纪事本末",究其实,则纪事本末亦何尝不涉及其事所发生之地,此特在名词上求异耳。以此种方法记述史事者,起源甚早,近人著书亦仍沿袭不废。凡就一事言者,必将其事自发生至消灭期间之一切史料皆收集无遗,而作一个体之叙述。如以"市舶司"一事为例,则凡有关市舶司者,不论唐宋明,皆在收集之列。此种方法,固不无意义而且必需,但若仅止于此,则似有所未足,盖以个体视史事,实令人观念欠清也。

比来觉若欲定一事件之个体,使人发生更清晰之概念,则似非特别指出共发展之不同阶段不可;因故,杜撰一词曰"史律阶段",盖以某一史事之发展,在某一特定阶段以内,可以一定律以绳贯之也。此其例则陈寅恪先生《府兵制前期史料试释》一文最佳,兹录其结论如下,以见一般。其言曰:

> 府兵制之前期为鲜卑兵制,为大体兵农分离制,为部酋分属制,为特殊贵族制;其后期为华夏兵制,为大体兵农合一制,为君主直辖制,为比较平民制。其前后两期分画之界限,则在隋代。

三、学术思想与历史

学术思想亦历史之产物,此处以之与历史对举者,盖因在历史之广大范围中,学术思想多少有其特殊之精神面目,可以自成一单位耳。近世以来,学术思想史之渐行独立,已为一定趋势。但此非谓二者间无密切关系也。大概言之,其间关系似有下列形态:

(一)二者互为因果。即某一时代学术思想决定一般历史,某一时代历史决定学术思想,虽其间亦有合流之处,但终可大概如是说也。例如春秋战国间封建贵族制度之破坏,刺激百家学说之发生与发展,此历史之影响于学术思想者也。及后平民学者传播大一统之观念,有助于秦汉之统一,此学术思想之影响于历史者也。又如宋代道学之发生,固自有其原因,但似乎与一般历史无关,而为学术史范围以内之原因,如二氏思想之反动及儒学之复兴等,兹置其原因不论,单言其后日之传播,则其影响所致,实使宋以后之历史精神大异其趣,其影响政治更为明显矣。

(二)二者因特殊之原因(大概为政治家利用学术思想以为工具之故),互相依倚,互相影响,成为合流状态;初时或可谓谁者为因,谁者为果,及后则不能以因果言矣。例如汉武帝尊儒,遂使西汉政治与儒术儒生表里合一,曹魏之利用老庄自然主义以抗儒生亦然。总之使学术与治术不分,是即学术思想与历史合一也。后若隋炀武周之利用佛教教义以为一己政治之理论根据,使佛教地位与政治生互缘之关系亦是。

至于学术思想之评价,有二标准,其一就学术思想本身之论,近人作学术思想史者皆然。其二则历史之观点,此要亦为学术思想与历史之关系也。兹举例以明之。(一)如儒墨二家,先秦时并为显学,其纯学术之价值,以近人眼光视之,墨且或胜于儒。但墨之影响昙花一现,即归消灭(近人谓墨寄其迹于下流社会之秘密结社者,其说待证),而儒则支配国人之政治文化观念至巨且大,故以学术史之观点言,儒墨无分轩轾,以历史之观点言,不能不有所轻重也。(近人颇怪司马迁之传墨子,仅寥寥数言,或迁亦受此种观念之支配乎。)(二)如我国佛典之翻译,在佛学史上首推鸠摩罗什、玄奘二人,由二人之译业观之,玄奘之伟大或过罗什。但以二人所译者在国内所发生之影响立论,即由史的观点而言,玄奘所译虽震荡一时,实不如罗什所识者影响之大且远也。

(《益世报·史学》第17期,1939年8月12日,第4版)

黑格尔的历史观

徐高阮

一、端　发

依黑格尔自己的解释,他的《世界历史哲学》讲义一书并不是一部历史的"哲学",而是一部世界历史。

依他的分类,历史可以约为三种:一是"原始的历史",所叙多作者亲见的事变经过及社会状态,如希罗多德斯,修昔的底斯等的著作是。二是"反省的历史",又可分四类:(A) 普遍的历史,即一民族、一国家或整个世界的全部历史的概观;(B) 实用的历史,即特别欲以过去经验的教训给予现在,含有道德目的的著作;(C) 批评的历史,即对于各种史籍加以考察而评断其真实性的著作,为德国当时所通行者;(D) 专科的历史,如艺术、法律、宗教等的通史,为达到"哲学的历史"的过渡。三即是"哲学的历史",黑氏的历史哲学即属于此类。

何谓哲学的历史?"历史哲学",依黑氏所下最普通的定义,不过是历史上之思想的考察而已。黑氏从思想一点来研究历史,不是以思想为人类所不可少之故,因为以此并不得即谓历史,必与思想发生联系。黑氏更不主张抹杀历史的本来面目,使之适合一种"无理的臆断",如成语所谓以"先入之见"(Aqriori)来解释历史。黑氏世界历史讲义一书的绪论一章,其目的即要解释忠实的历史记述与哲学思辩的矛盾,并驳斥因此矛盾而加于哲学思辩的指摘。此章是世界历史讲义一书精神所在,也可以说即是黑氏的历史"哲学"本身。

二、理性是实体,理性的目标展开于世界历史的现象中

黑氏用以观察历史的唯一思想便是"理性"(Reason),他并假定他的历史讲义的听众皆有认识"理想"的一种渴望,坚信"理性"这个东西的存在。"理性"是什么?依黑氏说,理性就是"实体",也就是"无限的权利",具有"无限的素质"及"无限的形态"。也就是说,理性并非一种虚悬的抽象的东西,而是"宇宙之无限的动力",又是"万物之无限的内容"。理性靠自己的力,不靠别的力而活动,以自己的"素质"为它自己的工作的对象;又以它自己为它自己的绝对的最后的目标,这个目标展开于"自然的宇宙"的现象中,而且也展开于"精神的宇宙"(Spiritual Universe)现象中,换言之即"世界历史"之现象中。因此世界历史的进展是一种合理的进程。这在黑氏并不是一种假设,而是他从历史上、经验上、研究历史所得的结果。

三、精神,它的根本特征:自由、自我意识

上面已说,"理性"是宇宙的动力和万物的内容。黑氏进一步要阐明理性的特点,表明它是如何构成的。而要阐明理性的特点,假如与理性和世界的关系相提并论,也就等于要阐明"世界的最终计划"为何物。

"世界"一名词包括物理的自然界与心理的自然界。要问世界最终的计划为何,当然也要牵涉到物理的自然界,但世界历史属于"精神"(Spirit)的领域,故黑氏历史哲学以探讨"精神"及其发展过程为目的。首先要说明的便是"精神"之"本性上的抽象的特质"。

"精神"与"物质"(Matter)对立。物质的主体为重力或地心吸力;精神的主体为"自由"(Freedom)。依思辨哲学的结论,精神之一切属性皆从"自由"而得成立;精神之一切皆为取得自由之手段。精神是"依凭自己的存在",所谓依凭自己,便是自由。所谓"依凭自己的存在","不外是自我意识",即"意识到自己的存在"之谓。这自我意识,"包含

着一种对于它（精神）自己的本性之识别，以及一种得能实现它自己的能力"。

世界历史就是这个"精神"的表现，而这个精神是潜伏而继续表现出来的。东方人不晓得"精神"——人类——是自由的；他们没有自由，只有一个人的放纵。希腊人首先有自由的意识，但他们及罗马人只知道少数人是自由的；他们的自由遂如昙花一现，而且使人性亦为之汩没无余。各日耳曼民族已知道人类之为人类是自由的，知道"精神"的主体便是"精神"的自由；而要把这个原则推行于现实世界之各种关系上，则需要一个艰难的长时期的过程。自由之主要的本性——自我意识——将渐渐意识到它自己，并且因此渐渐实现它的存在。自由本身便是它成就之对象。这也就是"精神"的唯一的目的、世界历史的目的。

四、"自由"发展为一个世界所用的手段：意志、感情

上段说"精神"的主体是"自由"。然则"精神"用什么手段或方法实现它的"观念"？或"自由"发展为一个世界，所用的手段是什么？

按"精神"是一个潜伏的未放的主体，所以无论它本身是怎样地真实，终不完全是真的；精神的"目的"、使命只存在于我们的思想之中、我们的主观计划之中，而不存在于现实之中。仅如自己而存在的东西是一种可能性、一种潜伏性。为要产生确实性，须加上第二个因素，即实行、实现；而这个因素的原动力便是"意志"。黑氏又名这个原动力为"感情"（Passion）。意志指最广义的人类活动；感情就是人类意志力的唯一主体。这便是世界精神为完成它的目的所用的工具与手段。

而在世界历史的行程仍未完成中，历史的抽象的最终目的，即精神的本性或自由之理想，还不是感情或意志的确凿的目的，换言之，感情或意志，对于它们正在完成的目的尚无所知。原来人类的行动，除得到他们的欲望所求的结果之外，常产一种附加的结果，就是那些潜伏不显的某种东西所完成的结果，而世界精神便是这样一种潜伏着的东西。

所谓世界历史的大人物者,其人自己的特殊目的中便潜伏着一个新的原则,此原则便足以创造历史的新时代。其人的宗旨与业务实是取自一个隐藏的源泉,即那个内在的潜伏的精神;其人的事功不过是那种已经成熟等待完成的事物。寓于此人特殊目的中的新的原则,便是世界精神向着自我意识之努力上一个主要的阶段,采取这个历史的新步骤的那个"精神",便是一切个人之最内在的心灵;而唤醒这些心灵的,便是那些大人物。他们是实践的人物,但又是有思想的人物。黑氏称他们为世界精神的代理人。黑氏指明人类并不是那世界精神的纯粹工具而已,他们抑且参预在那个"精神"的"目的"之中;所以他们亦是他们自己存在的目的。盖他们自身含有神圣的成分,即"理性"。此种成分,在黑氏系指道德、伦常、宗教而言;黑氏指此种成分为主观自由之单纯的领域,意志力、判断与行动之策源地,良心之抽象的范围,包括个人之责任与道德价值之所在。

五、理性或世界精神的目标在现实界中的形态:国家——自由

世界精神是借主观的意志力,借多数个人的活动而表现,已如上述。而世界精神用这些手段以实现的"目的"为何,换言之,这个"目的"在现实界中的形态为何?依黑氏说,是主观的"意志"与合理的"意志"(Rational Will)之结合,即"道德的全体"(The Moral Whole),亦即"国家"(State)。盖合理的意志是要在国家里,在它的法律里,在它的普遍的与合理的种种部署中发现的。同时国家也就是确实存在的实现了的道德生活。

然则所谓合理的意志及所谓道德是什么呢?盖皆系指着"自由"而言。"自由"即是"精神"的主体,如前面第三节所述。而"国家"即是"自由"。原来个人在国家中,并不是限制了他的自由以形成一种"共同的意志"(Common Will),即普遍的约束,借此享受少许低级的"自由"(实只是放纵而已),相反的,服从法律不是限制意志,乃是运用意志;且唯有服从法律的意志才是自由意志,因为它所服从的是它自己——如此

它是独立的，不是依赖的，所以也是自由的。得到自由者，也便是主观的意志与客观的意志相互调和之谓。个人在国家里才有这种自由，故谓国家即合理的、道德的生活。

何以谓个人在国家才有这种自由，或国家才是自由之实现？因为在假定的纯属天然的状态中，不外兽性的感情与凶暴的行为。实际上，无论怎样简陋的社会亦皆有所谓"约束"自由的安排；若在高级的文化阶段，此种对于放纵的与感情的限制更系出于自己的意志。这种约束或限制，乃是"自由"之意识所由实现的手段之一部分，是"解放"的必要条件。

六、"国家"与"民族精神"

上段说，国家即自由，即主观的意志与客观的意志的结合。换言之，在构成国家的那些有思想的意志力的动作中，包含着绝对的"理性"的实体。黑氏又指出，国家就是一个民族生活之其他具体因素之基础与中心，即"艺术""精神""道德""宗教""科学"之基础与中心。盖"精神"的一切活动，其目的均在意识到那种客观的与主观的之结合。在这种有意识的结合的各形式中，宗教占着最高的地位。在宗教之中，"精神"——即实际存在于世界上的"精神"——超脱了俗世的存在之种种限制而意识到了"绝对的精神"（Absolute Spirit），并在这个自存的存在之意识里，放弃了它一己的利益，专心致志崇信这个"绝对的精神"。这种主观的与客观的结合，其次的形式便是艺术——在艺术之最高的方面，所表现的是上帝的形式（Form of God，与上帝的精神对待而言），至于艺术的次等的对象便是一般的神圣的与精神的事物，它的职司便是要使神圣的化为历历可辨，使之活现于想象力与直觉之前。上述的果合的第三个形式是哲学，即真之为物之属于思想力方面者，即最高的最自由的与最智慧的形态。黑氏所以论到此三个形式，因为他们与国家据有同一的地位。

原来一个国家的构造的形式（即宪法与政体）是与一国的"文化"行成一个实体、一个精神的。所谓"文化"，系指在国家内表现自己的一切所汇合而成的那个普遍性的形式而言。而取得普遍性的式形，并且存在于那个叫做国家的具体实在里的——那个确定的"实体"，则是"民族精神"(The Spirit of People)本身，人民对于此种精神须获得一种自觉的认识，而此种知识之焦点，依黑氏说，便是宗教。艺术与哲学系与这同一的实在之多种方面与形式。

简而言之，民族精神乃一种决定的与特殊的精神，是一个"个性"(One Individuality)在艺术里，表现为感官的思索之对象；在哲学里，则被目为一个睿智的概念。这几种不同的形式，具有本来相同的本质、旨趣与对象，它们与"国家精神"(The Spirit of the State)是不可分的结合着的。

世界历史是"精神"的表现，而"精神"是经过发展或演变以取得它的自己意识的。此种演变过程所采的各种形式便是历史上各种特色的"民族精神"，便是它们的道德生活，它们的政府，他们的宗教、艺术与科学的特殊旨趣。黑氏便从这种"精神"的发展、演变来研究世界历史的行程。第一节中所谓"历史之思想的考察"，所谓"哲学的历史"，即此之谓。

七、世界历史的行程（a. 出发点）

自然界的变化永只表现一种周而复始的循境，而精神领域里面的变化（世界历史）则表现出一种真正变化的能力，而且是一种达到更完善的能力——一种达到"尽美尽善性"之冲动。反对变化之学说的，有宗教，有国家，还有把这种种变革皆委之于偶然的学说。

"发展"是一个形式上的概念，在"精神"中才有现实的生存，但它同时也是有组织的自然的一种本性。两方面不同者：在"自然"界，发展是一种和平的生长、宁静的生长；反之，精神的发展却是一种严重的、非己所愿的、反对自己的工作。因为"精神之观念"的实现，是有意识与意志为媒介的，这些意识与意志最初系埋没于仅属自然的生活中，其努力的最初目标便是它们的仅属自然的使命之实现，但"精神"的主要本性乃自由，即"自我意识"，因此这些意识与意志的第二步工作便是打破此种仅属自然状态,换言之"精神"便开始由汩没于自然之中而向着"自由"或"自我意识"而进展。但这种与自然的分离是片面不完的,故第三步,灵魂或心灵便要打破这个仍系有限而不完的自由之形式,向着自由之纯粹的普遍的形式而进行。精神发展的过程如是。

"精神"既是由潜存走向自由的存在,故哲学的历史研究乃以"合理性"(Rationality)在世事之实际处理中开始表现它自己的时候为出发点。换言之,以人类初有历史的时候为研究历史的出发点。盖各民族在有史以前的时代,即没有主观的历史(Subjective History)的时代,也就没有客观的历史(Objective History)可言。盖所谓没有主观的历史的时代,即精神尚汩没于自然之时代也。

准此而言,家庭与部落的时代应排在历史之外,而国家的开始方是历史的开始。因为在家庭或部落的时代,社会各份子的行动并不像独立的人格,缺少的是独立的意志,此时代即自然的时代,即对善与恶、对法律不知不觉的时代。此时代纵可有命运之显明的变换足引起后人热情的想像,但就一般言之,则不问有若干百年千年的频繁的革命、游徙、沧桑之变,终只是一串混乱而平平的事变。所以黑氏有警句道:"我们殊不必假定这些时代之记录已意外的消失,毋宁说此等时代之历史之存在系根本不可能。"反之,一个生存渐见稳定、递进而成国家的社会,不是要求政府方面发出纯属主观的命令以应目前的需要,而是要求各种正式的诰谕与规定,范围广大而普遍适应的规定,这样便产生一种记录和一种兴趣,一种于睿智有关、确定而且持久的行为与事变——对于这一切,"记忆之女神"为了国家形式与结构之永久对象的利益计,遂不得不赐给它们以不朽。世界历史盖由是开场。

八、世界历史的行程(b. 方向)

世界历史的开场既已说明,黑氏遂进而说其方向。而要说其方向,须对世界历史在具体上作进一步的定义。

世界历史表示"精神"方面的"自由"意识之发展,前面已说过。此种发展含有一种阶段过程,即一连串关于"自由"之更加适当的表现。

这些表现是从"自由之观念"而产生的，这个观念既具有辩证法的本性的本性，故，结果世界历史的发展过程亦具有此种形式。换言之，"自由的观念"连续采取一连串的必然的纯粹抽象的形式，"世界历史"亦表现为一连串的阶段，每一阶段都与任何其他阶段不同，都有它的一定的特具有的原则，即"精神"的定性，亦即特具的民族天才之定性。民族精神便在此定性的限度内具体的表现出来；民族的政体、伦理、立法科学、艺术以至机械的技术，莫不具有民族精神的标志。

历史的具体表现既有上述的渊源，故要完成历史的探讨，须先对于"精神之理想"有一种密切的认识。所谓对于"精神之理想"须有密切的认识者，即是说，对于民族精神之具体表现（宗教、政体、伦理……）须能分别本质的东西与非本质的东西。所谓"本质的"，便是"自由之意识"（Consciousness of Freedom）以及这种意识在发展它自己时所取的各形态。历史的事实对于此类范畴之关系，才是它们对于真正本质的事物之关系。此类关系，方是世界历史所要探讨的。黑氏所反复说明者，即一个民族的具体精神只有从精神上理解之，从思想上理解之。换言之，依黑氏之定义，历史即精神在时间上的发展是也。

本着这个认识，始可看到世界历史的方向。

原来"精神"的主要本质便是活动，向着实现它的潜伏性，向着自由，向着完全的自由。精神鼓动着各民族形成特殊的民族精神，成为善良的道德的有力的存在，取得充足的实在性。但达到这个目的之后，一个民族的有生命的实体的灵魂便停止活动了，即"那种主要的最高的关切"（精神的关切）已经消失了（因为关切只有在反对的地方才能够存在），于是民族或在天然死亡的状态里死亡，或则陷于无智力无生气的生存。而不管民族的生命如何，那贯彻一切的"精神"在本性上是不致灭亡的。不管是借一个新的民族，或借一个旧的民族，精神总是一方面破坏了它自己的具体存在之确定形式，另一方面却对于它自己所包括的普遍原则获得一种理解并赋予一种新的形式。换言之，走上精神发展上的一个新阶段，而给民族精神造了一个新原则、新性格、新生命。故虽有无常的破灭与零落，却亦不断涌起新的精神、新的世界历史民族、新的世界历史纪元。"这种过渡与联系，使我们达到全体之联系——以世界历史为世界历史的理想。"世界历史才是世界历史的目标,正如精神以自己理解的"总体"为目标。精神依着无量数的方式与方向而进行,世界历史亦依着无量数的方式与方向而进行。

(《益世报·史学》第 17、18 期,1939 年 8 月 12 日、
26 日,第 4 版)

历史科学

佛娄德(J. A. Froude)撰　容琬译①

诸位先生，今晚我来讲的题目是历史科学。我恐怕它是一个很干燥的题目，而且把科学和历史两个名词连在一起，就似乎有点不伦不类。就好像我们谈及声音的颜色，或"三头统治"的经度一样。如果我们眼前最普通的事实有时还真相不明，争论不决，我们怎能谈到久已过去而且只见于书本的事实的科学呢？我常常觉得历史就好像小孩子的缀字片一样，我们可以用来拼成任何我们所喜欢的字。我们只须挑出一些我们所要的字母，照我们的意思去排列，那些非我们所需的，就搁置不提了。

我要极力把事情弄得有条有理，极力不使你们厌烦，但我怕两样都做不到。可是，首先我有几句话，涉及一位史学界的名人，他的名字是和这种历史的看法有关的。他的夭折给我们以这样突袭的悲哀。你们当中或者有许多还记起勃克尔先生的音容，当不久以前他站在这里的时候，他演讲了一小时以上，不带片纸，永不重复，永没废话。那样从容愉悦地陈述他的事实，好像在他自己的火炉旁边同我们谈话一样。我们对于勃克尔先生的见解尽管"见仁见智"。但显然他是一个具有超常能力的人。他并且有品格——希罕而值得羡慕的（他自己或者十分重视）品格。

我们大多数碰到一些自认为重要而且新创的东西，便自满到几乎要爆裂。我们拿着自己的货物走入书的市场，要求人感谢和认识。勃

---

① 编校者按：徐规《张荫麟先生著作系年目录》（《思想与时代》第18期，1943年1月1日）言此文系"张荫麟口授，容琬女士译"。

克尔先生早年便体认到那使他著名的思想,但他估量到自己的能力。他知道,他随时可以把自己显扬于当世,但是他顾虑他的著作,比顾虑自己还甚。二十年间,他甘心忍耐守默,无声无嗅地工作。后来,到了中年,他产生了一部著作,立时被译为法文和德文,并且在世界的一切地方当中,把圣彼得堡皇家学院的鸽窠也扰动了。

歌德曾说过:一个人做了一件出色的事之后,就好像有一种普遍的阴谋去阻止他再做这件事。他被人宴请、祝贺、抚弄,他的时间被早餐、午餐、集会,以及百千种无聊的事所偷去了。当然勃克尔先生也受到这一切,但是他还有一种比这些更危险的敌人在等候着像他那样的成功。他一获得了他所应得的地位时,便已积劳成疾了。他仅有时间去启示给我们,他是个怎样伟大的一个人,仅有时间去勾勒他的哲学的大纲,他便突然长逝,正如他突然出现一样。他到外国去,企图恢复健康,继续工作,但他的工作已不能继续了。他以热病死于达马斯,他死时只恨无法完成他的著作。以下差不多就是他最后的清楚的话:"我的书,我的书,我永远不会完成我的书了。"他逝世时正如他生存时一样,不顾自己,只顾工作。

但是他的努力没有被抛弃。我们可以不同意于他,但他所已产生的影响是没有问题的,而且不会消灭,他所说的在本质上不算新创。这一类对于人事的解释,是和思想的开始一样远古。但是,勃克尔先生在一方面,有天才的技术,他陈述他的意见特别明了。另一方面,那种意见,对于现今流行思想方式,有特殊的诱惑力。它不令我们喜欢,但令我们兴奋、激动。我们深恶痛绝它,但这一来,就隐然泄露它的真实性是多过我们所愿意承认的。

勃克尔先生的普遍理论是这样:当人类开始环顾他所生在的世界时,好像什么东西都没有秩序,日和夜不一样长。空气有时热,有时冷。有些星是同太阳一样地起落,有些在天上不动,有些在北方地平线上绕着一颗星兜圈子。行星依照它们的原理进行,一切的原素都是变幻无常的。日和月有时会亏蚀。有时地会在人脚下震动。他们只能设想风、空气、天和水是给像他们一样任性的生物居住着和管理着。时间过去了,混乱开始生出条理。有些势力对人们是有益的,有些是有害而带破坏性的。人们设想世界给善的神灵和恶的神灵主宰着。这些神灵在外面的自然界及人类本身中继续地互相争斗。最后人们观察较多，想象较少，这些解释也被抛弃了。影响极端相反的现象，被发现是同一自然律的结果。火绝不会把房子烧掉，假如房主小心，它只留在炉中，把壶中的水烧开吧了。它也不会偏偏烧掉坏人的房子，而不烧好人的，假如坏人的坏处不是疏忽。自然现象的一大部分循着有秩序、有规律的路径进行，它们的变化也是有一定的。由于对事物的秩序的观察，很容易进一步达到因果约关系。日月的亏蚀，被发现并不是上天愤怒的记号，只是日月和地的相对的位置之必然而无心的结果。彗星只是空间的物体，与世人无关。渐渐地，无常性、取舍性等类独断行为的表征都从这宇宙消灭了，几乎地上天上的一切现象都可以归到一些定律之下。因此自然界被人从想像里收回了。最初对事物之奇幻的观念，为道德的观念所替代，道德的观念为自然的观念所替代，最后只剩有一小片的荒林，还没有被规律的原则所穿透——那就是人类自己的行为及性格。

这里，而且只是这里，在理智和感情、良心和欲望的冲突中，大家认为有精神的势力存在。因与果不能追溯。因为有一种自由的意志在优洽那关联。在一切别的事物里，某些特定的条件，必然产生某些结果。惟对于人，规律这名辞改变了它的意义。它不再是固定的秩序，为人所不能选择而只能遵从的。它成了一道德的规条，人可以违背它，假如他有胆量的话。

这就是勃克尔先生所不相信的。他以为，通透了自然界的简约性，不应有这例外。他认为人类在任何特定的时间，是受了外界情形对他们身心的推动，然后有所作为。他说，每人都由于动机而动作。他的行为是被影响他最力的动机所决定。每一个人自然地想望那些他以为对他好的东西，但是要做得对，他一定要知道是对。他永远会吃毒药，除非等到他知道这是毒药。让他知道，那是会杀人的，他就不会再触它了。问题并不是道德上的正当或错误。一旦让他彻底地感觉那事物是有破坏性的，凭他天性上的定律，他自会把事物搁置一旁。他的种种美德，是知识的结果。他的种种过错，是缺乏智识的结果。一个孩子想绘画，他于绘画一无所知。他画的人好像树或房子，把它们的重心随便安放。他做错了,因为他知道得不够。我们并不责备他。除非等到有人教会他,他是没有办法的。他的教导开始了。他会画直线了,画立体了,画曲线了。他学习透视及光与阴影了。他对于所想表现的形式观察得更正确了。他见到了效果,也见到产生他们的手段。他已经学习去做什么,同时,在部分上,他也已学习怎样去做。他以后的进步,要靠他的天生的能力,但是这一切是像一颗橡子的生长一样地自然而然。你不向橡子宣讲,说变成一棵大树是它的责任,你把橡子种在适宜的土壤里,那里有光和空气,不受风,你除去多余的枝子,把力量集中在几根主干的萌芽上。这橡子长成怎样美好的样子,就视乎它具有生命力的多少。人之所以异于别的东西只在能力的广大和复杂,并在一种特别的能力,那就是:只有他能察觉适宜于自己的生长的条件,并且把这条件应用到自己的身上。但有这样的限制:他并不是,如普通人所设想,有自由去选择,毕竟应用那些条件与否。而且,他之判断什么东西对于他是好的,乃是凭借那些造成他的现状的条件。

他要做的,勃克尔先生以为他总是做了。他的历史是一种自然的生长,好像橡子的生长一样。他的改良是跟随着他的知识的进步。并且,从外界环境与心的状况的比较看来,他在这个行星上的全部进展。他的这种信条和法律,他的善行和恶行,他的艺术和他的科学,他的帝国和他的革命,都可以排列成清晰的关系。

假如,当勃克尔先生坚持他的结论时,有人反对道,过去的真相难以知道,他会坦白地承认,就个人而论,诚是如此;但就群众而论,就没有那样困难。关于朱理渥斯或帖勃利亚斯、该撒,我们可以有不同的见解,但帝国时代的罗马人我们能够知道得很清楚。从他们的文学可知他们怎样思想,从他们的法律可知他们怎样统治,从世界的广大的面貌,和他们在这上面一般行为之大山岭的轮廓,可知他们怎样动作。勃克尔先生相信,这一切都可化为规律,可以弄得像石灰岩或煤层的生长一样有条理。勃克尔先生,如是一贯地,轻视个人。他不相信(有人曾这样说)人类的历史是大人物的历史。依他看来,大人物不过是较大的原子。和其他的原子服从同一的冲动,不过稍为易变吧了。有没有他,事物的进行大体是一样的。

他举新兴的经济学为他的主张作例证。这里已经有人类活动的一大范围,自然律绝无差池地运施于其中。几世纪以来人们曾试用道德原理来限制商业。他们要依照一些公正的想像的规则规定工资。他们要凭他们以为应值的成本规定物价。为了种种道德的原因,他们鼓励某一种商业,或压抑别一种商业。他们正可以凭道德的理由来发动一架蒸汽机。那些名字和这种大事业相关联的大政治家正可以立法去使水流上山。有自然的规律,固定于事物的情形之中:和它们抗争就好比泰坦斯和诸神作战一样。

在经济上是这样,在人类活动的其他一切形式上也是这样,经济学的规律说明了人们在过去所陷入的困苦(因为昧于这些规律),同样,人性的规律(我们若知道了它们),将说明人们更严重的错误,并且使我们将来处理得更好些。地理的位置、气候、空气、土壤、等等,都有它们各自的影响。北方的民族强壮、勤力,因为他们一定要耕地,如果他们要吃它的果,又因为温度太低使懒惰的生活无可享受。在南方,土壤肥沃得多,需要的食物及衣服又较少;并且在美好的空气里,用不着操作才能感觉生存的愉快。因此南方的人是懒惰而懦弱。

固然,这些见解也有种种困难。软弱的意大利人的家乡也正是人类史上最坚毅的种族的家乡。再者,有人说西班牙人是最信仰、最诚的,因为西班牙是一个常地震的国家。但我们记起日本,全世界上地震最频的地方,那里同时对于任何超自然的势力有一种宁静的怀疑。(译者按:这话不确。)

而且,如果人类按照自然的定律而长成现在的样子。那么,他们没办法不变成现在的样子。如果他们没有办法不变成现在的样子,那么,我们关于人类义务和责任的一般见解,有一大部分要更改。

这些理论里头有许多真理,那是无疑的。不知道持这些理论的人能否以这个容忍为满足。生在回教国家的人长成为回教徒,生在耶稣旧教国家的人长成为旧教徒,生在耶稣新教国家的人长成为新教徒。他的意见是像他的语言一样。他学思想是同他学说话一样。认为他应当对自然造成他的现状负责,那是妄诞可笑的。我们费气力去教育儿童,有好的教育亦有坏的教育。关于性格的造就,确已证实有若干的规则。并且,一个孩子的变好变坏,显然不是出于他的自由意志。我们试去使他们练成良好的习惯,我们使他离开种种诱惑,我们留心他受到良好的教导,我们混合仁慈和严厉。我们尽力把好的影响环绕着他。这些就是所谓良好教育的利益。如果我们不能给在我们保护下的孩子以良好教育,而他们变坏了。我们觉得自己要同他们负一样的责任。这便是承认外界环境对于我们的力量。

同样,我们承认诱惑的力量,等等。

大概说,人们显然必定要吸收支配他的生长的种种影响里一些东西。这些东西决定他们后来整个性格的面目。

当历史家须要陈述社会的或思想的大变化、王朝的倾覆,和教派的成立时,如果他们仅陈述那些事情,那么他们只尽了一半的责任。例如在叙回教的兴起,若只描写先知的性格,他所认定目标,他所用的手段,和他所产生的效果,那是不够的。历史家必要表明在东方种族的情形中,有什么特点,使得默罕默德能够对他们发生那样有力的影响。原有的信仰,他们原有的道德和政治状况。在我们过去的估量上,在我们将来的算度上,在我们彼此间所下的判断上,我们计较责任,不是凭所作所为的事情,而是凭人们辨别善恶的机会。在我们把孩子和坏的团体或朋友隔离的努力上,我们承认外界环境对人们现状的造成,有极大的影响。

但环境是一切吗?这就是问题的全部。历史科学,若不是一个骗人的名辞的话,应有这样的涵义。因果的关系完全的支配人事,正如它支配其它一切事实。人类动作的原因,不当求之于心的神秘性质,而当求之于可以触觉的及可以衡量的影响。

当自然的原因会被搁置,并被所谓意志中和了的时候,科学这名辞就用不着了。如果一个人可以自由选择他要或不要做的事,那么,关于他,就没有充足的科学了。如果有关于他的科学,便没有自由的选择,而我们彼此间的称赞或责备就用不着了。

我浸入了伦理学境界,因为否则这题目说不明白,人类是个体的集合,历史只是个体动作的记录。对于部分是真实的,对于全部也是真实的。

我们对于这类事实感觉得很敏锐。而且,当逻辑使人窘迫的时候,我们很容易用辞藻来交代。但辞藻只足以误人。不管真实是怎样的,最好我们能知道它,对于任何种类的真实,我们应尽力保持头脑及心的冷静。

我要统共的说,假若我们有着全部事实摆在前面,假使我们像莱布尼兹的塔儿坤一样,被领入自然的谈话室中,得悉我们实在是什么,从什么地方来,到什么地方去。假使如此,无论有些人,他们发现自己由于一切可能世界中的最好世界之微妙的必要而成为恶人时,会怎样不快,像勃克尔先生所主张一类的理论也许竟被证明是真的。很可能有一博大的"宇宙的公式",在那里未知量的价值可以决定。但是我们必须凭自己的力量和地位去应付事物。问题是:那些广大曲线的弯转是否像我们一般不知晦朔的生物的智力所能量度。

歌德的"浮士德",厌烦了人间知识之硗瘠的园地,叫魔术来帮助他。首先他引见"大宇宙"的神灵,在冒险去作这重大的试验前,他气馁了,结果他唤召了一个与自己同类的神灵来。那里他便感觉得舒适,生命的川流和动作的暴风,存在之永恒的海洋,时间之怒吼的织机和它的织物□□,他凝视着这一切,在一切感情的兴奋中,他和面前可怖的东西攀交情。但是那庄严的幻境消失了,一片声音来到他面前:"你的伴侣是你的心所能抓得着的神灵,并不是我的。"

假使勃克尔先生曾去追他的原理的详细涵义,那么他的遭遇不会比"浮士德"好。

科学的条件是什么呢?任何科目在什么时候才可以说是进入了科学的舞台？我猜想是:当它的事实开始分成明显时;当现象不再是孤立的经验,而现出有关连和秩序时;当某一类事情若发生在前必定有某一类事情跟随在后时;当事实已被充分收集,可以做忖度的解释的基础,并且当忖度再不是极端的模糊,而凭它们的帮助稍能预知将来时。

在一个科目进步到这地步之前,而视它为科学,那是语言的滥用。因为人事以外一切事情都有科学,便说也一定有人事的科学,那是不够的。这就好像说行星上面一定有人居住,因为我们知道有一颗行星是有人居住的。那也许是真的,也许不是真的,但它并不是一个实际的问题。它并不影响眼前事实的实际处理。

让我们来看天文学的历史吧。

日、月、行星是神或天使。狼星的剑不是一种比喻，而是事实。镶在天上的群星是众神战争与恋爱的闪烁的胜利品，这种观念一日存在，天文学就一日没有成为科学。幻觉、想像、诗，或者敬畏是有的，但没有科学。等人们观察到它们保持着它们相对的位置——它们起落的时间因季候而变化——日、月及行星在它们中间依着一个平面移动，黄道被发现并且划分，于是乎一事物的新秩序开始。初期的痕迹留存于星座的名称及符号上，就好像斯干的那维亚人的神话还留存于星期日子的名称上，但虽然如此，我们对于实物已经明白了，科学已经开始了。它的首次胜利就是预料将来的能力，人们可知日蚀每十九年发生一次，并且哲学家可以说出什么时候可以看得见日蚀，行星的周期也决定了。它们绕日的轨道的偏侧，也有种种理论去解了。这些理论也许是假的，但是行星的位置可以根据它们算的很正确。科学第一个结果（虽然是很不完全的）是预料的力量，并且在任何真的天文学定律被发现之前，人们已能预料天象了。

因此，我们不应当因为历史的现象的解释是初步的或不完全的，而怀疑历史科学的可能性。它也许是如此，也许继续是如此，但也许已有充分的成绩表示有这么一件东西，而它不完全是无用的。但是最初的天文学家在那些简陋的日子里，所具有的算学知识是那么少，除了平墙及日规板以外没有什么好的仪器。如何能做出显著的进步呢？因为，我想他们见到的种种现象，大部分经过不甚久的时期又重现了。所引他们可以在他们自然生活的范围内收集大量的经验：因为日、月、年是可以量度的时期，在它们之间比较简单的现象是永远复现。

但是如果地球绕轴而转的一周不是二十四小时，而是一年。如果一年是差不多四百年。如果人的寿命并不比现在长。而天文学的进步，除了历史中所记载的观察，便无所凭借。那么，假如这就是我们的限制，要经过多少年代才有人想到。在我们晚晚所见的东西里，会存在何种秩序呢？现在有些科学，是要依靠古人所记录的观察的。我们从这些科学的现状，就可以推想到上面的假设成为事实时的大概情形。

彗星的运行仍旧是极端的不定。它所重现的时间只能极模糊地算计。但是我所说的假设只能很粗疏地表示我们事实上对于历史所处的地位。在那里，现象永不重复。在那里，我们完全依靠据说曾发生过一次，而永不会也不能发生第二次的事情的记录。在那里，实验是不可能的。我们不能守候着重复的事实来试验我们的猜想的价值。有人幻想地这样提示：如果我们认为宇宙是无限的，那么，时间就是永恒，而过去永远是现在。光线从天狼星来到我们眼前需要九年。我们今晚离开这地方时，所能看见的那些光线，在九年前就离开天狼星了。如果天狼星里的居民，能在这个时刻看见地球，他们可以看见英国军队在斯巴斯托浦前面的壕里，佛罗伦斯·南丁格尔在斯库塔利，守候着在因克曼受伤的病人。英国的和平并没有为《论与评》(杂志名)所扰乱。

　　星星后退越远，时间后退越远。也许有些星，从它那里可以看见挪亚走进木船，看见夏娃(Eve)细听蛇的诱惑，或者看见那古的种族正在吃蚝，并且把壳子遗弃在后面，当波罗的海的陆地还在海底时。

　　我们若能把记载和真象比较，有些事情可以做到，但这在目前是没有希望的，而没有它就没有科学，记录在古书上的日蚀我们可以由计算来证实，忘却的时日我们有时也可以靠日蚀来推定，并且我们可以凭日月蚀所遵循的定律，而预知在什么时候将有日月蚀。将来会有一天，罗马开创史中失忘了的秘密，可以凭历史的定律推知么？如果没有，那么我们的(历史)科学在什么地方呢？也许可以说，这是一个特殊的事实。我们可以满足地对付那些影响若干世纪的普通现象。那么，让我们举一些普通的现象。例如回教或佛教，那些是够广大的了。你能够想像一种科学，可以预先料到像这样的变动吗？它们所能兴起的环境状况是模糊的，就算它不是模糊的，你能够设想，假如对于东方的旧信仰有相当的历史知识，就能看出它们将要变成那些特定地形式而不会变成别的形式吗？说在事后你能部分地了解回教的由来，那是不够的。一切名副其实的历史家于此都有所说明。但是，当我们说到科学，我们所指是一些更野心的抱负，我们所指是一些不独能解释并且能预知的东西。而且，如此看起来，陈述那问题，就是表示它的荒诞。最哲智的人之不能预知这伟大的革命，正如三十年前谁也不会预料美国有一夫多妻的现象。正如谁也不能预料招魂翻桌等类怪事会成十九世纪英国的科学教化的结果。

情形也不见得更好，即使我们对于我们的哲学不作苛求，即使我们以过去为满足，而仅要求给过去以科学的解释。

首先，就事物本身而论。它之传达到我们心中要经由那些记载它的人们的心，而他们并不是机器，也不是神仙，只是会错误的动物，带有人的情感和偏见的。特西塔斯和杜西狄特斯（Thucydides）也许是从来写历史的最能干的人。最能干的，同时也是最不会有意作假的。但即使到现在，经过许多世纪，他们记载的真实也成为问题。我们有许多好理由，表明他们都是不可完全信赖的。如果我们怀疑这些人，我们去相信谁呢？

再者，假定事实不成问题。回到我的缀字片的比喻，你只须选择适合你的事实，你只须把不适合你的事实搁置一边，而且任随你的历史的理论是什么，你很容易找到事实来证明它。

你可以有你的黑格尔（Hegel）的历史哲学；你可以有你的史烈格尔（Schlegel）的历史哲学；你可以从历史上证明这世界是有一个神明统治着；你可以相信宇宙里除掉人，没有道德的主动者；你可以相信，如果你喜欢，古胜于今的旧理论；你可以说，像十五世纪所风行的，"我们的祖先有比我们更大的聪明和智慧"；或者你也可以谈及"我们野蛮的祖先"，描写他们的战争，好比鸟鸢的争斗一样。

你可以主张人类的演化是日趋于完善的、不断的进步，你也可以主张根本没有进步，人永远是一样可怜的动物。或者，你可以同《民约论》的作者一样一样说，人类在原始的简朴中，是最纯最善的——"当那高尚的野人在森林中乱跑的时候"。

在一切或任何这些见解上，历史将为你的朋友。历史，在它的消极的反讽里，是不作驳难的。如查尔诺在歌德的小说里，它不会下降来与你辩论，只会供给你所想相信的东西以丰富的例证。

"历史是什么呢？"拿破仑说，"除了大家所赞成的小说"。"我的朋友"，浮士德对他的学生说，当那学生很关切于过去的精神时，"我的朋友，过去的时间是一本七重封印的书。你所说的过去的精神，只是这个或那个大人先生的精神,过去的时世是在他们的心中反映着吧了"。

一个教训,而且只一个教训可以说是历史所清晰地复演的。世界是多少建立在道德的基础上,就久远而论,对于善人,它是好的;就久远而论,对于恶人,它是坏的。但这不是科学,这不过像希伯来的先知的旧训一样。孔德及其弟子们的学说到底没有使我们于日常践蹈的旧路以外更进一步。假如人们不完全是禽兽,至少也是半禽兽,并且就他们一方面而论,是受禽兽的状况所支配。人的行为有一部分是没有并且不需有道德的意义的,就这一部分而论,他的定律是可以计算的。关于他的消化有一定的规律,关于他的消化器官所凭借以获得物料,也有一定的规律。但过此以往,我们是处于什么境化呢?乃处于一个世界,在其中我们不能用"实证哲学"一类的定律来计算人们的行动,正如我们不能用营造尺去量度海王星的轨道,或用杂货店的天秤去称天狼星的重量一般。

为什么应有这样的情形是不难看出的。科学可能说,所以言之成理,其所依据的基本原则是:一切动作都由自利而起。它可以是开明的自利,也可以是不开明的。但这是被假定为一条公理:每一个人,不管他做什么,都有一个他认为可以增进自己的幸福的目的。他的行为,不是被他的意志决定,而是被他的欲望的对象决定。亚丹·斯密在奠定经济学的基础时,彰明地把一切其他的动机除外。他不说人们的动作一定不由于别的动机,更不说不应依着别的动机而动作。他只主张,就生产及买卖的技术而论,自利的影响可以算是一律的。亚丹·斯密在经济学上的主张,勃克尔先生把它推广到人类活动的全部。

现在,高等人所以异于低等人的特征——构成人的优良、人的伟大、人的高尚的要素!当然不是她们追求自利的开明程度,而是忘却自己!是牺牲自己!不顾个人的快乐,个人的放纵,个人的远的或近的利益,因为另外一路的行为是更对的。

有人告诉我们说,这不过是表示同样东西的另一种方法吧了:一个人喜欢做正当的事,不过是因为做正当的事给他以较高的满足。对于我,恰恰相反,那是深入于事物性质的中心的差异,殉道者去受火刑,爱国者去上断头台,并不是有受酬报的想望,只为了真理与自由,而抛弃他们生命是光荣的。所以从生存的各方面到日常生活的最小的节目里,那美丽的人格是不自私的人格,我们最敬爱和羡慕的人是永不会想到自身的。他们单纯地做着那些好的、正常的事,不带什么作用(不想它会不会使他们快乐或不快乐)。

这仍是自私,不过比较开明一点吗?我不这样想。真正高尚的本质是忽略自己。一涉及自身的顾虑,大事业的美丽就消失了——像泥污的花朵一般。一个为主义而死的殉道者(主义的胜利他永不会享受到)的自利——那断然是自相矛盾的话。最伟大的人物,即使他们的希望同他们的坟墓一齐关闭。他们还是要做他们的事业的。历史上有一等人,他们对于光荣的主义是那样热心,假使主义能成功,他声名埋没,亦所甘愿。

从这种神秘性质(不管它是什么)生出人生之较高关系,人类道德责任之较高样式。哲学家康德常常说,有两种东西,他每一想到,便生敬畏。一是星象森严,无穷无尽的空间。一是行为的是非。是,就是为了善而牺牲自己;非,就是为了自己牺牲善——二者并不是欲望的分等级的对象,我们之趋向他们是由知识的程度来决定的,而是像南北两极一样分离,像光明与黑暗。其一是无限的爱的对象,其一是无限的憎恨嘲辱的对象,人们的行为所以在事前不能由科学测算,在事后,能有科学的解释,就因为这作恶(作惟或为善,由他们自择)的能力(这是一种陈旧的见解,但不因此减却真实性)。如果人类是一贯的自私,你可以分析他们的动机。如果他们是一贯的高尚,他们将在行为中遵循崇高底完满的定律。□□□□□□□□□□而这结合所产生的人类有时受这种影响,有时受那种影响。你就一日不能从他得到什么,除非站在旧式的道德观,或者如果你愿意的话,想像观点。

甚至经济学的定律也停止领导我们,当它们涉及道德的统治。劳工一日是可买卖的货物,它一日是像别的商品一般,跟着供求的状况,但假如雇主不幸而想到他对工人是站在人类的关系上。假如他相信,无论对不对,他对他们是要负责的。相信为了他们的劳力,他一定要使他们的孩子受到合当的教育,他们及他们的家庭有合当的衣食住。相信他应当顾到他们,当他们生病或年老时,那么,经济学就不再指引他,而他和他的倚靠者的关系，一定要照另一些原则去排列了。

他一日只顾及他自己的物质的利益，供和求一日可以解决一切困难。但是一个新的因素的加入就毁坏了那公式。

并且人类对历史的真兴趣正在这低劣动机和高尚情绪的交争地，在求依真理正义，以管理人类的奋斗（永远失败，却永远继续着的）。在国家的建立和暴政的推翻，在教派的兴灭，在理想的世界，在人民的剧里的名优的性格和行为。那里，善与恶打他们永远的仗，有时分成两个敌垒，有时却同在每一人的心中。工业的进步，物质及机械的文化的生长是有兴趣的，但不是最有兴趣的。他们在物质舒适的增加上，有它们报酬。但是，除非我们看错了我们的天性，它们根本就不是深刻地关切我们的。

再者，不独人类有这种原则上的二元性，并且在我们当中，另有一些更能及抗科学的分析的东西。

勃克尔先生靠"平均数"的理论，把自己从这个人或那个人的偏性解救出来，虽然他不能说某甲、某乙或某丙要自刎，他可以证实每五万人或五万人左右（我记不得准确的比例）中有一人要自刎，他以此自慰。无疑地这是一个可以安慰的发现。不幸，一代的"平均"不一定是第二代的平均。我们也许会为日本人所感化，就一切我们所知来推论，而且日本人向生命告别的方法已流行于我们中间。诺娃利斯不曾提示：人类最后会厌恶自己无能，到了一个程度，因而全体同时自杀给一个更好的世界腾出地方来吗？无论如何，种族所从流出的源泉是永远在变着的，没有两代是相象的。是否在组织自身有变化我们不能说。但这是一定的，像行星随着四围的空气而变化，每一代和前一代相异，因为它所吸的空气是全世界历来所积的智识和经验。这些东西形成我们在生长中所吸的精神的空气，而很难目现今构成那空气的因素，既然极端复杂，我们猜度，在它的影响下发展出来的心将是什么样子。

从非丁及瑞查生的英国到奥斯丁小姐的英国，从奥斯丁小姐的英国到铁路及自由贸易的英国，这变化是何等地广大啊！但是查理斯·格兰的生在我们眼中，当没有我们在我们曾孙的眼中那样怪异。世界的移动越来越快了，差异或将是很大的。

每一新时代的脾气是一连续的奇迹,命运喜欢及证我们最信赖的期望。格兰的生相信征服者的时代已到了尽头。如果他们有全寿,他可以见到欧洲在拿破仑的足下。但是几年以前,我们还相信世界已成了太文明,不适于战争了,海的苑的水晶宫是要肇始一个新时代。像拿破仑战争那样凶残的战争,现在成为日常的故事。最有进步的技艺是破坏的技艺。其次是什么呢?我们可以睁眼一看这临终的世纪以外的将来,但猜想也没有比这里更不可靠的了。那是空虚的黑暗,在这里虽想像亦无能为力了。

那么历史的功用是什么呢?它的教训是些什么呢?如果它能告诉我们以过去的微末,而不能给我们一点将来的推测,为什么要白费时间于这硗瘠的研究呢。第一,它是一种呼声,永远响着是非的定律,经历许多世纪。意见转变了,习俗改变了,教派兴起又消灭了,唯有道德律是写在永恒的碑版上。人们为了每一虚伪的字或不义的行为,为了凶残和压迫,为了贪欲和虚荣,最后必须给付代价。不一定永是正凶所给,但是有人给的。唯独正义和真理能永存。不义和虚伪也许可以活得很长,但是判决日最后是要来的,法国革命便是其例。那就是历史的一个教训。另一个是,我们不应去算命,我们不要存很大的盼望,因为我们所盼望的是不会实现的。革命、改革(许多英雄和圣贤投身于这些大运动中,相信他们是新运会的初晓)不会结成人们所期望的果。新运会还是离得很远呢。这些大变动使世界改变了,或者改进了。但是并不如其中的主角所希望那种改进。路德当不会如此热心地工作,假如他能预见三十年战争,及远在更后的土炳真(Tübingen)的神学。华盛顿当踌躇不想挥剑反抗英国,假如他能预知他所造成的国家将成今日(一八六四年二月)的样子。

最有理的预料使我们失望——最适切的前例领错了我们,因为人类问题的条件永不重现。一些新的面貌改变了一切东西一些原素,我们在它后来的动作上才发现它。但是这可以说,只是一种微弱的结果。难道人类同一切它的快乐及痛苦,它的灾难和克胜的悠长记载,能够教导我们这些,而不能够多一点吗?让我们从另一方面来接近这题目。

如果有人要你指出莎士比亚戏剧所以超群出众的特点,或者在许多项目中你会提到这一点：他的故事不是凑在起来解释任何定律或原理，他的人物也不是用来达到这目的。他们教人以许多警诫，但没有一件是比其他更显著的。当我们把他们包含的一切直接教训抽了出来，还剩有一些东西不能分解——一些艺术家所给予而哲学家不能给予的东西。

我们常说的莎士比亚的最高的真理就在这特点上。他表现真正的人生。他的戏剧所教训的恰如人生所教训的不少也不多。他建筑他的建筑物，如自然一般，在是与非上，他从不强把自然弄得比实际上更系统化。在善与恶的微妙的交流上，在无辜者的受难上，在惩罚的偏颇不均上，在黑白不分、玉石俱焚的现象上，莎士比亚是忠于实在的经验的。人生的神秘，他写出来正如他所看见的。在他的最宏伟的安排上，他是对智力的情感说话，而不是对思辨力，是靠不住的，而圣哲也如婴孩一样无知。

只有上等天才才能这样表现自然。一个劣等的艺术家或诗产生一对完全不道德的东西，在那里善恶只是空虚的名辞。而高尚品性的表现绝对不管这些，否则，如果他是一个较好的人，他就把一个教训同目的强加于自然上，他撰出所谓道德的故事，那也许有益于良心，却误导了智力。

近代所产生的这一类的最好作品是雷兴的《智人那丹》一剧。它的目的是教导宗教的宽容。这主义是可钦佩的，它的宣传的方式是有趣的。但它有一致命的错误，那就是不真，自然并不以任何这样直接的方法教导宗教的宽容。结果，没有人比雷兴知道得更为清楚，那戏剧并不是诗，只是华美的制造品。莎士比亚是不朽，雷兴的《智人那丹》要和产生它的思想方式一同过去。一个是基于事实，一个是基于人对事实的理论。理论最初看起来，是包涵最直接的教训，但并不真是这样。

息柏及其他像你所知的，要修正莎士比亚。在《李尔王》中的法国国王是要被省去，考地利亚是要同爱德加结婚，李尔自己则要享受一个黄金的老年以补偿他的祸难。他们不能忍受哈姆莱特为了喀劳狄亚斯的罪恶受苦。邪恶的国王要死掉，邪恶的母亲也要死掉。哈姆莱特和奥菲利亚结为配偶,后来永远过着快乐的日子。只有平常的小说家才会这样排列。你可以有你的舒服的道德:邪恶受恰当的惩罪,美德有它所值的报酬。一切都很好的。但莎士比亚都不要如此。莎士比亚知道罪恶在它的后果上并不如此简单,上帝也没有如此的"父性"。他情愿从人生获取真理。关于人生应当怎样的正确理论,其对人心的影响,和人生本身的影响比起来,是小到无以复加。

再者,让我们拿通俗历史对于奇异事迹的处理和莎士比亚对于它的处理来比较。看看《马伯》你可以从它得到许多教训——种种色色的教训。在高尚本性渐趋于灭亡的步骤的路上,有一具深刻兴趣的道德教训。照较上代的想法,你可以推究,如果你愿意的话,这里所代表的政治状况和君主专制国对于无忌惮的野心所表示的诱感。你可以学斯洛博士说,在一个立宪的政府里,这些事情绝不能发生。再者,你可以运用你的譬喻去反对信,你可以张大巫术信仰的可怕结果,及省学校及报纸时代的种种超越的利益。假如这故事的大略是由一编年史家传到我们,并经一个平凡的十九世纪作家之笔色,那么我们可以相信,这作家的叙述,必定采用上述种种原理之一。这类描写中之最好的,若放在那些展开灵魂监狱的秘密的作品旁边,会显得是怎样瘦削的、萎缩的骨骸啊!

我想,莎士比亚绝对不会给我们以关于他的意见的一种理论——他给我们以事实的本身,我们对它可以随意用任何理论。

《依利亚特》比《马伯》早二三千年,但它好像昨日所写的一样新鲜。在那里我们没有教训,除掉我们读时所生的情感,荷马没有哲学。他永远不努力去使我们印上他关于这件事或那件事的见解。你很难说他同情于希腊或特洛,但他忠实地把同时的男人或女人表现给我们。他歌唱特洛的故事,弹着他的七弦琴,他所同堂喝酒的人,就和他所唱的英雄一类。这样,虽然没有一个人像希腊的舰队到依利翁。虽然没有伯赖安半夜去袭亚克利斯的帐幕,虽然攸利塞斯及戴奥密及涅斯陀只是些名字,海伦也不过是一梦。但是,凭荷马表现男人和女人的力量,希腊人独从古代世界黑暗中轮廓清晰地显现出来,这种情形是任何历史的时期(除最现代外)所没有的。只就历史的目的而论,《依利亚特》及

《奥得赛》也是古今最有效力的书。我们看见曼尼罗斯的大厅,我们看见亚尔仙那斯的花园,我们看见娜危迦同她的婢女在海岸上,我们看见那仁慈的君主带着他的象牙笏坐在市场上执行婚姻的正义。再者当那野性发作的时候,我们听到枪矛的断折,听到英雄倒下时盔甲的撞击声,和战马冲入死人堆里,假如我们进入一个老爱奥尼亚公爵的宫里,我们知道在那里应当看到些什么。我们知道他用什么话来招呼我们,我们可以见到克陀像一个朋友似的。如果我们可以选择一个在火炉旁消磨一个夜晚的伴侣,那就是那足智多谋的人——彭尼劳的丈夫。

我并不牵涉到那烦难的问题,即历史与诗二者孰为近真?有时有人说,诗是更真的,因为它使得事物更近于我们的道德的感觉所希望的,我们每个人说到"诗的公正"等类的话,好像自然和事实不够公正似的。

我完全不赞成那见解,诗愈依那样的方法,试去改良,就违背事实愈远,并且是不忠实于自己了,甚至文字(记载)的事实,一个大诗人也宁照它本来的面目得到它,如果他可能的话。莎士比亚在历史剧中,每逢可能时,必勉力采用(他发现)曾被用过的言语,例如,乌尔斯的壮丽的演说,是直抄自加湿迭怒的传说,不过因音节的需要,略加点窜而已,马波卢拿莎士比亚当英国史读,并且此外什么也不读,只有诗人可以不受"事实的偶然"的束缚,当它是不方便的时候。莎士比亚知道王子哈尔少时生活于放荡的伴侣中就够了,而东平酒店,恰可以补足他的图画。虽然隙克利太太和花斯塔夫及潘斯和巴都尔夫,与其说是真实的亨利皇子的同伴,毋宁说是莎士比亚自己在"鲛人"酒店中所遇见的人物,莎士比亚描画出真实的人物就够了,"剧情"不管是什么,自然会安坐在它上面,只在这意义上,可以说诗是比历史真实,并且它能使图画更为完全,它可以超脱时间及空间的拘束,并且把动作投入更易于处理的范围里,因而把它表现得更清晰。

但它不能改变事物的真实状况,也不能把生活表现得异乎本来的样子,诗人的伟大是靠着他忠实于自然,而不强求自然合乎他的理论,也自然不使比现实更为公正,更为哲学的,更为道德的,并且,在疑难的事情上,把那些不能解释的,多多保留以供反省。

如果诗需要如此，如果荷马与莎士比亚之所以为荷马与莎士比亚，是因为他们不作什么教训。那么，这不就给我们一点暗示，关于历史应当是什么，并且在什么意义之下能够希望有所训诲吗？

　　如果诗不该理论化，历史家更不该理论化，他忠于事实的责任比诗人的更大。愈壮丽的戏剧，其中的动作愈不能拿定律去解释，因为它这样才会像人生。不独戏剧是如此，历史也是如此。《马伯》如果字字是真实的便是完全的历史，并且历史家若能接近那类的模范，若能用造成故事的人物的言行来叙述故事，他就是最成功的。他的著作再不是他脑中出来的气，一吹就散的。它是言之有物，永远有兴趣的。关于它可以生出一千种理论——种种精神的理论，种种泛神的理论，和种种因果的理论。但每一时代都有它自己的历史哲学，而所有它们都要轮流地衰息。黑格尔过时了，史烈格尔过时了，孔德也有一天要过时的。我们自身改变，我们对事物的思想也跟着改变，但事物的本身是永不能改变的。历史的耐久或易灭是看它包涵作者自己的悬想之多少而定。在这一点上，吉朋的优美的智力大体上使他谨遵着正路。可是他书中最哲学的几章（他最受人钦佩和指谪都在此）将来也许被认为是最乏味的。从前它们曾被人认为难以索解，将来它们会显得平凡无奇。

　　也许可以说，要求历史写得像戏剧，就是要求不可能的事。全用戏剧的形式去写历史无疑是不可能的。但是有些时期，大体上对人类是有极大的兴趣，它们的历史的写法，应该使演员们自己的话来表现他们的性格。在那里，我们可以见心与心相对抗，并且时代的大情感不是简单地见于记载，它们在灵魂中的白热程度也被表现出。那里有一切戏剧的原素——最高等的戏剧——在那里，时间的大势力是像希腊式的命运一般，人的能力或者挡住潮流，一直等到为潮流所覆没，或者像是屈服于它，而或则统治着它。

　　那是自然的戏剧——不是莎士比亚的——但毕竟是一戏剧。至少在我看来它是这样。每逢可能时，不要向我们谈及这人或那人。让我们听他自己说话，让我们看他动作，让我们自己构成对他的意见。有人说，历史家不能令读者们自己去思索。他不应该只把事实摆在他们的面前，他应该告诉他们以自己对于那些事实的感想。照我的意见，这正是他不应该做的。勃特来主教曾说过，一本好书只包有前提，读者可以自己从前提得到结论；最高的诗正是勃特来所要求的，并且最高的历史也应该是这样。我们不应要求这个或那个时期的历史的一种理论。正如我们不应要求《马伯》或《哈姆莱特》的一种理论。历史的哲学，历史的科学，这一切，继续是有的；它们的时装将要改变，每逢我们的思想习惯改变，每一新哲学家的职务就在表明以前的人什么都不懂。但是历史的戏剧是不灭的，它的教训像我们从荷马或莎士比亚所得的一样——无言的教训。

历史的陈辞，对着我们的思辨力而发的，是少于对我们更高的感情而发的。我们从它所学得的是同情于伟大及善良，而憎恨卑鄙，在命运的乖蹇上，我们感觉我们的无常的存在的神秘。在昭明的性格（他们左右世运）的尚友上，我们逃出了那粘般于平凡的人生的琐小，并且在自己的心中调成更高尚的腔调。

至于其他，至于那些我所提到和勃克尔先生有关的大问题，则我们正生在一个分裂的时代，无人能知我们以后的事。假如一个现在的婴孩，能和这世界一同活到第二个世纪的中叶，他将会见到什么样的意见、什么样的信念流行在这世界上，只有极大胆的人才敢去猜度。"那时候要来了"，烈赖堡说，嘲笑着近代思想的唯物化的趋向。"那时候要来了，当对上帝的信仰成为老妇人吓小孩子的故事，当世界是一机器，以太是一氧气，上帝是一势力。"如果人类有充分的时间活在地球上，他们可以创出奇希的东西，所谓"实验哲学"生长的乃是烈赖堡所预言的奇异的注脚。但是那结局是在七十年后，或在七百年后——人类无常的历史的终结是否在将来很远，正如它的暧昧的开端之距离我们一般——这些问题都无从拟答。只有一点可以肯定地预言：人性的迷将永远不能解决（人性将仍然留下一部分为物理的定律所不能解释的）。这一点东西，在他身上和在世界上，是科学所不能测探的，并且暗示，关于他的原始和命运，有若干未知的可能性。将来仍然会有：

> 那些固执的疑问，
> 问到外物和精神，从我们坠下又消泯。
> 一个生物的空虚的疑虑，

他有没实现的诸色世界里流转。

崇高的良能,当它面前我们无常的本性是在战栗着,像受了惊的罪犯。

将来仍然会有:那些原始的情感、
那些朦胧的回想,就算是它们那样,
还是一切我们的白日的光源,
还是一切我们瞻视的先母,
支持我们,抚育我们,力能
使我们喧嚣的岁月看来者
如永远沉默的存在的几刹那。

(《益世报·史学》第 23、25、26 期,1939 年 11 月 18 日、22 日、23 日,第 4 版)

历史的任务

姚从吾

一、历史的演进的三阶段——述事的历史、垂训的历史与进化的历史

(一)述事的历史。以述说事实为主,历史在这一个阶段,可分为两大支:

甲、记账式的编年史。记事者只将外界发生的事情认为是重要的,用不完备的工具记述下来。多者一句,少者两三字。只记大事,彼此不相统属。这一类的历史,如我国的《春秋经》《竹书纪年》之类。

乙、歌咏体的史诗。记事者或诗人将这些大事,编成诗歌,辗转歌唱,流传于世。这一类史诗,如我国《诗经》中的述事诗,古乐府古诗源中的史歌史诗,《木兰辞》《长恨歌》之类。

(二)述事历史的起源。述史的历史(包括编年史与史诗)的起源,约有三种:

第一,起于爱美的动力。1.爱歌;2.抢亲求妻的故事与战争;3.赞美异性。许多可歌可泣的记事的诗歌,大部分都是由爱的冲动引起。

第二,起于好名心与好胜心。最早的记事文与史诗(叙事诗)也大部分起于夸示武功,表扬神迹,使后人讴歌崇拜。《左传》中的《郑庄公克段于鄢》,《书经》中的《甘誓》,古诗中的《木兰辞》都属此类。

第三,起于节日与祭祀。如回教人以默罕默德逃亡之年为纪元,耶教以基督生年为纪元,罗马人以运动节记年,吾国以敬天法祖为立国大政之类。第一是由于爱情,第二是由于争斗,第三是由于恐惧。

（三）垂训的历史（或实用的历史）。大致以"鉴往知来"与"垂训后世"为主。前代帝王的提倡历史与学者的著述历史，实在的动机，都是想述说前人的经历，预作后人鉴戒。我国的《资治通鉴》、正史可以说是实用的历史。（详第二节）

（四）进化的历史。进化的历史的发生，欧洲自十九世纪初期，批评方法与进化观念应用到历史学以后，我国自五四运动以后，进化的历史，简单的说即是用进化的眼光去看历史上的事变，用进化的眼光去批评史料，解释史事。照欧洲学者的说法，历史学到了这一个时期，才成为科学，这一时期内的历史著作，才可以说是科学的。

二、我国之实用的历史

我国"作鉴的历史"名著既多，精辟的议论亦不胜列举。兹举司马光、杜佑、司马迁三人对历史在实用方面的议论，作为举例：

（一）司马光《上〈资治通鉴〉表》，表中说到编辑《资治通鉴》的主旨如下："臣常不自揆，欲……专取有关国家盛衰、系生民休戚，善可为法，恶可为戒者，为编年一书。使先后有伦，精粗不杂。……伏望陛下……时赐省览，鉴前世之兴衰，考当今之得失，嘉善矜恶，取是舍非，足以懋稽古之盛德，跻无前之至治，俾四海群生，咸蒙其福。"

（二）杜佑的《通典·序》及《上〈通典〉表》。1."所纂《通典》，实采群言，征诸人事，将施有政。"（《通典·序》）2."其次立言，见志后学，由是往哲递相祖述，将施有政，用乂邦家。"（《上〈通典〉表》）杜佑是博通古今，素以富国安人为己任的历史家，他编辑《通典》以实用与作鉴为目的，自无疑议。

（三）司马迁的自序。司马迁的自序中说到历史的用处精辟明快，比上举二家，扼要多了。要点如《太史公自序》：

> 夫《春秋》，上明三王之道，下辨人事之纪，别嫌疑，明是非，定犹豫，善善恶恶，贤贤贱不肖，存亡国，继绝世，补弊起废，王道之大道也。

> 故有国者不可以不知《春秋》，前有谗而不见，后有贼而不知。

为人臣者不可以不知《春秋》,守经事而不知其宜,遭变事而不知其权。为人君父而不通于《春秋》之义者,必蒙首恶之名。为人臣子而不通于《春秋》之义者,必陷篡弑之诛。其实皆以为善,为之不知其义,被之空言而不敢辞。

三、历史学的性质与用处

(一)历史学是社会科学的一种,研究的对象为人类之"社会行为"的进化与因果关系。

(二)研究历史可以认识以往的政治、社会与文化的真象。从了解以往的政治、社会与文化的真象,可以进而使我们更明白我们的现在的政治、社会与文化。简单说,历史是告诉人现在的由来的。历史可以帮助我们看清我们的现在,了解我们的现在。

(三)研究历史可以发达人类合群的思想,可以使人知道群体与小己的关系。知道小己(个人)是全体(社会)的一份子。社会与群体的利害与荣枯,可以直接影响到个人,所以也就是个人的利害与荣枯,使个人知道努力种善因,努力从份子的改善,达到增进人群与社会的福利。

(四)研究历史可以多识前言往事,放大个人的知识,帮助解决当前的问题。

(五)研究历史可以从前贤往哲的行事、著述、文学与美术方面得到鼓舞。因而激发人类的爱国心和爱种族的思想。

(六)研究历史可以使人知道注意经验,利用经验。

(七)从历史上可以看到世界人类文化演进的大势,可以看到民族间盛衰兴灭的内因与外因。发生民族间优劣的比较,由此使人警惕,使人恐惧,使人兴奋,增进对己族改良与进取的勇气与决心,以期与世界共进。

(八)历史是一切科学的重要补助科学,各种科学(自然科学或社会科学)都各有自身的由来与进步的过程,打算研究或知道一种科学的现状,不可不先知道这种科学自身的由来,自身的演进与长大的历史。一切学问,可以说一半是向前进步,一半是温习历史。一方面向前进步,追求新发明的继续;一方面社会化,普及到一般社会,变成人类的常识。历史时时在替人类结算旧账,时时在提醒人类,使人类知道反省与比较,因而更了解自身所处的现在,就提高常识说,历史要居第一重要的位置了。

(《益世报·史学》第26期,1939年11月23日,第4版)

历史与教育

姚从吾

一、何为历史？——历史、历史书与历史学

（一）历史浅释。普通所谓历史，就性质说，含有以下的几个意思。

甲、事实。简单说，指一件已发生的事情。凡是已经发生过的事实都可以说是"历史"，如说某人的丑史，就是说某人曾有说一段丑的事情。

乙、历史书。就是"事实的记载"。指一件事情发生经过的述说或叙述。

丙、历史学。1.研究一种事实（人类的事变）发生的原因与发生的各种关系的学问。2.研究怎样使"事实记载"与客观的事实，彼此符合。第一是历史观或历史的改释，第二是历史的方法论。

（二）事实记载与信史。凡记述一种事变的发生经过与结果的记事文或记事的著述，都可以说是事实的记载，但不一定都是信史。信史必须是事实记载与客观的事实彼此符合。事实记载与客观的事实，不易符合的原因：

甲、有意的。限于传统思想、伦常纪纲，有意使记载与事实不相符合。例如《春秋左氏传》所记"晋赵盾弑其君夷皋"。

乙、无意的。受时代或材料等的限制，不能使记载与事实符合。例如《后汉书》卷二三《窦宪传》所记，宪伐北匈奴"大败北匈奴于金微山，北匈奴逃亡，不知所终"。据欧西史料，我们知道北匈奴的干部，先从蒙古迁到窝耳迦河，又西进扰乱欧洲，民族大迁徙的波浪，即是由此

开始,《后汉书》受材料的限制,以"不知所终"四字了之,虽与事实不符,但不能说是有意的。

丙、主观与偏见的作祟,因而使记载与事实不相符合:例如《宋史》与《金史》所记金兀朮南侵时的战争报告。

(三)信史必具备的条件。1.须用科学的方法去研究史料,批评史料。2.须努力求真。即是说为治史而研究历史,除寻求事实的真象而外,没有其他目的。3.判断与结论,须求得一般人的共信。就是说态度须是客观的。4.须能利用历史的各种补充科学。

二、历史在教学上对于教育的贡献

(四)教育浅释。1.指示应当由之路谓之教。使之合理的、自然的长大成熟谓之育。2.上所施,下所效谓之教。3.以自己所知所能传受于人,谓之教。4.实施一种教导的力量,使之感化(教化)。5.国家颁发一种教育人民的施教方针,指导国民,督催国民,自幼至长,使得向着这种方针,发展智能,使能独立生存,适应国家民族当前的环境与世界人类共进(教育政策)。

(五)历史对于教育的贡献。历史是举例的哲学,在教材上对于教学帮助最大。约举之即有以下几点:1.举既往可以看清现在。2.举前贤的行事,可以勉励今人。3.举前人的名言高论可以明晓今事。4.举前人(个人或民族)的成功和如何战胜困难,可以助长今人的勇气,增长今人的希望,坚定今人奋斗的决心。5.举前人的失败,可以作今人的鉴戒。

(六)历史家与教育家对于历史态度的区别。1.历史家对于历史事变,就求知的观点说,一例看待,不能迁就私见,有所选择。教育家引用历史作教材或以教人为目的而讲述历史,编著历史,则首重选择。不能滥引史事,违反国家的教育政策。2.历史家是以研究历史为目的,教育家是以运用历史事实,发挥教育精神为目的。3.求知与作人。

(七)用科学的方法去研究历史。□□□□□□□□历史课程,目的在举古证今教人如何作人。一九三〇年德国全国史学会在哈勒

(Idalle)城开会讨论"历史对于教育的使命",决定两个原则。1. 大学的历史系历史研究所、各邦学士会研究历史,在寻求知识,态度应当是客观的,方法应当是严格科学的。2. 高中师范以下学校中的历史课程、教育部书局以及公私教育机关出版的历史教科书,目的在供给教材,注入常识,补助教育教人如何作人,两者分别显然,不可相混。

(八)大学历史学系中的专史,考定名物,批评史料,以及各种史观、突然事变,与同类史事的探讨与解释等都偏其求知。历史教科书中侧重英雄传记,表彰先贤先圣的嘉言懿行,举示鉴往知今的历史事变等偏其作人。

(九)研究历史的人,对于历史范围内事物若有一事不解,必须虚心求他了解,一物不知必虚心求能真知晓是求知。举述历史事实以激发青年及一般国民的爱国心、自尊心、进取心,是作人。知之为知之,不知为不知,以先觉后觉,以先知觉后知,是作人。

(《益世报·史学》第25期,1939年11月22日,第4版)

论滕县铜器群之年代及郳国之起源

孙次舟

一、引　　言

民国十八年,山东滕县安上村出土铜器多件,后归山东省立图书馆保存。凡十有四件:鼎二,簋鬲各四,匜盘罍壶各一。当时王献唐先生曾发表论文,对诸器年代及郳国史事,有所论述。大体本《公羊传》郳国有三之说以立论,断诸器为滥国之物,其作期在西周(齐鲁大学《国学汇编》)。此外则鲜见对滕县铜器有所论列者焉。馆藏珍品,外人鲜得寓目。而余之获与诸器相值,系在二十五年十月,该馆新藏书楼落成,行开幕礼,始将秘置多年之铜器,全部陈列。予因获得赏鉴。本文之作,只据参观时对诸器之简略笔记,若夫器形照片,以及铭文打本,则无由寻购。至于持论方面,乃提供旧日所怀之浅薄意见,献疑而已,非敢自谓必是也。

二、滕县铜器群之年代

关于滕县铜器群之作人,予与王献唐先生之意见大相迳庭。至其作期,王先生断为西周后期,余则定为春秋初年。本文前半,思将所恃以定诸器为春秋初年作物者,如世人告。余说若立,则王说自将发生动摇矣。

(甲)花纹　余对铜器断代所用之方法,仍本旧规。不外由花纹、器形、文字各面,比较研究。滕县铜器之形制,与通常习见之周代中叶彝器，无有差异。至其花纹，则颇与春秋初年之器纹，呈同一色调。滕县铜器之花纹如下：

鼎二　花纹同。缘作夔纹，腹作鳞纹，中有弦纹一道。

簋四　花纹同。（第二器失盖）全身作瓦纹，足作三兽首下垂，两耳作兽首衔环。

盘一　缘作环纹，腹有弦纹一道，足有弦纹二道。

匜一　缘作环纹，腹作瓦纹。

鬲四　花纹同。肩作环纹，腹纹不清，三足有棱。

罍一　肩作云纹，腹作盘云纹，两耳。足有土蚀，花纹不清。

壶一　缘腹俱作盘云纹，两耳有小兽首。足纹不清。

总览滕县铜器所表现之花纹，不出（一）夔纹、（二）弦纹、（三）鳞纹、（四）瓦纹、（五）环纹、（六）云纹、（七）盘云纹数种。并为西周末年及春秋初期习见之花纹，无甚奇特。西周末年铜器，其年代特显者，若毛公鼎作环纹，颂壶作盘云纹，而春秋时器，宗妇盘作云纹，晋公盦作盘云纹，杞伯鼎作鳞纹，郑虢仲簋作瓦纹，并可据以推断滕县铜器之年代。郭沫若《彝器形象学试探》以恭懿以后至春秋中叶为铜器之"开放期"，其言曰：

> 开放期之器物，鼎、鬲、簠、簋多有之。……盘匜初见。钟镈之类渐多。形制率较前器简便。有纹缋者刻镂渐浮浅，多粗花。前期盛极一时之雷纹几至绝迹。饕餮失其权威，多缩小而降低于附庸部位。夔龙夔凤等，化为变相夔纹，盘夔形，变相盘夔纹。而有穷曲纹，起而为本期之领袖。

滕县铜器之形制及花纹，与郭氏所言"开放器"之形制，大相吻合。滕县铜器中有盘、匜，有夔纹，有穷曲纹。郭氏所言"穷曲纹"，即本文所言之"盘云纹"。惟盘云纹虽为此时期之特色，但不见即为领袖也。拙著《新郑铜器为战国作物考》曾论及春秋时代之器物花纹曰：

> 春秋时期，以蟠夔纹为主。间有蟠云纹、蟠螭纹、瓦纹、云纹、弦纹、鳞纹。蟠虺纹偶一见之，但不敢确定为此时器。

拙文似较郭氏所画之时代为窄，而滕县铜器花纹，乃颇与拙论春秋器纹相符合。然则定其春秋初年作物,实不见龃龉。况除此而外,尚有其佐证,或可愈使拙论得以加强也。

(乙)字势 滕县铜器,类有铭文,足以考见作器者之名氏。吾人复就诸铭之文字作势核之,亦见其应属春秋初年作物。兹录诸器之铭文于次:

(一)鼎一 "邾义白嬴尊鼎。其万年眉寿无疆,子子孙孙永宝用。"

(二)鼎二 铭同上。但有泐文。

(三)簠一 "孟辟父作玄白□滕簠八,其万年子孙永宝用。"(盖文如此,器底文不清晰。)

(四)簠二 器底文同簠一,但有泐文。失盖。

(五)簠三 "孟辟父作宝簠,其万年子子孙孙永宝用。"(器盖文并如此。)

(六)簠四 盖字漫灭。器铭同上,甚清晰。

(七)盘 "亨叔作孟嬴盘,其子子孙孙永宝用。"("其"字泐。)

(八)匜 "作子……匜永"四字可识。"永"下"宝用"二字,只余残形。

(九)鬲一 "寺白作□申□鬲。"

(十)鬲二 铭文同上。

(十一)鬲三 铭文同上。泐"鬲"字。

(十二)鬲四 无铭文。

(十三)罍 无铭文。

(十四)壶 无铭文。

今由滕县铜器铭文言邾义白,而今日滕县一地,在春秋时代,有一部为邾国领土,由是颇疑滕县铜器有为春秋初年邾国作物之可能。邾国史事,春秋以前,记载不详,莫由详究。及入春秋,其事迹始□备于《春秋》与《左传》二书。今据二书所记,可以考见邾国国君主之世次如左:

(一)邾仪父 名克。真本《竹书纪年》作庄公,卒于鲁庄十六年。

(二)邾子琐 卒于鲁庄公二十八年。

(三)邾文公 名蘧篨。卒于鲁文公十三年。

(四)邾定公　名貜且。卒于鲁成公十七年。

(五)邾宣公　名牼。卒于鲁襄公十七年。

(六)邾悼公　名华。卒于鲁昭公六年。

(七)邾庄公　名穿。卒于鲁定公三年。

(八)邾隐公　名益。无道,为吴所废,立其子公子革。鲁哀廿二年,隐公借越力归国,又无道,二十四年,越人执之归,而立公子何。

(九)邾子何　在位年数不详。

自鲁隐公至哀公二百余年间,邾国君主之承袭,及其在位年限,皆可考知。晚今出土铜器,多有邾国作物,核铭文,亦有见于书册之邾君所作者。此于比较文字作势上,有极大之助力焉。

传世铜器有邾公牼、邾公华二钟。即春秋所载邾宣公、悼公二人之作物。兹以年代显明之器文为主,持与滕国铜器铭文相较,颇足窥见滕县铜器之年代,应在其前。传世铜器,又有邾伯御戎鼎及邾伯鬲二器,前者乃郭沫若氏疑为春秋稍前之作物者也(《两周金文辞大系考释》)。滕县铜器之文字作势,乃与邾伯御戎鼎诸器文相近也。

(丙)人名　就花纹、字势两方面观察,余断滕县铜器为春秋初年作物,不见有何反证,足破余说,而滕县铜器铭文所表现之人名,亦恰与书册相合,愈足确定余说之弗谬矣!

滕县出土鼎铭有云:"邾义白作此嬴尊彝。"此邾义白,即《春秋》鲁隐元年所记"三月,公及邾义父盟于蔑"之邾仪父也。何以言之:

邾仪父之"仪",三传皆同,无作"义"者。但《汉书·邹阳传》载邹阳上吴王书有云:"使东牟朱虚东襃义父之后。"注引应劭曰:"天下已定,文帝遣朱虚侯章喻齐王,嘉其首举兵,欲诛诸吕!犹《春秋》襃邾仪父也。""仪父"可作"义父",足证仪义二字,古可通用。又《周礼·地官·大司徒》曰:"五曰,以仪辨等。"注曰:"故书仪或为义,杜子春读为仪。"此亦仪义通用之证。金文中凡仪字皆作义。若叔向父殷,"共明德,来威义"。威义即威仪也。

古文之白,即后代之伯。在甲骨卜辞中,白字涵义有三:一曰色,二曰地,三曰侯伯之伯。(本董作宾《五等爵在殷商》)降及有周,伯字之涵义又广:有作行次用者,若《诗·何人斯》"伯氏吹壎,仲氏吹箎"是也,有作男子之尊称用者,若此滕县鼎铭之言"邾义白"者,是也。盖伯字作男子之尊称,其谊与"父"字同。金文中亦有其例。若《班簋》曰:"甲戌。王命毛伯更虢城公服。"又曰:"王命吴伯曰,以乃师左比毛父。"王尊毛伯称之曰毛父,则前所言曰"毛白"之"白",亦不见为其封爵。金文毛公鼎有云:"'王若曰':"父歆"!"由此足见称为某父或父某者,乃他人尊之之辞,与自称为某伯者,其义略同。故在金器铭中,曰某某父,或某某伯者,丛出迭见,多用为伯子之尊称。则所谓伯也,父也,其义之得相通,可以见矣。《说文》曰:"伯,长也。"此所谓长,乃泛指一切而言,年长曰"伯"可。一家之长曰"伯",亦可。一国之长曰"伯",亦无不可。傅孟真先生论所谓五等爵有云:"伯者,长也。此《说文》说,而疏家用之。寻以经传及金文记此称谓诸处之义,此说不误也。伯即一宗诸子之首,在彼时制度之下,一家之长,即为一国之长,故一国之长曰伯,不论其在王国在诸侯也。……至于伯之异于侯者,可由侯之称不及于畿内,伯之称遍及于中外观之。由此可知伯为泛名,侯为专号。伯为建宗有国者之通称,侯为封藩守疆者之殊爵也。"傅先生论伯如有国者之泛称,颇足助余说张目。余谓伯为男子之尊称者,亦即泛称之谓也。《说文》曰:"父,巨也。家长率教者。"《诗·大明》曰:"维师尚父。"郑笺曰:"尚父,吕望也。尊称焉。"《史记·孔子世家》集解引王肃曰:"父,丈夫之显称也。"父为家长之称,伯亦为家长之称,由家长之引申,国长可称伯,又何以不可称父?(今有称中山先生为国父者,即国长义也。)伯父义既相同,可用父为男子之尊称显称,又何以不可用伯?伯字古读如"博"(顾氏《唐韵正》),音与父近(段氏《韵表》同隶第十五部)。男子尊称,或用伯,或用父,音读密迩,亦有以使然也。

据以上二点,则《春秋》所记之邾义父,当即为滕县鼎铭之邾义白,当无可疑。此亦犹毛伯之一称毛父也。滕县铜器为春秋初年作物,此为其较有力之佐证。或是或否,只待忠实于学问之专家评定之。

邾仪父何年即位不可考。但其人于鲁隐公六年见于记述,至庄公十六年始卒,居位已四十五年。逆推其人之降生,亦当在春秋前二三十年之际。至其铸金作器,必在即位之后,是时适当春秋初年也。邾仪父名克,《春秋》记"邾子克卒",注家谓子为其爵,仪父为字。果尔,则字下所附之伯,为尊称,非封爵,当无可疑矣。

三、邾国之起源与东徙

关于邾国之起源,杜预在《左传释例》"地谱"中,已有论述,其言曰:

> 邾,曹姓。颛顼之后,有六终,产六子。其第五子曰安,邾即安之后也。周武王封其苗裔邾侠为附庸,居邾。今鲁国邹县是也。自侠至仪父十二世(《左·隐六年》正义引作"自安至仪父十二世"),始见《春秋》。齐桓公伯,仪父附从,推爵称子。文公徙于绎。桓公以下春秋后八世,而楚灭之。

杜氏所言邾国起源之事,当为根据《大戴礼》《史记》等书以为说。《帝系篇》曰:

> 颛顼娶于滕氏,滕氏奔之子谓之女禄氏,产老童。老童娶于竭水氏,竭水氏之子谓之高緺氏,产重黎及吴回。吴回产陆终氏。陆终氏娶于鬼方氏,鬼方氏之妹谓之女隤氏,产六子;孕而不粥,三年,启其左胁,六人出焉。其一曰樊,是为昆吾;其二曰惠连,是为参胡;其三曰籛,是为彭祖;其四曰莱言,是为云郐人;其五曰安,是为曹姓;其六曰季连,是为芈姓。……昆吾者,卫氏也;参胡者,韩氏也;彭祖者,彭氏也;云郐人者,郑氏也;曹姓者,邾氏也;季连者,楚氏也。

《史记·楚世家》叙楚之先世,所言与《大戴礼》略同,此外见于《史记索隐》所征引之《世本》,亦作是说。故杜预得本之以论邾国之起源也。惟杜氏所言周武王封邾侠事,未见所据。至言邾为颛顼之后者,亦嫌过于荒远,无所稽考。惟在此传说中,以邾与楚为同出一源,则对吾人重行推测邾国之起源问题,有莫大之启示焉。

颛顼为黄帝之孙,见于《史记·五帝本纪》,但并不敢信为真实人物。惟在春秋时代,其自称为颛顼后者,若楚,若邾,若郯者,并为蛮夷,而非中原民族,此则颇堪注意。楚为蛮夷,人所共知。至郯国,则知者较少。至邾,则恐无人或意及也。《左·昭十七年》传记郯子之言曰:"我高祖少皞挚之立也,凤鸟适至,故纪于鸟,为鸟师而鸟名。……自颛顼以来,不能纪远,乃纪于近。为民师而命以民事,则不能故也。"

《国语·楚语》曰:"及少皞之衰也……颛顼受之。"少皞之后有颛顼,而郯子以少皞颛顼为先祖,则其起源之传说,盖与楚邾同揆也。《左·昭十七年》传又记孔子见于郯子而学之,既而告人曰:"吾闻之,'天子失官,学在四夷',犹信。"设郯非夷人,孔子胡为作此"学在四夷"之语?令簋铭文曰:"唯王于伐楚伯,在炎。"炎即郯也。令殷为西周初年作物,此言周王伐楚,停留于炎,则炎地去楚,当不能远,必不在春秋时代郯国所据之地。(今山东郯城西南百余里,有古郯城,乃春秋郯国之故址。)此亦颇堪注意。至邾之为夷,《左·僖二十一年》传曰:"邾人灭须句。须句子来奔。……成风为之言于公曰:'崇明祀,保小寡,周礼也。蛮夷猾夏,周祸也。若封须句,是崇皞济,而修祀纾祸也。'"

此以邾人灭须句,而称为"蛮夷猾夏",其为指邾而言无疑。又《昭二十三年传》记叔孙诺如晋,晋人执之,(晋人)使与邾大夫坐。叔孙曰:"列国之卿,当小国之君,固周制也。邾又夷也,寡君之命介子服回在,请使当之,不敢废周制也,乃不果坐。"是邾为蛮夷,春秋时人,已交口言之矣。

邾地近鲁,何以得称为"夷",解经者无法求通,乃曰:"邾杂有夷之风。"(杜预《集解》)直扑影之谈也。吾人就《世本·帝系》《史记》所言邾楚同为陆终之后,(《邾公钅乇鈞钟》铭文曰:"陆×之孙邾公钅乇,作厥禾钟。"王国维以声类求之,谓陆×即陆钟。是邾为陆钟后,邾人已自言之。)及春秋人称邾为蛮夷之事,因疑邾之与楚,在厥初当并为南方民族,故在起源的神话传说上,乃趋于一致。邾之最初领地,当与楚近。及后楚渐庞大,吞食附近弱小,邾人不胜其迫,乃展转东迁,最后乃建国于近鲁之地。余之此等解说,并非全凭推想,亦复略有依据也。

《楚世家正义》引《括地志》曰:"故邾国,在黄州黄冈县东南百二十里。"邾之故国,乃在今湖北黄州境内,足证邾国厥初,系建国于南方,故其国虽迁,而其故城仍旧存在也。《史记·项羽本纪》记立吴芮为衡山王,都邾。此邾当即邾之故城,《正义》又引《括地志》曰:"故邾城在黄州黄冈东南(百)二十里,本春秋时邾国子曹姓狭居,至隐公徙蕲。"《括地志》此处所言,较前为详。虽其所言邾隐公徙蕲之事,出自凿空,而邾之故城在楚附近,则无疑问。考《春秋》所言之邾,建国于今山东境,《左传》记邾事特详,亦只言及邾隐公之废立事,未及南迁。此当由《括地志》作者,知黄州有邾故城,求其故而不得,因作此南迁之附会,实则非实事也。前于《括地志》之《水经注》,对南方之邾,亦有解说。其言曰:

> 江水又东,迳邾县故城南,楚宣王灭邾,徙居于此,故曰邾也。
> 汉高帝元年,项羽封吴芮为衡山王,都此。

《水经注》谓南方之有邾城,以楚宣王灭邾,徙邾于此之故。是邾之徙,乃在战国之初期也。然请及邾国灭亡问题,汉人传说,即不一致。后于汉人郦道元,其所解更难必真实矣。汉人对邾之灭亡,有二说焉:一谓灭于鲁,一谓灭于楚。赵岐《孟子题辞》曰:

> 邹本春秋邾子之国,至孟子时改曰邹矣。国近鲁,后为鲁所并。又言邾为楚所并,非鲁也。今邹县是也。

汉人两说,并无实据。其言邾灭于鲁者,以"鲁击柝闻于邾",国土密迩,而邾势弱于鲁,在战国时代,两国又屡次征战,因有邾灭于鲁之臆说。其言灭于楚者,一以楚地又邾城,求其解而不得。一以鲁国灭于楚,邾国当亦不能幸免,因造出楚灭邾迁其君南方之说。于是贯通而无阻矣。孰知其并属测臆无据,而交相乎抵牾!

关于邾国灭于何国,吾人甚憾资料缺乏,不敢遽定。至其亡国之年代,说者亦多纷歧。《汉书·地理志》曰:"驺,故邾国,曹姓。廿九世为楚所灭。"一只言二十九世,不知为若干年。杜预《释例》乃谓春秋后八世,楚灭邾。兹以三十年为世计之,则邾之亡国,当在春秋后二百余年,是又早于《水经注》所言灭于楚宣王者百余年矣。《孟子·梁惠王下》记"邹与鲁哄。穆公问曰:'吾有司死者三十三人,而民莫之死。'"云云,邹穆公能与孟子相接,而向之请教,度其时当在孟子晚年。(孟子约生于周烈王初年,卒于赧王二三十年之间。罗根泽先生《孟子评传说》。)则邾之灭,容当在楚宣王之后矣。《史记·楚世家》记楚人之"好以弱弓微徽,加归雁之上者",说顷襄王曰:"昔者三代以弋道德,五霸以弋战国。故秦魏燕赵者,骐雁也。齐鲁韩卫者,青首也。邹鲁邾邳者,罗鹭也。"说客告楚襄王以攻伐之路,而言及"邹鲁邾邳",足证诸国斯时尚未亡也。由以此言,则邾之亡国,当在战国后期,《水经注》之说误而杜预所言为得其仿佛焉。

由于《水经注》《括地志》所言黄州有故邾城之故,而并无根据。以是余乃坚信邾国厥初,当在南方。东迁之后,而故城尚留存于黄州也。至其因何东迁,以吾人之推测,当为受楚人侵略之故。《楚世家》记楚熊渠在周夷王(当作懿王)时代,"甚得江汉间民和,乃兴兵伐庸杨粤,至于鄂。熊渠曰:'我蛮夷也,不与中国之号谥。'乃立其长子康为句亶王,中子红为鄂王,少子执疵为越章王。皆在江上楚蛮之地"。鄂在今湖北武昌境,则当楚人拓土之际,在黄州之邾与鄂密迩,当然无法立足,吾意邾之东徙,当在楚人开始迁徙之路线,亦约略可寻。盖邾之迁徙,非只一次,亦非迳至今山东境地。乃系几番移动,始克与鲁为邻也。

传世铜器有方城朱中子尊,其铭文曰:"方城朱中子宝尊。"此器之图形,虽未得见,但就器文观之,知其器当为春秋以前作物。

方濬益《缀遗斋彝器考释》曰:"方城在今河南湖北界上,经信阳之平靖、武阳、黄岘三关,东抵光州,俗称为界岭。黄川当其南。"方氏误信段玉裁《说文注说》,以黄州之邾,为另一邾国,与鲁之邾无涉,因谓此器之朱为黄州之邾。窃谓邾国之本字,实当作"朱"。此尊所载,适其初形。洎后朱下加黾作鼁,(邾鲁伯愈鬲)(杞伯敏簠)等形,洎后又去黾而易邑旁,作邾(邾公针钟)(古钵)诸形,再后又音转为"邹"矣。朱下加黾,则为邾曾停居黾地。(详后)朱旁加邑,则为春秋以还习惯,若奠之作郑,余(即徐国)之作郐,寺之作邿,曾之作鄫,并其例也。今此器铭文言"方城朱中子",称"子",与邾为子爵之传说合。邾城在黄州境,今何以窜至河南信阳之方城? 此又足为余所假设邾人东迁事之佐证。盖邾人不能留居故土,乃由今黄州北行,其初也,卜居于河南南部之方城。此朱中子尊言方城,是其力证。洎后楚人势力又往北侵,虽方城亦不能居矣,乃又往东迁徙。《左·僖四年》传纪楚屈完对齐桓公之言曰:"君若以德绥诸侯,谁敢不服。君若以力,楚国方城以为城,汉水以为池,虽众无所用之。"此言方城，当即邾人所筑之方城后归于楚，故屈完举以为说。所谓方城者，非如常人之解说，以为四方形之城，若今河南南阳东有方城县，其城建于明代，即作四方形也。（余曾至其地）亦非如服虔之释为方城山。（《史记集解》及《诗疏引》）亦非如洪亮吉之释方城为万城（即萬城），指为字误。《春秋左传诂》《说文》曰："方，并船也，象两舟，省总头形。"两舟相并曰"方舟"，两城相并，当亦可称"方城"。则古方城实乃两城相并之称。此等建筑形式，或自邾人创始，而楚人承受其地，以其在建筑上与当时其他城池有异，足资防守，故屈完乃向齐桓公夸耀其方城汉水矣。

邾人北徙方城，而后世所谓黾阨其地者，当亦为邾有。故迁至东方，而仍不忘故土，因以黾配朱而作国名。考《说文》著"郿"字云："江夏县。"段玉裁注曰："县盖以黾阨得名也。《左传》定四年，楚司马戌云，塞大隧直辕冥阨，三者汉东之溢道，总名曰城口。魏晋以后，义阳有三关之塞，三关者：一曰平靖关，亦曰西关。即《左传》之冥阨也，今在信阳州东南九十里，应山县北六十五里。……《吕氏春秋》《淮南鸿烈》皆云天下九塞，冥阨其一。《战国策》《史记》二书，或云黾阨，或云黾塞，或云黾阨之塞，或云郿隘，或云冥阨之塞，其实黾、冥、郿一字，阨、隘一字。而《魏策》无忌谓韩王作'危隘之塞'，危即黾字之误也。"据段氏所释黾阨之地望，即在方城附近，其地实为用兵之要塞。但邾人虽得其地，而不能守。故于东徙后，乃加黾朱下，以作国名。容或有以志国耻，图收复于来日之意也。〔东北四省已失，但中国地图，仍著其地。邾之加黾作（朱黾）亦或此意。〕

邾人既不能盘守于方城，因又率族东徙，但亦非直接徙入今之山东境。其先乃徙至今江苏北部。此可由《说文》对"郯"之解释，推而知之。《说文·邑部》曰："郯，邾下邑地。……鲁东有郯城。"段玉裁注曰："城当作戎。……郯戎即《周礼》注所云伯禽以王师征郯戎，今《尚书》徐夷、徐戎，许郑所据作郯。……昭元年传，周有徐奄。徐盖郯戎也。"按书册之"徐"，金文作余、郯、□、□，诸异文。（参吴其昌《金文世族谱》第七篇）"郯"之为"徐"，今人并无异辞。徐即周初东夷之一，而为周人所征服者也。金文多言征东夷，（周公东征鼎、小臣□簋等）《书·费誓》言

"组兹淮夷,徐戎并兴"。是徐在周初,已建国于东方。惟被周人征服之后,当渐行衰弱,故在邾人东迁之时,乃一度占据徐土。其后不知为徐人所驱,抑邾人自行北邾,乃建于鲁之附近。而徐国则历春秋战国,始灭于楚。惟以邾曾一度居徐土,故在汉代仍留有徐为邾下邑之传说,此等传说并非渺茫无据。余之所测在情理之中,容有可能也。惟邾何时建国于今山东境地,不能确知。但据《国语·郑语》曰:

> 桓公为司徒,甚得周众与东土之人。问于史伯……史伯对曰:"王室将卑,戎狄必昌,不可逼也。……南有荆、蛮、申、吕、应、邓、陈、蔡、随、唐,北有卫、燕、狄、鲜虞、潞、洛、泉、徐、蒲,西有虞、虢、晋、隗、霍、杨、魏、芮,东有齐、鲁、曹、宋、滕、薛、邹、莒。是非王之支子母弟甥舅也,则皆蛮荆戎狄之人也。"

据韦昭注曰:"桓公……宣王之弟,桓公友也。宣王封之于郑。"而此已称邾在东方,与鲁滕并举,然则邾之展转避至今山东境,其应在西周宣王以前,似无可疑矣。

关于南方之邾迁往东方,此只据极希少之资料,构成此假设。而周初封于南方之诸侯,实有东徙之事实。此论发之于傅孟真先生,而附和之于徐中舒先生。徐先生在其《殷周之际史迹之检讨》中有云:

> 《史记·周本纪》及《鲁周公世家》谓武王克殷,即封弟周公旦于曲阜曰鲁,其说至不足据。盖武庚未灭以前,殷人独居朝歌,周人绝不能越其地而有鲁。傅孟真先生《大东小东说》以为二南当在成周之南,今河南鲁山县及其近地,即鲁初封之邑,今河南郾城召陵诸地,即燕召公初封之邑。以二南所咏之地域证之,其说甚是。盖周初经营南方之事,肇于大王。武王伐纣,鲁人初即驻防于此,故其地有鲁山之名。其后周子应侯封地,仍在鲁山县近地,亦一旁证,武庚既灭,周人势力渐次东徙,于是鲁之驻军即由鲁山东徙。

鲁之东徙以周人势力远及东方,而邾之东徙,则以受楚之逼迫。原因虽异,而均有东徙之事实则同。此鲁国东徙之事,乃颇足为余论之比照也。

附记：邾国的分裂

邾建国于鲁附近之确实年代，若不能知。而要在楚熊渠拓土，伐灭江汉附近小国之后，而在周宣王之前。熊渠之年代，与周懿王相当。(《史记·三代世表》)大抵邾之东徙，为西周中叶以后事，当得其实。邾君始祖曰侠，其人之确实年代，亦不可知。杜预《释例》谓周武王所封，殊无依据。邾在周初，尚为南□蛮夷，未通于周，何由得封。邾自建国于鲁附近后，不知若干年代，传至夷父颜，邾国乃行分裂。杜氏《释例·世族谱下》曰：

> 小邾国，邾挟(挟字或作侠，作狭，并同。)之后也。夷父颜有功于周，其子友别封为附庸，居郳。曾孙犁始见《春秋》。从齐桓公以尊周室，命为小邾子。穆公之孙惠公以下，春秋后六世，而楚灭之。

杜预谓邾颜别封其子友于郳，其说与《世本》有异。《左传·庄五年》正义曰：

> 郳之上世，出于邾国。《世本》云："邾颜居邾，肥徙郳。"宋仲子注六："邾颜别仲小子肥于郳，为小邾子。"则颜是邾君。肥始封郳。……《世本》言"肥"，杜《谱》言"友"，当是一人。……

《世本》言邾颜封子肥于郳，杜《谱》言封友，《世本》时代较早，似可征信，《正义》言封"友"当为一人，乃调停之说也。小邾以居郳地，(春秋时有两郳，一为齐地，一为邾地。《左·襄六年》传曰"齐侯灭莱，迁莱于郳"，此齐地也。说见陈立《公羊义疏》。因自称郳，《春秋》记"秋，郳犁来来朝"。)(庄五年)金器有郳伯鬲，是其证。至《春秋左传》称邾曰小邾者，此乃外邦《史记》取别于邾，因冠以"小"。殆犹燕之有北燕，虢之有西虢焉。杜预《世谱》谓至邾友曾孙犁，附从齐桓以尊周室，命为小邾子，实无根之谈也。鲁庄十三年春，"齐侯、宋人、陈人、蔡人、邾人会于北杏"，无郳人。庄十五年，"春，齐侯、宋公、陈侯、卫侯、郑伯会于鄄"，亦无郳人。是年"秋，宋人、齐人、邾人伐郳"。吾人只见郳人不服齐命之记载，并未见其有从齐桓尊周之事。鲁僖七年夏，《春秋》记"小邾子来朝"。杜氏《集解》曰:"无传。郳犂来始得王命,而来朝也,邾之别封,故曰小邾"大既"无传",杜氏何由而知郳为始得王命? 凡此所言,其虚妄不实,勿用辨矣!

邾国入春秋以还,已分裂为二,但未闻其分而为三。今人著文,硬指邾国曾分裂为三。此说之误只在不悉《公羊传》之成书,时代过晚,其所言春秋事,多不可信,因误信之而已。邾国有二,春秋时人,已自言之。《左·昭三年》传曰:"小邾穆公来朝,季武子欲卑之。穆叔曰:'不可! 曹、滕二邾,实不忘我好。敬以逆之,犹惧其贰,又卑一睦焉,逆群好也。其如旧而加敬焉。'"此言"曹、滕二邾",足证当时邾只有二,若果有三,何以不言"三邾"?《公羊传》所言春秋事,多无可信之价值,此其一端耳。

(《益世报·史学》第5、6期,1939年2月21日、3月7日,第4版)

《楚辞》洞庭仍在江南辩

向长清

（一）

自张云璈《选学胶言》首创屈赋洞庭在江北之说以来，几千年没有人怀疑的问题乃渐渐的发生动摇了。他说：

> 洞庭之名，经传无考。《尔雅·释地》十薮但言楚有云梦。言洞庭者，始见于灵均此文。然详玩辞意，似属微波浅濑可以眺玩，故有秋风蝤蝤木落下之语。当是洞庭山下小水，因山得名，非如今日浩渺之状。故但言洞庭而未有湖称，当日言水道者皆不之及。迨云梦涸而水悉归于洞庭，湖遂成巨浸矣。

于是很多人怀疑了。那就是为什么周末的记载，紧接着的汉朝人不提出来讨论而直到张氏才发现这个疑问？近代的史学家对于古代仿佛都有一个共同的疑古的见解，就是："宁可信其无，不可信其有。"因为古代的史料既缺乏严格的整理与妥善的保存，而在各时代好古的帝王重赏之下，复有许多好为仿古之士不惮其繁的制造出一些赝品来欺骗后世，因之上古的史料之可以称为"信史"的就自然寥寥无几了。直到后来从姚际恒、崔述开创了疑古的工作，到顾颉刚、钱宾四等先生的整理为止，一部古史才不是从前那种模糊，笼统的东西而成为明白、有系统、信而可征的东西了。钱先生继张氏之说作了一篇详细的关于屈赋洞庭的考证，其后游国恩氏作了一篇辨驳的文章，由这两篇东西激发了我的几个疑点。虽然游氏说贾谊之生距屈原之死不过七十余年，至贾谊作赋亦不过百年，而其时老师宿儒皆先秦之人，其人并见闻洽赅，博通书史，迄于汉而犹存。但百年之间因环境变迁的结果在百年之末来谈论当初，是不容易得到真象的，何况由秦至汉经过了好几次巨大的流血，整个的政治、社会制度都有了大的改革。但一方面我又忘不了下面的事实，那就是贾谊之去屈原亦犹如我们之去太平天国时代，在乡间虽没有历史的记载，但当你听着长辈们闲话太平天国的时候，那神情却又是活像的。但当然二者是不可同日而语的。

（二）

谈到这问题我的一个疑点就是：关于秦师袭取洞庭五渚江南的事件为什么在差不多同时代的历史记载上会有那末的差异？《史记·苏秦传》云：

> 秦告楚曰："蜀地之甲，乘船浮于汶，乘夏水而下江，五日至郢。汉中之甲，乘船出于巴，乘夏水出于汉，四日而至五渚。"《集解》：骃按《战国策》曰"秦人与荆人战，大破荆，袭郢，取洞庭五渚江南"。然则五渚在洞庭。《索隐》："五渚，五处洲也。刘氏以为五渚宛邓之间，临汉水，不得在洞庭。或说五渚即五湖，与刘氏说不同。"

而《国策·秦策》云：

> 张仪说秦王曰："秦与荆人战，大破荆，袭郢，取洞庭五都江南。荆王亡走东，伏于陈。"高诱注云："郢，楚都也。洞庭五都江南皆楚邑也。"

又《史记·秦本纪》云：

> 昭襄王二十八年，大良造白起攻楚，取鄢、邓，赦罪人迁之。二十九年，大良造白起攻楚，取郢为南郡。楚王走，周君来，王与楚王会襄陵。白起为武安君。三十年，蜀守若伐取巫郡及江南为黔中郡。

而《白起传》又云：

> 后七年（即昭襄廿八年），白起攻楚，拔鄢、邓五城。（《正义》：

鄢、邓二邑在襄州。)其明年,攻楚拔郢烧夷陵,遂东至竟陵。楚王亡去郢,东走徙陈。

在这几则记事中,我们所可知道的是:《国策》所载的"荆王亡走东,伏于陈"就是《史记》所说的"其明年攻楚拔郢烧夷陵,遂东至竟陵。楚王亡去郢,东走徙陈"。拔郢、邓五城,是在昭襄王二十八年的事件,而各篇有的记为"袭郢,取洞庭五渚江南",有的记为"袭郢,取洞庭五都江南",有的记为"攻楚,取鄢邓",有的记为"攻楚,拔鄢、邓五城",而《韩非·初见秦篇》却甚至引作"洞庭五湖江南"了。

我个人不十分相信洞庭五渚或五湖的记载,因为倘依照《史记索隐》"五渚,五处洲也"的说法以常情度之,所谓洲渚湖泊在战争上是不得有什么争夺的价值的,事实上也没有水战的记载,为什么会有取洞庭五渚或者五湖的事件发生呢?或以为"取洞庭五渚江南"是由于"拔鄢、邓五城"误传的结果,鄢、邓是楚国当时的名城,而所谓洞庭五渚在当时确只是一片荒凉的地带,取得了一片荒凉的湖泊洲渚事实上是不会像鄢、邓名城之值得在国史上大书特书的。为什么会有这一串的演变倒是一件极有趣味的现象,因为把"拔鄢、邓五城"拿来和"取洞庭五渚江南"相比较,就可以知道洞庭二字所切成的音和邓字差不很多,而江南二字所切的韵与鄢也略近似,五城自然就是五都、五渚或者五湖了,因为城与都同义,都与渚形音皆近而湖渚义又相近的缘故,《白起传》中《正义》云,鄢、邓二邑在襄州,与秦人出兵的路线很切合。这样的传闻之误是可能的。你且看下面的演变:

拔鄢、邓五城→拔鄢、邓五都→拔邓、鄢五都→拔邓(鄢)五都→拔邓、纪南五都→拔洞庭、纪南五渚→取洞庭江南五渚→取洞庭五渚江南。

在这一段演变的过程之中,所应该补说的就是据记载所云楚始都郢即所谓纪南后徙都鄢郢:

(楚)初都丹阳,故城在今湖北秭归县东。移徙郢,即今湖北江陵县北纪南城,复又徙都,一名鄢郢。(《古今地名大辞典》)

在这过程中从"拔邓(鄢)、郢五都"到"取洞庭五渚江南"有两个可能的演变:一是由鄢变为鄢郢,纪南再变为江南,虽则纪南是近代的名城,但地名中也往往有变来变去仍旧变回了原来的面目的。

但显然的鄢之变为江南纯是由于附会的结果,因为秦取江南并非鄢邓同时,《秦本纪》分明的载着伐取江南巫郡是昭襄王三十年的事,二者截然不会同时。但因为那许多同音或者音近的字讹变的结果,遂使人把鄢或纪南错当做江南而以之附于洞庭五渚之后了。

这样我们就该可以明白这里所提到的洞庭并不是屈赋里的洞庭而只是江北的鄢、邓,游国恩氏虽想勉强的自圆其说,则只是徒劳无功而已。

(三)

张云璈说:

> 言洞庭者,始见于灵均此文,然详玩辞意,似属微波浅濑可以眺玩,故有秋风嫋嫋木落下之语。

钱宾四先生引申其说曰:

> 嫋嫋兮秋风,洞庭波兮木叶下。此不似江南洞庭湖水广员五百里,日月若出没其中之所有也。

这很像是屈赋洞庭在江北的一条有力的证据,但关于这点我有一个绝大的疑团:那即是为什么五百里的洞庭就不许有嫋嫋的秋风?很明显的在古代云梦泽未涸之前,洞庭的湖水是不会有今日这样汪洋浩瀚广员五百里的。不说古代,即以近代而论,你且看《大清一统志》是怎样说的:

> (洞庭)每夏秋水涨,周围八百余里。其沿边则有青草湖、翁湖、赤沙湖、黄驿湖、安南湖、大通湖,并合洞庭湖。至冬夏水落,众湖俱涸,则退为洲汊沟港。

而《九歌》洞庭木叶恰是嫋嫋秋风吹拂的时候。事实上在秋深木落的时候,恰是沅湘诸水退水的季节,洞庭周围很多的地方是都已退为洲汊沟港了的。我的家乡在湘西,暑假后每次由家乡回转学校,照例总能够看到洞庭的秋景,而每次总能都要联想到那美妙的诗句。

《九歌》中很多是经过了屈原润色的洞庭附近的民歌,我们可以想象那些巫的祭神定是在湖滨的乡间,他们所看见的洞庭一定是洲汉沟港带着一片悠悠的碧绿。在这里我们该可以指出张氏的错误了罢,我不懂为什么木叶子落下来一定要对着微波浅濑才可以眺玩?而且明明的在秋天并不能看见员广五百里、日月若出没其中的湖波,诚然在涨水的季节、那昏黄的湖水是不能令人发生有如洞庭木叶所状的悠悠的感觉的。但落叶是深秋的时节,那时候水波已经澄清得如一片碧绿,在湖的近旁是满长芦苇的洲汉沟港,而在远远的天边却是一片"西风愁起"的碧波,在秋风飘拂之下,树叶子一片片的掉下来,轻轻的飘散在湖波的上面,那时候你也许会回想到涨水时节的那种浩渺天际,因意识到洞庭的伟大而愈觉得自己的渺小了。

你看这种虚写法,杜甫是那末惯于使用的。他说:"昆明池水汉时功,武帝旌旗在眼中。"他所看见的不过是昆明池的一片荒凉的遗迹而已。而且由虚写往往更易于发现作者的那种凄然的感觉。

总之秋风木落时的洞庭决不是八百里黏天浩瀚的洞庭,而澄清的湖波之可以供人眺玩是决然无疑了。

(四)

钱先生以为湘水即襄水即渔父所歌的沧浪,而沅水即今湖北的涢水,这一点我也是不十分赞同的。说到屈原第二次的放逐的见于《楚辞·九章》中的路程是由沅湘而辰溆,游国恩氏已有了一大较详细的描写。倘以沅湘即为涢襄,则《九章》中的辰溆与《九歌》中的澧浦又将何以解释?难道在那时候江南和江北会恰有两套整个相同的地名?即以当时约情形而论的既初放屈原于汉北则当再放的时候则必放之于江南洞庭沅水流域是很可能的,因为初放时也许还顾及一点同姓之谊,而当再放则必恨之刺骨,故放之于江南沅澧流域一带的荒凉地带。

《楚辞》中提到"沅湘"的有"令沅湘兮无波,使江水兮安流""浩浩沅湘,分流汨兮""济沅湘以南征兮,就重华而陈词"和"临沅湘之玄渊兮,遂自忍而沉流"等几处，所有的沅湘都是连合并用的。《明一统志》云：

> （湘水）至永州与萧水合曰潇湘。至衡阳与烝水合曰烝湘。至沅江与沅水合曰沅湘，会众流以达洞庭。

（五）

案"潇湘"最早见于《淮南子》曰："弋钓潇湘。"又《水经注》云："二妃……溺于湘江，神游洞庭之渊，出入潇湘之浦。"而潇湘最早则见于《楚辞》，我想二者与三湘的传说是有很大的关系的。

况且《离骚》于"就重华而陈词"之后接着说到朝发轫于苍梧，可见沅湘是在江南与苍梧相距不远，而决不是江北应山的洞庭山之与苍梧那样的北辙南辕的。

在这里我要补足第（四）段中的一点就是：倘使洞庭是在江北而又有微波浅濑可以眺玩的美妙，则为什么《国语》《国策》中会没有一点记载而只每每的称述着云梦？《楚策》云：

> 于是楚王游于云梦，结驷千乘，旌旗蔽日。野火之起也若云霓，咒虎嗥之声若雷霆。

又《高唐赋》云：

> 昔者，楚襄王与宋玉游于云梦之台，望高唐之观，其上独有云气，崒兮直上，忽兮改容，须臾之间，变化无穷。

又《神女赋·序》：

> 楚襄王与宋玉游于云梦之浦，使玉赋高唐之事。

那样美妙的境地而又在大江之北，江北的人难道竟会默然毫无所闻么？

况且以"令沅湘兮无波，使江水兮安流。望夫君兮未来，吹参差兮谁思？驾飞龙兮北征，邅吾道兮洞庭"而论，前半段是何等的气魄？倘这里的洞庭山下的小水，试想比较起来二者如何能够相称？在这里你一定会想到所谓洞庭必是几百里无际的洞庭，然后能与"浩浩沅湘，分流汩兮"的沅湘相提并论罢。事实上由沅湘转入洞庭湖是无可疵义的，而自沅襄的交界转入一毫不知名的洞庭小水,试想他曾那样的构思么?

(六)

关于洞庭已经讨论得很多了,现在且让我举一个更明白的证据。《国策·楚策》和《史记·苏秦传》都有下面的一段记载,《史记》云:

> 苏秦为赵合纵,说楚威王曰:"楚,天下之强国也。大王,天下之贤主也。楚地西有黔中、巫郡,东有夏州、海阳,南有洞庭、苍梧,北有陉塞、郇阳。地方五千里,带甲百万,车千乘,骑万匹,粟支十年,此霸王之资也。"

又《国策》云:

> 楚,天下之强国也。西有黔中、巫郡,东有夏州、海阳,南有洞庭、苍梧,北有陉塞、郇阳。

以郢为中心,自然黔中、巫郡在西,夏州、海阳在东,洞庭、苍梧在南,陉塞、郇阳在北了。倘说洞庭是应山的洞庭山则岂不与此大相径庭么?

但这只是我个人的一点管见而已。

(《益世报·读书》第 108、109 期,1939 年 1 月 3 日、17 日,第 4 版)

《楚辞》地名考补谊

钱　穆

余关于古史地名之论著，先后发表者有：1.《周初地理考》，2.《古三苗疆域考》（均刊《燕京学报》），3.《楚辞地名考》（刊《清华学报》），4.《黄帝故事地望考》，5.《西周戎祸考》（均刊《禹贡》半月刊）诸篇，虽考论内容不同，而均有一共同之中心，即古代地名之迁徙是也。关于《楚辞地名考》一文，最先引起此问题者，为《古三苗疆域考》文中所论"洞庭不在江南"一节，后遂推扩而成专篇，然中多疵义，其后于《先秦诸子系年》中涉及屈原论篇，稍稍删定。又后复有：6.《再论楚辞地名答方君》一文（亦刊《禹贡》半月刊）详论楚都鄢郢一事为前所未发，盖是而《楚辞》地望殆可定论，嗣复将《答方君》一文中要点，增入《诸子系年》（平装再版本），顷见向君长清讨论及此，窃疑向君或未全见余上述诸文，若向君见余《答方君》文，则向君文中第二节所疑，可以冰释，即第三节谓余辨洞庭湖地望乃继张云璈《选学胶言》之说者，亦必知余立论要旨，与张氏决然异趣。而向君文第四节"何以有两套整个相同的地名"之疑，若会通余论古史地名各篇，亦可得一满意之解答也。惟余关于此问题，络续又有一二新得，因读向君文，约略写出，以备对此问题有兴趣者之牵连一涉览焉。

（一）湘汉同名

余对湘水之即为沧浪即为襄水，已论之矣。（《先秦诸子系年》，三五六页）顾于湘汉同名，犹未有以说也，顷读《旧唐书·地理》而得之。按《旧唐书》"秦州天水郡,州前有湘水,四时增减,故名天水"。今按"汉"亦"天河"之称,故《诗》曰"维天有汉",又曰"倬彼云汉",然则汉水得名,正因其水骤增倏落,如自天而降耳。因其势盛,襄驾山陵,故亦曰襄水,又曰湘水。秦州天水之称湘,正犹襄汉之称湘矣。

(二) 湘　　山

《秦始皇本纪》始皇廿八年渡淮水,之衡山、南郡,浮江至湘山,逢大风几不得渡,上问博士曰:"湘山何神?"对曰:"闻之,尧女,舜之妻而葬此。"于是始皇大怒,使刑徒三千人伐湘山,赭其山。上自南郡由武关归,此湘山即在南郡,而近武关之归道。其山又见于《封禅书》曰:"秦并天下,令祠官所常奉天地名山大川鬼神,可得而序也。"于是自殽以东名山五,大川祠二:太室、恒山、泰山、会稽、湘山,水曰济曰淮。(《汉书·郊祀志》)此湘山又见之于《五帝本纪》曰"熊湘之山"。"黄帝南至于江,登熊湘"是也。《集解》引《封禅书》曰"南伐至于召陵,登熊山",又《封禅书》"齐桓公曰南伐至召陵,登熊耳,以望江汉"皆是。旧说以为长沙,又因即青草山近湘水,误矣。

(三) 江 汉 通 称

如上述湘山在南郡近武关归道,何以曰浮江也?盖江汉名可互通,古人兼言江汉而实指汉不指江,其例綦繁,余已略举于《答方君》篇中,兹再举其较后者言之。《五代史》:"安从进在襄州,南方贡输道襄者辄留之。晋帝欲徙之青州,使人告以虚青州以待,从进曰:'移青州在汉江南,即赴任。'"《陈书·衡阳王昌传》谓"济江中流船坏,以溺毙",《信安都传》则云"昌济汉而毙",此皆汉亦称江之证。故《汉书·王莽传》:"南郡张霸,江夏羊牧、王匡等起云杜绿林,号曰下江兵也。"是南郡以下皆可云"下江"。始皇自长江转汉水至湘山而曰浮江,此正古人江汉通称之一证。(互见《答方君书》)

（四）舜葬苍梧

湘山传说为舜妃所葬，其地望在汉域非江南，已如上论，余谓舜葬苍梧地望亦正与湘山相近。司马相如《上林赋》："独不闻天子之上林乎？左苍梧，右西极，丹水更其南，紫渊经其北。终始霸浐，出入泾、渭、酆、鄗、潦、潏，纡馀委蛇，经营乎其内。"此言苍梧在汉上林东也。张景阳《七命》"豫北竹叶"，注引张华《轻薄篇》"苍薄竹叶清，宜城九醖酒"，此苍梧在豫北也。（《战国策》"帝女仪狄作酒美而献禹"，殆以汉水上流出美酒，故联想及禹）云苍梧者，由其山之产梧桐，马融《琴赋》"惟梧桐之所生，在衡山之峻坂"，此衡山则指豫北之山而言（详《古三苗疆域考》）。《墨子》"舜西教于七戎，道死，葬南己之市"，南己殆即南纪，要之所指在今湖北不在湖南。

（五）九疑方山

舜葬地或云苍梧，或云九疑，方言宽淫也，九疑荆郊之鄙谓淫曰遥，沅湘之间谓之宽。此见当扬子云时尚以九疑近荆郊，不近沅湘。（此沅湘已指今湖南言）《尚书》"舜陟方乃死"，方系山名，谓舜登陟于方山而乃死也。楚国方城以为城，汉水以为池，方山正近汉。

（六）零　　陵

舜葬地又有在零陵之说。《世说新语·言语篇》"伏玄度、习凿齿论青楚人物"注引习凿齿列举子文、叔敖、接舆、渔父、汉阴丈人、市南宜僚、屠羊说、老莱子、屈原、邓禹、卓茂、庞公诸人，而曰"昔伏羲葬南郡，少昊葬长沙（按长沙先亦汉域地名），舜葬零陵"。此所谓楚，明是荆楚（湖北）非湘楚（湖南），习凿齿所知之零陵，尚不南至郴桂之间。

（七）清冷之渊

《吕氏春秋》"舜友北人无择，投于苍领之渊"，高诱注"苍领"或作"青令"，《庄子》作"清冷"，薛综《东都赋》注"清冷水，在南阳西鄂山上"，《山海经·中次十一》有"清冷之渊"，毕沅云"苍领、青令、清冷，音皆同"，窃谓沧领与清冷亦一声之传。舜之故事颇多在汉域者，《庄子·徐无鬼篇》谓"有羶行，百姓悦之，故三徙成都，至邓之虚而十有万家"。均州太和山麓姚子铺址有舜帝庙（《清一统志》），赭阳县有湘亭，其南有尧冢（《后汉·郡国志》），舜之故事既在汉域，舜妻葬湘山，亦在汉域可推。湘山苟在汉域，湘江即指汉水更可推。《太平御览》〔卷〕八十一引《符子》"舜禅夏禹于洞庭之野"，此可指谅亦在汉域也。

余关于此事之重要论证，均已详于前述诸篇，此则偶因向君之文而书之，实不足为论题轻重，惟湘汉同名一条，可以开前说之所为达也。

（《益世报·读书》第 109 期，1939 年 1 月 17 日，第 4 版）

《离骚·伯庸》考

饶宗颐

（一）

《离骚》："帝高阳之苗裔兮，朕皇考曰伯庸。"王逸注云："父，死称考。"此以皇考为屈原父。《文选》五臣注驳之，谓"为人子，忍直斥其父名"。王闿运、闻一多俱谓皇考当训祖考，即屈原远祖，亦楚太祖，而未详何人。案，"皇"字，古金文多作"🙾"形，象日光四射，本义即"煌"，所以表盛美，故与"光""烈""文"等字同意。金文颂词屡用"皇祖""皇父""皇叔"，《诗》《书》有"烈考""文考"与"皇考"义并同。"皇考"即"太祖"，原与楚同姓，则原之皇考，当亦楚之太祖，诚无疑也。伯庸者何人，以予考之，其殆祝融乎！

《楚世家》："楚之先祖，出于帝颛顼高阳，高阳生称，称生卷章，卷章生重黎，重黎为帝喾高辛氏居火正，甚有功，能光融天下，帝喾命曰'祝融'。……楚其后也。"

《周语上》："夏之兴也，融降于'崇山'。"韦昭注："融，祝融也。"

《郑语》："楚为重黎之后，其言曰，融之兴者，其在芈姓乎？"是祝融盖楚先祖。其名本单称曰"融"。"融""庸"音同，字通，《路史后纪》（四）"祝融"字正作"祝庸"。"伯"者，爵名，庸之"伯庸"，犹"鲧"之称"伯鲧"，禹之称"伯禹"。伯爵自后人所名，"伯"字于古当训大。《汉书·地理志》："河南新郑为高辛氏火正祝融之虚。""郑为祝融之虚"，《诗·桧风》谱、《续汉·郡国志》俱言之，即伯庸之所封也。

其称"祝融"者，"融"本其名，"祝"则附加形容词。《左·昭二十九年》传:"火正曰祝融。"贾逵注:"祝,甚也;融,明也。"又《史记》注引虞翻曰:"祝,大;融,明也。"又引韦昭曰:"祝,始也。"是"祝"即甚大之意,《楚世家》所谓"甚有功,能光融天下",即其名之取义也。

梁玉绳《人表考》云:"古帝有祝融氏,《庄子·胠箧》《六韬·大明》及《白虎通》《风俗通》诸书,俱述之,介羲农之间,以火施化。号炎帝。后世因而神之,遂以'祝融'名官。"按融,古或有其人,后加以神化耳。其取之列于四时之夏官者,当由五德之说盛行,始以配合。《左传》:"颛顼氏有子曰犁,为祝融。"《楚世家》则以重黎为颛顼曾孙。《古帝王世系》传闻多歧出,要其出于颛顼,为楚先祖,各书皆同,与《离骚》所云"帝高阳之苗裔,朕皇考曰伯庸"说正吻合。刘向《九叹·逢纷》云:"伊伯庸之末冑兮,谅皇直之屈原;云予肇祖于高阳兮,惟楚怀之婵连。"所称"伯庸末冑",则"伯庸"之非屈原之父,于此益信。观《离骚》伯庸之与高阳并提,其为楚远祖之"祝融",非无据矣。

（二）

楚始封创业之君实为熊绎,熊绎亦作熊盈,盖取远祖伯庸之名以为名。

《楚世家》:"周成王封熊绎于楚蛮,封以子男之田,姓芈氏。"

《左·昭十二年》传:"右尹子革封楚王云:'昔我先王熊绎僻在荆山,筚路蓝缕,以处草莽。'"

《逸周书·作雒解》:"周公立,相天子,三叔及殷、东、徐、奄及熊盈以畔。""熊盈"与"熊绎"并当成王之世,盖同为一人,孙海波氏已证明之。予按:"融""庸""盈""绎"四字,俱隶喉音喻纽,以声类求之,实同一名。观《周语》《郑语》,祝融之名,本只称曰"融",是其加爵号或形容词者,则称为"伯庸",为"祝融"或"祝庸";其加楚之姓者,则呼为"熊绎"为"熊盈",盖本一名,特所加姓氏爵号不同而已。祝融为熊盈之祖,或必诘问:"祖孙何得而同名？"答曰:"古之祖孙,常同称谓,楚顷襄王父称怀王,其孙心于楚汉间立为帝,亦称怀王。"固不嫌同号,祝融为高辛氏后光大者,故熊绎取其名以自名,或者示其功绩足与侔比欤! 熊绎为楚始封之君,亦屈原之远祖,《离骚》称"皇考伯庸"。苟谓为熊绎,似亦无不可,特不知屈子作《骚》时,意指"祝融"抑为"熊绎"。九原之下,难起质证,故存二说,以备参考,庶几不悖多闻阙疑之旨云尔。

附表如下:

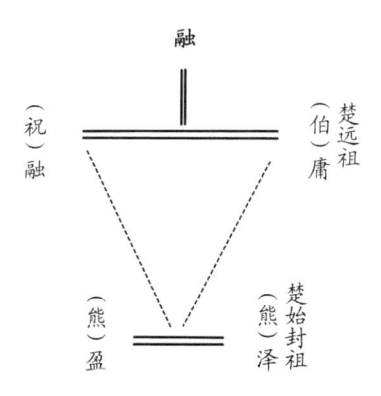

```
              融
    ┌─────────┴─────────┐
  (祝)                 (伯)
   融                   庸
   楚                   楚
   远                   远
   祖                   祖
    ╲                 ╱
     ╲               ╱
      ╲             ╱
     (熊)         (熊)
      盈           绎
                   楚始封祖
```

(《益世报·史学》第 16 期,1939 年 7 月 25 日,第 4 版)

楚民发祥地及其都邑迁徙考

王玉哲

楚民之发祥地，前人多有论及。大抵均主起自南方江汉之间，此乃陋儒误以后世楚地定其祖居也。故近人颇有弃旧说而倡楚民东来者，虽较前说为胜，然误执一地，不能融会贯通，故仍不免有方柄圆凿之虞。实则楚之发祥地乃在今河南西南部，以后始一部南徙、一部东移，南徙者即后世江汉间之楚国也。

《史记·楚世家》历史与神话杂糅，历史部份不必以为尽信，但神话之中却往往有史实为之素地，故如悉心别择，或可得见信史。楚之祖先在神话中为祝融，在有史可记时为鬻熊，"祝融"与"鬻熊"同音假借，在古时或为一人，后世传闻异辞，以"鬻熊"读为"祝融"，始分化为二，更附会"祝融"为其最先之祖，于是楚之历史系统乃立。考古之人名，多有因地得名者，居于某地或被封于某地乃以某地为氏，此乃上古史上之通例也。《史记·封禅书》："南伐召陵，登熊耳山以望江汉。"（《索隐》以为益阳之熊耳山，误。）《汉书·地理志》："弘农卢氏县东有熊耳山，伊水所出。"楚祖鬻熊盖初居耳山附近，因以得名。熊耳山附近之山脉又统名之曰荆山（即黄帝铸鼎之山），绵亘于河南西南襄邓之间者，后又名陉山，亦作邢山。《左传·僖公四年》："（齐）师进，次于陉。夏……师退，次于召陵。"《楚世家》云："（楚成王）十六年，齐桓公以兵侵楚，至陉山。"《正义》引杜预曰："陉，楚地，颍川召陵县南有陉亭。"又引《括地志》云："陉山在郑州西南一百一十里。"陉山即楚之荆山，"陉""陘""邢""钘""刑""荆"诸字在古时可以互用，"陉"可书为"陉"。如《史记·秦始皇本纪》："十八年……大兴兵攻赵，下井陉。"而《玉篇》上"邑部"："陉，胡经切,《左氏传》曰'战于井陉'。"陉山亦作钘山:《穆天子传》"至于钘山之下。癸未,雨雪,天子猎于钘山之西阿"。《北堂书钞》卷一四引作"陉山"(《孟子》书内之宋牼,《荀子·非十二子》与《庄子·天下篇》作"宋钘",此为牼与钘通假之例),"巠"等于"开",故"陉"字亦可作"邢",此陉山又作邢山之因也。"邢"与"刑"又通用,如《战国策·魏策三》:"秦故有怀地、刑丘、安城垝津,而以之临河内,河内共、汲,莫不危矣。"而《史记·魏世家》则云:"秦固有怀、茅、邢丘……""刑"即"荆"之初文。周初铜器,狱簋与过白簋,荆楚之"荆"均为"开",荆乃后起之字,如此则陉山即荆山,楚民散居于熊耳山附近,荆山山脉之内,故其国名荆楚,姓为熊氏。《史记·封禅书》谓黄帝采首山铜铸鼎荆山下,《白虎通义》称:"黄帝有天下之号曰有熊。""荆"与"熊"亦相联系,余疑黄帝故事即起于此地楚民中。至于楚名荆楚见于先秦记载者甚多,《诗经·殷武》:"挞彼殷武,奋伐荆楚。"《初学记》七所引古本《竹书纪年》:"昭王十六年,伐楚荆,涉汉过大兕。"(按,汉乃指汉水上游。)狱簋:"狱驭从王南征,伐楚荆。"楚荆者谓荆山之楚,即河南西南部之陉山,后人误以为系湖北汉之荆山,殊不知鄂之荆山乃楚南徙后以其旧山名以名新地也,且楚南徙远在昭王之后(详后)昭王以前称荆楚者,不得谓指鄂荆明矣。

由上所论,楚祖鬻熊之发祥地,在豫西南熊耳山陉山(荆山)之下,至后其族蕃衍浸多,《郑语》称祝融之后有八姓,盖均因其所迁之地而异其姓,分布于豫鲁吴皖冀诸省中。己姓昆吾先居于许,《左传·昭公十二年》:"王曰:'昔我皇祖伯父昆吾,旧许是宅。'"服虔云:"昆吾曾居许地,故曰旧许是宅。"此后夏后相为寒浞子浇所灭,夏道既衰,昆吾作伯,始迁于卫,今濮阳城中有昆吾台,《括地志》云:"濮阳县,古昆吾国。"后被汤灭于昆吾,是居许在居昆吾之前也。陈奂《诗毛氏传疏》曰:

> 夏道既衰,昆吾作伯,当在相灭之后。昆吾居卫,亦必当在相灭之后,则昆吾居卫在后,而居许乃在先也。……或谓昆吾迁许,在封卫后,至汤伐时,昆吾在许,误也。(张发疏)

后人以为昆吾先居卫,后迁许,谓即楚南徙之迹实误矣。《楚世家》又述陆终有子昆吾、参胡、彭祖、邻人、曹姓、季连等六人,余疑皆非人名,而是楚族分布之地。昆吾在卫。参胡,《集解》云:"《世本》曰参胡者,韩是也。"《索隐》引宋忠曰:"参胡国名,斯姓无后。"彭祖在彭城。邹人据《说文》云:"邹,祝融之后,妘姓,所封潧、洧之间,郑灭之。"《史记正义》引《括地志》云:"故邹城在郑州新郑县东北二十五里。"曹姓,据《郑语》云为居邹、莒者。季连无考。此外见于金文者,如令簋"佳王于伐楚,白才(在)炎",此成王东征淮夷、践奄时器。炎当即春秋时郯国故称,汉属东海郡,今为山东郯城县,县西南百里许有故郯城,是成王时在山东郯城亦有楚族,同时楚族在河南西南部者被封,《楚世家》云:"熊绎当周成王之时,举文武勤劳之后嗣,而封熊绎于楚蛮,封以子男之田,姓芈氏,居丹阳。"(此为汉水之丹阳,详后。)由此可知河南西南部之楚族非自东来者,后世楚徙江汉者,更能东方系统。谓楚人东来当不碻矣。

楚祖鬻熊起自熊耳荆山,故其后裔,统言之,均为熊姓,《逸周书·作雒篇》述"周公东征"云:"周公立,相天子,三叔及殷、东、徐、奄及熊盈以叛……二年,作师旅,临卫政(征)殷,凡所征熊盈族十有七国。"郭沫若先生《金文所无考》谓熊盈即鬻熊,但此处显为族名,盖谓熊姓与盈姓之族十有七国,盈姓为秦之居东土者,熊族即楚人也。当周成王时东方之楚族与殷叛而被伐,西方之楚未叛而得封。东方者又因离其祖居,而以新地名为氏,渐忘其为楚人,此后或被灭或无后,间有存者,亦不知其为熊氏后矣。而西方者因被封于故居附近,即汉水上游之丹阳,故仍以熊为氏,如熊丽、熊狂、熊绎、熊艾、熊黚、熊胜、熊杨、熊渠等,此支遂为楚之正统焉。

楚最初被封之地为丹阳,《史记·楚世家》云:"周文王之时,季连之苗裔曰鬻熊,鬻熊子事文王,蚤卒,其子曰熊丽,熊丽生熊狂,熊狂生熊绎,熊绎当周成王之时,举文、武勤劳之后嗣,而封熊绎于楚蛮,封子男之田,姓芈氏居丹阳。"《集解》引徐广曰:"在南郡枝江县。"《正义》引《括地志》云:"归州巴东县东南四里,归故城,楚子熊之始国也。又,熊绎墓在归州秭归县。"又引《舆地志》曰:"秭归县东有丹阳城,周回八里,熊绎始封也。"据此则楚始封之地,在大江之旁。但考周初大江北岸尚为荒僻之区,焉能当成王之世而封楚至此耶?《世家》又有:"(楚怀王)十七年春,与秦战于丹阳,秦大败我军……遂取汉中之郡。"《屈原传》亦谓:"怀王怒,大兴师伐秦,秦发兵击之,大破楚师于丹、浙(《史记》作浙,误)……遂取楚之汉中地。"《索隐》云:"此丹阳在汉中。"如是,则有两丹阳,一在汉中,一在大江北岸。按丹阳乃丹水之阳,正加洛阳里阳因水得名。汉中之丹阳正临丹水,丹水发源于陕西,东入河南,经淅川东会淅水,又东南称均水,折西南至湖北均县入汉水。昔尧战丹水之浦,以服苗蛮,舜封尧子丹朱于丹水,均此地,至楚熊绎所封盖亦此地。《太平寰宇记·均州》"风俗下"谓:"汉中风俗与汝南同……人性刚烈燥急,信巫鬼,重淫祀,尤好楚歌。"汉中人尤好楚歌,此或为楚曾都此之一证。后世楚乃渐拓疆域,南至江汉,都亦遂徙之秭归之丹阳也。至于何时徙都,史籍不载,今考之《楚世家》,其字里行间,稍有透露,楚之自汉中丹阳迁至江岸丹阳,盖在熊渠时也。《世家》云:"熊渠生三子。当周夷王之时,王室微,诸侯或不朝,相伐。熊渠甚得江汉间民和,乃兴兵伐庸、杨粤,至于鄂。熊渠曰:'我蛮夷也,不与中国之号谥。'乃立其长子康为句亶王,中子红为鄂王,少子执疵为越章王,皆在江上楚蛮之地。""杨粤"据《索隐》云:"有本作'杨雩',音吁,地名也。今音'越',谯周作'杨越'。"或即少子执疵为越章王之处,"鄂"盖即中子红为鄂王之地,至于"庸",杜预云"今上庸县",而长子康为句亶王之地,据《集解》引张莹云"今江陵"。上庸县则今竹山县东南,远在大江之北,与句亶似非一地,但湖北竹山县之"庸",后既名"上庸",则必有二庸明矣,如《汉书·地理志·东海郡》"下邳",臣瓒注曰:"有上邳故有下邳也,他如有上邦故有下邦,有上蔡故有下蔡。"今竹山县之"庸"既名"上庸",则必有下庸,且以我国古代地名而论,上某地恒在下某地之北,是北为上,南为下(因水得名者除外),今既知必有二"庸",上庸在竹山县,则下庸必在其南,即秭归、江陵之间,句亶王、鄂王、越章王三人,史称"皆在江上楚蛮之地",安知熊渠所伐之"庸",非"下庸"耶? 如此句亶或即下庸也。是熊渠时始克复大江北岸,而后世注家,多以为楚初封之丹阳即江岸之丹阳,宁有是理耶? 盖熊渠克江旁之地后即徙都于此,仍名此地为丹阳也。

熊渠徙都大江北岸之后,八世而至楚文王,始再徙都郢。《楚世家》云:"武王卒师中而兵罢。子文王熊赀立,始都郢。"《正义》引《括地志》云:"纪南故城在荆州江陵县北五十里。"《通典》谓:"楚文王自丹阳徙都,亦曰丹阳。"是郢亦名丹阳。自此七世而至楚昭王,因吴连年来攻,不得已乃北徙都鄀,《世家》谓:"(昭王)十二年,吴复伐楚取番,楚恐,去郢,北徙都鄀。"(《十二诸侯年表》与此同)《正义》曰:"音'若'。"《括地志》云:"楚昭王故城,在襄州乐乡县东北三十三里。"即今湖北宜城县,此地当时在鄀界内,故又言鄀,楚都此后或名郢或名鄢郢。《水经注》卷二八《沔水注》曰:"沔水又迳鄀县故城南,古鄀子之国也,秦楚之间,自商密迁此,为楚附庸,楚灭之以为邑。县南临沔津,津南有石山,上有火烽台,县北有大城,楚昭王为吴所迫,自纪郢徙都之,即所谓鄢、鄀、卢、罗之地也。"自昭王徙都鄢郢后,九世而至考烈王,此时强秦已起,楚乃东徙寿春,《世家》曰:"(考烈王)二十二年,与诸侯共伐秦,不利而去。楚东徙寿春,命曰郢。"后十八年灭于秦。

总以上所述,则楚都凡四徙也,熊绎受封于汉中丹阳,四世之后熊渠南迁江北之丹阳,再越八世楚文王徙都纪郢,越六世楚昭王徙都鄢郢,后九世而至考烈王迁之寿春,王负刍五年被虏,楚乃亡。

(《益世报·史学》第 19 期,1939 年 9 月 9 日,第 4 版)

晋永嘉流人及其所建的坞壁

史念海

西晋怀帝永嘉时候的大乱,要算中国中古史上一宗重大的事件。这时离所谓"八王之乱"还不久,晋朝上下的元气还没有恢复,而居于并州的匈奴王子刘渊已在那儿扩充他的势力,并且南下攻破洛阳,把怀帝俘虏过去,历史上有名的"五胡十六国时期"就从这儿开始。

那时政府已失去他们的权力,遍地都是戎马纵横,并且还有成群的贼盗出没,少数的流亡者在他们未到目的地之前,早被这些强而有力的掠夺者所迫害,所以那时的流亡人民大都是结集若干人为一个团体,向前走去,不管他们是部曲宾客,或是乡邻戚友,很少是采取三家两户的形式的。

在旧史中流亡的记载,还是零篇短简的保存着,我们不妨随便举出一个例,来看出他们一般的概况,《晋书·祖逖传》有如下的叙述:

> 京师大乱,逖率亲党数百家避地淮泗,以所乘车马载同行老疾,躬自徒步,药物衣粮与众共之,又多权略,是以少长咸宗之,推为行主。达泗口,元帝逆用为徐州刺史,寻征军谘祭酒,居丹徒之京口。逖以社稷倾覆,常怀振复之志,宾客义徒皆暴桀勇士,逖遇之如子弟。……帝乃以逖为奋威将军、豫州刺史,给千人廪,布三千匹,不给铠杖,使自招募,仍将本流徙部曲百余家渡江。

祖逖南迁的情形,我们不妨拿来作为一般流亡者的代表。由他们中间很明显的可以看出是包含着亲党戚旧,还有宾客义徒,更不用说还有若干部曲。他们的组织也是有相当的严密的,在他们中间是所谓行主,这个行主要负责保护这一队流人的安全,同时还要大公无私,不畏困难,而又要多权略,才能得到同行伴侣的信服和爱戴。

这时因为不断的战争的关系,路途是极不安全,流亡的群众向前进行,是很不容易的,虽彼此结集成较大的团体,然而限于环境,常常是行行又止,得便复行。自然,在这种情况之下,困难的事情是免不了的。褚翜的过江就是在这样情况之下,受到不少的限制。《晋书》翜本传说:

> 天下鼎沸,翜招合同志,将图过江,先移住阳城界。颍川庾敱即翜之舅也,亦忧世乱,以家付翜。翜道断,不得前。……寻洛阳覆没,与荥阳太守郭秀共保万氏台,秀不能绥众,与将陈抚、郭重构怨,遂相攻击。翜俱祸及,谓抚等曰:"以诸君所以在此,谋逃难也。……诸君虽得杀秀,无解胡虏矣。累弱非一,宜深思之。"抚等悔悟,与秀交和。时数万口赖翜获全。明年,率数千家将谋东下,遇道险不得进,因留密县。……顷之……率众进至汝水柴肥口,复阻贼。……顷之……遂东渡江。

这样的流亡南迁,是何等的艰难困苦,他们既怕胡贼的侵凌,又惧群盗的劫掠,没有机智多谋、任苦耐劳的行主的指导和率领是不能成功的。

在前进不得后退不能的趋势下,那就不能不想方法以自保了。他们大都是选举山林险要的地方筑城列寨,好来抵挡外来的侵略者,于是构成那时的坞壁自卫的状态。这种坞壁的形成我们很可以举出《晋书·苏峻传》来说:

> 永嘉之乱,百姓流亡,所在屯聚,峻纠合得数千家,结垒于本县。于时豪杰所在屯聚,而峻最强。遣长史徐玮宣檄诸屯,示以王化,又收枯骨而葬之,远近感其恩义,推峻为主。遂射猎于海边青山中。元帝闻之,假峻为安集将军。

在这些流亡群众之下,坞壁的形成很快的建立起来。当时的坞壁究竟有多少,因为史料的缺乏,我们已经不能列举出来。不过,我们相信那时的坞壁的建立,在失陷的土地里是有相当的普遍的。我们不妨随手举出几个例子来做我们的佐证。《晋书·石勒载记》(上):

> 刘聪攻河内,勒率骑会之。……王师退还,河北诸堡垒大震,

皆请降,送任于勒。

又说:

> 勒南寇襄阳,攻陷江西垒壁三十余所。

《晋书·苻坚载记》(下)亦说:

> 关中堡壁三千余所,推平远将军冯翊赵敖为统主,相率结盟,遣兵粮助坚。

他们到处修筑起坚固的坞壁来保护乡里的人民,这种自卫的办法,的确是那时最需要的。苏峻领导下的堡垒是一个典型的坞壁,其他各处的坞壁的筑成,和这是差不多的。

坞壁的形成虽然都是在乱离之中,而来应付目前最紧急的需要,然而时间长久起来,自然成立一种适应环境的制度,好来同舟共济。在坞壁之中,最上的统治者称为坞主,坞主的选择自然是推举有谋略而能保护众人者为之。他可以命令部下迁徙和转移,又可以发动同难的群众抵抗外力的侵凌,这一切的事情都可造成了坞主为一坞的首领,他和行主有同样的力量,或者还要过之,《晋书·李矩传》上说:

> 属刘元海攻平阳,百姓奔走,矩素为乡人所爱,乃推为坞主,东屯荥阳,后移新郑。

坞主固然是由同坞避难的推举,但是一些强有力者也可以召集些流人自己做坞主。坞主本来是负有保护流人安全的责任,只要强有力者可以把这事办到,流人也就愿意服从了。《晋书·郭默传》:

> 永嘉之乱,默率遗众自为坞主,以渔舟抄掠行旅,积年遂成巨富,流人依附者渐众,抚循将士,甚得其欢心。

又《刘遐传》:

> 天下大乱,遐为坞主。每击贼,率壮士陷坚摧锋,冀方比之张飞、关羽。乡人冀州刺史邵续深器之,以女妻焉。遂壁于河济之间,贼不敢逼。遐间道遣使受元帝节度,朝廷嘉之,玺书慰勉,以为龙骧将军、平原内史。建武初,元帝令曰:"遐忠勇果毅,义诚可嘉。

以遐为下邳内史,将军如故。"初,沛人周坚,一名抚,与同郡周默因天下乱,各为坞主,以寇抄为事。默降祖逖,抚怒,遂袭杀默,以彭城叛,石勒遣骑援之。

我们在前面曾经说过,永嘉之乱,帝京倾覆,所以中原的人士都受到灾厄,不管你公卿士大夫,不管你闾阎细民,大家都是遇着同样的命运,一块儿流亡,所以在坞壁之中份子有相当复杂,旧日士大夫阶级的人们这时候也不能不把这些坞壁当作暂时的避秦的桃源。既然来了,也就不能不屈身作了坞主,而为同居逃难的人们作点主张。《晋书·潘尼传》:

洛阳将没,携家属东出成皋,欲还乡里,道遇贼,不得前,病卒于坞壁。

潘尼是西晋有名的文士,然而在这危难的时候,就不能不以坞壁为他的毕命之所了。《世说新语》刘注引曹嘉之《晋纪》:

刘畴……曾避难坞壁,有胡数百欲害之,畴无惧色,援笳而吹之,为《出塞》《入塞》之声,以动其游客之思,于是群胡皆泣而去之。

《晋书·郗鉴传》亦说:

京师不守,寇难锋起,鉴遂陷于陈午贼中。……午以鉴有名于世,将逼为主,鉴逃而获免,午寻溃散,鉴得归乡里。于时所在饥荒,州中之士素有感其恩义者,相与资赡。鉴复分所得以恤宗族及乡里孤老,赖而全济者甚多。咸相谓曰:"今天子播越,中原无伯,当归依仁德,可以后亡。"遂共推鉴为主,举千余家俱避难于鲁之峄山。

这些士大夫阶级中的人士,在平日大都是洁身自好,而在这时也就只能随环境而转移了。不惟士大夫阶级中的人士如此,就是政府的官吏,上而公卿,下而州县的守令,也都常常屯聚于坞壁中以自保,或者干脆就作了坞主了。《晋书·阎鼎传》说:

行豫州刺史事,屯许昌。遭母丧,乃于密县间鸠聚西州流人数千,欲还乡里。值京师乱失守,秦王出奔密中,司空荀藩、藩弟司隶校尉组,及中领军华恒、河南尹华荟,在密县建立行台。以密近贼,南趣许颍。司徒左长史刘畴在密为坞主,中书令李晅、太傅参军骆捷刘蔚、镇军长史周顗、司马李述皆来赴畴。

又《魏该传》:

> 刘曜攻洛阳,随(魏)浚赴难,先领兵守金墉,故得无他。曜引去,余众依之。时杜预子尹为弘农太守,屯宜阳界一泉坞,数为诸贼所抄掠。尹要该共距之,该遣其将马瞻将三百人赴尹。瞻知其无备,夜袭杀之,迎该据坞。坞人震惧,并服从之。乃与李矩、郭默相结以距贼。

又《蔡豹传》:

> 泰山太守徐龛与彭城内史刘遐同讨反贼周抚于寒山,龛将于药斩抚,及论功,而遐先之,龛怒,以泰山叛……攻破东莞太守侯史旄而据其坞。

就以上所举诸传来观,当时政府中的官吏和坞壁的关系是何等密切。洛阳败没后,一班流亡的官吏为了保存生命起见,许多都亲自去蹚了山寨,作了坞主。就是南渡后派出后的守土官吏在接邻北方的地域,也都干脆的驻屯到坞壁里面去,这一方面是政府的官吏,而同又是一坞之主了。实在,那时中原早已成了戎马往来的疆场,人民在自己的乡间多半不能生活下去,已经纷纷的都参加到坞壁之中。所以政府的官吏也就驻到这里,因为这里是兵马足、米粮丰也。

有力量的坞主在他们生活安定之后,外边的劫掠者不敢再光顾的时候,也常常由自身痛苦而联想到国家的破亡和社会的淆乱,而引起的故国的回忆。同时便也想起偏安江南的政府,生出很大的民族意识,于是派遣信使和政府相联络,而政府方面也感到这些栖迟山岩的子民终久是民族的力量,而不愿意把他们放弃,就利用名爵方法来羁縻。这些事情我们上面已略提到一点,在这里我们不妨再叙述一下。《晋书·祖逖传》:

> 初,北中郎将刘演距于石勒也,流人坞主张平、樊雅等在谯,演署平为豫州刺史,雅为谯郡太守。又有董瞻、于武、谢浮等十余部,

> 众各数百,皆统属平。逖诱浮使取平,浮谲平与会,遂斩以献逖。……樊雅遣众夜袭逖……逖率众追讨,而张平余众助雅攻逖。蓬陂坞主陈川,自号宁朔将军、陈留太守。逖遣使求救于川,川遣将李头率众援之,逖遂克谯城。

又《李矩传》:

> 矩表郭诵为扬武将军、阳翟令,阻水筑垒,且耕且守,为灭贼之计。

实在的说来,这些坞主和流人所以聚集起来,一方面固然是因为天下大乱,社会不安;他方面又何尝不是感念救国,而不愿去作异国的奴隶。他们都一心一意的希望政府能够从江南打上来,恢复固有河山,可惜当时的政府竟然没有这一点毅力,仅仅拿些利禄名义来笼络,真使一班义士扼腕,就是力图恢复中原的祖士稚也只能赍志以殁了。

自从永嘉大乱开始之后,战争时时都在进行着。这样不停的战争更促使人民的流亡,人民都流亡去了,农田自然都荒芜起来,这于租税的、征收兵食的供给都有很大的关系,况且从事于战争的兵士也都是由人民中征集而来的。刘渊、石勒和其他霸主在一度扰乱之后,都很切望的掠夺人口,因为人口的获得无异增加他们统治区域的富源和军队的质量。这些掠夺人口的情形,我将另文论及。他们对于避难的坞壁也是想尽方法来争夺。他们在利用名利爵禄来羁縻坞主以外,并且更进一步使他们武力所能达到的地方的坞主们个个都送质任子,想利用质押坞主儿子的方法使一些貌合神离的坞主们有所痛惜而不敢反抗。前面我在所引的《石勒载记》中已经指出大河南北的坞主们质押任子的普遍情形,这里不妨再举一点相似的事情,《晋书·祖逖传》:

> 河上堡固先有任子在胡者,(逖)皆听两属,时遣游军伪抄之,明其未附。诸坞主感戴,胡中有异谋,辄密以闻,前后克获,亦由此也。

逼迫质押任子的手段虽然残酷,究竟埋没不了一般人心中的民族意识,所以在某一种机会之下,任子的方法是束缚不住一般坞主们的心理。《晋书·邵续传》:

天下渐乱,续去县还家,纠合亡命,得数百人。王浚假续绥集将军、乐陵太守,屯厌次。以续子乂为都护,续绥怀流散,多归附之。石勒既破浚,遣乂还召续,续以孤危无援,权附于勒,勒亦以乂为都护。既而段匹䃅在蓟,遗书要续俱归元帝,续从之。其下谏曰:"今弃勒归匹䃅,任子危矣!"续垂泣曰:"我出身为国,岂得顾子而为叛臣哉!"遂绝于勒,勒乃害乂。

这样不顾任子而重反祖国的精神,大概是石勒们所意想不到的!

真的,坞壁的形成很可以说是永嘉乱后人民拿血肉所写成的历史!到现在,另一次流亡的情形又为我们敌人逼迫着演起来,我们回顾以往流亡的历史,应该有如何的感想呢!

二十八,五,十一,平凉

(《益世报·史学》第 18 期,1939 年 8 月 26 日,第 4 版;又见《责善半月刊》1940 年第 1 卷第 12 期)

南宋的营田

余文豪

公元前一一二七年(宋钦宗靖康二年、高宗建炎元年)金人陷汴京,徽钦二宗被掳,高宗在金兵追逼之下,率领大小臣僚,辗转南来,由应天而扬州而江宁而镇江而平江而绍兴,最后由四明入海。但因金兵孤军深入,不敢久留,旋即北返,高宗乃得定都临安,保持此后一百五十年偏安的局面。

在此一百五十年中,金人又曾两度南侵,一在绍兴六年,一在绍兴二十一年,两次虽都没有什么成就,但其铁蹄所踏之处,庐舍为墟,百姓都纷纷南迁了。当时流民迁徙的方向:大率是两河(今山西河北)的迁河南,两淮(今苏北皖北)的迁两浙(今苏南及浙江全部),陕西的迁四川,辗转流徙,动辄千万,其苦况不可言喻,如:

> 建炎三年八月……副留守郭仲荀亦引余兵归行在(临安)……荀既行,都人从之来者以万数……离京都数日,始得谷食。(《建炎以来系年要录》卷二六)

> 隆兴二年……淮甸流民二三十万避乱江南,结草舍遍山谷,暴露冻馁,疫死者半。(《宋史》卷六二《五行志》)

京师淮甸的难民如此,其他各地的难民亦莫不皆然。

这时,大江南北一带,既饱经金人之骚扰,又经土贼游寇之摧残,于是横尸满道,鸡犬一空,如建炎四年翰林学士汪藻所言:

> 淮南近经兵祸,民去本业,十室九空,其不耕之田,千里相望。(《建炎以来系年要录》卷四〇)

绍兴元年江西安抚大使朱胜非亦言：

> 臣自桂岭而来，入衡州界，有屋无人；入潭州界，有屋无壁；入袁州界，则人屋俱无。（《建炎以来系年要录》卷四二）

同年，荆州镇抚使解潜亦言：

> 臣所领镇，最为要害。……北连襄汉……千里之间，人迹断绝。（同上书，卷四一）

说的最沉重的要算是监察御史韩璜，他也在绍兴元年上疏言：

> 自江西至湖南，无问郡县与村落，极目灰烬，所至残破，十室九空。询其所以，皆缘金人未到，官兵盗贼劫掠一空，城市乡村，探索殆遍。盗贼既退，疮痍未苏，官吏不务安集，而更加刻剥，兵将所过纵暴而唯事诛求。嗷嗷之声，比比皆是，民心散畔，不绝如丝。（《建炎以来系年要录》卷四一）

显然的，大江南北，包有今之江浙湘赣鄂等地，在金兵盗贼官军蹂躏摧毁之后，大部已成为焦土废墟了！

南宋的政府，一方面为了抵御金人，一方面为了扫平盗匪，势不得不养备大兵。据《建炎以来朝野杂记·甲集》卷一八所言，绍兴初国内外大军，单是宿卫神武右军、中军，江东刘光世，淮东韩世忠，湖北岳飞与湖南王瓊等军就有十九万四千余人，而川陕尚不与。此外又有许多由匪盗改编的杂牌军队，其数想亦不少，此等军队的粮饷，乃当时政府的一项庞大支出。

> 建炎四年十二月……是岁，行在大军月费见钱五十余万缗，银帛刍粟在外，而诸路养兵之费不与焉。（《建炎以来系年要录》卷四〇）

> 绍兴二年六月，（吕）颐浩言：（刘）光世军月费钱二十万缗。（同上书，卷五五）

除正饷外，又有犒赏犒赐费，建炎二年是二十万缗，绍兴元年合越州、建康二明堂内外诸军犒赐是四百四十一万。（见《建炎以来朝野杂记·甲集》卷一七）

当时政府一月的支出,建炎三年是八十万。(见《建炎以来系年要录》卷二七《胡寅上书》)此后只有增加,绝不会少于八十万,即以八十万为准,其中军费即占了五十余万,而一月支出八十万,一年即为九百余万,但当时东南岁入,却不满千万。(《建炎以来朝野杂记·甲集》卷一四)绍兴元年,户部椿办金银钱帛只有三百五万四千七百余贯匹两,而此微小之收入,却又是"委官根括于诸路"而来的。(见《建炎以来系年系年要录》卷四七)

政府收入之减少,自然是缘于疆土的缩小,但田园的荒芜和匪盗的肆虐,却是更重要的原因,建炎三年胡寅上书谓:政府每月支出之八十万,"唯以榷货盐利为无穷之源"(《建炎以来系年要录》卷二七)。可见当时东南数十州之地,根本已无田赋之可言;而各州仅有之贡赋,又往往因寇盗之阻梗而不能达,如绍兴元年为例(《系年要录》卷四七),于是朝中百官致有停薪之恐慌,如:

绍兴元年……自诸军外,宰执百官并权行住支,以贡赋未集故也。(《建炎以来系年要录》卷四七)

并且,上述军费的支出,只限于中央直接指挥下的正规军,其他各地的民兵和各种由盗匪改编的杂牌军队,其粮饷则大多就地征发,人民大受其苦。

建炎四年九月……滁濠镇抚使刘纲……屯于溧阳,其徒乏食,往往抄掠以自给。(《建炎以来系年要录》卷三七)

建炎四年六月……(王)彦镇金州,敛民倍常赋,凡属县莫敢抗。(同上书,卷三四)

建炎四年十二月……时所在既募乡兵,往往迫县道以取钱粮,扰平民以要犒设。(同上书,卷三九)

绍兴元年六月……韩世清故为盗,有众五千。及屯宣州,而世清复招纳亡命至万五千人,月费钱十万缗,米五千石,颇凌州县。(同上书,卷四五)

因为盗贼与外患,致使军队数目增加,因为军队数目之增加,军费支出乃益大,而此庞大军费之支出,又不免取之于民,人民不堪重担,又

不得不铤而走险,于是盗贼益多。这种连环的关系,若不设法解除,自有动摇国本的危险,故高宗于绍兴元年十二月下诏曰:

> 比缘国难,盗起未息者。盖奸赃之吏,无恤民意。及烦王师,而军需不免又取于民。因循辗转,日甚一日。欲民不盗,不可得也。(《建炎以来系年要录》卷五〇)

同年五月又对大臣云:

> 今财用,止出东南数十州,不免痛加节省。若更广用,竭民膏血,何以继之?(同上书,卷四四)

此种"欲民不盗,不可得也"的危险及财政上"何以继之"的恐慌,逼得南宋的政府不得不急谋生财之道,所谓营田便是在这种情形下措置起来的。

然则何谓营田?

> 集流民,官给庐舍,使之为官力田,曰营田。(见《通典》)

南宋的营田,开始于绍兴元年,时:

> 解潜为荆镇抚使,以所管五州绝户及官田,年来荒废者甚多,乃以便宜辟直秘阁宗纲为屯田使,召人使耕,分收子利。及以闻,诏以纲为镇抚司营田官。渡江后,屯、营田始此。(《建炎以来朝野杂记·甲集》卷一六)

不过南宋初年的营田,是与屯田没有显明的界限的,当时各处的营田多用军民来耕种,名为营田,是为屯田,如河南镇抚司营田官任直清所言:"河南残破,民归业者尚罕,所创营田全籍军兵。"(《建炎以来朝野杂记·甲集》卷一六)而绍兴二年淮南提点刑狱公事兼营田副使王实"根括到扬州未种水田一万七千顷、陆田一万三千顷,亦皆分给六军,乘时耕种"(《建炎以来系年要录》卷五二),同年,高宗命江东西宣抚使韩世忠措置建康营田,其法亦为"将兵马屯田,仿陕西弓箭手法"(《玉海》卷一七七《食货》)。有的地方的营田则为军民杂耕,如绍兴三年陈规在德安、复州、汉阳军所营之田,即为一附(《通考》卷七)。

但到了绍兴三年:

> 上命(韩世忠)措置建康营田,世忠言:"荒田虽多,大半有主,难以为陕西例,请募民承佃……"于是诏江北浙西皆为之……自后营田专用诸民。(《建炎以来朝野杂记·甲集》卷一六)

这便是营田与屯田之界限截然分开之始。

屯田之措置,当然是为了解决军饷的困难,始创屯田之议者为汪藻,他于建炎四年上书言:"可便遣刘光世或吕颐浩率所招安人马,过江(至淮南)营建寨栅,使之分地而耕,既固行在藩篱,又清东西群盗。"(《建炎以来系年要录》卷四〇)绍兴元年"执政言刘光世军中乏粮……上曰:光世一军月廪万数,如此宜速为屯田之计。"(同上书,卷四二)从此屯田便往往在营田的名义下措置起来,如前所述,但行之却未见其效,而"所收之租,又不偿请给之数,如兴元府岁收租九千六百七十三石,而种田官兵请给,乃为一万一千四百四十石,他皆类此"(《建炎以来朝野杂记·甲集》卷一六)。这种入不敷出的损失,往往迫使政府取消屯田,如隆兴六年,以扬州、兴元府、阶、成、岷、凤等处屯田,所得不偿所费,罢之。(《通考》卷七)"乾道中,有郭震者,以建康都统守庐州,始创屯田……俄又罢屯田兵,令归正人请佃,盖得不偿费也。"(《建炎以来朝野杂记·甲集》卷一六)屯田之所以"得不偿费",大多缘于军队不愿耕作所致,此等军队又往往强迫人民"代劳","于数百里外,差科保甲,指教耕田,间有一二年不得替者。水旱则令保甲均认租数,民甚苦之"(《建炎以来朝野杂记·甲集》卷一六)。这虽是关中一地的情形,但其他各地想亦大致如此。

屯田之弊端既如上述,那就是说:从事实上证明,军队是不能够用在田亩上的,而大批难民的流徙,对于屯田之种种问题,却正是一个解决的因素,于是当绍兴五六年间,建议召集流民措置营田者甚多:

> 绍兴五年……韩肖胄言:"今淮南、江东西荒田甚多,若招境上之人,授田给粮,损其赋租,必将接踵而至。"(《宋史》卷三七九《韩肖胄传》)

同年,屯田郎中樊宾言:"荆湖、江南与两湘膏腴之田,弥亘数千里。无人可耕,则地有遗利,中原士民扶携南渡几千万人,则人有余力。今若使流寓失业之人,尽田荒闲不耕之田,则地无遗利,

人无遗力,可以资中兴。"(《通考》卷七)

六年,"李纲入辞……言今日之事,莫利营田……宜令淮南、襄汉宣抚诸使,各置招纳司,以招纳京东西、河北流移之民。"(《建炎以来系年要录》卷九九)

高宗接受了李纲之建议,"诏都督行府措置",于是次年张浚便奏改江淮屯田为营田(《朝野杂记·甲集》卷一六),其他各处亦皆改屯为营。如乾道四年,关中宣抚司始以便宜召人承佃,抽兵归营(《朝野杂记·甲集》卷一六);乾道中,郭震在庐州,罢屯田兵,令归正人请田,皆是此例。当时措置营田的区域甚广。综合诸书所载,大约包有今之陕西南部、四川、湖北、湖南、江西、安徽、江苏、浙江等地。

关于措置营田的种种办法,可分下列数点来说明:

一、组织:营田的组织,各地的办法并不一致。如绍兴二年从事郎、知高邮县钟离潚措置境内营田,即分耕者为二十社,社三百人,择精强可使者二人为巡社首领,其余十人为甲,甲有队长,如遇警急,递相救援,二十社计六千人,约耕田六百顷。(见《建炎以来系年要录》卷五一)这种组织含有军事的性质,目的在一方面耕种,一方面自卫。六年,张浚改江淮屯田为营田,其组织:以地五顷为二庄,以五家为一堡,共佃一庄,而以一人为之长,一庄别给十亩为蔬圃。(《建炎以来朝野杂记·甲集》卷一六,及《宋史》卷一七六《食货志》)先是,三年下令各地屯田或营田,应悉以陈规在德安、复州、汉阳军所立之组织法为主,即授田以五人为甲,别给菜田五亩为庐舍稻场,至授田多寡,则因人力不均及土壤肥瘠不同之故,而听人户量力取射。(见《通考》卷七)此法并未实行,但张浚之法,或即依此,从此庄便为计算营田多寡之单位了。

提领营田的机关,自解潜首先在荆南措置营田,朝廷下令全国仿行后,各地似即设立,名为营田司,其长官名营田官,隶安抚司或镇抚司。绍兴三年,陈规在德安、复州、汉阳军措置屯田与营田,规定营田事府某官兼行,屯田事务营田司兼行。(《通考》卷七)后朝廷下令用其法,但因当时营田多为军屯,营田官"力微难以号令",于是乃以安抚镇抚使兼营田使,(见《建炎以来朝野杂记·甲集》卷一六及《通考》卷七)其民屯部分则仍以某令主之(《通考》卷七),此法因诸镇不久即废,而不果行。

(见《建炎以来朝野杂记·甲集》卷一六)绍兴六年,张浚改江淮屯田为营田后,朝廷乃命五大将刘光世、韩世忠、张浚、岳飞、吴玠及江、淮、荆、襄、利路帅臣悉镇营田使,(《通考》卷七)同时又置营田司(《玉海》卷一七七《食货》),但"营田之官,或抑配豪户,或强科保正,田瘠难耕,多收子利",于是乃于绍兴七年,罢营田司,而令所有营田皆由帅臣兼领。(《通考》卷七)从此,各地营田之主持者,乃尽为宣抚使安抚使及帅臣等了。

二、待遇:从事营田之流民,其所受待遇,约有下列三端:第一,耕具牛种,皆由官方贷给。绍兴二年,从事郎、知高邮县钟离濬在其境内营田,计费贷种钱一万六千缗。(《建炎以来系年要录》卷五一)三年,赐宣谕使傅崧卿钱五万缗,俾贷淮南营田民为同种之费。(《建炎以来系年要录》卷五一)五年,荆南帅王彦言,已措置营田八百顷,自蜀中买牛赋民。(《建炎以来朝野杂记·甲集》卷一六)六年,张浚改江淮屯田为营田,每庄给牛五具,耒耜及种副之,计贷本钱五十千,分五年偿还,不取息。(《宋史》卷一七六《食货志》)时江西大帅李伯纪建议:"命江、淮、湖北宣抚司招京东西、河北流移之人,贷种授田,勿取其入,次年乃收三分一,又次年则半收之,诏都督府措置。"(《建炎以来朝野杂记·甲集》卷一六)二十六年,户部以京西淮南膏腴官田尚多,请募人承佃,官资牛种,八年偿之,并用御史中丞汤鹏举之言,授离军添差之人,以江、淮、湖南荒田,人一顷,为世业,所在郡以一岁奉充牛、种费。(《宋史》卷一七三《食货志》)三十三年,诏兵部侍郎陈应求往淮东,工部侍郎计觉民往淮西,措置营田,陈鲁公言:"今西北归正人愿就耕者众,已降牛种、本钱及治庐舍矣。"(《建炎以来朝野杂记·甲集》卷一六)乾道四年,诏楚州给归正人田及牛具种粮钱五万缗。(《宋史》卷一七三《食货志》)这些耕具牛种之贷给,对于无依无靠孑然一身的流民当然是十分必要的。

第二,营田租赋初年大多是减征或免征的,如淮南营田司,募民垦荒,顷收十五斛。绍兴二年,宣谕使傅崧卿言其太重,乃诒损岁输三分二,俟三年乃征之。(《建炎以来系年要录》卷五一)三年,韩世忠措置江南北岸营田,募民承佃,田租初年全蠲,次年半减。(《建炎以来朝野杂记·甲集》卷一六)二十六年,户部言京西、淮南膏腴官田尚多,请许人承佃,边免租十年,次边半之,同年用汤鹏举之言,投离军添差之人,以江、淮、湖南荒田,免租十年。(见《宋史》卷一七三《食货志》)三十二年,兵部侍郎陈俊卿措置淮东营田,请募民耕荒,复租七岁。(见《玉海》卷一七七《食货》)乾道四年,知鄂州李椿奏请召佃开荒,免税三年。(《宋史》卷一七三《食货志》)此外,从事营田者的徭役科配亦皆暂免。

绍兴三年……诏湖北、浙西、江西屯营田,徭役科配并免。(《宋史》卷一七六《食货志》)

二十六年……用御史中丞汤鹏举之言,离军添差之人,授以江、淮、湖南荒田……免丁役二十年。(《宋史》卷一七三《食货志》)

三十二年……陈俊卿措置淮东营田,蠲其徭役。(《玉海》卷一七七《食货志》)

第三,承佃营田者,数年约即可据其田为私有,而为"永业",为绍兴三年镇抚使陈规在德安、复州、汉阳军屯田,其民屯部分即规定:"满二年无欠输者,给为世业。"(《通考》卷七)同年韩世忠措置建康营田,亦规定:"满五年田主无自陈者,给佃为永业,诏湖北、浙西、江西皆各如之。"(《宋史》卷一七六《食货志》)二十六年户部请许,人承佃京西淮南膏腴官田,"满三年与其业"。乾道四年,知鄂州李椿请召人垦其境内苗田,亦规定三年后垦者得为世业。(统见《宋史》卷一七三《食货志》)在规定年数之中,如佃出之田的主人归来,则"或以附近闲田与之,免三年租税",如潭、鼎、岳、澧、荆南等地之例。(见《宋史》卷一七三《食货志》)或听理认归业,但须偿还已施功力者之费。(绍兴二年中书省言,见《建炎以来系年要录》卷五三)及绍兴二十一年,"镇江诸军都制刘宝请民户识认营田者,亩偿开垦工本五千五百,许之,寻诏诸道仿此"。此法似下计佃者年代之长短,而推翻了佃者数年后得世业其田的规定,"锟营田乃渐以还民矣"。(见《建炎以来朝野杂记·甲集》卷一六)

营田的效果,似乎除了荆南解潜措置略如意外,"余皆虚文无实效"(绍兴四年胡松年对高宗之言,见《玉海》卷一七七《食货》)。解潜措置营田,确能使"军食仰给,省县官之半"(《通考》卷七)。这虽是绍兴初年的情形,但其后想仍大致如此。如关中营田,在隆兴十五年时,面积为二千六百一十二顷,实入官细色十四万一千四十九石,但至淳熙初,面积增至七千五百五十七顷,而租入却只有五万八千石有奇;同样,金州当隆兴十五年时,营田面积为五百五十七顷,岁入一万八千六百余石,但至淳熙初,岁入只有二千二百三十一石。(见《建炎以来朝野杂记·甲集》卷一六)关中如是,他地想亦皆然。

这种租税减少的现象,乃缘于豪强夺取营田所致,"如剑外诸州之田,绍兴以来久为诸大将吴、郭、田、杨及势家豪强所擅"。(见《建炎以来朝野杂记·乙集》卷一六)而绍兴十六年通判安丰军王时升亦言:"淮南土皆膏腴,然地未尽辟、民不加多者,缘豪强虚占良田,而无遍耕之力,流民襁负而至,而无开垦之地。"(见《宋史》卷一七三《食货志》)"乾道四年以后,屯兵归军教阅,而营田付诸州募佃",于是骄将豪民,大多多隐瞒亩数,赂史蠲租。(见《朝野杂记·乙集》卷一六)流民反无地可耕,如此,政府的税收那得不逐年减少?

营田的效果,既多"得不偿失",因此,朝廷乃下令出资卖,如乾道三年诏除四川外,尽卖各地营田,淳熙初,又下卖营田之令,买主自女为豪民势家,于是,营田乃大部为豪强之私产了!(见《建炎以来朝野杂记·乙集》卷一六)

(《益世报·史学》第 11 期,1939 年 5 月 16 日,第 4 版)

建文逊国传说考异

刘熊祥

建文逊国传说的演变不外下列三个阶段：

一、建文四年六月十三日金川门破，宫内大火，帝不知所终，因传言建文遁。

二、正统五年夏僧杨行祥诡称建文，自思恩州入至京师，因传言杨行祥即建文。

三、万历间《致身录》及崇祯间《从亡随笔》出，因信建文出亡传说为真。

这种传说是由第一阶段演变而为第二阶段，再由第二阶段演变而为第三阶段，每经一个阶段就添加一些，愈传愈真，俨然就成事实了。明崇祯间钱士升《逊国逸书·序》云：

> 建文出亡，王文恪、陆文裕、郑端简俱载其事。当是时禁纲虽宽，散佚尚隐，故所序述犹在疑信之间，至史仲彬《致身录》、刘琳《扪膝录》、程济《从亡随笔》出，而其事大显。

我认为建文逊国传说最初只是一个疑团，后来增益其事，附会上去，这疑团的外表就渐渐为传说所蒙蔽了。我们如果要想还它一个本来面目，就得把后来附结上去的东西一层层解脱下来。因此，我们要问《致身录》《从亡随笔》是不是伪书？

关于这个问题，胡适之先生有《建文逊国传说的演变》一文曾讨论过，他在《致身录》和《从亡随笔》中找出许多矛盾和互异的地方，认为这两部书是伪造的。我嫌他的证据还不够，所以这里再就历史上的事实，指明其中几点伪据来：

一、史仲彬作《致身录》的不足信。《明史·牛景先传》附记云："万历时，江南又有《致身录》，云得之茅山道藏中。建文时，侍书吴江史仲彬所述（清邵远平《建文帝后纪》中犹称史仲彬为翰林侍书）。……然考仲彬实未尝为侍书，《录》盖晚出，附会不足信。"又《罪惟录·惠宗帝纪》论曰："至史仲彬《致身录》，诸凿凿，实所疑，如或亲见之者。观吴文定《仲彬墓志》全不及此，一伪皆伪也。"我们从"仲彬实未尝为侍书"，及"吴文定《仲彬墓志》全不及此"两条证据，可断定《致身录》系伪书。我们再从《致身录》所记事实看来，也可以发现其伪造的破绽。

二、王良从亡事实之虚诞，《致身录》所记从亡二十二人中有浙江按察使王良。考王良尝有惠于燕王，燕王既即位，遣使召良，良不应召，负朝廷印自焚死。此事在《明史》及《明书》王良传中记载甚详，而《明史·王良传》且述成祖之言曰："死固良分，朝廷印不可毁，毁印良不得无罪。"这里说王良的死是很清楚的事，且有铁一般的证据。又明嘉靖郎瑛《七修类稿》内记建文间死节之士亦有王良之名，与齐泰、黄子澄、方孝孺、廖升、周是修等忠臣二百四十人并举，可知王良死节无疑，而《致身录》所记竟与事实乖违，其出伪造，不言而喻。

三、严震直遇建文于沐晟家之谎诞。《从亡随笔》曰："丙戌（永乐四年）夏四月，（建文）至西平侯沐晟家，留旬日。会严震直以使事过滇，见师辞去，吞金死旅舍。"考严震直使安南在洪武二十八年，并非永乐位，召见，命以故宫巡视山西，至泽州病卒。他的死又非在云南。《从亡随笔》所载也和其他传说一样，全与事实不符。这样附会的事实，一经说破，半文不值，其为伪造，更不待说了。

四、建文在滇事迹之无据，《致身录》载文和尚——建文，于癸未（永乐元年）至云南之永嘉寺，丙戌结茆于白龙山，辛卯定居于浪穹。自辛卯至丁酉言居浪穹者七年，后又言居浪穹二年，是建文出亡后，言居浪穹最久。然考之滇中记载，并无遗迹。清冯甦《滇考·下》记建文遁迹则云：

> 予至滇，求其遗迹，则今武定府狮子山龙隐寺中，其像与诗俱存云。父老又言，初至滇，寓城中五华寺，自言与沐将军有旧，寺僧报沐，沐至寺密语。移时，使人送至武定府。

又明崇祯阮元声《南诏野史》云：

> 宫中火起，以为建文自焚，不知帝出逃，游云南武定狮子山。

这里并没有提到永嘉寺和白龙山，只说建文初至五华寺，后游狮子山。即使我们承认这种传说可靠，也和《致身录》所载建文在滇踪迹不符。而《滇云历年传》卷六记建文在滇事迹中说："今察新旧志，无永嘉寺。"这更足使人对《致身录》及《从亡随笔》所言建文初至云南永嘉寺事迹发生疑问。然后我们再读《从亡随笔》中的一段：

> 诏迎师入大内称老佛云。济闻而叹曰，今日方终臣职矣。遂还滇焚庵，散徒，平叶杨二冢，纪其始末付了空。

这更使我们百索不解了，假如建文出游云南果属事实，那末建文还宫后，又何用焚庵，散徒，平叶杨二冢以灭迹呢？我想这只是作者恐无实证，被人看破，所以作此遁词。殊不知做贼心虚，总不免露出破绽来。我们再退一步想，假定五华寺即永嘉寺，狮子山即白龙山，那末《南诏野史》和《滇考·下》所载建文其他传说也应与《从亡随笔》所记相合。然而我们试读《南诏野史》所记建文存《狮子山》一诗云：

> 漂泊西南四十秋，萧萧白发盈矣。乾坤有恨家何在？江汉无情水自流。长乐宫中雪气散，朝元阁下雨声愁。青蒲细柳年年绿，野老吞声哭未休。

就可看出这首诗又和《从亡随笔》中事实不符。依照《从亡随笔》和《致身录》纪载，建文结茆白龙山在永乐四年时，出亡仅数年事，何能称"漂泊西南四十秋"？这显然是附会的说法，不足信。所以我们虽有意识认定狮子山即白龙山，终无法证明。五华寺是不是永嘉寺？也无实证。

这一类附会的传说，不仅云南为然，即在贵州、广西等处亦然。《明高僧传·应能传》云：

> 帝自湖湘入蜀、云南，复闽，入广西横州南门寿佛寺居十五年。

《皇明通纪》亦云：

> 最后入广西至横州南门寿佛寺，居十五年，人不之知。

这是说建文出亡后驻足广西横州最久,和《从亡随笔》《致身录》所言定居浪穹最久者不同。又赵士喆《建文年谱》云:

> 冯时可曰:"娄江王元美尝谓予曰:'建文实自焚于火,世所传髡缁为僧者谬。'然归自田洲,葬于西山者,又为何人耶?予以癸未游于黔西永洪庵,其庵在万山深处,僧徒皆谓建文曾驻此三十年,尚有墨迹。"

这里又说建文出亡后驻黔西永洪庵三十年,与《从亡随笔》和《致身录》中所言居浪穹十余年者亦不同。假如建文出亡属实,究竟以居那一处为最久呢?如依《从亡随笔》记载以居浪穹为最久,然则广西寿佛寺和黔西永洪庵传说将何以解释呢?且而云南又无建文在浪穹的传说,更将何以解释呢?我认为这三处传说,既没有一确凿证据可寻,大概都是由杨行祥一人诡称建文的事而起的。

从上列几点看来,我对于这问题的回答是肯定的——《从亡随笔》和《致身录》是伪书。

我们从建文逊国的传说一层层解脱出来,最后我们所看见的真目面只是"宫内大火,帝不知终"的一个疑团,我们如果找不出他焚死的证据,我们只有让这疑团留在历史上吧!

(《益世报·史学》第 19 期,1939 年 9 月 9 日,第 4 版)

明代倭患昭忠录(一)

辰　伯(吴晗)

倭寇起自元末,炽于明嘉靖间,经全国将吏义民出阖力剪锄,终乃绝迹。其为祸几与有明一代兼终始。今剌举明人所记死于倭难之忠臣义士事,为作昭忠录。录中独重殉城殉职之官吏,励今之守土者也,多记乡民白丁奋勇杀敌事,勉今之民国也。随得随录,初无次第,汇为尚书,请俟来日。

一、王秩、钱泮

嘉靖三十四年五月,倭寇常熟,屡攻不克,移舟泊三里桥。知县王秩及乡官参政钱泮率耆民家兵追贼,及于上沧巷,为贼所掩击俱死,其民丁仅有脱者。巡按御史金浙上其事,上悯二臣死事,诏赠秩为太仆少卿、泮光卿禄卿,各荫一子锦衣百户世袭,赐祭立祠,有司岁时享祀。(徐学聚《嘉靖东南平倭通录》)

二、钱　錞

嘉靖三十四年六月,倭进据江阴蔡注闸,分众犯塘顺。知县钱錞统狼兵御之,遇贼于九里山,时已薄暮,雷雨大作,伏兵四起,狼兵悉奔,惟余錞及民兵八人尽死于贼,事闻,诏赠錞光禄少卿,荫一子,赐祭立嗣死所。(同上)

三、黄　　钊

嘉靖三十五年四月，倭薄温州，兵使者檄同知黄钊出兵迎击贼，战败被执。寇欲还钊，索千金为赎，钊骂贼不置，贼怒磔杀之。事闻赠参议，荫一子太学生，仍为祠春秋祀之。（同上）

四、齐　　恩

嘉靖三十五年四月，江北倭流劫至圌山山北等港，无为州，同知齐恩率舟师迎战，败之，斩首百余级，恩长子尚文，次子嵩，叔仲实，弟宝荣，侄慎、寅、友良、大卿，孙童等俱在行。嵩年才十八，尤骁勇善射，独前追贼至安港，恩等从之，会伏发，贼四面合围，恩等及其家丁钱凤华二十一人力战皆死之，独嵩、慎、寅三人得脱，贼乘胜遂至金山，杀镇江千户沈宗玉、王世良于江中。（同上）

五、宗　　礼

嘉靖三十五年四月，倭万余趋浙江皂林等处，游击宗礼帅兵九百人御之于崇德三里桥，三战俱捷，斩首三百余级，贼首徐海等皆辟易，称神兵。会桥陷军溃，礼与镇抚侯槐、何衡、忠义官霍贯道等俱死之。贼乘胜攻桐乡不克。礼骁勇敢战，所部箭手三千人皆壮士，是役，论者谓兵兴以来，用寡敌众血战第一功。事闻，赠礼都督同知，谥忠壮，荫一子世袭指挥佥事，槐、衡各晋二级，贯道赠光禄寺丞，任一子知印出身。（同上）

六、杜槐父子

嘉靖三十五年六月，倭人犯溪，省祭官杜槐与父文明率兵追败于王家园。海道副使刘起宗因委防守余姚、慈溪、定海三县。未几复与贼遇于白沙，一日战十三合，杀贼三十余人，斩其一酋，槐被数创，遂堕马死。

文明别将兵击贼于白鹤场,斩白眉倭帅一级,从七级,生擒二贼,贼惊遁,呼为杜将军。既而复追贼至奉化枫树岭,以兵少无继,陷阵殁。按臣以闻,诏赠槐光禄寺丞,文明府经历,荫一子国子生。有司立祠祀之。(同上)

七、陈　见

嘉靖三十七年四月,倭攻福清破之,执知县叶宗文,劫库狱,杀虏男妇千余,纵火焚官兵廨舍。举人陈见率家僮御贼,不克,与训导邬中涵同被执,骂贼而死。(同上)

八、王　沛

嘉靖三十八年正月,浙江永嘉县良医王沛,招集乡兵斩倭,战于梅岭,死之。胡宗宪以闻,诏赠太仆寺丞,立祠祀之,荫一子。(同上)

九、家兵黄猛

御倭名将汤克宽在海盐时,有家兵黄猛者,膂力绝人。先从公守浙东,与贼战于普陀山,猛被围数重,身中数十枪不死,突出重围,贼亦知其名,谨避之。后在盐有他遣,归而城门适闭,呼不得入,植长竿于城下,缘之而上,见者骇异。抱病从征,犹杀六贼而死。(采九德《倭变事略》)

(《益世报·史学》第1期,1938年12月27日,第4版)

明末江阴孤城抗敌记

吴 晗

明末东南沦陷之后，江阴以一孤城，拒守八十一日，歼敌七八万人，然后阖城殉难。事之壮烈，旷古未有。顾《明史》仅附见此事于《侯峒曾传》中，寥寥百余言，简略已极。王先谦《顺治东华录》于围攻江阴事，不着一字，《清史稿·顺治本纪》亦然。是役明降将刘良佐实为先锋，《史稿》于《良佐传》绝不道及。其《忠义传》中亦不为阵殁于江阴之将士立传，仅贝勒《博洛传》中著"攻江阴亦下"五字，清廷之耻言此事可知也。今就《明史》所记，参以韩菼《江阴城守纪》、许重熙《江阴城守后纪》、沈涛《江上遗闻》、赵曦明《江上孤忠录》、计六奇《明季南略》、古藏室史臣《弘光实录钞》、倪在田《续明纪事本末》及《鹿樵纪闻》诸书，以事系日，录为长编。述前世之遗闻，资今日之观感。世有作家，采为史剧，亦战时言传之绝好资料也。

江阴，明隶南直隶之常州府，北滨大江，东连常熟，西界武进，南界无锡阳湖，南北七十里，东西百四十里。明弘光元年（清顺治二年，西元一六四五）夏清兵渡江，福王弃南京，（后被俘）清豫王多铎既定南京，常州在籍御史刘光斗迎降，豫王命其安抚常州各属。

五月二十五日，江阴县令林之骥哭庙，封库藏，解印绶去，参将张宿、海防程某、县丞胡廷栋、学使朱国昌、兵备马鸣霆去任，诸生日诣学宫相向哭。

六月，主簿莫士英潜通款于刘光斗，得权署县事。

二十四日，清县令方亨至，满城汹汹，欲为拒守计，以器甲刍粮未备，不敢遽。亨命造投顺图册，收民间器甲。

二十七日,豫王令军民薙发,江阴限三日,方亨出示晓谕,众哗云:"你是明朝进士,头戴纱帽,身穿圆领,来做知县,羞也不羞!丑也不丑!"

闰六月初一日,江阴倡议守城。方亨谒文庙,申前令,诸生许用大言于明伦堂曰:"头可断,发决不可薙也。"适府中(知府宗灏已降清)檄下,有"留发不留头,留头不留发"之语,亨命克书示此言,吏掷笔于地曰:"就死也罢!"亨欲答之,共哗而出,下午北门外民奋袂先起,四门应者万人,执亨拘之。

初二日,义民下方亨、莫士英于狱。时阖邑闻风响应,四乡居民不约而至者数十万计,三尺童子,皆以为蹈白刃无憾,有不至者共讦之。分队伍,树旗帜,鸣金进止,填塞道路,设高皇帝位于明伦堂,誓众起师,拥典史陈明遇为主。明遇名选,浙江人,素长厚,得民心,故众从如归。

初四日,守备陈瑞之潜逃,追获之,投其阖家于狱。城中戒严。徽商程璧(字崐玉,开当城中)首捐银三万五千两为城守费。

初五日,搜获知府宗灏所遣伏兵六十余人于城中,尽杀之,又歼宗灏所遣郡兵三百人来袭县城者于秦望山下,杀陈瑞之及其家属,陈长子以能造军器贷之。

初六日,清兵至江阴。

初七日,义兵出与清兵战于虞门,败绩。

初八日,乡民歼清水师兵于双桥。

初九日,时城中无帅,程璧荐其同乡邵康公为将。康公得武事,勇力过人。时旧都司周瑞龙领舟师数百人驻江口,犄角为声援。城中共举孝廉夏维新、诸生章经世、王华管粮饷,中书戚勋、贡生黄毓祺、庠生许用等二十余人为参谋。杀方亨、莫士英于狱,以绝内应。

初十日,周瑞龙与清兵战于城西,不利,退屯江口。

十五日,靖江夏起隆统沙兵来援,战于城南,大败师溃。明遇出巡城,凡乡兵搏战至城下者,必开门奖纳,鼓以忠义,每献一级,城上赏银四两,明遇或为下拜。以故各镇乡兵,俱同至城下打仗,清兵所至,各乡尽力攻杀,不得安处。荷戈负粮,弃农不顾,不用命者互相攻讦,虽死无悔,即不胜,亦未尝俯首效顺。时明总兵黄蜚由芜湖屯兵太湖,吴志葵由吴淞驻兵福山,纠洞庭两山之民接应常熟,声势甚张。明遇命程璧往二处乞师,兼往淮抚田仰处。璧尽出所储十四万金充饷。二帅皆不应,复往徽郡金声、江天一处,及至,金、江兵已溃,比返,江阴城已陷,遂为僧于徐墅。

二十一日,清兵连日不能克,益遣马步十余万来围攻,以降将刘良佐为先锋,邵康公出御,不克,城中人下之狱。清兵焚掠四乡,乡兵败绩走。周瑞龙亦扬帆去。

二十三日,泗善港葛辅弼父子率乡兵五百赴城援,皆沿江慓悍,以不谙纪律,至三官殿战败,一军悉歼,清兵乘胜恣掠,杀伤老弱男女无算。

二十四日,刘良佐作招降书一纸,射进城内,覆书拒之。

七月初五日,守备顾元泌有异志,诛之。遣人迎原任典史阎应元入城主军事,应元字丽亨,北直通州人。由武生起椽吏,官京仓大使。崇祯辛巳(十四年,西元一六四一)任江阴典史。十五年尝集乡勇退海寇数百艘,手射三人,应弦而倒。继又平盐盗,弭民乱,邑人德之,为肖像社学中。以大臣论荐,特授都司札军前檄用。而马阮用事,本年三月仅平转广东韶州府英德县主簿,以母病兼道梗,絜家避居砂山之麓。义兵起时,陈明遇与邑士民即拟敦请,元泌百计阻挠,至是元泌诛,遂决意迎之。应元曰:"尔等能从我则可,不然不为若主也。"众曰:"敢不唯命是听。"

初九日,应元与家丁四十人入城,道经七里庙,题诗庙壁云:"露胔白骨满疆场,万死孤臣未肯降。寄语行人休掩鼻,活人不及死人香。"既至,即出邵康公于狱,发前在任时所监造火药及火攻器具。次谕巨室各出资出饷,锱不足,凡泉货百物得估值充数,收贮,备民兵犒赏费。乃大料民居,悉取注册,择骁勇者隶麾下。

初十日,祭旗发令,命武举人王公略守东门,把总汪某守南门,陈明遇守西门,应元自守北门,仍与明遇总督四门,昼夜巡历。明遇宽仁,每事平心经理,遇军士劳苦抚慰,至于流涕。有倦极假寐,以利害劝谕,不轻呵斥。应元则号令严肃,凡偷安不法者,必贯耳鞭背示众,虽豪右不少贷。然战士困顿,必手自注汤酌酒。遇害者立治棺衾,哭奠而敛之。

接见敢死,不称名,每称兄弟,遇事必询之众曰:"众兄弟谁当此事者?"有一人号于路曰:"我欲杀贼苦无刀。"应元即解佩刀与之,值三十金。与士卒同苦乐如此,故民怀德畏威,濒死而不悔。又命开城门合乡兵二十余人与在城民兵分保而守。公屋无用者拆毁,砖瓦便瞽目人传递不停。十人小旗一面,百人大旗一面,红夷炮一座,每堞上瓦四块、砖一堆,井井有条,丝毫不乱,城兵势复振。苦无矢,乃命月黑夜束草为人,外披兵服,人持一竿,上挑一灯,直立雉堞,士卒伏垣内大噪,清兵望见,矢如蝟集,获强矢无算。

十一日,清兵攻北门,矢石如雨注,清将驾云梯上城,多为长枪刺死,其主帅七王大怒,奋身独上,一童子挺枪中其喉死。

十二日,清兵三万分十处运云梯上城,城兵百计拒之,杀伤无算。杀其骁将二都督。应元既却北城攻,知清兵必大至,乃广为战具,招青阳民黄明江与其从数十人入城制毒弩,百步之外,命中如志。出陈瑞之子于狱,令制火砖木铳,火砖广三四寸许,着人即烧;木铳类银鞘,中藏药,敌至投下,火发木裂,内藏铁菱角飞出,触者立毙。应元自造挝弩,用铁一块,旁设数钩,系以棉绳,掷着人钩进斩之。又仿旧制造火球火箭,无不曲尽其妙。故清兵虽众,向城畏服,战栗无人色,其自北来者,闻之皆胆落,无不以生归为祝。

十四日,城中遣耆老及敢死百余人,携木铳伪为银鞘,出至清将薛王营诈降,火发炮裂,帐中上下约伤二千余人,薛王亦炸死。

十五日,刘良佐攻东北城,不利。

十六日,遣人四出乞援,均不应。常熟金秀才鑛率精勇四百余人来援,候友军不至先发,为刘良佐军所截,全军俱殁,鑛仅以身免。

十七日,刘良佐移营十方庵,应元遣勇士千人出南门夜劫之,杀伤千余人而返。

十八日,良佐令十方庵僧望城跪泣,陈说利害,劝众早降,城上以效死勿去大义谕僧。良佐因近城就应元语谓:"宏光已北,江南皆下,以足下之能,转祸为福,爵位岂在良佐下,何自苦如此!"应元骂曰:"江邑士民咸谓三百年食毛践土,深戴国恩,不忍望风降附。应元乃大明典史,义不得事二君。将军位为侯伯,身拥重兵,进不能恢复中原,退不能保障江左,何面目见我江阴忠义士民乎!"良佐惭退。

十九日,良佐复来招降,应元曰:"有降将军,无降典史!"一声梆响,火箭齐发,良佐连跨三马逸去,太息曰:"江阴人没救矣!"时清贝勒博洛已定松江,悉统所部兵几二十万来江阴,缚降将黄蜚、吴志葵于城下,命劝降,应元叱之,皆再拜去。

二十日至二十七日,清兵用炮猛攻,城垣五处崩裂。城中百计拒守,明遇、应元日夜坐卧城上。应元每巡城,一人执大刀以从,众望见以为天人,盖应元躯干丰硕,双眉卓竖,目细唇曲,面赤有须,颇类关圣也。又令昇关帝、睢阳王(张巡)、二东平王、城隍神五像,张黄盖历行城上。以磁石捻众神须内,遇铁器须辄张。以关捩抉神手指挥,外兵望见疑为将,皆惊怖。

二十八日,清兵攻北城,应元伤右臂,犹左手握刀格杀数人。

二十九日,清兵攻南城,炮声震天,一昼夜费火药万五千斤,城墙几陷,外兵乘势上,守城者力不能御,乃发炮猛击,伤敌数千人。应元亲发大炮,毙清帅十王。

八月初二日,应元以夏维新、王华克扣赏给,斩之。命许用掌刍粮。时清兵四出杀掠,民不聊生,有先薙发赴清营归顺者,城上望见必怒詈,虽至亲如仇敌。

杨舍营守备沈廷谟降清,披发至城下招降,不应。

初六日,摄政王晓谕招安,合城不听。

初七日,豫王示到,以矢射入城中,言:"明已亡,何苦死守!"城人书其后曰:"愿受炮打,宁死不屈!"射还之。

初八日,大雨,民立雨中受炮,无降意。夜半应元命善泅水者渡外城河,钉没清兵炮眼,乘间乘夜修治城垛。

十三日,给民间月饼钱,计至十七日止。百姓携壶觞登陴,分曹快饮。许用仿楚歌作五更转曲,令善讴者登高传唱。黄明江鼓胡琴于西城之敌楼,歌声悲壮,响彻云霄。清兵闻之,有泣下者。歌曰:"宜兴人,一把枪。无锡人,团团一股香。靖江人,连忙跪在沙滩上。常州人,献了女儿又献娘。江阴人,打仗八十余日宁死不投降!"

十九日,清兵犹多方招降,三城亦有犹豫者,惟北门誓死益固,众意遂决。

二十日,清兵攻东北城,以金陵新解到大炮二十四位,收沿城民家铁器铸炮子重二十斤,又筑土垒以避矢石,一昼夜炮声不绝,城中困疲已极,计无所出,待死而已。

二十一日,贝勒博洛令以大炮二百余座专打东北城,清兵潜渡河从烟雾中蜂拥上,众不及御而溃,午刻江阴城陷。北城民巷战,敌死伤数千人。善政桥蒋家巷士民多力死战,东观西观地方民死战,互相杀者九千余人。大街、中街、南街三处地方巷战,两军死二万七千余人,应元坐城东敌楼,索笔题书曰:"八十日带发效忠,表太祖十七朝人物。十万人同心死义,留大明三百里江山。"题讫,引千人上马格斗,杀敌无算,勒马巷战者八,背中箭三,顾谓从者曰:"为我谢百姓,吾报国事毕矣!"拔短刀刺胸,投前湖中,刘良佐遣兵来擒,出而缚之。良佐踞坐乾明殿,见应元至,跃起拍应元肩而哭,应元曰:"何哭?事至此,只有一死,速杀我!"贝勒博洛坐县署,急索应元,应元至堂上,挺立不屈,背向贝勒,骂不绝口,一卒以枪刺其胫,血涌而仆。日暮,拥至栖霞庵,庵僧夜闻大呼"速杀我"不绝口,已而寂然,天明已遇害。家丁存者犹十余人,皆不降就戮。明遇阖家四十三人均自焚死,自持刀至兵备道前下骑搏战死。戚勋、许用均阖家自焚死,训导冯厚敦公服缢于明伦堂。其他男妇自杀死者不可胜计。

二十二日,城人犹巷战不已,清兵用火攻败之,下令屠城,四民骈首就死,咸以先死为幸,无一人顺从者。

二十三日,满城杀尽,清帅下令封刀。午后出榜安民。城民匿僻隐处及僧徒仅存者共计大小五十三人。

是役也,守城八十一日,城内死者九万七千余人,城外死者七万五千余人,妇女童子被略为奴婢者无计数。清兵围城者二十四万,死者六万七千,巷战死者又七千,凡损卒七万五千有奇,死骁将三人,大将十八人。

(《益世报·史学》第 1 期,1938 年 12 月 27 日,第 4 版)

明末公教人士在西南之活跃

方　豪

今日国家之阽危,盖与明末相仿佛。吾人游桂林之风洞山,临瞿忠宣公、张忠烈公成仁之所,不觉肃然起敬。及至昆明,则所谓升平坡即逼死以及商山灰骨处,盖令人感亡国之痛!

及读当时西士所记,乃知明末之能将西南残局至十余年之久者,犹赖三五公教人士之努力。教士若毕方济、瞿纱微、卜弥格,教友若瞿式耜、庞天寿、焦琏,其犹著者也,草为是篇,一以志昔贤谋国之忠,事教之诚;一以励今日全国之教胞,共赴国难,不让专美于前。作者之意,尽于此矣。

（一）毕 方 济

弘光之称帝南京也,毕方济奉命出使澳门,与葡萄牙议借兵购械,事方就绪,而南京失守!

及郑芝龙等奉聿键自杭入闽,改元隆武,方济复应诏而至,进修济治平之颂,谓修身之道在齐心,齐家之道在正内,治国之道在勤仁政,平天下之道在敬造物。颂末署"宣谕使远臣毕方济"。帝有答诗,引曰:"毕今梁,西域之逸民,中国之高士。……今余登极八闽,今梁奉召来朝,进颂含规。"时隆武元年十一月十八日,足见君臣相得之深。

以上所云,皆方济在东南之勋绩,似与西南无关,然欲知方济对西南之贡献,不能不先及此,以知其渊源。

迨隆武遇害,兵部尚书丁魁楚、侍郎瞿式耜奉桂王朱由榔称帝肇庆,改元永历,时一六四六年十二月二十四日也。乃遣方济偕庞天寿再使澳门,葡总督遣兵三百,携炮二尊,至桂林助战。盖是时清兵已由广州至平乐,永历帝避全州,瞿式耜方与焦琏死守桂林也。

及桂林敌退,帝亦返。广西全省既复,金声桓又以赣省归明,此后虽有桂林二次之围,永历再奔南宁。然式耜等奋勇退敌之能,粤省亦以提督李成栋不乐受总督终养甲之节制,来附于明,于是永历版图兼有粤、桂、湘、鄂、云、贵等七省。而永历太子适生,方济复奉谕,偕天寿三使澳门,求弥撒,献蟠龙眼香炉一对、镂花银瓶两对、镂花银腊台两对。时永历二年十月三十一日。使臣将返,葡总督亦赠火枪百枝,以佐戎行。

方济原名 Fr.Sambiasi,华字"今梁",一五八二年生于意之拿波利,一六〇九年至印度,翌年来澳门,一六一三年入华,被召至京。一六一六年南京教案起,方济南下至澳门。既而潜返京师,寓徐文定公光启宅。自是方济即遍历上海、松江、开封、山东而至南京。一六三八年复由常熟至淮安,与侯方域等同游。此后复至扬州、苏州、宁波等地。

方济之初使澳门,力辞官爵,但恳弘光于事我后,领质人教在广州城内与上川岛查而已,彼固事事以宗教为前提也。

一六四九年一月卒于广州,永历帝命以盛礼葬于隆武赐地,赐地在广州北门外金坑或四乃澳门北岸拉巴岛(译音)之银坑村,所著以《灵言蠡勺》二卷为最。

（二）瞿 纱 微

方济而外,瞿纱微(Koffler,1603—1651?)之事功亦足一述。葡兵三百之援桂林,纱微即任随营司铎之职。随营司铎者,专治军中奉教人员之神业者也。伯希和以为纱微应早在梧州或桂林,或曾在军队中暂驻。桂林二度被围时,纱微已随天寿北上征军。

永历太子之生也,阖朝相庆,皇太后等即切求领洗,纱微鉴伊等之诚,即在宫内小堂受洗,奉教官员亦与礼焉。计受洗者永历嫡母皇太后圣名烈纳、生母马太后玛利亚、中宫皇后亚纳。太子慈煊,永历初不许领洗,未几,病危,遂准,圣名当定。宫中同领洗者五十余人。

纱微原字体泰,名安稳。《皇太后上教皇书》曰:"女子忝处皇宫,惟知阃中之礼,未谙域外之教,赖有耶稣会士瞿纱微在我皇朝,敷扬圣教,予始知之……"纱微之名,此盖初见,但其化人之功,则可知矣。

纱微卒于何时,不可考。交趾传教神父 Borges 谓卒于田州附近,盖即太后烈纳终地。一六五一年值永历自南宁避贵州,纱微之死,或在此时。

(三)卜弥格

卜氏原名 Boym,波兰人,一六一二年生(?),一六四二年自里斯本来远东,历游交趾、海南、澳门等地。

一六四九年初毕方济既下世,曾德昭即至广州,同年四月回澳门,乃遣弥格来永历朝辅瞿纱微,次年即奉命出使罗马。

弥格之使欧,随行者二人,似在一六五一年一月一日登舟,至一六五三年始克进罗马,而教皇致太后与天寿之覆书直延至一六五五年十二月十八日方能备就,时太后殁已四年。次年三月三十日离里斯本,偕柏应理、鲁日满等同行。时荷兰人方封锁卧亚,弥格冒险而行,由暹罗而交趾而广西,清兵不许入,复退交趾,交趾不允逗留。弥格困惫之余,以一六五九年八月二十二日卒,教皇之书终不得达。近人冯承钧在所撰《景教教碑考》中曰:"计其东西往来之年,几与玄奘游年等,不幸则又与无行同。而其冒犯险阻,仗义奉使,不特为明之忠臣,兼为教会之殉教者。"所言并不过甚。

(四)瞿式耜

吾人读《瞿忠宣公文集》及其他同时人著述,知式耜为忠臣、为义士,不能知式耜之入教受洗也。然一览西士所纪则凿凿有,如曰洗名多默,如曰受洗于艾儒略之手。盖式耜之伯父太素为利玛窦故人,从兄(或弟)式榖更自幼领洗,名玛宝。天启三年(一六二三)且至杭州邀艾儒略司铎来故乡常熟开教。时式耜丁母忧旋里，久与儒略谈道，倾心向化，遂亦受洗。

隆武遇害时，式耜居广东，授兵部侍郎。永历即位，以为相。极称桂林形势，请永历坚守不去，曰："我进一步，人亦能进一步；我去速一日，人亦能速一日；去而不守，是拱手送人也。"永历卒不从，惟得上方剑便宜行事。式耜遂与总兵官焦琏坚守不去。立矢石中，与士同甘苦，久雨城坏，吏士无人色，而督战自如。既而，援兵索饷大哗，括库与之，不足，夫人邵氏脱簪珥充饷，士卒皆奋勇。式耜被封临桂伯，时永历元年七月也。

永历二年三月，式耜再退清兵。

四年十二月，孔有德破广州，引兵西向，永历走贵州。式耜奉命仍守桂林，方将迎战，而诸将赵永选等忽率兵遁去。式耜遂以敕印付中军官徐高，令驰送于帝。及清兵入，劝降，不从，遂遇害。赐谥忠宣。子圣名若望，在常熟，幸获无恙。

（五）庞 天 寿

天寿受洗于北京龙华民之手，或谓汤若望授洗者，误也。洗名亚基娄。伯希和谓一六三〇年领洗，或误。盖天寿《上教皇书》中有云："昔在北都，幸遇耶稣会士劝导入教，恭领圣水，始知圣教之理，蕴妙洪深，夙夜潜修，信心崇奉，二十余年，罔敢稍息。"天寿上书在永历四年，即一六五〇年，以二十余年逆记之，当在一六三〇之前。

天寿本崇祯旧仆，崇祯殉难，即至南京，南京失守，又入闽事隆武，偕毕方济出使澳门。后归永历，任司礼太监。皇太后等之奉教，天寿与有力也。据西士所载，天寿所化之人颇多。皇太后欲遣使觐教宗，天寿愿亲往，太后以其年老，不许。天寿遂请以卜弥格自代，亦有《上教宗书》。时所任官职为"钦命总督闽恢剿，联络水陆军务，提调汉土官兵，兼理财催饷，便宜行事。仍总督勇卫营，兼掌御马监印，司礼监掌印太监"。而书中所云："罪人一念之诚，为国难未靖，特烦耶稣会士卜弥格归航泰西，代告教皇圣父，在圣伯多禄、圣保禄台前，兼祈普天下圣教公会,祈求天主,慈照我大明,保佑国家,立跻升平。"谋国之忠,虽在二百八十余年后,犹凛凛有生气。永历十二年卒于昆明,年六十九。与永历共患难者十二年,亦可贵已!

(六)焦 琏

焦琏,圣名路加,南京人,因平靖江王亨嘉之乱,擢总兵官。桂林之初次被围,凡百日(一六四七年三月二十日至七月一日),焦琏力拒之,清兵既退,复巡视全省。及孔有德破浔州,陈邦传邀琏投降,怒叱之,邦传怒,设计害之,函其首降清。谥烈愍。

上述诸君子外,或曰拥桂称帝之兵部尚书丁魁楚亦为教友,然不可考。皇太后爱国之诚,亦可于《上教皇之书》中见之,兹并从略。旅中鲜书,考证或有不详,方闻之士,幸垂教焉。

(《益世报·宗教与文化》第1期,1938年12月18日,第4版)

前汉西南开边小记

成 憎

中国内地与西南边区发生关系，究竟甚么时候开始，这是直到如今还不能解决的问题。在史前时期，西南民族的文化和中原民族的文化，有那些地方是相同，有那些地方是相异，相同的地方是否同一根源，相异的地方是否各不相涉，现在的考古家对于这些问题还没有确定的答覆。在史后之最初时代，关于西南的记载也很渺茫。有人说西周初年，百濮的根据地就在云南，这也是不可靠的论断。至于其他的传说更是难以取信。大概最可靠的记载，是战国末年楚庄蹻率兵入滇的事，这算是中国政治势力深入西南边区的第一着。不过庄蹻入滇之后，是以内地之文化而化夷，还是受了夷的同化，史书中仅有一点的记载，却不能够使我们知道真实的详情。秦统一后，曾在西南边区开道置吏，然而所开之道与所置之吏，我们也不能详细知道。总之，在秦以前，中国内地和西南边区所发生的关系并不十分密切，而到西汉，两方面的关系才密切了。因此，中国对西南之开拓，西汉是一个较早而又重要的时期。

在西汉的时候，分布在西南边区的居民，中国总名之曰"西南夷"。可是这些夷民究有多少种，而各种族文化又怎样呢？据前人的记载，西南夷族多至百数十种，而其居长则以夜郎为最大。夜郎以西有滇，滇以北有邛都，均是当时极有势力的小国，每一国统辖着不少的部落。夜郎、滇、邛都是文化较高的民族，有耕田，有邑聚，可说他们是农产民族。此外又有巂和昆明两个大部落在滇之西，他们的文化是随畜移徙，不知耕作，这可说是游牧民族。巂之东北，有徙和筰都两大部落，筰之东北，有冉和駹两大部落，而在駹之东北又有白马，也是一个大部落。这些民族有的是赖农耕而食,有的是赖牧畜而食,可说他们是半农业半游牧民族。西南夷族的文化大概是这样的。至于他们分布的区域,大体来说,不外汉之犍为、越巂、益州、牂柯四郡,以今之地理而言之,则为云贵二省和四川西南同南边的一部分。

至于西汉开边的经过可分为以下几个时期:

一、唐蒙开边。汉武帝建元六年,大行王恢击破东粤之后,立刻就打发唐蒙到南粤去,劝南粤的王归服。唐蒙到南粤后,南粤王食以蜀产枸酱,唐蒙问枸酱是从哪里来的,南粤王答是从牂柯江来的。唐蒙回到长安之后,就向那里的蜀商说:"蜀地枸酱怎样会到南粤去!"蜀商答道:"蜀地商人到夜郎国去通商的很多,夜郎国临牂柯江,由此顺舟而下,可以直达南粤的都城番禺,枸酱就是先由商人带到夜郎,而后又由夜郎带到南粤去的。"唐蒙听罢便知道从夜郎到南粤是有水路可通的。那时汉武帝正想征南粤,很想找一条捷便的路。唐蒙因此上书说:"以前出兵征南粤,多是取道于长沙和豫章,可是这两条路都无水路直达番禺。若是取道夜郎,既有精兵十万可用,又有牂柯江直达番禺,是征南粤最好的一条路。"武帝觉得唐蒙说的很有理,就打发他去见夜郎王多同。唐蒙奉命后,就带了很多的缯帛到夜郎去。唐蒙到了夜郎恩威并施,夜郎的属邑都归服了,以后就把这地方建为犍为郡,从此夜郎国就算附属于汉。

夜郎国属汉之后,唐蒙又想建一条通牂柯江的大道,满想从此可以一直运兵到南粤去。不料这里的山很多,以巴蜀士卒数万之众,二年的工夫还没有修成。巴蜀的人既然要拿钱,还得去修路,双层的压迫受不了,不禁怨声载道,埋怨朝廷多事。汉武帝深怕因此生变,就把修路的事停止了。这算是半途而废,对于西南的开发很受影响,由此也可以知道开边的不易。

二、司马相如开边。唐蒙修路弄得怨声载道,中途而废,好像他招抚夜郎无甚结果,其实是力量没有白费的。那时筰、落、冉、駹等小国,听说夜郎归汉得了不少的缯帛,很是垂涎,也想归服于汉朝得些东西。汉武帝听到这种情形就问司马相如,看他有甚么意见。司马相如本为蜀人,对于西南的情形比较熟悉,并想借此立功,就慨然答应,说这些贵族是可以招抚的。汉武帝就拜司马相如为中郎将,持节前往,又拜王然于、壶充国、吕越人为副使同他一块去。司马相如这一去很顺利,邛、筰、冉等国均内属,汉为置一都尉十余县。这一次的开发,算是没费甚么事。只可惜这些小国没有诚意,得之易而治之难,他们叛服无常,弄得遣兵调将,几无宁岁。这些小国归服后,依然是得凿山填谷,修治道路,这又使巴蜀疲罢不堪了。又加以连年用兵转给饷糈,更使他们受不了。于是怨声又起,朝廷对于开拓西南的野心,不免又受了一番打击。

三、张骞建议通西南路。开拓西南边区然既同为巴蜀人民之怨,而主中止,不料在汉武帝元狩元年又动了通西南夷的念头。这件事是发动于博望侯张骞,他在这年上书武帝,说他出使大夏时,曾见过蜀地的布和邛地的竹杖。他问这些东西是从甚么地方来的,那地方的人说是从身毒贩来的,身毒在邛西两千里,蜀邛商人往往到那里做生意。张骞因此建议欲通大夏诸国以抵制匈奴,当可通西南夷以达身毒,再从身毒以达大夏,不必取道西北,受匈奴的牵制。武帝觉得张骞的建议很有道理,便打发王然于、柏始昌、吕越人等十余人到西南夷去。他们到了滇国,滇王待他们很好,只是再往西行就不通了,因为那里有昆明国阻住了路。王然于等在那里等候了四年的功夫,因为昆明国的阻挡,张骞的建议落了空,到身毒去的梦始终没做成。不过据说王然于等这次出使,曾到过白崖,因为在那地方见了彩云,就在那里置白云县,这也算一点小收获。

四、汉武帝之平定西南。元鼎间汉武帝因为讨伐南粤,征发犍为郡的夷兵,因此激起了且兰君的反叛。及至南粤平后中郎将郭昌、卫广引兵而还,和其他八校尉兵,共击杀且兰君,即其地建牂柯郡。夜郎在这时已叛汉而归属南粤,因为南粤已破,亦被复降于汉。此后武帝又遣郎中司马迁奉使西征巴蜀,南略邛、筰、昆明,戮邛、筰君。那时冉、駹二国本想抗命不降,及至听说汉兵已诛且兰,邛、筰二君也甘心归属,并请置吏。于是汉以邛都置越嶲郡,以筰都置沈黎郡,以冉、駹置汶山郡,并以广汉西之白马置武都郡,至此西南诸夷大半算平服了。不过这时滇国恃人众国强,且其东北有劳浸、靡莫诸同姓相助,颇有异志,未肯降服。元封二年,武帝又发巴蜀之兵,击破了劳浸、靡莫,以兵临滇池,滇王不得不降，汉又以其地置益州郡。到这时，西南诸夷算全平定了，武帝的功劳真不算小。

五、汉昭帝之再定西南。西南诸夷之属汉，并不出于诚心，常想脱离汉家的羁绊，果然，到了昭帝始元元年，又有反叛的事。这年益州的廉头、姑缯之夷民，叛杀长吏，牂柯等二十四邑也起而响应，一时势颇汹汹。昭帝征发蜀兵万人去讨伐他们，不久即平复了，一时相安无事。不料后三年，姑缯、叶榆之夷复反，昭帝打发吕辟胡去打他们，吕辟胡逗留不进，以致乱事扩大，兵败而返。第二年，又遣王平和田广明去打他们，这次才讨平了。以后又有武都氐人反的事，不久也讨平了。总算昭帝一世，没有发生很大的事变。

六、汉成帝之讨平夜郎。成帝河平中，夜郎王兴和鉤町王禹、漏卧侯俞举兵反叛，牂柯太守急，请发兵讨兴等。这时刘汉的政权已旁移外戚，国家的势力一天比一天衰落，一般人很怕远道兴兵，弄得国敝民疲，因此就打发太中大夫张匡持节和解，打算和平解决。无如这位夜郎王兴很是顽固，抗不受命的并且刻木以象汉吏，立道旁以射之。这时还在讨论是和是讨，没有把政策决定好。杜钦忍不住了，他向大将军王凤说，战则速战，和则即和，万不可旷延日时，把一场战祸弄得无法收拾。一句话把王凤提醒了，他立刻便荐金城司马陈立为牂柯太守，想借他收拾这一场乱子。陈立倒是有主张的人，一到牂柯，就决定非杀掉夜郎王兴不可，果然夜郎王兴被他杀了。鉤町王禹和漏卧侯俞一见夜郎王被杀，立刻便消形敛迹，这一场乱子算是平定了。那知夜郎王兴虽死，他的部下仍不甘心，等到陈立回郡之后，他的岳父翁指同他的儿子邪务又反了。陈立立命诸夷与都尉长史分兵去打他们，翁指据要地拒抗，都尉万年兵败。陈立再接再厉，不以此稍挫，复进兵前攻。适值那时天旱，立攻绝其水道，蛮苦无水，遂杀翁指以降。这此夜郎祸乱之讨平，完全是陈立的力量，以后他的封官加爵，实在是应该的。

西汉一代对付西南夷的经过大概是这样，至于在新莽时代仍有不少关于西南夷的事，暂不在此叙述。我们《汉书·地理志》，看到西汉在西南边区所建立的郡县，便知道汉人之开拓西南，是想把它当作内地看，只可惜没有立下很深固的基础。汉人之对付西南，完全是用政治力量,换句话说,就是只靠武力去压服他们,这实不是处边之根本政策。对待边夷,除了政治力量之外,总得还有下层力量,用各种方法同他们结好联和,造成一种夷不为夷、汉不为汉,而乃彼此同属一家的信念。一个国家包含有许多不同的种族,并不足为病,而要紧是当造成各种族的向心力,而且这种向心力量出于情愿,并非出于强迫。可惜汉人没有注意到这一层,更没有作到这一步,所以等政治力量稍松懈时,夷人便乘机反叛。西南边区隶属中国已经两千多年了,民族的问题依然十分严重,这不能不说历代的政府没有作到好处。愿我政府以往事为鉴,而更谋适当之对策。

(《益世报·边疆》第8、11期,1939年2月6日、27日,第4版)

云南西部僰夷区域中的土司政治

江应樑

一、土司制度的沿革

云南西部腾越、龙陵边区紧邻缅甸一带,依现时云南省政府的政治组织,是分设了梁河、盈江、连山、陇川、瑞丽、潞西六设治局治理的,但实际,设治局的治权,并不似内地县政府之能直接推行地方行政,各治区中的政治及经济大权,不操之设治局而是有一种特殊的人物所谓土司者掌握着的,六设治局所辖区内,计有大小十土司:

（一）南甸宣抚使司　　（二）陇川宣抚使司
（三）干崖宣抚使司　　（四）猛卯安抚使司
（五）芒市安抚使司　　（六）盏达副宣抚使司
（七）遮放副宣抚使司　　（八）户撒长官司
（九）腊撒长官司　　（十）猛板长官司

诸土司设置年代的先后不等,大体都有三五百年的传袭历史,毛奇龄《云南蛮司志》载:"夷人分爨、僰为界,爨属郡县,僰属羁縻。"大体可知历代之经营云南,对于被征服之罗罗族系居住地,多以之设为郡县,至若僰夷居地,则以之划为特殊区域,立土司以统治之。汉通西南夷,虽有永昌、哀牢、博南、不韦诸郡县之设,然只有其名而无郡县之实,自元世祖平云南始,云南全境始正式归属中国。自元而明,州县之设置区分,大体已具规模,惟对于僰夷民族居住的西南边地一带,仍未正式成立郡县而是设置土官,采以夷治夷之羁縻政策,明李思聪《百夷传》载:

元世祖自西番入大理,平云南,遣将招降其酋长,遂分三十六路、四十八甸,皆设土官管辖,以大理金齿都元帅府总之,事有所督,则委官以往,冬去春回。

又,明严从简《云南百夷》载:

洪武十四年,命颍川侯傅友德、永昌侯蓝玉、西平侯沐英率兵讨云南……于是,百夷皆请内附。今其地为府者二:曰孟定、孟艮;为州者四,曰镇康,曰湾甸,曰大侯,曰威远;宣慰司六:曰车里,曰木邦,曰孟养,曰缅甸,曰八百大甸,曰老挝;宣抚司三:曰南甸,曰干崖,曰陇川;长官司二:曰钮兀,曰芒市。

可见元明之对于僰夷居住区域,都并不以是成立郡县而是分设土司治理,清代沿明成法。民国以来,始渐于土司区内建置县治,如车里宣慰司地之分建为车里、南峤、佛海诸县,惟西部南甸、陇川、芒市一带,迄今仍未建县而是以设治局的特殊名义统属之。

土司有一定的官阶名称,通常所是者有如下诸名:

(一)宣慰使司(有副使)

(二)宣抚使司(有副使)

(三)安抚使司

(四)长官司

(五)土知府

(六)土知州

(七)土知县与县丞

(八)土巡检

(九)土把总

(十)百户、千户等

宣慰可加至从二品衔,宣抚正三品,安抚从三品,均有半副銮驾,官阶是够大的了。惟旧制,土司"见官小一级",即是说,虽然是二品的宣慰使,见了九品的汉官,也得称卑职而降为不入品了。腾龙沿边十土司,除户撒、腊撒、猛板三小司成立年代不远,且统治者非僰夷民族,余外七大司,成立沿革有如下表:

名称	南甸宣抚使司	陇川宣抚使司	干崖宣抚使司	芒市安抚使司	猛卯安抚使司	盏达副宣抚使司	遮放副宣抚使司
元以前	旧名南宋,不属中国	旧为麓川地	旧名干赖赕,曰渠滥赕	旧名怒谋,曰大枯赕,即《唐书》所谓芒施蛮也	旧麓川地	干崖之贰也	陇川之贰也
元代	至元廿六年,置南甸路军民总管府,领三甸	至元中,设平缅宣慰司;至正中,置麓川路,思氏并麓川陶孟,设陇川	至元中,置镇西路军民总管府,领二甸	至元十三年,立芒施路路军民总管府,领二甸			
明代	洪武十五年,改南甸府;永乐十一年,改为南甸州;正统三年,升宣抚司;万历时,置慰	洪武十七年,置麓川平缅宣慰司,陇川属之;正统十一年,置陇川宣抚司	洪武十五年,改为镇西府;后改干崖长官司;正统间,升宣抚司	洪武十五年,立芒市府,施府、施中,改长官司;崇祯十三年,加授安抚司职名	万历二十四年,巡抚陈用宾筑平麓城,即今猛卯城子,莫宣抚衎忠,数被缅侵,势不能支,因安插于猛卯	明初,怕便以功授副宣抚使,赐名刀思忠,建盏达副宣抚使司	万历十二年,平岳凤后,以多恭管为副宣抚,管遮放也
清代	改为宣抚司	仍为陇川宣抚司	仍为宣抚司	仍为安抚司	立猛卯安抚司,授衎宣安抚世职	仍为盏达副宣抚使	仍为遮放副宣抚使司
现代统属	属云南梁河设治局	属云南陇川设治局	属云南盈江设治局	属云南潞西设治局	属云南瑞丽设治局	属云南连山设治局	属云南潞西设治局

设土官以治夷民，在施政者之本意，既仅为羁縻，所以地方上一切政治经济大权全负之土司，土司对中央政府之义务，仅有两项：一是朝贡，二是征纳差发银。朝贡在中国政府之用意是表示夷民的臣服，从经济立场上说，政府是不能得到收益且反因边民的朝贡而有多份的支出的；至若差发，所收取之数也非常微小，实际也只是在表示一种纳税的义务而已。《云南蛮司志》载："所设土司，皆置长食其土，岁各量出差发银，多不过二千五百两，少者四十两或十五两。"《天下郡国利病书》载明末时云南各僰夷土司每年差发银数如下：

车里军民宣慰使司	黄金五十两
木邦军民宣慰使司	银一千四百两
孟养军民宣慰使司	银七百五十两
孟定府	银六百两
孟艮府	黄金六十两
南甸宣抚使司	银一百两（停五十两）
干崖宣抚使司	银一百两
陇川宣抚使司	银四百两（停二百两）
威远州	银四百两
湾甸州	银一百五十两
芒市长官司	银一百两
孟琏长官司	银二百两
钮兀长官司	银四十两

以各司地人口之众多，物产之富饶，而每年征发银不过数十百两，足见中国历代政府对边地夷民，实不思有所利图的。

元明之设置土官，大抵均系就当地原有势力较大之酋长加以封号，使就地统治夷民，这在载籍中已多有记载。惟今腾龙沿边各土司，则皆一致否认其本身为夷族，谓系汉人之随军南征以功留封斯土者，其中有几家土司且有民族谱给我们看到者，诸如：

芒市土司，原籍江西，明时随军征缅，以功留守斯土。原姓方，明赐姓放，今复姓方。

陇川及遮放土司,原籍四川巴县,先祖恭项于蜀汉时随武侯南征留此,元时受封,赐姓多。

干崖土司,原籍南京,明时随军征缅,以军功封守此土。原姓稀,明赐姓刀。

南甸土司,原籍南京应天府,明时随军征缅到此,以功封土职。原姓龚,明赐姓刀,今复姓龚。

为着中国两千余年来重汉轻夷的传统思想,使数千万西南民族,均耻言自身为非汉人。其实,汉夷本是一家,固无轻重之可言,大概土司之授封,固然有随军南征以功留守的汉人,但也不少是取当地降服的夷民首领而加封为土司的。

二、土司治下之行政组织

西部边区各土司,自元明受封以来,几百年相传,子孙一家地承袭着做了一地方的统治者,讫于今日,虽有设治局的成立,而边区的政治仍全部操纵于土司统治之下。土司治下的行政,由于数百年习惯相传,于是形成一个很严密的组织系统,若简单地作一个比喻,那便恰等于专制帝政时代的小朝廷缩影,土司衙门有如朝廷,司衙所在的城子便是京城,各邙寨村落,即等于州县行省。土司自然是皇帝,绝对的政治独裁者,土司的亲属便是亲王大臣,被派管理村寨的人便是封疆大吏。更有一个特殊点,那便是朝廷的大员尽皆土司一家亲贵,非族中人不能作政治上的要员。现在把腾龙沿边各土司地现时的政治组织,分中央政府及地方官吏两项,剖列于下:

(一)中央政府

甲、土司及亲贵大臣

1. 正印土司官　一人,世袭,为最高的政治、经济、军事,以至宗教上的领袖,其身份恰为帝制时代之君主。

2. 代办　遇正印土司官出缺,或年幼不能理事时,由其亲属中之一人,出来代为总揽政权,等到正印土司达到法定承继年龄时,即将政权交还,此名代办。代办执政期间之一切权威,与正印土司等,这洽如帝政时代之摄政王。

3. 护印　正印土司同胞兄弟中年纪最长之一人,称为护印。名义上是协助正印办理政事,实际上多位尊而无实权,如芒市等地。护印别有一所官署,通称二衙门,如此正如帝制中的亲王。

4. 护理　无正印土司而有代办时,则不设护印而设护理,由代办同胞兄弟中之最长一人任之,职权与护印同。

5. 族官　土司之亲属,亦即贵族阶级中凡有下列资格之一者:

A. 有办事材能;

B. 土司或代办之最近亲属;

C. 得土司之信任。

便得选任当族官,或称属官,或称族目。族官中亦有三个阶级的区分:

A. 猛——为族官中之最高阶级,非资望特深者不能取得。

B. 准——阶级较低于猛。

C. 印——又低于准,族官受封,皆由印起。

族官之职权约有下数种:

A. 得分掌若干村寨。

B. 可被派掌土司署中之高级职务。

C. 输班到土司署中当值,当值族官有下列职务:

(1) 处理临时发生之事物;

(2) 审问或调解案件;

(3) 出差往各村寨办理事件;

(4) 陪土司或外客谈闲;

(5) 为土司之咨议员。

若将土司比作封建大诸侯,则族官当是大诸侯下的小诸侯,亦即君主朝廷中之公、侯、伯也。

乙、土司署内之职官差役:

1. 库房　掌理全衙署财政收支事项,实际即全境经济出纳之总管,在诸职官中为实权最大之一人。

2. 总管　总理土司署内之伙食及一切杂物。

3. 官仓　管理全署谷仓，即人民纳粮上谷租之总经理。

4. 佚马　管理公养之佚役马匹。

以上诸职，皆由族官中选任之，任期无一定，不给薪酬，惟在职务上当然有利可图，故得任这四种职位者，皆族官中之最红人员。

5. 文案　管全署中及土司或代办私人之一切对外文件。土司对外皆用汉文，故各司中之文案一职，皆聘请内地汉人前往担任，每年薪给可得国币二百至四百元不等。文案除司理文件外，尚有一特殊任务，即兼负招待及接送往来汉官之责。

6. 教读　教导土司署中子弟学习汉文。故教读一职，亦系聘请汉人担任，年薪可得国币二三百元。

7. 汉书办　为文案之助理员。或兼管收发事项，亦聘汉人任之，薪给次于教读。

8. 夷书办　土司对本境内之布告及函件，通常皆用夷文，故各司署中，均有夷书办三数人，皆夷人任之。此职只要能力胜任，不限定要贵族中人，夷地中人民之读夷文者，视此为唯一出路。不给金钱，惟每月得谷若干。

9. 二爷　司署中之高级随从。凡土司代办随身之听差、传事、服役诸人，通称二爷。

10. 厨役、茶房、杂差　每一土司署中，担任此种差役之男女，多至数十百人。皆由各村寨轮流派来服务，每十日或半月轮换一次，不给薪酬。

11. 官差　专司传送公事及拘捕犯人者曰官差。官差皆终身职。夷俗若非送达公事，最忌官差入门，若不知而误令官差入某家传话或请人，其家必认为大不利，须于官差去后用水洗地并请僰僧来家念经，以消除不祥。

(二) 地方职官

土司境内，以村寨为地方行政单位，故地方职官即是各村寨之负责人。惟司地村寨可分两种：一是夷人村落，一是汉人村落。盖边地汉人与僰夷,并不杂居同一村寨,故土司治下的地方官吏,又可分为管夷与管汉二种。

甲、夷寨职官

夷人所居地,可大别为三种:

A. 村。

B. 寨——较大村落或合数村为一寨。

C. 畎——合数寨为一集团,称为畎。

地方官吏,便也依据此单位来委任:

1. 畎头　或称老畎,总揽所属全畎中各村寨的行政实权,其主要职务有下数种:

　A. 征收钱粮课税,解交土司署;

　B. 调解及裁判人民之纠纷事件;

　C. 遣派夫役,承值司署;

　D. 采备供应土司之各项事物;

　E. 代土司宣达命令于人民。

2. 畎尾　或称二畎,即副畎头,职责在协助畎头办理上列诸事。

3. 老幸　即一寨之寨长,职务为:

　A. 秉承畎头命令,办理该一寨之行政事项;

　B. 征收钱粮解交畎头;

　C. 调解寨中人民轻微之纠纷事件;

　D. 指派人民差役。

4. 头人　一村之村长,实即老幸之助手,直接向民间行使职权者,职务与老幸相同,惟仅限于一村。村中头人尚有一种特殊任务,凡司署人员或汉官之过往该村者,头人负接待之责,故每一村之头人家,也即是汉夷官吏之食宿站口。

5. 客长　如陇州等司,在交通冲要汉夷邻居的村寨,设有客长一人,专负责接待过往官吏,这是一种不常有的地方职官。

乙、汉寨职官吏

汉人村寨之小集团不称畎而称练,或称丛,管理练(丛)的不是夷人而是汉人,职别有两种:

1. 练绅　相当于夷人中之睕头,由土司委派汉人居住区域内之汉人任之,秉承土司之命,办理该区内下列事项:

A. 人民居住迁徙之管理;

B. 征收租税;

C. 传达土司命令于人民。

夷区惯俗:凡土司有所征派及差役,均只限夷人而不及汉人。故练绅之职务,远不如睕头之繁重。

2. 村长　同夷人之头人,在练绅所辖的汉人村落中,每村有一人,由练绅求得土司同意而委派之。

在土司治下的行政人员,大体可以说仅此而已。表面看来,似非常简单,但办起事来,皆能唯土司之命是从。又因此种行政系统,经数百年不变,当职的人,又皆熟知职责所在,所以办起事来,只要不是一种新制度下的新事件,大体总可以依土司之意旨而顺利地办理着的。

三、土司及职官

提到土司,也许人们想像中都以为全是黥面文身不通汉化的土人,实际在西部腾龙边区的僰夷集团里面,土司及其私生活不仅汉化,甚且多数欧化,土司及其亲贵个人之识见及教育程度,甚有能超出一般汉人之上者,这从他们的日常生活中即可见出:

土司、代办、护印、护理等,通常均住宿于土司衙署中,但亦有另建私宅住者,一般惯例,都定在司署中用膳。各土司署的建筑,规模全仿之旧时之抚院衙门,有东西辕门,有大照壁,头门上高悬着某某宣抚司或安抚司的金字匾,二门两旁陈列着半副銮驾,并"肃静""回避"等金牌。大堂二堂以后,进至内堂,有金碧辉煌、精雕细镂的内厅,有防禁森严的内衙,有厕房、戏台,有曲栏流水的花厅。外来的人若被招待住宿于内,模糊一似百年前的,贵被欢迎于督抚衙门中。衙署以外的私人住宅,那便多半是西式或者缅式建筑,玲珑精致,花木幽荫,又别有一番雅静风味。

土司署中每日食用的花费,数目确很可观。每天午晚夜三餐,除深夜一餐外，每次内外总在十桌以上，各桌酒菜虽轻重各殊，而大体总皆鸡猪满桌，除三二味为夷地之特殊口味外，余均与汉地烹调大体相同。以芒市一司而论，听说全衙每年只食用一项，须现银六万元以上，这都是由各村寨人家轮流供应的。

土司及亲贵的衣着不是极讲究的汉人袍褂，便是欧化的西装革履，如芒市、遮放、猛卯诸司，多年前已有汽车道可通缅甸，故土司的生活，趋向欧化较之趋向汉化更为容易。土司、代办、护理们，都各有私人购置的新型汽车，且多能自己驾驶，无事时背着猎枪，带着洋狗，驾汽车出猎兜风。个人日常用物，则半数以上是西洋货，我在猛卯代办刀君的私人住室中，见有着八灯的新式收音机、留声机、钢琴、Violin、Guitar，并京胡琴、广东腕胡、猎枪、手枪、手提机枪、照像机、照像材料器具等，无不全有。一般人想像中的土司，当不如是吧？

土司亲贵们的思想及教育阶段，一般很落后，且多有以鸦片酒色为第二生命者，但也大有例外之人，如芒市代办方裕之（现被委为梁河设治局长）及其弟善之，见识是言谈出众。猛卯代办刀京版，魄力才干超人。南甸土司袭印章（现以境中野人作乱，烧毁设治局，被革职拘办）经验世故深沉，皆土司中的领袖人物。又如南甸亲贵龚月波，曾留学日本，现在边区研究瓷器的烧制，有极好的成绩。干崖土司刀承钺，读书缅甸，英年有志。这都可以说是边地的杰出人物。旧俗，土司亲贵们是自小就须读汉书及讲汉语的，故各人对汉文均能讲能读，其中尤以猛卯刀京版君，汉文根抵最深，写得一手好字。

以上是对于边区政治中心人物的分剖，至若政治辅助人之贵族属官们，知识能力固少有能与首脑人物相拮抗者，就是生活方面，也远不如土司、代办、护印、护理等之丰厚优裕，惟较之一般平民。则在经济上也有一些特殊优厚的收入：

1. 每一贵族均有土司特别指派给与之田地，与土司较亲之支系，且俨然成一小地主，虽也一般对司署纳粮上税，然每年由田地上所得的盈余自较民众为多。

2. 有时土司将某一村寨指归某贵族管理，则更有好收入，遇有征派，一转手间，自有剩余可取。

3. 若能在司署中任一要职，则意外的好处更多。所以，族官的生活虽上不能比土司，而下比人民则已大是丰美。

被指派为地方行政负责人的职官，直接从土司处获得的酬劳并不怎么厚，一般均不给薪俸，仅有如下的优待：

眈头与眈尾 得种六萝至八萝种地，免纳一切租税。

老幸 得种四萝至六萝种地，免纳一切租税。

头人 待种二萝至四萝种地，免纳一切租税。

至于汉人当差的练绅与村长，那便什么酬劳都没有。然而不论汉夷，均以得当地方差事为发财捷径。这由于当差的收入，并不全恃正式的薪给，在钱粮谷租的征收上，地方当差已经可以从中有好处可得了。若再遇到土司家有结婚、死人、袭职等事，而要向民间征派款项时，对地方负责人更是一种很好的发财机会。土司指定某寨征银一百，则为眈头老幸者，大可征至两百，而以一百为己有，夷地中有句俗话说："若要土司富，除非死人娶媳妇。"其实，土司死人娶媳妇，由此而致富者，不仅土司一人一家，即与土司有关系的贵族阶级及一切地方当差人，都可因以致富，此所以眈头练绅都惟恐天下无事，惟恐土司不派款征谷。

四、土司之承袭

土司在三种情形之下，可以将世袭职位，传给他的后人：

1. 死亡；

2. 多病不能理事；

3. 年老不能理事；

4. 被革职但未革去世袭。

应袭的人选，须具备下列两个严格的条件：

1. 原任土司之嫡生长子（长子死亡则以次继）；

2. 年龄已达十六岁。

有下面情形之一者，便绝对不能承袭土职：

1. 庶出；

2. 抱养；

3. 旁系过继而来；

4. 虽正出但已过继与他一支为嗣者。

在土司出缺而应袭人未满法定年龄时，得设代办暂总政事，在正印土司无嫡出子系时，得由子侄中择立之。据《明史·土司传》所载，在明代中年以前，土司袭职，不论远在万里之外，均得亲自赴朝廷谢恩，明末时则赴阙谢恩之举已免，惟袭职手续仍须先呈报府县，转呈省院，申奏朝廷，由朝廷发给新印信，始算得正式袭职。清一代沿袭明制。现时土司袭职，虽不必如此调折，但亦必呈由所属设治局，转呈殖边督办，再转呈省政府。由省府核准委任，始得正式称为土司官。而各种呈报手续具文，均有一定，每一土司袭职，须经过三种呈请步骤：

（一）当原任土司死亡之时，须立即呈报本境土司出录，请求备案。兹录民国二十四年，陇州土司多忠瑶死亡时问政府报丧之呈文于下：

呈为呈请转呈

云南第一殖边督办暨云南省政府主席鉴核备案事：窃应袭生父世袭陇川宣抚使司多忠瑶，于中华民国二十四年十二月二十九日子时在职病故，生于前清光绪十二年，享年五十岁，于光绪三十四年承袭，共在职二十八年。嫡妻南甸司女龚氏，于民国前一年生长子永安，继生次子永清，庶出永华、永明、永贵、永光、永龄等，共有嗣子七人。除俟求邻封缮具印结，再行具奏，邀请俯赐委任外，现合备文呈请钧长备案，并转呈云南第一殖边督办暨云南省政府主席，俯准备案，实为恩便。谨呈

陇川设治局

（二）然后再由应袭之人直系亲族（母或祖母），全司族目，紧邻各十司，各具保结，证明：1. 确系应袭之人，2. 族中无争执，3. 人民一致拥戴；呈送上司，请为查明准袭。各种保结文字均有一定格式，兹录陇川致邻封各司，请具保结函，并邻封各司，出具保结式于下：

（1）陇川致邻封各司请具保结函：

迳启者：敝司惨遭大故，境内无主。应袭多永安，现年二十六岁，实系故土司多公绍琼嫡妻龚氏亲生长子，例应承袭世职。相应

函请贵司照例加具邻封保结,由敝司呈送层宪备案,并请颁发委状纸领任事,以重世守。烦请查照,念属邻封,惠盖印信,实叨厚赐!

此致

干崖、南甸、户撒、腊撒司

　　附切结四扣　　薄仪缎马各一匹

(2) 邻封所具切结式

　　具切结××司今于

　　……与结事实:结得陇川宣抚司土职应袭多永安,确系已故土司多忠瑶嫡妻龚氏亲生长子,现年二十六岁,曾由腾冲自治训练所卒业,品学兼优,夷民悦服,并无旁枝、庶出、异姓抱养等弊。所具妥保切结是实。

(三) 最后,再由土司署正式造具呈报袭职清册,呈请准予袭职。兹录最近南甸土司龚绶告老,请准其子袭职清册全文于下:

南甸宣抚司呈报袭职清册

职名

云南梁河设治局南甸宣抚司应袭龚统政。

宗枝图

　　一世祖刀贡猛　　原籍南京应天府上元县人氏,充百夫长,随师征南,功升千夫长。故,无嗣,传弟。

　　二世祖刀贡蛮　　袭兄职,功升南甸土知州。病故,传子。

　　三世祖刀乐硬　　袭知州职,功升南甸宣抚司。任故,传子。

　　四世祖刀乐盖　　系乐硬嫡子,袭父职,任故。

　　五世祖刀乐宾　　承袭父职,任故。

　　六世祖刀乐过　　承袭父职,任故。

　　七世祖刀乐楪　　承袭父职,任故。

　　八世祖刀乐成　　承袭父职,告袭间故。

　　九世祖刀乐正　　奉文就省,袭祖职。年老病故,传子。

　　十世祖刀乐泰　　系乐正嫡子,报袭间故。

　　十一世祖刀乐临　　袭宣抚司职,功升宣慰司。告替,传子。

十二世祖刀大才　顶袭父职,任故。

十三世祖刀乐掌　顶袭父职,任故,乏嗣,乐临优理印务。老故,传弟。

十四世祖刀乐庆　系刀乐临胞弟兄,顶袭兄职,告袭间故,传子刀乐启。

十五世祖刀乐启　顶袭父职,任故,传子。

十六世祖刀乐保　因染病辞职,让兄刀呈祥掌理印务。

十七世祖刀呈祥　接袭弟职,因年老有病,告袭间故。

十八世祖刀启元　承袭父职,任故。

十九世祖刀恩赐　承袭父职,任故。

二十世祖刀铭鼎　承袭父职,任故。

二十一世祖刀三锡　承袭父职,任故。

二十二世祖刀维翰　承袭父职,任故。乏嗣,传弟。

二十三世祖刀维周　承袭兄职,在任病故。

二十四世祖刀鸿绪　承袭父职,于道光二十三年,因弟刀承绪滋事案内革职迁徙。病故,乏嗣。

二十五世祖刀守忠　系已革迁徙土官刀鸿绪,共祖堂弟刀继绪正妻衎氏亲生长男,立继刀鸿绪为子,承袭土职,报名应袭,病故。

二十六世祖刀定国　系已故应袭刀守忠嫡子,承袭父职,因老病故。

二十七世父龚绶　系已故土官刀定国正妻衎氏亲生长男,承袭父职。民国元年,详准改还原姓。

二十八世应袭龚统政　系土官龚绶正妻方氏亲生长男,现年十八岁,例应承袭,管理地方。

亲供

具亲供人龚统政,系旧属云南永昌府腾越厅、现属云南梁河设治局南甸宣抚司告替土司龚绶正妻方氏亲生长男,现年十八岁,系本土生长人氏。祖籍南京应天府上元县人,汉姓龚,随师征南,札驻南甸,赐姓刀,已经二十八代:一世祖刀贡猛,充百夫长,随师征南,居住南甸蛮林。同金齿司指挥征剿倒棒干,斩首有功,蒙兵部引奏，奉旨钦依，除授腾冲千夫长，并试千户职，到任管理地方，病故。二世祖刀贡蛮，承袭前职，自备方物，赴京进贡，蒙吏部提准，照湾甸州事例，奉发勘合，改升南甸州土知州职，在任病奉故。三世祖刀乐硬，承袭父职，麓川思任发叛，大军来到，前往小路投奔总兵官沐，随从大军进征麓川，攻打高想山等寨，获捷，复攻打鬼哭、南牙山等处有功，蒙靖远伯兼兵部尚书王具奏，奉旨将南甸州改称南甸宣抚使司职，颁给印信，到任病故。四世祖刀乐盖，承袭前职，任故。五世祖刀乐宾，任故。六世祖刀乐过，任故。七世祖刀乐楪，告袭，蒙兵部颁给堪和，授言抚司职，到任后，被本司同知刘汉谋死。八世祖刀乐成，告袭间故。九世祖刀乐正，于嘉靖七年，遵照敕书内开载一款，云南、广西、四川等处土司承袭，具免赴京袭职，年老病故。十世祖刀乐泰，告袭间故。十一世祖刀乐临，承袭前职，奉调征剿岳凤有功，复征缅贼，拴获象只，攻打蛮哈山营，蒙镇南大将军黔国公沐题叙，奉旨颁南甸宣慰司正三品服色，金牌花缎，到任，复奉攻杀缅贼，并攻右甸埃堵及攻打钵水鸣山等处，大胜回司，告袭。十二世祖刀大才，任故。十三世祖刀乐掌，任故，乏嗣，刀乐临复理印务，年老病故，轮该胞弟十四世祖刀乐庆承袭，告袭间故。十五世祖刀乐启，任故。十六世祖刀乐保，因染病辞职，与兄刀呈祥管理印务。十七世祖刀呈祥，承袭弟职，恭逢本朝定鼎①，刀呈祥率众投诚，将明朝印信号纸投缴，至康熙元年正月内，奉部颁给南宣慰抚使司方印一颗，号纸一张，遵领任事，吴逆潜号，换给印搭，年老告替。十八世祖刀启元承袭，大兵剿灭吴逆，即将伪印号具文解交，钦命大将军都统赖年前，蒙给令搭管理地方，复奉部颁给南甸宣抚使司印一颗，号纸一件遵领，任故。十九世祖刀恩锡，承袭任故。二十世祖刀铭鼎，承袭父职，奉礼部颁给南甸宣抚司印信一颗，并将原领印信一颗具文呈缴，任故。二十一世祖刀三锡，承袭任故。二十二世祖刀维翰，承袭任故，乏嗣，传弟。二十

---

① 各土司袭职清册，皆历代相传，只在头尾略加添减改换，即可沿用，此处所谓恭逢本朝定鼎，可知此清册仍是沿抄清代遗下者。又册中户口一项填土民六十户，查今南甸境内户口计八千余户，此六千户，当系初受封时所管户口数，数百年相沿呈报，未加更改，而政府亦不加究查，亦足见过去政府对于边地之忽视。

三世祖刀维周,顶袭兄职,在任病故。二十四世祖刀鸿绪,于道光十一年十月二十五日,承领号纸任事,至道光二十三年,因弟刀承绪滋事案内,奏请革职迁徙,病故。二十五世祖刀守忠,系已革迁徙病故土官刀鸿绪之共祖堂弟刀继绪长男,例可立继承袭,六土司及南甸舍族人等公议,禀保过继与刀鸿绪为子,于咸丰元年报明应袭在案,咸丰六年,腾越回匪叛逆,屡次捐粮助饷,剿贼有功,蒙兼署云贵总督部堂岑叙功保奏。奏上谕应袭刀守忠,剿贼有功,赏加三品花翎服色,钦遵在案,于光绪元年病故。二十六世祖刀定国,系已故应袭刀守忠长男,于光绪六年承袭父职,七年正月内接奉号纸管理地方,于光绪十一年,随同官军剿灭夷缅各匪出力,保加副将衔,十三年复随军扑灭盏达夷匪出力,保赏二品封典,十八年随同官军剿灭腊撒妖僧出力,保赏花翎,均奉行知在案。二十七世父刀樾椿,系已故土司刀定国正妻罕氏亲生长男,于宣统元年承袭父职,民国元年,详准改还原姓,更名龚绶,年老告替。二十八世龚统政,系告替土司龚绶正妻方氏亲生长男,现年十八岁,例应承袭父职,管理地方,中间并无乞养异姓、庶出、冒诈、违碍等弊,亲供是实。

户口

土民六千户。

居住地方

应袭龚统政,祖代居住南甸,管理旧制地方疆界四至:

东至蒲窝一百二十里,

南至小陇川杉木笼山顶一百二十里,

西至干崖河边七十里,

北至半个山顶八十里。

年纳

差发银粮十一两,递年解交腾越厅库。

即属古制首领报登于后

南甸宣抚司土职一员龚绶,因年老告替,甸袭龚统政。

同知一员,缺。

小陇川千夫长一员。

罗卜丝庄百夫长一员刀化国。

盏西千夫一员。

止那百夫长一员,把事二员。

布领蛮哈百夫长一员,缺。

猛半百夫夫长一员,缺。

冈得户冈上下地方,逼邻猛养蛮暮地方,古设头目汪闇管理,前被野夷蛮暮侵占,于光绪十六年中英分界,划归英属。南甸宣抚司所属一宣,古设宣抚、同知、知事、把事、千夫长,协同管理地方,有官无俸,自耕自食,世代相沿,保固边疆,理合证明。

上具册:

民国二十六年　　月　　日

由于袭职手续的麻烦,所以过去各土司中,常有老土司出缺,小土司数年以全数十年未得正式袭职者。这原因,不仅是公文的往返费时,且报请袭职,习惯上均须向各级机关打点一份大人情,若有一道衙门应酬不到,那就要遭到刁难,甚且寻小疵而不予批准。所以连年做边官的,任内若遇上土司袭职,便是一个大好的发财机会。这种陋规,直到几年前始由政府明令废止。

(《益世报·史学》第9、10期,1939年4月18日、5月2日,第4版)

《云南西部僰夷区域中的土司政治》读后记
——兼论差发金银

梁方仲

容元胎先生以江应樑先生《云南僰夷的土司政治》一文相示,受读之下,见其取材审当可喜,叙事简明有法,允推佳构。原西南诸蛮,自古为中国边障。自楚庄蹻王滇而秦开五尺道置吏,沿及汉武帝置都尉县属,仍令自保,此殆即土官、土吏之起源。及唐设羁縻州,但土官之制尚未能区划普遍。盖自历代以来,彼辈自相君长,中朝授以官秩,而不易其酋豪,其道在于羁縻而已。为元而分别司府州县,额以赋役,使听我驱调。其酋长亦无不欲得中朝之爵禄名号,以统摄其所属之人,于是土司之法始备。明踵元故事,大为恢拓。洪武初西南夷来归者,即用原官授之。其官名多仍元代:曰宣慰司,曰宣抚司,曰招讨司,曰安抚司,曰长官司,率以其土酋为之,故名土司。于是自湖广而四川而云南而贵州而广西,连绵数千里所在有之。然亦往往有府州县之名错出其间。嘉靖九年定府州县等土官隶吏部"验封清吏司",宣慰、招讨等土官隶兵部"武选清吏司"。隶验封者,布政司领之;隶武选者,都指挥领之。文武相维,比于中土,盖已成经久之制,而与前代羁縻之意有别矣。但又与内地郡县有授任之期,有考绩之法者不同。故《明史》特为土司立有专传。清承明制,无大改革。然改土归流,颇著成绩。民国以来,又有设治局之设,然实权则仍操之土司手中。此为数百年来演变而成之特殊政治制度,至今尚未有多人作普遍精深之研究。江君此文,颇采撷实际调查之资料,弥觉可贵。良以此项问题之研究,必须深入彼间,以求对于各民族之语言文字风俗习惯有相当之熟习,始可有伟大精深之贡献也。(如文中所载"甿"之一字,本为音译,"甿头""甿尾"各所司职权之范围之大小亦因之,即一例也。)

文中第一节于"差发金银"有所论列,此关于边徼对朝廷之财政义务,颇有阐明之价值。因近日读书亦偶有所见,聊摘录以供参考,非敢云有所是正也。考"差发"一词之意义,见于傅维麟《明书》卷八二《食货志》:

> 洪武中,命曹国公李景隆行西番……以茶五十余万斤,得马三千五百有奇。……以重臣定茶法,彼其纳马,不曰易茶,而曰"差发",如田有赋,身有庸,亦职贡无可逃。国酬以茶,不曰市马,而曰劳赏,所以尊体统,亦最善。

由此可见西番所纳之差发马,由朝廷出茶易之,原与茶马市法无异。然朝廷所出之茶,不曰市马而曰劳赏;番人所纳之马,不曰易茶,而曰差发。盖朝廷有贡以任土作贡之意。朝廷所出之茶,其性质与番夷入贡时之回赐相同也。明时云南金银产量为全国之冠,而该省西南部亦颇有出产。《天下郡国利病书》卷一一一《云南五·种人·僰夷》云:

> 城池因高山为砦,无仓廪租赋。每秋冬遣亲信往各甸,计房屋征金银,谓之取差发。每房一楹,输银一两或二三两,承使从者象马动以千百计,恣其所取,而后输于公家。

又可见其族内摊派差发银之方法,且可知朝廷所收之数虽甚微小,然夷民之实际负担因征收者之横索亦殊重也,《明史》卷一五九《贾铨传》中之言可以为证:

> 正统十二年,擢云南左布政使。土官十余部岁当贡马,输差发银及海𧴪。八府民岁当输食盐米钞。至景泰初,皆积逋不能偿,铨等为言除之。(《明史稿》列传四十《贾铨》所载略同)

明代云南所输者除差发金银两项以外,尚有"差发马""差发海𧴪"等项名目。如钮兀长官司原日所输纳者本为"差发马"四匹,至万历间始行改析,每匹折银一十两,故共输差发银四十两。(参《万历会记录》卷一三《云南布政司田赋》)江君文内所引《郡国利病书》开载明末云南各僰夷土司每年差发银之数,今核以《明史·云南土司列传》所载,大致相合。然木邦军民宣慰使司在明初原输岁办金一万四千两,至正统八年以木邦征麓川有功,始免其数。(《明史》卷三一五《云南土司三·木邦》)由此又可知各土司所输之差发银有时亦数不在少耳。

至于云南全省所承办之差发银数,亦可得考见。《万历会典》卷三七《金银诸课》云:

> 弘治十五年,令云南每年该征差发银八千八百九两五分,定为常例。自弘治十六年为始,每年折买(按:即于上项差发银额内依照时价收买)金一千两(按:此项金名曰"年例金"),足色(金)二分,九成色(金)三分,八成色(金)五分。与每年"额办金"六十六两六钱七分,并余剩银两一同解部,转送承运库交纳。

此时所定之差发银及额办金两项额数,直至万历时尚无巨大之变动,惟自差发银项内折买之年例金额则时有增加。嘉靖九年题准云南年例金一千两,并耗金十两。自嘉靖九年为始,每年于该项差发银内,动支六千六十两收买解进,以后年分,永为定规。至嘉靖十三年,又增派年例金一千两,分春夏及秋冬两届解进。万历二十年又奉特旨增贡金一千两。二十二年又增二千两,是时年例金岁额已达五千两。遂为朝野人士所同声诟病,咸以为滇省为害最甚者莫如贡金榷税两事。(参王元翰《凝翠集·疏草·滇患孔殷维桑虑切疏》)迭经阁部臣等疏请减免,颇有豁减。至天启即位,始免除加增数额,继又以疆场多故,暂免解进。此亦滇省一重大公案也。(按:此事《郡国利病书》卷一〇七《云南一·滇志大事考》《赋役志》及"贡金"诸条,与查继佐《罪惟录》卷一〇《贡赋志》"金场"一条,略有记载,然矛盾殊甚,姑以己意绎述如上。)

拉杂书此,以缀于江君大作之后,即以归之元胎兄,倘不以续貂见诮乎?

廿八年三月廿五日,于落索坡

(《益世报·史学》第 10 期,1939 年 5 月 2 日,第 4 版)

僰夷种属考
——序江著《云南西部之僰夷民族》

罗香林

一、江著《云南西部僰夷民族》之内容
二、僰夷与古代越族之关系
三、古代越族在云南之遗迹
四、僰夷与古代百濮之关系
五、僰夷之迁徙与秦楚之扩地

一

民族研究,虽议者谓其厥道各端,各据一隅,分流共赴,无烦中遏。然在吾国,要以二义为归:选择文化较高之民族或民系,而为实地探究与体验,明其生生不息之根源,发其文化日臻至之蕴奥,而促进其为全人类之生存进化而尽其更大之努力,此一义也;选择文化较低或尚在浅化之民族或民系,而为实地调查与研讨,明其社会生活之实情,察其种族特征之所在,考其文化淹滞之所由,寻其最大结症之所底,以为改进其民族或民系之生计与文化,以促进整个民族之团结与繁荣,并为说明人类进化理论之根据,此又一义也。二者对象虽殊,而艰巨则一,价值亦同。

友人江应樑先生,治民族学有年,而尤专力于僰夷之调查与研究,近出其所作报告书曰《云南西部之僰夷民族》者示余,全书十章:(一)导论;(二)僰夷之地理分布;(三)僰夷之历史与传说;(四)僰夷社会经济及政治组织；(五)僰夷家族及婚姻制度；(六)僰夷语言文字；(七)僰夷宗族；(八)僰夷民间生活及习俗；(九)僰夷区中异种民族；(十)结论。盖即上述又一义之代表巨作，材料皆实际调查所得，论次悉依科学方法，其发现之多，并世言边区各部族之调查者，莫之能先也。其推究僰夷社会土司与平民之关系为封建诸侯地主与农民制度之遗影，推究僰夷家族与婚姻关系为亲族共分遗产与掠婚制度之遗影，推究僰夷文身染齿为男女成年式之表示，推究僰夷民族积习柔懦为受佛教影响，推究僰夷文字为受之缅甸而已加改进，皆为不刊之论，足为说明人类进化理论根据，而于僰夷政治、经济、社会、文化之结症所在，及应改进之机枢要领，与夫所以团结同化之道，一编之中，三致意焉；而冶合科学研究与现实建议为一炉，又两跻极轨，信乎其难能而可贵已。江先生嘱余为序，余于全书既不欲复赞一词，顾不敢重违其意，无已，其就僰夷与古百越民族相同处为略加疏证，以附骥尾可乎。

二

曩余为《南诏种属考》，既疑南诏与百越为同一系统之民族，今读江先生报告，南诏即僰夷一支所建国，而其所述僰夷现状，与古百僰同者不可胜计，向所谓同一民族之说似可成立，兹试举五事证之，并略加推论。

古代越人，文身像龙，盖其先民以龙蛇为图腾祖也。《淮南子·原道训》："干越生葛絺……九疑之南，陆事寡而水事众，于是人民被发文身，以像鳞虫。"高诱注："被，剪也。"文身，刻划其体内，黥其中，为蛟龙之状。同书《泰族训》："刻肌肤，镶皮革，被创流血，至难也，然越为之，以求荣也。"以黥体像龙为荣，可知为图腾遗俗。先秦著作，述越人被发文身者尤多。而江先报告第三章，谓僰夷为汉哀牢夷所演出。考《后汉书·哀牢夷传》：

> 哀牢夷者，其先有妇人名沙壹，居于牢山。尝捕鱼水中，触沉木，若有感，因怀妊，十月产子男十人。后沉木化为龙，出水上。沙壹忽闻龙语曰："若为我生子，今悉何在？"九子见龙惊走，独小子不

能去，背龙而坐，龙因舐之。其母鸟语，谓背为九，谓坐为隆，因名子曰九隆。其后长大，诸兄以九隆为父所舐而黠，后共推以为王。后牢山下有一夫一妇，复生十女子，九隆兄弟皆娶以为妻。后渐相滋长。种人皆刻画其身，像龙文，衣着尾。

而哀牢夷一支，唐时演为南诏蒙氏，杨慎《南诏野史》：

> 世隆之母，佑（按，即南诏丰佑）妃也。……本渔家女，喜浴……屏人潜浴于水，感金龙与交，生世隆。

凡此所述，虽皆悉本传说，然而足证其先民初以龙蛇为图腾。今云南僰夷，虽感龙诞生之说已不盛行，而文身之俗则未替也。其文身部位，由两腿膝以上，至小腹周围，脐以上，左右至腰背，而胸部背部与两臂，亦多黥焉。所黥有圆圈花纹，周为线条，中刺如虎蛇等形，及散碎花朵，或僰夷字母，盖为图腾遗俗，进为成年求偶之装饰，意至显也。此其相同者一。

古代越族，命名不避祖讳，与中原自西周后即以避讳为宗族定制者迥异。考春秋时越国，君长名讳，多作汉文"无"字音读，如赵晔《吴越春秋》所载"无余""无任""无曎""无彊"，《史记·东越传》所载"无诸"是也。父子祖孙，皆不避讳。今云南僰夷，除遮放一地较原始外，虽多数已有姓氏，然于曾祖以上各名讳，类不能记。此与广东水上蛮户，称祖父为大公，祖父以上亦称大公而不省其代数名讳者，至相似。蛮户亦古代越族遗裔，余另有《蛮族源流考》证之。至僰夷土司，于祖宗历史，虽较有记忆，然不避祖讳，与古代越族无殊。江先生报告第四章附注《南甸宣抚使司呈报袭职清册》所列宗支："一世祖刀贡猛，无嗣传弟。二世祖刀贡蛮，袭兄职，病故传子。三世祖刀乐硬，袭兄职，任故传子。"自是经四世"乐盖"、五世"乐宾"、六世"乐过"、七世"乐楪"、八世"乐成"、九世"乐正"、十世"乐泰"、十一世"乐临"、十二世"大才"、十三世"乐掌"、十四世"乐庆"、十五世"乐启"、十六世"乐保"、十七世"呈祥"、十八世"启元"、十九世"恩赐"、二十世"鼎铭"、二十一世"三锡"、二十二世"维翰"、二十三世"维周"、二十四世"鸿绪"、二十五世"守忠"、二十六世"定国"、二十七世复姓"龚"名"绶"、二十八世"龚统政"，凡历二十五世，而以"乐"字为名讳一字者,凡十三见,与古代越国君长命名实无二致。此其相同者二。

古代越人嗜食虫蛇蚌蛤,《汲冢周书·王会解》:

> 东越海蛤(东越,则海际;蛤,文蛤),欧人蝉蛇,蝉蛇顺,食之美。(东越欧人也,比交州,蛇特多为上珍也。)且瓯文蜃(且瓯,在越;文蜃,大蛤也),共人玄贝。(共人,吴越之蛮;玄贝,照贝也。)

《淮南子·精神训》:"越人得髯蛇以为上肴,中国得而弃之无用。"桓宽《盐铁论》:"盖越人美蠃蚌,而简太牢。"与中原饮食绝异。而其居住之俗亦殊,《汉书·严助传》载淮南王安上武帝书:"臣闻越非有城郭邑里也,处溪谷之间,篁竹之中……地深昧而多水险。"张华《博物志》卷一:"南越巢居,北溯穴居。"按巢居指架竹木为屋,上层住人,下层住畜。《史记·越王勾践世家》:"余兵五千人,保栖于会稽。"所谓保栖,亦架竹木为居之意。今云南僰夷,嗜食蠃蛆,所食有棕色蛆、沙蛆、蚁窝、酸马蚁、竹蛆、蜂蛹、马蚁蛋、花蜘蛛等。而居宇如遮放、猛卯、陇川等地,皆全部以大竹架造,形如篷帐,分上下二层,上住人,下住牛猪,前后开门而无窗,屋板悉刮大竹铺成。居址以丛篁为屏障,故凡竹林茂密之地,即行僰夷村落所在。与淮南王所述越人饮食居住,殆相仿佛。此其相同者三。

古代越族,以铜鼓为祈雨娱神或行军重器,制作甚精,花纹成独立系统,周去非《岭外代答》:

> 广西土中铜鼓,耕者屡得之。其制正圆,而平其面,曲其腰,状若烘篮,又类宣座,而有五蟾,分据其上,蟾皆累蹲,一大一小相负也。周围款式,其圆纹为古钱,其方纹如织簟,或为人形,或如琰璧,或尖如浮屠,如玉林,或斜如豕牙,如鹿耳,各以其环成章。合其众纹,大类细画圆阵之形,工巧微密,可以玩好。铜鼓大者阔七尺……所在神祠佛寺皆有之,州县用以为更点。

广西昔为越人居地,《汉书·地理志》所谓"苍梧、郁林……皆粤(同越)分也"。按汉唐以来,凡昔日越族居地,每有铜鼓出土或发现,《后汉书·马援传》:"援好骑射,善别名马,征交阯得骆越铜鼓,乃铸为马式。"以所获铜鼓铸马式,知骆越铜鼓之多矣。今僰夷居地,亦多铜鼓出土,其关于铜鼓之神话,尤饶兴味。江先生报告第七章,谓于芒市僰夷菩提寺,得僰夷文佛经一种,述昔时,有男子某氏奉母至孝,一日出门礼佛,遇江水暴涨,佛乃显圣使渡。既归,娶妇。夫妇入山采薪,见佛塔欲坠,乃发愿重修。四出募化,得银饰无数。夫妻往戚家求质。戚妻谋乾没其金,置毒然使食,殊为己夫误食。戚妻乃诬孝子杀人,诉于君长,孝子入狱,其妻返家,失姑所在,因四出访寻。夜梦神人告彼:有将军方与敌军拒战,兵败势沮,若携铜鼓前往助战,遇敌来即鸣铜鼓,敌必溃走。既有功,必可获姑。比醒觉,果于身旁得一铜鼓。即趋往助战,大胜敌军。君长与将军,问欲作何官,对曰,但愿得姑与夫耳。君长命释孝子,并寻获其姑。举家团聚,快乐无极。此故事虽由无数传说组成,然而足证僰夷与铜鼓文化之关系,汉人与印度佛徒似无铜鼓传说,盖必越族所遗。此其相同者四。

　　古代越语,今虽不可复闻,然据刘向《说苑·说善篇》所记鄂君子皙,闻越人歌而不解其音,足证其与中原语异。扬雄《方言》亦颇载当时越语,如谓:"伆邈,离也。……吴越曰伆。""硕、沈、巨、濯、吁、敦、夏、于,大也。……荆吴扬瓯之郊曰濯。""恒慨、蓁绥、羞绎、纷母,言既广又大也。……东瓯之间,谓之蓁绥,或谓之羞绎母。"瓯与东瓯,皆越支派。此与僰夷语言,亦颇类似。江先生报告第六草述僰夷语言文字,第八表形容词,"大",僰语如"Jor";"长",僰语如"Zo";"坏",僰语如"Muli"。按,"Jor"与"Zo",适与"濯"与"蓁绥"或"羞绎",发音相近。而"伆"古音重唇,与"Muli"之"Mu"尤相合,谊亦相通。又,僰组织,形容词置于名词,副词置于动词与形容词后,此与广州白话,亦可参证。广州白话虽为汉语之一,且保存隋唐系统之音韵至富。然以其居地与古代南越不无关系,故微受越语影响,如称"我先行"曰"我行先",是其显例。江先生所列僰语词汇,亦有与广州白话同者,如数目字之"三""八""九""十",僰语如"Sam""Piat""Kot""Fip",广州白话如"Sam""Pak""Kau""Sap"。代名词及领位代名词之"谁""谁的""这个""那个",僰语如"Po""Pinpo""Kulei""Kuliy",广州白话如"Pingo""Pingo Ge""Leigo""Gogo"。形容之词"美",僰语如"Xayli",广州白话如"Lay"。凡广州白话与普通汉语殊者,与僰语每可沟通,盖僰夷语言与古代越语有关,似不容否认也。此其相同者五。

三

尤可奇者,则今日僰夷居地或其邻近地域,自蜀汉以来,即有明称为越族者出没其间,常璩《华阳国志·南中志》:"永昌郡……其地……有穿胸、儋耳种、闽越濮、鸠獠……""(吕)祥子,元康末为永昌太守……闽濮反,乃南移永寿,去郡千里。""明帝乃置郡……去洛六千九百里……有闽濮、鸠獠、僄越、躶濮、身毒之民。"按永昌郡,后汉永平十二年置,领哀牢、博南、不韦、嶲唐、比苏、楪榆、邪龙、云南等八县。晋为宁州,清为永昌府,领保山、龙陵、腾越、永平等厅县,而腾越、龙陵境内或接连地带,即今僰夷唯一重心,有南甸、干崖、陇川等三宣抚司,芒市、猛卯等二安抚司,遮放、盏达等二副宣抚司,户撒、猛板、腊撒等三长官司,中除三长官司所住以阿昌或汉人为主外,余皆僰夷所居,所谓永昌西南之闽濮、鸠、躶、僄越、越濮,即此地望。越濮或僄越与越有关,固无可议,而闽濮之闽,亦越一种,汉称闽越,故闽濮、越濮、闽越濮,玩其文义,当指属于闽或越之濮。闽与越为越族,则闽越濮亦越族矣,今僰夷民族属性,既多与古越族同者,而其居地又即闽越濮居地,则谓僰夷与古越族有两种属渊源关系,虽不中不远矣。

永昌闽越濮来源,似与西汉南越徙民有关。《光绪永昌府志》卷九《沿革》:"汉武帝元狩元年开西南夷,始通博南,置不韦县,属益州郡。"注引常氏《国志》:"孝武时,通博南山,渡兰津,渚溪,置嶲唐、不韦二县,徙南越相吕嘉子孙宗族实之,因名不韦,以彰其先人之恶。"《后汉书·地理志》注及《西南夷传》注,所引并同。按,不韦县在今保山县东北,唐时为南诏所据。博南即清永平县;南诏于其地置胜乡郡,盖皆僰夷先民居地。南越吕嘉,虽或可谓系出中原,然而自为越相,已与越族同化,宗族多为越人,无可疑者。自南越败灭,族众或被徙,或四散,滇之有越,此亦一因。僰夷属性,多与古越族同,似与此有关。惟常氏《国志》所举吕嘉子孙宗族,据孙盛《蜀谱》,则谓是吕不韦子弟宗族。

而余则谓僰夷与古越族关系仍不在此,《汉书·张骞传》称滇国为滇越。《三国志·蜀志·诸葛亮传》:"益州(按指四川)险塞,沃野千里……西和诸戎,南抚夷越。"常氏《国志·南中志》:"南中在昔,夷越之地,滇濮、鉤町……"所谓滇越夷越,当非专指吕嘉宗族。考滇自昔以越为地名者,有腾越、越析等地,而其毗连蜀地,以越名者,则为越嶲。《光绪永昌府志·沿革》:"腾越厅,古越赕之地,僰、骠、峨昌三种蛮居之。"是腾越得名,盖沿越赕。樊绰《蛮书》:"自澜沧以西,越赕、扑子,其种并是望苴子。"是越赕为种人名称,而越析在云南丽江,蜀汉属建宁郡,旧名越析州,南诏未统一时,为越析诏,距保山永平既远,当与南陆徙民无涉,而皆被以越名,则《汉书》《三国志》与常《志》所云,非无故矣。至此毗连滇北之越嶲郡则为邛都夷旧地,《后汉书·西南夷传》:"元鼎六年,汉兵自越嶲水伐之,以为越嶲郡。"郡有邛河,《后汉书》注引《益州记》:

> 邛都县下有一老姥,家贫孤独,每食,辄有小蛇头上戴角在床间,姥怜之饴之。后稍长大,遂长丈余。令有骏马,蛇遂吸杀之。令因大愤恨,责姥出蛇。……杀姥……是夜方四十里,与城一时俱陷为湖,士人谓之陷河,惟姥宅无恙。

此传说或亦与古代越族崇拜龙蛇为图腾祖有关。唐时于汉越嶲郡置汉源县,旋于县飞越水置飞越县。飞越水,疑即今会大渡河至泸定入长江之越嶲河。非名从其溯,果奘为以越称者。而滇东北与蜀犍为郡接,犍为东北为巴郡。巴郡与犍为,昔多獽蛮与僰,常氏《国志》已数言之。巴郡之西为古夔越。《国语·郑语》"芈姓夔越,不足命也"指此。夔即今四川夔州,夔越固越族一支,而蛮人亦属越族。则自今四川奉节,西经重庆、宜宾、犍为、越嶲,以至滇之北部、西部,昔时皆越族所杂居,又不俟吕嘉子孙宗族实滇,而始见越族之迹也。越夷种属渊源,或即在此。

四

抑僰夷与古代濮夷亦为同一民族,盖以仆水得名。余杭章太炎(炳麟)先生《西南属夷小记》,及外舅海盐朱遏先(希祖)先生《云南濮族考》,已为考证。惟章先生误以仆水为河底江,朱先生则考定为澜沧江,与僰夷居地正合,又考定僰夷之僰,古谊训为负薪之奴仆,与仆古谊训为负草之奴仆同,不仅字音双声相转而已。惟明清人所泛称之蒲濮或濮蛮,则多因不自察所指民族之实际系属,而滥以旧名相被。正如明臣章秦以五溪蛮之平服拟于舜时有苗来格,从而遂谓南蛮为苗族者同,不足尽据。余察僰夷与濮,为唐以前各时各地音读之微异,至其为同一民族,亦可引古代百濮、西僰与越族之关系证之,考汉时所谓西僰或僰,大率局于犍为、牂牁二郡。《史记·司马相如传》:"唐蒙使略通夜郎西僰中……相如……檄曰……南夷之君,西僰之长。"《(史记)索隐》:"晋灼曰:'南夷谓犍为、牂牁也。'"是其明证。而所谓濮夷,则多指永昌、益州二郡。益州郡为春秋时滇王国地,汉武帝元封二年,始灭之为郡。蜀汉建兴三年,复改称建宁郡,又分永昌、建宁为云南郡,汉兴亭侯李恢迁濮民数千落于建宁云南界,用实二郡,二郡益多濮人,事见常氏《国志·南中志》。犍为、永昌、建宁等郡与古代越族之关系,上文已为言及,兹不赘。惟此外如越嶲、平越、夔越、杨越、百越等,尚多与濮族有关系者。《汉书·地理志》:"越嶲郡……青蛉……仆水出徼外,东南至来唯,入劳,过郡二,行千八百八十里。"越嶲得名,本与濮族有关,而地近仆水,故称其人曰濮。常氏《国志·蜀志》:"会无……故濮人邑也,今有濮人冢,冢不闭户。"会无,盖即汉越嶲属地,既为濮邑,宜有越称。

《史记·西南夷传》:

> 西南夷君长以什数,夜郎最大……夜郎者,临牂牁河,江广百余步,足以行船。南越以财物役属夜郎,西至同师。……会越已破,八校尉不下,即引兵还,行诛头兰。头兰,常隔滇道者也。既平头兰,遂平南夷为牂牁郡。夜郎侯始依南越,南越已灭,会还诛反者,夜郎遂入朝,汉以为夜郎王。

考夜郎虽受封为王,然领地夷为犍为、牂牁二郡。夜郎领地在今滇黔南北盘江所经流域,治地在今兴义、泗城间红水河畔,下接浔江,南出苍梧,直下广州,即所牂牁江也。汉牂牁郡领且兰、夜郎、镡封、漏卧、谈槀、鉤町等十七县。夜郎国治地,固连越分,而且兰自明有平越之称。常氏《国志·南中志》:"谈槀县,有濮獠。""兴古郡……多鸠獠、濮。""句町县,故句町王名国也,其置自濮。"汉谈槀县在今贵州盘县西境。句町国据《道光云南通志》谓在云南临江府,郑珍谓在广西太府,要之总在今云南东南、广西西山与贵州兴义等县接界。而蜀汉兴古郡治,即在盘县县治,濮之所至,即被越称,关系如何,盖可思矣。

汉以前古籍,亦多记百濮与越族关系者,《尚书·牧誓》:"及庸、蜀、羌、髳、微、卢、彭、濮人。"按,此所云随武王伐纣之濮人,其地当在今鄂西与巴蜀接界等处,非指永昌、建宁、牂牁之濮,然同与越族有关,《春秋左氏传·昭公九年》王使詹伯辞于晋曰:"自武王克商以来,巴、濮、楚、邓,吾南土也。"巴即春秋时巴国,今四川之阆中,以至重庆以东,皆其属地。楚初封丹阳,在今河南南阳丹浙二水入汉水处,后徙荆山,即今湖北南漳,后又迁郢,即今湖北江陵。邓在今河南邓县,与楚地相连,以巴、濮、楚、邓并举,知濮地必西连巴,而东连楚。考春秋时东与巴国为邻者为夔越,地在今称归奉节一带。而《国语·郑语》"芈姓夔越"下,有"蛮芈,蛮矣"句,韦昭注:"蛮芈,谓叔熊在濮从蛮俗。"《史记·楚世家》:"熊严卒,长子伯霜代立……熊霜六年卒,三弟争立,仲雪死,叔堪亡,逃难于濮。"叔堪、叔熊同为一人,所逃之濮,即夔越也。夔有濮称,由来尚矣。夔越东北接楚,又东北接邓,与詹伯所言正合。

又《左传·文公十六年》:"楚大饥,庸人帅群蛮以叛楚,麇人帅百濮聚于选,将伐楚。"杜预注:"庸,亦百濮夷。"考庸,在今湖北竹山县,原服属于楚。《史记·楚世家》:

> 当周夷王之时,王室微,诸侯或不朝,相伐。熊渠甚得江汉民和,乃兴兵伐庸、扬粤(按,古同越),至于鄂。熊渠曰:"我蛮夷也,不与中国之号谥。"乃立其长子康为句亶王,中子红为鄂王,少子执疵为越章王,皆在江上楚闽之地。

楚人略地,盖循汉水顺流而南,扬越界庸鄂之中,常在汉水流域,以地望考之,疑即麇人帅以伐楚之百濮。盖楚自熊渠伐扬越,至熊通自立为王,《史记》谓其"如开濮地"。数传至成王熊恽,《史记》谓其"结旧好于诸侯……天子赐胙曰:'镇尔南方夷越之乱,无侵中国。'"所谓夷越,当即扬越。百濮受楚统治,未必心服,故曰夷越之乱。而楚人对濮,亦屡次用兵,《左传·昭公元年》赵孟曰:"吴濮有衅,楚之执事,岂其顾盟。"十九年,楚子以舟师以伐濮,"费无极言于楚子曰:'若大城城父,而置太子焉,以通北方,王收南方,是得天下也。'"明乎楚与百濮,楚与扬越之关系,则濮与扬越之关系亦明乎。

《史记·吴起传》:"起……之楚,楚悼王素闻起贤,至则相楚。……于是南平百越,北并陈蔡。"时越王勾践,已灭吴称霸,未为楚屈,后数传至无彊,始为楚威王所灭。此所谓百越,当在今长江以南皖赣等地,非指浙闽之越,盖春秋时赣皖之交,以至今日粤桂安南等地,皆百越所居,不仅越国崛起于今浙闽等地已也。又《史记·王翦传》:"岁余,虏荆王负刍,竟平荆地为郡县,因南征百越之君。"亦百越在楚南之证。《尔雅·释地》:"南至于濮铅。"《广韵》卷五《屋韵》引作"獿铅",谓:"南极之夷,尾长数寸,巢居山林。"南极为百越所居,则濮铅、獿铅亦指越分。《汲冢周书·王会》:"伊尹为四方令曰:正南瓯邓、桂国、损子、产里、百濮、九菌,请令以珠玑、玳瑁、象齿、文犀、翠羽、菌鹤、短狗为献。"所谓百濮,亦指百越,不言越而言濮,以濮与越为同一种属也。濮有越称,而僰夷亦有越称,此则僰濮为同一民族之旁证。

五

僰夷与古代越人为同一民族,上所引证,容多未尽。而古越族自春秋战国,楚秦称霸,各自扩展,早不能无同化与转徙。江汉之濮,及夔、庸等无论矣,江左百越无论矣。而曾沼强吴称霸之越,亦为楚威王所灭,族裔离散,滨居江海,悉朝服于楚。而远僻川滇黔之濮,亦为楚人所略。《史记·西南夷传》:

> 楚威王时,使将军庄蹻将兵循江上,略巴蜀黔中以西。……蹻至滇池,地方三百里,旁平地肥饶数千里,以兵威定属楚。

《后汉书·西南夷传》:

> 楚顷襄王时,遣将庄豪从沅水伐夜郎,军至且兰,椓船于岸而步战。既灭夜郎,因留王滇池,以且兰有椓船牂柯处,乃改其名为牂柯。

豪、蹻似为一人,于时楚势远扩,川滇黔之濮,悉蒙影响。

而秦人雄据关中,早有统一中国之志。迄惠文王立,相张仪灭蜀,旋因蜀取楚所略黔中诸地,而川滇黔之濮或僰,遂益受影响矣。《史记·张仪传》:

> 苴、蜀相攻击,各来告急于秦。……司马错曰:"……夫蜀,西僻之国也,而戎翟之长也。……得其地足以广国,取其财足以富民……"惠王曰:"善。"……卒起兵伐蜀,十月取之。遂定蜀,贬蜀王更号为侯,而使陈庄相蜀。蜀既属秦,秦以益强富厚,轻诸侯。

而巴国亦并为秦灭,《史记正义》于苴、蜀下引《华阳国志》:"蜀王怒,伐苴。苴奔巴,求救于秦,秦遣张仪从子午道伐蜀。……因灭巴蜀二郡。"《史记》李斯、甘茂各传亦云:"张仪……西并巴蜀。"《后汉书·西南夷传》"巴郡南郡蛮":"秦惠王并巴中,以巴氏为蛮夷君长,世尚秦女。"而《史记·西南夷传》:西南夷君长最大者有夜郎、滇、邛都、嶲、昆明、筰都、冉駹、白马,"秦时常頞略通五尺道,诸此国颇置吏焉。……秦灭,及汉兴,皆弃此国"。又《司马相如传》:"邛、筰、冉駹者近蜀,道亦易通,秦时常通为郡县,至汉兴而罢。"是夜郎、滇、邛都、嶲、昆明、筰都、冉駹、白马等,皆尝与巴蜀等同受秦统治,较楚之循江略地,盖更扩展矣。

迄秦始皇统一六国,降东越君,旋大举南图百越。《淮南子·人间训》:

> 又利越之犀角、象牙、翡翠、珠玑,乃使尉屠睢发卒五十万,为五军:一军塞镡城之岭(镡城,在武林西南,接郁林),一军守九嶷之塞(九嶷,在零陵也),一军处番禺之都(番禺,南海),一军守南野之界,(南野,在豫章)一军守余干之水(余干,在豫章),三年不解甲弛弩,使监禄无以转饷。又以卒凿渠(监禄,秦将也,凿通湘水、漓水之渠也)而通粮道,与越战,杀西呕君译吁宋(西呕,越人;译吁宋,西呕君也,),而越人皆入丛薄中,与禽兽处,莫肯为秦虏。相置桀骏以为将,而夜攻秦人,大破之。杀尉屠睢,伏尸流血数十万,乃发適戍以备之。

《史记·秦始皇本纪》:"三十三年,发诸尝逋亡人、赘婿、贾人,略取陆梁地,为桂林(《(史记)集解》韦昭曰:"今郁林是也。")、象郡(《(史记)集解》韦昭曰："今日南。")、南海,以适遣戍。"而所谓百越或百濮之分布,遂远非昔日比矣。

僰民既为与古代越族同一种属之民族,故无论其先世,春秋时或初居于百越之地,而徙之西南,或本自川滇黔之交,而徙之滇之西南,或自始即在滇之西南,然其为曾受嬴秦部勒或影响,则无可疑。汉时所谓西僰或僰,既在犍为、牂牁二郡,即夜郎旧地,而所谓濮,则在永昌、益州二郡,即滇国与其相连靡莫之属旧地,则今日云南西部之僰夷,其源流或即自川滇黔之交所徙出。

近见董彦堂(作宾)先生《僰夷历法考源》谓僰夷历法与秦历全同。盖即中国自昔所谓之四分历,亦即颛顼历,秦历与僰历,立正同,置闰同。而僰夷纪元之始,相当于秦孝公元年,绝非偶然暗合。则与余上述僰夷与秦之关系,更为有力旁证。

董先生《考源》引方国瑜《关于僰夷历法之记录》：

> 僰夷所奉行者为佛历,佛历的正月,相当于汉人所用夏历的十月。平年十二个月,单月为大月,双月为小月,大月三十日,小月二十九日。闰年十三个月,闰月必在年终,即闰十二月。闰月的分配是三年,是三年一闰,五年再闰。以汉人的夏历的元旦为小年,以洗佛节为大年,约在清明节的前后,须由推算定之。当民国二十五年,公历一九三六年时,为佛历的一二九七年。据故老相传,佛历的第一年以前,曾有一千年的历史,以在满千年时,以计数不易,乃除去此过去之一千年不算,而另从第一年算起；所以至今虽然称佛历一二九七年,实则佛历纪元已是二千二百九十七年。又每月之名,以十二生肖名之。其生肖与中国自来之传说相同,即子鼠、丑牛、寅虎、卯兔、辰龙、巳蛇、午马、未羊、申猴、酉鸡、戌狗、亥豕云。

又引李拂一《车里》所述"僰夷历法"：

> 今年公元一九三七,为其一千二百九十二年,僧正娴习历数,掌授民耕种之时,精者于日月薄蚀,星孛隐见,皆能预测之。分年为寒暑雨三季,以一、二、三、四月为寒季,曰刺鲁猱；五、六、七、八月为暑季,曰刺鲁鸾；九、十、十一、十二月为雨季,曰刺鲁零。季各

四月,月大三十日,月小二十九日。平年十二月,闰年十三月,三年一闰,五年再闰,十九年七闰,与中历大略相同。第中历置闰之月,年各不同,有置于二月者,有置于三月者,有置于四、五、六、七、八、九、十等月者,须经精密之推步,视是月之有节无中者,方能置闰。至于僰历,则概置闰于九月,呆板固定,此为稍异。又中历既望,为其十五,中历朔日,为其月晦。呼初一日曰月圆一日,初二日曰月圆二日,以至于十四日曰月圆十四日,十五日则曰月圆之日,是为上月;十六日曰月缺一日,十七日曰月缺二日,以此类推,以至于月晦,是为下月。以六月为岁首,以清明后十日为元旦,僰历元月,为中历十月。

所谓佛历,据董先生考证,实指其人信仰佛教,而僧正娴习历数而言,非谓出于印度历法。至其纪元之始,相当于秦孝公元年,则以巴蜀见灭于秦,在秦孝公之子惠文王时,而夜郎与滇等为秦人所略,颇置吏或郡县,又继在灭蜀之后。秦人尚法,所置吏或郡县,必奉秦历,无待论也。

秦历演进之迹,今未能悉考,《史记·秦本纪》:

> 惠文君十二年十二月初腊。……十三年四月戊午,魏君为王,韩亦为王。……十四年,更为元年。《(史记)正义》:"十二月,腊日也。秦惠文王始效中国为之。"

按,秦于惠文君十四年,改元称王,《史记·秦本纪》于惠文王以前,无记日朔称腊者,意其更定新历,即在惠文君十二三年前后,而切实施行则在十四年称王改元之后。而其所以上溯孝公元年为纪元之始者,则以孝公用商鞅变法,而秦国始强大也。僰夷所传历法,其纪元之始,即沿秦人定制。蜀于惠文王改元后八年,即西元前三一七年见灭,旋夜郎与滇等一并入秦,其奉秦历朔,最早当始于是年,下迄西元前二零二年汉高祖统一中国,已历一百余年。汉承秦制,初用秦历,至武帝太初元年,即西元前一零四年,改用太初历,以正月建寅为岁首,即世所谓夏正,去高祖开国亦且百年。则僰历习用秦历,已二百余年,而武帝于西南夷,又非如秦之尚法,秦历遂得世为僰历所守。

至十二生肖之制，虽未必即秦人所创，然秦人及秦以前，似已早有此俗。《诗·小雅·吉日》：

> 吉日庚午，既差我马，兽之所同，麀鹿麌麌。

盖以午言马，《礼记·王制》：

> 季冬之月……出土牛，送寒气。

季冬为十二月，属丑，盖以丑言牛，而《吕氏春秋·察传篇》：

> 子夏之晋，过卫，有读史记者曰："晋师三豕涉河。"子夏曰："非也，是己亥也。"夫"己"与"三"相似，"亥"与"豕"相似。"至于晋而问之，则曰"晋师己亥涉河"也。

"晋师三豕涉河"，绝不可解，知读史者，无不能辨。谓亥为豕，虽曰形近，抑亦生肖，特吕氏立言另有所指，故假子夏为言耳。又僰夷由纪元之始至满一千年时曾为减去，而以一千零一年为元年者。此虽或云由于计数不易，而于其民族一支之建立南诏帝国，以开国之年改为元年，余意亦未始无关。按僰历减去一千年后，其元年为西元六三九年，即唐太宗贞观十三年。考《新唐书·南蛮传》：

> 南诏……其先渠帅有六，自号六诏……蒙舍诏在诸部南，故曰南诏。……王蒙氏……自舍龙以来，有谱次可考。舍龙生独逻，亦曰细奴逻，高宗时遣使者入朝，赐锦袍。细奴逻生逻盛炎……武后时，盛炎身入朝。

细奴逻遣使入朝当唐高宗时，则其父舍龙当在唐太宗贞观之世。而其谱次始于舍龙，知舍龙为一代魁杰，以崛起诸诏之南，而肇开统一六诏之基，遂为南诏奉为创业始祖。则以年代之符合，知僰夷历法之减去古代一千年，而另为元年，即在舍龙一世，事至显也。《新唐书·南蛮传》谓南诏"以寅为正，四时大抵与中国小差"。所谓小差，自是实情，然谓"以寅为正"，则疑南诏入唐表贡，皆以汉文书写，年历翻为唐制，自亦未可知。

由僰历袭用秦历考之，其上世源流，当以出于川滇黔之交为近实。以其受秦统治较久，若在百越或象郡等地，则始皇统一六国后，始入于秦，所受秦人文化之影响，当较川滇黔之交为轻。质之高明，未知有当否也。

　　中国南部与西南部之民族，虽自昔诸家所记名目繁多，然自比较近于科学方法之分类言之，要之，不外蛮族、越族与羌族三大类而已。蛮族自明清以来，又泛称苗族，越族则自称为台或泰（Tai），有自由民之意，余曩作《蛮族源流考》，已为疏证。羌族出于两藏、川康之间，由分化与发展，亦分布于西南各边地，与僰夷不无交涉。特今日僰夷特性，仍与蛮羌等多殊，而不失为越之同族。惟中国南部与东南部之越，秦汉以来，已与汉族同化，而汉族血统与文化亦受其影响，盖其与其他接近汉族之别种部族，已同是与汉族混为一体，成为强实之中华民族，而不可复分。故论僰夷种属大要只可谓其与古代越族为同一种属，而其必须即与中华民族与其他属于中华范围之各支民族相混化，使成为更强实伟大之整体盖即在此，而其可能混化处亦即在此，此则想为博雅君子所共喻也。

　　余于僰夷演化之陈迹，本拟为较详之考证，以明其对于国家，及国家对于其人，二者应有之努力与认识。然人事扰攘，倭宛纵横，黉舍播迁，史材散佚。既爬罗之不易，遂钩沉而未能，寡陋之讥，余何敢避。唯河山万里，伤心有去无归，生聚十年，惟期复兴有日。而江先生此书，既以全民族之团结同化为诣归。余略读一过，神为之旺。由坐言而起行，则又不能无所望于志士仁人也。是为序。

　　中华民国二十八年五月十四日，兴宁罗香林谨序于云南澄江国立中山大学文学院史学系。

（《益世报·边疆》第33、34期，1939年8月7日、14日，第4版）

说《元史》中的"回回""回鹘"与"畏兀儿"

杨志玖

"回回"、"回鹘"(或"回纥")、"畏兀"(或"畏兀儿""畏吾儿")这几个名词,向来学者很少用心分辨清楚,于是发生种种误解。或以现住新疆的"缠回"(即畏兀儿)自古便是回教(即伊斯兰教)徒;或以元时屯田于云南畏兀儿人便是现在云南原教徒的祖先。这都是急待更正的错误。这种错误的来源大约有二:第一是将回教(即伊斯兰教)与回族混为一谈。于是将任何时代的回鹘或与其声音相近的畏兀都目为伊斯兰教徒。第二因为这几个名词都同时出现于《元史》中。读史者不肯细辨他们的关系——他们的关系确实有点错综复杂——于是鱼目混珠的将他们结为一类。其实将《元史》细读一遍,是可以看出他们间的关系来的。著者此篇即在试将此数名词的关系从《元史》归纳出来。借与留心此问题者商榷之。

一、"回回"一词在《元史》中的涵义

汪罕走河西、回鹘、回回三国,奔契丹。(《元史》卷一《本纪一》)

察罕……从帝征西域字哈李、薛迷思干二城,回回国王札剌丁拒守铁门。(卷一二〇《察罕传》)

壬午,帝征回回国,其主灭里委国而去。命速不台与只别追之。(卷一二一《速不台传》)

巴而术阿而忒的斤……与者必那演征军勉力、锁潭回回诸国。

（卷一二二《巴而术阿而忒的斤传》）

也罕的斤……祖匣答儿密立……以千户从征回回诸国。（卷一三三《也罕的斤传》）

昔班……父阙里别斡赤……从征回回国。（卷一三四《昔班传》）

己卯夏六月，帝西讨回回国。……庚辰冬，大雷……对曰："回回国主当死于野。"（卷一四六《耶律楚材传》）

刘黑马（刘伯林子）……从征回回、河西诸国。（卷一四九《刘伯林传》）

薛塔剌海……从征回回、河西、钦察、畏吾儿……诸国，俱以炮立功。（卷一五一《薛塔剌海传》）

从上面所举例子看来，可知回回为一国名，即西史所称之花剌子模（《元史·地理志·西北地附录》亦有此四字）。因其守将杀了蒙古使者，所以太祖讨他。这个回回国所信的宗教是伊斯兰教，所以《元史》中多称信伊斯兰教者为回回。通观《元史》凡称回回处多与伊斯兰教有关。

宪宗八年……旭烈兀讨回回哈里发，平之。（卷三《宪宗本纪》）

哈里发是伊斯兰教中承继穆哈默德者的称呼。

至元十六年……八里灰贡海青。回回等所过供食，羊非自杀者不食，百姓苦之。（卷一〇《世祖本纪》）

伊斯兰教徒所食牲畜肉，须经教中专司屠宰者刃之方可，司此职者称"海推补"。平常教徒亦不得擅杀。此处云"非自杀者不食"仍是不明教中规矩者之言。但由此可见，此回回是伊斯兰教徒无疑。

至大四年四月，罢回回合的司属。（卷二四《仁宗本纪》）

致和元年八月，罢回回掌教哈的所。（卷三二《文宗本纪》）

皇庆元年十二月，敕回回合的如旧祈福，凡词讼悉归有司。（卷二四《仁宗本纪》）

诸哈的大师止令掌教念经，回回人应有刑名、户婚、钱粮、词讼，并从有司问之。（卷一〇二《刑法志》）

"哈的司",阿拉伯文"圣谕"之意,"哈的大师"当为宣扬圣谕者之称,即清真寺之掌教,此处称"回回合的",又称"哈的大师",人不应管教回回人刑名等事,可见元时回回人确系伊斯兰教徒。

> 赛典赤·瞻思丁,一名乌马儿,回回人别庵伯儿之裔。(卷一二五《赛典赤·瞻思丁传》)

别庵伯儿,波斯文圣人之意,即指穆哈默德而言,乌马儿为伊斯兰教徒普通人名。此处称彼为回回人,足证回回人为伊斯兰教徒。又凡《元史》中所称之回回人其名多为"阿合马、马合谋、忽辛、哈散、乌马儿等",此皆伊斯兰教徒最通用的名字,所以我们可以断定这些回回人都是伊斯兰教的信徒。

总起来,我们可以说回回最初是国名,因为这国信伊斯兰教,所以《元史》中的回回一词实含有伊斯兰教的意义在内。

二、"回回"与"回鹘"或"回纥"

《元史》中有数处所谓"回鹘"或"回纥",实指"回回"而言:太祖十七年秋,"金复遣乌古孙仲端来请和,见帝于回鹘国"(卷一《太祖纪》)。按,太祖自十四年征回回国,十九年始归,此处所谓回鹘国实即回回国。

《雪不台传》云:"扈从征回鹘,其主弃国去,雪不台率众追之,回鹘竟走死。"(卷一二二)《速不台传》则云:"壬午,帝征回回国,其主灭里委国而去。命速不台与只别追之。……灭里逃入海,不月余,病死。"(卷一二一)雪不台与速不台实在是一人,他所追的只一个国主,但一则称为回鹘,一则称为回回,可见回鹘、回回两名词可通用。

> 阿合马,回纥人也。……世祖尝谓淮西宣慰使曰:"回回人中,阿合马,才任宰相。"(卷二〇五)(按,此言又见卷一〇《世祖纪》)
>
> 特薛禅……子曰按陈……取回纥寻思干城。(卷一一八《特薛禅传》)
>
> 太祖十五年夏五月,克寻思干城。(卷一《太祖本纪》)

从这几段看来,可知回纥与回回也可通用。"阿剌瓦而思,回鹘八瓦耳氏……太祖征西域……率其部曲来降。……子阿剌瓦丁……子瞻思丁,有子五人,长乌马儿……次阿合马……"(卷一二三)《元史》所称西域多指回回而言。阿剌瓦丁、瞻思丁、乌马儿、阿合马又是回教徒的普通名字,所以此处回鹘实即回回。

此外就有多处所称回鹘商人,或回纥亦皆指回回,不胜枚举。

三、回鹘与"畏兀"

回鹘在数处又系指畏兀(或"畏吾"、北庭、高昌)而言。

"汪罕走河西、回鹘、回回三国,奔契丹。"(卷一)此处回鹘界于河西(即西夏)与回回国间,实即当时之"畏兀儿国"。

"岳璘帖穆儿,回鹘人,畏兀国相暾欲谷之裔也。"(卷一二四)既是畏兀国相之后,又说他是回鹘人,足见回鹘、畏兀可以通用。

"撒吉思,回鹘人。……李璮叛,帅师从宗王哈必赤讨之。……授山东行省都督。"(卷一三四)

"答里麻,高昌人。大父撒吉思……从讨李璮,以勋授山东行省大都督。"(卷一四四)大父为回鹘人,侄则称高昌人(即畏兀儿人),可见回鹘可称畏兀儿。

又《地理志·西北地附录》阿力麻里下注云:"自上都西北行六千里至回鹘五城,唐号北庭,置都护府。"唐的北庭即元时的畏兀,而此处称曰回鹘五城,又是称等畏兀为回鹘的一例。

四、回回与畏兀儿

如上所述,回回可称为回鹘,畏兀儿也可称为回鹘,然则回回与畏兀儿这两个名词是否可互易称呼呢?《元史》给我们的答案是否定的。二者间的分别极为清楚,绝不容我们执两可于其间,兹将他们的显著分别略举于下:

(一) 回回常与畏兀并提

至元五年,罢诸路女真、契丹、汉人为达鲁花赤者。回回、畏

兀、乃蛮、唐兀人仍旧。(卷六《世祖纪》)

至元二十一年,定拟军官格例,以河西、回回、畏吾儿等依各官品,充万户府达鲁花赤。(卷一三《世祖纪》)

回回、畏兀既然并提,当然表示这两名词不能通用,更使我们认清这两名词代表的是两种不同的人。

(二) 畏兀儿这名词所代表的是信佛教的人

大德五年七月,诏禁畏吾儿僧、阴阳、巫觋、道人、咒师自今有大祠祷,必请而行,违者罪之。(卷二〇《成宗本纪》)

至大三年二月,宁王阔阔出谋为不轨……以畏吾儿僧铁里等二十四人同谋,或知谋不首,并磔于市。(卷二三《武宗本纪》)

天历元年十二月,命高昌僧作佛事于宝慈殿。(卷三二《文宗纪》)

天历二年十月,畏兀僧百八人作佛事于兴圣殿。(卷三三《文宗纪》)

至顺三年四月,安西王阿难答之子……坐与畏兀僧……谋不轨。(卷三六《文宗纪》)

上列诸例,表示畏兀儿人的宗教师是信佛的僧人,下面我们再来认识几位精于佛学的畏兀儿人:

哈剌亦哈赤北鲁,畏兀人……媚阿邻帖木儿翻译诸经……明宗曰:"此朕师也。"(卷一二四)

阿鲁浑萨里,畏兀人。祖阿台萨里……精佛氏学。生乞台萨里,袭先业,通经律论。……至元二十八年,入为释教都总统。……阿鲁浑萨里受业于国师八哈思巴……(卷一三〇)

五、结 论

我们现在可以这样断定:在《元史》中回鹘一词可指回回,可指畏吾儿。但回回与畏吾儿则绝不相混,回回人信伊斯兰教,畏兀儿人则信佛教。至于现在畏兀儿人的后裔的新疆缠回,改信伊斯兰教则应是元朝以后的事。

还有应注意的一事,即本篇论据全以《元史》为本,至于《黑鞑事略》所说的回回则大半指畏兀儿而言,与《元史》不同,当另论之。特此声明,借免误会。

(《益世报·读书》第107期,1938年12月20日,第4版)

说叶刊本《元朝秘史》中的"固姑冠"

姚从吾

长沙叶德辉刊本《元朝秘史》(应作"蒙兀儿"或"忙豁仑"秘史)卷二(第七十四节)与卷三(第二十五节)说到十二世纪蒙古贵族妇人戴的帽子,叫作"固姑冠",蒙文译音为"孛黑塔"(卷三作《绰黑台》)。兹将这两段的原文,依照叶刊本译音,略译如下:

一、泰亦赤兀惕兄弟们,将诃额仑夫人和几个儿子撇在营盘里以后。诃额仑好生能事,带紧固姑冠,繫起短衣,沿着斡难河,日夜拣拾杜梨果子,将儿子们养大了。……(旧有汉译删去"带紧固姑冠,繫起短衣,沿着斡难河"诸句)(《叶刊本秘史》卷二)

二、帖木真、王汗、札木合,三个联合着将蔑儿乞种人的房子推倒了,载固姑的妇人被掳掠了。从斡儿罕、薛凉格两条河退回塔勒浑阿剌地面。(同上,卷三)(旧有汉译"戴固姑的妇人"作"好妇人掳掠了")

固姑冠是什么样子?有些什么演变?传到何时废止?兹将涉猎元代史书所得的材料,依时代先后,汇举如下,作为研究的初步:

(一)《蒙鞑备录》:"凡诸酋之妻,则有'顾姑冠'。用铁线结成,形如竹夫人,长三尺许。用红青、锦绣或珠金饰之。其上又有杖一枝,用红青绒饰之。"(《王忠慤公遗书》外编本,页十四)

(二)《长春真人西游记》:"从此(鱼儿滦驿站)以西,渐有山阜,人烟颇众,亦皆以黑车白帐为家。其俗,衣以韦毳,食以肉酪,男子结发垂两耳。妇人冠以桦皮,高二尺许,往往以皂褐笼之。富

者以红绡,其末如鹅鸭,名曰'故故',大忌人触。出入庐帐,须低徊。"(《西游记上》,页十四、十五,同上《王氏遗书》本)

(三)《黑鞑事略》:(1)"其冠被发而椎髻,冬帽而夏笠,妇人顶'故姑'。"(以上彭大雅)(2)"霆见故姑之制,用画木为骨,包以红绢金帛。顶之上用四五尺长柳枝,或铁打成枝,包以青毡。其向上人则用我(宋)朝翠花,或五采帛饰之,令其飞动。以下人则用野鸡毛。"(同上《王氏遗书》本,页五)

(四)杨允孚《滦京杂咏》:"香车七宝固姑袍,旋摘修翎付女曹。别院笙歌承宴早,御园花簇小金桃。"原注云:"凡车中戴固姑,其上羽毛又尺许,拔付女侍手持,对坐车中,虽后妃驼象亦然。"(并引见《元诗·记事》卷二〇)

(五)蒋正子《山房随笔》:京口天庆观主聂碧窗,江西人,尝为龙翔宫书记。《咏北妇》(诗)云:"双柳垂眉别样梳,醉来马上倩人扶。江南有眼何曾见,争卷珠帘看固姑。"(《辍耕录》卷八同)

《蒙鞑备录》作于成吉思汗即大汗位后的第十六年(一二二一);《西游记》作于成吉思汗西征花拉子模的时候(一二一九——一二二二),成书在一二二八年;《黑鞑事略》成书在蒙古窝阔台汗的九年(丁酉,一二三七);《滦京杂咏》《山房随笔》作于元朝末叶,都是同时人的记述,略可表见固姑冠在元朝妇女装饰中的概况。根据上述材料,我们可以建立以下的假定:

1. 固姑冠初仅限于蒙古贵族。

2. 后乃区分为两种:上等人饰以翠花,或五采帛,普通人则饰以野鸡毛。

3. 初期的固姑冠顶上有一木杖,饰以红青绒。到元代的晚年则改插野鸡毛,如《滦京杂咏》所说的"其上羽毛又尺许"的样子。

4.《山房随笔》的"争卷珠帘看固姑"说,可以证明内地人民始终视为奇异,并可以知道这样的女人帽子,到元末尚未通行于汉地。此外又有三种材料可以用作研究固姑冠的参考,并录于后:

(六)波斯文,朱凡尼的《世界征服者传》,一九一〇年伦敦出版,书中有照片多种,为伊耳汗国贵族带固姑冠夫人的图画。固姑上插"修翎"一支,约长二尺,与《滦京杂咏》所说符合。此图可以助汉籍中文字描写固姑冠的不足。

(七)《历代帝王像》,北平古物陈列所出版。书中所有元朝后妃的画像,均戴固姑冠,其形与《西游记》所言"其末如鹅鸭"的样子相似。此图当与朱凡尼书中之图同时翻印,以资对照。

(八)胡敬《南薰殿图象考》(下):引《永乐大典·服字韵》蒙古冠服,引《析津志》云:"罟罟以大红罗幔之,胎以竹凉,胎甚轻。上等大,次中,次小。用大珠穿结龙凤楼台之属,饰于其前。复以珠缀长条,橡饰方弦,掩络其缝,又以小小花朵插带,又以金累事件装嵌极贵宝石塔形在其上。顶有十字,用安翎筒,以带鸡尾。出五台山,今真定人家养此鸡以取其尾,甚贵。罟罟从后,上插花朵朵翎儿,染以五色,如飞扇样。"

现在蒙古的妇女已不戴固姑冠了。元代固姑冠的样子,也可以从朱凡尼与《历代帝王像》两书中略窥大概。"固姑"不是蒙古字"孛黑塔"的译音。明初翻译蒙文《元朝秘史》,旁译"孛黑塔"为"固姑冠"或者是当时汉地对这种子的称谓,和插鸡毛与帽子的形状很有关系?

(《益世报·读书》第 111 期,1939 年 2 月 14 日,第 4 版)

王嚞创立全真教的推测
——读陈教友的《长春道教源流》（聚德堂丛书本）

姚从吾

南宋初年创立全真教的王嚞（嚞，元王利用《马宗师道行碑》："师居庐，头分三髻。三髻者，三吉字，祖师讳也。"以故知王教主的名字应写作嚞），字知明，别号重阳子，陕西咸阳人，生于宋徽宗政和三年（一一一三），死于宋孝宗乾道六年（一一七〇），年五十。金密国公完颜璹《全真教祖碑》、金麻九畴《邓州重阳观记》，叙述王重阳创教的历史甚详。要点如下：

先生美须髯，大目，身长六尺余寸。气豪言辩，以此得众，家业丰厚。……弱冠修进士举业，籍京兆府学，又善武略。（以下凡不注者，皆录自《全真教祖碑》）

会废齐（一一三〇—一一三七）摄事，秦民未附，岁又饥馑，时有群寇劫，先生家财一空。……获贼渠魁，先生勉之曰："此乃乡党饥荒，譬如乞诸其邻者，亦非真盗也。"纵舍使去。里人以此敬仰先生愈甚。咸阳、醴泉二邑，赖先生得安。是后于终南刘蒋村，创别业居之，置家事不问。半醉高吟曰："昔日庞居士，今日王害风。"……后又于南时村作穴室居之，名活死人墓。

当废齐阜昌间，脱落功名，日酣于酒。岁四十有八（一一六一）……得证玄理。（此条见金麻九畴《登州重阳观记》）

（金世宗）大定丁亥（七年，一一六七）忽自焚其庵……凌晨东遇。……曰："我东方有缘尔。"七月至山东宁海州（今牟平县）。八年（一一六八）迁居文登姜氏庵，建三教七宝会。九年（一一六九）

归宁海,建三教金莲会。又至福山县(今山东福山县),立三教三光会。在登州(今蓬莱县)建三教玉华会。至莱州(掖县)起三教平等会。凡立会必以三教名之者,厥有旨哉! 先生者,盖子思,达磨之徒欤? 足见其不独居一教也。

先生劝人读《道德(清净)经》《般若心经》及《孝经》,云可以修证。……自重阳、丹阳(马钰)、长春(丘处机)暨诸师皆有文集传于世。

清季由儒而转入全真教的学者东莞陈教友氏因此即断言说:"王重阳有宋之忠义也。其'害风也,盖愤激使然'。"他的理由,约可归纳为以下诸项:

第一,王重阳生于宋徽宗政和三年,"其时金源未兴,所居咸阳固宋地也。……至(高宗)建炎四年(一一三○),娄室(《金史》七十二有传)长驱入关,张凌与战于富平(今山西富平县北十里)而溃,金人遂引兵西上,于是咸阳没于金,时重阳年十八矣"(依《七真年谱》则年十九)。"弱冠修进士举业,籍京兆府学,《教祖碑》不云在金时,此当属(南)宋建炎初。"由此知道王重阳在未创教以前,是宋朝的士大夫阶级。

第二,"废齐摄事,秦民未附"。先生家财被劫,因气豪言辨纵盗使去,"里人以此敬仰先生愈甚。咸阳、醴泉二邑,赖先生得安"。绍兴元年(一一三一)金人以陕西地界刘豫,先生年十九(依《七真年谱》年二十)。就"秦民未附""纵盗使去"及"咸阳、醴泉二邑,赖先生得安"诸语,说王重阳似是同情或者曾参加反对刘豫的运动。

第三,陈氏因王重阳弃家避地,认为或者未忘宋室。"后于终南刘蒋村,创别业居之,置家事不问。"陈教友说:

考宋失关中,以终南与金分界,刘蒋村后为道教祖庭,在盩厔之楼观。其地东北去咸阳县百余里,西北去凤翔二百余里,西南通汉中,盖宋金分界处矣。王重阳弃家避地于此,其心盖未忘宋欤?

第四,陈氏又据麻九畴《邓州重阳观记》说:

重阳有文武艺,当废齐阜昌间(一一三一—一一三七),脱落功名,日酣于酒。考,金废刘豫在绍兴七年(一一三七),时重阳年二十五（《七真年谱》年二十六）。方壮岁而逃于酒，其用意可知。逾年（一一三八）而宋拜表称臣于金。又三年，而吴璘收复陕西诸州，有诏罢兵。是岁秦桧杀岳飞，时重阳年二十九（《七真年谱》年三十）。畴《碑》云，重阳半醉高吟曰："昔日庞居士，如今王害风。"其为感怀身世，始之以隐遁，终之以佯狂，益可知矣。

第五，最后他又举元朝商挺《题甘河遇仙宫》诗，证明王重阳确是宋朝的忠义。原诗如下：

子房志亡秦，曾进桥下履。佐汉开鸿基，砺然天一柱。要伴赤松游，功成拂衣去。异人与异书，造物不轻付。重阳起全真，高视仍阔步。矫矫英雄姿，乘时或割据。妄迹复知非，收心活死墓。……我经大患余，一洗尘世虑。

他的推断是："据此则重阳不惟忠愤，且实曾纠众与金兵抗矣。"并说："金时碑记有所忌讳，不敢显言，挺既入元，故直揭其大节也。"

王重阳的著作，见于《道藏》者，有《重阳全真集》十卷、《重阳教化集》三卷、《重阳分梨十化集》两卷，又有《重阳立教十五论》一卷。一至三部系重阳自作，第四种系门弟子所辑。就中虽有救世、救人的议论，但大都以清净归道为主，未提到重阳立教以前的政治活动。陈教友依据《教祖碑》，推断他创立全真教的动机是贤者避世，心怀忠愤，不肯臣事刘豫（如第一、二、四证据）。和避地边境，未忘宋朝（如第三证据），议论明确，很可相信。我们对于这一点还可以提示下列三证。

一、王重阳提倡三教平等"凡立会必以三教名之者，厥有旨哉！"又"劝人诵《道德经》《心经》《孝经》，云可以修证"。可以证明他不独居一教，不甘心专作道教的信徒。他的创教既不是为迷信，又"劝人诵《道德经》《心经》《孝经》，说是可以修证"，或者有保持汉民族传统思想的意思。

二、北宋末年女真人侵入中原，是一个突然的大变。当时因时势与政治的关系，隐身于宗教的知识分子甚多。萧抱珍倡导的太一教、刘德仁倡导的真大道教也是创自金代。一在金初天眷年间，一在金末。虞集《道园学古录》卷五〇《真大道教第八代崇玄广化真人岳公之碑》

说:"昔者金有中原,豪杰奇伟之士,往往……各立名号以自放于山泽之间。"陈教友说王嚞在外族入主中国的时候,有避世、避敌,不仕外族的意思,自然是很可能。

至于王重阳是不是亲身曾参加抗金运动,是不是宋朝的忠义,那就只能作或然的假定,充分的证据尚待发现。即以商挺《题甘河遇仙宫》说,我们也不能就说他"实曾纠众与金兵抵抗"。"重阳起全真,高视仍阔步。矫矫英雄姿,乘势或割据。""乘势或割据",是说他得机会的时候,也可以乘时而起,独霸一方,有所作为。不是说他曾经乘时割据,何况又加一或字呢?

总之,王重阳的创立全真教,是与他所处的外族侵入的时代有关系的。他是当时的知识分子,曾籍京兆府学,在外族入侵的时候,抱有国破家丧的悲痛,这是常情。又值"废齐摄事,秦人未附",他自己"脱落功名,日酣于酒",不能不说是确有亡国悲愤的表示。因郁结而至于不问家事,迁居南时村穴室,名曰活死人墓,其天才与情感的郁积待发,已达极点。积久彻悟,乃创立一调和道释儒混合的全真教,以度己而度人。我国中世纪(未有租界以前)贤者避世的最高境界,当不过如此。王重阳的伟大与不是消极学道,也可以从这些中间看出来。至于祥迈《辩伪录》(大正大藏经本)对全真教的污蔑概不足信,当另条讨论。

(《益世报·读书》第116期,1939年4月25日,第4版)

元代云南也里可温考

方国瑜

元兵先据中亚、东欧，为基督教传播之地，后得中国，基督教徒之随军至者，布满内地各行省，其教之盛，乃意中事。新会陈援庵先生著《元也里可温考》，详乎言之。惟云南僻处边隅，每鲜记录，偶有称述，亦难确解，故或为陈先生所未及，或所未详。吾家杰人，将有云南天主教史之作，瑜录所知者，以供采择，条举史料，未暇详为考证也。

云南有也里可温教，言之最明白者，《马可·波罗行纪》第一一七章《哈剌章州》曰：

> 国都名曰押赤，城大而名贵，商工甚众。人有数种，有回教徒、偶像教徒，及若干聂思脱里派之基督教徒。

按，此哈剌章称云南全省，押赤即今昆明，马可以至元二十年间至云南，述所亲见，当可确信，且马可亦基督徒，不至误认也。元代基督教之传至中国者，有罗马、希腊、聂思脱里诸派，并称为也里可温。沙海昂氏以为云南也里可温传自印度洋岸，惟当随蒙古兵至者，马可不言有教堂，则教徒为数无多也。可参证马可·波罗说者凡三事，法国 Rene Grousset 氏之《蒙古史》引 Fenot 氏说曰：

> 蒲甘城之 Kyanzittha 佛洞壁画上有两蒙古人，一坐而执鹰，一立而射箭。同一洞中并有十字架，想是奉基督教之蒙古人所为。

按，元朝《征缅录》曰："至元二十四年，云南王与诸王进征至蒲甘，丧师七千余，始平定，岁贡方物。"疑洞中壁画即征缅军所为。而征缅军自云南调往，则作壁画之奉基督教蒙古人，为驻兵于云南者。又《元典章》卷二四载元贞元年闰四月圣旨：

> 西番、汉儿、畏兀儿，云南田地里，和尚、也里可温、先生、答失蛮，拟自元贞元年正月已前，应有已未纳税土地，尽行免除税石。今后续置或影占地土，依例随地征税。

按，元代征收宗教产业税粮，时征时免。此次圣旨，分别区域，所适用于云南诸地者有也里可温，则云南当有也里可温教也。又大理崇圣寺猪儿年（按：至大四年）圣旨碑，昆明筇竹寺龙儿年（按：延祐三年）圣旨碑，并有也里可温字样（筇竹寺碑，夺"可温"二字）。此虽照例公文，亦足资参证。

元代云南有也里可温教，文献足征，当无疑义。近数年间虽尝留心遗迹，犹无可获。惟当日蒙古色目官兵之驻在云南者，当有也里可温教徒。今云南各地所谓达子坟者垒垒，其间容有遗迹，望滇人士留意及之！

也里可温之官于滇者，不获详知，可考者仅数人，录之如次：

马薛里吉思，《至顺镇江府志》卷一八："马薛里吉思，也里可温人。造七寺，每岁贡舍里八。"马薛里吉思，为传布也里可温教最有功之一人，已详载陈先生书，屠寄《蒙兀儿史记》卷二七有传。镇江路儒学教授梁相作《大兴寺记》，即载马薛里吉思行事，有曰："至元九年，同赛典赤平章往云南，十二年往闽浙，皆为造舍里八。"按，马薛里吉思至云南事，未获见于他书，梁相作记，在大德四、五年间，所说当可信。惟赛典赤至云南为平章政事，《元史》本纪本《爱鲁传》，在至元十年，《赛典赤传》在至元十一年，而梁相记在至元九年，所说不同。据赵子元之《赛平章德政碑》、郭松年之《中庆路大成朝记》、李京之《云南志略》，并谓在"至元甲戌"，三人以元初至云南，而赵子元则从赛典赤来者，其说可从。盖赛典赤受命在至元十年闰六月，到滇则十一年七月，梁相记之九年当误。所谓舍里八者，见于梁相记曰："舍里八，煎诸香果，泉调蜜和而成。公（按：马薛里吉思）世精其法，且有验，特降金牌以专职。"陈生谓：《元史》之舍儿别，《镇江志》之舍里别，《综通考》之砂里别，即舍里八音字。

赵世延，也里可温教徒官于滇，其行事可考者为赵世延。世延字子

敬,其先雍古族人,居云中,来官于滇,《元史》卷一八〇本传曰:

> 至元二十一年,授云南诸路提刑按察司判官。乌蛮酋叛,世延会省臣以军讨之,蛮兵大溃,即请降。二十六年,擢监察御史。

按,新会陈先生著《元西域人华化考》,已考订世延为也里可温教世家,其在滇事迹,为本传所未详,兹录数事。《元史》本纪:

> 至元二十一年正月丁丑,云南诸路按察司官陛辞,诏谕曰:"卿至彼,当宣明朕意,勿求货财。名成则货财随之,徇财则必失其名,而性命不可保矣!"

按,此当论世延之辞。盖本传以至元二十一年授云南按察司官,本纪与本传合。世延自是任按察司官,当至二十六年始也。

赵传弼《大理府先师庙记》:

> 至元丁亥月正元日,承事郎、云南诸路提刑按察司判官赵世延谒庙,处事之鲜克有终,因路采议作三门,不日成之。

按,先师庙为云南行省参政郝天挺倡修,世延促成之。天挺《元史》卷一七四有传,出于朵鲁别族,色目人也。世延、天挺有功于云南儒学,陈先生之《华化考·儒学篇》,已载赡思丁、忽辛,未及赵世延、郝天挺,待补入也。

昆明太华寺《无照玄鉴行业记碑》称延祐二年立,署按察使赵世延撰,然疑此碑必后人伪作。盖无照玄鉴以大德七年归滇,碑称梁王甘麻剌、参政也罕的斤从之间道,然《元史》二人以至元未离滇。又称大德十年,平章也先不花、御史陈思廉为建梵刹,然《元史》二人以大德二年前离滇。他如段忠、安举宗诸人事亦年代不符,则此碑为后不知史事所作。碑文两见"至正"年号,当至正以后所为也。

拙里不花,《元文类》卷二三阎复撰《驸马高唐忠献王碑》述其世系,为汪古部人,碑文有曰:

> 高唐武毅王,子三人,季拙里不花,镇云南而卒。

按,拙里不花,即高唐忠献王阔里吉思之季父。陈先生作《元西域华化考·儒学篇》,勾稽史料,考订阔里吉思即《马可·波罗行纪》之佐治王(King George)。又以蒙哥未诺第一书证之,知阔里吉思为也里可温教徒,其伯叔、兄弟、姊妹亦热心于也里可温教。则拙里不花当即也里可温教徒,其至云南应在大德八年之前,惟未获知为何官也。

(《益世报·宗教与文化》第 35 期,1939 年 8 月 20 日,第 4 版)

三合会票据暗语的解释

李树桐

偶阅萧一山先生著的《清代通史》(卷上)，在七百四十一页《秘密之结社与诸起义者之失败》一节里发生了一个问题，就是三合会票据暗语的解释问题。票据暗语载在七百四十二页，文是：

> 松二兄众弟枝柏，
> 忠连结亭义花节。
> 忠弟堂兄在前义，
> 城点百兵万将中。
> 福祠来愿誓前海，
> 反复我英洪汩泪。
> 初洪结兄义门进，
> 当汩表心真誓天。
> 长湾连天近口沙，
> 渡乌见平太龙过。

在这暗语前面，萧先生说："此外又有票据，用种种之暗语，会外之人不能解也。"阅读以后，为求知心的支配，必欲得到适当的解释。细看字面，确不可解，但是相信决不是无意义的文字。

按，三合会就是天地会，亦名三点会。据该会誓文里"回复大明，胡虏灭绝"和"讨灭仇敌，恢复明朝"两语，断定三合会的宗旨，确为反清复明，毫没问题。又考该会"拜会本"里，开卷第一节的诗句说：

> 三点暗藏革命宗，

入我洪门莫通风。
养成锐势复仇日，
誓灭清朝一扫空。

（见尔纲先生著《太平天国史纲》，引《国立北平图书馆刊》第八卷第四号，载贵县修志局发现的天地会文件。）

我们知道：三合会在"养成锐势复仇日"以前，必须"莫通风"的保守秘密，所以对"反清复明"的宗旨，不得不暗藏。票据是三合会会员彼此间借以相信的符号，上面的文字，必定载着革命的重要信条。但是为保守秘密起见，不得不暗藏起来。

秘密文字的普通方法，一是替代法，是用甲字以代替乙字；二是移位法，是把原来的文字移动位置。试把票据暗语每句的文字从新排列，渐渐见到可解之句。排好数句以后，渐渐发现移动的法则来。就是：第一字不动；第七字提上作为第二字；原来第二字，被挤退到第三位；接着再把第六字提上作为第四字；原来的第三字降到第五位；原第五字，降到第六位；本在中间的第四字，一降至为最末的第七字了。简而言之，即每句先由两端读起，渐及中间，例如"渡乌见平太龙过"一句，它的本来面目，就是"渡过乌龙见太平"。惟第三句，按法够动，仍不易解，想系"弟"字应在"在"和"前"字中间之误。

康熙年间，满清势力正盛，对汉人防范甚严。"明""清"二字，当然不敢明提，所以除用移位法以避人耳目外，甚且将清人最所忌言的"明""清"两字易形。暗语里"汨""汨"想即为"明""清"变形的代字。按"汨"音觅，与"明"音似，按字形是将"明"字左边"月"字除下，另在右边添上三点而成的，想必系"明"字。"汨"原不成字，按形为"清"字减去"主"而成的，想必系代替"清"字。又"汨""汨"两字，右面都有三点，成为相似形，想系故意鱼目混珠，令人莫辩。而三合会的另名为三点会，或由于此。第八句第二字"汨"字想系"汨"字之误。"汨"即"明"，用以代替"盟"字。

据以上解释，三合会票据暗语的庐山真面目是：

松柏二枝兄弟众，
忠节连花结义亭。

> 忠义堂前弟兄在，
> 城中点将百万兵。
> 福海祠前来誓愿，
> 反清复明我洪英。
> 初进洪门结义兄，
> 当天盟誓表真心。
> 长沙湾口连近天，
> 渡过乌龙见太平。

以上各句意义大致明显，勿庸逐句解释。第五句明明告诉我们，誓愿的地方是福海祠了。第六句"反清复明我洪英"那便是说：反清复明的责任，由我们洪门英雄担起。三合会反清复明的革命宗旨，完全显露出来了。

康熙十二年，吴三桂高举"兴明讨虏"的旗帜，由云南统兵北上。数月之间，连克四川、湖南等地。到康熙十三年七月（三合会成立的时候），吴三桂已占有西南数省，连江西、陕西二省的一部份，已成吴三桂的势力范围。而吴三桂的势力中心就在长沙。在那时初起三合会看来，吴三桂是受天之命的义举，和天接近的势力，所以第九句便说"长沙湾口连近天"。

康熙十三年（一六七四）甲寅，按十二相，即为虎年。隔年（康熙十五年）即为龙年。第十句说"渡过乌龙见太平"便是说：到龙年就可完成"反清复明"的革命工作，天下太平了。

由暗语的解释，又发生了三合会成立的年代问题。关于这点，萧先生在七百四十一页《三合会之发生》一节里说："三合会之发生，传说不一，有谓始于康熙十年时代者。"按康熙十年（一六七一）为辛亥。但同页所载三合会誓文里明明说"吾人生于甲寅年七月二十五日丑刻"，显然不相符合。而甲寅年正是康熙十三年。按，此应该是成立于康熙十三年才对了。又，康熙十年，吴三桂尚未举兵，长沙仍在满清势力统制之下。假设三合会是发生于康熙十年，那末，这个以反清复明为宗旨的革命团体，断断不至说出"长沙湾口连近天"的话来。

革命的团体，常常造出某年某月可以成功的话来。这种期待的时间,不宜于过短或过久。过短了,容易证明不确,令人失望;过久了有令人感到难以等候而发生动摇的危险。康熙十五年(一六七六)的龙年,和康熙十年,相隔有五年之久。倘系康熙十年成立,而以五年后龙年成功去号招,未免隔时太久。三合会不乏聪明人士,何以不说"渡过黄牛见太平"或"渡过白虎见太平"呢?转过来说三合会发生于康熙十三年,以"渡过乌龙见太平"去号招或宣传,那便有力量多了。

罗尔纲先生著的《太平天国史纲》二十五页记着"康熙十三年(一六七四)甲寅,天地会成立"确是对的。

(《益世报·读书》第120期,1939年6月20日,第4版)

清内府舆图重印考略

徐宗泽

十六七世纪时,在吾国传教之耶稣会会士,对于我国之地舆学,贡献殊大,此为稍治历史者所稔知者也。其贡献之最著者:一为制订世界地图,一为测绘中国地图。

所论世界地图者:一即利玛窦之《万国舆图》,图在肇庆制成,时在一五八四年;一五九八年利子在南京,又重校印行,较前图为人,共十二页。今北平历史博物馆有利玛窦《世界坤舆全图》,款题大明万历壬寅年(一六〇二年),此即利子遗留于吾国之《万国舆图》也。二即南怀仁之《坤舆全图》,刊印于一六七四年,图为二半球,图中有解,徐汇书楼藏有是图。(参观《圣教杂志》第二十六卷,十一页;以下及《禹贡》半月刊一卷七期,五卷三、四期,六卷十期等;又拙著《明末清初灌输西学之伟人》。)

中国地图之测绘,发起于康熙,而启示此意者实耶稣会士巴多明Parrenin(参见 P. Pfister, no233. p.509)、教士白进 Bouvet 等。开始工作则在康熙四十七年四月十六日(一七〇八年七月四日)(见 Du Halde, *Description de la Chine*, T. I. Preface, p.37),至康熙五十六年(一七一七年一月一日)全国测量完成。在杜德美司钟 Jortroux 领导之下,作成《皇舆全图》,次年进呈御览,康熙题名为《皇舆全览图》。(见同上,译文见《地理学杂志》民国十九年第三期,又《圣教杂志》第二十六卷第十期。)

西士测制之《皇舆地图》,于一七三〇—一七三四年,由法国地舆学家唐维尔 D.Anville 依据西士寄法之副本在巴黎出版,题名《中国新地图(*Nouvel At las de la Chine*)》,此图附于 Du Halde 所著之《中国地理、历史、政治及地文志》一书中;嗣于一七八五年由 Grosier 另行汇刊一册,共计图五十页。

康熙测制之《舆图》至乾隆二十六年(一七六一年)西士蒋友仁 Bonoist 等又重行测绘补增,制成一更精密之《皇舆全图》,刻于精铜,共一百〇四幅,P. Pfister 传蒋友仁曰:

> 公见乾隆皇帝好舆地学,爰绘就《世界全图》一幅进呈御览。图广十二尺半,宽六尺半,东西两半球,直径各五尺,视前利公玛窦及南怀仁之所制尤为精审。盖是图不特备列最近发现之陆地,且各处重要地点,亦多根据最新测定位置而序立也。帝得图深为嘉悦,并欲公更绘全国舆图,且制成铜板,广为印发,以夸示臣下。顾公绘图固能胜住,而雕刻铜板则非其所长,公不得已,乃求欧西专书,研习以化学方法雕制铜板之术,然后训练匠工,授以运用钢凿,裁剪铜皮、造纸、调油之技,复精心擘划,改造印机。而印刷工人惯印木版,则又不得不教以印铜版之术,使之熟习,全图计一百〇四幅,占一百〇四页,页广二尺二寸,宽一尺二寸,全图告竣,进呈御览。帝欣然嘉纳,即命印一百册,以分赐幕臣。(P. Pfister. T. Ⅱ. p.818)

康熙及乾隆时之地图向藏内府,视为珍秘,自民国以来,故宫博物院整理旧物,始发见清初地图。先有沈阳故宫博物院所得之图,于民国十八年十一月由该院石印,题为《清内府一统舆地秘图》,共四十一幅。金梁有题曰:

> 《清内府一统舆图》,世传二本,一康熙年制,一乾隆年制,即胡文忠公《大清一统图》所自出,海内外视同至宝。铜版久毁,求者虽千金不易得也。是图满汉合璧,铜刻至精,内地各省地名悉用汉文,而边境则注满文,版藏盛京大内,其珍秘可知。自康乾至今,从未见有传本。《邵亭书目》所记《西北秘图》,似即指此,然实即一统全图,东西包举,非专详边境,特边地满名注则尤详,尤可宝耳。今就故宫筹立博物馆检出陈览,并印制流传,考舆地者得此人间未见

之本,足与康乾二图并重而珍秘且出其上矣。

此图是否康熙年制,抑乾隆年制,金氏未敢断定。据翁文灏先生谓:"沈阳重印图之原作,当在乾隆以前,而为康熙时作,可无殆疑。"翁氏之理由谓:

> 图中内地各省地名悉用汉文,此外边疆地名则用满文。此种写法与雍正十三年法国杜赫德书中所记康熙帝规定记注方法完全符合,又观图中天津县犹作天津衙,荣城县犹作成山衙。在北平故宫重印乾隆图中,则皆已称府县……

余按,翁氏之言颇有完满理由。一因沈阳之图只有四十一幅,此原图当系康熙年制,缘是时所制之图亦不过四十多幅(P. Pfister Ⅰ. p.533);二因江苏省之南汇县,图中作南汇所,南汇称县,是在雍正二年。又,宝山县成立于雍正三年,图中称宝山城,而不称县。奉贤县成立于雍正四年,原为青邨堡,图中且无奉贤二字。由此诸事观之,可知翁氏之言,实可信也。

民国二十年冬,北平故宫博物院亦刊印乾隆十三排铜版地图。此图系乾隆年制,一无可疑:

一因图上有乾隆帝题《大清一统舆图诗》:

> 括地多年仰圣猷,①
> 核真今复逮渠搜。②
> 闳夸讴颂参军注,
> 阨塞应同主吏收。
> 益切觐光周诰凛,
> 匪关鏊空汉臣求。
> 宇安岁美吾恒愿,
> 望蜀宁当意更留。

---

① (满文)舆地图自康熙年间,皇祖命人乘传诣各部,详询精绘而后完。或有不能身履其地者,必周夸博访而载之。既成,铸以铜板,垂诸永久。

② 上年平定准噶尔、迤西诸部,悉入版章。因命都御史何国宗率西洋人由西北二路,分道至鄂托测量星度、占候、节气,详询其山川险易,道里远近,绘图一如旧制。

乾隆丙子夏六月御题：

> 敢云扩宇葳前猷，
> 偃伯从兹罢剿搜。
> 厄鲁马牛无一牧，
> 筠冲屯堡并全收。①
> 本朝文轨期同奉，
> 昧谷寒暄重细求。
> 无外皇清王道坦，
> 披图奕叶慎贻留。

庚辰秋八月叠前韵再题。

二因故宫重印之图为一百零四幅，故即为乾隆时西士蒋友仁所制铜版一百零四幅之图也。

康熙、乾隆时之二图，诚为中国舆地学上之二大贡献，至今绘中国地图者莫不以此为蓝本。二图测制之史料，康熙图已如上述，乾隆图则有 *Lettres Edifiantes* IV 可资参考。中文著作，有翁文灏先生之《清初测绘地图考》(《地学杂志》民国九年三期)及《读故宫博物院重印乾隆内府舆图记》(《国风》民国二十一年八期)二文，亦足一读也。

(《益世报·宗教与文化》第 32 期，1939 年 7 月 30 日，第 4 版)

---

① 乾隆乙亥(一七五五)平定准噶尔各部，既命何国宗等分道测量，载入舆图。乙卯(一七五九)诸回部悉隶版籍，复派明安图等前往，按地以次厘定，上占辰朔，下列职方，备绘前图，永垂征信。

罗刹又名老羌或枪

张维华

罗刹为清初东北一大边患，顺治、康熙间，数劳师征剿，至康熙二十八年订结《尼布楚条约》而后，始各罢兵相安。"罗刹"为官书中常见之名，而流俗或称曰"老羌"，又或称曰"老枪"。吴江吴振臣《宁古塔纪略》云："余五岁，始就塾读《毛诗》，时逻车国造反。"自注云："逻车又名老羌。"振臣以康熙三年三月十四日生于宁古塔，则其五岁时，正当康熙八年，其所言造反之逻车，即罗刹之异译也。自注称逻车又名老羌，是罗刹有老羌之称矣。桐城方式济《龙沙纪略》又云：

> 俄罗斯，古大食国，历今一千七百一十余年……其王都曰脱博斯奇城，近边曰泥扑处城、色楞额城、尼尔苦斯城。入通市者皆泥扑处人，别其种曰罗刹，误"老枪"，又误"老羌"。

式济所言俄罗斯即古大食国等语，固不足据，然谓罗刹又或称为老枪，是知罗刹又有老枪之称矣。罗刹既有老羌或老枪之异称，而与俄罗斯有关之物类亦多以是名之。《龙沙纪略》云：

> 老枪菜，即俄罗斯菘也。抽苔如萵苣，高二尺余，叶出层层，删之，其末层叶叶相抱如球。取次而舒，已舒之叶，老不堪食。割球烹之，略似安肃冬菘。郊圃种不满二百本，八月移盆，官弁分畜之，冬月苞纸以贡。
>
> 老枪谷，茎叶如鸡冠，高丈许。实如栟榈子，深赤色，取粒作粥香美。
>
> 老枪雀，亦名千里红，与雀无异，惟头有红毛，产俄罗斯地。至

以十一月,网而取之,炙食甚美,笼畜之辄死。

又《黑龙江外记》云:

> 江欲冰前数日,先有薄冰片片流下,曰冰牌。黑龙江复有所谓老羌牌者,自俄罗斯淌来,往往有人畜行迹见于上。
>
> 老羌谷有蔬类莴苣,而叶深碧,上有紫筋,名老羌白菜。其种自俄罗斯来,人家偶见之,非园圃所重。老羌白菜或书作俄罗斯松,盖菘字之误。
>
> 山谷多桦木,士人以为箭筒,为鞍板,为刀柄。皮以贴弓,为盖,为穹庐,为札哈。纵缝之如栲栳,大担水,小盛米面,谓之桦皮斗。俄罗斯亦有之,雕镂精巧,宜贮槟榔鼻烟,号老羌斗。

又《卜魁纪略》云:

> 老羌瓜近日始有,西壶卢亦可食。

由此可知清初东北之地,凡由俄罗斯来之物类,大抵以老羌或老枪名之矣。犹忆民初余年幼时,山东登、莱、昌、潍一带商民之出海至关外贸易者,类皆争购羌帖贮存,后以俄罗斯革命起,羌帖不能流行,多以此破家。所谓羌帖,即俄罗斯钱钞,而以羌名者,当即由老羌或老枪之名而来。果如此说,则以老羌或老枪之名名俄人,起自清初,而至民初犹未废也。

然则老羌或老枪之名由何而起,而此二名又以何者为正乎?何秋涛《朔方备乘·尼布楚城考》以俄罗斯为汉乌孙故地。乌孙,羌种,俄罗斯当以属羌,因谓俄罗斯称老枪误,称老羌不误,其君订《龙沙纪略》亦同此说。按,此说非秋涛所创,俞正燮《癸巳存稿·俄罗斯长编稿跋》已先言之。跋云:

> 罗刹即古之羌。《盛京通志·物产蔬部·阿罗素菘》注云:"俗称老枪菜。"《禽部·千里红》注云:"喜食苏子,俗呼苏雀,黑龙江称为老枪雀,出俄罗斯。"其以俄罗斯为老枪,即老羌对音。方拱乾《绝域纪略》云:"逻车擅鸟枪,讹为老羌。"盖不知对音之义。其云苏雀,即阿罗素雀急呼。秦汉羌在西方,其瀚海以北不能知也。吴兆骞《秋茄集·巴大将军东征逻察诗》注云:"逻察亦名老羌,乌孙

种也。"《后集》云："康熙甲辰春,幕府以老羌之警,治师东伐,流人强壮者供役军中,文弱者岁以六金代役。"是雅克萨罗刹自称为羌,又自述起乌孙。今或云汉之丁零,丁零亦羌种也。

是正燮之说乃据兆骞之《秋茄集》而言。《秋茄集》一书余未之见,而兆骞之事迹则略见于《国朝先正事略》,云:

> 吴君兆骞,字汉槎,亦吴江人。……顺治丁酉(十四年)领乡荐,以科场事中蜚语,被斥流尚阳堡二十余年。

按,吴兆骞即吴振臣之父,振臣著《宁古塔纪略》述其父戍宁古塔之事甚详,而《事略》则言兆骞流尚阳堡实未可据。据振臣《纪略》所载,兆骞以顺治十四年获罪,以十五年戍宁古塔,以康熙二十年释归,前后在宁古塔共历二十有四年。其《秋茄集》即咏述流戍时所遇之事。所咏巴大将军乃指巴海而言,盖其时巴海适官宁古塔将军也。诗注称"逻察一名老羌,乌孙种",当是兆骞个人之语,非罗刹自称,正燮据其说而言"雅克萨罗刹自称为羌,又自述起乌孙",实乃误解兆骞之言。汉之乌孙与罗刹本无关系,且羌亦非雅称,罗刹何至以此自名。兆骞之言当是出诸臆断,未必实有所据,后人不察而宗其说,于义未安。至于方拱乾《绝域纪略》之说,其原文如下:

> 本朝控制诸夷,受人参、貂狐皮贡,爰留卒以戍之。有逻车国者,蹶诸夷,使不得贡,敌之不胜,又动大众,勤舟师,遂择八旗旗八十人长戍焉。复立牛鹿章京、梅勒、昂邦以重其任。逻车,亦不知其国在于何所,云舟行万二千里,不知其疆。所遇皆擅鸟枪,又遂讹鸟为老,讹枪为羌云。

考拱乾为明天启进士,亦以顺治末年科场事戍宁古塔,所见与兆骞为同时事。惟于"老羌"一名之解,言各不同。余按罗刹一名,时人随音而呼,固有"逻察""逻车"等称,至于"老羌""老枪"之名,与此迥不类,自不当视此为罗刹之异译。"老羌""老枪"既非罗刹之异译,又非罗刹自称,如兆骞所言,则此名称之起源为何如耶?余意拱乾之言,实较诸说为长,似可依据。盖远夷初入中国,言语不通,诸多隔阂,国人既不知其国之所在,又不知其人之所名,故多就其服饰面貌及其所用器物之奇异点称之。如回回之称白头,以其首着白巾;荷兰之称红毛番,以其发须皆赤;美国之称花旗,以其旗色过杂,诸凡等等,不能尽举。顺治、康熙间,汉人以罪戍宁古塔者颇多,而从军到此者亦不为少,于时随值罗刹倡乱,因不知其国之名,遂举其所擅长之鸟枪以为名,久之,而又转为老枪,又转为老羌,亦乃事理之当然者。犹忆清太宗崇德间,蒙古入贡,有土谢图汗、车臣汗等以俄罗斯鸟枪进献,是俄罗斯鸟枪之精利,颇为边人所注意,则取此以名罗刹,尤有可信。

困居山中,书籍无多,爰就管见所及,率笔书此,当又不免为高人雅士所讪笑矣。

(《益世报・史学》第 12 期,1939 年 5 月 30 日,第 4 版)

"教育"二字连用考

曾作忠

"教育"二字联合,成为一辞来用,一般不加深究的人①,多以为出于《孟子》"得天下英才而教育之,三乐也"②句中,其实不然。这两字连用,远见于《尚书·尧典》里面(《伪古文尚书·尧典》):"帝曰:'夔,命汝典乐,教胄子。'"③这里"教胄子",实为"教育子"之误。这事近人也有说的,不过立说颇有错误,不尽可靠。王国维先生《〈尚书〉讲授记》上说:"'教胄子',《史记·五帝纪》引作'教育子',前人以为胄、育声近,故通用。"④这里硬说《史记·五帝纪》作"教育子",我细察了好几种《史记》版本,没有作"教育子"的。除与《尚书》同用"教胄子"之外,只有用"教稚子"的。孙氏《尚书古今文注疏》在本句之下注:"史迁'胄'作'稚'。"⑤《史记集解》:"郑玄曰……按《尚书》作'胄子','稚''胄'声相近。"这样看起来,王氏所说,不免有错误,或许是笔记的人的错误,现在已经无法分辨了。

《尚书》上既作"胄",《史记》上又作"稚",然则,何以又说作"育"呢?按,《说文》育字下引《虞书》,作"教育子"。⑥ 段注:"今文作育,古文作胄。"从这里可以知道,教胄子原是伪古文家造作,不是原文了。郑康成也说过:"胄一作育。"⑦再则,《史记》之作稚,实在是从育字转来,绝不

---

① 姜琦《西洋教育史》第一章和近人所著各种辞书。
② 《孟子》卷七《尽心章》。
③ 《尚书》卷一《尧典》第一下。
④ 王国维:《〈尚书〉讲授记》,《国学论丛》第三卷,二〇六页。
⑤ 孙星衍:《尚书古今文注疏》。
⑥ 许慎:《说文》,李玉裁注。
⑦ 《尚书古今文注疏》。

是郑玄所主张"稚、胄声相近"的说法可通的。按《诗·谷风》疏引《尔雅·释言》："育,雅也,今《尔雅》育作'鞠',鸥鸠释文,引郭璞《音义》,'鞠作毓,说文作育'。"由这里看来,稚字原从育字来,和胄字本无关系,绝不是稚、胄声相近所致。这是从司马迁的《史记》和许慎的《说文》,证明《尚书》上是应作"教育子",而不是作"教胄子"的。

自来对"教育子"有两种读法,因为这样,便有两种解释。第一种,是育字和教字相连,成为教育一辞,而"子"字单出。第二种,是育字和子字相连,而成为"育子"一辞,"教"字单用。这两说相争持,到现今还存在,实则想解决这问题,并不困难,不过前人未细加分析罢了。主张第一种读法的,如马融说:"胄,长也,教长天下之子弟。"①主张第二种读法的,如郑康成说:"胄子,国子也。"②将两说并用的,为孔安国,他说:"胄,长也,谓元子以下,至卿大夫子弟,以歌诗蹈之、舞之,教长国子中和祗庸孝友。"③阮元对于这三种说法有所说明,他说:"如马说,则教、胄二字连文,子字单出,谓教长此子也;如王说,则教字单出,胄子二字连文,谓教此国子也;伪孔云,教长国子,国子二字取之王,教长二字取之马,于文从王,于义从马,殊为牵率。"④此外又有一说,和前人稍有不同,就是孔颖达曾说"胄子为嫡长子"。宋蔡沈也是这样的解释,他训胄为长,"胄子为自天子至卿大夫之嫡子"。⑤

今考胄子二字连用,《周书·太子晋解》云:"人生而重丈夫,谓之胄子;胄子成人,能治上官,谓之士。"亦谓未冠者为胄子也,若强引证来作教胄子的解释,是不合的。

现在我要申说第二种的读法和解释不能成立,理由是,若胄子注为国子,国子指元子以下至卿大夫子弟,则夔做这典乐官,所掌的范围太狭了,帝舜所命各人从禹宅百揆,到龙作纳言,没有一人不是掌管全国的事,那只有教国子,便这样重视的。若说胄子是自天子至于卿大夫的嫡子,那更不近当日的情况了。中国的宗法社会大概说形成于周朝,在

---

① 《尚书古今文注疏》。
② 《尚书古今文注疏》。
③ 《尚书孔氏传》四部丛刊,涵芬楼本,商务。
④ 阮元:《尚书校勘记》。
⑤ (宋)蔡仲默:《尚书集传》。

公历纪元前二千多年的虞朝，恐怕尚未发生，故断无用乐来单教长子的事。那么夔当然是教全国的子弟了。我们看帝尧死时，"三载，四海遏密八音"。就可见当时音乐教育的普遍，断非只有长子或国子受音乐教育能遍及全国的。再则，音乐是天籁，在开化初期的人民，都是很重视的，那有仅限有授给长子或国子之理。所以第二说是不能成立的。

就第一种读法和解释来说，注为"教长天下之子弟"，以育字作"长"字解，固然可通，但不如解作"养"字更好些。育字本有养的意义，《说文》释育子说："养子使作善也。"我们常说："养其天和。"这便是音乐教育的意思。看他的下文，"直而温、宽而栗、刚而无虐、简而无傲"，正是发明这个意思。所以全句应释为，用音乐来教育全国的子弟，或陶冶全国人民的性情。必定要这样重大的事，才值得特命一个典乐官来掌理。

我们现在既证明《尚书·尧典》里有"教育子"一句，并证明教育两字联合作一辞用，可见教育两字在中国已有四一四四年的历史（按科学公例，凡不能确实知道在某朝某年的事，以该朝最后一年论。舜死在公历纪元前二二〇五年），比较孟子用这两字要在前约二千年。世界大多数的国家尚在草昧的时期，他们远不知道教育为何物呢，更谈不到有文字的记载了。从这一辞的细微事看来，就足以使我们发生爱中国和爱中国文化的情绪，使人不自禁的高呼出中华民族万岁来。

（《益世报·教育》第 4 期，1939 年 2 月 1 日，第 4 版）

百年来中国教育制度的变迁

蒋梦麟讲　郅玉汝记

五月二十五日,蒋梦麟先生应国立西南联合大学社会学会之请,作公开学术讲演,题为《百年来中国教育制度的变迁》。谨录其讲词如次。

中国教育制度变迁与战事的关系极为密切。大凡每次教育制度的变迁,都是由于战争所引起,都发生在战争结束之后。这里所谓的教育制度,范围非常广泛,将教育思想、教育方法等等亦包括在内。现在,我把我国百年来教育制度的变迁,分为下面六个段落来讲。

一、百年前的教育制度

百年来教育制度乃是由百年前者发展演变而来,绝非凭空而生的。所以,在未讲百年来教育制度之先,我们必须追溯到百年以前,对于百年前的教育制度,有一概括了解。

我国一向的教育宗旨,即是修身、齐家、治国、平天下。相沿二千余年,从未更改。《大学》上说:"大学之道,在明明德,在亲民,在止于至善。"所谓"至善",与希腊的在求 Supreme Good 之教育宗旨正相符合。修身是齐家的方法,齐家是治国的方法,治国又是平天下的方法,而入手之处则在于"格物致知"。然而,我们必须明白,方法与目的是连环的,可以互相转变,方法既可变为目的,目的亦可变为方法。

西汉设太学,置五经博士。武帝时,博士弟子仅五十人,其后屡有增加。昭帝时增加一倍,成帝时增加到三千人。当时的教育,尚谈不上制度化。东汉时，光武诸帝对于教育的提倡颇具热心，扩充校舍，增加学额。至质帝时，房舍方面，计有二百四十房、一千八百五十室。学生数目，在最盛时代竟达三万余人。唐贞观五年，于经学之外，增添书学、算学，统隶于国子监，置书算博士。宋代书院盛行，当时最著名的书院有石鼓、白鹿、岳麓及应天府四所。元代教育制度与宋代大致相同。明代，国子监有南北两所：南监位于南京，为太祖所建；北监位于北京，为成祖所建。清代沿用八股取士制度，与明代毫无二致。综观上述，可知我国百年前的教育制度，不外包括三个部门：一为太学，二为书院，三为科举。

我国学术之受西洋影响，始于明代。明万历年间，意国教士利玛窦来华，西洋学问，自此输入。崇祯二年，德人汤若望来到中国，对于我历书的改革及日月星晷的测量，贡献亦大。清代康熙年间，南怀仁任钦天监监副，对于数学、天文学，颇多贡献。此后，天主教人士纷至沓来，商贾亦接踵而至。雍正元年，禁止人民入天主教，安置西洋人于澳门。乾隆二十二年禁止英人在华经商。嘉庆时，严禁外人刻书传教。末年，复禁止民间吸食鸦片，购买外货。道光十九年（一八三九年），林则徐焚烧英商鸦片二万八千箱，遂引起战争。战争结果，签订《南京条约》，割让香港，五口通商。此后，我们门户洞开，外侮日渐。迄今一百年间，教育制度因而发生了几次变迁。

二、坚甲利兵时期

后太平天国运动到中日战争，可称为坚甲利兵时期。

一八六四年，清廷借英法常胜军之助，削平太平天国运动。后而发觉外国之所以富强，乃因其军械犀利，船坚炮巨。于是，全国上下，皆以图强为急务，整军经武，创设水师学堂、武备学堂，实行军事教育。同时，因中外交涉日见繁多，纠纷时起，咸以不通晓外国语言文字为苦，遂创设文言学堂与同文馆，对于西方语文，同甚重视。

太平天国运动以后，教育上的重要设施，约略可举者有：

同治元年，创办京师同文馆于北京，造就翻译人才。二年，李鸿章奏设上海方言馆。三年，设立广州同文馆，后至光绪三十一年，改名译学馆。五年，左宗棠创办福建船政学堂，训练水师人才。同文馆添设一算学馆，举习天文、算学。十一年，派第一批留学生詹天佑、黄开甲等三十人赴美。翌年，派蔡廷干等三十人第二批赴美留学。十三年，唐绍仪等第三批留学生赴美。

光绪元年（一八七五年），刘玉麟等三十人第四批留学生赴美。二年，又派学生多名赴德学习陆军，赴英学习驾驶。五年，设立电报学堂。七年，李鸿章创办天津水师学堂，即日后北洋海军的发源地。八年，上海设电报学堂。十二年，李鸿章又创办武备学堂于天津，对于军备的讲求，具有甚大的抱负。十三年，张之洞创设广东水陆师学堂。十五年，同文馆添设矿科、电科及植物等科，南京及威海卫分别设立水师学堂。十九年，张之洞在武昌奏办湖北自强学堂，课程方面，分方言、算术、格致及商务四科。二十一年，张之洞又设武备学堂于湖北。

总之，这个时期教育的精神，实为军事教育的兴办。其目的在使兵强器利，抵御外患。

三、"中体西用"时期

自中日战争起到日俄战争止，这个时期称为"中体西用"时期。

光绪二十年，中日战争爆发，结果，中国大败，北洋海军全军覆没。国人鉴于这种事实的教训，感到只讲求坚甲利兵，尚不足挽救国家于危亡，乃改弦更张，对于西学，极加推崇。于是，"中体西用"的说法应运而生，逐渐流行起来。

所谓"中体西用"的意思，即是以中学为体，西学为用；中学为主，西学为辅。中学为治国的要道，固不可缺；然而，西洋的物质文明亦有其不可忽视的价值，颇值得我们采取效法。这种见解，张之洞在其《劝学篇》中阐述甚详。

光绪二十一年，盛宣怀奏办天津中西学堂。二十二年，湖南时务学堂成立于长沙，请梁启超主讲。二十三年，创办南洋公学。二十四年，孙家鼐奏办京师大学堂。这些学堂，全是在当时提倡新学新政的呼声下创设起来的。

一八九八年,康、梁变法,对于教育,诸多改进。废八股取士制,乡会试及生童岁科各试,一律改试策论。开办京师大学,筹设各种学堂。令各省府厅州县,将先有的大小书院一律改为兼习中学西学的学校,以省会为高等学,郡城为中等学,州郡为小学。此外,并改定科举章程。旋因政变失败,一般人对于新学渐失信任。于是,八股制度死灰复燃。直到拳匪之乱平息后,学风才又转换过来。

一九〇二年,京师大学堂分科,计分为政治、文学、格致、农、工、商、医等七科。各省市设立高等学堂。中学堂设修身、读经、外国文、物理、化学等科目,四年毕业。高等小学的修业年限定为三年。学校制度,大加整顿。

四、间接欧化时期

一九〇四年,日俄战争结束之后,我国因见日本强盛,乃以日本为师,在政治、军事以及教育各方面莫不摹仿日本。所以这个时期,可以称为间接欧化时期。

光绪二十九年,颁布《奏定学堂章程》,原以"忠、孝"二字为教育宗旨。然而"忠、孝"二字,含义十分空泛,殊欠具体。光绪三十二年,学部奏请宣示教育宗旨,议定"忠君、尊孔、尚公、尚武、尚实"五纲。这大部分是从日本抄袭过来的。

光绪三十一年(一九〇五年),各省设法政学校,各州县设劝学所。据学部统计,光绪三十二年,留日学生达一万二三千人,由此可见当时的人对于日本教育竞相学习,趋之若鹜。一九〇七年,江苏省派十三个学生赴美留学,内有十男三女。当时,学生曾要求参政,当局下令制止。一九〇八年,创设女子师范。女子教育,于此已见萌芽。一九〇九年,美国退还庚款,清华学校因以成立(即后之清华大学)。是年,京师大学堂改分七学院。一九一〇年,依照统计数字,各省学校共有三万七千八百八十所,学生一百余万。次年,学校增加一万余所,学生数目亦大显增加。同年,并召开全国教育联合会,议决实行军国民教育,编订初等高等学校施教方针，组织教职员联合会等。

辛亥革命成功以后，满清虽被推翻，然而，连年内战，政局颇为混乱。教育方面只有退化，毫无进步可言。民国四年，袁世凯作武力统一迷梦，特定"爱国、尚武、崇实、法孔孟、重自治、戒贪争、戒躁进"为教育宗旨。但这一次颁布的教育宗旨，仅是昙花一现，到民国五年，即随袁氏的政治寿命一齐送终了。

民国初年，注重道德教育，蔡孑民先生长教部时，提倡美感教育，主张以美感教育促成道德教育的实现。此为西洋文化直接影响我国教育思想的开始。

五、欧化时期

欧战期间，日本趁西欧诸国疲于战争，无暇东顾之际，向我提出二十一条件，企图亡我国家，灭我民族。我国人士，对之极为愤慨。自此以后，中日两国情感日趋恶化。在教育方面，我国遂不复效仿日本，逐渐倾向于西洋。于是，教育制度乃进入欧化时期。

"五四运动"的产生，及科学与平民主义的提倡，对于当时的教育有很大的影响。民国八年，杜威博士来华演讲，平民主义教育思想因而盛极一时，并且，还发生实际的效果。

六、北伐成功后的教育制度

民国十七年北伐成功之后，我国历行三民主义教育。其教育宗旨如下："中华民国之教育，根据三民主义，以充实人民生活，扶植社会生存，发展国民生计，延续民族生命为目的，务期民族独立，民权普遍，民生发展，以促世界于大同。"同时，并颁布实施方针八条。关于各级学校三民主义的教学，普通教育、社会教育、大学及专门教育、师范教育、农业教育、女子教育的实施方案，皆有具体而明确的规定。

所可惜者，因当时政治未能统一，思想方面，亦呈纷杂状态。有为的青年，牺牲于思想问题之下者，不知凡几。

纵观中国百年来教育制度的变迁情形,我们不难知道教育乃是立国的要道,亦即社会发展与政治改革的方针。教育制度与政治、经济等制度有密切的连系,因之,它每经历一次变迁,都可影响到其他制度方面。教育是一种方法、一种手段,其目的不在教育制度本身,而在使国家强盛,俾能自由独立于世界。

大家知道,目前我国正从事于抗战建国的神圣工作。我以为在这次战事告终之后,教育制度一定又要发生一次变化,至于将来变化到如何地步,现在,我们不妨试就管见所及,加以推测:

第一,"五四"以来的个人思想言论的自由必然减少。

第二,团体和社会的组织加强。

第三,军国民教育复活。

第四,重视科学。

第五,工业发展。

在国家外力压迫之际,统一民族意志是必需的,其间对于个人自由的限制亦必然的。然而,如何可使平民主义精神不致被摧毁殆尽,而能继续有发展的机会;如何使思想自由与社会制度取得相当的调剂,则是今日我们应该深切予以注意。

(《益世报·教育》第 14 期,1939 年 6 月 24 日,第 4 版)

《入华耶稣会士列传》读后
——费赖之著，冯承钧译

牛亦未

> 儒教传入欧洲的历史，与罗玛教（Catholic）在中国传道的历史，有密切的关系。……要之，在十七、十八两世纪中，儒教之输入于欧洲，完全由于宣教师，特别是耶稣派宣教师之力，当然是毫无疑义。……①

> 自万历迄乾隆二百年间为旧耶稣会士在华活动之时期，于传布宗教之外，兼沟通中西学识，撰译无虑数百种……②

读了以上两段话，我们可以明了，当明末清初沟通中西学术思想的桥梁，当属当时天主教的传教士，其中当以耶稣会士之功为最大，因负当时东亚传教之责的，多半是耶稣会士。天主教的教士传教的主要目的，自然是导人认识造化天地万物之主，其他学术等，可以说是他们附带的事业，或者也可以说是他们借以传递宗教思想的工具。中西学术的沟通虽说是传教士的附带工作，但那些工作所发生的效力，委实有人所逆料不及的。因为从那时起，我国思想的西去，与夫欧洲学术的东来，使我国文化的进步上，得了一极大的推动力。记得某学者讲：有清一代学者的最大贡献，在于声韵、训诂学者的进步研究，因为那些学者研究的方法，都合乎近代所谓"科学方法"，这一点是受了当时西来科学的影响。那么，我们很可以说有清一代学者治学的方法，得自于传教士者很多。虽然有人反对这种说法，认为那是灭自家志气，长他人威风。

---

① 五来欣造著，刘百闵译：《儒教对于德国政治思想的影响》第三章《儒教之输入欧洲学界》。
② 费赖之著，冯承钧译：《入华耶稣会士列传·自序》。

其实，学术本无国界，只要有利于人类文化之进步，又何必争东西之一著，况且有实事在，不难一按而知。因为我们去读清初的几位学术大师，很少有不精研历算的。历算之学，我国自然也是"自古有之"。但明末清初时那些研治历算的人，大半都是研究西来历算，而历算是极度科学的学问，所以我说就是清初的汉学家治学的方法，也受了西洋传教士的很大影响。至于其他科学部门，在我国为创作者，更是由于传教士之介绍而始输入我国。

近年来国内外研治天主教在中国传教史者，颇不乏人。外人方面，如伯希和（Pelliot）、裴化行司铎（Henri Bernard）；国人方面，如陈援庵、洪煨莲、陈受颐、张星烺、向达、徐景贤诸先生，以及徐宗泽、方豪诸司铎等，皆有所成就，其中尤以陈援庵先生成绩最多，所收有关天主教各种史料最为丰富。希望他能把所搜集的各种材料，整理而成一部完全的天主教传行中国史。以上诸人的研究，都是站在纯史学的地位，以纯史学的眼光，把史实合盘托出，是是非非，或功或过，使读者都能把握住过去的真象，绝对没有个人的主观好恶搀杂于其间，这是研究历史的人所应当有态度。因为历史的目的，就是要把经过的事实告诉读者，并不是要把自己的主张宣布天下，否则不是历史，而是哲学，或其他学术部门了。至于由他种文字翻译中文，所谓信达雅三部工作都能顾得到，才是好的译本。以上这些话说过了，如今进而一研究冯先生的这部翻译《入华耶稣会士列传》。

本书原以法文写成，原著者为耶稣会司铎费赖之（A. Pfister），原书名为《始方济各·沙勿略（Francois Xavier）之死，迄耶稣会（Compagnie de Jesus）之废止，留华传布福音之一切耶稣会士之传记及书录》。此书曾经三次易稿，编纂时间亘二十年之久，可见著者用心之谨。至于为完成本书，所需参考的东西，亦至繁赜，因为当时到我国来作传教工作的人，几乎欧西各国籍者都有。那些传教士的来往书札，便是最好的史料，而那些书札，是用欧西各国文字所写成的，所以本书"征引之西书，关涉语言甚众"，即此又可以想得到为完成这部伟大著作，真不是一件容易事。

费氏此书，可以说是创作，也可以说是完成其他人完成的工作，这是他在叙文中所明言的：

> 吾人现在刊行之书并非完全新作,先有进士韩霖、张赓(张赓非进士,误)二人,曾用汉文撰有《圣教信证》。序题顺治丁亥,适当西历之一六四七年。其书之旨趣乃在证明基督教(即天主教)之真实,而传教者之离其祖国,并非为欺骗华人而来也。其书在一六六八年及一六七四年刻于北京。
>
> 南怀仁(Verbiest)神甫曾将此本补充,前有长篇历史叙言;题曰《道学家传》。彼于所举公教真实诸证中,对于出类拔萃之学者,离其祖国,舍其福乐,而谋华人救赎一证,尤深切言之。
>
> 柏应理(Couplet)神甫曾将南怀仁神甫之《道学家传》译为拉丁文,于一六八六年刊于巴黎。标题作《始一五八一年,止一六八一年传教中国之耶稣会诸神甫名录》,并以《康熙朝之欧罗巴天文》一篇附于南怀仁神甫原书之后。①

从以上所引几节,可以知道费氏之前,已经有人作过这项工作,也曾有人把这种著作转为拉丁文字,流传欧洲,所以费氏此书,可以说不是创作。但是:

> 《名录》虽佳,然不完备:时间仅限百年,自一六八一年后迄于一七七三耶稣会废止时之一切入华耶稣会士,皆未著录。尤可惜者,此书将一切辅助教士之名遗漏,并有神甫数人因行迹未详,亦不见于是编,益以柏应理神甫之《名录》极为简略,所著录者,人名年代与诸传教师所撰之汉籍标题而已。原序现在我们持本书以与韩、张之《圣教信证》,南神父之《道学家传》,柏神父之《耶稣会诸神父名录》相较,自然看得出在编辑上有出入,而在材料上,尤其后来居上,不知多了几许。所以我们视费氏此书为创作,亦无不可。

费氏全书所著录的耶稣会士共四百六十七人,所有各传,"详略不等,盖为材料所限也"。至于冯先生的译本,现止出版一部份,共九十人之列传,所以不能窥其全豹,实属憾事。希望其余各部份,作速出版,俾能与世人相见,而借此可明了传教士传教的目的,及其对于我国文化之影响。

本书编者将在我国传教的耶稣会士的历史分为三期。每一期各有

---

① 冯译本书原序。

其不同之特点。

第一期始一五八〇年,终一六七二年,约一世纪。此期传教士的主要工作,在"驳斥偶像崇拜,说明真正教旨,培养信心,满足信念,训练信徒"。但为达到传教救人的目的,政治上的助力有很大的关系,但为使政治力量能够扶助教会发展,非抓住一般士大夫阶级心理不可。为与士大夫阶级接近,尤非学术不为功。所以初期的传教士,对于学术上的著作,非常之多。欧西科学之传入我国,以此为始,也可以说以此时为最多。再加以明末想促进我民族之势力的几位公教信徒的相帮,对于科学的各部门,都有相当的撰著介绍。吾人今日试读《天学初函》,便可知其厓略了。

第二期始一六七二年,终雍正(一七二二至一七三六年)初年。在这一期可以说是不幸之期,因为当时的传教士中间发生了"中国礼仪之争"的问题,康熙皇帝因此不善传教士,至雍正朝,更嫉忌教士,所以在教务进行上,发生了很大阻力。不过此期传教士除了传教工作之外,对于学术上的工作,仍不懈力。

如果第二期可称之为内争时期,第三期则可称之为外患时期,因为皇帝既对教士有不满意处,而各地方官也就因之起而与教士为难。"虐待之事陆续发生,遍延全国。"而此期传教士的奋斗精神实足为我们现代人的楷模。我们现在得享传教之自由,实即食前人之果了。因为发生了外患,传教士受了种种阻碍,不惟新教友不易增加,就连旧教友也不易保存,对于著述方面,更是无暇顾及了。然虽值教难频仍时期,学术工作固不若前二期之多,但也不是完全放弃。

综观三个时期传教士的工作,以救人灵魂为目的,而以学术为工具。当时在传教上之能发生伟大效率者,未始不是由于学术工具运用之得当所致。则今日欲传教事业更进一步发展,于此问题上,也不是不值得加以注意的。

冯先生的译本可以说完全达到了"达雅"的程度,至于"信",我虽不能说与原书相去太远,但与原书确有出入,是不能疑惑的,因为冯先生在序中有这样的几句话:"译文除将侈陈灵异之处略为删节,错误显明之处偶为改正外,无所增损。"改正显明的错误,使读者对于史实得到确实的认识,不但不可厚非,还应当向译者致谢。"侈陈灵异之处"也为删节,则未免有美中不足之感。自然,冯先生作这种删节之工,也自有其苦心,因为站在"非公教人"的立场,去看公教中所谓灵异,似乎是不能有的事迹,或者视为无意义的问题。但在研治历史的人,不应当存主观的见解、主观的观点,应当站在纯客观的地位,只问那些所谓灵异是否是史事,如果是史事,虽是不信仰宗教的史家,也不得把那些史事抹杀,如果从各方面考察,考得那些灵异不是史事,只是人的造伪,如同一般谈仙说鬼的说部中所载的,如果认为史事,不但遗误后人,而且要见笑于识者。在公教方面讲,如果遇有人类所不能了解的事件,决不能骤然就以为那是灵异,须经过各种考察、研究后,发见那件事的真实性,而它的行成又不是自然界的力量,那时才认它是灵迹。灵异事并不是没有可能性,既有可能性,而在历史上又是真实的史事,我们就不能因为不信仰宗教,就去抹杀事实,就去改造历史,如同我们前边说过,如此不是治史,而是治哲学,而是发挥自我的主观见解。治历史最怕带有色的眼镜,那样一来,便不能有真实的历史了。比如现在有一般研究中国古代思想史的人,他们站在唯物史的观点,把我古人"敬天"的思想,也放在唯物观的实验室中去分析,所得结论,认为我国古代民族是没有宗教的。这是一种错误,因为那样,必致歪曲了许多史事。我们对于宗教不信尚可,而对于改造或抹杀史事则不可。关于此点,我对冯先生的译本,有点可惜。

至于文字上的小小错误,只是校对上欠精细,可一望而知,与史事无奥也,所以不悉赘,惟希再版时,一加更正耳。

读此书后,不惟可以了解传教士在沟通中西学术思想上有很大的贡献,就是在我民族抗御外侮上,也曾予当时的政治、军事以极大助力,比如汤若望曾经铸造过若干尊大炮,以增加明朝军队抗御满清的侵略:

> 鞑靼势力日盛,渐有进迫京师之势。一日朝中大臣某,过访若望,与言国事颠危,及如何防守等事,若望在谈话中言及铸炮之法,甚详明,此大臣因命其铸炮。若望虽告其所知铸炮术实得之于书本,未尝实行,因谢未能,然此大臣仍强其为之。盖其以为若望既知制造不少天文仪器,自应谙悉铸炮术也。
>
> 一六三六年在皇宫旁设铸炮厂一所,若望竟制成战炮二十门,

口径兀大,有足容重四十磅炮弹者。已而又制长炮,每一门可使士兵二人或骆驼一头负之以行。明朝末帝奖若望勤劳,赐金制匾额二方,上勘文字一旌其功,一颂其教。①

其他传教士襄助明朝抗战的,尚有不少,读者可寻本书一读,便可知晓,此地可不俱赘。

传教士除了助我民族抗御外侮之外,对于救灾更为尽力,因为救灾是慈善事业,传教士是负办慈善事业之责的。所以传教士所到之地,遇有灾荒,没有不竭力去救助的,这在传教史上,是应当大书而特书的:

一六三四年时,赣州大饥,人民死者以千计。……一志在此时尽力救济灾民。……本人则犯险阻,到处救济难民,为病危者授洗。……又立育婴堂收养弃儿,未久得三百人。诸儿饥半死,获生者鲜,然皆受洗礼而终。官见其慈善济众,甚德之。妇女争施首饰以助。②

官吏德之,妇女争施首饰以助之,可见高神父当时对于救灾之努力,否则官何以为德之,而妇女又何以为助之乎?此高神父之行如此,其他诸传教士固无不如此者。所以在《汤若望传》中有以下数语:若望每入觐时,人皆言曰:若望与主言民疾苦事。是传教士在当时帝王前,必然常言民间疾苦,使皇帝对于民生问题,多加注意,是亦慈善为怀之证据。已往之传教士如此,现今之传教士又何尝不然,学实俱在,读者不妨一按而知。

至于当时诸传教士所受的种种苦楚,因热心救人而遭的种种患难,没有一件不足起我们的敬畏,也没有一件不是后世负传教之责的所应师法的。兹因读是书而有感,因拉杂写成此篇自知无富,谨以为读是编的同志告,且商榷焉。

二七,十,二二,昆明

(《益世周报》1938年第1卷,第4版)

---

① 本书第四十九《汤若望传》,页一九五——一九六。
② 本书第二十六《高一志传》,页一○七——一○八。

读《汤若望与木陈忞》

方　豪

《汤若望与木陈忞》，新会陈援庵先生撰，载《辅仁学志》第七卷第一、二合期。以杨丙辰先生新译德人魏特著《汤若望传》与新得木陈忞《北游集》相参照，驳正雍正谕旨，解答世俗所传雍正时各问题，并窥知清初天主教与佛教（在宫廷）势力之消长。

关于雍正谕旨之驳正者有：玉林及木陈两师之优劣问题，木陈对顺治以弟子相待问题及龙性难樱问题。对第三问题，援庵先生曾引《汤若望回忆录》中所记顺治十六年七月郑成功陷南京，帝急欲亲征，得若望进谏始罢一事为证。第四为结交内侍问题，谓偶向内侍探问皇上消息，汤若望亦不能免，但未引实证。《北游集》只录赠太监诗一首，不能据以为证。惟木陈犹孙《憨璞聪语录》有赠太监诗十一首，且有"今时法社赖维屏"之语，以护法而仰赖奄人，叹为斯文扫地，宜也。

关于世俗传说之解答，一为董妃来历问题。据《若望回忆录》可断为顺治某近臣之夫人，或疑即顺治弟博穆博果尔之夫人。盖彼时俗尚，不以"治栖"为异，而董妃被立贤妃与博夫人服满之时日亦正相符合。二为宫人殉葬问题，所以驳懋勤殿雍正谕旨"我朝并无以人殉葬"之虚语，亦以若望记载为参证。三为顺治出家问题，据若望与木陈、玉林等所载，俱可证顺治帝"出家未遂"，而其所以终未出家者，则为母后与若望劝阻之力。四为顺治火化问题，以若望所记多尔衮火葬及董妃实行荼毗为旁证，亦清初掌故之值得研究者。

关于清初天主教与佛教（在宫廷）势力之消长，可于若望、木陈二人之比较得之。此为文中最重要一点。援庵先生先论二人之知遇，于木陈以禅为业，以禅见召，若望以司铎为业，不以司铎见用；木陈先信而后见，若望见后而仍疑，深致惋惜之意。次论二人之功绩，木陈一无可言，而若望效力清廷二十年，除治历外，龚鼎孳撰《汤先生七十寿序》，盛称其谏诤之能，魏裔介撰寿文亦称先生任太史之寄，知无不言，言无不尽。凡此俱可于魏氏书中云顺治帝由若望所上三百余奏帖中遴选一部，狩猎时随身携带等语相印证。若望以康熙帝曾出痘，力主为嗣皇一事，亦可证孝升"则直陈万世之大计"之言为不谬。援庵先生比若望于魏徵，非溢美也。又次论二人之荣典，以若望之诰封三代一品及荫一义孙入太学为不足荣，教会一般浅见者当知所感悟，若望固不以此为荣也。至若木陈、玉林、憨璞聪之赐号为弘教，若望之赐号是赏功，木陈等所得为僧衣、僧伽黎，若望所得为朝衣朝帽，盖仍为知遇之同而不同。末论二人之外学，此为作者最注意处。援庵先生十五年前在《东方杂志》二十一卷"纪念号·下"《元基督徒之华学》一文中，已云："余以为西僧不谙华学，犹可言也；华僧而不谙华学，则俗僧耳。俗僧能起人敬信耶？"五年前又讲佛教传播中国之原因在文学、美术、园林三者，俱为天主教所不及。兹篇，复以文章、书法、小说、八股四者惟木陈能应付，非若望所能知。乃曰：西教士不谙中国书法无足怪，惟国籍教士而不注意书法则真。景德云法师所谓"不工书，无以传"者也。又曰：传教士如欲中国成一基督教国，在人事言，非博通中国学术不可。诚慨乎言之矣！

然天佛在宫廷势力消长之机，尤在若望以独力支持，木陈等系接力继进。若望所进之言苦，木陈所进之言甘。如谀上凤世为僧，又曰："出家修行，愿我皇上万勿萌此念头。"加以顺治儿时所受教育不足，尝自云："皇太后生朕一人，又极娇养，无人教训，坐此失学。宫廷之环境又往往习于逸乐奢靡，益以内侍之蛊惑。"顺治帝宜不能不疏若望矣。然吾观和尚读《西厢》，皇帝读《红拂》。虽曰博学，结果如何？老和尚希望能以"怎当他临去秋波那一转"引皇上悟禅，而皇上乃以岑参美人枕上之《春梦》诗赐老和尚。赐诗在庚子冬日，距帝驾崩已迩，帝盖终未能摆脱也。若望固必不出此，木陈风流，功罪如何，读者自能得之。

然吾人颇为浙江天主教新得史料广，盖宁波天童寺龙池派高僧密云圆悟有《辩天三说》，圆悟同辈雪峤信弟子唯一润有《诛左集缘起》及《证妄说跋》,皆当时沙门反对天主教有力之文,世所素知(圆信似亦有文,手头无书参考,姑缺)。今乃知密云悟嗣费隐容,木陈忞、费隐容孙嗣憨璞聪皆与天主教不相容,与杭州莲池大师弟子张广湉及大贤等相耀映,适足以证当时浙江天主教之得势与天主教之不畏排击踏迫也。乃知传教士如欲中国成一基督教国,固更有在于人事之外者。

(《益世报·宗教与文化》第 13 期,1939 年 3 月 19 日,第 4 版)

《新译几何原本》序

毛子水

欧几里得的《几何原本》,在明万历年间,由徐光启筹意人利玛窦译出前六卷。到了清咸丰年间,又由李善兰偕英人伟烈亚力译成全书。自海勃克(Heiberg)校订的《几何原本》出版后,五十年间英、德、意、丹麦都有新译本。十余年前,我居柏林时,曾发愿重译这书。友人陈寅恪先生以为不如将徐、李旧辞比对海勃克的新订本作一校记,我当时甚以为然。后来想了一下,觉得很难做得通。徐、利所译的前六卷,系根据丁先生(Clavius)[①]的本子的。丁氏的书,固然是《几何原本》历史上一个重要的著作,但丁氏所以为此,不在老老实实的翻译,而在搜集旧闻,参加新知。并且徐、利的译丁本,证解中删节甚多。李伟的续译,则又系根据一英译本,经过"删燕正讹""以意匡补"的功夫后,非特和海勃克的本子大相径庭,即和他们所根据的英译本亦复不同。若把徐、李二公的旧译和海勃克的新订本相较而作识语,必至繁重琐碎,叫人难以卒读。因此,我遂决意从新翻译。

从我有这个决意以后,除却丹麦和英国前已有新译本外,民国十四年,意大利恩利克费司(Feqerigo Enridues)的新译本第一册出版;民国二十年,德国苔耳(Carl Thaer)的新译本第一册出版。英译的丰美,世人久已同声称赞;意译以科学史的眼光,兼录古今评议,译者且是当代几何学的大师,他的可宝贵,自不待言;德译后出,印于 Ostwald 的精确科学经典中,间亦有补正前贤的地方。惟丹麦译本,无缘得见。据各家著录,卷首附有 Zeuthen 的导言,必有极大的价值。且第一册出版于

---

① 编校者按:即德国数学家克拉维乌斯(C. Clavius)。

一八九七，而末册出版于一九一二，则译述的审慎亦可知。我现在这个翻译，文句图形悉依据海勃克的新校本，意有不安的地方，则参酌英德二译。自恨于希腊拉丁两种文字，造诣不深，传神写照，未能踌躇满志的地方很多。深望寇氛速靖，天下太平，使得从容斟酌，校正旧业，以免遗憾！

徐、李二公当时翻译这书时，都能反复详审，所以成为中土翻译文籍的上乘。我现在这个翻译，所根据的底本已和徐、李二公的不同，且乃以现今的白话成文，所以和二公的译本自多差异。惟语气名词，凡可以袭用二公原译的地方，则一概不更作。这非特尊敬前贤的用意，亦因先民故言，苟足达意，自没有轻改的必要。徐公有《〈几何原本〉杂议》八条，我们现在读了，非特可以知道当时我国哲人对于几何学的见解，对于算学教育的见解，并且可以想见徐公当日下笔译述时功夫的仔细。现在把这篇杂议，附于本书导言的后边，读者当可得到极大的兴感。

本书导言略述欧几里得的生平和《几何原本》的历史，以便籀读本书者。读者若欲更求群尽，则有海勃克的"Prolegomena"在，英人熙甫（Heath）在他的译本前所附的导言尤为便当。在昆明的地方，公私藏书都感缺乏，我现在这个导言，亦大半取材于熙甫的书的。

前在北平开始翻译这书时，蒙中华教育文化基金会给予种种的帮助，谨伸谢于此。

毛子水
二十八年四月六日，昆明

导　　言

一、欧几里得的生平

凡学过初等几何学的，几乎没有不知欧几里得（Euclid）这个名字的。在英国，一直到现在，学校中的语言，多叫几何学为欧几里得。但这个欧几里得，生于何地，学于何人，世纪遐远，已难稽考了。当耶历第五世纪时，新柏拉图派哲学家朴罗克路司（Proclus，耶历 410—458）曾为欧几里得的《几何原本》第一卷作义疏，中有一段云：

比这些人(系指 Colophon 的 Hermotimus 和 Medmad 的 Philippus)年轻得不多的,有欧几里得。他搜集许多 Eudoxus 的理论,补正许多 Theaetetus 的,并且他以前的人未甚严密证明的地方,他都已使无隙漏了。这个人存于多禄某一世的年代。因为和多禄某一世相衔接的亚奇默德(Archidesmh)曾提到他,并且世人传说,多禄某曾问过他几何学有无捷径,他回答说几何学是没有御道的。所以他后于柏拉图的弟子,而前于 Eratostenese 和亚奇默德,后面两人是同时的,Eratosthenes 曾自云然。

我们若以朴罗克路司的话为可信,则欧几里得年力正盛的时候,必在耶历纪元前三百年左右。因为柏拉图的卒年为纪元前三四七,亚奇默德生于二七八,卒于二二二,Eratosthenes 生于二八四,卒于二零四,而多禄某在位的年代,乃是纪元前三零六至二八三。

据熙甫推论,欧几里得的算学,许是在雅典从柏拉图的弟子学得的,因为能教欧几里得的几何学家,大概是柏拉图学派的人,而前代写《几何原本》的人,和欧几里得的《几何原本》所根据的算学家,都是居住于雅典而设教于雅典的。

耶历第三世纪的末年,亚历山大的算学家怕朴司(Pappus)讲到 Apollonius 时会说道:

> 他在亚历山大的地方,和欧几里得的弟子相处很久,而且因为这个缘故,他思想上得着这样一种科学的习惯。

根据怕朴司的话,我们又可推知欧几里得必设教于亚历山大而在那里树立了一学派了。

Stobaeus 曾讲到关于欧几里得的一故事,说是:

> 有一从欧几里得初学几何的人,刚学了第一题,向欧几里得问道:"我学了这些东西可以得着什么?"欧几里得便叫了他的仆人吩咐说:"给这人三角钱,因为他必须从他所学得着些什么的。"

这个故事的真假虽不可知,但是欧几里得为一循循善诱的教师,似乎是无可疑的。

关于欧几里得的生平,我们只能知道这一点了。此外许多传说,尤其是出自亚拉伯人的,都是难以置信的。

中世纪时代的研习欧几里得著作的人,往往把这个欧几里得和梅格拉(Megara)的欧几里得相混。实则梅格拉的欧几里得,系和柏拉图同时代的哲学家,前于我们这个欧几里得且一百年。这个错误的起源,当由于 Valerius Maximus 书中曾说及有些人因为解决"倍大香案"[①]的问题而请教于柏拉图,柏拉图叫他们去向几何学家欧几里得请教。这个欧几里得(Eucliden),古昔校 Valerius Maximus 的书的人,以为系"Eudoxum"的字误,这是很可信从的推测。但自十四世纪至十六世纪,二三百年中间拿梅格拉欧几里得当作几何学家欧几里得的错误极为普遍。一直到 Commandinus 和 Clavius 的《几何原本》的译本行世后,学者才能免去这个错误。

二、欧几里得的著作

欧几里得的著作,传到现在,经大多数学者公认为不生真伪的问题的,计有下列五种:(一)《几何原本》;(二) *Data* ;(三) *Optica* ;(四) *Phenomena* ;(五) *Musica* 。除却第一种另更详述外,兹将后四种的内容略述于后:

1. 帕朴司虽把 *Data* 列入于"解析宝库"中,但 *Data* 所论及的仍为平面几何。这书的内容和《几何原本》前六卷相仿佛。熙甫以为这书实在可作解析的初等习题看。

2. 欧几里得的《光学》,有原本,有 Theon 校订本。海勃克校印的《欧几里得全集》中,两本俱收。海勃克并将 *Catoptrica* 附印于后,以为或许是 Theon 的遗作。熙甫则以为究竟欧几里得曾写过 *Catoprtica* 那样一种书没有,是不能确言的。

3. *Phenomena* 是欧几里得用几何学讲天文学的书。

4. 欧几里得曾写过《音乐原本》。今世所存希腊音乐书的抄本中,有两种说是欧几里得作的。第一种是算学性质的,行文的气度和形式都和《几何原本》相似。Jan 以为系出自欧几里得的手的,Tannery 则以为是伪作的。Menge 则以为即是欧几里得的《音乐原本》而经前人妄

---

① 编校者按:这里的"倍大香案",当为"倍立方"问题。

加改订的。第二种则决不是欧几里得的。

此外希腊学者所著录的欧几里得的著作,而现在已逸亡的,尚有数种。兹依熙甫所述的次序,略举于后:

1. *Pseudaria*,熙甫据朴罗克路司讲到这书的话,断为初等几何学范围以内的著作。

2. *On divisions of figures*,这书亦曾经朴罗克路司称述过,但希腊文的原本已佚亡了,今世所有的,都系自阿拉伯文译出的。十九世纪的中叶,L. F. Ofterdinger 曾作过补辑的功夫,打算还欧几里得的本面目,但尚未满人意。现在 R. C. Archibald 的辑本,差无遗憾。

3. *Porisms*,这书曾被称述于怕朴司的《解析宝库》的序中,但原文已逸,历来学者对于这书的性质且多争执。熙甫以为:① *Porisms* 当为高等几何学的部分而不属于初等几何;② *Porisms* 含有属于投影几何学的论题。五十年前,Zeuthen 以 *Porisms* 一部分为圆锥切线理论的副出品,一部分则为研究圆锥切线帮助物,熙甫却以这个推想为没有明证。

4. *Conics*,怕朴司说道:"Apollonius 补完欧几里得的《圆锥曲线学》四卷,自己又增四卷,共给我们《圆锥曲线论》八卷。"大概因为 Apollonius 的出来后,后来居上,欧几里得的书遂亡佚了。

三、几何原本

希腊语"MTOIXETON",用于一物时,则使含有这一物能生出他物的意思。几何学中,亦有精理要论,能总摄众义、范围万目的这样的理论,古代希腊人亦名为"MTOIXETON"。这好像水的有源,木的有本;江海的深广,枝叶的茂密,莫不都从原本来。从前徐、利二公译欧几里得的 *MTOIXETON* 为《几何原本》,便是这个缘故。利玛窦在他译本的序中说:"曰原本者,明几何之所以然。凡为其说者,无不用此出也。"

既以原本名书,一当语不离宗,屏弃一切浮文泛义,二当洁净明显,令人易懂,三当囊括通则使读者可得纲举目张的快愉,就这三端而论,欧几里得的《原本》,实可称得前无古人。(这段说话,系约举朴罗克路司的语意的。)

古代希腊几何学家写作《原本》的，非止欧几里得一人，更不是从欧几里得开创。据朴罗克路司的记述，在欧几里得以前写原本的人，凡有三家。首为 Chios 的 Hippocrates，约为耶历纪元前第五世纪下半期的人。次为 Leon，稍后于柏拉图而稍前于 Eudoxus。再次为 Magnesia 的 Theudius，系为柏拉图的学院编几何学课本的。但自欧几里得的《原本》出，因取材的精当和结构的严密，以前人的原本遂因没有人过问而亡佚了。

希腊的几何学，自他勒司以至欧几里得的时期，三四百年中间，代有闻人。自 Chios 的 Hippocrates 初作原本以后，下迄欧几里得，百余年间，原本的作者，见于记录的不下三家。欧几里得的书，集前贤论著的大成，补苴罅漏，张皇幼眇，经以逻辑，律以次序，使数百年圣哲研钻所得的成绩纲举目张。即是下愚，亦能讽籀。虽然他的造作的天资，不及稍后的亚奇默德，但他在教育上的贡献则至为伟大。固无论在《几何原本》里面，欧几里得所创获的新知亦极多，即令无一可言，他的整理的功劳亦足不朽。固不是寻常买废铜以充铸的人所可比拟的。

古来对于《几何原本》的毁誉，可无庸再述，独举两个现在的人对于这书的意见。以供读者的参考：

德人 Fropfke 在他的《初等算学史》中说：

> 亚历山大学者欧几里得所写的，到现在还是初等算学的中坚。后来人在欧氏原作中的增加甚为微少。屹然独立，气象胜于贞珉的丰碑；洁净精微，刷拭美于巧工的制作，虽在今日，未见少损。凡古代希腊青年所必须详思、必须学习的，现在有志的学生，亦同样虔诚的去详思和学习。

英人 Westaway，在他的一部《通俗的科学史》中说：

> 欧几里得实是一论理学家。现在人把他逐出学校以外，这件事很可解释为什么现在寻常受过教育的人，理解力的严确远不及一两代以前的。

总之，欧几里得这部书，非特是算学史上的名著，非特是研究人类思想史的人所当读的书，凡是教初等算学的人，都不可不仔细一读，无论他所用的几何学课本是怎样的新颖。

四、《几何原本》的流传

欧几里得的《几何原本》行世以后，两千余年以来，为学者所崇奉。自耶历纪元前一世纪，已有人开始为作疏解，一直到纪元后四五世纪时，注释这书的，不胜枚举。最重要的，共有四家：即 Heron、Porphyry、怕朴司、朴罗克路司是。我们从注释这书者的多，便可以知道这书的盛行了。

这些注释家有无改易正文的地方，今已不能详知了。纪元后第四世纪，台安（Theon）曾校订欧几里得的《几何原本》。从此以后，这书的流传世间，差不多都是台安的校本。幸而上世纪的初年，法人 Peyrard 于梵谛冈图书馆中，发见《梵谛冈手稿一九零》(Co. Vdat. 190)，经详细的校对，知这个手稿所自出的蓝本，必系在台安本以前的。但 Peyrard 于一八一四至一八一八年间所校印的《几何原本》，尚未能尽量利用这个手稿。直到五十年前海勃克校订《几何原本》时，才以这个手稿为主而参取他本的佳处。

第八世纪以后，《几何原本》流入阿拉伯。第九世纪以后，阿拉伯人亦开始翻译《几何原本》，虽有异文，无关宏旨，所以我们不再详述。

五、《几何原本》重要的版本

耶历一四八二年，拉丁文的《几何原本》在文匿区出版。这非特是《几何原本》的第一版，实在是欧洲第一次出版的较重要的算学书。这个拉丁文本是 Johannes Campanus 的译本。他的底本是何种本子，到现在尚无定论。

一五零五年，Bartolomeo Zambertus 第一次从希腊文将《几何原本》全书译成拉丁文，亦在文匿区出版。

一五三三年，希腊文《几何原本》的 Editio Princeps 出版于 Base 校订的人为 Simon Grynaeuos，此后二三百年间新印的希腊文《几何原本》，大皆根据这本。可惜这个 Editio Princeps 所根据的两种原稿都是下乘，所以在文句上没有多大的价值。

一五七二年，Commandinus（一五零九——一五七五）的拉丁文译本在 Pisauri 出版。这是《几何原本》最重要的拉丁文翻译本，因为自此以后，直到十九世纪初年 Peyrard 的校订本出版时，二百余年间，大多数的译本都是根据这个本子的。Commandinus 译本除根据一五三三的 editio princeps 外似尚参校旧抄本，惟已难确知为何本了。Clavius 在他的译本序文中对于在他以前校订或翻译《几何原本》的人大概都不满意，独对于 Commandinus 则极口称赞，以为他是"一非凡庸的几何学家，新近用拉丁译文辑订欧几里得的书，已使他恢复原有的光辉"。

一五七四年，Clavius（一五三七——一六一二）的拉丁文译本在罗马出版。这就是明代徐、利二公译前六卷时所根据的底本。兹将他的封面文字抄录于下："Euclidis element orum Libri XV. Accessit XVI. de So Tidorum Regularium Comparatione. Omnes perspicuis Demonstrationibus. Accuratisque Scholils illustrati. Auctone Christop horo C lavio. Romae, apud Vincetium acco I tum."Clovius 的名字，解者多以为即 Christoph KIau 的拉丁化。利玛窦称为丁先生，当即因为这个缘故。这个译本于一五七四年出版后，一五八九年、一五九一年、一六零三年、一六零七年、一六一二年各有新版。丁先生在序文里，自称这不是一种翻译，但系广搜以前注释者及校订者的疏解，并参以自己的评论和注订而成的。利玛窦说道："先生于此书覃精已久，既为之集解……又每卷之中，因其义类，各造新论，然后此书至详至备。"学者尊丁先生这部书为算学的宝典，实不是妄加称赞的。

古来学者多把梅格拉的欧几里得当作几何学家欧几里得，Commandinus 的译本中才明白指出这个错误。丁先生的书出，这个混乱便永远消散了。

一六〇七年（明万历丁未），徐光启和利玛窦译成《几何原本》前六卷。（一六一一年再版刻于《天学初函·器篇》中。）这个译本，系根据丁先生拉丁文本的。可惜当时没有将全书译出，且所译的前六卷系节译而不是全译。

一八一四——一八一八年，法人 Peyrard 的希腊-拉丁-法文三种文字并列的《几何原本》出版。这个本子的希腊文文句，系以一五三五年的"初版"为主,参考 Cod. Net. 190 而改正的。这自然是《几何原本》历史上极有关系的本子。但校订者已知《梵谛冈手稿一九零》的价值,却没有设想到从头比对当时所能得的古稿本,另立新本而只以改正一五三三年的"初版"为事。"朽木不可雕也!"当然得不到毫无遗憾的成绩,后来一八二六——八二九年间,Auugst 校订的希腊文本,对于《梵谛冈手稿》的文句,较为能谨守,所以比 Peyrard 的本子略胜一筹。

一八五七年(清咸丰七年),李善兰和伟烈亚力继徐利二公的旧译,续译成后九卷,所据底本,据伟序:"乃依希腊本翻我国(英)语者。"序中又云:

> 此为旧版,校勘未精,语伪字误,毫厘千里,所失匪轻。余愧谫陋,虽生长泰西,而此术未精,不敢妄为勘定。会海宁李君秋纫来游沪垒,君固精于算学,于几何之术,心领神悟,能言其故。于是相与翻译。余口之,君笔之。删芜正讹,反复详审,使其无遗有疵病。则李君之力居多,余得以借手告成而已。

李序中亦言:"当笔受时,辄以意匡补。"这种译法,是我现在所不敢赞同的。

徐利二公的行文皆极明显。读徐公的杂议,可知前贤下笔译述时的审慎!

一八八三——一八八八年,海勃克的译本出版。这个译本系参酌十余种古稿本和芭庇芦残本而成的,于希腊的本文外,并附印拉丁的译文。卷首有极详尽的"Prolegomena"。这是现在最完善的《几何原本》的希腊文本,系德国 Teubner 出版。

近来根据这个本子而成译现代语言的,丹麦文本始于一八九七年,成于一九一二,为 Thlra Eibe 所译,卷首有 Zeuthen 所作的导言。英人 Heath 的译本,成于一九零八,一九二五年出第二版。意人 Enriques 的译本,首册出版于一九二五年。德人 Thaer 的译本出版于一九三□——一九三□年。英、意二译本都是现代的好书。

(《益世报·读书》第 115 期,1939 年 4 月 11 日,第 4 版)

读《天方历源》

董作宾

友人寿彝君,为借得马复初氏编译之《天方历源》一册,村居夜阑人静,披读一过,更以陈援庵先生之《中西回史日历》逐一对证,偶有所得,赘于此。

《天方历源》,前为中文十一页,次回文表一页,又次为回文七页,不著年月。其文中称咸丰十二年为今年。《历源歌》又有"同治三年"之语,当是咸同间所作。此书之作,主要在介绍查尔凡尔之历图,其次即说明斋月(回历九月)与觊月(回历十一月)之重要。这里仅论其书中的历图。

值月 (括号内 为值 月数)	一月 (七)	二月 (二)	三月 (三)	四月 (五)	五月 (六)	六月 (一)		
	七月 (二)	八月 (四)	九月 (五)	十月 (七)	十一月 (一)	十二月 (三)		
值年	(一)	(五)	(三)	(七)	(四)	(二)	(六)	(四)
值日 (括号皆 新加字)	一日 (一) (八)	二日 (二) (九)	三日 (三) (十)	四日 (四) (十一)	五日 (五) (十二)	六日 (六) (十三)	七日 (七) (十四)	

图的用法,马氏有说明云:

> 上十二格为十二月之位,每月旁有"值月字"(七、二、三、五、六、一、二、四、五、七、一、三),下八格为"值年字"之位(一、五、七、三、四、六、二、四),再下七格为"七日"之位,由一日至七日,每日左

右有字据,乃由一至七,复由八至十四。值年字轮流每年一字,周而复始,值月字永无变动。月分大小之法,乃单月大(一、三、五、七、九、十一)双月小(二、四、六、八、十、十二)。

又举一实例云:

> 欲推月分之起止,必须认定值年字。西域以至圣迁都年为历源元年,值年字是"三"字,八年一转,至咸丰十二年(按即同治元年),乃迁都一千二百七十八年,共一百五十九转,是年值年字"四",若问今年斋月之首,须用九月值月字,其字"五"也。与值年字合算,四与五共九,九对七日中之第二日也,则二日为月首矣。以下准此法。

文中称"咸丰十二年"(乃是"咸丰十一年"所预推,实即"同治元年")为"今年",则此文常作于是时,《歌》举"同治三年"为例,则当为以后所补作。

此图为马氏所甚尊崇信任者,故以为可"作天下后世之永历",又称:

> 此图乃《天方历书》之首章,颁行各国,西域诸国,以此为定。

若详细加以推求,此图颇有其弊,实际上积一百二十年必多一日(说详下)。此全关系于闰日之分配,图中有闰日之年,为"五""四""六",其说明云:

> 夫"闰日"乃值年字轮至"六"字,或"五"字,或"四"字等年,于第十二月加一日,则闰年有二百五十五日也(按平年为三百五十四日)。凡三十年而闰十一日。

所谓"三十年而闰十一日"是对的。这是回历中最精的太阴年的法数。《明史·历志七·回回历法一》云:

> 以三百五十四日为一周,周十二月,月有闰日,凡三十年,月闰十一日。

此种闰日之法,与天象极为密合。卢介卿云:

回历之所特殊者，以十二太阴月为年而无闰月。其法以大月三十日与小月二十九日相间，惟十二月在三十年中写小月者十九次，为大月者十一次，因此得一周（三十年）三六〇月，合一〇六三一日，而真数则应为一〇六三一·〇一二，故二五〇〇年中所差不逾一日。

二千五百年（回年）所差不逾一日，可见三十年闰十一日之法的精密。但马氏书中之图，则为八年三闰日所限制，因为太求简单的缘故，以至与天象乖违，不但一百二十年后必多一日，即在百二十年以内，也必有些年因置闰年的不合而后错一日。如所举"同治元年"之一例，较以陈氏《中西回史》日历即多一日，陈谱卷十九第十六页，列：

西一八六二年三月二日星期日，清同治元年二月初二日，为回历一二七八年九月月首。

按陈表是年九月月首尾七日中之第一日，而依图推算则为第二日，即后错一日。此正因日历与图置闰之年分配不同之故。试比较如下：

回历纪年	一二七五	一二七六	一二七七	一二七八	一二七九	一二八〇	一二八一	一二八二
值年字	（四）	（二）	（六）	（四）	（一）	（五）	（三）	（七）
图表（陈日历）	闰	（图错后一日）闰	闰	（图错后一日）闰		闰	（图错后一日）闰	闰

图依八年三闰排列，表依三十年十一闰排列，前者置闰法是不合的。一二七八年，在图则为一年有闰，故本年各月月首均需向后错一日。

《天方历源》第十二页附有回文一图，较传图为详，今依所列说明中中回文数字对照译出于次：

	（七）一月	（二）二月	（三）三月	（五）四月	（六）五月	（一）六月	（二）七月	（四）八月	（五）九月	（七）十月	（一）十一月	（三）十二月
（七）	七	二	三	五	六	一	二	四	五	七	一	七
（四）	四	六	七	二	三	五	六	一	二	四	五	七
（二）	二	四	五	七	一	三	四	六	七	二	三	五
（六）	六	一	四	五	七	一	三	四	六	七	一	七
（四）	四	六	七	二	三	五	六	二	二	四	五	七
（一）	一	三	四	六	七	二	三	五	六	一	二	四
（五）	八	七	一	三	四	六	五	二	三	五	六	一
（三）	三	五	六	一	二	四	五	七	一	三	四	六

图上原有说明云：

此图与前图形虽异而理则相同。此图八年，每年十二月首，共指出九十六个月，首上排十二白字（今改用括号，下同）为"值月字"，首排八白字，为"值年字"，三道粗线为闰日记。

此图极为重要，由此可以推知作者查尔凡尔造图的时代。因作者曾依当时年月及七日的排列，至第九年又复相同，而悟此八年一转之法可以推行前后若干年而无误。故立以为永久的历图，不知实则仅在十六年以内不误而已。

今据此图，比照陈氏回历，知所列乃清嘉庆二十三年十月二日（回历一二三四年一月一日）乃至道光六年七月一日（回历一二四一年十二月二十九日）之八年间历日，作图亦当在此时。此八年中，依图所推得之历日，与陈氏回历完全相合。今即举嘉靖二十三年，西历一八一八年，回历一二三四年为例：

(西历)	一八一八	一〇、三一	一一、三〇	一二、二九	一八一九	一、二八	二、二六	三、二八	四、二六	五、二六	六、二四	七、二四	八、二三	九、二二
(星期)		七	二	三		五	六	一	二	四	五	七	一	三
(回历)	一二三四	一、一	二、一	三、一		四、一	五、一	六、一	七、一	八、一	九、一	一〇、一	一一、一	一二、一
(星期)		七	二	三		五	六	一	二	四	五	七	一	三

观上表横列第二、第四行数字,前图月份下第一列数字全同。此为回历一二三四年十二个月,每月首日应值日之七日次序。即以此年一月一日星期第七日,为本年"值年字"。是值年字即该年一月一日之星期日次。再检前图,第一直行数字与第二行同,是皆取一月一日的星期□次,为八年中逐年之"值年字"。这在道理上是可以讲通的,按回历是单月大、双月小,有闰之年则是十二月加一日,改为大,今以一月一日为星期第七日,一月共三十日,则二月一日必为星期第二日。二月共二十九日,则三月一日必为星期第三日,其余各月可以类推。至于置闰之法,在三十年中,有一定的分配,据陈氏日历中所列,为:

一	九	十七	二十五
二(闰)	十(闰)	十八(闰)	二十六(闰)
三	十一	十九	二十七
四	十二	二十	二十八
五(闰)	十三(闰)	二十一(闰)	二十九(闰)
六	十四	二十二	三十
七(闰)	十五	二十三	
八	十六(闰)	二十四(闰)	

三十年十一闰，是应该如此分配的。图与前八年完全相合，但是太刻板了，第二个八年，便须有误，如以八年三闰日为固定的法式，则一百二十年之后，必多闰一日，这是很明显的错误。因为一百二十年是四个三十年，应闰四个十一日，即是四十四日。若依八年之闰，则百二十年是十五个八年，应闰十五个三日，即四十五日，这是不可避免的错误。所以在马复初作书的时代（国历一二七八年），距一二三四年查尔凡尔造图时代（大约是如此），才只四十五年，与真历相差尚少（只是值闰之年才有误后一日之事，如前举同治元年国历一二七八年之例），到了今年（民国二十八年），已是回历一三五八年了，距一二三四已过了一百二十年，所以依图推算，必是每月首日之星期日次向后错了一日。即以本年为例：一三五八用八除之，得一六九转余六年，回历元年值年字既为三，下余六年即明三数起，至第六位，占年字"四一"。即今年一月一日常为星期第四日。为六年事实（陈氏日历同）则为公元一九三九、二、一二。民国二八、正、三、星期第三日。此既是马氏书中之历图，已不适用于现今的既证。若补救此弊，可以在国历一四七四年以前，仍依图推算，所得之星期日次减去一日，仍能合用。

如以回历一二三四至一三五四年之间，为与图相合，则一二三四以前百二十年，即回历一一一四年必错前一日，再前一百二十年即会历九九四年，则错二日。以上每百二十年加一日，可以类推。举例为证：

西一七〇二、五、二八，清康熙四一、五、一，回历一一一四、一、一。

当为星期第一日，依图算则错前一日为七日。

西一五八五、一二、二三，明万历一三、二、三，回九九四、一、一。

当为星期第二日，依图算则错前二日为七日。

西一四六九、七、二，明成化五、六、三，回八七四、一、一。

当为星期第三日，依图算则错前三日为七日（此年在一二三四年前三六年）。

推至同历的元年，距一一三四前一千二百余年，当错前十日，但是

足七日之时(约在回历四百年左右),仍可与图相合,是十日等于十减七,等于三日。今查陈氏日历,卷七第六页:

西六二二、七、一六,唐武德五、六、三,回元、一、一。

是日为星期第六日。

依图推算,则当为星期第三日,正是错前三日,亦即错前十日了。

又查尔凡尔氏由一二三四年值年七,而上推算,为八年之一五四转余二年,应由"七"上推二年,正在值年"三"故以为"元年值年字是'三'"。

皆由查氏自信其图为上下古今不易之标准历法,故由起算之年,上推至元年而求得其值年之字并非有历史上证明。

回历计算太阴年本甚准确,今因查氏之图,马氏之译,反往差误。手头有陈氏日历,偶加翻检,拉杂论之,愿以质之并世治回历者。

民国二十八年国历四月二十三日,星期第一日,回历一三五八年三月三日,旧历己卯年三月初四日,夜十一时半,写于龙头村寓。

(《益世报·读书》第117期,1939年5月9日,第4版)

从《山海经》说到神的观念

方　豪

研究古人的思想，不得不先对古人的作品加以鉴衡。这儿且先说说《山海经》吧。

据卫聚贤《古代史研究》第二集上册，这是战国中年（西元前三七二年左右）的作品，目是印度人的游记，作者是墨子的一位学生。陆侃如认其中：南、西、北、东、中山等五经是战国时楚人作品，海外南、西、北、东等四经成于西汉。沈雁冰则说前者成于东周，后者是春秋战国之交时的著作。但没有一个能拿出确凿的证据。而书中所载动物，如《东山经》之"蜚"："状如牛而白首，一目而蛇尾，行水则竭，行草则死，见则天下大疫。"又如《北山经》的"山急狿"："状如犬而人面，善投，见人则笑，其行如风。"至于人呢？有贯胸国、三首国、一臂国、女子国、聂耳国、无肠国、大人国、毛民国、跂踵国等三十九种，奇形怪状，使人不能不对原书的价值怀疑。兽类和人类既如此，神的记载当然更加神奇，本期顾先生文中已说得很详。但《山海经》里有没有至尊无对的神呢？让我们一说《中山经》所记那居于洞庭山的二女之帝吧。顾先生说不知道他是那个上帝，吴晗先生（《〈山海经〉中的古代故事及其系统》，见燕大《史学年报》第三期）认为经中的帝是至上之神。郭沫若先生（《卜辞通纂考释》）以为《山海经》中的天帝是帝俊，帝俊即帝舜，帝舜即帝喾，帝喾即夔，夔是神话中的最高人物，似乎可以代表上帝，但总不免模糊。因此《山海经》或许是古代的一部地理书或旅行指南之类，但出于"想像"者多，有"实据"的少。

然而古代的中国，另一部分人却也有很明晰的至尊无对的最高之神的观念。如称"皇矣上帝""惟皇上帝""上帝之载,无声无臭""天监在下""获罪于天""天明畏"。这儿所称的"上帝"决不是与人杂乱往来或和凡人一般有饮食男女之欲的。这儿所说的"天",更不是从某一高山上爬得上去的。他们只是以一"天"字,作为神的代名字而已,所以古人也有祀天礼,如曰:"天不享其祀。""王之吉服,祀昊天上帝……"又因君王代昊天上帝治民,故称天子,主百神,祭天地。诸侯祭社稷和封内山川。神祇之外,又有物魁。《周礼·春官》:"以夏日至致地示物魅。""魅"称百物之神,"百物"或"物",都是颜师古所说的:"物,谓鬼神也。""示"是殷人对先祖的称呼(林义光《论殷人祖妣之称》,《国学业编》二期一册),契文作丁,或说象男性生殖器,大约古人由生殖而联想及祖先,因祖先而想及造物,敬祖便成了一种宗教信条。但《说文》却称:"示,天垂象,见吉凶,所以示人也。从二三垂,日月星也。"叶玉森(《说契》,页三)以为:"契文作丁,乃最初之文,上从'一',象天;从'丨',意谓恍惚有神自天而下……"不过中国古人对于"神"的观念驳杂不纯,那是不能否认的。不单中国这样,埃及人、加尔代人、亚西利人、波斯人、希腊人、罗马人……莫不如此。写到这儿,不得不使我们想到拥有世界最古经典——《旧约》的犹太人,他们信耶和华为真神,为惟一造物主,宗教观念亦最为纯粹。因此我们得到两个结论:

(一)神的观念为人类所共有,自最古代的人以至最近的人,自最聪明的科学家(恕不列举)以至最原始的非洲庞都族,能一时"无神",不能一生"无神"。这一普遍现象,值得我们注意。

(二)神的观念不论诡怪到甚么程度,只是说明人的智力有高低强弱之分,能为外物所蒙蔽,能为有作用者(巫、诗人、小说家、夸大的旅行家、历史家等)所欺骗,但仍是"有神论"的有力证据,仍是"一神论"的反证。

(《益世报·宗教与文化》第18期,1939年4月23日,第4版)

读《〈春秋〉"公矢鱼于棠"说》
——略论治古史及民族学方法

王　庸

《〈春秋〉"公矢鱼于棠"说》，陈槃氏著，见中央研究院《历史语言研究所集刊》第七本第二分册，为陈氏所著《左氏春秋义例辨》书中之一章，末附傅孟真及顾颉刚先生跋各一。原文主意，盖在考释"矢鱼"为"射鱼"而非"观鱼"。但亦详证渔猎供祭及亲耕、亲蚕诸典礼。引证瞻博，为中国古礼俗开一新解，不仅补正此一节《左传》而已也，研究中国古史者可注意焉。

《左传》所谓"陈鱼而观"之说，义属废解，自当以"射鱼"之说为近真。陈氏列举前人孙觉、叶梦得、朱熹、俞成、邢凯、黄仲炎、王应麟、毛奇龄、赵翼诸家之说，均以左氏之说为不妥，而多以射鱼释"矢鱼"。至若射鱼之见于古籍者，《易经》"井谷射鲋"，《周礼》"矢其鱼鳖而食之"，以及《淮南子》所谓"天子亲往射鱼"，是其明证。《殷契佚存》"王弜渔"之文，陈氏释为"王射鱼"，意亦可通。惟《易经》"贯鱼以宫人宠"一语，则私意以为未必即弓矢射鱼之证。因若解"贯鱼"为以鱼叉穿鱼，未尝不通也。陈氏又考定射鱼之事为祭祀而非嬉戏，与古籍所记田狩供祭同一意义，于是《礼·射义》所谓"习射于泽"，与金文所记"司射学宫""射于大池"诸事，乃得一通顺之解释。盖射之目的如不在鱼而在禽兽，则不必在泽与大池矣。

关于"周礼王不亲渔，与殷异者"，罗振玉氏已献其疑（《增订殷虚书契考释》）。陈氏谓："周已脱离渔猎时代，进为农业生产，人事日繁，天子亲渔势不可能，故渐已专官代之。"此仅足以解释周人不重渔业，而不足以解周之仍重狩猎。傅氏则为之进一解,谓"商起东北,奄有东海,巨野孟诸,在邦畿之内,其祖近于渔乡,其民习于渔业",与"周起西土"之不尚渔者,异其"轨""物"。"鲁为周宗之邦,隐公为西方王族之后,竟于田猎之外,又欲矢鱼于棠,岂非失邦君之礼,从亡国之俗乎? 诚无怪乎臧僖伯之大愤也。"傅氏又引辽代诸汗常巡行土河、混同江等处钩鱼捕鱼为旁证,而元清之世,蒙古满洲守旧人士,以国主之汉化为忧,其词气与臧僖伯语相类。此论明达贯通,对于臧僖伯谏观鱼之真意义,可谓洞见底蕴矣。傅氏又以"不轨不物"之"物"为图腾,说亦新颖可喜,惟私意以为尚宜另觅更多之实证。

关于射鱼在民族学上之证据,陈氏仅引凌纯声氏所述《松花江下游之赫哲族》叉鱼之业,而谓"射鱼之生活,今不可知"。傅氏亦疑射鱼之法之不利,又言:"今日叉鱼之俗,遍行于美洲东部、亚洲东北部之土人,而射鱼无闻焉。"但据美国人类学家罗维氏言,知南美印第安人多以弓矢射鱼,安达曼岛民亦然。萨摩人虽常以此武器射鸽,但亦用以射近水面之鱼(Lowi, *An Introduction to Cultural Anthropology*, p.15)。可知弓矢射鱼,在现代民族中并不少见,此书所述,虽非本原材料,但罗维氏为美国批评派人类学者,其所引证,当较审慎可靠。惜目前无其他书籍可查,不获更详细而直接之例证耳。但弓矢射鱼之法,尚留存于近代民族中,则可为不成问题也。至于叉鱼之法,通行于现代民族间者更多,疑不仅亚美东部,且在旧石器时代之末期,亦已发现鱼叉矣。惟鱼叉未必专用以捕鱼(网兜亦然),犹弓矢之未必专用以射禽兽也。《公孙龙子》言:"楚王张繁弱之弓,载忘归之矢,以射兕蛟于云梦之囿。"陈氏引之,谓为:"用弓矢射水族之明验。"但蛟或为水族,兕则兽类而可入水泽者。盖鱼兽之间,既不能以水陆截分界限,则原始民族之渔猎工具,苟其事实可能,固未必如后世之分工可以互相通用者也。陈氏又谓叉鱼之法犹存北方,"南方如广东各地已不常见(?)"。但个人幼时,江南乡间,亦常见之。二三十年来,虽世事多变,此法想仍应用未绝,并可推测其留存是法之处尚甚广远。惜一时不易得详确之记载与调查耳。即此一事,可知国人之从事民族调查工作者,当不仅限于苗瑶等特殊民族之考察,更应注意一般普通民众之生活与礼俗也。

傅氏之言曰："前一世之实用习惯，每为后一世之典礼。礼维循旧，故一切生活上所废者归焉。后王之仪仗，固古之战器也。今日之明器亦昔日之用具也。意者古代东方民族，有射鱼海上之习，演而为普遍之民俗，鲁隐公乐而学焉。"此说实可为礼俗史上之一原则。陈氏所引甲骨、金文，以及古籍所记渔猎之事，多为祭祀之典礼。殷周已知农耕，而典礼上犹存渔猎之旧迹。惟殷代兼重渔猎之礼，周则重猎轻渔而已。陈氏又博引亲耕、亲蚕、荐酒、献种诸礼，盖亦不外乎此原则。但其中更有一问题可注意焉，即行渔猎之礼者，无论为天子、为诸侯、为官吏，皆属男子之事。而亲蚕、亲舂、献种、荐酒、荐盘，以及采蘩、采苹诸礼，其与蔬果谷物及农产制造有关者，大抵女子行之。是则男渔猎而女农桑，其在礼数上之分工，殆即暗示原始生业之分工欤？近今民族学者多认农耕为由采集（Gathering）事业演变而来，且采集工作之在狩猎社会多由女子任之。以是女子对于植物之智识较富，而种植之发明，或即为女子之功。惟农业比较发达之后，伐木耕田等艰巨之工作，乃由男子任之耳。此说若确，则中国古代献种、亲蚕诸典礼之由女子行之者，正可暗示此事业为女子所发明。因而采蘩、采苹之礼，尤足为原始女子从事采集蔬果之遗留也。至于亲耕之礼，所以仍由天子诸侯行之而不归女子者，殆因秉耒耜以"力田"，其工作较为艰巨，故由男子任之，是乃农事较盛之后之事实。及其变实用生业而为典礼，当亦较采集渔猎之礼为晚起也。是以亲耕之礼，止于"秉耒"、"籍田"（《礼记·月令》及《祭义》）而奉粢盛与献种之礼，则仍由后妃行之矣。陈氏熟考古籍，能得其他例证，可以补充此说，抑有反证以非难之欤？

窃谓国人之研究中国古史者，苟能善用现代民族学上之发明与材料，当有不少明通之创获可得。是不仅研究国史者之一新路，亦研究中国民族学者所当注意也。盖学术分科，本非天然，以专家自鸣而不知博涉，行见其所专者亦闭塞而不通耳。近今研究国史者，其所以能发前人之未发，一面固因新材料之发现，一面亦多得诸西方学术之启示。而古代史之有赖于民族学的解释者尤多。陈氏此文，其一例也。至于专研民族学者，亦不能以介绍西人成绩与考察国内民族自限，更当着眼于历史之渊源，庶可以通古今而明条贯，否则详流而略源，知今而昧古，即使钻研有得,恐尚不免残缺不全,或且窒碍难通,事倍而功半耳。用特不揣谫陋介绍陈氏之作,并略表鄙见如此,以就正于当世之研究古史礼俗之学者。

(《益世报·图书》第 6 期,1939 年 3 月 17 日,第 2 版)

评孙海波《〈国语〉真伪续考》

王玉哲

自汉刘歆把《左氏春秋》争立于学官后，在中国的学术界，起了一个很大的波澜。就是所谓的"今古文之争"，今文家辨古文家为伪物，古文家说今文家未得孔子真传。两派并行，代有起伏，都是门户森严，两不相容。直到清末尚未得到一个满意的结论。自清刘逢禄谓左氏不传《春秋》，作《左氏春秋考证》一书后，康长素益肆其说，并定《左氏传》为汉刘歆自《国语》伪造。梁启超、崔适等和之，近人颇多信者。其说骤然视之，差若可据，但比而视之，乖戾自见。近有杨向奎先生所作《〈左传〉之性质及其与〈国语〉之关系》一文（北平研究院《史学集刊》第二期），其论甚有卓识，颇能扫除一切无稽之谈，余近读《国语》《左氏》二书，于此问题，亦时加注意。顷读孙海波先生《〈国语〉真伪续考》一文（《文哲月刊》第一卷第十期），见其叙述谨严，不胜钦佩。不过其所得之结论及其所用之方法与证据，尚有许多商讨的余地，仅就管见所及，分述于下，以就正于读者诸君。

（一）评孙先生据《汉书·五行志》定《国语》为晚出之说的错误

前人考订古书，均为经生门户之见所囿，故对于许多问题，虽然费了不少的工夫，写了连篇累牍的文章，到底所得无几。现在孙先生能以超出古今文二派以外的态度，以实事求是的精神成该文，在原则上，吾人不能不承认其价值。可惜他观察不精，证据不固，故其结论难以树立。

在孙先生这篇文章里,最使我们不满意的,便是他以《汉书·五行志》所引《史记》之文,来断定《国语》为晚出,孙先生说:

> 《五行志》之作,所以引古证今,说明阴阳灾变之故。其中征引故实,除《左氏》《公羊》《穀梁》、董仲舒、《京房易传》、刘歆、刘向诸说之外,中有引《史记》之文十六条,皆与司马迁《史记》之文不应。

这一段话最重要的以语为"……中有引《史记》之文十六条,皆与司马迁《史记》之文不应",换句话说他即是认为此十六条全非司马迁《史记》之文。所以他引了颜师古、齐召南、钱大昕诸说,而一一定其非。孙先生说:

> 按颜氏指《史记》为司马迁所撰固谬,而齐召南、钱大昕以《史记》乃《国语》之别称为解,亦未是也。

接着他便立一结论说:

> 《五行志》所引诸书,如《左氏》《公羊》《穀梁》《易传》,名称详明,未尝隐约其辞,何以独称《国语》为《史记》?且《国语》所记起于周初,迄于战国之世,而《志》引《史记》有秦始皇、二世时事,亦非《国语》所应有。是知《志》所引之《史记》,汉时曾有是书,而今之所佚者也。其书之内容虽不可尽知,要之当起于周初,止于秦季,故《志》引之。其中所载,多《国语》《太史公书》所未有,要当成于秦汉之间,史官所撮录者。

这种说法,似乎"持之有故,言之有理",但细审之,便知其说甚误,可以破之者非一端。例如他说班氏所引《史记》之文,非全出自《太史公书》,但是他在十六条中之第五条"季桓子穿井得土缶"一事下注云"按此条文见《国语·鲁语》,又见《史记·孔子世家》";第十条"周幽王二年,周三川皆震"一条下注云"按此条文见《国语·周语》,又见《史记·周本纪》";第十一条"鲁哀公,有隼集于陈廷而死"一条下注云"按此条文见《国语·鲁语》,又见《史记·孔子世家》";第十二条"夏后世之衰,有二龙止于夏庭而言……"一条下注云"按此条文见《国语·周语》(玉哲按此条文不见于《周语》,说详后),又见《史记·周本纪》"。明明他都在每条下注明见于《史记》某些篇,而云"十六条皆与《史记》之文不应",似乎前后自相矛盾了。

孙先生是先有《国语》晚出的成见在胸,故说此十六条与司马迁《史记》之文不应,又云:"亦非《国语》所应有。"遂以为《五行志》所引之《史记》为汉时之书,今已亡佚,以助成其今本《国语》为晚出之说。其实《汉书·五行志》所引《史记》之文,多数是出自司马迁《史记》与《国语》,如果我胪列各书的原文,比而观之,则可以知大多数还是司马迁《史记》之原文,现在我可以逐条明之:

1.《史记》:"成公十六年,单、厉公视远步高……"

2.《史记》:"周单襄公见晋三郤,齐国佐见……"

玉哲按,以上二条仅见于《周语》,而不见于今存《史记》,但是近所传《太史公书》已非原文,班孟坚时即有亡佚,其言曰:"十篇有录无书。"(《汉书·司马迁传》)其后又经千有余年,此一条或仍出于《太史公书》,今已散失,亦为可能之事,故不必过于武断,以为必不是出于《史记》也。

3.《史记》:"秦始皇帝三十六年。"(孙先生仅引了一句,下面之文是我由《汉书·五行志》补的。)

> 郑客从关东来,至华阴,望见素车白马,从华山上下,知其非人,道住止而待之。遂至,持璧与客曰:"为我遗镐池君。"因言"今年祖龙死",忽不见。郑客奉璧,即始皇二十八年过江所湛璧也。

玉哲按,此条孙先生云:"未知其所本。"其实即在司马迁《史记·秦始皇本纪》:

> 三十六年……从使者关东夜过华阴平舒道,有人持璧遮使者曰:"为吾遗镐池君。"因言曰:"今年祖龙死。"使者问其故,因忽不见,置其璧去。使者奉璧具以闻。始皇默然良久,曰:"山鬼固不过知一岁事也。"退言曰:"祖龙者,人之先也。"使御府视璧,乃二十八年行渡江所沈璧也。

此文与《汉书·五行志》虽微异,实不害于《太史公书》为《五行志》所本也。

4.《史记》:"周威烈王二十三年,九鼎震。"

玉哲按,孙先生原作"二十三年九月,九鼎震。"不知所据何版《汉书》。今以毛晋汲古阁本《汉书》删"九月"二字。此条孙先生也在"未知其所本"之内。实则此条亦在司马迁《史记·周本纪》:"威烈王二十三年,九鼎震。"《六国年表》亦在威烈王二十三年内载"九鼎震",不知孙先生何据而谓与史迁之文不应?

5.《史记》:"鲁定公时,季桓子得穿井,中得虫若羊。"

玉哲按,此条孙先生所引,不更有:"近羊祸也。羊者,地上之物……鲁定公不用孔子,而听季氏……一日,羊去野外而拘土中缶者,象鲁君失其所而拘于季氏,季氏亦将拘于家臣也。"细读此文,实为班氏之释词,明明有"象""一日"等字样,而孙先生却误为《五行志》所引《史记》之原文,司马迁《史记·孔子世家》:"(鲁)定公立五年……季桓子穿井得土缶,中若羊。"《国语·鲁语下》作:"季桓子穿井,获如土缶,其中有羊焉。"以上三文相较,《五行志》所引者,以字句审之,与司马迁《史记》之文相近,《国语》则次之。可知此条亦本于司马迁《史记》也。

6.《史记》:"秦二世元年,天无云(而)雨。"

玉哲按,此条《史记》无之。是《史记》原有而后散失欤?抑此条本于他书欤?

7.《史记》:"秦始皇八年河鱼大上。"

玉哲按,此条孙先生引为"河鱼上",今以汲古阁本《汉书》补一"大"字。此条他亦列入"未知其所本",实则司马迁《史记·秦始皇本纪》"(始皇)八年……河鱼大上"尽为班氏所本。

8.《史记》:"鲁襄公二十三年,谷、洛水斗,将毁王宫……"

玉哲按,此条孙先生云:"有司谏曰《周语》作太子晋谏,于此略异。"《五行志》所引既与《国语》略异,我们说他出自《国语》固然可以,说他别有所本亦无不可。

9.《史记》:"秦武王三年渭水赤者三日,昭王三十四年渭水又赤三日。"

玉哲按,此条《史记》无之。

10.《史记》:"周幽王二年,周三川皆震。"

玉哲按,《史记》作"幽王二年,西州三川皆震",《国语·周语》作"周幽王二年,西周三川皆震"。

11.《史记》:

鲁哀公时,有隼集于陈廷而死,楛矢贯之,石砮长尺有咫,陈闽公使问仲尼。仲尼曰:"隼之来远矣。昔武王克商,通道百蛮,使各以方物来贡。肃慎贡楛矢,石砮长尺有咫,先王分异姓以远方职,使毋忘服,故分陈以肃慎矢。"试求之故府,果得之。

玉哲按,此条在司马迁《史记·孔子世家》云:

有隼集于陈廷而死,楛矢贯之,石砮矢长尺有咫,陈湣公使使问仲尼,仲尼曰:"隼来远矣,此肃慎之矢。昔武王克商,通道九夷百蛮,使各以其方赇来贡,使无忘职业。于是肃慎贡楛矢,石砮长尺有咫,先王欲昭其令德……分异姓以远方职,使无忘服,故分陈以肃慎矢。"试求之故府,果得之。

《国语·鲁语》作:

仲尼在陈,有隼集于陈侯之庭而死,楛矢贯之,石砮其长尺有咫。陈惠公使人以隼如仲尼之馆问之。仲尼曰:"隼之来也远矣!此肃慎氏之矢也。昔武王克商,通道于九夷百蛮,使各以其方赇来贡,使无忘职业。于是肃慎氏贡楛矢、石砮,其长尺有咫。先王欲昭其令德……故铭其栝曰'肃慎氏之贡矢',以分大姬配胡公,而封诸陈。……分异姓以远方之职贡,使无忘服也。故分陈以肃慎氏之贡。君若使有司求诸故府,其可得也。"

由以三书之文,以字句比之,则《五行志》所引近于《太史公书》,《鲁语》则次之。其最显者,《太史公书》作"陈湣公",与《五行志》所引作"陈闽侯"一合。而《鲁语》则误"陈惠公",《五行志》是史迁之文明矣。

12.《史记》:

夏后氏之衰,有二龙止于夏帝庭而言:"余,褒之二君也。"夏帝卜杀之,去之,止之,莫吉。卜请其漦而藏之,乃吉。于是布币而策告之,龙亡而漦在,乃匵去之,其后夏亡传匵于殷周三代莫发。至厉王末,发而观之,漦流于庭,不可除也,厉王使妇人裸而噪之,漦化为玄鼋。入后宫,处妾遇而孕,生子,惧而弃之。宣王立,女童谣曰:"檿弧箕服,实亡周国。"后有夫妇鬻是器者,宣王使执而戮之,既去见处妾所弃妖子,闻其夜号,哀而收之,遂亡奔褒,后褒人有罪,入妖子赎罪,是为褒姒。幽王见而爱之,生子伯服,王废申后及太子宜咎,而立褒姒、伯服代之。申后之父申侯与绘西大戎共杀幽王。

玉哲按,此条孙先生注曰"见《国语·周语》"。《周语》共三篇,关于此事,一字不载,实则此文在《晋语·武公》篇内有几句,大部份则在《郑语》内:

> 且宣王之时有童谣曰:"檿弧箕服,实亡周国。"于是宣王闻之有夫妇鬻是器者,王使执而戮之。府之小妾生女而非王子也。惧而弃之,此人也收以奔褒……训语有之曰:"夏之衰也,褒人之神,化二龙。"同以生王庭而言曰:"余,褒之二君也。"夏后卜杀与去之,而止之,莫吉。卜请其漦而藏之,吉。乃布币焉而策告之,龙亡而漦在。椟而藏之,及殷周莫知发也。及厉王之末,发而观之。漦于庭,不可除也。王使妇人不帏而噪之,化为玄鼋,以入王府,府之童妾未既龀而遭之,既笄而孕,当宣王时而生,不夫而育,故惧而弃之。为弧服者,方戮在路,夫妇哀其夜号也,而取之以逸,逃于褒。褒人褒姁有狱,而以为入于王,王遂置之,而嬖是女也,使至于为后而生伯服,天之生此久矣。……王欲杀太子以成伯服,必求之申……缯与西戎会以伐周。

《郑语》内所写之情节与《五行志》所引者迥异,如童谣在前,而《五行志》在后,又如云"府之小妾生女"及其行文,于《五行志》所引者皆不合,但与司马迁《史记·周本纪》内之事实,则一一悉合,可知此条亦本于《太史公书》矣。

13.《史记》:"秦孝公二十一年,有马生人","昭王二十年,牝马生子而死"。

按,《周本纪》内之文,于《五行志》所引之事相同,因不愿滥占篇幅,故不具引，读者谅之。

14.《史记》："魏襄王十三年，魏有女子化为丈夫。"

玉哲按，此二条，孙先生俱云"未知其所本"，但是我考之《史记》仅"牝马生子而死"一条无之，其他二事，一见于《六国表》秦孝公二十一年内有"马生人"；一见于《魏世家》"（魏襄王）十三年，魏有女子化为丈夫，"又为《五行志》所本矣。

15.《史记》："秦始皇二十六年，有大人长五丈，见于临洮。"

玉哲按，此条不见于司马迁《史记》。

16.《史记》："晋惠公时童谣曰：'恭太子更葬兮，后十四年，晋亦不昌，昌乃在其兄。'"

玉哲按，此条孙先生注曰"此条《国语》无"，因见《国语》无，即云未知其所本，其实此条出自司马迁《史记·晋世家》："儿乃谣曰：'恭太子更葬矣，后十四年晋亦不昌，昌乃在兄。'"

由以上十六条观之，吾人知《五行志》所引《史记》之文，大多数出于《太史公书》。孙先生有各条必出于《国语》的成见，故云："皆与司马迁《史记》之文不应。"见《国语》所无者，即云"未知其所本"，此点不能不说是孙先生之疏忽也。

孙先生既误以《五行志》所引十六条是出自《国语》，又见《五行志》不书出自《国语》，而在每条之上冠以《史记》二字。遂疑《国语》在该时尚未成书，孙先生云："《五行志》所引诸书如《左氏》《公羊》《穀梁》《易传》，名称详明，未尝隐约的其辞，何独称《国语》为《史记》……是知《志》所引《史记》，汉时曾有是书，而今之所佚者也。"又云："班志里见《国语》，何以不引《国语》，而独有取于《史记》，知今本《史记》当时尚未成书者决矣。"孙先生为加强他的《国语》为晚出之说，遂不惜把班志所云"史记"二字由通名毫无理由的变为专名了。实在《五行志》所云"史记"二字，乃一通名，正与"太史伯阳读史记"（《周本纪》）、"孔子读史记"（《陈杞世家》）与"左丘明观史记"（《汉书·艺文志》）诸例子同。《五行志》所引尽亦当史部诸书，如《太史公书》《国语》等之总名耳。孙先生不查，误以《史记》在汉时真有其书，其谬甚矣。

退一步来说如果在汉时真有所谓《史记》（非迁《史记》）其书者，何以不见于汉时他种书籍？其疑一也。班氏在《五行志》既屡屡引及《史记》以述五行之说，足见非常重视。何以在《艺文志》内又故意遗之？其疑二也。按《五行志》所引诸书如《左氏传》《春秋》《公羊传》《穀梁传》等，均见于《艺文志》。东汉以后魏晋南北朝无有道及之者，历代图书目录自《隋书·经籍志》以下，均不载是书，吾人不能说该书仅为班氏所见，其疑三也。有以上三疑，故能断定汉时绝无《史记》一书，必是诸史书之总名耳。

孙先生错误之所以筑成，实为成见所致，不顾证据之有无，不管是否合理，故终于弄巧成拙，无可讳言也。今吾等既知班氏所据实乃司马迁《史记》及《国语》，又知班氏所谓《史记》非一专名，则先生以为《国语》晚出之说，势难成立矣。

（二）评孙先生所用之方法及其他错误

生当今日，整理古书固然不应"抱残守缺"，亦不当"刚愎自用"。无论说的如何"天衣无缝"，但是在未有相当证据之前，是不能取得时人相信的。孙先生每每没有可靠的证据，便妄断臆测。如未寻到确证，便断定刘歆取《国语》易名《左氏传》，又说刘歆所取解经之书，必是《国语》。孙先生从何而知"刘歆云：《国语》已佚"？又如谓："好事之徒则撮录古籍记事之与《国语》相近者，伪纂今本《国语》，于是取《管子·小匡》为《齐语》，记吴越之事者为《吴语》《越语》，而刺取《史记》之文为《周语》《鲁语》。"我们不能不为《国语》大呼声疾道："拿证据来！"何能证明古时之《国语》非今本之《国语》。以司马迁《史记》与今存《国语》及《左传》较之，吾人可知司马迁对于材料取舍之标准，即是如《国语》《左传》全有之事，则大概舍《国语》而取《左传》，如为《左传》所未有者，方取之《国语》。间有《左传》事异者，亦有采《国语》者，太史公明明见引，何能谓今本《国语》为后出耶？孙先生以为《国语·鲁语》是出自太史公《史记》之说，更一证据。《史记》之与《国语》，如并读之，则见《国语》之体裁为纪事本末体，且零零碎碎，文气不贯，至《史记》则能以《国语》数条之事，以一段述之，比《国语》简明多矣。其文成之先后，一览即明，谓《国语·鲁语》成于《史记》之后，未免过于武断。

以上种种，皆是孙先生证据最薄弱之点，也是结果不能使人满意之处。此外孙先生更每每凭了孤证，即下肯定的结论。如谓："《国语》所记，起于周初，迄于战国之世。而《志》引《史记》有秦始皇二世时事，亦非《国语》所应有。"作者既有此种反证，何以不再问"是否为司马迁《史记》所应有呢？"而即刻判断曰："是《志》所引《史记》，汉时曾有是书，而今所佚者也。"孙先生不斤斤较量自己之说是否破绽，每获一谬论，便以为创见，而沾沾自喜曰："不幸《史记》之书佚，而其作伪之迹遂湮，今仅赖《班志》所引残余之文，以明之。而使二千年来之疑案，一旦豁然明白，岂非快事。"故终至有推车撞壁之日。

孙先生对于《五行志》所引十六条，又每每不查司马迁《史记》原书，而定为不知所本。考证之事，懒于翻阅有关系之书，何如不作？如上三、四、七、十三、十四、十六诸条，皆曰未知所本。余考之皆出司马迁《史记》。尤其可笑者，则是未查明出于何篇者，而妄题见于某篇，如第十二条"夏后氏之衰，二龙止于夏庭一事"。先生必是先见于钱大昕《汉书考异》云"夏后氏之衰……皆《国语》之文"，又见此条述周幽王事，遂妄题见于《周语》，其实《周语》内又何尝有此记载呢？

孙先生以为刘歆别创"新国语"之名以乱其真，但是刘氏既想乱其真，为什么不直接名"国语"，而偏冠以惹人怀疑之"新"字呢？为什么不假言三十卷，而细说五十四篇呢？班氏下注曰"刘向分《国语》"又如何解释？孙先生必先把以上各疑答复圆满后，才可以说今本《左氏传》为原本《国语》，"新国语"之名为刘歆别创。

孙先生的第四证，以为《史记》所本为今本《左传》而非今本《国语》，故断定今本《国语》当时尚未成书。上面已说过太史公选择材料，较信《左传》，《国语》则次之，若谓《史记》之内容，所据《左传》之处多于《国语》则可，若谓《史记》无有出自《国语》者则非也。

总而言之，孙先生怀疑的精神是令人佩服的，不过时常不顾客观事实，故有许多误解的地方。至于我的批评也保不住没有错误，只求读者有以教我。（民国二十六年，春假期间作于北大三院，二十七年十二月重订于昆明。）

（三）评先生关于《左》《国》二书之判断

在未评以前，我先要声明：我对于孙先生的结论——《左》《国》非一书之分化——表极端的赞成。至于孙先所举之四证中，二、三两条我也全盘接受。但是第一条证据实多令人生疑者，如谓："刘歆校书中秘……则易'国语'之名为'左氏传'，别创'新国语'之名以乱其真，复辑古籍为《国语》二十一篇。"是已君认今存《国语》为刘氏伪辑矣。但后又说"今存《国语》乃好事者之所辑"，到底为刘歆伪辑呢？还是好事者所辑呢？孙先生应择其一，不当两说并存。又说："《汉志》载《春秋》古经十二卷，《左氏传》三十卷，《国语》二十一篇，《新国语》五十四篇，《新国语》已佚，而《史记》无《左氏传》《春秋》说。……刘歆……易《国语》之名为《左氏传》，别创《新国语》，复辑古书为《国语》二十一篇。"是说五十四篇的《新国语》与二十一篇的《国语》皆非汉前旧籍。真《国语》即是今本《左氏传》。但是《史记·十二诸侯年表》明明有《左氏春秋》一书，何能又令《国语》名为《左氏传》呢？何以班氏《艺文志》只列《左氏传》而不列《左氏春秋》呢？由《十二诸侯年表》云：左丘明惧弟子人人异端，各安其失其意，失其真。故因孔子《史记》，具论其语，而成《左氏春秋》，可见《左氏春秋》一书，虽不能定为左丘明作，但至少是因孔子《春秋》而作，太史公亲见此书，如非解经者，何出此语？（康有为、崔适以为《十二诸侯年表》已被刘歆窜乱，但无有力证据。）且如照孙先生谓《国语》即今本之《左氏传》之说，更有不通之处在，如《十二诸侯年表》言"表见《春秋》《国语》"，但在表内，春秋以前之事甚多，决不能说出于今本《左氏传》与《春秋》中。

（《益世报·读书》第116、117期，1939年4月25日、5月9日，第4版）

论名词之弊
——一个经济史上的例题

吴于廑

为了汉代重农轻商的背景问题,略略地翻看了马乘风先生所著的《中国经济史》(大学丛书本,商务版),问题并没得到解决,倒引起其他的问题来了。这所谓其他的问题也者,一言以蔽之,尽多由于名词之弊。

马先生解释汉代重农轻商的史实,归之于所谓"一个根本的契机"。这契机,据说就是"地主政权"对剥削农民的豪商富贾的压抑(原书有二册,二九〇至三九七页),"地主政权"是一个名词,通常用来讲西欧封建时代的经济社会史的。在西欧的封建时代,所有君主、诸侯都是大地主,对土地而言,他们是领主,对政治而言,他们又是统治者,凡是在他们领地上从事于耕作的农民,都属他们的治下。易言之,他们的统治权是建立在土地的领导权上的。所以治史的人称这种统治为地主政权。中国的封建时代,结束于西周之末。所谓地主政权,也随之荡涤殆尽。秦置郡县,政权操于官吏,官吏又同属于皇上,做官的人不必是地主,虽然皇上也赏给之以爵禄。洎夫汉代,封建虽曾有一度的再起,但其性质在于"酬庸""固藩",政治上的作用大,而社会经济的作用小,与西周典型的封建制度迥乎不同。夷考其实,政权仍在黄帝所任命的官吏,而官吏的出身也不一定是地主,即受封的诸宗室王国之中,其情形亦复如此。所谓"封"者,只是划一地方使受管领,为中央的藩属而已,根本即无层累的裂土分封的事实。说汉代政权是地主政权,在制度上,我们实找不着什么依据。

秦汉之际，就史实言，社会上并没有什么强有力的阶层，封建堕壤，地主即渐衰落，而工商业亦在萌芽，虽《史记·货殖列传》上写下几个积赀巨万者的姓名与事迹，但去形成一有力的工商阶级尚远。故秦政既失人心，起而推翻之者，既非善保身家的地主，又非怕受败累的商人，而是一群亡命的草莽英雄、市井无赖。六国的遗裔虽也趁机发动，但其势力则远不如前者之大。刘邦、陈涉之徒的出身，人皆知其为亭长与戍卒。若更一翻《史记》的列传部分，则佐刘氏成大业者：萧何是刀笔吏；周勃织薄曲为生，常为人吹箫，给丧事；韩信是布衣，贫无行，从人寄食；曹参为狱掾，是萧何的不大要好的同寅；陈平少时家贫，跟着兄嫂过活；樊哙以屠狗为事；夏侯婴为沛厩司御，是个不大体面的车夫；灌婴在睢阳贩缯，与民国的曹大总统同行；郦食其家贫落魄，无以为衣食业。其他如彭越、黥布、张苍、叔孙通、刘敬之辈，或为强盗，或为罪囚，或为秦朝不得志的官员……但没有一个人是大地主。以一群因势乘便而崛起的市井无赖，居然会建立所谓"地主政权"，诚难使吾人信服。若谓人他们于夺得政权后遂一变而代表地主的利益，则我们试一察汉的承平以后的政治设施，与所谓地主政权的特征，亦全然异样。地主政权之特征，就其所表现与西欧封建时代者，不外以世袭贵族的地主掌握政权，维护与加强地主的利益，使农民永远处于被剥削的地位。今苟以此衡论文景之世，敢问有那一点能若合符节？文帝、景帝的政治，重在与民休息，以不扰民的原则，蕃养民间农业与手工业的生产，借图挽救战国及楚汉之际社会崩溃的颓运。文帝之屡言农为天下之本（参看《史记·孝文本纪》），景帝后二年诏：以农事与女红二者并言，谆谆以务农桑为天下倡（《前汉书·景帝纪》），尤能道出当时政治措施的意旨所在。至于省徭赋、减租税，更是常有的举措。如果说他们的政权是代表地主利益的，世上那有这样宽宏的地主？再就文、景、武三代所登庸的人才而言，除文景之朝尚有先世功臣及其后代而外，选贤与能的制度到武帝时大抵确立。故当武帝之世，著董仲舒，若公孙弘，若田蚡，若桑弘羊，若孔仅，若张汤，或为书生，或为外戚，或起家于工商，或出身于员吏，又有那一个是有力的地主？那一个代表地主的利益？地主既不出面掌握政权——其实不实际掌握政权而在幕后操纵政治的现象，只有在资本主义下的代议制度中才会出现。在封建时代,地主是不曾不出面的——掌握政权又不是他们的代理人,反而倾全力于维持小民的生计。所谓"地主政权",究将何所依附?"地主政权"一名词既不能在汉的历史上站得住脚,则所谓地主政权压抑工商业资本的解释,在我们看来,已就是无根之论。

马先生书中列举商人遭受压抑的例子,大批均见于《史记·平准书》及《汉书·食货志》中。一为告缗之令①,一为盐铁官营。关于告缗令的实施情形,马先生在征引《食货志》"于是商贾中家以上大抵破"一句之后,便加上"商人们被摧残,封建地主们乃大唱凯旋了"一类的得意之笔(原书第二册,三六五页)。我们细看《史记·平准书》,告缗令之付诸实行,几全由于当时币制紊乱,而币制之所以紊乱,则是由于私人铸钱之盛。这所用私人,据《平准书》,亦并不限于商人,高祖时的因秦钱重难用,"令民铸钱"。文帝因荚钱益轻多②,"令民纵得自铸钱",所谓"民",当即民间之谓,初非商人专司一业。民间如此,官员自然更得大量地铸造,如吴以诸侯、邓通以大夫,均钱布天下,富埒天子。这种情形的延续,结果便是通货的供过于求。武帝之时"吏民之盗铸白金者,不可胜数","而奸或盗摩钱里取镕,钱益轻薄而物贵"(见《史记·平准书》)。情形既严重到这样的程度,朝廷仍不得不为补苴之计。先禁私铸,令铸钱之权归之于县官及郡国。然私铸已成为风气,积习难返,盗铸如故。于是杨可之徒,乃请下告缗令为紧急措置。铸钱的人,既包括吏、民及奸,故紧急措置的对象,并不专限于商人。《平准书》上明写着:"中家以上大抵皆遇告。杜周治之,狱少反者。"所谓中家,当是泛指吏民。故其下叙述"治郡国缗钱,得民财物以亿计……"亦不专指商人。不过民间的商贾,因职业关系,盗铸及私蓄的机会较多,受告缗之令的影响自亦较深。《前汉书·食货志》于"中家"之外,又标"商贾"二字,依我们看,其解释也应该如此。且朝廷于实施告缗令时,同时即"悉禁郡国无铸钱……天下非三官钱不得行"。由可见告缗令的对象是普遍的,并非专门对付商贾。然则马先生谓此为地主政权之压抑商业资本,吾

---

① 告缗令是查抄私铸金钱及因私铸而积蓄的财物的命令。
② 荚钱是一种形似榆荚的钱币。

人不敏，殊不敢苟且从同。

至于盐铁官营，我们的解释也与马先生略异其趣。打开《史记·平准书》，当时朝廷与商贾相互为用的例子，可以随手举得。高祖初起，天下疲弊。将相或乘牛车，齐民至无尽藏。遂利之民，颇蓄积居奇。高祖及追随他的一辈人多为市井走卒，当然看不惯这一班有钱的商人。于是"令贾人不得衣丝乘车，重租税以困辱之"。这不过是穷人得志后对有钱人一时的报复，很难说得上是一种"经济政策"，"政策"一词，再讲古代社会经济组织未臻繁复紧密如近世的历史时，我总劝人审慎应用。故当惠帝、高后之际，又复弛商贾之律。到了武帝即位，因矜功喜伐，遣师营边，糇粮所需，往往不得不假手商人，以资输调。元朔三年之通西南夷道，五六年间之北伐匈奴，皆尝因租赋不给，或令豪民外入粟于县官，内受钱于都内，或令买取官爵，以实库藏。其后征伐日繁，府用亏竭。商人们眼看朝廷已不是靠得住的主顾，乃复囤积滞财，不再像以往的有求必应。朝廷因府库既空，无法可想，这才想加富商以"不佐国家之急，黎民重困"的罪名，把他们最大的凭借的盐铁出库收归官办。这所谓"不佐国家之急，黎民重困"云者，也的确是当时官营盐铁的动机，只要一按《平准书》中孔仅对这事发表的意见，便可明白其背景只是如此，用不着再寻什么大名词来做注脚。而且朝廷之接办盐铁，其方式也十分温和。虽将盐铁从商人手中拿了回来，另一面却给他们以相当的补偿，这补偿既是《平准书》中所记载的"除故盐铁家富者为吏"，以爵易财，总算是温和之至。故武帝时官营盐铁的主张只是想借此使国库充裕，化私利为公利，同时可以兼顾到黎民的生计。所谓地主政权对商人的压制，依史书中所载的事实而论，实未能探其核要。武帝朝中之重用孔仅、咸阳、桑弘羊等以商贾出身的大吏，尤足为"地主政权"说之反证。马先生大著中第二册第三九一页云"如今汉武帝要以地主政权的铁斧对准商人们底头顶飞砍"，笔酣墨饱，文章写得固然生动之至，可是汉武帝的铁斧未免太为神秘，向人家的头顶飞砍，不但砍而不死，并且任他们露其头角于他自己的朝廷中了。

讲中国经济史而引用西欧经济史上的名词与理论，固无所不可。不过这须略加审思明辨的功夫。倘滥于征引，结果恐难免于事实脱节的危险。汉代的政治,据我的肤见,受儒、法两家理论的影响很深。即汉宣帝亦尝自道汉家之根本精神在于王霸杂糅。王者以仁是儒家的精神,霸者以力是法家的精神,与我们所见者正相吻合。儒家理想中的皇帝譬如一个公正的大家长,他治下的臣民则犹之一家的子弟,家长待子弟以无所偏爱,而后家齐。皇帝治臣民以大公无私,而后国治。汉代文景二帝之勤政爱民,历年所下诏书,殷上以振元元,务农桑相勉于臣下,就是这样"家长精神"的表现。汉武帝虽好大喜功,然赈灾凿渠,时时以黎民生计为言,至晚年而尤甚,亦复受儒家政治理想的影响。黑格尔《历史哲学》中讲中国的部分,把这一点说得很好。近来日本人五来欣造所著的《儒家学说对于德国思想的影响》一书中,其前半部分也尝论及此点。局外人之论事,其观察往往较局内人明切。这两位外国人对中国历史的看法,想亦不为无见。根据这个看法,然后可以悟到秦汉大一统后的政权是超阶级的。也正因为中国自封建制破坏以后,社会上从未形成强有力阶级的缘故,①所以才有这超阶级性的政权存在之可能。唯其是超阶级的,故才能在社会发展上发生其持衡的作用,不使任何阶层有超度的发展。这二者实互为因果,是一串"作用"与"反作用"的联系,明白了这一点,然后可以知中国社会与西欧社会发展姿态之不同,而中国社会发展之所以有长期停滞,也可以得到部分解释。汉初的政治正是这种超阶级政权的典型。对商人之"滞财役贫"者,稍稍挫抑则有之,拿"铁斧飞斫",则绝无其事。对黎民之生计,更多方掖助,从未有地主的立场,以剥削为务。良以其政权存在之依据,在社会发展之持平,而不在凭借此阶层以打击彼一阶层故也。这种为政的精神,谓非受儒家学说的影响,我们实在也难寻得其他更满意的解释。

复次,以言汉代之着意重农,我们认为法家学说的影响,实有推动的作用。法家学说的中心在于富国强兵。其所以致此之由,一曰"尊君",一曰"耕战"。"耕战"与"尊君"的理论,《商君书》及《韩非子》言之备矣。汉代既上乘秦代一统之局,集权于天子,自不待问,更进而有求者,则为耕战。耕战之道,自一面言之,为劝务农桑,使民自足,合于儒

---

① 钱穆先生《国史通论》引论中,论此理极切有卓见。该项《引论》在《益世报·史学》(副刊)分三期发表,可以参看。

家保育之论，又自成一面言之，为保持淳朴，使民知勇，又是致强的大路。做买卖的商贾，在统治者看来，最易流于"浮浮"，不足为国家致强的基本。商鞅用秦之时，就曾有国"事末利及怠而贫者，举以为收孥"的议论。所谓"事末利"，当是指逐利的商贾而言，而商鞅竟将把他们与"怠而贫"者作同等看待。汉代鉴秦之失，虽未明白采用法家的主张，但其不容商人营利之侵蚀黎民，与此尽盖有类似的见地。汉初从政权诸臣之中，除儒生如陆贾、贾谊、公孙弘、董仲舒一辈大为儒家理论张目而外，习申商刑名之术者，亦有人在。如晁错之辈的政论，即是显明的例证。武帝时的赵禹、张汤，更扬波汲流，务为深文周内。故汉初政治，实激荡于儒、法两家的学说之间。汉宣帝的王道杂治之语，也就是对此事实的一针见血之论。弄明白了这一点，然后始知"地主政权"一类的说法，并未能触着问题的边际。

马克思、恩格斯等社会革命家，于治西欧历史时，把它分为数大阶段，以为资本主义社会以前，必为封建社会。资本主义社会之政权在资本家，封建社会的政权则在地主；而掌握政权的阶级，又必维护其本身的阶级利益，以与其他阶级对立。国人之稍稍涉猎西洋史者，熟闻其说；又知欧西中古史上有地主与城市商人争夺政权的事实，于是便拿这一串的名词回头而谈中国的历史。中国之尚未进入资本主义社会的阶段，是一件显明的事实。既未进入资本主义社会的阶段，依他们的逻辑，就必定是封建社会，其政权又必定在地主。执此成见，进而搜集他们所需要的资料，略得点滴，便点头称是，以为真的是原来如此。而中国社会发展的特殊形态，均视若无睹，不予处理。名词之弊，至于如此，在他们自己，亦何曾预想得到？治历史的人应该先看事实，比关之后，然后方能建立原则。若先借人家的原则做依据，然后再寻章摘句，求获证明，是为反其道而行，除搬弄一二既成的名词而外，恐怕难于有什么了不起的成就的。

（《益世报·史学》第 16 期，1939 年 7 月 25 日，第 4 版）

官书与民间书

陈梦家

战国时通用的文字,照王静安的说法,分为东土、西土两大系统,东土的六国用古文,西土的秦用籀文。但是试取秦国的金文,来与六国的金文比较,他们的同点比异点更多。反之,同是六国的遗器,如六国匋文、货币文和六国金文差异却很大。因此我们不能满意于王氏的说法。

文字的差异有许多原因,简单的说有四:(一)因时代的不同;(二)因地域的不同;(三)因书契工具与材料的不同;(四)因书写者阶级的不同。关于前者,固世所通晓,不必详说。现在先述书契的工具与材料如何影响文字。古文字的写法大约有四类:一类是契法,就是用铁笔契刻于甲骨、金石、玉匋之上;一类是书法,就是用毛笔书写于竹木缣帛纸之上;一类是铸法,就是先将文字契刻于范母上,然后铸之于铜器;一类是印法,就是先将文字契刻于范或印,然后印在匋或泥上。铸法、印法皆是间接的契法,他们的作用很像如今的铅字印刷法。甲骨性质脆弱,一经契刻,不能重修,所以他的字体不同于金文、石文。金文多中是铸,所以和石文近。秦公簋和陈猷釜的正文都是铸的,他们的边款是刻的,所以正文和边款字体不同。

文字因时、因地、因书契方法而各异其体,已如上述。最后还有一种原因使字体差异的,就是官书和民间书的不同了。秦以前若宗周和列国的铜器铭文,若秦国的碑碣刻辞,这些都是官书。在前叫做大篆(即籀文),在后叫做小篆,大小篆是一脉相承。不但大小篆一脉相承,他并上承于宗周列国的金文,而两周金文上承商金文和甲骨文。他们的关系是:商甲骨文→商文→周金文→籀文→小篆。这些全属官书,而与东土、西土无涉。春秋时史官都由周王室派遣，所以列国的官书自然相同，列国所铸宗庙重器，其铭文字体也都相同了。

所谓民间书者，并非与官书完全对立的。民间书是民间所通行的文字，他没有官书那样凝固与一致，是较为省易而多流动性的。看惯金文、石文和小篆一类官书的文字，去认民间书的陶文和货币文，自然觉得民间书更难读了。

六国时的民间书，可以从陶文、货币文和《说文》的古文得其大概，这三种字体（并一部分的印玺文）都是一家眷属，因为他们既是同时又是同地（齐鲁为多），又同为民间书。但是写在竹简上的民间书，我们今日已无得见，只有《说文》中的古文和《三体石经》中的古文保存一些。在战国晚期，《诗》《书》、百家语都是写在竹帛上的民间书。自孔子以私人设学，教授《诗》《书》，《诗》《书》一定在民间流传起来了。

我们由秦世遗物来看，秦国是个尚法的国家，他的文字就只许通用官书。所谓小篆并非李斯等所创造，乃是经李斯等所审定的秦国历代所用的官书。故李斯等的《仓颉三篇》乃是审定后官版的字书，人民一律以此为据。秦文既是官书，所以《说文》序说始皇同一文字"罢其不与秦文合者"，是罢去秦文以外的民间书，《诗》《书》、百家语是用民间书写的，所以烧灭之。凡是要学的，"以吏为师"，就是只许官学不许私学。这个同一文字的严厉法律，虽为后世所诟病，使战国活泼的思想至此终结。然幸有始皇的同一文字，使二千年以来，同一的文字乃为中国统一的象征。同一文字的严厉法律，到汉代还是因仍不更，《艺文志》说尉律"吏民上书，字或不正，辄举劾"。

始皇的同一文字，实兼具同一思想之作用。因民间书一禁止，而《诗》《书》、百家语也禁绝了。这些民间的书本子和字体，经秦的禁绝，至少有几十年不能通用。汉代秦，在种种制度是因仍不改的，所以到后来大家要寻访秦所烧灭的经书，因为经书是用六国民间书写的，而这种字体被禁多年，士子只识官书（汉代官书为小篆与隶，隶是篆的改变），这种死了的字体叫做古文，且这些用死了的字体所写的经书为古文经。所以汉世的"今古文之争"，所争者是流传的官板本子与先秦的民间板本子，亦即官书与民间书。今古文不但是版子有官版民版之不同，并且因为板子之不同、时代之不同而各异其内容。

"古文"既是战国时的民间书,所以无分东土、西土。汉时传《尚书》的,固然壁中书和伏生皆在东土。而杜林于西州得漆书古文《尚书》一卷,西州是秦地,是《漆书尚书》乃秦地民间所藏的旧书。《汉书·河间献王》"从民得善书","皆古文先秦旧书《周官》《尚书》《礼记》《孟子》《老子》之属",是《尚书》不止壁中本、伏生本、西州本,独有河间本。据《艺文志》说易学:"民间有费、高二家之说,刘向以中古文《易》校施、孟、梁丘《经》(皆官学),或脱去'无咎''悔亡',唯费氏经与古文同。"则古文《易》与民间《易》同,而不同于官书。又北平侯张苍献《春秋左氏传》一定也是先秦的民间书,所以也属于古文。

以上所述,汉世所谓"古文",指先秦战国时东、西土民间所通用的文字,因为是民间书,所以合于陶文、货币文,而不合于官书的以籀和小篆。这种文字,曾经禁绝不用了多少年,汉朝人认不得他,又因为是先秦旧书上的文字,所以叫他古文,意思是故文,如同"故书"的"故"一样。但是"古文"这一名称,有时泛指"古代的文字",仍是一个相对的名词。所以同是"古文",或以之"战国时的民间书",或以之指"古代的文字"。

《说文》序上提到"古文"共有十次,而其意义不同。(一)以古文为"古代的文字",如说"大篆十五篇,与古文或异",谓大篆与周宣王以前之古文或异;如说"初有隶书,以趋简约,而古文由此绝矣",谓用隶书后,隶书以前的古文都绝了;如说"及亡新居摄……颇改定古文,时有六书",谓王莽改定在他以前的文字;如说"郡国亦往往于山川得鼎彝,其铭即前代之古文,皆自相似",谓鼎彝铭文皆汉以前的古文。(二)以古文指"战国时的民间书",如说"至孔子书《六经》,左丘明述《春秋传》,皆以古文"。如说亡新六书"一曰古文,孔子壁中书也,二曰奇字,即古文而异者也",则壁中书皆是用古文写的。又说"皆不合孔氏古文,谬于史籀","今叙篆文,合以古籀",以古文与史籀并举,明是书体。又说"其称《易》孟氏《书》孔氏《诗》毛氏《礼》周官《春秋》左氏《论语》《孝经》皆古文",这些书皆是古文写的,古文兼有学派义。这些古文经,除了《孟氏》《易》为官学外,其余都采用民间的本子。

这个分法,与王静安的不同,王氏说:《说文》序十次提到古文,"皆指汉时所存先秦文字之"。王氏说"大篆十五篇,与古文或异"的古文,"似指仓颉以来迄五帝三王之世改易殊体之外文字",但因为古无拓墨法,许慎必定看不到真正的商周古文,所以此所谓"古文"是先秦文体。我们觉得,许君可以提到某一种古代的文字,只据传闻,而不必目验,因为许君明明说"五帝三王之世,改易殊体,封于泰山者七十二代,靡有同焉",也是据传闻而不凭目验。因此许君亦可据传闻而说大篆十五篇与周宣王以前的文字不同了。

据我们的说法,战国时的文字,官书与民间书是两种不同的字体,而无分东西的,所以秦之烧灭《诗》《书》并非因《诗》《书》用民间书写的。王氏说"六艺之书,行与齐鲁,爰及赵魏,而罕流于秦",是要维持东土用古文之说的。然在秦土还发现烧余的漆文《尚书》,而我们由秦的猎碣刻辞和始皇刻石来看,秦国文字无不受《诗》《书》的影响。

这样看来,春秋战国东土、西土的官书文字都是大同小异的,而官书和民间书是有差异的。官书和民间书不但战国时有此分别,而战国至今,无论何代皆有官书与民间书的分别,在此不能细说了。

二十八年二月十五日,牛角坡

(《益世报·史学》第 5 期,1939 年 2 月 21 日,第 4 版)

孔子与刘歆对于传布书籍的贡献

叶竞耕

苏轼《李氏山房藏书记》里说："自孔子圣人，其学必始于观书。当时惟周之柱下史聃为多书。"并且又引证《左传》里的韩宣子适鲁，然后见《易象》与鲁《春秋》，和季札聘于十国。然后得闻《诗》之风、雅、颂，以为士之生于是时得见六经者盖无几。于是欲使来者知昔之君子见书之难，而今之学者有书不读为可惜也。凡是读过这一篇文章的，请试一想那开始传布书籍的人，他的功绩是多么伟大，冯道发明镂板之术，书籍遂得广传天下，功实不细，此为尽人皆知。但在冯道以前书籍是怎样流传开来的呢？近日偶然翻阅《章氏丛书》的《检论》，读到其中的《订孔》一篇，又使我知道对于书籍流传的二个功臣，那就是孔子与刘歆了。今试看章氏的话：

> 章炳麟曰："仲尼，良史也，辅以丘明而次《春秋》，料明百家，若旋机玉斗矣。谈、迁嗣之，后有《七略》。孔子殁，名实足以抗者，汉之刘歆。"（《订孔》篇）

章氏以为刘歆之名足与孔子抗者究在那里呢？他在篇末小注里说："书布天下，功由仲尼，其后独有刘歆而已。"那末两人名足抗者是在书布天下的一事了。现在约略把二人对于书籍的布传谈一谈。

在孔子之前，学皆在官，政教不分，仕又与学同（《说文·仕学》也）。为官的即为人师，所以士人欲学，亦不得不事于官（《曲礼》：宦学事师）。不仕也就无所谓学了。除此官守之学外，民间是绝无所谓学术的。但是到孔子的时候，他删定六籍，然后竹帛下庶人，民间讲学之风渐渐兴起，产生出来的先秦诸子的争鸣。

讲到六籍,章氏以为道、墨所周闻。但是墨翟虽博闻,务求神道,珍秘而弗肯宣。而老聃为守藏史,既得其本株了。然倚相、苌叔诸公又不降志于删定六艺。独有孔子继志述事,缵老之绩,布彰六籍。令人人知前世废兴,中夏所以创业垂统。孔子的这种伟业,将与中夏共存亡。(详见章氏《订孔》篇)

照这样看来,二子的闻望,以六籍彰明于后世。而六籍实在开民间学术的先河。孔子也就是布传书籍的第一人了。

秦始皇统一天下,学术随政治而转移。焚书坑儒,学术遂定于一尊。书籍也独藏博士官,民间流传又几至绝迹了。及汉兴之初,虽然除去执书之禁,但武帝立五经博士,百家尽黜,民间流传的亦惟有五经。当时得书也不甚容易,如果东平王的求《史记》于汉廷,桓谭假《庄子》于班嗣。我们还可以知道当时《论语》因独非师授也不能得,其他竟是没有流传的了。直到汉成帝时求遗书于天下,遂下诏刘向等校群书,书籍的传布至此又起变化。关于向、歆父子的校书,和辑录成《七略》,在《汉书·艺文志》中有明文记载:

> 成帝时,求遗书于天下。诏刘向校经、传、诸诗赋,任宏校兵书,尹咸校数术,李柱国校方技。每一书已,向辄条其篇目,撮其指意,录而奏之。向卒,哀帝复使歆卒父业。歆于是总群书而奏其《七略》。

刘向所录而奏之的就是《隋志》所称的《七略别录》,后来刘歆的总群书而奏其《七略》,完全依据他父亲的《别录》。所以刘向、任宏、尹咸、李柱国分职校书,已为刘歆立下基础,刘歆不过大成而已。《汉书·艺文志》是汉朝皇家图书目录,但是完全根据《七略》而成的。

向、歆所校雠的书既布行于世,又因辗转迻写,书贾亦货鬻,于是书籍的传布遂更广远。如王充游洛阳书肆,已见有卖书者:

> 《后汉书·王充传》:"后到京师,受业太学,师事扶风班彪,好博览而不守章句。家贫无书,常游洛阳书肆,阅所卖书,一见辄能诵忆,遂博通众流百家之言。"

郑康成以草莱之氓,而窥《史记》经籍:

郑康成《诫子书》："吾家贫，不为父母昆弟所容，去厮役之史，游周秦之都，往来幽、并、兖、豫之域……遂博稽六艺，粗览传记，时观秘书纬术之奥。"

其他又如赵歧以章句之儒而得见《周官》。我们看《汉书》列传所记载的文人学士，大都是明经和博览群书了。

一到梁朝，阮孝绪以隐士的地位撰成《七录》。那末以前天禄、石渠所守的书，至此已完全移于民间。但是书籍因为钞撮烦难，流传还多有窒滞。如司马迁著作《史记》则谓藏之名山，郑康成也说："所好群书率皆腐敝。不得于礼堂写定，传与其人。"《后汉书》注："谓其人，好学者也。"前引，司马迁曰："仆诚已著此书，传之其人也。"可见当时学术传授是很狭的。及冯道发明镂板术，书籍的负贩遂多，而传布因此畅远了。

《宋史·邢昺传》："景德二年，上问昺经版几何，昺曰：'国初不及四千，今十余万。'"

照《宋史》所记载看来，经、传、正义均已俱备，其他的书可以类推。如：《宋史·母守素传》："毋昭裔在成都，令门人勾中正、孙逢吉书《文选》《初学记》《白氏六帖》镂板。守素赍至中朝，行于世。"

这是私家的刻画。所以冯道在这方面的贡献实在算得重要了。

简单的说：孔子与刘歆在吾国书籍的传布上居着重要的地位。其一，孔子的删定六籍，王官之学因此衰败，而民间学术遂代之而起。其二，汉世承嬴秦焚书之后，书的传布既绝。这是他们对于文化上的功绩，永久不能泯灭的。笔者所要说明的重的意义也就在此。

（《益世报·图书》第11期，1939年5月12日，第4版）

疑古的老祖宗——欧阳修

容肇祖

孔子曾说过:"君子有三畏:畏天命,畏大人,畏圣人之言。"(《论语·季氏章》)儒家思想是进化的,"畏天命"的见解,到荀卿手里,便以为"星之队,木之鸣,是天地之变,阴阳之化,物之罕至者也,怪之可也,而畏之非也"。又说:"从天而颂之,熟与制天命而用之?"(《荀子·天论》)以人胜天,从此天命便不足畏,不待王安石说"天便不畏",而许多人已经感觉到天命的不足畏了!"畏大人"的见解,到孟子手里,他以为"说大人,则藐之,勿视其巍巍然。……吾何畏彼哉?"(《孟子·尽心篇》)这是求其在我,自然畏大人的见解不打自破了。但是,"畏圣人之言一事",后人尊崇圣哲,颇不容易解除。不幸的一切依托圣人之言,冒牌的经典,一律的受有保障。秦汉以来,冒充的圣人经典愈弄愈多,《河图》《洛书》《七经纬》谶书等,遂出现于西汉的末年。东汉初,桓谭、尹敏等既极力反对谶书,后来王璜、贾逵、张衡又极力攻击,以为妖妄。宋大明中,始禁图谶,梁天监中又重其制,至隋高祖禁之更甚。炀帝时,发使四出搜天下书籍与谶纬相涉者皆焚之,谶纬之学遂绝。费多朝帝王的力量,经典上遂得到一种廓清。

《河图》《洛书》在宋代凭借道家的传授,又出现了。这种伪书,和汉代流传的《河图》九篇、《洛书》六篇是否相同,大不可考。这种伪书,在北宋、南宋中,不知压服了多少学者。只有欧阳修(西历1007—1072)极力反对。他著《易或问》说道:

《河图》之出也,八卦之文已具乎,则伏羲受之而已,复何所为也?八卦之文不具,必须人力为之,则不足为《河图》也。其曰观天

不通者，惑此者也。知此然后知《易》矣。(《欧阳文忠公全集》卷六一)

他反对《河图》《洛书》，因此遂反对《易·系辞》上下篇及《文言》《说卦》《序卦》《杂卦》以为俱非圣人之言。他著《易·童子问》，说道：

> 童子问曰："《系辞》非圣人之作乎？"曰："何独《系辞》焉，《文言》《说卦》而下，皆非圣人之作，而众说淆乱，亦非一人之言也。昔之学《易》者，杂取以资其讲说，而说非一家，是以或同或异或是或非，其择而不精，至使害经而惑世也。然而附托圣经，其传已久，莫得究其所从来，而核其真伪。故虽有明智之士，或贪其杂博之辨，溺其富丽之辞，或以为辨疑是正，君子所慎，是以未终措意于其间。"(《全集》卷七八)

这是很大胆的一种见解，而实在是很有理由的。《系辞上》有"河出图，洛出书，圣人则之"的话，《系辞下》又有"古包牺氏王天下也，仰则观象于天，俯则观法于地，观鸟兽之文与地之宜，近取诸身，远取诸物，于是始作八卦以通神明之德，以类万物之情"的话。欧阳修发现了这种矛盾，很有趣的说道：

> 《河图》之出也，八卦之文已具乎，则伏羲受之而已，复何所为也？八卦之文不具，必须人力为之，则不足为《河图》也。其曰观天地，观鸟兽，取于身，取于物，然后始作八卦。盖始作者，前未有之言也。考其文义，其创意造始，其劳如此，而后八卦得以成文，则所谓《河图》者，何与于其间哉？若曰已授《河图》，又须有为而立卦，则观于天地鸟兽，取于人物者，皆备言之矣。而独遗其本始所授于天者，不曰"取法于《河图》"，此岂近于人情乎？今《系辞》二说离绝，各自为言，义不相通，而曲学之士，牵合以通其说，而误惑学者，其为患岂小哉？(《全集》卷七八)

这是他很好的见解。他力主《易·系辞》等非圣人之言，又辟《河图》《洛书》为怪妄，这是他的创见，而他的意见，是非常坚决的。他的《〈廖氏文集〉序》说道：

> 自孔子没而周衰，接乎战国，秦遂焚书，六经于是中绝。汉兴，

盖久而后出。其散乱摩灭，既失其传，然后诸儒因得措其异说于其间。如《河图》《洛书》，怪妄之尤甚者。……而学者溺其久习之传，反骇然非余以一人之见，决千岁不可考之是非，欲夺众人之所信，从自守而世莫之从也。余以为自孔子殁至今二千岁之间，有一欧阳修为是说矣。又二千岁，焉知无一人焉，与修同其说也？又二千岁，将复有一人焉。然则同者至于三，则后之人不待千岁而有也。同余说者既众，则众人之所溺者，可胜而夺也。（《全集》卷四三）

王应麟《困学纪闻》卷一记云："欧阳公以《河图》《洛书》为怪妄。"东坡云："著于《易》，见于《论语》，不可诬也。"南丰云："以非所习见，则果于不以为然，是以天地万物为可尽于耳目之所及，亦可谓过矣。"苏轼、曾巩为欧阳修门人，亦皆不赞同其说。而欧阳修这种坚决不移的疑古精神，真是可以上下千古的。后来《河图》《洛书》的辨伪问题，有顾颉刚先生《古史辨》第三册的讨论。不待两千年，欧阳修的疑古见解便被多数人承认了！这位疑古的老祖宗的坚决精神是值得注意的。

（《益世报·史学》第 4 期，1939 年 1 月 24 日，第 4 版）

论樊绰所纪诸语

闻　宥

偶与凌纯声兄谈樊绰《蛮书》卷八末所纪"大虫谓之波罗密"以下诸语，纯声谓多与今 Min-chia 语合。此以上文所谓"言语音最正，但名物或与汉不同，及四声讹重"观之，颇相近似。（曰最正者，以其多汉语借字，即以汉语为本位言之也。曰四声讹重者，独今人恒以自身方音为准，而疑他方音之声调为不合也。）然一比较则殊不尽然。如"山谓之和"，近 Naga 组；"牛谓之舍"，最近 Kuki-chin 组；次之为 Naa 组，皆与 Min-chia 语迥异。其确与之合者，惟"盐谓之宾。阁，高也"两字前者，今读 Pi，后者今读 Ka（皆降调），庶几可谓全合。

今专以此两字言之，高之读 Ka，已似汉借。由复韵变为单韵，藏缅族中之借汉语者往往有此现象。后一韵之消失，正独鼻尾声之得循例脱落也。即 Min-chia 语言，厚之读 Gm，头之谓 Tm，笑读 Sc，皆其同例。故此字实不足为要证。其较重要而兼足以见 Min-chia 语流变之迹者，厥为实字。

以常理言之，樊绰译写之"实"，或不足以证此字之本有舌尖声尾。以汉语中声尾脱落之现象，由来已久。樊绰当时所读，或已成为单纯之 Pi 也。然此字之证迹实不仅具于樊书。《方言》"蜀盐谓之䘳"，《广韵》二十七"铣"薄泫切。依高本汉所定，其音值当为 Biwen。是则知今之读 Pi，不第声尾脱落，抑且声首清化。其读降调，则正浊母之遗痕也。今 Min-chia 语中，除少数极轻微之鼻化而外，已无正式声尾（此现象与川南 Nosu 略同）。以其无文字，故古型殊不易于推测，今得此证，知声韵两者之简化，亦已甚矣。

更推论之,子云记此为蜀语,实则此或为他族之居蜀者,未必即为汉语也。(或蜀中他族语而已杂于当日汉方言之中,亦有可能。今不欲深论,故第约言如此。)蜀中僰道之称,由来已久。今川南一带,僰人遗物向多。美人 Graham 君颇有搜集,而不能言其详,纯声兄言此僰当为僰子而非 Thai 人,果尔,则此蜀语之与 Min-chia 语相密合,或亦不失为一旁证也已。

(《益世报·读书》第 111 期,1939 年 2 月 14 日,第 4 版)

天南琐记

罗　鸿

客中无事，时涉书史，间有关于滇南学故者，则濡笔记之，历时既久，得若干条，借《边疆》刊布之。漫录杂书，无关学问，然如咀嚼跖肋，亦间得少味，不必肥羴大脔也。

（一）

师范《滇系》云："滇中用贝今已渐少，而近边夷妇尝蓄之以为首饰，俗曰'肥'。其用以一枚为一妆，四妆为一首，四首为一缗，亦谓之苗，五缗为一卉，卉即索也。一索值银六厘，而市小物可得数十种，故夷民便之。按，金泉刀贝古所通用，今惟用贝。许慎《说文》曰：古者货贝而宝龟，至周而有泉，秦乃废贝行泉。《汉书》：王莽时，有大贝、小贝之名，谓之货贝。《货殖传》曰：贝五种：大贝、牝贝、公贝、小贝、不成贝，滇之所用者皆小贝、不成贝耳。秦变法时，庄蹻王滇，未必奉行，侵寻至南诏段、高独仍用旧俗，明时尝盛行。"

（二）

杨升庵《丹铅录》曰："元天目山释明本有《九字梅花》诗，滇南唐锜以为不佳，属予作一首，乃口占云：'昨夜小春十月微阳回，绿萼梅蕊早傍南枝开。折赠未寄陆凯陇头去，相思忽到卢仝窗下来。歌残《水调》沉珠明月浦，舞破山香碎玉凌风台。错恨高楼三弄叫云笛，无奈二十四番花信催。'"又《诗话》云:"余尝登眺山寺,见雨霁虹蜺下饮涧水,日射其旁如眹睐,得句云'渴虹下饮玉池水,斜日横分苍岭霞',自谓切景。张愈光云:'斜'字独未称'渴'字。后一年偶阅《庄子》日中方睨,《衍义》云'日斜如人睨目',遂改作'睨日'对'渴虹',字始称。愈光曰:'渴虹、睨日,古今奇句也。'"又,《渔家傲词》自序云:"宋欧阳六一作《十二月鼓子词》,即今之《渔家傲》也。元欧阳圭斋亦拟为之,专咏燕京风物。"予流居滇云廿载,遂以滇之土俗拟两欧为十二阕,虽藻丽不足俪前贤,亦纪并州故乡之怀耳。"其调有云:"四月滇南春迤逦,八节常如三月里,共倾俗佛金盆水。五月滇南风景别,清凉国里无烦热,双鹤桥边人卖雪。六月滇南波漾渚,东寺云生西寺雨,水椿断处余霞补,松炬荧荧宵作午,兰舟桂楫喧箫鼓。"又云:"八月滇南秋可爱,红芳碧树花仍在。"又曰:"十二月滇南娱岁晏,家家玉饵雕盘荐,皆实录也。滇人谓虹为水椿,岁暮蒸白粲捣为丸,以雕盘盛之,荐于祖先祢。"

(三)

升庵以绝世之资,治学不守闲检,又间造伪书,使人迷离莫辨。然亦未尝不精思苦读,从功力中来,非如世人所诋之疏阔也。《明史》卷一九二本传记其:"尝奉使过镇江,谒杨一清,阅所藏书。叩以疑义,一清皆成诵。慎惊异,益肆力古学。既投荒多暇,书无所不览,尝语人曰:'资性不足恃,日新德业,当自学问中来。'故好学穷理,老而弥笃。"

(四)

升庵久戍滇中,妇黄氏寄一律云:"雁飞曾不到衡阳,锦字何由寄永昌。三春花柳妾薄命,六诏风烟君断肠。曰归曰归愁岁暮,其雨其雨怨朝阳。相怜空有刀环约,何日金鸡下夜郎。"又一绝云:"懒把音书寄日边,别离经岁又经年。郎君自是无归计,何处青山不杜鹃。"又《黄莺儿》一词:"积雨酿春寒,见繁花树树,残泥涂满眼。登临倦,江流几湾,云山几盘?天涯极目空肠断。寄书难,无情征雁,飞不到滇南。"升庵别和三词俱不能胜，亦载于此。其一云："夜雨滴空阶，傍愁人枕畔来，乡心一片无聊赖。泪眸懒揩，狂歌懒裁，沈郎多病宽腰带。望琴台，迢迢天外，怀抱几时开？"其二云："霁雨带残虹，映斜阳一抹红，楼头画角收三美。东林晚钟，南天晚鸿，黄昏新月弦初控。望长空，披襟谁共？万里楚台风。"其三云："丝雨湿流光，爱青苔绣粉墙，鸳鸯浦外清波涨。新篁送凉，幽芳美香。云廊水榭堪游赏。倒金觥，形骸放浪，到处是家乡。"

（五）

《黄孝子寻亲纪程》一卷、《滇还日记》一卷，并明古吴黄向坚端木撰，《知不足斋丛书》中案：黄向坚，先世常州人，后徙苏州。父名孔昭，字含美，以崇祯癸未选得云南大姚知县，挈其家及弟之孤赴任。已而两京陷，闽浙不守，西南复立国，江楚两粤连年战争，行旅断绝。音问不通，向坚恋晨昏，日夜西南望，恸哭，目尽肿。一夕，忽自奋，愿独行万里访亲，亲朋尼之，不可。一身跋涉山川，履戎马纵横之地，自辛卯十二月出门，至归，越州年，计五百三十余日，凡历省七，府卅有三，州县衙门不可胜纪，计行二万五千里有奇，卒步行侍父以归。此事曾轰动一时，故是书题跋甚众。就述杨畏知之事，及当日战乱流离之况，明季史事，极有裨云。书前有自序文极典雅，兹业录之。文云：

> 崇祯癸未岁，父除授云南大姚令，挈母及从弟之任。后适逢鼎革，关山阻绝，干戈载途，言念二亲归期杳不可问。坚夙夜傍徨，痛伤眯目，且遭外侮横陈，几至无家。屏居陇亩间，茹荼拮据，笔砚尘封，殆不敢作安饱想。时拜墓侧，诉己不孝，置父母于绝域而不之省，犹得为人后也耶！深愁困苦中，每摄念静思，虽山长水远，绝无限足之程，但恐不能一日果勇踏出大门耳。惟时患难稍平，坚神悚悚动，俨如亲之召我行矣。乃趣家人简点征衣，舍悲相勖，终不出一艰阻之言滞我行踪。克期别诸亲朋，疑信相半，止予不得，馈我以赆，酌我以酒，赠我以言，坚惕然感拜，于是遂行。

《益世报·边疆》第17、19期，1939年4月17日、5月1日，第4版）

读《圣武记》札记又三则

西　山（张维华）

一、土尔扈特之西迁

土尔扈特部原驻牧于今新疆西北塔城一带地方，明季举部西移，然则所移徙之地果何在耶？《圣武记》卷四《乾隆新疆后事记》曰：

> 俄罗斯者，北方大国，东界黑龙江，包蒙古、喀尔喀、哈萨克，直抵大西洋，袤二万余里。土尔扈特自明季国初，越哈萨克而投之。俄罗斯城郭国也，以土尔之扈特故行国，亦给以边地额济勒河使游牧。有腾吉思巨泽曰玛鲁托海，在图里雅部之东，俄罗斯之南，左哈萨克部之北。夹河两岸，广莫饶水草，传至阿玉奇之孙乌锡巴，皆以河南岸为王庭，而居其古吉、鄂托克等于河北，休养生息百余载，两岸各十余万户，毡幕驼马，云屯谷量。

据此，则知土尔扈特西迁之地乃在额济勒河左右，且傍玛鲁托海而居，何秋涛《朔方备乘》卷三八《土尔扈特归附始末》，亦同此云说：

> 明崇祯年间，土尔扈特部长和鄂尔勒克与绰罗斯部长巴图尔珲台吉交恶。巴图尔珲台吉者，噶尔丹父也，和鄂尔勒克遂弃雅尔牧地，挈其族众西走，越哈萨克回部，西抵俄罗斯境之额济勒河，屯且牧焉。所居地曰玛努托海，倚腾吉思巨泽，北界俄罗斯，南界哈萨克，东界哈喇哈尔榜，西界图里雅斯科，处乎四国之间，而与俄罗斯察罕汗尤为切近。

按，额济勒河亦厄济儿河，为土尔扈特部人之称，俄罗斯国人则称之曰佛尔格河，说见图理琛《异域录》。佛尔格河，即今流入里海之佛尔加河(Volga R.)也。何秋涛《土尔扈特归附始末》自注称："额济勒河作额济儿，亦作厄济儿，亦作额集尔。此水发源于俄罗斯国都之莫斯科洼境，俄罗斯人呼为佛尔格河，亦曰'倭尔噶河'。"此尽据《异域录》言也。腾吉思巨泽，《异域录》作腾纪斯湖，《录》称厄济儿河南流入腾纪斯（见下文），则腾纪斯湖必为今之里海无疑。玛鲁托海，据《异域录》言，为阿玉奇汗所居之地（亦见下文），以意度之，当在里海之北，似与腾吉斯为二地，默深称"有腾吉斯巨泽曰玛鲁托海"，不若何秋涛所言"所居地曰玛努托海，倚腾吉斯巨泽"之近于实也。如上所言，则土尔扈特西徙之地在今里海北岸，即额济勒河下游入海之地，可无疑义。《异域录》更为较详之言曰：

> 土尔扈特国王阿玉奇汗游牧地方，在俄罗斯国界萨拉托付之东南。俱旷野，西南两面有佛儿格即厄济儿河环流，东面有宰河环流，南面有腾纪斯湖。厄济儿河、宰河俱向南流，归入腾纪斯湖。沿厄济儿河俱林木，有柞、杨、桦、丛柳。自萨拉托付以至阿玉奇汗所居马努托海地方，其间有三道塔尔鲁河、三道胡班河，及塔尔珲并吴鲁苏屯之小河，俱向西流，归入厄济儿河。其河泽内，产黄莲、白莲、芦、苇蒲。其厄济儿河之西岸，自萨拉托付以至腾纪斯湖，又有俄罗斯国属之西喇喀穆什、察里次、噶喇斯诺岳尔绰尔那雅尔、阿斯塔尔汗、诸城柏兴。自城池柏兴以至马努托海地方，西南一带，皆兴安山岭。过此向西行百余里，俱系图里耶斯科国王拱喀尔汗所属和邦，即莽武特之人居住。

按，萨拉托付今地图或作萨拉托夫，西文作 Saratov，佛尔加河下流之一个重要城市。自此南至里海之滨、河东岸之地，均属阿玉奇汗管辖。至于土尔扈特部人分布之地，尚不以此为限。默深再称"传至阿玉奇之孙乌锡巴，皆以河南岸为王庭，而居其台吉、鄂托克等于河北……两岸各十余万户"，《异域录》亦称喀山地方有土尔扈特人居住。喀山今地图作卡桑，西文作 Kasan，其地远在萨拉托付之北。由此以推，知土尔扈特部人之分散，不仅以萨拉托付以南之地为限也。手头书籍极少，尤乏精细之地图，不能详为考稽，然土尔扈特西迁之地，亦可由此知其大概。荒徼游牧诸部，所居本无定处，然读史者往往于其迁徙踪迹或有所忽，故略言之。

二、阿玉奇汗之回牧旧部问题

土尔扈特部于明季西移，数传至阿玉奇，始称汗，魏默深称其有回牧雅旧部尔之事，详核此说，似为可据。《圣武记》卷三《雍正两征厄鲁特记》云：

> 策妄既有准部，则尽效噶尔丹所为，思吞并四部为一。先取土尔扈特阿玉奇汗女，乃离间阿玉奇子，携众万五千户，至而没入之。旋阻其贡道，禁其入藏熬茶，阿玉奇汗遂全部投鄂罗斯。

此言阿玉奇汗之投入俄罗斯由于策妄之谋吞并，至于由俄回牧旧部之事，则未之详也。又卷四《乾隆新疆后事记》云：

> 土尔扈特者，故厄鲁特四部之一也。其游牧地曰雅尔，在伊犁之北，科布多之西南，接俄罗斯。其通中国，自康熙中之阿玉奇汗始。阿玉奇之曾祖和鄂，于明季国初，为邻部所逼，率其子书岱青等投鄂罗斯，其旧牧之雅尔地，则辉特部居之，故厄鲁特仍为四部。阿玉奇既长，仍回旧部，嗣为汗，以女妻策妄。策妄则离间其子散札布台吉，使率所属万五千户，至伊犁，尽没入之，而逐散札布归鄂罗斯，又绝其贡道与赴藏熬茶之路。

此则明言阿玉奇汗有回牧旧部之事，而于其率部投入俄罗斯一事则未言及，并谓投入俄罗斯者乃其子散札布，不为阿玉奇汗。且系只身逃走，非全部也。余按默深所言阿玉奇汗自俄境归回旧部之说，实不可据。一则土尔扈特之旧游牧地既为辉特部所据，而辉特部又未他徙，阿玉奇何以能返回旧部？〔二则〕阿玉奇汗东归之后，其在俄境之游牧地，必为俄罗斯所侵据，阿玉奇与策妄交恶之后，又何以能率部投入？三则策妄既欲吞并土尔扈特，何以仅收没散札布所属万五千户而止，而未闻有侵据雅尔，与阿玉奇发生冲突之事？四则散札布既背其父，至率所部奔投策妄，何以阿玉奇无追逐之事？五则当策妄收没散札布所属之时，阿玉奇既仍驻牧雅尔，何以坐视不救？凡此问题，均属可疑。余读何秋涛《朔方备乘》卷三十八《土尔扈特归附始末》篇，始知阿玉奇汗无返回旧部之事，而默深误记之矣。《备乘》称：

> 始书库尔岱青（即《圣武记》之书岱青，为和鄂尔勒克之长子）为子棚楚克纳巴图尔珲台吉（即绰罗斯部长）女为妇，生子阿玉奇，育于巴图尔珲台吉所，及和鄂尔勒克徙牧时未之携也。书库尔岱青既嗣为部长，仍赴唐古特熬茶供佛，谒达赖喇嘛，还时，假道准噶尔，索阿玉奇以归。书库尔岱青卒，棚楚克嗣，棚楚克卒，阿玉奇嗣，始自成汗。……后土尔扈特部与准噶尔部，仍以戚党故往来不绝。策妄阿拉布坦乞婚阿玉奇，仍妻与女，阿玉奇子散札布台吉率万余众偕往。……自噶尔丹既灭，策妄阿拉布坦潜谋兼并，始于阿玉奇构衅，由散札布不遣西归，阿玉奇索之，乃遣散札布归，而尽夺其户万余。

此言阿玉奇汗未尝率部东归，且散札布之率属万户投归策妄，仍伴其姊随嫁而来，非策妄离间所致，《备乘》之言实较近于理。又默深于《雍正两征厄鲁特记》所言"阻其贡道与赴藏熬茶之路"等语，乃因阿玉奇汗驻牧俄境，欲东通中国西藏，必取道于哈萨克、准噶尔，故策妄得禁阻之。若言此时阿玉奇汗仍在雅尔游牧，则东经杜尔伯特部驻牧地（地在额尔齐斯河），即可达科布多，而由喀尔喀入贡中国，亦可由此纡曲得达西藏，策妄何得而禁阻之？默深盖不知此乃阿玉奇汗与策妄交恶以后事，而以阿玉奇之西投俄罗斯乃因此所致，误矣。

三、土尔扈特之新旧

乾隆二十二、三年间平定准噶尔，以准部叛服无常，数劳兵革，积怒成恨，对厄鲁特部几残杀殆尽，成为历史上罕有之浩劫。此时厄鲁特部多有遁入俄罗斯以避难者，《圣武记》卷三《乾隆荡平准部》曰：

> 论者谓厄鲁特之一大劫，则固非无因以然也。初，准部有宰桑六十二，新旧鄂拓二十四，昂吉二十一，集赛九，共计二十余万户，

六十余万口。……计数十万户中，先痘死者十之四，继窜入俄罗斯、哈萨克者十之二，卒歼于大兵者十之三。除妇孺充赏外，至今惟来降受屯之厄鲁特若干户，编设佐领昂吉，此外数千里间，无瓦剌一毡帐。

按此次投入俄罗斯者，舍楞为最著之一人。舍楞本土尔扈特族，未随部西徙，寄居伊犁，为准噶尔台吉。及清兵平准，舍楞不降，遁投土尔扈特，当时厄鲁特人随之逃走者必不少。此辈投入土尔扈特之厄鲁特，谓新土尔扈特。《圣武记》卷四《乾隆新疆后事记》记云：

乾隆二十二、三年，王师大扫伊犁，其各部厄鲁特之逸入鄂罗斯者，悉安置于乌锡巴（阿玉奇汗之孙）部下，是为新土尔扈特。

所言即指此也，及后土尔扈特因不堪俄罗斯之压迫，全部东徙，而前大逃奔之舍楞及其他厄鲁特人，亦随之俱来。清廷虽纳其人众，然欲分散其势，区为新旧土尔扈特，使之异地而牧。《乾隆新疆后事记》之云：

（高宗）召其酋长入觐热河，封乌锡巴为汗，其弟亲王，余郡王、贝勒、公、台吉有差，分新旧二部，各设扎萨克，给官牧之。

所言亦即指此，特于分部之事未能详言。按此次为土尔扈特分新旧之始，其属旧土尔扈特者，曰乌纳恩苏珠克图盟旧土尔扈特部，以乌锡巴汗领之，而分其所赐牧地为东西南北四路，此均属和鄂尔勒克之遗裔；其属新土尔扈特者，曰青色特启勒图盟新土尔扈特部，以舍楞领之，不分部，此属卫衮察布察齐之遗裔。高宗平荡准部，厄鲁特部以六十万之众，几无孑遗，独土尔扈特以处异域得全，亦异数也。

（《益世报·边疆》第17期，1939年4月17日，第4版）

读史札记

西　山（张维华）

余正燮《癸巳存稿》称国初有"查痘章京"，理旗人痘疹及内城民人痘疹迁移之政令，久之事乃定。康熙时，俄罗斯遣人至中国以学痘医，由撒纳特衙门移会理藩院衙门，在京城肄业。按，正燮此段记载，所据未详。然其事当不为虚。自康熙二十八年订结《尼布楚条约》而后，中俄交通日趋频繁，俄罗斯数遣其国内子弟来京学习汉、满等文字，则其附带学习中国医术，亦有可能。且当乾隆二十二、三年间平定准噶尔时，准夷以染痘死者十之三四，则痘疫在中亚一带为害之烈可知。康熙间，俄罗斯之势力既已东展，随而注意及痘疫问题，闻中国有此治疗之方术，自无不令其来京子弟学习之理。正燮之言，必有其所据无疑。考清初西洋教士邓玉函曾著《人身概说》一书，论人体之构造，即现在医学中之解剖学。此书在医术上自有其相当之价值，惜当时注意者少，未能发生宏大之影响。然此为西洋学术传入中国之一件要事。又据《异域录》称清圣祖曾令俄罗斯商人科密萨尔转达俄罗斯政府，请其送派外科良医来华。至图理琛出使土尔扈特路经托波尔时，又以此告知其地之噶噶林，而噶噶林曰："此处无甚良者，已差往莫斯科洼城调取，尚未来到。"后俄罗斯以瑞典医生一人，名兰给（De Lange）者荐于中国。康熙五十四年来京，留三载，于五十七年返回俄都。五十八年，兰给复以参赞之资格，随俄使伊斯迈罗夫（Izmailov）东来，留数载，后以事被逐。兰给之医术是否流行于中国，不得其详，然圣祖当时对于西洋医术之注意可知。圣祖对于西洋教士颇为接近，而于西洋学术亦颇重视。西学传入中国后，得绵垂不绝者,圣祖自其相当之力量也。西洋学术既曾一度传入中国,而中国医术亦曾一度传入西洋,痘医为其一。此外尚有医书之翻译,此亦交通史上之一段佳话,不可不知也。

(《益世报·边疆》第19期,1939年5月1日,第4版)

岛居脞言

黄仲琴

一

《诗·鲁颂·閟宫》篇有"公车千乘"之言,孔子说"道千乘之国"者,指鲁也。"敬事"三句,亦箴鲁事,《左传》可证。"使民以时",即周宣王时虢文公所谓"三时务农,一时讲武"也,讲武,与千乘相应。

二

《诗·大雅·绵绵瓜瓞》篇"爰契我龟",朱注:"契,所以然火而灼龟者也。仪礼,所谓楚焞是也。或曰:以刀刻龟甲欲钻之处也。"宋时,安阳殷墟、甲骨契辞未发现,晦翁语故游移。灼龟事,俞曲园《茶香室经说》曾言及。

三

庄子言:"骊姬居于王所。"此王,当指晋献公。《诗·小雅·六月栖栖》篇言:"王于出征,以匡王国。"又言:"王于出征,以佐天子。"此王,当指尹吉甫,异乎周天子也。疑当时,王为周室与诸侯通称,天子乃周王专称,以其郊天。至"父天母地,以养人理物,各得其宜者,谓之天子也",后起之说也。

四

《春秋》《左传》"宋襄公使邾文公，用鄫子一事"，《汉书·五行志》亦有涉及。以人为牺，原属巫风，咸病其虐。考《吕氏春秋》《淮南子》皆言："汤之时天大旱，汤以身祷于桑林之祭，剪发摩手，自以为牺。"宋为汤商，襄公欲属东夷求霸，实思借此复商，故取法乃祖。事虽近愚，心尚可谅。《春秋》存之，岂亦如齐襄公复九世之仇，从而大之耶？厥后，楚灵王用蔡隐太子，唯以立威，则诚虐耳！

五

朱子注《论语》"瑚琏"云："夏曰瑚，商曰琏，周曰簠簋，皆宗庙盛黍稷之器，而饰以玉，器之贵重而华美者也。"又注《诗·秦风》"每食四簋"句，云："簋，瓦器，容斗二升，方曰簠，簠盛稻粱，簋盛黍稷，四簋，礼食之盛也。"友人东莞邓尔正先生谓："瑚琏，即簠簋。簠，金文作𠤱，因而讹变为瑚；簋，金文作𣪘，因而讹变为琏。"说殊有理。更证以吴恣斋先生《字说·瑚字说》云：

《礼·明堂位》云："夏后氏之四连，殷之六瑚，周之八簋。"疑"六瑚"，当作六簠。《左氏·哀十一年》传，胡簋之事。注：胡簋，礼器名，夏曰胡，周曰簋，胡簋即簠之误。古文：簠作匤。或加金旁，作鉅。或从故，作𠤱。虢叔作"叔殷榖簠"，作匿。簠之反文，正与胡字相似，知胡簋即簠簋矣。或古文，有从王之簠，反书作珇，而汉儒遂译为胡字，未可知也。

簠及簋，二者之原器，今存尚多，治考古学者，类能言之。至饰玉云者，或望文生义。至古器，若尊及剑之属，有嵌绿松石或金银者，不必援为例也。

《易》八卦中，乾父坤母之外，兑离巽，为少女、中女、长女，艮坎震，为少男、中男、长男，合之成一家庭。即孟子所谓八口之家，而为族制之源，组成大夫之家、诸侯之国之要素，是易理，与井田之政通。

（《益世报·史学》第13期，1939年6月13日，第4版）

跋《咸阳王抚滇绩》

白寿彝

咸阳王，是谈云南开发史者所最不能忘记的一个人。关于咸阳王底事绩，除了《元史·赛典赤传》外，我们平常所见到的不多。云南流行有《咸阳王抚滇绩》（以下简称《抚滇绩》）一书，从咸阳王底世系到他在云南底政绩，都经说到，可以说是一部关于咸阳王的比较详细的书。

我所见到的《抚滇绩》有两个版子。一个是木刻版，光绪三年，新兴武举马佑龄重刊。一个是排印本，近年昆明排版。后一种版子是据马本翻印，除行款有变易外，文字上没有甚么不同。马本以前，有康熙年间刊本。这是一个初刻本，我是在马本和排印本中刘发祥底序文中知道的。

刘发祥是最初刻《抚滇绩》的人，他说这书原来是"载在野史"。他所谈的"野史"，不像是泛指一般民间记载，而应该是一部专书。杨慎《南诏野史·序》说："复得前知蜀威远县事滇人倪辂所集《野史》一册，而六诏始末具备。"这是明人倪辂著有一部书，书名就叫《野史》，书底内容大概就是着重在云南掌故的方面。《抚滇绩》也许就是从这书里摘出来的。不过我没有见到这书，也不知道这书底存佚，现在还无从证实我的猜想是否对。

《抚滇绩》全书，可以分作五个部分。第一个部分是关于咸阳王世系的记载。第二个部分是关于咸阳王在陕西、吴越的记载。第三个部分是关于咸阳王在云南的记载。第四部分是关于咸阳王子孙的记载。第五部分是关于咸阳王的御赞和祭文。第五部分在全书中不关重要，可以不论。第四部分和《元史·赛典赤传》所记，无大出入。第二部分，我们现在还看不到甚么可以参证的东西，不知其记载之所本。现在我们需要谈谈而且是能够谈谈的，只有第一部分和第三部分。

第一部分所列世系，不见于《元史》本传。但如与马注《请襃表》中所列咸阳王世系相较，则本书所列为：

所非尔—撒严—酥祖沙—坎马丁—马哈木—瞻思丁（即咸阳王）

《请襃表》所列为：

所非尔 ｛赛伏丁
　　　 赛严—苏祖沙—坎马丁—马哈目—瞻思丁

除译音上略有歧义外，《抚滇绩》和《请襃表》所记，可以说是完全相同。这一段世系，我们一时虽还看不到更早的记载，但我们可以相信这是出于咸阳王家谱。马钧《马氏宗谱·序》说："纳、哈、忽、速、撒、赛、保、闪、木、沙、苏、郝、马十三姓，皆咸阳王赛典赤后裔也。自宋神宗熙宁间……所非尔自本国至陕西开城，功封咸阳王。至赛典赤为五世。……载在咸阳王家谱甚详。""今之河西纳氏，王长子裔也。吾滇之十三姓家谱统摄于纳氏之家，以其为吾滇十三姓之大宗子也。予得家谱于纳氏。"此序所谓自所非尔"至赛典赤为五世"，大概是没有把所非尔本人算在里面，和《抚滇绩》《请襃表》所记代数都相合。这可证明二书所记世系都出于家谱。马钧之序固较两书还要晚出，但是钧所见的十三姓家谱决不能都出于二书之后。家谱所记咸阳王先人底事迹虽不必完全可信，但家谱所载的世系绝不会是捏造的。钱大昕《金石文跋尾》卷二〇引咸阳王曾孙也列失在后至元五年九月所立《济渎重建灵异碑记》（下文简称《灵异碑记》）中所载咸阳王世系，说："始祖赛天知·苦鲁马丁，追封世王。子一人，赛天知·瞻思丁，云南等处行中书平章政事，追封咸阳王。"

"赛天知"即"赛典赤"之别译，为伯昂别尔后裔得所通用之称号。苦鲁马丁也当是坎马丁之别译。《抚滇绩》和《请襃表》以坎马丁为咸阳王底祖父，碑文以苦鲁马丁为咸阳王底父亲，好像是互不相符，其实这对于《抚滇绩》中所列世系，也并不能减少它可以相信的程度。因为我们知道咸阳王原是不花剌人（见于《抚滇绩》《请襃表》，亦见于《多桑蒙古史》所引剌失德《史集》),不花剌则为波斯底大城。依波斯人及其他西部亚细亚人底习惯,通常应用人名甚少,彼此极易相混。为减少误会起见,常常在本人名字下缀以地方名、职业名、别号,或本人父亲之名,有时或用本人儿子之名。咸阳王底父亲之名,或作"马哈木·伊布苦鲁马丁(坎马丁)"。"马哈木"当为本名,"伊布·苦鲁马丁"意为"苦鲁马丁之子",为本名后附缀之名。如此非事实,则咸阳王父亲之名亦得为"马哈木·苦鲁马丁",其祖父之名得为"阿布·坎马丁(苦鲁马丁)"。"马哈木·苦鲁马丁"者,"马哈木"为本名,"苦鲁马丁"为别号,一如咸阳王之以"乌马儿"为本名,"瞻思丁"为别号。(瞻思丁为 Shamsud-Din 底对音,意为"宗教底太阳",其为别号,甚显。《元史》说"赛剌赤·瞻思丁一名乌马儿",误也。)"阿布·坎马丁"者,意为"坎马丁之父",于此名外,他当另有别名。然如咸阳王之父果为"阿布·坎马丁",而其本名竟为其子孙所遗忘,则亦并不希奇。因西部亚细亚之习惯,常有单称人家底附缀之名而不称本名者,经时既久,遂以附着之名代替本名,而本名竟为人所遗忘或不知。例如轰烈一世的四大哈里发之一,阿布·别克(Abu Bakr)原系一附缀之名,意为"别克之父",但人皆习闻此名而不知其本名。又如大游历家依布·拔突它(Ibn Batuta),也是一个附缀之名,意为"拔突它之子",但这个游历家之著名,也是不以本名。如此之例甚多,可见"阿布·坎马丁"底本名如被人遗忘,也是一件很平常的事。以上两说,虽不能决定哪一个是对的,但都可以说明《抚滇绩》和《灵异碑记》所记世系,在实质上,并不见得有甚么冲突。

第一部分中,也有不可信者,如说"马哈木袭王爵,至元改平章政事,总督天下军务。十年,天下平定,即辞官职"。这话恐不可信。平章政事是元官制中位极显要的大官。马哈木如在至元间曾为平章政事,则至元间之关系国家大事,日记录已相当完备,马哈木底事迹绝不会在《世祖本纪》中和《宰相年表》中毫无踪迹。我疑心《抚滇绩》里的这几句话是《抚滇绩》底作者曲解了《元史》底记载,而把至元间任平章政事最久的"阿合马"当作了"马哈木"。阿合马读作 Ahmad,马哈木读作 Mahmoud,除首音外,余音都差不多,把两名混作一名,也是很可能的。但这不过是我的猜想,我并不敢相信这猜想是对的。如果这猜想真是对的,这未免和马哈木大开其玩笑。死者有知,也是绝不肯戴起阿合马这位贪暴淫虐者之帽子的。

第三部分是本书中最重要的部分。这一部分所记的来历,多数是可以查出的。今按原文先后列之于下:

(一)"帝谓典赤曰:'云南朕尝亲临,比因委任失宜,使远人不服。欲选抚治,无如卿者。'赐王钞五千缗,金十万,银百万。王拜受之。既采访滇南土俗民情。一入滇境,闻滇民不知稼穑,惟有荞麦;男女自为婚姻;亲死,火之,不行跪拜之礼,惟恣毒杀之惨;役重税烦,民苦无极。宗王又疑其专夺,以兵备之。王命长子纳速喇丁将兴利除害之道,俱请命宗王。宗王甚喜,曰:'观赛典赤之言,皆忠君泽民之道,才德兼全,我几为左右所误矣。'"这一段话,除了"一入滇境"至"民苦无极"几句话外,都是节缩《元史》之文而成。"金十万,银百万",《元史》作"金宝无算"。本书所改,未免过于夸大。

(二)"王又曰:纲常风化,刑政军旅,未有不自文学始。各郡建孔庙,以文学为本。遍垦田地,以民食为先。轻差灭赋,用贤汰冗,恤孤赦罪。滇夷感化,风动神行,悉来献贡。"这一段话,大体上是本于《咸阳王德政碑》(下文简称《德政碑》)。

(三)"有萝槃甸长,负固犯顺。王师至城,谕令投降,已免生灵涂炭。三日不降,诸将将攻之。王曰:'不可,务以德降。'又三日不降。诸将将欲攻。王又曰:'不可。'萝槃且来挑战。我将普鲁花奋出,乘城战败萝兵。王闻之,鸣金止兵。叱之曰:'天子命我安抚滇南,未曾命我杀戮滇南。尔何不奉主将之令,擅杀夷人,法当诛。'急令缚之。诸将皆求曰:'王历年不杀一人,况鲁花系功臣,尤望宽恕。'王曰:'姑候城下之日从事。'仍出示诸将,敢有擅杀一人者,以杀良民之罪罪之。其后,甸长闻之曰:'王之宽仁如此,吾辈拒命不祥。'率领兵士焚香出降。将卒亦释不诛。王宴待之犹如亲子,萝槃甸长亦敬王如父母。有所贡献,悉分赐从官,或给贫民,秋毫无取。其后交趾感化,约萝槃甸主,结盟弟兄,同为藩臣,共布德政,被南夷人称为圣神天主。"这一段话是综合《德政碑》、《咸阳王庙记》(以下简称《庙记》)和《元史》本传之文写成,而未免添枝添叶,故意张大其词。如把这段话和它所根据之文字来此,这段话未免有很重的旧式小说的气息，而尤以末尾的几句为更甚。

（四）"有广南土长侬士贵，感王德化。一闻王檄，即同江左李惟屏、江右岑崇威等二千人，各执贡物，愿附版图。是岁，广中降者八十余州，籍四十万户。两广楚中土长闻风向化。"这段话是根据《德政碑》，和《元史·世祖本纪》所记也相符合。

（五）"又缅酋蒲甘遣大将释多罗伯，统象马雄兵数万寇金齿。王闻之，即命万户都督、总管段信直伐蒲甘，谕而赦之。蒲兵曰：'既闻王命，不复逞矣。'遂活金齿百千性命。永、腾、缅、木、老挝、布滩未定，王亲身巡抚，教养安辑，百为之备。诸彝无不感服，附藩纳贡。乌师藏主忠顺好善，奏请灌顶国师之印赐之。其交缅、丽江等一十二员加封爵位。余府州县司甸九十六区，俱赐世职，共治滇南。两迤移风易俗，改路造桥，垦荒浚河，难以悉举。上仁下敬，吏治民安，文明渐兴，五谷茂盛，天下称滇南为极乐世界。"王亲身巡抚永、腾各处的话，恐未必可靠。乌师藏主请印，十二员加封，九十六区赐世职，都不知何所本。其余的话，则见于《德政碑》和《庙记》。

（六）"王虑省城东高西凹，虬龙纷崇，有时邵甸成海，冲旱不均，无处播种。且水泛世垣，官俸民食苦于盘运。王命第三子忠简王忽辛，同张立道率三千人凿开海口石龙坝。王曰：'只许流水，不许通舟。'关防风脉，疏通河道，由安宁、武定、东川，以入马湖。三年乃成，方有平地可以为田。水患虽息，尚未归槽。王造上坝闸一座，使分一水，归盘龙江，以入于海，又可救低凹之田。奈西固为海，东又无水，复于坝桥左首分一水，沿东方高亢处筑埂七十里，造金汁河一条。埂宽一丈二尺为度。上二十里，宽一丈六尺。造小闸十座，涵洞三百六十条，轮序放水，自上润下，灌济全滇。额立三百六十四报马，三百六十名看水余丁。倘遇崩倒水浸，即时飞报上司，齐集乡民，挑补修筑，不容怠缓。又开马料、宝象等六河，下坝六座，分水岔河十二条。于河下又造地河七十二条，以汇蛟龙之气，令水由地行，滇省始无冲旱之患，永享粒食之休。"这段话，有一半可信，一半不可信。所谓"小闸"，所谓"涵洞"，所谓"分水岔河"，所谓"地河"等制度，现在虽尚没有见到别的证据，但我们相信咸阳王时一定〔有〕这种种制度。即使咸阳王不是在云南创制这些制度的人，但至少也是整理过这些制度的。因为,小闸是在水位低时所必需用的设备,闭上了闸,可以把水位提高。涵洞是从河道放水入渠沟的门户,可以适时操纵渠沟底水源。分水岔河,是在水位高时必需有的设备,如水位超过了所需用的水量,可以把用不着的水排入分水岔河,以杀水势。地河实即所谓"暗洞",现在又通称为"过街涵洞",设置在河道下面,遇有水位较低的山水或别种河流时,可以在河道下面,从暗洞中通过,不致影响河道本身水位之涨落,而扰乱了它的灌溉工作上的效用。这些制度都是灌田河渠所必不可少的设备,所以我们敢于相信咸阳王在当日讲求昆明水利时,必已注意了这些制度。至于所谓"凿开河口"及所谓"造金汁河",则不可信。所谓"凿开海口石龙坝……疏通河口,当安宁、武定、东川,以入马湖",分明是指普渡河说。我疑惑,这是《抚滇绩》作者看见了《德政碑》所谓"昆明池口塞",所谓"付二千役而决之",以及《元史》所谓"泄其水"而发生的误会。原来"池口"可以作两个解释,一个可解释为受水的口,一个可解释为出水的口。《德政碑》所谓"池口",是应作受水之口解释的。

《元史·张立道传》说:"其地有昆明池,介碧鸡、金马之间,环五百余里,夏潦暴至,必冒城郭。立道求泉源所自出,役丁夫二千人治之,泄其水,得壤地万余顷,皆为良田。"

立道奉命治滇池口之淤塞,而必求"泉源所自出",其所治之口为受水之口无疑。所谓"决",也即是决滇池受水之口。所谓"泄其水",亦当是分泄滇池上游之水。上游之水势既杀,则滇池口得以从容受水,就不易淤塞了。《抚滇绩》在这一点上的错误,可以说是很明白的。至于金汁河,则历史已颇早。明陈文《南坝闸记》说:"南坝池之上流距城五里许,其源出东北之屈偿、昧漾、邵甸诸山,凡九十九泉,或溃而流,或萦而潆,或激而波,或瀹注而溪焉,或山夹而涧焉,攸焉汩焉会于盘龙江。至松华坝,则岐为二河。一由金马之麓过春登里,一由商山之麓过云津桥,皆趋于滇池。蒙段氏时,过春登者,堤上多种黄花,名绕道金棱河;过云津者,堤上多种白花,名紫城银棱河。尝筑土石为二堰,于河之要处障其流以灌田,凡数十万亩。元时云南平章政事赛典赤复增修之,民甚赖焉。(《景泰云南图经》卷一〇)

据此,则金汁河在蒙段氏时已经有了。不只金汁河不是咸阳王所开,而且用河水灌田也不是咸阳王所创始。咸阳王不过是对于河工颇事增修,以利民用罢了。

另外,在第三部分中,尚谈到咸阳王底德政和死时的情形。但大都是《德政碑》和《元史》本传中所有的,没有甚么异文。

综观《抚滇绩》一书,其史的价值甚低。书中材料之可信者,大抵都还可以找到原来的记载。其无他书可以参证者,虽亦闻有他书可取,但必须谨慎采用,且其间不可信者究竟未免太多也。

《抚滇绩》一书在云南民间颇有势力,但不惜篇幅,略加论述。以咸阳王这个人在云南开发史上的地位来说,他是应该有一部比较详细、比较可靠的传记。关于他的史料虽不很多,但如果勤事搜罗,并能善用侧面的材料,恐怕也不见得过于特别的贫乏。用一部新的传记来代替《抚滇绩》,这在现在也不是无意义的。另外,关于咸阳王的轶事,也还有的是爱国爱群的通俗文艺之好的题材,这些也希望有人能够利用。

(《益世报·边疆》第 26 期,1939 年 6 月 19 日,第 4 版)

跋汉建初画刻

张希鲁

汉建初画刻，民国二十六年四月九日出土于昭通城东八里之曹家老包梁堆中。石为正方斜上立体，高营造尺六寸五分，每边八寸五分，顶凿一孔。数年前发现铜像一座，下有柄，恰可插入此石孔中，失已久，余物色之而未得。

石三面刻画：首龟蛇，次鹤，次凤。一面刻"建初九年三月戊子造"九字，共三行，每行三字，字径一寸，体为汉隶，年字漫漶过半。按汉章帝"建初九年"，至八月方改元为"元和元年"，见《后汉书·章帝纪》及《通鉴》。此当改元之先，故题"建初九年"。推以刘羲叟《长历》，四月朔为丙辰，逆数"戊子"为三月初三日。又以《章帝纪》元和元年"二月甲戌""四月己卯"证之亦合。是刻为汉石，可谓颠扑不破。

《孟孝琚碑》出土后，以无年号，考释者踵起。立说最精，取证最确，首数陈伯陶、吴其昌两氏，不谋而合，均定为汉桓帝永寿二年物。此石字虽不多，年号既具，又远出孟碑七十年上。昔阮文达推大爨为滇中第一石，小爨出而逊位；袁树圃师又定孟碑为滇中第一石，谁知地不爱宝，古物迭出，所谓第一石者，又将逊位欤？

此刻出土处，复有花砖数百块，排成图案形，足征东京建筑，已颇可观。越二日，于原址发掘。入土尺许，又得花树泉一枝，叶间果实，为五铢泉四五枚，铜质翠绿，古意穆然。画刻痕不甚深，虑其椎拓致伤也。

（《益世报·史学》第 6 期，1939 年 3 月 7 日，第 4 版）

跋昭通汉六器

张希鲁

昭通吉金，近五十年来，出土者已不下百数。余穷十年之力搜罗，约得三四十件。确可传者，厥为六器。

一曰建初八年朱提造作八字双鱼洗，朱提二字合文，汉章帝时物。二曰永元五年堂狼六字盘。三曰永元八年造五字洗，两器，汉和帝时物。四曰永建五年造作大吉八字双鱼洗。五曰阳嘉二年邛都造七字汉鱼洗。六曰汉安元年朱提造七字洗，三器汉顺帝时物。综上六器，款均篆书阳文，铜质。远在一千七百余年前，不谓为稀世之珍不可也。六器中，建初年代最先。曾得汉画刻，上刻"建初九年三月戊子造"九字，朝报称为滇中第一石。此又先画刻一年，全滇古物年代，无以过之，是建初器又为滇中第一金，两者余于两年前先后发现，金石福缘可谓不薄。六器中，有地名者居四：两朱提，一堂狼，一邛都。邛都载《史记·西南夷列传》中。见于古器，此为最初。朱提、堂狼载《汉书·地理志》。两地名，汉洗中常见。考诸史籍，二地均属云南迤东一带，而朱提即昭通云。于此见汉代铜器大都铸于云南。六器年号，未为后代用者，仅阳嘉、汉安，余均用之至再至三。而阳嘉一器，邛都既创见，字划极工致，又为六器冠。此外有文字古物，无蜀郡铁器与长乐提梁卣。各器二字，亦篆书阳文。无文字有花纹者，为虫鱼器与单鱼洗。无字无画者不胜举也。至汉泉、莽泉、蜀泉，昭通更常发现。六器收藏者，堂狼属鄢若愚，永建、汉安为谢太史履庄遗物，现藏其家。余归西楼。汉安洗最近方到谢府访获，命学生刘延藩补拓，因为此跋。

时民国二十八年七月三十一日中，希鲁。

跋豆沙关唐袁滋摩崖石刻

张希鲁

民国二十三、四两年间,余游历国内,遍览各省古刻。除曲阜多汉刻,西安多唐刻,洛阳多魏碑外,所谓碑碣,大都非剥蚀不明,即后代重摹者。至其记载,与正史有关,处处吻合者,更难得之矣。豆沙关唐摩崖,文虽不多,字字可读。依袁丕均、黄仲琴、方国瑜三君考跋,由《新唐书》《旧唐书》《蛮书》《通鉴》《世界大事表》诸书证之,皆荦荦大者,著诸简册。夫韦皋为一代政治家,袁滋为一代书法家,通云南为一代盛事,学者知之矣。具此三者而摩崖一事,学者不知也。盖云南地居边陲,豆沙关又偏一隅,通人罕至,致有关史迹宝刻黯而弗彰,近代始显。然而以一千一百余年之物,虽未经王兰泉、叶鞠裳诸家论列,尚得完美存于今,亦此故欤。余研究历史多年,以为世界最古之物首数埃及金字塔,中国最古之物首数殷墟甲骨文,云南最古之物首数汉建初金石及孟孝琚碑。然求与书史互证,且关系国家开发边疆大事确凿可凭之古物,则无有过于唐摩崖。陈生正兴,家在豆沙关,闻余笃嗜金石,且尝游崖下亲抚古刻,因精拓一纸,装池以赠。愧无以报,暑期无事,乃为此跋,借以消长夏,并以示陈生。

时民国二十八年八月四日,希鲁。

记南明元江之护国英雄——那嵩

罗 鸿

明自南北两都相继沦陷后，永明王复在滇黔建国十数年，其间颇多佐命鸿猷之臣，与见危授命之士。然以远处遐荒，复涉禁忌，间有湮没不彰者，如元江知府那嵩即钧例也。兹钧稽野史，参校志书，试说明其身世如次。岂谓表彰先贤，亦以鼓作士气云尔。

《行在阳秋》云："永历十三年正月初四日，沅江知府那燾起兵，战败登楼自焚，父子夫妇阖门皆殉义死。"其所谓之那燾即那嵩之子，父子实同起义，举其子而遗其父，亦可笑矣。《明季忠烈录》云：

  嵩性笃，富侠气。其先从黔宁王沐英到滇，以平定功，膺世袭土府。永明王将奔缅，嵩与其子燾迎谒甚恭。

又《续通鉴辑览》云：

  永历帝之走永昌也，道过元江，土知府那嵩与其子燾，迎谒供俸甚谨，设宴皆用银器，宴毕悉以献，曰："此行上供者少，聊以佐缺乏耳。"

《滇中琐记》云：

  那嵩，字岳生，沅江土知府。永明帝西奔，嵩与子迎谒于楚雄。

按，永历帝外值汉奸（吴三桂）逼处，内遭权臣（孙可望）之叛离，仓遑出亡，狼狈可想。时百官军士皆携眷属而行，糇粮缺乏，至劫掠以糊口。而军心携贰，多有叛离他去者。嵩父子独秉志不变，始终恭谨侍奉之，亦殊难能可贵矣。

《元江州志》云："顺治十六年，大师平滇，土酋那嵩与伪总兵高应凤、许名臣暗通李定国叛，兵官讨平之。"《新平县志》亦谓："顺治十六年,元江土酋那嵩起兵应永历帝。"那嵩阖家殉国,即指此役。两志所述不详,兹可的钩稽他书补之。

《求野录》云:

李定国谋攻缅,出(永明)王乘势徇滇粤以出中原,而连合闽峤,传檄远近士民,号招内外诸土司。有沅江土知府那嵩等十余起应之。

《明季忠烈录》:

永明王既走缅甸,招讨李定国不敢深入,引兵自孟定过耿马,抵猛猛,兼有木邦、孟艮诸地,军威稍振。联合古剌、暹罗各小邦也,遣使通闽,以图大举,传檄号召诸土司兵,嵩亦于沅江起兵应之。至是大清兵进攻,城破,嵩登楼自焚,合家皆死,沅江遂屠。

《续云南通志稿》谓:

李定国用敕印招土司,嵩受总督衔,密为传布,各土司多为诱煽,延长伯朱养恩、将军高应凤、总兵许名臣、土司龙赞阳皆降而复叛。

《滇迻》云:

许名臣忧永历为吴三桂逼,思立犄角之势以牵制三桂之西,据石城以自固,三桂兵至临安,名臣忧惧弗敌,西出元江与土司那嵩合。①

观以上所记,并可见那嵩谋国之忠及得士之众。《明季南略》卷一七《吴三桂取云南》谓那嵩所联络诸土司,"有听命者,有两可观望者,有不从而自首于大清者",是知大势已去,已无可挽回。《明季忠烈录》谓其先从沐英平滇,以功遂世袭土府。沐氏抚滇威志,土人庄事之如朝廷,片楮下,土酋皆具威仪出郭迎,盥而后启(见《明史·英传》)。岂以此而依榜永明,始终不叛欤?然以较反复离德之吴三桂者流,不可以道里计也。

又《元江州志》及《滇云历年传》皆载康熙四年,元江土酋那烈称乱,尽陷迤东诸州县,欲由澄江、广西诸路合犯省城,后卒为吴三桂敉平;岂

---

① 编校者按:此句出处为黄元直修、刘达武等纂的《元江志稿》(1922年铅印本),而非出自《滇迻》。又,《滇迻》,查无此书。疑为作者误记,或应为清代云南名士师范的《滇系》。

那氏故国复仇之思，余烬复燃欤？

那氏墓在元江县南文笔山，起义从死之人皆葬江东岸栖霞山麓。碑碣矗立，古木森然，颇令人生忠义爱国之感。那氏墓表为近人刘达武撰，虽后人追记，然博综诸书，殊鲜谬误，兹并录如下：

> 公讳嵩，字岳生，姓那氏，世为元江人。其先世有名直者，当洪武平滇时，以土官首先投诚，西平侯沐英为请于朝，灵书褒美，改元江路为元江府，命世守之，终明之世，那氏遂世袭土府焉。公性纯笃，任侠重气节，读书不倦，尝筑楼，藏书数万卷其中，与丽江木氏、顺宁猛氏书楼，鼎立天南，为滇中士夫所艳称。方明末叶，永历帝之奔缅甸也，道过元江，公率其世子焘迎谒，供奉甚谨。设宴皆金银器，宴毕，悉以献，曰："此行上供者少，聊以佐缺乏耳。"帝既奔缅，招讨使李定国不敢深入，乃引兵自孟定过耿马，抵猛猛，兼有孟艮诸地，军威稍震，联合古剌、暹罗各小邦，并遣使通闽以图大举，用敕印号召诸土司，公受总督衔，密为传布，各土司皆响应。时廷长伯朱养恩、将军高应凤、总兵许名臣、土司龙赞扬皆降清，而复返戈与公为掎角之势，以牵制吴三桂之西。既而三桂督师至石屏，土司龙荣率其婿黔国公之子沐显忠赴军前降，已成瓦解之势。公犹日讨土兵而申以大义，三桂率全师围其城，公出西门与战不利，益缮城隍，严守备，誓与城为存亡，相持三月。粮尽，人相食，公知事不可为，乃慷慨整衣冠，率子焘及家人登楼自焚死，其士兵多巷战死，全城皆屠，时清顺治十六年冬十一月也。清定鼎后，谥以烈愍，其族人为衣冠墓于县南文笔山麓，尽徙居于九龙江外，元遂无苗裔焉。呜呼，公以万里孤臣于明社方屋之际，而能起义勤王，以抗强虏，卒能毕命遂志，与城俱碎，是岂不伟然烈丈夫哉！乃三百年来，湮没不彰于世，是不可悲已乎？故为搜采史志私家各著述，辑为此篇，以揭诸墓道，使天末孤忠有所表见焉。抑考之纪载，明末殉难诸臣，滇中以户部尚书龚彝为最烈，而公实为彝门人，取义成仁，争光日月，诚哉是师是弟子云。

（《益世报·边疆》第 11 期，1939 年 2 月 27 日，第 4 版）

忆陈伯弢先生

姚从吾

今年二月，我接到陈子良（庆麒）先生由浙江象山寄来的讣闻，才知道我的老师陈伯弢先生已于民国二十七年的六月在象山家中病故了！先生生于清同治三年（西历一八六四），享寿七十五岁。生平喜读书，自少至老，手不释卷，著作达一百一十五种，先生的事略与所手编的《缀学堂丛稿目录》，本期《史学副刊》另有专文介绍。现在谨将我个人一时所想到关于先生的几点写出来，以志哀悼。

先生家富藏书，以故幼年便嗜学。惟潜心经史，不甚喜学业。但每应考试，亦常冠侪辈，十九岁补县学生，二十五岁中乡试。二十六岁赴北京参加会试，荐而未售。自是以后，遂专意研经治史，复旁及兵、农、算术、格致诸译著。宣统元年（一九〇九），先生由浙江省当道的保送，入京师大学堂经科肄业。民国元年改入史学门，二年卒业，即留校任北京大学国学门及史学门教授。后更专任史学系教授，直到民国十五年，先生年六十一，始辞职返象山。此后虽一度复出任南京中央大学史学系教授，然甫三年即辞去。

民国五年蔡孑民先生出任北京大学校长，锐意兴革，北京大学遂气象一新。同时国史馆改隶于大学校，易名国史编纂处，孑民先生自兼处长，聘山西王式通先生任总纂，武进屠敬山先生、杭县叶浩吾先生、泗阳张蔚西先生任编纂。六年史学门继续招生，叶、张诸先生兼任教授。那时候北京大学史学系的中国通史，自上古迄现代系由一人讲授，三年一周。初由顺德黄晦闻（节）先生主讲，未几即因繁重辞去。陈伯弢先生原为史学系中国法制史的教授，至是乃兼任通史。先生分通史为十篇，编印讲义,达十厚册,上课时口讲指画,每一小时用粉笔写黑板,常尽数版。每讲一事,必旁征博引,使无剩义。《缀学堂丛稿目录》以外的《中国通史》与《中国法制史》,就是那时候北京大学的讲义。

先生诲人不倦,督责同学亦严。初次上课,即在黑板上大书道:"不读四通,不足以为通人。"(按,先生此言,当继承其师黄元同在南菁书院平日诲人语而云然。)又说:"务与同学约,于一年之内,点读《通鉴》《通考》。同时参用《日知录》《养新录》《二十二史札记》《二十二史考异》《读书杂志》《读通鉴论》诸书。"北京大学藏书本富,各省官书局所创刊的三通及正史、《通鉴》,复尤允多。所以《通鉴》《通考》二书,同学中有未备者,亦得专借一部。一时先生寓所横栅栏二号,遂成为商榷《通鉴》《通考》的集合地方。

先生博闻强记,超越恒流。自言曾点读十三经、二十四史、正续《通鉴》、正续《皇清经解》各一遍。寓北京时,海内宿儒如余杭章太炎(炳麟)、胶州柯凤荪(劭忞)、侯官陈石遗(衍)、桐城马通伯(其昶)、姚重实(永朴)、姚叔节(永概)、蕲春黄季刚(侃)、泗阳张蔚西(相文)诸先生,均先后时相过从,得闻当时老辈的议论。这时候的北京大学以蔡孑民先生为校长,胡适之先生兼教务长。我们一方面既得习读 Ch. V. Langlois 与 Ch. Seignobos 的《史学的入门》,Robinson 的《新历史》,Lord Acton 在剑桥大学就职史学教授时的讲谱(后名《史学研究》),并有机缘接近世界学术的新思潮,一方面复可以时闻国内老辈研治学术的方法。所以新旧兼取,往往因有短长的较量,而免去株守一先生的流弊。我们对于当时大学的朴实无华、兼容并包的学风,实在是最感留恋的。

先生生平治学可分为三个时期:第一期是博览。除点读诸史及正续《经解》以外,尝尽取汉唐以来至清朝先儒说经订史之书而毕读之,知考据之学至难,虽通人亦不能无失。所以常以博取约守、虚心谨言,戒饬同学。第二期是旁通。中年鉴于国家多故,顷心西学,乃复取当时出版算术、格致、农学、兵学、外交、法律诸译著,一一加以研讨,以期对于富国强兵之术有所贡献。第三是守约。其后鉴于清廷变法,多枝节为之,而异说渐兴。国本未定,于是复趋于保守,返求之于固有之经籍,穷年兀兀，虽老髦而不少懈。三十年以前的我国译述界未能满足先生求知的愿望，而使先生复返于古经，这是时代使然。

当时同学群称陈先生读书淹博，讲授群然，实在不是沉沉的赞词。我谨举一二实例，以著梗概。

（一）

先生所编通史十篇，就中如《外族内渐》《风俗隆替》《政治因革》《盗贼剿抚》等，均取材丰富，证引详备。《盗贼剿抚》篇，有民变一类，牵涉社会问题者，考证尤详。如 1. 宋初王小波、李顺之乱，倡"吾疾贫富不均，今为汝均之"。先生胪举沈括《梦溪笔谈》、李攸《宋朝事实》、王辟之《渑水燕谈录》、陆游《老学庵笔记》等与《续资治通鉴长编》《宋史纪事本末》《续通鉴》等相参证。2. 徽宗时方腊之乱，起于吃菜事魔教，则胪举方勺《泊宅编》、李心传《系年要录》，认《泊宅编》所述薄葬，与方腊妻子的佩镜督战，均与崇拜光明的摩尼教有关，钱大昕《养新录》所疑惑的邪教，或者就是从西域传来的摩尼教。3. 宋高宗建炎四年钟相、杨幺之乱，号召的口号是："法分贵贱贫富非善法也，我行法当等贵贱，均贫富。"则指明见于岳珂《金陀粹编》、徐梦莘《三朝北盟会编》，与《建炎以来系年要录》。4. 明英宗正统十三年福建邓茂七自称铲平王，其言曰："我曹苦富民鱼肉，有司不我直耳。如朝廷宥我，且立散。"则指明见于《明史》(卷一六五)丁瑄、王得仁等传，和李贤的《古穰文集》、《明史记事本末》卷三二。这些问题，实在是我国历史上的一个有意义的问题，先生于二十年以前便注意到了。

（二）

先生对于名物制度的考证极为精当，如指南车，既举《尚书大传》、崔豹《古今注》等(忆尚有二书，一时不克举出)，复引及张衡与祖冲之制造。并论及《韩非子》《鬼谷子》《论衡》下至《梦溪笔谈》关于司南及磁石的应用。雕版印书既举白乐天《长庆集》与柳玭《家训·序》，复推论及于摹印佛像,刻印疏头。言活字板的发明,则举沈括《梦溪笔谈》中的毕昇。言火炮的大量运用于战争,则详述《金史·赤盏合喜》与《蒲察官奴传》。这种实事求是的精神,实非读书广博者不能做到。

(三)

又忆"五四运动"以后,北京大学校长蔡孑民先生成为政府与守旧派指责的目标,蔡先生愤而辞职。一日在《北大日刊》上登一启事,即悄然出京。启事中有"民亦劳止,汔可小休""杀君马者道旁儿"的语句。上两句出于《诗经》,是大家都知道的,"杀君马者道旁儿"就有许多同学不知道出处了。遂同去请教伯弢先生,先生即说道:"这是应劭《风俗通义》的逸文。"举《艺文类聚》及《御览》所引为证,复旁及张率《走马引》(原文云:敛辔且归去,吾畏路旁儿。)等的引用这个典故。大家回校一查,果然在《全后汉文》中得之。这虽是一件无关宏旨的事情,然先生的记忆过人于此可见。

(《益世报·史学》第 8 期,1939 年 4 月 4 日,第 4 版)

陈伯弢先生传略

及　时（郑天挺）

陈先生汉章谱名得闻，字倬云，一字伯弢，浙江象山人。少从邑前辈林放卿、虞竹亭二先生游，笃志经史。性不喜制义之文，然出其绪余恒惊侪辈，清光绪壬午补县学生，乙酉得副贡，戊子举乡试，经艺冠场。乙丑会试推荐而不售，于是益肆力于撰述。戊戌大挑二等以教职用，不赴。丙午任本县劝学所总董，劝导城乡设立小学三十余所，并斥私财创设东陈小学，不邀奖叙。县中订乡约，树自治之基，复延先生为总董，丁未创办师范讲习所于县城，亲主之。未几入京考职，得广东候选直隶州州同，亦不赴。宣统己酉京师大学堂创立分科大学，浙当道保送考入京科周礼门肄业，民国元年经科停，改文科史学门。明年毕业留校任国文、哲学、史学各门教授，兼高等警官学校教员、师范大学讲师。政府以先生讲学积著劳勤颁给四等嘉禾章，晋三等嘉禾章。十五年请假旋里，江苏大学、京师大学先后延约，俱辞不往。十七年应中央大学教授兼聘史学系主任之，越三年以衰老坚请辞职归，其后重庆、广东各大学数电敦请，谢不复出。

先生淹贯百家，与书无所不读，穷年兀兀，老而不懈。尝自言生平为学凡三变。其初肄业俞樾，事德清俞曲园先生，后以汉学文应辨志精舍，季课问业于定海黄元同先生，尽取以来至清先儒说经订史之书而读之，知考据之学虽大儒不能无所失，病夫乾嘉诸君子之摈程朱，乃兼治汉宋而不偏于一家。中鉴于国家多故，默念知己知彼之论，复取当时所出算术、格致、农、兵、外交诸译著，一一加以研讨，冀于致国富强之术有所贡献。及其后，鉴于清廷变法多枝节为之，而欧风东渐异说并兴，人心浸已不正,于是深惟经正民兴之义,仍返求之于经学。

先生讲授各大学,敷陈指示不惮频烦,必使无剩义而后已,诸生有叩及应;元元本本,各尽条贯。每诏诸生研精四通,谓学者不通四通,不足以称"通人",以故从先生游者莫不洞彻古今理乱兴衰之迹与典章经制之要。

先生著作等身,而不以衒示于人,年三十尝刻印《缀学堂初稿》二册,年七十二始编著《缀学堂丛稿目录》,凡经部二十六种,史部三十一种,子部十九种,集部二十四种,都百种,而讲义之属不与焉。

先生以民国二十七年六月二十九日卒于里第,年七十五。子二,庆麒、庆粹女几,长归同邑姜绍祖,庆麒、庆粹、绍祖并国立北京大学士,以学名于时。(先生于经史诸子多独得之见,惜所著诸书不在行箧,未克征引,容续足之。)

(《益世报·史学》第8期,1939年4月4日,第4版)

袁树五先生传

张连懋（张希鲁）

石屏文教自昔为吾滇最，元明以来代有传人。至清极盛，月槎丹木，皆以文章彪炳于世，而吾师袁树五先生，山水所钟，家学渊源，即生于其间。世徒知先生科名震一时，而不知人师经师兼而有之。

先生讳嘉谷，号屏山，别字树圃，树五其字也。少有异禀，从诸兄学尽得其长。十岁时，父雇工修祖茔，诸兄往书碑，父在家思之，应增十余字，呼先生曰："汝能默识走告汝兄否？"先生曰："能。"果不遗一字。十二岁入泮，应试屡冠多士，声名渐显，入省会经正书院为高材生，从许五塘、陈小圃诸先辈游。治宋学颇有会心，尝作自箴四首自儆。先是大名《崔东壁遗书》，自经先生乡先正陈海楼履和付梓行世后，流传石屏。先生家即有其书，幼治经习诗古文外，常以阅读，至是又慕乾嘉诸老学。故先生博综子史，擅长考证，宋学、汉学合并研究，不存入主出奴之见，要归之于至当。尝曰："东壁《考信录》创获虽多，然立意总与高邮王氏父子别，若《经传释词》发明通训，为中国文法第一书，古人谓读书有目下十行者，王氏父子治学殆十目而一行也。"后先生主讲大学，即重印王氏《经传释词》、俞氏《古书疑义举例》等书，分赠诸生，示为学途径当如此也。

清光绪二十九年，先生成进士，投翰林院编修，值清廷国威不振，德宗与太后方避乱自西安归，欲少事改革，收拾人心，用臣下议，开经济特科罗致实用人才。先生以尚书魏光焘荐应试，试凡两场，先生搦管万言，应兴应革诸端一一条陈，结语尤动宸听，榜发遂列第一。云南自置行省后六百余年，科第之高无出先生右，阖省父老莫不引为荣幸，昆明状元楼"大魁天下"额即立以表敬先生也,先生由是知名,学者尽想望丰采。张文襄公之洞尤器重先生,尝欣然曰:"特科第一仍归吾翰林院,汝真能作文者。"中试后,太后两度召见仁寿殿,问以边省风土人情,并问:"修筑铁道,人民尚反对否?"先生奏曰:"人民近日智识已开,无敢反对。"

三十年,奉派到日本考察教育,兼任云南留日学生监督。彼邦高等师范以《考信录》为历史教科书,即陈履和镌本,先生感而赋七古诗一章纪之。又与日人长冈护美饮于富士轩,互为唱和,座上谈唐人王维、晁监交谊,极欢而散,逾年回国。

居京数岁,先后任学部编译图书局局长、国史馆协修等职。先生在图书局,广征博学能文之士、象寄之才,编译中西要籍与各科教授书,国内学校有教科之编尽自此始。至今通用"乐歌""星期"诸名词皆先生新订。王静安国维时受聘为局员,月修百金,译欧籍、编词史。设座于著书楼下之北窗,镇日默默、晨入夕出,三年如一日,学部长官闻其贤,派之总务科行走,静安婉谢,告先生曰:"性不耐官,愿随局长编书也!"先生曰:"兼任可乎?"静安曰:"不可!"先生益贤之,知为朴学者,将来必能大成,后果然。时发现敦煌石室遗书,法人白希和得后携之来京,先生偕罗振玉、王国维、王仁俊诸君子往观,仁俊手祗墨日夜钞写,旋即付印。先生极佩其勤学好古,日人有以学部翻译和文书妨碍其版权为质者,先生曰:"中华文献,尔国传诵千余年,未闻华人向汝索版权,区区教科岂我国典籍可比!"日人无言而退。

宣统元年九月,赴任浙江提学使,十二月,兼布政使,当离京时,属员王国维、樊炳清、魏易等邀严又陵、蒯理卿作陪,欢送摄影,并制《春明饯别图》,赠诗百余首,题曰《惜别友声集》。既莅任,值杭州府中学堂校潮骤起,势张甚,将越旬矣,一日忽传学使来,群颇惊悚,讵见先生,乃温温儒雅少年,巡视斋舍,相与问询,固又一蔼然可亲之长者,全堂翕然,校潮遽息。先生善政极多,文化事业尤提倡不遗余力。时先生方三十七岁,故浙人士每私称"小学台"云。人有献万斯同《儒林宗派》钞本十六卷于先生者,先生立为刊布,于是此书始广流传。当太平天国之乱,文澜阁《四库全书》散逸,经丁氏弟兄收购,仅得其半。先生至,命人钞补，且奏请改建湖上行宫为图书馆，罔罗典籍，庋《四库》书于其中，教育基础于以攸固。苟有裨于民者，照破陈例，无不兴办，浙父老思之至今弗衰。郑鹤春、鹤声昆季，即先生在浙时成之士。三年辛亥革命重起，清帝逊位，先生率眷从海道归里。临行，清风两袖，囊橐萧然。浙人公赆始安步抵滇。蔡松坡都督时主滇政，聘为参议，辞不获。民国二年，应滇民之选，为国会议员赴京，议事侃侃，独申正义。会清史馆开，王壬秋为馆长，先生与缪荃孙、梁启超、朱希祖诸名流各疏所见，商榷体例。梁谓盐法乃清代要政，应另立一门，别于《食货》，先生曰："不然，盐法虽重，究为《食货》之一。若嫌篇卷过长，何不用《食货一》《食货二》别之？"后馆中卒用先生议。越年先生归滇。自后笃志著述，专以表章乡贤，诱掖青年为己任。十二年，云南初办大学，校长董雨苍君聘先生主讲国学，每周两小时，听众全校学生外，好学之士往往临时加入，面叩笔录，至公堂可容五六百人，座常为满。先生所授以经学为主，旁及考据、词章、义理，因才施教，不限一科。命诸生各皆所好，期其大成。至暑假则专讲诗法，下课后，诸生趋而问难，至绕膝两三点钟始散。时连懋方治史，每星期写札记，呈上批改。先生大为赏识，而病文笔草率，深加斥责，自是少有进步。

次年甲子五月望，批连懋《读史杂记》前曰："嘉谷讲学东陆，爱乡爱才，余无所希，忽忽三学期，当为诸生所共谅。经史之本，词章之美，不辞琐琐，聊作前驱，而笃嗜范陈，随笔随问，以张君连懋为最。"先生期望连懋过殷，继闻寒素，且有三丧在浅土，七年未葬，慨然赡助。连懋侍先生专心求学，因命移居图书馆，每月津贴薪米，凡应读之书，先生皆一一代购，每造第请教，谈论往往尽日，先生尝曰："吾为朱龙坡，望汝成崔东壁！"盖东壁清苦，得龙坡之力始成，且龙坡为先生乡先正。故以为喻，然龙坡多延师教东壁，未若先生亲授连懋长至七年，故先生之待连懋有过龙坡，而连懋之报先生不及东壁也。连懋居于图书馆左之偏一楼，自作一记，题曰"西楼"，先生见而喜曰："此楼吾师许五塘住过，未作记。吾岳张竹轩住过，未作记。吾亦住过，未作记，今汝来始作记，甚善。"连懋自后因以西楼为文编之名，志吾成学自此始也。

十八年冬初，连懋始辞先生自昆明回昭通，未逾年，先生又寄书曰：

"居乡教育,旁搜山水,足为诗画之助,以后出游海宇,为日方长,有机可图,发展所学,亦不能以乡井老也。勉之而已!兄大病新愈,或尚待诸君学成,商量邃密,昭郡文化较先,而进化较迟,秀出者众,兄尤望之!"廿三年国内平静,先生嘱教厅助连懋旅费,遂游大江南北,沿津浦路上,谒孔林,登泰山,于北平拜见先生之友高阆仙,深蒙指导。居八月,次年春又随先生之友方矂仙到大同,探云岗,过巩洛,攀太华,浴于华清池。然后折而到夏口,登黄鹤楼,渡九江,上匡庐,经秣陵,过苏州拜见章太炎,游西湖而后遵海道归,至昆明复见先生,先生喜曰:"太史公周览天下名山大川,未到安南,子并安南到矣!"先生因取《说文》《三国志集》联书赠连懋曰:"雍本名邕伯喈学,营或从弓凡将篇。"义谓连懋传先生学,犹顾雍传伯喈之学也。

二十六年,中日战衅重开,北京、南京继陷,敌机四扰,伤亡无算。先生以忧国成疾,预为圹铭,而告诸公子曰:"人知爱国爱家,必以学问经验立其根本,处心积虑者久矣。我则人民知识犹浅,不暇自顾,徒以大国自豪,人侵我。我不备,战事起,人民涂炭,吾不忍见之矣!"十二月二十三日,先生竟归道山,距生于清同治十一年七月二十日,享寿六十有六岁。是年先生诗友陈石遗、陈散原亦先后谢世。噩耗传出,不徒三迤及门痛而失声,海内知交莫不以为全国学术一大损失。

先生自少至老,手不释卷,一切俗好俱不好,惟以著述吟咏为乐。常用"终身读书"四字勉学生。学生诗文苟有佳者,亦能口诵不忘。常称"人要尽读天下有字书",尝评史曰:"太史迁身居史职,手记国史,创列传以传可传之人,尊经尊孔,扩儒门为儒林,班书承之,诸史继之,国史遂几成儒史,观于释家道家,学徒岂鲜,而仅《魏书志·释老》尚不闻有释林、道林之名,今古学人亦未闻议之改之者,斯非儒林之盛也哉!"又曰:"历代正史作家,其功不在经师之下,应咸从祀孔庙。"此种议论今听颇觉怪异,思之实为至理。先生于滇学故尤熟,自师荔扉、王乐山后未之有也。《滇绎》四卷,为先生一生精博之作,用赵瓯北《劄记》之方而述滇事,非燕说野史可比。

先生诗文均工,诗宗杜韩而兼法各家,冶为一炉,以雄奇出之,明何李后殆鲜企及,文近欧柳,近代又独喜侯朝宗。高阆仙评曰:"君之文镶削雄健，不屑作人胸臆中语，而曲尽物情。论古尤自出卓识，不蹈袭前人，而义皆精确。考据之文悉折中至当，不徒淹博为能，近世文家罕其偶也。"先生书法本之王欧而参以褚米，久之自出天机，卓然成一大家。袁家书名，三迤皆知，求题榜书屏者远至日本、江浙。先生晚年又笃嗜佛，近四年来日必写经，积至四十种，上下装为四函。

先生一片真诚，爱才若渴，容接后进，奖勉诱掖，惟恐弗及，后辈往往因以成名。见人一善，多年在怀，称之不容口。遇有过，辄为掩护。性极和乐，暇日泛湖探胜外，座上无日无客，客无论雅俗，俱得晋谒，大都为求书、求诗而来。故先生尝自吟曰："花甲匆匆六十年，青毡一片幸依然。书诗寄托黄山谷，朝野优游白乐天。"先生为人活泼，善谈论上下古今，纵横百家，谐庄杂出，听者每为解颐，体素健，烟酒不染，惟略嗜茶。朝夕散步翠湖堤上，青鞋布袜，见者几不知为一代宗工，先生尝跋《养蒙图说》，驳涂氏载"扇枕为黄香事"误，应本《晋书》改为王延事。后连懋见黄香事虽不入《后汉书》，实据《东观汉记》，告之先生，先生削去其稿。又作《铜鼓歌》，以为"十二物"配"十二辰"初见于北周宇文护母之书。后连懋取《论衡·物势篇》呈阅，一一均在，先生立即增入注中。且大奖连懋，其虚以接人如此。

先生著作，已刊者，有《卧雪堂诗集》十二卷、《卧雪堂文集》二十二卷、《滇绎》四卷、《汉孟孝琚碑题跋》一卷、《卧雪诗话》八卷、《湖月集》一卷、《孔氏弟子籍》不分卷。余尚有若干种，存于家而未刊者又若干种。先生雅好游山，题壁书石，至今到处可寻。常记先生生前，坐于课经亭中，戏告连懋曰："我死后，汝必为我作传。"连懋请拟一年谱，先生曰："无庸。"呜呼，先生今日果死耶？先生著作俱在，先生不死也！连懋不文，安足以传先生哉！先生亦不待连懋而传也！先生别有《言行录》一卷。

（《益世报·史学》第 12 期，1939 年 5 月 30 日，第 4 版）

边疆

发刊词

顾颉刚

我们在《益世报》复刊之日编这个《边疆周刊》，并不是凑热闹，为的是想供应现时代的需要。我们中国立国以来，何代无边疆，但除了短期间之外不曾在这方面感觉到什么大问题，为的是中朝的力量足以控制边陲，外面又无窥伺的强邻想出阴险的手段来分化我们，只要边民相安无事，中原有了屏藩，便什么事都没有了。一班士大夫，为了边地的苦寒，边语的侏离，不是谪宦荒徼或犯罪充军也得不到和边民接触的机会。到了接触边民的时候，自己一定在朝中不得志，牢骚已满腹，对着黄沙衰草，听着羌笛胡笳，只有悲酸落泪，不知道尸骨能否还乡，那有心思去作边地的考察。一方面，政府为怕多事，禁止人民私出国境，人民便不易涉足边方，甚至禁止中原人私和边民交际，更使得同处在一国的人民分占了几个天地。所以二千余年来，中国疆域虽不小，但边地永远由它荒芜；边民虽不少，但知识低下，也只有任它自生自灭。在这种情形之下，我们地图上一大片土地仅作了装饰国家的门面之用，于是引起了各个帝国主义者的野心。

当清代时，帝俄在我国的东北和西北作急剧的侵略，学者们感到了边疆上发生的问题的严重性，激起了研究的责任心，道咸之间就写成很多的边疆著作。不幸我国的士大夫总是好古情深，当初发动研究的本意渐渐忘记了，结果发达到"元史学"方面，成功了一部《新元史》。可是外国的学者、探险家、传教师和新闻记者们却成群结队到我们的边疆去，牺牲了毕生的时间和精力，孳孳不倦地搜集材料，讨论问题，把什么东西都弄得清清楚楚。他们的资本家、政治家和军事家要办什么事情时，就可根据了这些收获而作有效的措施。我们自己呢，老是蒙在鼓里，闭了眼睛过日子，他们知道的我们不知道，他们认识的我们不认识，他们干得来的我们干不来。等到他们酝酿成熟，发动事变的时候，我们想临时抱佛脚也来不及了。

在"九·一八"以前，日本人早在地图上把满蒙和他们本国染成一色，然而我国人视而不见。那些满铁会社和同文书院等机关天天派人来作精密的调查，我国人真大量，也是听而不闻。前回的"九·一八事变"揭幕了，老年人唉声叹气，少年人暴跳如雷，然而何尝摧毁得敌人数十年来脚踏实地的工作的丝毫。那时我国人也知道如不屈服，将来必有一次大战，在大战中我国没有海军，沿海一带必尽失陷，然而改不掉苟安的心理，冲不破传统的习惯，一切建设还尽先繁荣沿海的大都市。工商业不必说，就是建筑的房屋，在这累卵似的危险地带也是一天比一天的辉煌灿烂。至于西边的一片大地，交通还是那样的困难，资源还是那样的埋藏，种族和宗教之间还是那样的闹着纠纷。沿海一带用上数十万数百万数千万都不足惜，西边许多地方要得到数千元或数万元便能创办的开发工作还是搁起来办不成。大家的眼光只向东边看，仿佛没有西边似的。直到这回大战起来，方才相顾扼腕，知道西北和西南乃是中国复兴的根据地。然而因为向来没有准备，所以一时规划不出许多具体的方案，也召集不来许多实地工作的人员。我们深信，天下决没有不劳而获的事情。敌人侵略我们，他们已经放下了数十年的苦功，付出了很可观的代价，在他们原是先劳而后获。我们自己不争气，当前的问题不注意，人家的觊觎不知道，该做的工作懒得做，现在受到这样空前的侵略，原是不劳而不获，不怨自己那能够怨谁？野心国家多得很，难道他们耕耘了会不想收获？我们如其甘于亡国灭种，那么过以前的生活，委心任运，听候宰割好了。苟其不然，土地是我们的土地，人民是我们的人民，决不能让人家侵略分毫，我们便当埋头苦干，要干得比侵略者还要辛苦。到那时，下什么种得什么果，敌人的分化和隔离的政策自然行不通，我们向来漠不相关的同国之民自然融合而成为一体，而各种物资财源也得由国家的力量积极开发，大大地增加我们的国富了。只要我们肯"劳"，我们终有"获"的一天，不必夸大，也不容菲薄。我们办这刊物,要使一般人对于自己的边疆得到些认识,要使学者们刻刻不忘我们的民族史和疆域史,要使企业家肯向边疆的生产事业投资,要使有志的青年敢到边疆去作冒险的考察,要把边疆的情势尽量供献给政府而请政府确立边疆政策,更要促进边疆同胞和内地同胞的精诚合作的运动,并共同抵御野心国家的侵略,直到中华民国的全部疆土笼罩在一个政权之下,边疆也成了中原而后歇手。

我们知道自己的力量有限,想的必然不周到,说的必然不中肯,但我们知道只要同情我们工作的人多了,这力量自会日渐扩大。我们不仅用自慰的口气说"失之东隅,收之桑榆",而且要更进一步说:必须开发了我们的西边才可收复我们的东边,亦必须开发了我们的西边才可巩固我们的东边。我们相信同情我们的人一定会很多,今日我们在纸片上的鼓吹将来一定可以得到实际的效果,愿同志们共同努力!

二十七,十二,十五,昆明

(《益世报·边疆》第1期,1938年12月19日,第4版)

"中国本部"一名亟应废弃

顾颉刚

　　年来最痛心的事情不是"九·一八",因为这正是给我们一个觉醒的机会;也不是"七·七"和"八·一三",因为这正是给我们一个复兴的机会。敌人对我们虽然惨酷万状,弄得我们死亡流离到这等地步,究竟为了百年大计着想,这个痛苦,我们值得忍受。世人说得好,"若药弗瞑眩,厥疾弗瘳"。我们在这次战事中的损失是有形的,可以补偿的,而得到的利益则是无形的,享受不尽的。我们觉得最痛心的一件事,乃是帝国主义者造出了几个分化我们的名词传播进来,我们上了他们的当,随便用了。大家日日在嘴里说,又在笔下写,这几个名词就起了极大的分化作用,仿佛真把土地和人民划成了若干部分,要做团结的功夫就增加了许多困难。这不能不责备我们知识分子的糊涂,以致国家陷于空前的危险。这分化的新名词有好几个,现在先说"中国本部"。这名词可以说没有一本地理教科书里没有,已经用得烂熟,大家觉得是天经地义了。但我们试问读者,什么叫做"本部"?诸位一定会说是十八省。我又问,这个本部是哪一个朝代的本部呢?想来诸位就不容易回答。现在我们试来查一查自己的历史。战国以前,所谓华夏的人民只住在黄河的下游,当然和这个"本部"不合。到了战国,燕赵两国向北边开疆拓土,占有了现今的满洲和蒙古一部分地方(满洲、蒙古本只是种族之名而非地方之名,其所占据的地方也绝不似后来这么大;为方便计,姑用俗名来称古地,请读者勿误会,下同),已经轶出了十八省的疆界,当然也不是。说是秦罢,秦不但奄有燕赵之地,而且南立象郡,即今安南,当然更不对。说是汉罢,汉不但继承秦地,而且东境至于朝鲜,西境至于葱岭,哪里配合得上？汉后中国土地分裂了数百年,不必提它。到隋朝统一,疆域较汉虽小,然而满、蒙、新疆的一部分地方还是有的。到了唐朝,武功赫奕,边境上立了四个都护府,安东府在今朝鲜,安南府在今安南,安西府在今新疆,安北府在今外蒙,哪里像这所谓"本部"的迫狭。就是不提这带有羁縻性质的四都护府而只说那时中央直接统治的十道,那么现在阴山之南号称内蒙的许多地方也都包括在关内、河东和河北三道之中；在新疆设立的伊州、西州、庭州,也都属于陇右道呢。唐后统一的朝代是宋,宋的疆域最小,不独故意放弃了云南,而且燕云十六州（即今河北、山西两省的北部）依然割与辽国,还够不上这个"本部"。再说是元罢,元的领土最大,跨有今欧亚二洲,更非这"本部"所能赅。就使撇开四汗国不谈而只讲忽必烈一系的疆域,那么,他们的岭北行省即今蒙古,辽阳行省即今满洲,甘肃行省兼包今新疆,云南行省兼包今缅甸,而征东行省又辖了朝鲜。再看明朝,那时的疆域虽小于元而大于宋,西南至安南,东北至满洲,直到清太祖立国时现在的辽宁省还是明朝的。所以从古至明,少数朝代不及所谓"中国本部"大,多数朝代则都广于所谓"中国本部",而绝没有一个朝代其疆域广袤恰合于这所谓"中国本部"的,这真正是铁一般的事实！

　　说到这里,或者有人要插口道：十八省是清朝的制度,所以"中国本部"也就是清朝的本部,何须远征博引！我对于这质问,将决然答道：这是不对的。如果清朝确有所谓"本部",那么清朝是由长白山兴起来的,长白山一带乃是他们的本部。即清太祖夺了辽东建立盛京之后说,清朝的本部也只限于今日的东三省,这"本"字无论如何轮不到十八省。即使再退一百步说,清朝肯把"发祥"之地除外,确指不是他们本土的十八省为"本部",那么,拿清朝的地图来看,现在的热河省即是那时直隶省的承德、朝阳等府,察哈尔省的南部即是直隶省的宣化府,绥远省的南部即是山西省的归化和萨拉齐等厅,宁夏省的东南部即是甘肃省的宁夏府,青海省的东部即是甘肃省的西宁府,新疆省的东北部即是清朝中叶甘肃省的迪化州,割给日本的台湾也即是清朝末叶以前福建省的台湾府,何以清朝十八省内的土地就有许多不算在"本部"之内的呢？而且热、察、绥、宁、青的建省都是民国以来的事情,何以在清朝算作"本部"的,到民国建省后就不算作"本部",而日本人遂有组织某某伪国的计划和酝酿呢?

中国的历代政府从不曾规定某一部分地方叫作"本部",中国的各个地理学家也不曾设想把某一部分国土定为"本部",在四十年前我们自己的地理书里更不曾见过这"本部"的称谓,然则这个名词是从哪里来的?这不消说得,是我们的邻邦的恶意宣传,用来欺骗我们的。他们的宣传达到中国之后,我们就上了当了。大家感觉得"本部"的地方是我国本有的,是痛痒相关的,除了"本部"之外原是杂凑上去的,有之固然足喜,无之亦不足惜,"任它去罢!"于是由得他们一步步地侵蚀,而我们的抵抗心也就减低了许多了。

"中国本部"这个名词,究竟创始于谁人的笔下?此间书籍缺少,无从稽考,只知道我们的地理教科书是译自日本的地理教科书,而这个名词就是从日本的地理教科书里抄来的。现在我们把这个杜造的责任加在日本人的身上,决不冤枉。我们只要看他们的首相田中义一给昭和天皇的奏章上说,"兹所谓满蒙者,依历史非中国之领土,亦非中国的特殊区域,我矢野博士等尽力研究中国历史,无不以满蒙非中国之领土,此事已由帝国大学发表于世界矣",就可见出日本的博士们是怎样的伪造历史或曲解历史来作窃夺我们的土地的凭证,而帝国大学把他们所造的谣言发表于世界也就是用作侵略的前驱,并不是提倡纯正的学术研究。自从明治天皇定下政策,打算征服中国必先攫夺满蒙,便硬造出"中国本部"这个名词,析出边疆于本部之外,拿来欺骗中国及世界人士,使得大家以为日本人所垂涎的只是"中国本部"以外的一些地方,并不曾损害了中国的根本。譬如一个人捉到一只蟹,把它的八条腿折断两条,它固然伤了,却不是致命之伤。如此中国人觉得尚可忍受,外国人觉得尚可原恕,而日本人的阴谋就得成遂,"九·一八"的事变于是乎在充分准备之下显现了。

西洋人承受了日本杜造的名词,亦译"中国本部"为"China Proper",这或者是不谙悉远东的历史而有此误会,或者也含些侵略的心思而有意替他们推波助澜。仿佛说,你既吃了蟹腿,我何妨也折两条尝尝,反正不致马上断送它的生命的。所最不该的乃是我国的知识分子,自己尽量受他们的麻醉还不够，更替他们到处宣传，弄得这四十年来我国人自己著作的许多史地书里无不写上"中国本部"这个名词，习非成是。只要受过小学教育的同胞们的脑髓里也无不深印着这个名词，住在十八省中的人民的目光只注在"本部"，而许多边疆地方真就渐渐地不成为中国的领土了！因为这样，所以田中的奏章上又说："因我矢野博士之研究发表正当，故中国学者无反对我帝国大学之立说也。"唉！中国学者，中国学者，你们无论在知识上、在良心上都真不反对矢野博士研究的结果吗？所以我说：我们最痛心的不是"九·一八"和"八·一三"，只有学者们的不耐烦思索，以学得几个新名词为时髦，又相率轻信不疑，引起了民众的随声附和，直至中了敌人的诡计，危害了国家的前途而尚不觉察，才是真正该痛心的事实！

跟着"中国本部"的名词而起来的，又有"华北""华中""华南""华西"等名词。外国人既把"中国本部"当作了中国的全部，于是又划分了这几个区域以便概括的称谓。他们把"华北"称黄河流域，把"华中"称长江流域，把"华南"称珠江流域，把"华西"称江河的上游。这种迷离惝恍的名词天天在报纸上登出，大家也觉得是不成问题的了。中国的南部濒海，"华南"一名固然定的不差，但中国位置在北纬十五度至五十三度间，而长江所经在三十度上下，偏于南部，称为"华中"实不适当；至于称黄河流域为"华北"，太荒谬了，我们的满蒙才是真正的"华北"，为什么要把北疆移到中部来呢？"华西"一名也同样的不对，我们的新疆、西藏才是真正的"华西"，为什么要把西疆移进来数千里呢？所以我们如果要把全国地方分作几区，可以把西伯利亚以南至阴山以北称为华北，阴山以南至淮河、秦岭、岷山一带称为华中，自此以南直到南海称为华南，从阿尔泰山至喜马拉雅山称为华西。我们应依据了国家的实界和自然区划来分划我国的全境，而不该颠顶糊涂，随便使用别人蒙混我们的名词，以致国家疆土尚未受到敌国武力侵略的时候竟先在自己的观念中消失了。

总之，我们必须废弃了这些习用的名词始能保卫我们的边疆，保卫了我们的边疆始能保卫我们的心脏；我们也必须废弃了这些习用的名词始能开发我们的边疆，开发了我们的边疆始能达到全国的统一。否则如不幸而我们的边疆完全被侵占,敌方帝国大学里的教授们又要造谣言了,他们会从我国的《书经》《诗经》《春秋》里找出许多证据来作证明,说真正的"中国本部"只有黄河和渭河的下游,即现在的陕西南部、河南北部、山西南部和山东西部这一块地方,其余都是蛮夷戎狄所在,也就是当时的边境。他们可以索性把中国的疆域恢复到夏、商、周三代去(孟子早说过"夏后、殷、周之盛,地未有过千里者也"),而抹杀了所有战国以下的历史。倘使他们果真这样造出一番新理论来,他们的有凭有据可以远过于现在所谓"中国本部"。到那时不知道他们的首相是不是又要奏给天皇,说中国的学者们觉得他们的某某博士等研究正当,所以依然不反对他们的立说?想到这里,总不教人痛断了肝肠!

　　除此之外,还有一个名词必应废弃的,就是"五大民族",让我下一次再谈。

二十七,十二,二十三,昆明

(《益世报·星期论评》,1939年1月1日,第2版)

读了顾颉刚先生的《"中华民族是一个"》之后

张维华

上一期的《边疆》,我师顾颉刚先生发表了一篇很重要的文章,题目是叫做《"中华民族是一个"》。这篇文章的大意,是从历史上证明中国境内所有的一切部族,无论从血统上说或是从文化上说,早已融合为一,成为一个不可分割的"中华民族"。到如今,不要再说你属那一种族,你们的文化如何,我们的文化如何,我们早已成了一家人了。自从抗战以来,敌人无日不想分化我们,在已沦陷之区域,他便一手制造了许多傀儡政府,和我们的中央政府相对抗。在我们的后方,他又利用我们种族上分歧,要想策动一个一个独立起来,成为某种某种的国家,借以减少我们抗战力量。在此危急存亡之严重时期,团结内部是极端要紧的一件事,可惜我们仍然为以往的几种错误的见解所摆弄,不能彻底泯除彼此间的成见。这是极可惋惜的事。顾先生这篇文章,是从历史的事实上说明我们是一家,坚强的建立起"中华民族是一个"的理论,来使于无形中加强我们团结的思想,这正是解救时弊的一付良剂,我们对于这个问题是当该十分留意的。

无论任何国家,它们用来团结内部的力量,大概不外两种:一种是上层的力量,一种是下层的力量。所谓上层的力量,是指政治的力量而言,是用强制的方法,把不相干的各部分联系在一块,各帝国主义者所施行的法术即是如此。下层的力量是指民众自觉的力量而言,他们因为生活在一处,发生了各方面的生活上不可分离的联系,发生了互相爱慕的情感,由是而认为是一国一家,是一个民族,这就是所谓民族意识的养成。我认为欲造成一个国家坚强的团结,单靠政府力量的联系是不够的，而且单靠这种力量有时候会发生危险，因为政治力量不一定能够永久的坚强不变，一到衰弱的时候，分裂的现象便立刻发现了。由于民族意识的养成而发生的团结，可以说是坚强不变的，虽有时因为外方的压迫而致发生分裂，然而时过境迁，他们会自然的再结合在一块。历史上这样的实例很多，不必在此多举。可是民族的意识怎样养成呢？而且怎样养成才能坚强不变呢？这必得是出于他们自动的感觉和认识了，他们必得是先从血统上，或是从文化上，或是从生活各方面的联系上，认为是不可分离的一家人，由此观念而生出彼此爱慕的情感，由此情感而生出坚强的民族意识，等到这种意识养成之后，任何外力的压迫便都不足畏了。说到这里，"中华民族是一个"的理论，是急待发挥了。

"中华民族是一个"的理论，是急待一般人来补充，来发挥，使其普及于各人的心坎里，可是第一个首先要问的，所谓"一个"的意义是什么？这个意念所具的条件是什么？必须具备那些条件，才合于这个"一个"的意念呢？这个问题必得首先弄清楚了，我们才能进一步的把这"中华民族是一个"的理论建立起来，否则便无从着手。

所谓"一个"的意义，据我个人看来，可从两个方面解说：一是从政治的联系上和社会生活的各方面上说，非成为一个不可。譬如一个学校，内中含有许多不同部门，各部所主持的虽然不是一样，可是彼此间所有的联系是联结而不可分离的，因此这个学校便成为一个。换句话说，这个"一个"的意义，是合则共存，离则俱亡。中华民族之成为一个，也是具有这样的道理。这是从这一方面的解释。第二方面是从血统上或是文化上，说明国内各部族是混一的，不是单独分立的，因为是混一的，所以成为一个。不过要从这方面解释，是非常复杂的一件事。譬如说有甲、乙、丙三个分子，要证明它们是已经混合成为一个，必得说明甲与乙的关系怎样，甲与丙的关系怎样，乙与丙的关系又怎样？单单说明甲与乙，或甲与丙，或乙与丙的关系，是不能证明这三个是混一。再进一步说，即便证明了这三个分子都彼此发生过关系，可是所发生关系的程度又怎样呢？譬如说甲与乙、甲与丙，以及乙与丙是已经发生过关系，可是甲、乙、丙均仍各保存其过半以上的质素，这样，这三个分子能不能算是已经混合为一个了。又譬如说甲与乙、甲与丙，以及乙与丙是诚然发生了整个的关系,可是这种关系是在以前发生过的,而在现在已经分离了,这又能不能算作一个呢？中国的历史很长,疆域很广,内中所包括的分子也很复杂,其混合融一之迹,真是不容易寻究清楚。不过在此方面要证明"中华民族是一个"的理论,总是很有可能的。

以上是我对于这"一个"意义的见解,无论从那一个解释,如果能尽量的发挥起来,都能坚强"中华民族是一个"的信念。我们知道这种工作并不是轻而易举,然而所发生的影响则是很大,希望一般学人对于这个问题多多考虑,很快把这个理论建立起来。

(《益世报·边疆》第11期,1939年2月27日,第4版)

来　函[①]

白寿彝

颉刚先生：

　　边疆第九期发表之大著《"中华民族是一个"》，甚佩。这个口号虽久已喊遍全国，但用事实来作证明的，这还是第一篇文字。"中华民族是一个"，这不是抗战以来的新发明。至少是有些宗教学者是这样主张。宗教学者是说人类的来源是一个，人类文化的来源也是一个，他们的观点虽与先生不能尽同，而其主张则与先生之说颇有些相合的地方。"中华民族是一个"从中国整个的历史上去看，的确是如此，而在此非当时代，从各方面抗战工作上，更切实地有了事实上的表现，但在全民心理上却还不能说已经成了一个普遍的信念，而还是没有走出口号的阶段。不只多数平民如此，许多干政治工作或办教育事业的人也未能改正旧日不正确的观念。甚至有些军政大员底谈话，重要党政机关底正式文告和宣传品，在这一方面，都不免使人有所遗憾。在不久以前，我在某一个"汉""回""蒙""番"杂居的省区里，会听到某民政厅长公开对民众演讲，说过去我们是怎样亡国于蒙古，怎样亡国于满洲。他的意思是在激励民众底爱国情绪，但他并不知道，当地的蒙古同胞听了作何感想，他更不知道一些敏感的回教同胞听了之后，也要怀疑到他在这个国度里应有的政治地位。当时，老实说，我个人虽愿意原谅这位厅长先生，但在感情上，我实在觉得很难过。在相当时间之后，我离开这个地方，到了另外一个省区，刺目的事情更多了。在这个地方，"八月十五杀鞑子"成了正式的宣传资料了。这算什么话！这是作的抗战工作？还

---

① 编校者按：此函系关于《"中华民族是一个"》的讨论，文末附顾颉刚的按语。

是作的分化工作！当时，我觉得非常的气愤。后来，我回到了中原，又走过好几个省份，我的见闻稍广，才知道上述的情形并非这两个省份特殊，我原来是错怪他们了。先生，您应该知道，现在的国贼是叫作什么。他们是通行全国的被称作"汉"奸啊！一名词之徽都可以表示一般心理之不健全。现在虽大家都一致在实际上抗战，但这种心理上的不健全总需加紧扫除！

先生，要想把这个口号变成普通的信念，仅仅是靠着外力压迫底自然形成，是决不够的。这需要许多政治的工作和教育的工作。史学家对此，也有他极艰巨的责任。"搜集了他们（边疆）的历史材料放到全国公有的历史书里去"，这固然是史学家底责任，但还没有真正尽到了他的责任。中国史学家的责任，应该是以"中华民族是一个"为我们的新的本国史底一个重要观点，应该是从真的史料上写成一部伟大的书来证实这个观念。您的大作是这个工作底一个发端。其间不少疑似的、矛盾的、艰难的专门问题，期待着许多史学家来合作。"中华民族是一个"，应该是全中国底新史学运动底第一个标语。我敬候着您的第二篇、第三篇绪论，不断地出来。

学生　白寿彝　上

颉刚案：上函所说自是今后史学家所应有的工作，可是真要做出这样一部书来实在够困难，这不是大家不肯做，而是在短时确是做不了。我前几年到内蒙去，知道内蒙人是有历史记载的，他们叫做红皮书和黄皮书，藏在大寺院里，可是我们不懂得蒙文，没法读它。去年游藏民区域，看见寺院里藏书之多，著作之富，喇嘛们研究学问之专一，讨论问题之热烈，真使我吓得一跳，觉得这种精神，我们在研究院和大学里的人实在有些相形见绌。他们虽多注意宗教哲学而不注意历史，可是历史记载也未尝没有，只因我们不懂藏文没法搜集而已。我们要使"中华民族是一个"的观念到达每个中国人的心曲，非使青年们多学会现在在本国内流行的几种读书文字，能直接和边地同胞通情愫，并有能力搜集其历史材料不可。否则我们的材料只限于几部汉文书籍，而这些书的编辑者大都怀着不正当的成见，言分化则有余，言团结则不足，用这种材料来做我们的国史,岂不使边地同胞永与内地隔离。所以,这是一件大工作,不是我们一步所能跨到的。我们现在只能多作鼓吹,使得大家感到这种需要,有许多青年肯起开干,而政府中也肯奖励游历、调查、民教、研究、出版的事业。等到了有这样一天,一部伟大的书就会出现了。

(《益世报·边疆》第16期,1939年4月3日,第4版)

关于民族问题的讨论

费孝通

颉刚先生：

在《益世报》的新年号上读到先生发表的《"中国本部"一名亟应废弃》一文，后来又在该报副刊《边疆》第九期上读到《"中华民族是一个"》一文。先生从目前抗战建国的需要上痛论民族意识团结的要图，语挚心长，当为抗战建国言论中重要的典章，身为国人，无不憬然自悟！自先生创论之后，先后有张维华、白寿彝两先生继起，对民族问题有更明切的发挥。张先生曾说："我们知道这种工作并不轻而易举，然而所生的影响则是很大，希望一般学人对于这个问题多多考虑，很快把这个理论建立起来。"通初学不文，本不敢有所申论，但拜读了上述几篇宏论，略有异同之见，推孔氏"各言尔志"之意，不避谫陋，列举几点，就教于先生。

一、名词的意义和作用

先生在上述二文中，在理论上提出了一个基本问题，就是语文中的名词与其所标象的客观事实可以不符，因为这类名词目前并不在说明事实而另有其他作用。"中国本部""五大民族"等就是这类名词，因为"我们只有一个中华民族，而且久已有了这个中华民族"，所以地理上的"中国本部"，民族上的"汉、蒙、回、藏"都是没有客观事实相符合的，这些名词不是"帝国主义者造出"的，就是"中国人作茧自缚"，都是会发生"分化"作用的。

从理论上讲，以一名词在被用时所产生的作用来说明这名词的意义，是和最近英国语言学中功能派的见解相同。自从政治运动中标语的应用及效果日见显著之后，以前语言学者以名词为实体标象或思想媒介之说已不易自圆，所以近来在社会学中有对于意念的社会作用加以深入讨究的，如孟汉（K. Mannheim）的《知识社会学》（Ideolngoy and Utopia，该书一部分已由李安宅先生译成中文，在燕京大学去年出版的《社会学界》第十卷发表）；人类学中有对于巫术语言的作用加以分析的，如马凌诺斯基（B. Malinowski）的《农作及巫术》（Coral Gardens and Their Magic）；在语言学理论方面有斐司（J. R. Firth）的《人的语言》（Tongue of Man）。他们都是想从语言在实际生活上的作用来建立语言学的理论。

马氏在他的讨论上把名词的用法分成两种：一种是科学的用法，名词的所指是根据经验的，可以捉摸的，有客观实体相符的；一种是兴比的用法，把一个名词用来引起对方感情的反应。同一名词可以有不同的用法。譬如我们说"水深火热"，可以指深的水，热的火，或水的深度，火的热度，这是科学的用法。但是这四个字亦可以指一个人受到很深切的痛苦，而且说这四个字时，说者的目的犹不在叙述所受痛苦深切的程度，而是在想引起听者的感情反应。也有些名词是根本不能有科学的用法的，好像"鬼"字，因为鬼是没有相符的经验的，除非我们把"鬼"字解作"幻象"。可是普通说"见鬼"的人决不是说"见了幻象"。

"中国本部""五大民族"是哪一类的名词？能不能有科学的用法？这些名词有没有客观相符的实体？请论"民族"。

二、民族是指什么？

先生谓民族是指"营共同生活，有共同利害，具团结情绪的人们"，同时又附英文 Nation 一字于后；种族是指"具有相同的血统和言语的人们而言"，并附英文 Clan 一字于后。再根据该问的意见补充上述定义：民族不一定要组织在血统上，也不必建立在同文化上，只要"在一个疆宇之内,受一个政府的统治,就会彼此承认都是平等一体的人民","我们只是在一个政府之下营共同生活的人,我们决不该在中华民族之外再有别的称谓"。可见先生以民族指在同一政府之下,在同一国家疆宇之内,有共同利害,有团结情绪的一辈人民。在"民族"之内部可以有语言、文化、宗教、血统不同"种族"的存在。

名词本来是人造的,一个名词的意义建立在读者和作者相同的了解上。可是,若是甲乙两人所论同一的名词所指不同,我们就不应当以词害义,说他们说相同的东西。为讨论的方便,我们一方要知道先生写"民族"二字时所指是什么？同时也要知道别人写"民族"二字时所指是什么？各人所指是否相同？

先生既附以英文词,请一述英文中 Nation、Clan 普通的用意。Nation 所指却并不是同属一政府有团体意识的一辈人民。在普通政治学教本上就很明白的说明：在一个政府统治之下的一辈人民所引成的一个政治团体是 State,通常译作国家。Nation 常和 State 相对立,指语言、文化、及体质(血统)上相同的一辈人民。Nation 通常译作民族。种族通常并不是 Clan 的译文,而是 Race 的译文,指一辈在体质上相似的人。Clan 是社会人类学中的专门词,指单系亲属团体,通常译作氏族。依以上的译法,先生所谓"民族"和通常所谓"国家"相当,先生所谓"种族"和通常所谓"民族"相当。可是我们觉得在名词上争执是没有意思的,既然"民族"等字有不同的用法,我们不妨在讨论时直接用"政治团体""言语团体""文化团体"甚至"体质团体"。

若把这些名词用来诠释先生所谓"中华民族是一个",我们或者可以这样说法："中华民国境内的人民的政治团体是一个。"这句话说来似乎很没有力,因为中华民国既是一个国家,逻辑上讲自然是指一个政治团体。不幸的,中华民国境内的人民是不是一个政治团体,现在却发生了问题。从历史上讲,也许我们可以说地理上的"中国"时常不只有一个政府。先生在上述两文中所着重之点,并不是说"地理上的中国应当有一个统一政府",而是承认了地理上的中国已有,而且早已有一个统一政府之后,说"我们要逐渐消除国内各种各族的界限",易言之,我们不要根据文化、语言、体质上的分歧而影响到我们政治上的统一。这一点,我相信凡是中国人都应当注意的。

三、我们不必否认中国境内有不同的文化、语言、体质的团体

先生立论的目的似在为"我们不要根据文化、语言、体质上的分歧而影响到我们政治的统一"一句话找一个理论的根据。先生所找的根据好像是在说我们中国境内没有因文化、语言、体质的不同而形成的团体,因为从历史上说中国人民中,文化、语言、体质早已混合,分不清团体了。我们觉得若是先生确是想这方面去找根据,这并不是最好的门径。请详述此层意思。

文化、语言、体质可以是人口分类的标准,也可以是社会分化的标识。分类标准是一个局外人根据文化、语言、体质上的异同,把一地人口分成类型。分化标识是局内人自觉在文化、语言、体质上的分歧,各自组成对立的团体。先生所提出文化、语言、体质上的混合是分类标准上的问题,因为客观上的混合并不就等于主观上的统一。

先生承认中国境内至少在现在是有"各种各族的界限",不然,就用不着去"逐渐消除"了,可是先生不肯承认这些在客观上的类别时常就是主观上的分化。这是一个事实问题。若容许我们根据亲自得来的经验来说,中国人民不仅在文化、语言、体质有分歧,而且这些分歧时常成为社会分化的根据的。以江苏太湖区域的农村论,很多湖南移民因为他们和当地人民语言、习惯、原籍的不同,至今没有同化在当地社会之中,他们只能强占或租典湖田谋生(见拙著《江村经济》)。进而到边省,在广西大藤瑶山中就看到,不但瑶汉之间有明白的界线,而且就是在瑶民之间,各个族团根据了他们在文化、语言、体质上的不同,各有组织,不相通婚,时有冲突(见王同惠《花篮瑶社会组织》)。就是最近在离昆明一百公里的地方,每逢街子天就见到很多穿着服装和本地人不同的来客,本地人和我们说:"这是夷人,住在山上,说夷话,和我们不同的。"

在社会接触的过程中,文化、语言、体质不会没有混合的,可是这些混合并不一定会在政治发生统一的。最显明的,我们中国人中有很多

穿西装，说英文，甚至娶外国太太的，可是这辈人依旧是中国人，爱中国。据说我们有一位外交部长不懂中文，不吃中国饭的，可是他并没有自觉的出卖中国。依此说来先生要证明中国人民因会有混合，在文化、语言、体质上的分歧不发生社会上的分化是不容易的，即使证明了，也并不能就说政治上一定能团结。英国和德国据说都是条顿族（Teutonic），可是一次仗还没有打够，还要预备再打一次。从体质、语言、文化上说，日本和我们也是同源的，可是为什么怨愈结愈深呢？

四、国家不是文化、语言、体质团体

文化、语言、体质相同的人民不必是属于一个国家，美国要向英国独立是一个明显的例子。一个国家都不必是一个文化、语言团体。简单的说：政治团体是有共同利害的一辈人组织起来维持内在的秩序，抵抗外来的侵略。若是不同文化、语言、体质的人有发生共同利害的可能，有对内秩序、对外安全的需要，理论上讲，自然没有不能团结成为一个政治团体的可能。事实上，世界上文化、语言、体质不同的人组成的国家的例子真是太多了。美国是世界各地移民所组成，有欧洲各族的人，有非洲的黑人，有由我们本国去的连英文都不识的人……可是谁能说美国不是一个强有力的政治团体？再看苏俄：根据苏联新宪法的规定就有十一个根据文化、语言、体质的分歧而成立的民族单位，如俄罗斯、乌克兰、白俄罗斯、阿则倍疆、乔治亚、阿美尼亚、土尔克曼、乌兹倍克、塔吉克苏、哥萨克、吉尔吉斯（见吴清友《苏联民族问题读本》）。文化、语言、体质上这样复杂的人民在政治可以组成现代一等强国。

谋政治的统一者在文化、语言、体质求混一，即使不是不着要点，徒劳无功，也是有一些迂阔的嫌疑。

可是为什么有很多政治家在那里提民族问题呢？

五、民族问题的政治意味

谁在那里提"民族问题"？一问这问题，最易联想到的是希特拉。

希特拉说"日尔曼民族",或是明白一些,说德意志语言的人,应当回到"祖国"来,归希特拉政府统治。可是结果是把几百万的捷克人带进了德国版图。在这种侵略者,"民族问题"是一种口实。可是"民族问题"之所以成为"口实"的,还是在捷克国内的日尔曼人有很多的确相信他们没有得到和其它"民族"平等的待遇,所以,人们响应希特拉,虽则他们加入了希特拉的政治团体会否得到他们的愿望还是一个悬案。

集合一辈人以组织成一个政治团体,若是里面有人得不到利益,他们就没有理由去拥护这个团体。若是一个国家内部有各种"民族"单位,受不到平等的待遇,或甚至有一"民族"以政治力量来剥削另一些"民族",则被剥削的民族自然要提出"民族问题"而采取政治行动。好像以前美国,黑人被白人压迫,所以有一部分人利用这民族问题发生内战,以达到在法律上没有黑白之分。又好像英国统治着印度,被剥削的印度人始终在争取民族独立的工作上努力。

若是我们比较苏俄国内民族共处的情形,再看拥有殖民地的列强一面侵略人家,一面压迫小民族的情形,使我们觉得一个国家内部发生民族间的裂痕,并不在民族的不能相处相共,而是出于民族间在政治上的不平等。政治上若是有不平等,不论不平等的根据是经济上的、文化上的、语言上的或体质上的,这不平等的事实总是会引创裂痕的。易言之,谋政治上的统一,不一定要消除"各种各族"以及各经济集团间的界限,而是在消除因这些界限所引起的政治上的不平等。

六、什么时候名词能分化一个团体?

依我们看来,文化、语言、体质上的分歧是不容易混一的,若是我们的目的在建设一个现代民主国家,文化、语言、体质上没有混一的必要。若是我们的国家真能做到"五族共和",组成国家的分子都能享受平等,大家都能因为有一个统一的政治团体得到切身的利益,这个国家一定会受到各分子的爱护。不但不易受任何空洞名词的分化,而且即使有国外强力的侵略,自然会一同起来抗战的。若是空洞的名词就能分化的团体,这团体本身一定有不健全的地方。一个不健全的团体发现有敌人来分化时,消极的固然可以防止敌人分化的手段发生效力,而重要的还是在积极的健全自己的组织。

"民族"一词若是根据文化、语言、体质的分歧而形成的团体,我们并不能说这名词是和"鬼"字一般没有和事实相符的幻象,它是可以有科学的用法。而且我们觉得若是我们要使国内各文化、语言、体质的团体在政治上合作,共谋国家的安全和强盛,决不是取消了几个名词就能达到。以前我们时常太相信了口号、标语的力量,以为一经喊出了"打倒帝国主义",帝国主义就被打倒了。现在我们又逢着了国内"民族"间有分化的倾向,而以为是敌人喊出了"民族自决"而国内民族真的在谋"自决"了。这都是把名词的作用看的太重,犯着巫术信仰的嫌疑。

我们的问题是在检查什么客观事实使人家可以用名词来分化我们的国家?我们过去的"民族"关系是怎样,有没有腐败的情形,有没有隔膜的情形?使"各种各族"的界限有成为国家团结一致的障碍?在实际除了学者们留心使用名词之外,还有什么迫切需做的工作?

时急矣,惟有从事实上认识边疆,我们才能保有我们的边疆!先生以为然乎?

孝通,四月九日

(《益世报·边疆》第 19 期,1939 年 5 月 1 日,第 4 版)

坚强"中华民族是一个"的信念

马 毅

抗战以来，各民族精诚团结拥护政府，服从领袖参加抗战之热烈（《中央周刊》"蒙回藏苗各民族热烈抗战的近况"）以及散布于广大地域，湘、桂、黔、川、滇，我所经过地方苗瑶同胞，自己也承认与汉族融化为一，这都是"中华民族是一个"的事实。

但是帝国主义的造谣欺骗，冀图分化我中华民族；日寇假借"民族自决"制造了伪满洲国，吞侵了我们东三省。他还要制造伪大元国，在土耳其、印度联络某部分人，又要预备制造伪回回国（英国《亚细亚杂志》五月号），在暹罗（泰国）宣传滇（云南）桂（广西）为掸族故居，而鼓动其收复失地。

"陆地香港"的××地方，苗族同胞被人欺骗、挑拨，强调苗族是中国的主人翁，历史在五六千年前即居住黄河流域，被西来的汉民族所驱逐。所以他们酝酿苗族复兴运动，宣传一律使用苗语、苗文，读苗书，穿苗人服装，禁止与汉人通婚。

这是我们民族团结的毛贼。而历史学者完全无视这些事实与阴谋，不知国族之危亡，还坐在象牙塔里，凭着主观来研究他的史学。

历史的任务本是民族教育的工具，教历史有其特殊目的，所以亡人国必先焚禁窜改其历史。历史是著之于事实的深切著明的民族主义的宣扬。中国学者许多都是好矜奇立异，疑古乱今，自炫渊博，忘记研究学问的目的，这种态度是要不得的。

"中国境内各民族以历史的演进，本已融合而成为整个的民族"，不但生活、文化的互相影响，血统的混合，而西南、东南深山邃野居住的苗瑶、锣锣、夷各部同胞，也间杂我历史避乱逃隐的汉唐宋明的汉民族，过着他们桃源式的难民生活，而保持一切各式各样原有的风俗、语言、习惯，于是被认作异民族。但是应该不要忘记我们中华民族乃是各民族糅合抟聚合一炉而冶之以成的一大民族。

我们各民族间也无仇恨，而且只有加紧团结，方可共御外侮。中国国家的道德是很高的。对待异族是"继绝世，举废国，治乱持危，厚往而薄来"。甚且"能以小事大"。三民主义革命之目的，"在使不平等的民族归于平等"（总理遗教）。贪官污吏土豪劣绅的剥削压迫，内地各省同胞也是一样。将来抗战建国成功的时候，我们中华民族整个的有自由幸福可享。临时全国代表大会宣言说："于反对帝国主义及军阀之革命获得胜利以后，当组织自由统一的各民族自由联合中华民国。"此实为对于少数民族最大之诺言，而此诺言之实践，必有待于此次抗战之获得胜利……在未获得胜利以前，吾境内各民族惟有同受日本之压迫，无自由意志可言。日本口中之民族自决，语其作用，诱惑而已，煽动而已，语其结果，领土之零星分割而已，民众之零星拐骗而已！我们整个的民族融合无间，本无芥蒂。假设部分和总体稍有矛盾，也必秉持"兄弟阋墙，外御其侮"的态度，抛弃部分的利益，服从全体的利益，反抗我们民族的共同敌人。

我们还要纠正史书与传说的错误，彻底消灭敌人利用离间的口实。史书上一个荒唐故事，汉族西来，黄帝战胜蚩尤，驱逐苗族而据有黄河流域，造成两民族间的暗影。其实远古的传说年代荒渺本难凭信。孟子说："尽信书不如无书。"可惜许多历史家不明白历史上发扬民族意识的教学，不是考古学可以任意滥讲的。应该把历史与民族复兴联系起来，作指导团结奋斗的指南针。

汉族为中国本部的土著，由于现代甲骨陶器的发现与科学的研究已经证实。最近"北京人"遗骨之发现，据协和医学校教授达卫生之研究，谓与现代华北人之骨质同属一派，可知在五千年前黄河流域以为汉族繁殖之区，为证明法人罗苏美汉族土著说之有力证据。英人威廉亦谓："中华民族发生于中国本部，此说为多数学者所主张。"洛斯著《中国民族之起源》，赞成此说。方法理论皆可信赖，证据确凿，汉族土著说，已经成了信史。于是汉族西来的种种荒唐传说皆不攻自破。巴比伦说、埃及说、印度说、印度支那说、中亚说、新疆说、甘肃说、土耳其说、蒙古说,都为学者所扬弃。

大家都是土著民族,汉族并不会侵略苗族同胞的土地,"盖黄河流域一片大地,处处皆适于耕牧,邃古人稀,尽可各专一壑。……此等小部落无虑千百,而皆累千百年世其业。诸部落以联邦式的结合,在'群后'中戴'元后',遂以形成中华民族之骨干"(梁启超《中国历史上民族之研究》),况且"现今之中华民族自始本非一族,实由多数民族混合而成"(梁启超《历史上中国民族之观察》)。各民族血统的内涵已找不出一滴纯粹的血,哪里来的民族界限。苗汉中间假象的历史仇恨,自然因研究而肃清无遗。

自称汉族,并非骄荣,称苗瑶,也非鄙视。华,也无日月光华之意。"诸华之名,因其民族初至之地而为言。……就华山以定限,名其国土为华。"(《太炎文录》)夏,《尚书》孔颖达《正义》虽训有大,但夷字也可训大。《说文》:"东夷从大,大人也。"章太炎云:"夏之名实因夏水而得名,是水谓之夏,或谓之汉……因水以为族名。"(《排满评议》)四裔名称加虫犬字旁,亦无鄙贱之意,广西特种师资训练所一律改成人字旁,也可以。至于原来的意义,《说文》:"南方蛮闽从虫,北方狄从犬,东方貉从豸,西方羌从羊。"又曰:"蛮,南蛮,蛇种。闽,东南越,蛇种。"这些都是原始民族"图腾"的标志,因以为族名。狄字或许是标明北方人生活的情况,幕外有火有犬。古之三苗,非今之苗族,"大江以南,陪属之族",自周讫唐,通谓之蛮,或言僚或言俚,言陆梁,未有谓之苗者。称苗自宋始……学者遂据《尚书》三苗之文以相传丽耳。汉时诸蛮无苗名。说《尚书》者固不以三苗为荆蛮之族,《虞书》窜三苗于三危,马季长曰:"三苗,国名也,缙云氏之后,为诸侯,盖饕餮也。《淮南子》高诱注:'三苗盖谓帝鸿氏之苗裔子浑敦,少昊氏之裔子穷奇,缙云氏之裔子饕餮,三族之苗裔,故谓之三苗。'此则先汉诸师说三苗者皆谓是神圣苗裔,与今时苗种不相涉。"(章太炎《排满评议》)

苗者,盖蛮字之转音。今所谓苗族者,其本名蛮曰黎,我国以其居南方也,乃称之曰蛮。亦书作□,作髦,晚近乃认为苗。遂与古之三苗国混,三苗姜姓,姜为姬败,南走,服九黎之民而君之,时曰三苗。近人不察今之三苗与古之三苗之别,又不察古之姜姓其君九黎而称三苗,实在北方战胜之后,乃误以为初与姬姓战于北方者即为后来之三苗,所用者亦即后来九黎之民,遂有今日之苗族,先汉族入中国,后乃为汉族所逐之说矣。共工三苗皆当时姜姓之仇舜者,实仍姬姜之争耳。(吕思勉《中国民族史》)

这些宝贵的见解,实足够祛除民族间无谓的隔膜。可惜近来研究历史的人,或是懒惰因袭旧史,或是好博采群说,自炫渊博,还不能正确的采用这些见解,遗误民族团结,影响是很大的,这个错误应该即时矫正。如果仍然持续历史上的错误,不但见智识的浅陋,与事实脱了节,也辜负了研究历史的意义。继承这错误的传统,等于替帝国主义修改歪曲我们民族史,扰乱自己统一抗战的亲密性,便利他们侵略,无异作文化的汉奸。我们应该立时退出狭隘的以讹传讹从前错误的民族观念樊笼,发扬这光辉灿烂五千年亲爱团结的自然混合世界上最伟大的中华民族!扬弃历史荒诞故事的传说,否定帝国主义拐骗诱惑的谲诡阴谋,由新的质变,才能够达到正确的全民结合,以答复日寇无赖的挑拨。坚强"中华民族是一个"的信念,向我们抗战建国神圣民族解放斗争光明前途迈进!把帝国主义用民族自决欺骗我们阴谋的工具转变成揭穿这种阴谋,防止这阴谋、突击这阴谋的工具,开展为宣传团结、领导团结的教育工具。

(《益世报·星期论评》,1939 年 5 月 7 日,第 2 版)

续论"中华民族是一个"：答费孝通先生

顾颉刚

孝通学兄：

接到你四月九日来书，和我讨论民族问题，很使我兴奋。我怀着这些意思好多年了，虽是解决这问题，自知不是我的能力所及，但只要能作一个提出这问题的人已使我心满意足。承你肯来和我讨论，借此激起别人的注意。共同来解决这个大问题，使得中华民族有极坚固的团结，那真是国家的如天之福，岂但为提出问题的人的荣幸！

我个人耕作的园地，你必然很清楚，是在高文典册之中，为什么这一次要轶出原定的范围，冒失地闯入社会人类学的区域而提出这个问题？难道是我们的忽发奇想？不是的，这完全是出于时代的压迫和环境的引导。现在就先耗费些时间，把这段经过情形详细写告。

已是十七年前的事了，商务印书馆嘱我编辑一部初中本国史教科书。那时我不愿意随便抄书完事，很想在这部书里给予中学生一些暗示，使他们增进对于自己民族前途的自信力。我们在清朝时，常听见人家称中国为"老大帝国"，表示其奄奄待尽的状态。辛亥革命后，帝国取消了，但老大还是老大。如果中国真老大了，那么由衰病到死亡为期已不远，我们只有坐以待毙而已，还有什么希望，还能鼓起什么工作的勇气！因此，我想暗示给青年们，说中国正在少壮。这不是我杜造事实。实在历史里的证据也不容我不这样说。中国民族的生存年龄太长久了，为什么别的古老的民族早已亡却，而中国还能支持下去，这一定有一个理由在内。我想起这应是常有强壮的异族的血液渗进去，使得这个已经衰老的民族时时可以回复到少壮，所以整部的中国历史的主要问题就是内外各族融合问题。而追求内外各族所以能融合无间的原因,就为中国人向来没有很固执的种族观念。明明是不同的两个种族,明明是很有历史的仇恨的两个种族,但只要能一起生于一个政府之下,彼此就都是一家人,大家可以通婚,大家可以采取了对方的长处而改变自己的生活形式,因此中国民族就永远在同化过程之中,也永远在扩大范围之中,也就永远在长生不老之中。譬如商和周,一个起于东方,一个起于西方,决不是一个种族。商人在中原生息了一千多年,文化高了,大家喜欢享乐,俾昼作夜的喝酒,眼看他们是衰老了。周人挟其新兴的锐势,把商朝打灭,论理周人出于西羌,尽有把中原文化大摧残的可能,然而他们却安然承受了商的文化,更把它发挥光大,舍短取长,这衰老的文化就得了新的生命了。姬姜诸姓本非诸夏,但入据中原之后马上成了诸夏,和向来住在中原的人民互通婚姻,这衰老的种族又得了新生命了。周人封诸侯于四方,把诸夏的文化、语言和血统扩张到非诸夏的区域里去,七八百年之中把东夷、北戎、西戎、赤狄、白狄、群蛮、百襆融化得干干净净,到秦始皇时就不费大力气把全国统一了。秦朝虽倒而诸夏和夷狄所混合的民族则不倒,也绝不听见他们里边闹过什么种族问题,可见秦皇所混合的只是几个国家,所打倒的只是这几个国家里的特殊阶级,至于这国内的人民是早就同化为一个民族,早就自己统一起来了。秦汉以后,又有匈奴、鲜卑、西羌诸族的问题,似乎要把汉人压倒,到了五胡乱华,中国土地失掉大半,用了偏狭的种族观念看来当然是中国的大不幸,但从远处着想,则渐渐衰老的中国民族又得了救星。因为这班入据中原的雄主只是想抢地盘,并不是坚持了他们的种族观念而要把汉人消灭,况且他们寄居内地,受中国文化的陶冶已深,所以跟汉人杂居也不会发生什么种族问题。不但不发生种族问题,而且他们还要竭力地消灭种族问题。例如刘渊建国,不是称为匈奴而称曰汉,表明他的国家是继承刘邦的朝代的;李雄建国成都,不自称为氐而称曰成,其后李寿继位,又改国号曰汉,表明他的国家即是刘备的汉蜀的后身。华化最著名的要算北魏的孝文帝了,他的一切政治设施都要上规三代,先废掉自己的姓拓跋,改姓为元,又命其国的鲜卑族都把复姓改为汉式的单姓,又令鲜卑人和汉人通婚,甚至强迫年轻的朝官

"断诸北语，一从正音"，改说中原的语言，这里是有意识的把鲜卑人和汉人混合了。汉人受了五胡的压迫，许多有地位的人逃到南方，从长江以南直到南海就完全开发了，许多南方部族也就并入汉人里去了。因为有这样的大混合，所以会有隋唐的统一，在种族上，在文化上，都大大地表现这返老还童的新气象。嗣后，唐代有突厥、回纥、吐谷浑、吐蕃诸族问题，宋代又有契丹、女真、西夏、蒙古诸族问题。但结果还是同以前一样，有的全部并入汉人里去了，有的也有一部分并入汉人里去了。近数百年中，闽粤人到南洋经商的极多，当有娶了当地女子成家的，所以马来种也混入汉人的血统。中国的历史，有文字记载的现在可以溯至三千多年以上，将来考古学发达之后或可上推到万年以上，我们的民族所以能这样的永存，就因为我们大度包容，我们肯吸收新的血液，我们不存什么狭隘的成见，所以有极强的向心力，进来一批就同化一批，质的方面愈糅杂，量的方面愈扩大，纠纷是一时的、表面的，而统一则是经常的、永久的。（上述意见曾写入《古史辨》的第一册《自序》，页 80—90，今加以补充。）

这是我对于这问题的第一次注意。可惜商务印书馆急于出版，这部教科书竟不能称心编好。民国十三年，西藏班禅喇嘛为和达赖不睦，避居北京，这件事从我们看来似乎很平常，但一班蒙古人听得就是一件天大的事情了。平绥路车一批批载着蒙人前来朝拜，街上连接不断地跟着穿了黄衣和红衣，着了皂靴，手捧了香盒的男男女女，这又给我一个新奇的刺激。我们生长在沿海的人看外国人很容易，而看本国的边地人民却很难，因为容易看见的边民都改装了，分辨不出来了。我平时在北京所见，代表蒙藏人的只有几个喇嘛，到这时才真正见到成群的蒙古人民。我觉得蒙古人有这样虔诚的信仰，不辞跋涉，不惜耗费，携妻挈子而来，只为向班禅磕一个头，这种宗教热情便是汉人最缺乏的，应当吸收的。又想他们生长在大自然里，身体健壮，他们的先人已有一部分和我们同化了，我相信他们在不久的将来一定能继续了这先辈的脚迹而加入我们的队伍里。因为有了这一点感触，我就写了一篇《我们应当欢迎蒙古人》，投登在徐旭生先生主编的《猛进》周刊。这是我对于这问题的第二次注意。

我当初使用这"民族"一名正同你的意思一样,凡是文化、语言、体质有一点不同的就称之为一个民族。请你翻出我的《古史辨》看,"夏民族""商民族""周民族""楚民族""越民族"……写得真太多了。向来汉人自己都说是黄帝子孙,我研究古史的结果,确知黄帝传说是后起的,把许多国君的祖先拉到黄帝的系统下更是秦汉间人所伪造,于是我断然地说,汉人是许多民族混合起来的,他不是一个民族。但是"九·一八"的炮声响了,伪满洲国在伪"民族自决"的口号下成立了,我才觉得这"民族"不该乱用,开始慎重起来。从前我对于自己的期望只是毕生研究与世无关的学问,绝不愿学以致用,免得和政治发生联系,生出许多麻烦,到这时碰到空前的困难,才觉得我们的态度有改变的必要,我们的工作再不可对于现时代不负责任了。于是逢着和师友们谈话,常常把"民族"名义请教他们,结果使我知道民族就是一个有团结情绪的人民团体,只要能共安乐、同患难的便是,文化、语言、体质方面倘能混合无间,固然很好,即便不能,亦无碍其为一个民族(理由下详)。想起汉人的来源,拿来比拟,就觉得再切合不过。汉人的文化虽有一个传统,却也是无数文化体质的糅杂,他们为了具有团结的情绪和共同的意识,就成了拆不开的团体了。再想蒙、藏、缠回,知道他们都是部族。汉人体质中已有了许多蒙、藏、缠回的血液,现在的蒙、藏、缠回则是同化未尽的,然而即此同化未尽的也是日在同化的过程之中,将来交通方便,往来频繁以后,必有完全同化的一天。至于现在虽没有完全同化,然而一民族中可以包含许多部族,我们当然同列于中华民族而无疑。这是我对于这个问题的第三度注意。

"九·一八事变"的第二年,察哈尔的德王也假借了"民族自决"的名义宣言内蒙自治,我们住在北平,见闻较切,又来一个强烈的刺戟。翌年夏间,我就和吴文藻先生等同至百灵庙,和德王及其部属作了几天周旋,把这个问题的核心算抓住了。原来蒙人不受教育,又甚散漫,那里想得到自治自决问题,这不过是几个上层分子在伪满洲国建立之后,要使自己的地位有举足轻重之势,做出一番投机事业而已。他们会公开地向我们讲,"自从蒙古地方自治政务委员会成立之后,中央政府答应每月给发经费三万元,但日本人来拉了,说你们若到我们这边来,每月稳给三十万元。我们究竟走那条路,是应当考虑的"。那时我们就料到,他们如果惟利是图,那么以"民族自决"开始者必将以"出卖民族"终结,果然两年之后德王就投到日本人的怀抱里去了。犹记我们访问德王,听他的话是北平话,看他所读的书全是汉文书籍,问一问他所受的教育,知道他从小在归化城里读汉文,我们吃饭时随便讲笑话,他也能从人名作对子,受汉文化陶冶之深真与汉人无二。可是他正式向我们宣讲时便只说蒙古话,而担任翻译的那位职员虽然生长在北平,说得一口极流利的京话,并且能唱京剧,也惺惺地作态道:"兄弟是蒙古人,汉话说不好,请诸位原谅!"我当时禁不住对他们起了反感。我想,我们都是中华民国的人民,北平话原是我们的"国语",而且你们说来比我们南方人还强得多,为什么要摆出这样的虚架子来? 这当然是他们胸中横梗着"民族"的成见,以为"你们是汉民族,我们是蒙民族,我们应说自己言语来表示我们的民族意识"。在这种情形之下,使我更觉得民族二字的用法实有就亟纠正的必要,否则,各部分分崩离析起来,我们还说什么中华民国和中华民族! 这是我第四度对于这个问题的注意。

卢沟桥事变以后,我到西北游历。十年前,国民军驻防在西北,曾因主客的互不了解,激起了回汉间的大冲突。那时我只在报上看见,印象不深,以为事平后就回复原状了。万想不到这次车轮马迹所至,进一座城就见全城的颓垣断井,歇一个村就见满村的漫草荒烟,这边是白骨塔,那里是万人冢,一处处的伤心裂胆,简直不忍张开眼睛来直面。在这般的创矩痛心之下,回汉间有了鸿沟了。住在洮河西边的回民,日用的东西不能不到东岸的城市里来购买,但买得即走,不吃一餐饭,不睡一夜觉。某一个城,权力属于回民,他们看见汉人手里提了猪肉就包围起来,给他一顿毒打。几个汉人聚在一处谈话,就犯了阴谋的嫌疑。只要地方上起一小乱子,那一定转弯抹角讲作了回汉问题,大打电报,广发传单,造成一个恐怖的局面,学校各设备的,校长是汉人当然招不到一个回民学生,回民当了校长,汉人子弟也不会有一个上门。岂但汉和回这样地不合作,这端又把番民掀入漩涡里。可是番民不同汉人,家里都藏有枪弹,他们毫无客气,把以前回民所买所租的田地统统用了武力收回了,逼得一班庄稼汉为生的回民断绝了生计。他们听得我由中央前来,便不管我们是做什么的,七手八脚拉住了我们的马头,跪地号啕大哭起来,称我们为"中央救苦大员",要求替他们伸冤,好使我们上庄。在这等异常明显的畛域之下,十年前的好朋友也为当地的成见所劫持而不敢当面讲话了,有两位先生先后向我们说:"我们在外边是一家人,到了本乡就分作两家人了!"亦惟在这等异常明显的畛域之下,帝国主义者的分化工作也就容易入手多多,他们只怕天下无事,正在待时而动。许多人不到西北,报纸上看不见多少西北的新闻,总是以为那边是很平静的,那知亲临其间,竟是惶然不可终日,各个帝国主义者已把战场布置好了。我看了这种情形,心头痛如刀割,推原这种情形的造成:还是"民族"二字的作祟。本来没有这个名词时,每次内乱只是局部的事件,这件事一解决就终止了。现在大家嘴里用惯了这个名词,每逢起了什么争执和变动,大家就不先去批评那一方面的是非曲直,只说是某民族与某民族之争,于是身列于某民族的,即使明知自己方面起哄的人是怎样轻举妄动,也必为民族主义努力,替他回护或报仇,而私人的事就变成了公众的事,随时把星星之火扩而充之,至于天崩地裂的可能。事件平了,两族的冤仇就永远记住了,报复的机会是总有一天会来到的。假使各方面确是单纯的种族,互不相通,为了爱护本族不恤和邻族拼个你死我活,那还值得。无如血统之间早已混合,番和汉、番和回、回和汉,通婚的不计其数。回女虽说不嫁汉男而汉男却尽可聘娶回女,他们想不到生下的孩子也传得一半的母系血统,何况陕青宁的回民除了极少数的祖先是由阿拉伯等处来传教者之外,其余本来是汉人呢!(即此极少数,也以历代混合的结果,在种族上已经全是汉人,除汉语以外再不能说其他的话语了。)我向一位最固执的教主询问道:"阁下祖籍是土耳其吗?"他却很自然地答道:"舍间也是从南京迁来的。"教主况且如此,何况教民。可知他们种族方面原无问题,不过被这个新传入的带有巫术性的"民族"二字所诱惑,大家为他白拼命而已,唉,多么的可怜!这是我第五度对于这个问题的注意,且是印象最深切的一次。

  自从得这一回经验之后,我就不敢因为自己学识的浅薄而放弃了救援边疆同胞的责任。我想帝国主义者为要达到他们瓜分我们土地大欲,造出这种分化我们的荒谬理论来,我们的智识分子被他们迷蒙了心,又替他们散布这种荒谬的种子到各处去,若不急急创立一种理论把这谬说挡住,竟让它渐渐深入民间,那么我们的国土和人民便不是我们的了,数千年来受了多少痛苦搏合成功的便一旦毁灭了! 旅行中颇有间暇,就在车箱之中、马背之上,结构成了一套理论,到云南后,趁着朋友逼我写文,就写出《"中国本部"一名亟应废弃》和《中华民族是一个》二文。来书说我"立论的目的似在写'我们不要根据文化、语言、体质上的分歧而影响我们政治的统一'一句话找一个理论的根据",真是道出了我的心事,搔出了我的痒处。不过我的意思不只限于"政治的统一",还要进一步而希望达到"心理的统一"耳。

以上是我所立论的原因。我虽是没有研究过社会人类学,不能根据了专门的学理来建立我的理论,可是我所处的时代是中国有史以来最艰危的时代。我所得的经验是亲身接触的边民受苦受欺的经验,我有爱国心,我有同情心,我便不忍不这样说。你明白了这一点,或可对于我以前所说的越俎代庖的话加些原谅,所以我把这近十余年来的经验一一奉告了。下面再来书所说加以答辩:

来书的第一节为"名词的意义和作用",开头说:"先生在上述二文中,在理论上提出了一个基本问题,就是语文中的名词与其所标象的客观事实不可不符。"这句话实在是误会了我的意思。"中国本部"一名所以不可不废除,正因客观事实没有和它相符的,"五大民族"一名也和客观事实差池太多,我们为要使名词适合这客观事实,不致陷于"用名以乱实",渐至"用名以乱国"的地步,所以不得不起来加以严厉的纠正。你说马凌诺斯基"把名词的用法分成两种:一种是科学的用法,名词所指是根据经验的,可以捉摸的,有客观实体相符合的;一种是兴比的用法,把一个名词用来引起对方的反应"。照你下文看,似乎你以为"中国本部"和"五大民族"都是科学用法的名词,那末我敢再申前论。

外人称我们的满洲为 Manchuria,称满人为 Manchus,称蒙古为 Mongolia,称蒙人为 Mongolian,称新疆为 East Turkistan,称回民为 Mohammadans,而称我们的十八省为 China Proper,称汉人 Chinese,简直把我国裂成五国,而屏满蒙回藏于中国之外! 我们从前的名称是西域,现在的名称是新疆省,他们都不用,偏称为"东土耳其斯坦",很清楚地要使它联接西边的土耳其而疏远东边的本国政府。中国的地方制度，从前有郡县与藩属之别，现在有各省与自治地方之别。若是以郡县区域为本部，则东三省和新疆省在清代已设府县，何以偏不列入本部之内，使和客观事实相符？若说此数省僻在边陲，则福建、广东、广西、云南俱与他邦土地毗连，何以那几省却又列在本部？若说此数省的居民种族和内地有异，则东三省除绝少数之"鱼皮鞑子"及比较不多之人以外，内蒙各地汉人的数目也超过蒙人多多，而西南诸省各小部族还没有完全同化，即浙江亦尚有畲民，事正一律，何以有本部与非本部的区别？若说此数省隶属较迟须过多少年才可进于本部，无论在政治上无此辨别，就拿历史来说，周初已通肃慎，战国时已设立辽东和辽西郡，远在开发江南之前，西域与西南夷的建置官属亦同汉武帝之世，哪里有什么迟早之别？所以"本部"一名，无论用了哪种方法来讲都是讲不通的。我敢断说，这个名词是外国人凭空造出的！是不可捉摸的，是没有客观实体相符合的！这个名词，我想倒可以归入兴比的用法之内，因为一说到"本部"，就使人立刻感到东三省、内外蒙古、新疆和西藏都不是中国的领土了，于是中国人不妨放弃，帝国主义者自然可以放手侵略了。这不是利用了刺激听者的感情反应的方法而攫取我们的土地和人民吗？像这等造出了名词来分化我们的例子还有许多，就现在想到的说一下。当日本和帝俄为了抢夺满洲而战争之后，两国就协调了来分赃，从此便有了"南满"和"北满"的名词。他们私下讲好，南满是日本的，而北满是俄国的。因为这些名词仅为便利于侵略，临时想出的，所以没有和它相符的客观事实。听说"九·一八"后，日军北向侵黑龙江省，他们驻滨江的总领事远不知道南北满以何处为界，大为惶惑，这是一件事。英人的势力达到西藏之后，俨然把西藏看作自己的保护国，民国初年他们要求中国政府不要干涉西藏内政，并提出"内藏"和"外藏"的名词，以打箭炉以西直到阿里统为"外藏"，并主张完全自治，只留青海南面一小部分"内藏"给中国政府统治，如果那时我们的政府屈服了，那么西藏和西康已久不是我们的领土了。试看清朝末年英藏直接交涉的公文，他们对于西藏直称以"国"，于达赖喇嘛迳呈国书，一则以"全藏国家"。再则曰"西藏国家"，三则曰"英国与藏国"，可见他们早不把西藏算作中国的一部分了。(见北平研究院编辑之"清代西藏史料丛刊",商务印书馆出版。)他们想实际上拿去整个西藏(外藏)而名义上却还留下半个西藏,这是怎样的不顾客观事实?这是又一件事。

写到这里,想起了两个最有趣的名词。伪满洲国为什么叫"满洲国",岂不是因为这是清朝初叶的根据地,而清皇室是自称为满洲人的,我们姑且不论清朝的根据地在那里,和那些地原是他们从明朝手里夺过去的,就说东三省是满人所固有,那么这个"满洲国"也只限于东三省而已。然而,试看自从民国二十二年长城战役之后,日本人把热河省抢过去归到满洲国的版图之内了!热河省原是蒙古的昭乌达和卓索图两盟地方,清代也已设置府县,和满洲有什么必须并家的理由?日人一方面假借满洲名义成立了"满洲国",一方面又想假借蒙古名义酝酿"蒙古国",那么他们应当以满归满,以蒙归蒙才对,什么要夺蒙归满,自己扯破了这一张"民族自决"的幌子!(实在说来,蒙古的哲里木盟跨有辽吉黑三省之地,如果蒙古人真正民族自决起来,还应首先问伪满洲国收回这些地方呢。)即此可见他们的口不应心和掩耳盗铃的丑态!还有一个名词是"华北",这个名词跟着"中国本部"而来。人家替我们划出一块地方叫做本部之后还嫌不够分化,又在这名词所标象主观区域之内划为"华北、华中、华南、华西"几部分,大约华北指的黄河流域,华中指的长江流域,华南指的珠江流域,华西指的江河上游。如果照这样来讲,那么河北、河南、山东、山西、陕西五省都应归入"华北五省"才是。可是日本特务机关的首领陆军中将土肥原口中的"华北五省",却是河北、山东、山西、察哈尔、绥远!这岂不轶出了他们所谓本部的区域?难道他们大量、有意把本部地方放宽了吗?不,这是因为这五省接近满洲东蒙,日本人在那边下了功夫多了,觉得支配得动了,所以他们要促使这五省快些步东北四省的后尘,而另组成一个伪国,所以他们先强迫我国政府设置一个"华北政务委员会",为脱离中央的准备,还尽催"华北五省的'特殊化'和'明朗化'"。唉,特殊化、明朗化,这是许多新名词出现的原因!你所说的"'这类名词'目的并不在说明事实而另具其他作用",这是最不错的。惟其如此,所以这类名词,所标象的只是主观的作用而不是客观的事实。

以上说的是地理方面的几个新名词,现在再说种族方面。帝国主义者不但分割我们的土地,而且要侵害我们的人民。最显著的,像"独立罗罗"(Indeqendent Lolos)就是一个。夫罗罗人栖息之地即在人们所谓中国本部之内,罗罗人没有什么政治组织和经济组织可以和中央政府对立的,只不过一部分住在深山之中,与外界接触太少,自成风气而已,何得谓为独立?陶渊明作的《桃花源记》,秦人有避乱入武陵山中者,其子孙"不知有汉,无论魏晋",难道我们可以说桃花源中人也是魏晋时代的独立民族?

"五大民族"一名似是而非,并没有客观相符的实体。满人本不是一个民族,在今日除了"鱼皮鞑子"(赫哲、达虎尔等)之外固已全体融合在汉人里了,即在当年亦不具一个民族的条件。明朝建州左卫的女真世袭指挥,受了甚深的汉化,要自建一个部落,就他力之所及,把女真、高丽、蒙古和汉人合了起来,成为一个新族,所以虽在真正的满洲八旗中,汉人和高丽人的血统已掺入不少。如所谓瓜尔吉,即关家也;董鄂,即董家也(此类事实,《八旗志·氏族志》中记载甚多,《礼亲王啸亭杂录》亦有,将来当笺出)。他们初起之时已就如此,何况后来完全汉化的时候。我记得幼年时,常听家乡传说,谓乾隆皇帝是海宁陈阁老的儿子,送他到宫里去玩玩,那知抱出来时,就换了一个女孩子了。初以为这是里巷不经之谈,后来看见曾任女官的德龄做的《清宫二年记》也有同样的记载,始知这故事不是我们江苏人杜造的。无论此说为真为假,康熙、嘉庆、道光三个皇帝的母亲纯是汉人却是无可疑的事实。(康熙母亲佟氏,辽阳汉姓巨族,世人皆知,此二者见张尔田《清后妃传稿》。)就说这是他们一家的事情,关系细小,我们不必管。再就体质讲,汉和满实在也分不开来。五六年前,丁文江先生到燕京大学来测量江苏、安徽两省人的体格,测到我时,他惊讶道:"你真是(Typical)江苏人!"我问他什么原因,他说:"你的后脑扁平,这是沿海一带人的特质,连东北也是如此。"我想,我们的祖上,汉武帝以前住在浙江海边,汉武帝以后直至现在二千余年住在江苏海边,他的话很有道理。后来碰到几个满人,我注意他的后脑,果然也是扁平。因此,疑心有史以前居于渤海、黄海和东海沿岸的是一种人,后来隔绝了,才有朝鲜、肃慎、东夷、吴人、越人诸种分别。近来我留心古代沿海一带的人名和地名，觉得也可以证成这个假设。所以就使说民族之中应有体质的成分，汉和满是否定该分为两族也是大有疑问的。

我敢率直奉劝研究人类学和人种学的人，你们应当从实际去考定中国境内究竟有多少种族，不应当听了别人说中国境内有五大民族，就随声附和，以为中国境内确是五个民族，使得一班人跟着你们，更增高他们对于帝国主义者的宣传的信任心，陷国家于支离破碎的境地。如果我们常常用了"苗民族""瑶民族""罗罗民族""僰夷民族"等名词来说话作文，岂不使帝国主义者拍掌大笑，以为帮助了他们的分化功劳？这是我的一点愚诚，希望你采纳的。

本刊篇幅太少，写到这里已经完了，余下的话，只得留在下期里再谈，乞原谅。

（《益世报·边疆》第20期，1939年5月8日，第4版）

续论"中华民族是一个"：答费孝通先生(续)

顾颉刚

孝通学兄：

为了编写学校讲义太忙,答复你的信一搁就搁了两星期,累得你和读报者盼望,歉甚歉甚。现在就继续写下：

在上一次信里,我说明了我所以有这主张的原因。我就中国目下的社会与环境的迫切需要上着想,我不忍不这样说。可是这是一个大问题,必须有许多具备专门知识而又有爱国情绪的学者共同出来讨论,方可奠定我们立国的基础。谢谢你肯来和我打这笔墨官司,居然激起了许多人的注意,一个月来讨论文章收到不少,这真是我们最欣幸的一件事！

来函共分六节,第一节是"名词的意义和作用"。我在上次复信里已论明了"中国本部"和"五大民族"等名词并不和客观的事实相符合,而各有它的分化的作用。现在继续答复来函中第二节"民族是指什么?"来函论："在普通政治学的教本上就很明白的说明：在一个政府统治之下的一辈人民所引成的一个团体是 State,通常译作国家。Nation 和 State 相对立,指语言、文化及体质（血统）上相同的一辈人民。Nation 通常译作民族。"这几句话我认为颇有商量的余地。State 固然一定译作国家,但 Nation 有时也该译作国家,例如 Nationalism 可译为民族主义,也可译为国家主义；Internationalism 则译作国际主义,League of Nation 则译作国际联盟,所以它和 State 是一样的含有政治意义。这二字的分别,State 是指一个政治的组织,Nation 是指一群有组织的人民。犹记"九·一八"后,日本人在国联中扬言中国不成立其

Nationhood，所以中国不是一个近代有组织的国家。这话固然污蔑我们到了极点，但他们用的 Nationhood 这个字的意义却没有错。所以许多委任统治的国家，国联认为未曾达到一个 Nationhood，即不许其入会。Nation 岂是只限于"语言、文化及体质上相同的一辈人民"，而和 State 有截然不同的分野！所以我们可以说，Nation 不是人类学上的一个名词而是国际法上的一个术语。即以英美两国为例，我们只能把这两国合起来说 Anglo-Saxon Nations，却不能把他们合为一个 Nation 而说 The Anglo-Saxon Nation。然而英国人和大部分的美国人在"语言、文化及体质上"何尝不是"相同的一辈人民"！

旧日的学者往往以血统相同作为构成民族的条件。例如美国的政治家柏哲士（Burgess）给民族下定义便是："居住在同一地域的同种的人群。"这个定义当时虽然博得一般人的采用，但到现在便很受批评了。所谓血统相同本就只是一种迷信，经不得科学分析。即使纯粹种族曾经存在，但到了现在，各种族间经过了几万年相互混合的结果，世界上早已没有纯粹的血统了。如英人、法人是现今公认为血统比较最纯粹的，然而现今的英人乃是塞尔特、罗氏、盎格罗、萨克森、究特、丹麦人、脑曼人以及其他小种族相混合的子孙；现今的法人也是克洛马酿人、高尔人、罗马人、丹麦人、法兰克人、高德人、匈奴、维金以及其他小种族的苗裔。世界上何尝有纯粹的血统！至若美国，你来信上就说"是世界各地移民所组成，有欧洲各族的人，有非洲的黑人，有由我们本国去的连英文都不识的人"，几乎全世界的人种都有代表，但是种族的分歧，语言的差异，信仰的相殊，风俗的各别，并没有将美国人分成无数民族。不但不分，而且他们自己也正以为是"一个民族"（见 A. B. Hart 之《美国民族史》）。

孙中山先生在《民族主义》第一讲里也说："美国人的种族比哪一国都要复杂，各洲各国的移民都有。到了美国之后，就镕化起来，所谓合一炉而治之，自成一种民族。这种民族既不是原来的英国人、法国人、德国人，又不是意大利人，和其他南欧洲人，另外是一种新民族，可以叫做美利坚民族。美国因有独立的民族，所以便成了世界上独立的国家。"我们在这里可以知道，血统的分歧并不能阻碍了民族的统一，美国就是一个最明显的例子。

至于语言和文化更不是构成民族的重要条件。种族基于遗传,是生物的现象,语言由于环境,是历史的积累,二者之间原没有连带的关系。生在美国的华侨往往只能说英语而不能说中国话,然而他们依然是中国人种。瑞士人有的说法文,有的说德文,还有的说意大利文,他们也不会因此而在一国之内分成了三个民族。文化则由自然环境酝酿而成,各地方的自然环境不同,本来没有划一的可能。以中国而论,南方与北方,海滨与内地,都市与农村,他们的生活方式的相差是如何的辽远?我向来住在都市之中,习惯了都市生活,现在移到昆明的山村,日夜被苍蝇和蚊虫所包围,看不见报纸,买不到东西,有病不能医,有信不能寄,生活大不同了,但只能说我转换了一个社会,而决不能说我从都市民族一变而为乡村民族。还有一项宗教也是被人误认为构成民族的一个条件的,其实各国的人民俱已取得信仰自由的权利,一种宗教也可以广被到全世界,信教乃是各个人的自由,和民族和国家的构成有何关系!即如中国人信本土创立的儒教(儒本非宗教,至于语言和文化更不是构成民族的重要条件)和道教,信外方传入的佛教、基督教、伊斯兰教的都有,难道可以从这上面把中国人分做了五个民族?我亲见一个人家,父和长子信儒教,次子信基督教,三子又信了回教的,难道可以把他们一家人割归了三个民族?所以"语言、文化及体质"都不是构成民族的条件,构成民族的主要条件只是一个"团结的情绪"。民族的构成是精神的,非物质的;是主观的,非客观的。个人的社会地位、宗教信仰、经济利益、皮肤颜色,这样那样尽管不同,彼此间的冲突也尽管不免,但他们对于自己的民族俱抱着同样的爱意之情,一旦遇到外侮,大家便放下了私争而准备公斗,这便是民族意识的表现。

Arthur N. Holcombe 在他的《现代国家的基础》里为民族下一个定义道:"民族是具有共同民族意识的情绪的人群。"什么是民族意识呢?他又说:"民族意识是一个团结的情绪——一个国人彼此间袍泽的情感,相互的同情心。"这个说法,可以代表一般现代学者对于这个问题的态度。这种情绪的形成,内部的原因是由于共同历史的背景,共同忧患的经验,和共同光荣耻辱的追忆;外部的原因是由于外侮的压迫激起了内部团结的情绪。印度诗人泰戈尔曾说："西方的雷声隆隆的大炮在日本的门前喊到,'我要一个民族'……一个民族于是乎出现了!"(见其所作《西方的民族主义》)法国社会学家 Emile Durkheim 也曾说:"一个有团结情绪的人群,能同安荣,共患难的,就是一个民族。"(徐旭生先生在巴黎大学所亲闻)可见这一个新的民族学说已经替代了旧的民族学说。民族是由政治现象(国家的组织、外邻的压迫)所造成的心理现象(团结的情绪),它和语言、文化及体质固然可以发生关系,因为凡是同语言、同文化和同体质的人总是比较相处的近,容易团结起来,但民族的基础决不建筑在语言、文化及体质上。因为这些东西都是顺了自然演进的,而民族则是凭了人们的意志而造成的,所以一个民族里可以包含许多异语言、异文化、异体质的分子(如美国),而同语言、同文化、同体质的人们欲可因政治及地域的关系而分作两个民族(如英和美)。(以上的话大都取自齐思和先生的《民族与种族》一文,见《禹贡》半月刊七卷一期)State 和 Nation 的分别,以孙中山先生所讲的为最好。他在《民族主义》第一讲里说:"民族和国家是有一定界限的。我们要把他来分别清楚,有什么方法呢？最适当的方法,是民族和国家根本上是用什么力造成的。简单的分别,民族是由于天然力造成的,国家是用武力造成的。用中国的政治历史来证明,中国人说'王道顺乎自然',换句话说,'自然力便是王道',用王道来造成的团体便是民族。武力就是霸道,用霸道造成的团体便是国家。像造成香港的原因,并不是几十万香港人欢迎英国人而成的,是英国人用武力割据得到的。……自古及今,造成国家没有不是用霸道的。至于造成民族便不相同,完全是由于自然,毫不加以勉强。像香港的几十万中国人团结成一个民族是自然而然的,无论英国用甚么霸道都是不能改变的。"国家是武力统治下所造成的,民族是团结情绪下所造成,中山先生这篇话讲的再清楚也没有了。我在上次信里说:"秦皇所混一的只是几个国家,所打倒的只是这几个国家里的特殊阶级,至于这几个国家里的人民是早就同化为一个民族,早就自己统治起来了。"读了中山先生这篇话,就知道秦皇用了武力造成一个统一的国家,而原来各国的人民也就用了自然力造成一个伟大的中华民族。秦的国家虽给刘邦项羽所打倒,而那些人民所造成的大民族则因团结已极坚固,并不与之俱倒。所以我在第一篇文字里说:"我们久已有了这个中华民族。"倘使只有统一的国家而没有统一的民族,那么秦亡之后,中国何难复分为战国时的七国,也何难复分为春秋时的百二十国,也何难复分为商周之际的八百国,也何难复分为传说中黄帝、尧、舜时的万国?时代愈后,国家愈并愈少,这就足以看出中华民族演进的经历来。自从秦后,非有外患,决不分裂,外患解除,立即合并。所以我在第一篇文字里说:"'中华民族是一个',这话固然到了现在才说出口来,但默默的实行却已有二千数百年的历史了。"

中山先生的《民族主义》第一讲虽然采用了欧美学者的旧说把造成民族的力量分为血统、生活、语言、宗教、风俗习惯五项(《三民主义·自序》云:"此次演讲既无暇晷以预备,又无书籍为参考,只于登坛之后随意发言……尚望同志读者本此基础,触类引申,匡补阙遗,更正条理。"可见他并不会自以为是一成不变的学说),但他很明白中国的国情,很清楚中国的历史,所以他很毅然决然说:"我说民族主义就是国族主义,在中国是适当的,在外国便不适当……因为中国自秦汉而后,都是一个民族造成一个国家。"这一个意思,我觉得非常对。中国自从秦皇统一之后,朝代虽有变更,种族虽有进退,但"一个民族"总是一个民族,任凭外面的压力有多少大,总不能把它破裂,新加入的分子无论有怎么多,也总能容受。好像雪球这样,越滚越大,遂得成为世界上独一无二的大民族,这并不是一件偶然的事,一定有一种力量永在那里鼓荡。要把中山先生说的王道、霸道讲来,那么在我国的历史中,用霸道造成的国家,例如"大金国"和"大清国"。但这不是有地方性的割据即是有时间性的朝代,并不能和"中国"这个名词恰恰相当,我们一说到"中国"和"中国人",就感到它是有整个性和永久性的,无论地方势力是怎样的分割或是朝代的怎样嬗迁,它总是不变的。所以中国的"国",和中华民族的"民族",才是恰恰相当。试举一例。顾亭林生于明清之际,身遭亡国之痛,奔走以谋光复,在我们想来,他的至上的对象应当是明朝了,但他却说:"有亡国,有亡天下。……易姓改号,谓之亡国。仁义充塞而至于率兽食人,人将相食,谓之亡天下。"(《日知录》"正始"条)他把大明国之亡算是亡国,而以为还有比这亡国更严重的事情。只是他那时尚没有民族这个名词,所以他用了"天下"二字来表示他的意思,原来天下就是他观念中的民族,而所谓"亡天下"者译成了现代语就是"失去民族精神"。一家一姓的兴亡固然值得注意,然而和全体人民的关系究竟不大。惟独失了民族精神,那就一切都完了,兽既食人,人亦相食了(这个是譬喻,但我们今日只请闭目一想沦陷区域中的暴政和内奸的纵横蹂躏的情形,这几字就神情活现)。他接着又说:"是故知保天下,然后知保其国。保国者,其君其臣,肉食者谋之。保天下者,匹夫之贱与有责焉。"这几句话说得更清楚,民族是人民自己组织起来的,所以保持民族精神乃是每个人应尽的责任;国家是由武力造成的,所以保国的事不妨仅由上层人物去筹谋。但是这些上层人物也必须认识了民族精神才保得住他们的国家,因为民族乃是国家的根本呵! 在这些话里,古人所谓"国"等于中央或地方的政府,已合于英文的 State(美国一省即为 State),所谓"天下"等于中华民族或中国人,已合于英文中的 Nation,意义非常清楚。要不是久已有了我们这个中华民族,古人就不会出现这种意识了! 我写到这里,或者有人要提出异议,说道:"中华民族即是汉族的别名,汉人为一个民族是没有问题的,汉人以一个民族建国也是没有问题的。现在的问题乃是满、蒙、回、藏、苗……是否都是民族? 如是民族,则中华民国之内明有不少的民族,你就不应当说中华民族是一个。"我想现在抱着这个心理的人一定很多,虽是我已在上二文中说得颇详,无如言者谆谆,听者藐藐,一两篇文章决改不掉多年造成的成见。我现在要问:汉人的成为一族,在血统上有根据吗? 如果有根据,可以证明它是一个纯粹的血统,那么它也只是一个种族而不是民族。如果研究的结果,它并不是一个纯粹的血统,而是已含满、蒙、回、藏、苗……的血液的,那么它就是一个民族而不是种族。它是什么民族? 是中华民族,是中华民族之先进者,而现存的满、蒙、回、藏、苗……便是中华民族之后进者。他们既是中华民族之后进者,那么在他们和外边隔绝的时候,只能称之为种族而不能称之为民族,因为他们尚没有达到一个Nationhood,就不能成为一个 Nation。他们如要取得 Nation 的资格,惟有参加在中华民族之内。既参加在中华民族之内,则中华民族还只有一个。我说这句话,并不是摆了大民族的架子想来压倒他们,乃是替他们设身处地的想，必然应当如此。我国今日正是用了全副精神和力气来摆脱帝国主义者给我们戴上的枷锁，祈求达到国际上独立和平等的地位的时候，而帝国主义者对于我国的侵略实以我们的边疆为其掠夺领土或建立绥卫国的对象。朝鲜、琉球、台湾、安南、缅甸、库页岛，以及外兴安岭以南、咸海之东，我们所失去的土地暂时不必提了，伪满洲国也是大家明白的事情了，其他蒙、回、藏、苗……的土地，哪里不曾印着帝国主义者的爪牙们的足迹，蒙、回、藏、苗……的人们，哪个不会直接或间接受着帝国主义的爪牙们的拉拢，他们伪编民族历史，鼓吹民族自决，鼓动收复失地，制造边民和汉人的恶感，无微不至，无孔不入，甜言蜜语，好像吊死鬼骗人游花园，一上了套就是他们的了。如果羡慕了自成一个民族的美名，依靠了他们恶意的帮助，自欺欺人的独立起来，眼看一个个亡在帝国主义者的手里，大批的人民及其子孙都沉沦为奴隶，到那时再懊悔也就来不及了。

　　边疆诸地列于中国版图，最早的已有二千余年（如满、蒙、西域），最近的亦已五百年（如西藏），历史上既有深切的关系，文化早已交流，血液早已混合，我们都是一家人，难道我们忍心看他们灭亡吗？中山先生说："他们（指满、蒙、回、藏等）都没有自卫的能力，我们汉族应该要帮助他们才是。……由此可知本党还要在民族主义上做工夫，必要满、蒙、回、藏都同化于我们汉族，成一个大民族主义国家。"（《三民主义之国体办法》）夫汉人自卫的能力已感不足，而我们的边民的自卫能力就更差。内地已受帝国主义者的急剧侵略，而我们的边疆受帝国主义者的侵略就更厉害，这岂不是一件十分急迫、十分艰险的事情！所以我们应当用了团结的理论来唤起他们的民族情绪，使他们知道世界上最爱他们的莫过于和他们同国数千数百年的汉人。虽是中国没有解放，我们的中央政府一时还不能有多大的实力来帮助他们，究竟还胜于口蜜腹剑的帝国主义者的欺骗。又使他们知道自己的民族是中华民族，虽是交通梗阻，一家人不容易会面，然而一家人总是一家人，我们终不能遮掩的先天的情谊在，而且在现今风雨飘摇的局面之中，合则俱存，离则俱亡，更没有别条路可走。如果能使每一个边民都有这样的觉悟，帝国主义的分化工作就是添些气力也是打不进来的了。中山先生说的"必要使满、蒙、回、藏都同化于我们汉族",或者要使人听了发生误会,以为这又是大汉族主义的表现,想消灭边民的文化了。其实中山先生既说"王道顺乎自然",又说"自然力便是王道",是决不会主张消减边民文化的。试想各处的地方文化各各不同,但到了大都会里就会融合而成为一种文化,这种文化非彼即此,即彼即此,分不出你我来。又试想每一个大学里总容纳好几个省的学生,他们各各带来丢不掉的风俗习惯,然而他们却会融会贯通,另创成一种校风来,国内各部族的融合何尝不是如此。我常想,如果国内交通早发达,教育早普及,现在就决不会有这些边疆问题。一切的血统、生活、言语、宗教、风俗习惯虽有扞格,都不是不能打通的隔阂,除了宗教之外都不是有必须保存的形式。现在所以闹出种种问题,并不是真正的种族问题,而是一个交通问题。因为交通太困难了,外面的人去不了,里边的人出不来。教育推行不到,他们看见的东西太少,容易养成狭隘的心理,专在细微处计较,吃了一点亏就嚷成天大的事变,冤冤相报不休,加以怀了恶心肠的人在旁挑拨离间,自然事情愈扩愈大,以至于不可收拾而后已。譬如西北的回汉问题,大家提起来真有些谈虎色变之慨,然而据他们讲,最早的起因只由于看戏。乡民每年春间演剧酬神是各地公有的习惯,某一村里的汉农为了演剧而向回农捐钱,回农答以回回看戏是犯教规的,拒绝为捐,也就算了。偏偏演剧时有回农去凑热闹,汉农对于他们不出钱而来看白戏,一时心窄,请他们走开,他们不肯,就打起来了。告状到衙门,官判回民理曲,回民不胜其愤,两方就战斗起来了,相斫相杀,牺牲了多少万人,蔓延到多少地方而后罢手。像这种芝麻绿豆大的事情,何尝是必结之仇,必闯之祸。只为西北丛山峻岭,交通太难,心胸不广,以致演出自杀的惨剧,岂不可痛!试看东边各省中亦多回民,回民汉民亦是杂居,为什么就没有这类事发生?交通关系之大岂不太明显乎!前年我经南京,参观中央政治学校附设的蒙藏学校,制服被铺都是一律,惟为回民学生特备礼拜室及厨房。所谓同化,即此已是。正如汉人一家之中,信佛者不茹荤,信耶者不拜祖,各行其是而无碍为其为一家人。

至于言语,原是最容易从着环境变化。凡边地中接近汉人的,或虽不近汉人而交通比较方便的,和外界接触的机会既多,自然而然大家会说起汉话来。去年我游云南路南县,住在东郊维则村中,那边有一所圭山小学,是张师长翀商请省政府所创办,用以开化罗罗人民,据云百里之内的夷人子弟都有来的,而在本村则确已收普及教育之效,小孩们都能说汉话了,连我们外省人的话也听得懂了。然而他们回到家里,还是说着夷话。所谓同化,只要做到这个地步也就够了。而且我们现在所亟应提倡的乃是现代化,凡是现代所应具备的智识和技能,现代人所应享受的物质生活,都该使其普遍于各地,这实在已经超过了汉化的范围。例如拉卜楞保安司令部中备了一架无线电收音机,他们把每天的抗战消息用汉文和藏文写出张贴各地,于是这几千个喇嘛和几千个商民都知道目下的国事了。又如西北防疫处在拉卜楞设了一所工作站,番民生病本来只请喇嘛念经,有一家病倒了一个人,其家存有现币五十元,悉数送到寺,念了几天经病势不减,他们听说有一个新开的医院,好在不要钱,姑往一试,顿时好了。于是这一家人的信仰就改变了,他们跑到寺院,坚请把这五十元收回,说:"你们念经是没有用的,到医院去不花一钱就好了!"关于这一件事,我们并不愿意说,应当把他们的宗教信仰取消,我们只说应当使他们在宗教信仰上立下一个限度,他们若能知道医病是和念经无关的,就可由这实际的需要激发其对于现代化的认识。所谓同化,亦不过如此而已。所以我们说要把边民同化,并不是要消灭他们原有的文化,而只是为了他们的切身利害,希望他们增加知识和技能,享受现代的生活,成为一个中华民国的好公民,一个中华民国的健全分子,而实现中山先生想望的一个大民族主义的国家。

  以上答复你第二节的话,趁此写下,又快占尽一期的篇幅,须从速结束了,复检来函,知这一节里尚留两点未答,匆匆奉陈如左。第一点,你说:"种族通常并不是 Clan 的译文,而是 Race 的译文,指一辈在体质上相似的人。Clan 是社会人类学中的专门名词,指单系亲属团体,通常译作氏族。"这固然是我的错误,但亦因汉文中的种族一名没有适当的英文可用。Race 这字,先前觉得它范围太广,如黄种为 Yellow Race,简直把全亚洲都包括进去了。后来知道,这字严整来说,应当译作人种。古人以为种与族无别,故常用 Race 字,如 The Greek Race、The Latin Race 等,后来知道了种属体质、种属文化,即愈少用此字，向所称为 Race 的即改称为 People，如 The Greek People、The Latin People。中国所谓种族，实是包含了体质的和文化的双重意义。历史书上常有某写为某之别种等语，然而这些种族的体质有谁知道来？也不过因为他们各部族的生活习惯有些相像，就这样的判定而已。西人著作中确实称汉族为 Han Clan 的，不知道他们有什么根据。是不是因为汉人都自称为黄帝子孙，遂把他们看成了单系亲属团体？第二点，你说："不幸的，中华民国境内的人民是不是一个政治团体，现在却发生了问题。从历史上讲，也许可以说地理上的中国时常不只有一个政府。"这可以分开来讨论，第一句话固然是现在的情形，但我们需知今日，中华民国境内不只有一个政府团体，如"满洲国"、蒙古政府，以及沦陷区域中之各种伪组织等，乃是外力侵略的结果。此中绝对没有任何社会学或人类学的意义在。我们现在正应当用武力和政治力对这个现象奋斗，使帝国主义者的势力跟着这欺人的政治形体而消灭，决不该承认这现象为研究学问的凭借。至于第二句话，说地理上的中国时常不只有一个政府，大约是指五胡十六国及五代十国之类，此中亦多半为外力侵略的结果，小部分则是军阀的割据。然正因为中华民族早达到充分的 Nationhood，政治的力量甚大，所以阻碍统一的武力稍稍衰微时，人民则可起来，打倒这分化的不自然的局面。假使不然，可以长久分立又有其安定性，则中国早就支离破碎而不成其为一个民族了。这也足以表现中华民族的力量远在各个地方政府之上。等着罢，到日军退出中国的时候，我们就可以见一见东北四省和其他沦陷区的人民是怎样的给我们一个好例子了！登载了两期的答书而还没有写完，自己也嫌厌自己的"下笔不能自休"的毛病。但若鲠在喉，不吐不快，惟有望你和读报者的细细指正！

顾颉刚，五月廿三日

（《益世报·边疆》第 23 期，1939 年 5 月 29 日，第 4 版）

来函两通（附顾颉刚按语）

鲁格夫尔

一

编者先生：

　　近来有人大倡苗夷汉同源论，我是苗族之一，我对此问题不赞成也不反对。不过据我观察所得，今日要团结苗夷共赴国难，并无须学究们来大唱特唱同源。我们不必忌讳，苗夷历史虽无专书记载，但苗夷自己决不承认是与汉族同源的。同源不同源，夷苗族不管，只希望政府当局能给以实际的平等权利。

即颂撰安。

鲁格夫尔启
四月二十九日

二

　　值此全面抗战之时，宣传固应以认清国家、提高民族意识为主，然负责宣传的人们不甚注意及"民族"之宣传。凡有关国内民族团结之言论应慎重从事，不能随便抬出来乱喊一阵。近来很多的书刊言论及要人名流演讲都说："我们是黄帝子孙。"有些人家门对上也写着是："黄帝子孙不当汉奸。"表面上似乎不错，详细考虑一下实在大不对。因为一如此宣传，即表明抗战目的不是为国，乃是为汉族。所谓建国亦是建汉族之国。使蒙、藏、回、夷苗同胞听了必然反对，他们也不会盲目的跟汉人乱喊的,认黄帝为祖宗的。所以要想团结各民族一致对日,对变相的大汉族主义之宣传须绝对禁止,以免引起民族间之摩擦,予敌人以分化之口实。

编者先生,在所谓"国族"口号之下面又大倡"黄帝子系"政策,我不知我等非黄帝子孙是否应该再出力出钱?请你将我这点意思登载贵报,我不要什么稿费,只希望能登出!

蛮夷之民三苗子孙　鲁格夫尔启
四月三十日

编者按:我们对于鲁格夫尔先生的来函,非常表示同情。帝国主义者的侵略我们,是全国人民共同受到的压迫,我们的抗战是全国人民共同求生存的奋斗。我们的团结的基础建筑在"团结则生,不团结则死"的必然的趋势上,是建筑在同仇敌忾的一致的情绪上,而不建筑于一个种族上,更不建筑于一个祖先上。汉和苗倘使同源,固然很好,就使不同源,彼此团结的情绪也不会发生一点的影响。而且同源不同源,自有人种学家去研究,他们研究的方法只要是科学的,那么他们研究出来的结果,我们便不容不相信。但这只是历史上的问题,我们管也可以,不管也不妨。

至于说"我们是黄帝子孙",又说"是黄帝子孙不当汉奸",这原是汉人对汉人说的话,而不是对全国人民说的话。这种话固然不谨慎,但也可以原谅,因为在这极度兴奋的时势之下,很容易"急不择言",不加上详密的思考,我们总希望从此以后,这种话大家竭力少说,免得引起不必要的误会。我们在此提议,"汉奸"一名应改称为"内奸",因为溥仪和德王们都是中华民国的奸,而不是汉人的奸。

说到汉人是黄帝的子系而苗人是三苗的子系,实在都是上了古人的当。本月五日的《益世报·星期论评》上有马毅先生的一篇《坚强"中华民族是一个"的信念》。上面很清楚的说明,苗人的本名是髳,宋以后人无识,也许因为这一个字难写,改称为苗,想不到这一字之变竟迷了数十世的人,以为苗人就是和黄帝打仗的蚩尤的子孙了。其实黄帝乃是古人传说中的上帝之一,并无其人,三苗照《尚书》的记载来说,他们早已迁到甘肃去了,根本就没有黄帝和蚩尤打仗的事实,更没有"三苗子孙"留在西南的事。所以汉人自称为"黄帝子孙"固应改正,而鲁格夫尔先生自称"三苗子孙"实在也有改正的必要。每一个种族总好抬出历史上的一个有名的人来做他们的祖先,这原是古人的习惯,我们生在今日就尽可不必这样了!

又,来信上说"只希望致政府当局能给以实际的平等权利"。这句话我们不明白是什么意思,难道我们今日的政府当局还有对于苗夷之民不给以平等权利的吗?如果确有这种情形,请鲁格夫尔先生详细写告,我们当建议政府,努力除掉这全民团结抗战的妨碍!

颉刚

(《益世报·边疆》第 21 期,1939 年 5 月 15 日,第 4 版)

名词的讨论
——关于"国家、民族、华北、华南"等

方 豪

学术上的许多辩论,都是由于名词上的见解不同;名词之所以有不同的见解,是由于名词没有确定的含义,或一词多义。所以,在讨论时,或可另创更切当的术语,但某一名词既经社会使用,为众人所熟习,也就不能置之不问,而不是舍本逐末。

一、国家、民族

近人讨论国家、民族和种族问题时,几乎都喜欢引用英文的 state 来解释国家,Nation 解为民族,Race 解作种族。但我们认为前两种译名不很切当。

在华言华,我们本不愿在关于本国切身问题上,还来研究外国名词,但科学是世界性的,又因我国科学落后,所以几乎一切的新时代问题都脱不了新的译名。然而翻译本是难事,翻译科学名词更是难而又难。因此,在我国翻译界中,早已闹了不少笑话。再加上国人习性,遇事不爱细察,乱用译名的更层迭出,这不能不说是我们的一大缺点。

(A) 先说 Nation。这是由于拉丁文动词 Nasci(产生)演变而来的(名词 Nation 诞生,Natura 生性,Nativity 诞日,Natio 生长地……),所以这一名词原是指的乡邦国家,西塞罗和凯撒的拉丁名著中,都是一样用法。这在其他的英文名词中亦可看出:如 International 译国际而不译民族际,League of Nations 译国际联盟而不译民族联合。若译 Nation 为民族,则 Nationalism（国家主义）当译为民族主义，National Government（国民政府）当译为民族政府。但何以不这样译呢？民族在拉丁文是 Gens，原意也解作"生"（动词作 Generare），所以日耳曼民族称 Gens Germanica，犹太民族称 Gens Jndaica，是拉丁著作中习见的。英文我找不到适当的名词，法文有时称民族为 Penple，那便是英文的 People，拉丁文的 Populus。

（B）State。这名词源于拉丁文 Status（动词 Stare 站立，汉文译 Station 为站，最妙），其后蜕变为维持、定章、立规（以上动词）；公司、情状（以上名词）等意，所以用于政治社会学，最适宜的译名应当是政府、议事厅……而不是国家。

但我们承认每一外国名词，也含有各种不同的意义，如 Statns（拉丁文）有时也似乎是指的国家。我们的任务既不在确定外国名词的训诂，也不在规定译名的统一或纠正以往的译名，我们只是提出讨论。但为便利自家人研究起见，我很想把这几个名词的定义拟定一下：

（一）国家（最好单称国）是有领土、国民、主权和国际人格的集团。

（二）民族是以血统、文化（生活、语言、宗教、风俗、习惯等）相同而结合之人群。

（三）种族应改称人种，是生理特质相同的人群。规定上述定义：每一国家不必只有一个民族，美国和苏俄等是。每一民族不必同一人种，法国有亚尔平系人种和地中海系人种，即是一例。每一人种亦不必同一民族，如北欧系人种中包括瑞典、挪威和一部分德国人及英国人。

为图如下：

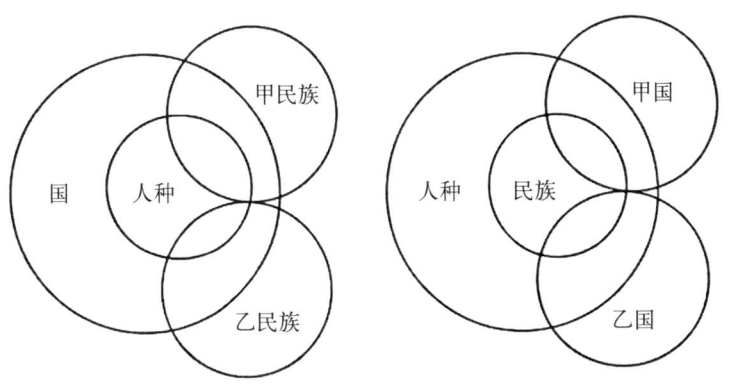

根据上图所述,我们可以说:"中华民族是一个","中华民国的国民是一个集团"。并可以引罗家伦先生的话说:"……我们今天来讲,尽可以随学术的演变而改进。这是因为时代不同,学理的演进自然有所差异,这不仅没有和中山先生的根本学说相冲突,或者还是研究中山先生学说的人所应有的态度。"(《新民族》第二卷第六期《民族与种族》)

有些人喜欢用密尔氏 John Stuart Mill 的民族定义:"民族是具有共同意识感情,因历史流传,政治上结合已久,各自愿同隶于一个政府下的人类集团。"因此说,不仅汉、满、蒙、回、藏、苗都是我们结合已久的同族,就是朝鲜、台湾、琉球、安南、缅甸、哈萨克、廓尔喀,将来仍旧可以回归我们这个集团。这些话,骤然听起来,使我们非常兴奋,但这正是希特勒辈用的政治学上名称,而不是人类学和社会学名词。

二、华北、华南等

"中国本部"一名之亟应废弃,我深信任何人都赞同。这并不是因为空洞名词能起分化作用,而是为了它根本没有可符的事实。

至于华南、华北等名称,我以为人家创用时,完全是为了应用上的便利,并没有其他用意。中国的省名就有不少是以地域或山河方向来称呼的,像山东、山西、河南、河北、湖南、湖北、江南(旧称)、江西。即一省一县之中也有分东南西北的,如浙东、浙西、赣南、赣东、迤东、迤西、迤南、闽南、闽北、川东、湘西、沪西、沪北等。最近因战局关系,报上更见惯赣北、晋南、苏北、豫南、湘北、鄂南等名词。这是汉文的代点,简单明了,不像外国文之必须说:"在捷克西部,在波兰东部,在意大利北部,在西班牙南部……"但各国亦不乏用方向来确定地域名称的:如南北美洲、南北冰洋、东西普鲁士、东西土耳其、中亚细亚等。但有时也分划不清。不过要是发生龃龉的话,那还是因为有人存心侵略。存心侵略,何患无词? 所以前后藏、南满、北满等名词,创始经过,我们虽不知其详,但若假定是别人创造,且有政治作用,却很可能。不过他们之所以出此,还是因为看出我们有好玩名词,而又遇事含糊的缺点。即如现在国人乐用的"东北"二字,在一般宣传品上,"九·一八"时是指辽、吉、黑三省,热河被占后,东北二字又包括了热河。所以说来说去,还是怪我们自己不慎,怪我们无力,名词的本身并没有多大作用。不然,法国普通一般人口谈中也常分本国为南北,但他们何以不会让人曲解？他们不但不会让人曲解,还会牢牢地记住他们的四至,不让敌人越过一步。他们心目中法国北部是包括亚尔萨斯和劳伦的,而德国也绝不敢说巴黎属于法国北部,所以巴黎应当自治,应当独立,应设政治分会,或应割归德国。

不过,话又得说回来,用方向定区域名称,即是通俗或可说是原始办法,而不是科学方法。记得五年前我初到浙江平湖乡村时,每家小孩(六七龄左右)都能分辨吃饭桌或睡觉床的方向,但在我却是莫名其妙。然而因为不合科学方法,所以常不准确。如浙西是指杭州、嘉兴、湖州三旧府属,但照钱塘江位置论,他是在江的正北及西北;可是中国人爱对仗,既有浙东(其实浙东一名亦不甚合),即当有浙西,东西可以对称,东北却不能对称。照省的位置论,杭嘉湖是在浙江北部,所以现在又改称浙北。其他如鲁东游击区、苏北沦陷区等名称,也都不是最切当的分划。

所以我们的意见是：

(一)以方向或前后内外区分地域,用为泛称名词可,用为固定名词则不可。

(二)在普通使用上可以保留方位名词,在政治或有关系之文件上则不能取。

(三)已固定之方位名词须划清其界限。写到这儿,我想到何以许多还没有承认伪满的国家,也会称"满洲国"Manchuko 呢？何以我国至今还被称为"支那"而不称为"中华"或"中华国"呢？

中国要做的事还不止此哩！嗳！

(《益世报·边疆》第 22 期,1939 年 5 月 22 日,第 4 版)

用历史的观点对鲁格夫尔先生说几句话

徐虚生（旭生）

前些天，有一位苗族的同志鲁格夫尔君来过两封信：第一封，反对"学究的大唱特唱苗夷汉同源论"，而"希望政府当局能给以实际平等权利"；第二封反对近来要人名流所常讲的"我们是黄帝的子孙""黄帝子孙不当汉奸"的话头，希望对"变相的大民族主义的宣传须绝对禁止"。这两封信，已经由颉刚先生很明白地给以答复。他所说的"我们的团结的基础，建筑在'团结则生，不团结则死'的必然趋势上，不建立于一个种族上，更不建筑于一个祖先上"，实则是最正当不过的讲法。不过，我看鲁格夫尔君虽然自己对同源论"不赞成，也不反对"，但是他一方面说"夷苗自己决不承认是与汉族同源的"，另外一方面，他自己署的头衔，却是"蛮夷之民"与"三苗子孙，"可见他是主张异源论的。如果苗汉果然是严格的异源，我个人既不主张同源，也不主张异源，看以下的说法，就可以知道，如果历史上果然有不可超过、不可磨灭的大裂痕，即使有"团结则生，不团结则死"的趋势，那我们真想团结，却需要比没有这样大裂痕的时候作更大的努力，才有成功的希望。历史总是历史。我们研究历史的人最要不得，并且最应竭力避免的毛病，就是由于迁就形势一时的需要而毁灭，或湮没或曲解历史上真实的事实。（这样毛病，德国的历史家犯的相当的利害，至于日本的历史家则犯到可笑的程度！）我们研究我们祖宗的历史，遇着他们措置得当的地方，固然可以很高兴，即使遇着他们犯着严重错误的时候，也应该勇敢地承认，指明出来，使现在和将来的人，赶紧起来补救，那才是正常的办法。毁灭、湮没或曲解历史的事实，是一种不勇和不智的行为，因为历史的真实，绝不是人类所能毁灭或湮没,这样地作,一定错误愈甚,陷溺愈深。可是把由误会而生出来的裂痕解释清楚,使大家不再作无聊的争执,这正是研究历史的人的职责。并且我个人对于这一方面的意见,同颉刚先生的意见,也有些出入,所以也来搀几句话。

在入正题以前,还有几句话来说,就是当清末和民国初年,有若干的学者相信苗族是中国的土著,逐渐受汉人的压迫,才退处于深山幽箐之中。现在虽然学术界已经抛弃了这个假说,可是还有不少的人对于此说总有点疑惑。其实在这里,毫无可疑的地方。这个假说是同汉族西来的假说互相补足的。后说一倒,前说不攻自破。十九世纪后半纪,有些欧洲的学者主张华人西来。中国的学者,比方说,章太炎先生等,也主张此说。此后欧人因为此说无确实的证据,已经没有人相信。我们中国考古学者近二十年的工作,虽然不敢说周口店的猿人就是我们直系的祖先〔因为他们离我们二三十万年,还不是真人(Homo Sapiens),只是猿人〕,但是对于新石器时代的研究,总可以证明当时的人同现在北方的居民没有多大的区别。我们如果说:一万年以内,汉人总在中国居住,总不会有很大的错误的。汉人既为中国的土著,则并无逐渐压迫苗民向南方出走的情事。他们那样无根据的假说,毫无可凭信的价值。

然则汉苗在历史上简直没有争端么?那怎么会没有?不过这件事情异常地复杂,不是那样简单的一句话所能包含。我近来研究古史的结果,知道我国当四五千年以前,居住的人民大约可以分作三个集团。西方和北方的可以叫作炎黄集团。这一个集团西起甘肃,北至察哈尔及河北,东据山东一部分,南在河南境内,与其他两集团犬牙交错。凡炎帝(非神农、伏羲。神农是时代的名字,并非人名或部族名,与太皞、炎帝无关系)、共工、黄帝、颛顼、喾、尧、舜、禹、契、稷等及氏(古书多讹为互)羌均属此集团。东方的可以叫作风偃集团。这个集团居住的地方,是山东的南部,安徽江苏的北部,河南东部的一小部分。凡太皞、蚩尤、少皞、皋陶及徐、舒等部均属此集团。秦原应亦属此集团,但因入仕于商,后流落于西方。蚩尤,前些年的学者,误认为苗民,如此则当属于南方集团。但《逸周书·尝麦解》明言"黄帝执蚩尤杀之于中冀",继即言"乃命少昊清司马鸟师以正五帝之官",是与周诛讨立武庚,诛武庚立微子同类。少昊墟在曲阜,属东方风偃集体,蚩尤亦必属此集团。且据《汉书·地理志》及《皇览》,蚩尤庙及冢均在汉寿张县(今东平),则属于东方集团,毫无疑问。我所以叫他作风偃集团者,是因为风姓、偃姓、嬴姓国家均属此集团,而偃、嬴古音相近,似本属一姓(此意段玉裁《说文解字注》已言之),言偃可以包嬴。南方集团可以叫作祝融集体,也可以叫作苗蛮集团。此集团盛时,势力及黄河以南,湖北、湖南、江西及四川之一部好像全属于它。凡三苗、昆吾、大彭、豕韦、荆楚及今日所知南方各部族,全是这一个集团里面的。《禹贡》雍州下固然有"三危既宅,三苗丕叙"之文,不少的学者认为三苗到西方去。但是吴起所说"三苗之国,左洞庭,右彭蠡",很清楚地指明三苗的疆域。另外《左传》"先王居梼杌于四裔,以御魑魅,故允姓之奸,居于瓜州"之文,颇可以说明雍州三苗与苗蛮本土的关系。

因为梼杌为颛顼氏之不才子,而楚史名梼杌,楚亦出于颛顼,故梼杌当即楚祖。我疑惑他就是帝所诛的重黎。重黎与共工,在古史中所传,或恶或善,随传人不同。允姓为梼杌的后裔,则属于南方集团,而居于瓜州,疑史前亦有秦迁西戎、泰伯入吴一类的故事。而古史茫昧,已不可考。我说当时大致有三个集团,是指的文化集团。更显明的说,是因为风俗习惯不同而分的集团,并不是指什么血统的关系。世界上只有希特莱和其党徒那一班妄人,才能曲解历史的事迹,主张纯粹的血统,夸张日尔曼人高于一切!实在,只要是人类,除了他们各自住在山南海北,风马牛不相及的不说,他们只要所处的地方在邻近的区域,就要发生种种的相互关系。关系可分以为善的、恶的两方面:善的是互相婚媾;怒的互相争夺。这两方面并不是截然划分。在普通的情形下,是婚媾争夺,同时并进的。斗争欺压,互相争服。如果有文化浅深的分别,也并不是文化深的常统治文化浅的,却是有盛衰,迭相争服。如果文化深的部族,社会性发展,团体强固,或器械坚利,那就很容易统治浅化的部族。反过来说,如果文化深的部族,达到相当的高度,而腐败下来,堕落下来,他们也很容易受浅化部族的统治。大致说起,生活苦的统治,乐的被统治。几乎可以说是一种找不出破例的自然定律。不管深化部族统治浅化，或者正相反对，只要他们生活在一个区域，时候久以后，他们因为互通婚姻的关系，无论用什么法子，也不能禁止住他们的互通婚姻，社会互相同化，把两个风俗习惯不同的团体，变成完全相同，以至于各相忘掉自己的根源。这是世界上最普遍和最永久的现象。所以我们说：世界上没有纯粹的血统，是绝不怕有武断嫌疑的。再进一步说，一群人的风俗习惯已经变换，即使他们还记得从前的根源，而感情已因风俗习惯而改易，只能属于新族，与旧部族关系极浅。吴越非同源，而风俗习惯大致相同，即容易联合和并合，吴鲁同出于周，而风俗习惯完全不同，均互视为异域。前清汉军，当时已属于满人集团；今日的满洲人完全与汉人同化，汉人没有人把他们看作属于另外的部族，他们自己也不愿意表示属于别族，则由文化的观点只能说他们是汉族。如果从纯人种学的观点看起，即今日的汉人恐怕至少也能分出三五个典型。

我们虽然对于人种学属门外汉，而走过南北各省，三几种不同的典型，大约全可以感觉到。所分集团谈血统，毫无是处。话说的太远，即此打住。且说当时三集团的分别，虽已消除许久，现在非许多研究历史的人竭力爬梳，不容易看出来，当时却有很显著的分别。

《吕刑篇》中斥蚩尤及苗民，就是炎黄集团中人对于他两集团的判断。蚩尤、东夷、徐戎不断骚乱，远未可知，就在周之盛时，风偃集团也好像未尝为臣虞夏之时，三苗叛服无常。周不见三苗而蛮荆时劳王师，盖苗古音作毛，苗蛮阴阳对转，苗与蛮并非异部，蛮之大国为楚。《左传》言"楚人谓之乳谷，谓虎於菟"，由此推论，各集团语言差异，或不下今日普通话与闽广话的分别。这三个集团，至东周以后，交通日繁，风俗习惯逐渐相近。到了战国，疆域全泯。屈原以祝融集团中之天才，一跃而为中国文学不祧之祖。《楚辞》所描写的，实即三苗国内的风物。许行、陈良诸人，均能砥砺磨炼，为学术的重镇。虽说孟子还在引"荆舒是惩"的文字，膺击许行，还留着从前各集团竞争的微弱痕迹，而普遍说起，各部族的文化实已可融合无间。风偃集团的同化尤为彻底。太皞、少皞、皋陶全进了古代圣王贤相的系统。大儒荀卿，称述徐偃王，也厕之于贤圣之列。三集团混合，汉族开始形成。秦汉以前的文化实即三集团中贤圣共同努力的结果。今日的汉族，实即炎黄集团、风偃集团、祝融集团混合无间的苗裔。此三集团中居住不远中原，交通方便的人民，已经参加了创造民族文化的大业，而居住穷岩幽谷的人士，或多故步自封，虽属炎黄、风偃、祝融的后裔，而风尚固陋，无言语侏，若姜戎大岳之后而沦为诸戎者，盖亦少。汉后的氐羌、苗蛮、鲜卑、匈奴即属此类。彼此中间的界域，乃因风俗习惯从中作梗，与血统问题并无关系。我们近日来到西南，见到不少苗、童、罗罗、么些的同人，除了言语衣服，种种外在的区别以外，骨骼等躯干，仔细看来，虽然不是找不出些微的区别，可是这些区别，远不如短小精悍的两广居民与方脸高身的北方居民中间的区别大。（用三集团说明古史，范围太大，此地不及详说，详见余所著的《中国历史上的传说时代》。）

我想我们中国现在绝没有分氏族，判血统，排斥异族，像希特勒及其党徒那样的妄人。今日的要务，是大家处在这样竞争剧烈的大时代里面，应该怎么样去求生活。求生活的办法，并不是某种文化消灭某种文化的问题，而是大家应该怎么样互相携手，互相督促，赶速近代化，以适应于今日环境的问题。比方说，我国的行政机构不够改良，虽顺应抗战的需要，而治理少数部族的官吏，因为情形的隔阂，自己的容易腐败，效率差，实在是一种无容讳言的事实。怎么样去振奋改良，使我们言语不易交换的同胞，情得上达，以增进行政的效率，这是其一。少数部族全是我们应该最关切的同胞，而我们对于他们的言语、风俗、习惯，以及饥寒、痛苦几乎全无所知，现在应该如何加紧研究，使一切的情形毫无隔阂，这又是其一。这一切少数部族，应如何对于近世科学，加紧研究，对于公共卫生应如何竭力改良，以及其他近代化的事情，应如何赶快进行。这里面固然有些事情为财力所限制，但如果本着穷干苦干的精神，也未始不能找着相当的办法，这又是其一。因为汉人占着各部族老大哥的地位，固然负不小责任，但是一切改革，由外铄者难为功，由自动者易为力。还希望各部族中的明达人士，积极工作勿惮烦难，始有成功的希望。前几天，报上载一篇旅行家的游记，略说，一次走到苗村，一个很喜欢听无线电的苗民，问他电台有福建及广东的广播，为什么没有苗语的广播？他这位先生当时异常地窘，只好撒一句谎，说也有苗语广播，不过不在今天,这样的答法虽然可混过一时,归结谎证出来以后,还是很糟。实在的情形,是汉人精通苗语,能胜广播的责任者,简直不见得有。作广播的人需要相当丰富的常识,苗民中能胜任者,恐怕也不见得多。广东及福建的广播,大约全是他们本省人自己担任。如果苗民中有胜任愉快的人员建议中央广播电台添设苗语广播,想来应该是一件很容易的事情。少数部族中明达人士喜欢听广播,是一件很好的现象。增加各种语言广播是我们大家应该努力做到的事情。很希望大家,尤其是各部族的先达,加紧努力。读鲁格夫尔君的来书,他的常识,似有相当的充实。希望其认清路线,加紧努力。至于他所抗议的"黄帝子孙"的话头固然不够科学,应该避免,但是他所自署的三苗子孙,不科学的程度也完全一样,果当日三苗民族处于两湖,那么未必不是伍员、屈原、许行、陈良、蒋琬、曾国藩诸人的祖先,鲁格夫尔君的远处云南,也未必有直属的关系。总之,这些话均不可谈。最要紧的一句话,就是如果大家仍是故步自封,不向近代化的共同目标,加紧努力,无论属于何种部族,以及何人为祖先,全得糟糕。希望大家认清这一点,互相提携,加紧努力才好。

二八,六,十

(《益世报·边疆》第 25 期,1939 年 6 月 12 日,第 4 版)

论所谓汉族

杨向奎

颉刚先生：

于《边疆》第二十一期得读鲁格夫尔君之来函，谓夷苗族人决不承认是与汉族同源的，认为唱"我们是黄帝子孙"，容易引起各族间的摩擦，是应当取消的。生于此有些意见，简单述之于下："汉族"一词早应取消，在中华民国内而高唱汉族主义本来是不通的事。汉族之称起于何时，未暇详考，但因汉朝而有汉族之称是无问题的。本来汉承秦后，秦首先统一中国。因为政治上的统一，好多不同的族姓也统一了。比方说：楚、秦、吴、越好像和平原诸国风俗语言多有不同，车同轨、书同文、形同伦的结果，不特政治统一，民族也统一了。秦朝好像一个炮，一放即完，历史家看他是"开统"。刘邦制其业，造成四百年的天下。假如没有始皇，也就绝对不会有汉高。至于因汉高得名的汉族，也是成于始皇之手。但成于始皇的汉族又何尝是一族而同祖呢？不同祖，与汉族之为汉族又有什么关系呢？我以为，现在的所谓汉族里所包括的有蛮，有戎，有夷，有苗，恐怕他们还占着大部分。所谓一个民族，只要是他们相处既久，感情融洽，利害相共就得了，还管什么共祖不共祖！以上说在汉族中苗夷占一大部分的事，需要引用些一般人讨厌的考据，这在先生所撰《中国古代之种姓与社会》里有较详说明。原来在夏以先，占据在当时所谓"中国"的大部分是夷和苗。有虞氏是东夷，太皞、少皞之后是东夷，皋陶和伯益也是东夷。这些人不全是顶呱呱叫的汉人圣贤祖先吗？却原来都是夷人！伯夷四岳是羌人，姜太公是羌人，这些不又是汉人的圣贤祖先吗？原来都是羌人。羌和髳始终是近邻。髳就是苗。

章太炎有过考证。而苗民在古代传说里是蚩尤之后（见《大荒北经》），他们在中国古代文化上的贡献是制刑，而伯夷也是制刑的人。先生曾经说，羌和苗是同族的两支，所以他们老是在一起。周武王伐纣时，一方面用羌人吕尚作统帅，一方面又有羌髳等人来助。吕尚虽亦羌人之友，但因早与姬姓联合，便与其本族文化进展的程度大不相同。吕尚一系在后来无疑的是所谓汉族中之正宗了，原来却是羌人。苗民也是如此。古代盛传黄帝与蚩尤之争，后来乃说汉族与苗族之战，这是一个顶大的错误！原来黄帝本来是夏的祖先（后来周也是），夏在所谓汉族中的地位和苗同等，我们只能说汉族在古代有两支曾互相攻击过，而不能说汉族与苗族之争！而且说相争又有什么关系呢？民十七以前的中国军阀不是常相争吗，谁能否认他们是同族呢？这与同祖与否真是没有关系的。古代的所谓始祖，是他们于我们的传说中觅一位伟大人物来充当的！真能是始祖吗？比方说周祖黄帝、姜祖炎帝，而黄帝、炎帝，依《晋语》说，却又全是少典之后呢！

  以上的意思只是说：（一）汉族本来包括各族，如夷、苗、夏、商、周，他们的地位平等，没有主体与附庸之分，虽有一部分因地理环境、文化比较落后，但是也不妨碍其为汉族的一体。至于汉族这一名称，则应指秦汉初统一时的民族说，现在不应拿来当作与苗夷蒙回对称的名词。并且现在也不必分开几族，只称中华民族就好了。（二）黄帝与蚩尤战，只能说夏与苗战，因夏与苗全是所谓秦汉统一民族后之一体。（三）祖先的同异与否，不足为民族同与不同的证据，因为古代对于始祖只是一种神的崇拜，并不是说明种族的起源。汉人自称黄帝后，乃是以夏之宗神扩大，因商有商之祖，苗有苗之祖也。

  以上意见，拉杂写来，尚祈先生指正。"中华民族是一个"之说本是天经地义，因鲁格夫尔君之说故复申述如上。专此，敬请著安。

生杨向奎谨上
六月十三日

（《益世报·边疆》第30期，1939年7月7日，第4版）

我国边疆学之内外研究略史

伯　平（冯家昇）

吾人所以创刊此《边疆》，初非有搜僻矜奇之意，实以今日情势所迫，对于本国之边疆问题已不容不作研究，对于全国人民，生死所系，亦不容不大声疾呼以促起其注意。而外间尚未有同感者，因草此篇，略述他人谋我者之步骤，与本国人颠顿偾事之实迹，期读报者明了此大势，夙夜怵惕，以负荷时代之责任焉。

一、百年来外人对于我国之调查研究工作

欧洲人之研究中国发端甚早，而其正式之工作则始于一八二二年法人 Abel Remusat 与德人 Klaproth 于巴黎创立亚细亚学会（Societe Asiatique），今世有名之《亚洲学报》（*Journal Asiatique*）即此会之刊物也。翌年，英人 Staunton 华组织大英及爱尔兰皇家亚细亚学会（Royal Asiatic Society of Great Britain and Ireland），今世有名之《皇家亚细亚学报》（*Journal of the Royal Asiatic Society of Great Britain and Ireland*）即此会之刊物也。是二会者，创办迄今已逾百年，蔚然成为研究亚洲暨我国之权威机关。我国学者研究史地，目标恒在中原，而外人对我则事适相反，以其国境之与我接壤，或以其殖民地之与我边境有若干种族文化上之关系，其目光常集中于我边疆，而其艰苦之实际调查实有为我国人所不能为者。以前欧人研究中国问题多借手于宣教师，其调查方法未能精密，所得材料亦不能尽量应用，未有大收获也。至是，欧洲学者独立从事研究，遂开创一极重要之阶段。今若取刘应

（C. Visderou）、卫方济（N. Francois）、傅圣泽（J. F. Foucquet）、马若瑟（J. M. de Prémare）、宋君荣（A. Gaubil）之著作与 Remusat 及 Klaproth 诸人之书比而观之，即知前者多数采取中国第二等材料，而后者则能运用第一等材料，且施以各种科学纪律矣。

一八五八年，英人在上海成立皇家亚洲学会华北分会（The North China Branch of the Royal Asiatic Society），刊行学报曰 *Journal of the North China Branch of the Royal Asiatic Society*。一八七二年，英人在香港组织中国评论社（Society of China Review），刊行 *China Review*。一八九〇年，法人在巴黎刊行《通报》（*Toung Pao*）。一八九八年，德人在柏林刊行《东方语言学会会刊》（*Mitteilungen des Seminars für Orientalische Sprachen*）。一九〇〇年，法人在安南刊行《河内远东博古学院学报》（*Bulletin de l' Ecole francaise d' Extrême-Orient*）。一九〇五年，日人组织东洋协会学术调查部，刊行《东洋学报》。翌年，其南满洲铁道株式会社亦组织学术调查部，编辑《满鲜历史地理研究报告》，陆续出版。此诸种刊物中之文字虽不尽囿于我国边疆，然就其大体言之，则皆直接牵涉我国边疆问题者也。

二、近年日本学者之中国研究

凡此诸国学者对于我国之孳孳研究，固亦有出发于其求知之欲望而作学术之探讨者，然别具心肠，计划其移殖人民，夺取市场，侵略我土地，分化我同胞者，实不一而足。兹舍较远之英、法、德、俄诸国，而言今日毒痛我全国之日本。日本在明治之世，即已公然大唱其"支那分割论"，至大正初年，而参谋本部川岛浪速著《吞并支那之计划》矣，首相田中义一著《满蒙积极政策》与《满蒙国防计划书》矣，其书肆出版之地图亦早将我东三省与日本、朝鲜、琉球涂成一色矣。国人往日梦梦，不知所以自惕，直至"九·一八事变"起，始感切肤之痛。实则"九·一八事变"只是彼辈经营满洲三四十年来之一个结果，不责其种种造因而但诧其一旦收获，可谓智乎！且此类侵略之言论与其行动之背后，又有多年建筑下之侵略理论为其根基。试观田中奏议，明明写出其意见乃据帝国大学教授矢野仁一之研究结果(按,矢野氏之《满蒙非支那论》载于《历史教育》杂志内)。此岂非其学者之理论为其因,而其政家之言论与其军人之行动为其果乎！又岂非其学者之理论不出于其求知之欲望,而出发于其侵略之作用之明证乎！

更举数例言之。日本陆军部为欲进攻苏俄,占据我东北四省,大正九年即有陆军中将名高桥武化者在大连组织满蒙文化协会,发行定期刊物二种,一曰《满蒙》,一曰《文化》(后改名曰《大同文化》),十余年来出版之图书达三四百种,而最详密之《满蒙西伯利亚地图》即为其所制印。南满洲铁道株式会社为欲调查我东北四省之交通状况,特聘彼国考古学家八木奘三郎等前往,著成极详实之《满洲旧迹志》三巨册。又以欲建设对我国东北四省侵略之基础,更聘声名鼎著之东洋史学家白鸟库吉组织满铁学术调查部,其中研究员如箭内亘、池内宏、津田左右吉等辈,皆为博学负人望者,著成《满洲历史地理》二巨册。"九·一八"之变,东北初被吞并,日本政府为欲作大规模之开发,即选早稻田大学专家若干人至吉林热河作实地调查,著成《第一次满蒙学术调查研究报告书》,中分地理、地质、矿产、植物、动物、人种等项。又如东方文化事业委员会利用我庚子赔款,在上海、北平设有分会,而北平分会专事搜罗我国文字材料,以供彼方研究之凭借。其在天津、上海设立之同文书院,所培养之学生,于我国穷乡僻壤无所不到,直为变相的特务机关。凡世所称之文化侵略,求之日本,无不备焉。

吾人若再进一步,将昭和七年十二月《满铁》月志所载之《日本之支那研究机关》一文,与一九三一年日本人在太平洋国交研讨会中提出之"Sinological Researches in Contemporary Japan"一文读之,即知日本全国对我研究之团体有如何之多。复将东京大冢史学会所编之《东洋史学论文要目》与东万学社所编之《东洋史研究文献类目》读之,又可知日本学者对我研究之方面有如何之广。昔契丹太祖尝曰:"汉人对我国一无所知,而我于中国则知之甚悉。"呜呼,岂知千载之下犹如是乎！

三、我国边疆学之发动及将来

清道光后,中国学术界曾激发边疆之运动,群以研究边事相号召,甚至国家开科取士亦每以此等问题命为策论。察此种运动之主要起因,实由于外患之压迫。道光二十二年,《南京条约》首将老大帝国之病态揭开。咸丰八年,英法联军长驱入北京,订立《天津条约》。是年,政府又割黑龙江以北之广土于俄。十年,以俄人之无厌,又得乌苏里、图们江以东及沙宾达巴以西之两地割与之。国中经此数度刺戟,遂激起一班学人跳出空疏迂远之范围,而转向于经世致用之学术。

当时之新学风,其方式有三。一曰外国史地之研究。二十四史内,《四夷列传》仅居最末之一部,旧为学者所不屑道;此时易辙而行,毕力为域外之探求,其动机盖产于"知彼知己"之意义,若魏源之《海国图志》,林则徐之《四洲志》,俞正燮之《俄罗斯事辑》是也。二曰《元史》之研究。二十四史内,《元史》以人名地名诘屈聱牙,最为难读,今则强为其难,其动机盖以元代境域横跨欧洲,可借是书以研究西北史地及亚欧交通之史迹,若魏源之《元史新编》,沈尧之《西游记释》,施世杰之《元秘史山川地名考》是也。三曰边疆史之研究。往日以千里为远行,智识范围不越中原,此时既以国际间发生本国边境之交涉,遂唤起此方面之注意,欲知其经历则求诸史,欲知其现状则求诸地,若祁韵士之《藩部要略》,张穆之《蒙古游牧记》,何秋涛之《朔方备乘》是也。此三种研究方式虽不尽同,要皆由于当时边疆学运动之热潮下所发动,且异途而同归,凡所致力俱足以资经世者也。

彼时群谓足为中国之大患者,以壤土之毗连,必为俄国,而西北受害最先。读沈尧之《新疆私议》,林则徐之《伊犁日记》,徐继畬之《瀛寰志略》等书,即可见其忧患之深,以故当时学者之精神多集中于西北。及俄患稍纾,学者忘其旧日之目标而惟作《元史》之校注补订,此轰轰烈烈之边疆学运动乃渐就消沉矣。

当甲午战时,我国军机处且无朝鲜地图,后方无法指挥。求之久,始得日本报纸所揭载者(见王季烈所撰其父《颂蔚传》)。丧师失地,夫岂偶然!非惟藩国之图不存也,即内国地理亦感冥茫,无有边境交涉,执政者恒不知其地所在,掉以轻心,终致覆餗。试举两例言之,光绪宣统间,与日本之间岛交涉,原为图们江畔之纠纷。"图们",《朔方备乘》作"徒门",《水道提纲》作"土门",《圣武记》作"图们",朝鲜书中作"豆满",皆为一声之转,以英文书之则为Tumen,无异也。但当时负交涉重任之大员缺乏语言学之常识,自己把握不住,遂失一有力之证据。图们江源有三支,一支红丹水为正源,一支西豆水为南源,一支石乙水为北源。而《皇朝一统舆图》与《大清会典》妄分大图们与小图们,以为大图们源于长白东麓,小图们出自其北,遂使日人有所借口,强指海兰水为图们江之源矣。又如片马之丧失,本为中缅于北纬二十五度三十五分未划定界之纠纷。光绪二十四年六月,英使以照会试探我总理各国事务衙门曰:"上年十二月间,有官带兵二百名,进入恩买卡河北境内。请转饬该处地方官,于恩买卡河与萨尔温江(即潞江)中间之分水岭西境,不得有干预地方官治理之举。"总理衙门得此照会,尚不知恩买卡河与分水岭在何处,率为囫囵之词以答之曰:"已于六月间据情咨行滇督。"英人得此覆文,即视为我国默认其地属于缅甸之证。其后任何交涉,终无挽回之法,至宣统二年而遂被英兵所占领矣。

边疆之重要,近年国人已颇感到,团体之报告,个人游记,杂志之论文,均不在少数。尤以与瑞典地理学者斯文赫定合组之西北科学考查团,有计划,有收获,时间之长,方面之广,实为我国调查工作开一新纪元。其他团体与个人从事于斯者亦复不少,惟以各自为政,缺少整个计划,重复散漫,浪费时间精力及财力,是以效率不能甚高。今后自宜精密筹划,作全部的设计,分析工作为若干小部分,集若干人而量才分配之,则个人研究工作以范围之专一而各有深邃之收获,彼此之间又可以调剂补益,作彻底之解决。加以材料之集中,左右逢源则事半而功倍。邻邦专家之多与其成绩之伟,即由此分工合作之组织下所导引而出。今日我国大学生中不少优秀分子,彼此皆感触时势,期为国用,注意边疆已为共同意识,但使政府因势利导,且设计与分配工作之机关,则因其基础之学识与其使用工具之能力均已远胜于道咸间人,此第二回运动之效果必远胜于第一回可断言也。

附白:本社同人闻见有限,且亦缺乏书籍参考,此文浅薄,至所惶愧。惟此一问题所关至巨,万望各地同志就所知见,各将外人侵略性之研究调查及本国人因不谙实地情形而致丧权辱国之事实详为写告,使全国同胞有正确之认识,共起制止此类不幸事件之复现,国家前途实利赖之!

(《益世报·边疆》第24期,1939年6月5日,第4版)

今日的云南人

江应樑

关于云南境内之各种居民,作者曾在本刊第六期登有《云南境内的西南民族》一文,约略说了一个大概,现在再把内地移民到此的历史说一说,借以推知今日云南人之来历。我们这个民族,在历史上不知道经过了多少次迁移,可是无论避到甚么地方,地域虽有区别,而关系则仍一致,决不因此而生此疆彼界之念。兹文之作,即就此民族迁移之观点而略论之。

内地居民之移殖云南,早在元明统治云南之前,楚蹻之开滇,"至滇池,以其众王滇,变服从其俗,以长之"(《史记·西南夷列传》),这是尽人皆知的事,汉武帝通西南夷,建博南,渡兰津,置巂唐、不韦二县,迁吕不韦子孙宗族实之,《后汉书·郡国志》注:

> 孝武置不韦县,徙南越相吕嘉子孙宗族居之,因名不韦,以章其先人之恶。

不韦县在云南永昌境,今保山县属金鸡村,相传即汉不韦县故址,这可以说历史上第一次的云南移民,《太平寰宇记》载:

> 松外诸蛮……唐贞观末,遣兵由西洱河讨之。西洱河从巂州四千五百里,其地有数十百部落,大者五六百户,小者二三百户,无大君长,有数十姓。以张、李、赵、董为名家,各擅山川,不相役属,自云其先本汉人。有城廓村邑、弓矢矛铤,言语虽小讹舛,大略与中夏同,有文字,颇解阴阳算数。自夜郎滇池以西,皆云庄蹻之余种也。

西洱河即今大理之洱海,是唐以前内地居民已有陆续移殖于滇中而稍稍与原有之当地居民同化者,蒙氏建国,名虽离唐而独立,实际和中国的交往却甚为频繁。诸如阁罗凤等之几次入朝,唐使之多次来滇:贞元十五年,剑南节度使韦皋遣使与南诏会盟于点苍山;广明元年,李龟年使南诏;中和三年,且以宗室女妻南诏;而后唐同光元年,南汉又以增城公主妻南诏。这些事实,当可想象得到,必有多数侍从男女随使节或下嫁的公主流寓滇中,《云南志略》载:

> 唐太和二年,蛮有学书子弟在成都者,尽得蜀之虚实。蒙遣清平官蒙苴颠大举入寇,取邛、城、戎、巂四州。遂入成都,略子女百工数万人南归。

这又是一种特殊形式的大批移民。南诏建国以后,对中原文化十分仰慕,多方招致学者入国授以官职,郑回、杜光庭、董成辈,都是这时入官南诏的,这在现时尚可寻得可靠的史料:今大理董姓,为当地大族,作者曾在大理得阅董氏族谱(据谱载创修于明嘉靖时,现谱为民国十一年第四次重修者),知其始祖即董成,原籍金陵,唐时入滇为南诏清平官,懿宗咸通时,召成等至京师,见别殿,赐物良厚,慰遣还国,成在南诏有文名,《全唐诗》及《滇南诗略》均收有成诗二首。成子孙世居滇中,支系繁衍,有迁殖云龙、洱源、盐兴、云州各地者,其子孙如晟、智、昇、铭、庆,均官大理布燮;宝、保、明、救、赐、节、本、信,元明时任知府、同知、经历、知州等;难□卿、善庆、维坤,则以诗文名;现任昆明县长的董广布君,便是成三十一世裔孙。

汉唐时多次的征滇,大军所至,也便同时造成人民的迁徙,例如武帝元封二年发巴蜀兵临滇;六年,遣郭昌率京师亡命击昆明;王莽时,发天水、陇西骑士,广汉、巴蜀、犍为吏民十万人,转输者合二十万,击滇;蜀汉建兴三年,丞相诸葛亮征南蛮;唐高祖武德七年,命韦仁寿将兵自越巂循西洱河开地;玄宗天宝九载,命鲜于仲通率兵百万征南诏;十二载,李宓击南诏蒙氏于西洱河,兵败,死者二十万人。每次大军远征,兵士之转徙流离滇中者,当不在少数。《大理县志》(民元修)载:

> 洎唐之播州没于南诏,太原杨端奉朝命征之,既收复后,唐室

已亡，不能归，用留其众据而世守之，黄汉苗裔传播南诏，自此而始。

此与庄蹻之王滇，情形正相同。由此诸种史事推究，则元以前内地居民之移殖滇中者已有数次，不过，这一时期的移殖：

（一）人数不多；

（二）移来后多变俗而同化于当地居民。

自元世祖率大兵渡金沙江而入大理，迄明初傅友德、蓝玉、沐英平滇以后，内地居民向云南的移殖便达到了一个高潮时期，《楚雄县志》（光绪二十四年修）载：

> 自洪武二十六年傅、沐二公平定后，留兵戍守，太祖又遣江南闾右之民以居之，复有宦游商贾入籍，大都南人较多，故俗亦类江南。

此语不仅楚雄为然，整个云南移民史，情形亦复如是，在这七百年中，自外地迁来云南的移民，可就其性质上概括为如下数类：

一、戍　军

元明之于云南，皆以大兵得之，既得之后，必留多数兵力戍守，故戍军可说是云南移民的生力军。元世祖平大理后，以宗室镇之，留大兵戍守，此时蒙古人移住滇中者极多。今大理永昌诸地，尚可寻见蒙古坟地及蒙文碑志，河西县境内有打鱼村，全村数百户，另有不同于内地人之风俗语言，自谓系随元世祖征滇留守于此者。世祖平滇后，以赡思丁抚滇，从此滇中更有阿拉伯人的移入，《新元史》本传载：

> 赛典赤·赡思丁，回回人，别庵伯尔之裔。别庵伯尔者，西域诸国尊回回教主之名也。太世征西域，赡思丁率千骑迎降。至元十年，奉上命抚滇，在滇六年，建树极伟。

在此期内，阿拉伯人来滇者必甚多，据《大理县志》载：

> 境内之有回教，其来久矣。元时，赛典赤·赡思丁以平章使云南，至元十六年，其子纳速剌丁迁大理路宣慰使都元帅，是为回教人至大理之始。今境内回教约一千余家，凡姓沙与马者皆赛部

子孙。

这都是元代的云南戍军之落籍滇中者。明初平云南后，留戍滇中的兵士，便多是长江黄河一带的人民，《明史·兵志》：

> 诸将所部，既定其地，因此留戍。

当时有大戍守之地，称之为卫所。明云南都司所属卫所，计有左卫、右卫、前卫、大理卫、楚雄卫、临安卫、景东卫、曲靖卫、金齿卫、洱河卫、蒙化卫、平夷卫、越州卫、六凉卫诸处。据《明史·兵志》所载：

> 天下既定，度要害地系一郡者设所，连郡者设卫，大率五千六百人为卫，千一百二十人为千户所，百十有二人为百户所。

以此作准，则仅就设卫之地计算，云南各卫中留戍的兵士，人数已经将近十万了，何况后代随时尚有补充增戍，更兼正统时王骥之三征麓川，万历时刘綎、邓子龙之深入缅地，顺治四年李定国率大兵入滇，顺治十五年铎尼、赵布泰、吴三桂之取滇，所统率的大军，多有一部或全部留戍或流亡因而落籍滇中的。

二、仕　　宦

《云南机务钞黄》载《洪武十五年平滇后上谕》：

> 各处仕宦人员流寓在彼，及本处人民，如有怀材抱艺愿仕者，有司礼送赴京，以凭擢用。

是则元一代为仕宦而流寓滇中的，已大有其人，明三百年间滇中官吏，几全为外籍而来之人。清初吴三桂治滇，当其声势煊赫之时，有所谓"西选"之官，遍布东南，为仕宦而入滇之外人，至此盛极一时。吴败后，终清一代，滇中官吏仍多自外地派入。试以昆明为例，据县志所录，自顺治迄道光间，昆明历任知县计四十二人，其中二人为满籍，三十九人皆闽、粤、江南或北方来者。这些外来仕宦之人，固不一定子孙都落籍滇中，但确有不少是任满后便不复北返了的，这由现时滇中人士追述其祖先来滇的始原上可以探知。

三、移民与谪戍

明太祖"移中土大姓以实云南",于是造成今日云南人"原籍南京"的普遍传说,《永昌府志》卷八《风俗》载:

> 明初,迁江南人入居此地,故其习尚与江宁相仿佛,是以俗号小南京。

《楚雄县志》:

> 县邑自前明洪武十六年傅、沐二公平定后,留兵戍守,太祖又徙江南同右之民以居之。

《大理县志》:

> 明成化十二年,设兵备进驻洱海,以后移民实边,乃一变为殖民政策,阅百年而生齿日繁,流寓日众。

明代移民云南的详细事实,史无专记,仅能于地方载籍中零星窥见一二,而滇人有族谱之家又不多,故当时移殖的详情并移来的人口数无可考知,惟可断言明一代以移民的方式避入云南的外籍人,实不在少数,这由现时滇人一般的传说先世皆明初自南京移来的话,可做参证。

移民中有的是为犯罪而避徙来的,这即所谓的谪戍,《永昌府志》卷五一《流寓》载:

> 考流寓者当自明始,而谪戍居多焉。或以文章寄兴,或以忠介全身,或以暂寓而仍归,或久居而不返。

明一代为谪戍而流寓云南的,各府县地方志上记载的很多,最著者如明初之傅友德家属,于友德没后被分戍云南、辽东,在云南之一支,子孙旺盛,明末之傅粥、傅宗龙,皆其后人;宋濂子慎,亦于洪武时坐胡惟庸党徙临安卫,又徙石屏,滇中称其子孙为学士后人;南京富户沈万山,即世所传聚宝盆之沈家,洪武时被举家充军云南,今滇中尚有其后人;其他为御史施武、参知政事姬思忠、进士刘寅、翰林周志鋐,皆罪谪云南而落籍滇中,今保山金鸡村有大户兰姓,自言乃蓝玉后人,因玉获罪,惧连诛,乃改蓝为兰。这些,都是避徙谪戍的移民。

四、政治运动与逃亡

这在明末清初时最多,顺治十四年,永历帝入滇,宗室移民随来者甚众,据《滇南杂志·永明外记》记载,帝于顺治十六年西走永昌时随行之众不下四千,自永入缅时,官员随行者四百余,侍从、遗民则有三千多。失败时且如此,初入滇时随来者数当更众。吴三桂王滇,以复明为号召,时人心思汉,中原人士响应入滇者甚多。这是云南移民史上一个重要时期。

五、工商流寓

为工商之经营而移殖入滇者,以川、赣、湖、闽、广诸地人为多,《昆明县志·物产志》载:

> 县城凡大商贾,多江西、湖广客,其领当帖设质库者,山右人居其大半。

此不仅昆明如此,各县亦然,流宦谪戍移殖而来者,多世家大族,自不善营工商,所以另有为商业而移殖来的江西、湖广客。

故今日的云南人,实际便是江南、中原、燕北、闽、广、湘、赣的移民。当其移入滇境之初,境内原有不少当地居民,在当地居民人数远胜新来移民时,移民之生活习惯,不足以左右当地居民,故新来移民往往易其俗而从之,这是移民的土著化,自庄蹻入滇迄元世祖平大理之前,这一时期的云南移民情形便是如此。元平云南以后,中原居民移来者众多,对当地原有的居民便发生两种作用:一是与内地移民同化,此种同化遗迹,在现时云南境内各种住民间均可窥见。昆明四乡的子君、散民、㷛子、夷人等,便是同化尚未完全的原民居民。大理一带的民家,是内地移民与南诏大理贵族的混化体。永昌鹤庆有蒋家,人称阿莽蒋,其族约数千户,据说本南诏蒙氏后人,初姓阿,后改姓莽,最后始改姓蒋,现时生活、语言、习惯,已与内地来民完全无别,这是中原居民移来后同化原有居民最好的例证。另一便是原有居民退居边区或山谷地带,将中部平原让与新来的移民,这情形也可以由现实中看出,以云南全境言,腹部多中原移来之人,而四境边地则全为原有之居民。以一县区言,城区和附城的平原地带,住民皆由内地移来之人,四周山地,地皆原有居民散居之区,这便是原有居民退处边地或山谷地带的证例。

　　从如是的分剖与研究中,对于远隔万里的云南,语言音调及风俗习惯、起居饮食等,何以无异于大江南北,或近似燕都,这一问题,当可恍然了!一年来外地人民之移居云南的,接踵而至,南北闽广乡音,在昆明市逐耳所闻者皆是。造成外人移居昆明的空前盛况,因联想到明初之移民实滇,情况或者也正相仿佛,这又是云南历史上一个新的移民大时代。这次移民的来要发生甚么影响,待诸异日,便可知之。

　　　　　　(《益世报·边疆》第 16 期,1939 年 4 月 3 日,第 4 版)

广西边民的生活近况

马　毅

（一）他们的生活

现在广西省府正进行改善苗瑶同胞的生活。因为他们的生活很困苦，瑶山里的同胞栖住石山，住土山很少，平地更是绝对的少数。广西省特种师资训练所学生的家庭，比较经济都优裕，文化也较一般为高，而一五五家中居平地者只有三家，居石山地带七十八家。石山上种植是把泥土挑搬上山，一块一块像公园铺地皮草似的贴在石岩上，再去种植。他们的房子，泥草堆的平房占百分之六十九，大概是人畜杂居，山居贵水，一盆水全家先用洗脸，再用洗脚，澄清之后，再用它喂猪。瑶山的同胞有衣服穿的只占百分之四十，穿棉衣的仅百分之十，也都是悬鹑百结，其余百分之六十的同胞是树叶稻草捆着那赤裸裸的身体。酷冷无以御寒，只有焚火取暖，皮肤烤炙的一块一块的焦黑，夜间依炉为榻，环灶而眠。他们病了，只有巫祝的祈祷，他们的卫生是如此，死亡率很大，因为生活的压迫，造成杀婴与买卖子女的风俗，没有九人以上的家庭，普通是三口之家。

他们有盘瓠神话的传说，他们的文字在经文的"山榜"中可以见到幼稚的象形字，而且只有傜傜同胞们才有。他们以大小石子计算年月，计算死人的寿数。月圆一次，投一小石于竹筒，十二次换一大石子为一年。他们听满山小鸟奏出悦耳的音乐，树木露出美丽的嫩芽，知道春天已到，是种田的时候了。在深山中，在溪水畔，吹着芦笙、树叶，唱着恋歌，或丘中有麻，茂林山阻，他们男女合舞，度着桑中上宫的幽会，以性欲游戏为娱乐,这是我苗瑶同胞的文化。

日出而作,日入而息,甘其食,乐其俗,鼓盆而歌,也够快乐。但是世外的桃源今日已不能逃避整个的穷困社会。他们除了受着贪官污吏土司流官之重重欺压剥削之外,更有一层封建的势力,加深他们的苦痛,他们有大族小族之分,首领就是山主,有绝对的权威,等于神权政权合一的酋长。收获了农产品,须送山主一部份,娶妻嫁女,虽无初夜特权,但须得山主同意,杀猪须把猪腿送于山主。压迫过甚,小族惟有改姓逃避之一法。

生活的改进,只有坚决的奉行三民主义,完成革命,人民的生活,社会的生存,国民的生计,群众的人命,才能够改善。

(二)他们的教育

广西对苗瑶同胞的教育工作,开始于民国十六年省党部所召开全省代表大会,通过黄绍雄提出化瑶办法。黄旭初感于二十一年兴安全县、灌阳、龙胜各县瑶民的暴动,是由于感情隔阂,于是加紧教育感化的工作。遂于二十二年春成立特种教育委员会,委任教育厅秘书陈翔云,科长张家瑶、蒙启鹏,及熟谙苗瑶专家刘介、梁栋昌为委员,研究提高苗瑶同胞的教育,促进苗瑶同胞生活种种问题。该会为开化边民须从培养师资做起,而收效最巨,莫如以苗化苗。遂于二十四年春开办特种师资训练所,程度相当于中等学校,由各县选送苗瑶倮倮同胞优秀子弟来受教育,毕业后返回故乡从事教育及办理行政基层组织的乡镇公所事务与自卫团队。

广西所谓"特种民族"(不该用特族,中央已规定称"边民")包括:苗、瑶、侗、僮、倮倮等无数同胞。僮族人口最多,侗苗又次之,倮倮最少,总数约等于汉人,散布于五十七个县境中。多数知识较高,生活习惯与汉人无殊,已完全与汉族融合为一,其未同化者,蜷伏荒山深谷,不过四十万人。

该所组织很简单,所长一人,班主任兼教员二人,专任教员二人,劳作教员一人。初期成立,学生仅二班,每班六十名,后来因为程度参差,教授上所感到的困难太多,仍按程度改扩为甲、乙、丙三班,甲种班一年半毕业,乙种班三年毕业,丙种班四年毕业,资格均等于中等学校。各班学生在肄业最后的一个学期之前,派回原籍服务一学期,期满回所续学,考核工作成绩,方准毕业。开办以来,毕业者有三班。

起初各县选送学生极为困难,苗瑶同胞多不愿读书,多雇汉人子弟去顶替,初期特于资师训练所汉人反占十分之六。最近遴选很严,非真正特族子弟必予迁回,县长也要受处分、赔路费,再加毕业生的回乡工作,肄业生寒暑假返里的宣传,苗瑶同胞了解读书的意义,读书的学生渐渐踊跃。该所最近并欲添招女生,使男女均等受学,共谋边民社会及家庭改进,测验在所学生,下学期可携姊妹亲友来所者,得一百八十人。可见他们该所教育宣传的成功。惟愈是边民子弟量多而程度水准亦愈低下,入所之初,鲜有能通汉语者。该所因将丙种班延长一学年,计为五年毕业,又因为学生回籍学习服务,考核不易,指导为难,乃于其肄业最后之学期,在所以丙种班低年级生为学习服务的对象。将丙种班分成若干乡镇,实习生充乡镇长,自卫大队长,国民基础学校校长,由教员监督指导。

该校学生一百二十人,语言就有三十几种,复杂情形已达极点。新生初来,对于学校生活多不习惯,故凡衣食、起居、体仪、言语、卫生、医药等生活指导训练,功课的讲授,自然很困难。

省府特教委员会又努力推行全省特种教育,分布居住特族同胞之五十七县中,国民基础学校已达五百二十六所,中心小学已达二十四所,由省款拨补助经费法币二万一千元,分发各县,为建学补助经费。预计十年以后,各特族的教育可以提高。全部融合,将无所谓特族不特族也。

(三) 我 的 意 见

广西对苗瑶同胞的教育政策是很足采取的,培植干部回去领导教育苗瑶同胞,以达到自治、自卫、自给的地步。不过特种民族师资训练所的名称应该更改,不必引他们的疑愤,他们很不满意叫做特族,理由是大家一样,同是中华国民。同时应多吸收优良的教师,以挚热的真情来感召他们,选择和蔼优秀的军训教官,以自觉自律的精神来启发他们,教育应该思想、技能、生活互重,否则一二人的态度印象会影响整个民族的团结。优秀的学生可以资助升大学,可以介绍与汉族女子结婚,不但她在中间发生很大的作用,而且也在婚姻上,以及种族上提高他们尊荣的心理、更加亲热的团结,否则只娶苗族同胞的女子,很有充分理由受他们反对。最近已有禁止与汉人通婚的事了。更要解说民族主义团结奋斗的意义,过去专制君主官僚政治的不当,目前民族的危机,化祛历史上的隔膜,汉族并不曾驱逐苗胞,古之三苗,非今之三苗。铲除封建的残余,肃清狭陋的民族思想,贯输新知识,扩大救亡的宣传,方能精诚无间的融合为一,贵州威宁英教士传道的精神、态度、办法,我们觉得惭愧,然而是很该仿效的。

全面抗战,动员苗瑶同胞,敌忾同仇,以争取最后的胜利,在今日已是刻不容缓的急图了。

白健生先生最近到了前线,几个特训所毕业的学生,现在做乡镇长,召集了全县几万苗瑶僮佬伶同胞来听白先生的训示。一致举手赞成抗战到底,拥护领袖的国策,誓起杀光中国境内日本野兽的皇军。

结果一千多人自动请缨。"中华民族以历史的演进已融合为一"。抗战以来更加亲密,这又是一个证明。那一个还能闭着眼睛硬说中国有民族问题呢? 今日不是随便任意讨论的时候,像卫聚贤说孔子是德国人、墨子是印度人的荒唐。谬误的研究,不知不觉等于替倭寇作宣传,那是分化我们中华民族的工作。

正当的工作,只有遵照抗战建国纲领,加强边民的教育,改善政治,促进他们的生活。

(《益世报·边疆》第27期,1939年6月26日,第4版)

漫谈建水

杨玉光

  建水(临安)谁都知道是云南迤南的一个重镇。乘滇越车至蒙自的碧色寨,改乘个碧车,约经十小时的光景,就可看见一座"雄镇东南"巍峨矗立的楼阁,那就是建水大东门的城楼。城廓建筑得高大而整齐,周围约有五里,古香古色,别有风致,四面都是一些雄伟的岗峦环抱,山的形势可以象征当地人民的性质——刚直而朴实。人口约有二十余万,比较遥远的乡村和江外有一部罗罗、摆夷外,其余都是汉族。除了一部分农民,多数的都到邻县个旧经营锡矿业。所以,全县的民生经济,个旧厂为主要的来源。农产物五谷和其他杂粮都有,可是不能够自给自足。大宗的出产是红薯(俗名山药),除大批供人吃食外,也是牲畜的主要食料。市街上烤煮的红薯成了一种主要食点,价值便宜而可口,只要到过建水的人都尝试过。由东门到西门,是建水的中心市场,百货商店都集中在这一条大街。日用物品,虽不能说应用尽有,但不致使你感到太缺乏。

  城内最伟大的建筑当推文庙,苍松古柏,交互掩映,令人有一种庄严典雅之感。尤以大成殿为壮观,雕刻玲珑而华丽,石龙抱柱,煞费匠心。过去非祭祀大典,普通人很少机会游览,每年仅正月一、二、三日开放,游人扶老携幼,大有张袂成阴之势。庙前泮池面积约三十亩,荷花满池,乳燕呢喃,垂柳成荫,百鸟争舞,风光非常旖旎,这是临阳八景之一。可惜缺乏人工培植,池内蔓草滋生,"焕山倒影"只成了历史上的佳话。

  建水过去文风鼎盛,曾博有"文献名邦""滇南邹鲁"的雅号,这是每个建水人引为无上的荣誉的,诗人曾彬,他的诗文现在还脍炙人口。民国以来,匪患频仍,地方饱遭蹂躏,人民流离失所,教育文化事业遂落千丈。现在匪患渐次肃清,各种的建设都在分头进行着,省立临安中学和县立师范(两校计有学生七百余人)应运而产生了。城乡的小学最近成立的也不少,颇有些复兴的征兆。然而前途的困难和阻碍正是难关重重,这要当地的人士以最大的决心和忍耐去克服的。私立的仲铭图书馆和县立的民众教育馆,最近可以正式开幕。

建水,一般说来,迷信和旧礼教观念较深。城内寺观林立,每年消耗在拜神的金钱当是一个巨大的数目。虽然,许多离奇的偶像早被消毁,但是他的权威仍不减当年,他的过去的坐位前,还有不少的善男信女,虔诚拜祷。妇女缠足还是"司空见惯"。近来政府三令五申,严饬解放和禁止,城区里一部分年轻妇女们已经逐渐解放,但乡村里缠足的妇女还占绝对多数。建水的妇女有一种令人钦佩的地方,就是她们操持家务十分勤劳,很少有使用婢女的人家,她们家里每日需要的水量都是妇女们自己外出汲取(太太、小姐当然例外)。晚饭后的井旁,就是年轻妇女的集会地,奇怪得很,她们三寸金莲似乎站立不稳,竟能肩担六七十斤重的水量。

在婚姻方面,早婚的风气很在流行。这样不知牺牲了多少青年男女的幸福。一般的家庭里保持着"男女受授不亲"的态度,男女的社交几乎悬为察例。假使有人陪着他的"太太"出街,还要受人的注意和讥笑呢。

抗战的怒涛曾激荡到了建水,比较清明的人们和知识分子都知道要支撑艰苦的抗战大业,以博取最后胜利。但在人民大众尚在半睡眠形态里,是期待着许多唤醒的工作的。

(《益世报·边疆》第 34 期,1939 年 8 月 14 日,第 4 版)

夷人作斋的风俗

绍 房

作斋是黑夷祭祀的大典。这种大典,不允外人参观,所以很不容易明了其中的详情。这篇文字是根据一位曾经参加过作斋的黑夷学生的陈述(姓名不便发表),我把它照实的记录下来。以下便是他的话。

民国二十二年十一月十二日,我们全族作斋。事前由族长通知各家,把较先的一辈神主送入斋堂。斋堂设在离我村(寻甸县海桥硝)九十多里的九龙乡石塘村(寻甸七区村名)。我父亲接到通知后,就请来一个毕穆(按系夷人领导作祭的一种巫人)领导向将要送走的神主作祭,并且把亲戚们接来住几天。意思是说,此番和祖先的神主见见面,以后便长别了。

祭仪是这样:先到山中采些青松毛和青干栗树枝,在屋的右方搭起一座帐棚,棚内设立祭案,地面上满铺松毛。一切布置妥当,再到滨水的地方选择三块洁白的石头来,放入火中烧红。再拿一个木瓢,里面放一把松毛,把三块石头搁进去。再拿一碗净水,碗内放些马桑枝,捧着走进帐棚里。把净水向木瓢里的热石头上一泼,登时热气蓬勃。这时毕穆口里喃喃的念经,端着净水向帐棚及各房间里回绕一周,并且洒上几滴水,表示清吉的意思。夜间在后墙壁上挖一个一尺大小的洞,到夜阑人静的时候,把祖先的神主悄悄的由洞中递出,放在祭棚里。在这时,家中的人却故意表示自己的祖先被别人偷去了的神色。于是嗾犬作声,佯作惊状。然后大家齐集在祭棚里,由毕穆念经指导作祭。祭案上供着鸡肉等祭馔,焚香烧纸,子孙们跪在棚前,由一人与毕穆端着两碗米面,一面喃喃念经,一面把米面向着后面跪着的人们撒去。他们都把衣裳兜起，以接到的米面多少，断福气之大小。约祭二三日之久，由毕穆把神主用红布包好，扎一束约五六寸长的青松毛，把神主放进，方才搬出祭棚。这时，毕穆用二尺长的马桑棍子，上面刻作阶形，劈成二条，插入地面，四周撒满青葱葱的松毛，然后把祖先的神主由二根马桑棍中间度过。这时我和我父亲才把神主包好，背在肩上，带了几十元现金，另外带了一只大雄鸡茶米糖等物，于是匆匆就道，向斋堂奔去。直到黄昏，才到了斋场。

斋堂是设在一所宽约十数亩而稍微倾斜的荒地上，其中搭着很多的青棚。我们一进场中，就有人领导着，走进覆着青叶的帐棚里。棚里有许多人在那里烤火吸烟。饭后，同几个伙伴绕场巡视。场的东南至东北角上有一列青叶子盖的棚围绕着。这是作斋人的宿舍。在宿舍的正前面，有一个青棚。这是毕穆的住处。门侧左右，有用木头作成的牛肉架子。毕穆住所的下方，正居场中，有一座青棚。这棚就是供祖灵的斋堂。棚门向西开，棚里用树叶扎成供案，上面排着灵位，由北至南划成三级。最北为长子系的灵位，中为次子系的灵位，最南为三子系的灵位。供桌的下面，放着各人带来的雄鸡。白昼暇时，大家斗鸡。据说谁的鸡胜利，则为该家发财的预兆，且其后辈子孙必出贤才。所以斗鸡是来参加作斋的人最起兴致的事。跑方的总献台（跑方情形详下文）在斋堂的西南方相距四五步，这是跑方后所集中的地方。斋堂南侧面有一龙塘，就是这次作斋所据的水源。

游罢全场，我和父亲回进棚里休歇，留下堂兄在祖棚里守神主。据说族中有无后裔或人财不旺的族人，往往乘机窃取别人子孙昌盛的神主，去作他们那支的祖先。传说，可因此兴盛起来。夜间走向供祖棚里，有许多人已在那里吹唎唎（一种乐名），燃着一团熊熊的火光，声名嘈杂。每人拿着一簇火把，我们也各拿着一把，这是准备念经跑方之用，夷名 Pi ku sl。不多时，全体蚁集于此，很多的毕穆各人戴了一顶羊毛的篾帽，里面是用竹篾编的，外饰羊毛，顶高五六寸，直径三寸左右，缓行着念经。此时各人抱着自己的神主，排起一条长蛇似的行列，毕穆在前面领导着。这时火把辉煌，明亮如昼，大家由插好的螺旋形的白柴叶子空中蜿蜒的度过。这种螺旋形，叶子路的范围一天比一天插得广延。每晚上都要行这仪式,最后要穿过整个的荒场,才算停止。每晚绕完之后,都要到插白柴的总场处休息。这里的布置,当中有一丛小松树,四围竖着叉形的两个架子,上横木竿,到场的人物必须由这架子钻过,才会清吉。这种叉形架子,数步一个,约有数百。毕穆站在架子旁边,待到抱神主的人经过,便向他们收几枚铜元,大约一个神主只收一枚,这好像过关征税的一样。据说抱神主的人,必须由此经过,不然,他的祖先在阴间里便会迷路,寻不到祠堂里去的道路。绕遍全场以后,再到那丛小松树下蹲着,静听毕穆念经,由他命令大家装睡。此时全场寂静,约有几分钟,毕穆张开两臂学雄鸡拍翅膀,拍拍的三下,表示天已黎明,大家起来,随着他再绕一圈,方才各归原处,把祖灵仍供在棚里。

这样一连作了七天祭祀,最末一日,大家把神主送到毕穆棚里,让他用夷文把祖先的名字登在宗谱上,然后才把这竹箩箩的神主焚火了(现亦有改用木神主的),意为祖先之灵已经升入宗祠里去了。最后把一棵粗樱桃树,截取一段,从边上劈下一片,在劈处凿成三层。最上一层是全族所奉的老祖公的神位,这是木刻的偶像,夷名 Va pu,中层置全族祖先的名册,下层置用铜铁铸成的一套小家具,如犁、耙、锄头、镰刀、釜甑、三脚架、小桶、勺子等,只要是普通农家所用的器具,全副置备,这是表示为祖先所用的器具。装置妥当,再把劈下的一片,盖上封好,就把旧的一套焚化了。这些东西,每作一次斋,必须更换一次。诸事完毕,然后用一只带角的雄壮绵羊,到这次作斋所根据的水源处驮水来烧白该,夷名 Pei m,意为经过此次大斋,得到好的水源,自此全族平静清吉。然后把那投樱桃树送入岩穴中,才结束了一场大斋。

作斋职务的分配,依族中祖先后裔长子、仲子、三子的次序,分工合作。长子系的子孙们掌理内务,仲子系的子孙管理外务,三子系的子孙掌到场的牲畜等。作斋的费用,由全族公摊,视出钱之多少,定作斋布置的优劣。普通作斋所用的牺牲,有肥硕的大牛一头,由毕穆念经之后,用锤照准头上一击,然后宰割。由毕穆分派,依照所应祭的神像,把牛皮牛肉牛腿等分配妥当,每当念经时,必须依次排列供奉,祭毕,全送毕穆。此外大小猪十余头,鸡数十只,山羊绵羊约二十余头,屠前,皆须由毕穆念经。

作斋的年限,十三年一次,若无力作斋,再延十三年,以此推至三十九年或五十二年。故作斋一次,耗费甚重,夷家普通多每年作族会一次,作斋则少见也。

(《益世报·边疆》第37期,1939年9月4日,第4版)

夷边的人祖神话
——汉夷是同胞兄弟

绍 房

在叙述夷边的人祖神话以前，最好先来谈这个民族的名称，我每次记录西南民族的习俗的时候，常常感到一种困难，就是命名的问题。过去的称呼，多半是汉人对他们的一些带有侮蔑的意义，但就夷边来说，普通称他们为"罗罗"这是最伤感情的称呼。我常留心他们的名称，曾和他们讨论过这个问题，得到几种不同的说法：

（一）罗罗的名称

这是汉人对他们的称呼，最易惹起他们的反感，原因有二：

1. 罗罗是喽啰的音转，含有轻视的意味，所以喊他们罗罗，当然容易发生误会。

2. 夷边最虔奉的神就是皮朔，据神话的传说，这是他们的始祖（详下文）。用竹子编成箩箩的形状，供奉在茂林岩穴之间，所以称他们为罗罗，无异称他们祖宗的大名，所以是很避讳的名称。

（二）夷　　边

夷边这个名称，顾名可以思义，《说文》："夷，东方之人也。"盖谓非我族类，意为边远之人，非华夷之民也。但这个称呼比较客气点，他们也叫汉人为兹普，意为新来之民族。或称沙普，即文化才智较高之民族,盖夷人以土著自居,谓汉人为后来之民族,故常称汉人为客家。但中华民族既是一个,这个名称,总带点互相歧视的意味,仍觉不大适宜。我这里采用这个名称,在未正名之前,也只是差强人意。

(三)黑夷自称纳普

"纳",夷语意为黑色,盖以皮肤而分;白夷自称奈素普,为清秀温雅之意;刚夷自称果普,为愚笨之意。这是三种夷名的本意,但很少有人这样称呼他们。

一个民族的名称确有他们的重要意义,常感到对西南民族当探讨其适当的名称,由政府与以划一的规定,所谓"名正"才能"言顺",确是不可忽略的事。常见汉夷为了称呼的失当,以至发生剧烈的冲突,固然,有些人明知故为,但也有诚然不知而犯了他们的讳,无形中增加感情的伤痕,实在是极可痛心的事。所以维系民族间的感情,"正名"也是迫切需要解决的问题。

一个民族必有他自己发源的祖宗,这个祖宗多半是神话中的人物。夷边的人祖传说是一个空幻灵美的神话,而且一直到现在,还是他们最崇拜的神,形成他们习俗的中心,所以很有纪录的价值。

传说古代有弟兄三人,务农为业,虽然他们是一母所生,但性情各不相同。大哥生性暴厉,喜欢争斗;二哥较乃兄和善,但好论人长短;至于三弟,谁都喜欢他,不但生得清秀,待人亦颇和气,所以是他父母最钟爱的一个儿子。

有一天他们的父母突然想起了一件心事,把他们叫到面前吩咐道:"儿呀!你们的年纪都不小了,要想法谋生,从明天起,你们去开垦山后的那片荒地,作为你们将来的产业,谁肯努力作,当然可以得到圆满的结果。"三子听了非常欢喜,于是只盼望明天的到临。

翌日黎明,弟兄三人已经起床了,各人背着锄头,带着干粮,很精神的往山野里去垦田。当他们穿过了小山,就发现一片荒原。他们就挥动着手中的锄头,努力的垦田,虽然在炎烈的日光下满头淌着汗珠,这样不停的垦着,直到黄昏方回家去。

第二天他们还是那样早的去垦荒,不料昨天所垦的田又复原了,老大、老二气愤的骂着,老三却不顾的继续努力。今天他们犁的更起劲了,仿佛要在土中垦出什么怪物似的,到了黄昏方才回去。这样接连三天,都是现垦现复,这使他们大为惊奇,好奇心打动了三兄弟,于是就商量怎样去发现这个秘密。

第四天的早晨,他们仍照前一样,到了那里,并不动工,只呆望着天空,等候着夜的来临。但是这一日又仿佛特别的长,始终看不见太阳的回去,与月亮的到来,他们因前几天的辛苦,伏在土堆上呼呼的入梦了。

当他们睡得很甜的时候却来了一阵狂风,于是他们的好梦也就唤醒了,醒后,只见一钩新月高悬在碧空,几棵老树在清幽的月光下枝叶可分。"大哥,你看一个白发老人在翻平我们的土地呢,原来是他与我们作对。"老二忽然发现了月光下一个白发老人拿着拐杖在翻弄土地,于是狂呼着喊他的哥哥:"这死老头儿,让我去打他!"老大喊着就飞奔过去要打老头儿,老二怒骂着,这老头儿似乎没有听见,仍然很安静的播动着,老三急往拦住,跑近老人的身旁,很温柔的问道:"老人家,你为什么要这样作?要知道我们已经白白的辛苦了三天了。"老人微微一笑,看了看老三,然后拍着他的肩膀:"好孩子,为了你,我不愿隐瞒,老实告诉你,以后你们不要再垦荒吧,因为,不久要天翻地覆洪水滔天了!"老人说完之后,回身要走,三弟兄听了恍然大悟,惊慌得立刻跪在地下,拉着老人的衣袖哀求:"仙人救命!"老人慈祥的扶起他们,笑了一笑,然后慢慢地说道:"孩子们,不要怕,我是特意来救你们的,你们听我的话,就可保全性命了。你们今夜回去,每人作一只木桶,不过各人的作法不同,老大要用斧斫,用凿子塞桶底;老二用凿子凿,锥子来塞;至于老三,你一定要用针来穿,凿子来塞,这样作好之后,各人就躲进木桶中,要等到二十一天才可出来,并且,还要把鸡蛋放在腋下,待到小鸡叫时,然后出来,才可免患。"老人说完,忽的一阵清风就不见了。

三弟兄听了老人的话,跑回家去,连忙赶着作木桶,不到天明,居然给他们完成了。于是三人躲进了木桶,静待着这可怕的一天到来。

果然,有一天洪水泛滥,山崩地裂,狂风暴雨,鸟飞兽吼,所有的人们都埋葬在洪涛之中,只有躲在木桶中的老三幸免,他的两个哥哥,因为曾经得罪了老人,所以虽然躲在木桶里,也终于淹死了。

老三的木桶在水面上很平稳的飘流着,也不知过了几天,在一个岩石上搁住了,在木桶中晕了过去的老三,直到小鸡叫时才惊醒过来。当他伸出头来探望时,才发觉自己是在岩石中间,这可使他着急了,因为既不能上,却又不能下,眼看着自己将要饿死,他急得哭起来了。他的哭声惊动了老树上的一只老鸢,它正拥着它的害眼疼病的小鸢在睡觉,小鸢也被哭声惊醒,眼更疼得利害了,老鸢梦见了白发老人,告诉它在这树下的岩上有一只木桶,假设把木桶蹬下岩去,小鸢的眼睛就不会再疼了。

老鸢想起了梦境,连忙飞出了窝,往岩下一看,果然一只木桶矗立在岩石中间,它气愤了,一脚将木桶蹬了下去,木桶滚下了岩石,将要靠近岩脚的时候,恰被一丛刺竹和丛生的竹节草拦住了。这时哭晕了的他被这意外的震动吓醒了,他钻出木桶看时,发觉木桶已经离开了危岩,在丛竹的包围中了。他在惊慌失措中发现了岩下有一条羊肠小路,急忙离开了木桶,一手拨开竹丛,奋勇的冲过了岩石,荆棘刺破了他的手,树枝碰伤了他的头,他不顾一切的兴奋的前进,终于觅到了一条生路。

他仿佛是一只迷途的羔羊,只沿着小路,默默的向前走着,走至一条三叉路就呆着了。天已黄昏,肚子又饿了,心里焦急,正在彷徨无主的当儿,忽然听到有人在后面喊他的声音,回头看时,他惊喜异常,原来他的救命老人又来了,并且老人后面,还有一个美丽的女子,老人得意地说着:"好孩子,这是你的妻子,快过你们的快乐生活吧。"说完就腾空而去。

一对小夫妻在一所简陋的茅屋中住下,因为他的命是竹子救的,于是他就以为这竹子是救他的神仙,连忙跑去把竹子挖回来,用绵羊的毛包着再以红绿线缠好,然后装在一个竹箩箩中供奉起来,所以直至今日,夷族仍信为祖先灵魂的寄托,是他们最虔敬的神仙。

那一对夫妇,过了几年,他们已经是有了三个孩子的父母,当然非常欢喜。但不幸他们的孩子长了很大,却不会讲话,夫妻俩甚为着急。后来老三在梦中,看见那个白发老人,告诉他在山后有一种黄色的爆涨草,点着了火,可以使孩子们说话。醒后,就照神人所说去作,把爆涨草用火点着,突然"砰拍"的一声,惊动了孩子们。"阿尾,阿母",最大的孩子,吓得喊了起来;"阿爸,阿买(阿妈)",次子也接着喊了起来;"爸爸,妈妈",最小的也喊着,在三个孩子的口中喊出三种不同的口音。当然这时夫妻很感快活,因为他们觉得三子的喊声最为悦耳,于是就很爱他。长子就是刚夷的祖先,次子是黑夷的祖先,三子是汉人的祖先,因为父母最疼爱三子,所以得到很好的境遇,也就是今日汉族发达的原因。(或谓白夷为其三子,但亦有说白夷为被同化之汉人,如此则仍属同源。)

　　根据上述的神话,我们便可了解夷族供祖的来历,今白夷全族尚于村后幽静的山林中建一供祖堂,形如各村所建之土地庙。神堂后位于山岩,其中供奉五位神,依次排列,插于堂内之五缝中,第一位为天,第二位为地,第三位为神仙(即神话中之仙翁),第四位即被难脱险之祖人,第五位即祖人之妻。这五位神惟有祖神以青浆栎、枯树、松树等坚硬耐久之木材制作,其法:截木一段长二寸左右,木之两端削成圆锥形,中部圆而粗大,刳之使光,横分为二片;在一心凿一圆空,中放一红色珠子,这是由山中检择来的天然明珠;再将两片合拢,以胶水黏住,两端扎以红丝线,防胶水脱裂之用;然后用竹子编成一个精致的竹箩,作圆柱形,高五寸,内容与木桶大小洽合,将木桶装进,再将竹箩封盖,此祖神即告成功,盖即象其祖宗漂流时之状况。木桶中之红明珠,代表其祖坐于中间之意,竹箩是其祖宗当日坠岩时幸为竹丛所阻,得免于难,故至今日仍以竹保护木桶。其当中之缝,以示透空气与阳光之处。其余四神,以竹筒制作,长四寸左右,一端削尖,中贮竹节草一根,草上以红白色丝线缠绵羊毛少许,表示古人衣兽皮之意。并放入米粒十数颗,表示民生的主要食品(惟祖神之妻以红绿丝线缠之,以示男女有别)。用竹的意思,表示当祖先蒙难时承天地神仙之惠,得竹节草与刺竹之保护,一则纪念救护祖先之思,一则表示与祖先同时之植物也。

　　白夷特别虔敬这五位神,每逢节日,必往祭祀;神堂周围二丈以内不得牲畜践踏,违者大忌;且于十年或八年,必换祖一次,此为夷人之大典。将此五位神另代以新制之神位,而族中于此期间故去之祖考,亦于此时另换神主。在换主时，要用一只雏鸡（以孵出五六日者为宜）的血滴于新换的祖牌上，这就是神话中祖先蒙难时，幸有鸡鸣，祖先才睁开眼睛，重见世界，不然，或即饿死。故今日滴血，意为使每个祖人得张目见世。

神堂的位置是固定的，不能任意迁移。神堂最好的位置，是建于堂后为陡岩，前为平原，岩下满种刺竹，盖纪念其祖先之蒙难处。神堂附近之树木不得砍伐，违者全族惩罚，并且传说如砍伐此树则全家有灾，所以神堂附近老树参天，风景清幽，为夏日乘凉胜地。

（《益世报·边疆》第 39 期，1939 年 9 月 25 日，第 4 版）

民族

我们对于国内寡小民族应取的态度

旭　生（徐旭生）

大凡由一个单纯民族组成的国家，在世界历史上全是很少的。大国不必说，在欧洲，就是数百万人的国家，如比利时、瑞士等类，也还包括着三四个不同的民族。大多数的国家全由多数的民族组成。普通，他们里面总有一个人民比较多，势力比较大，也或者文化比较高的民族为中心，另外有若干较寡较小的民族同他们合作。在这个时候，较多数大的民族对于寡小民族所取的态度、所用的政策，对于他们国家的前途有很大的关系。我们中华数千年来，以汉族为中心，另外有不少的寡小的民族同汉族合作，是一件人人皆知的事实。汉族对其他寡小民族的态度、政策，同中华民国的前途有极大的关系，是一件绝不容有疑义的定理。近代欧美各帝国，其中心民族对于寡小民族的态度政策，均与我们大不相同，两边比较起来也互有得失。并且现在我们的敌国正在挑拨离间，想破坏我中华民族的大团结，我们稍有不慎，就要中他们的诡计。然则，把我们数千年来所取的态度、所用的政策，同近世欧美帝国的态度政策比较起来，检讨起来，并决定我们今日所应实用的态度政策，实在是一件很重要不过的事情。

（一）我们在历史上对寡小民族的精神

凡一个民族对于一件重要的事情，总有一个历久不变的精神。态度政策全是跟着这种精神以俱来的。明白了这种精神，对于他们态度和政策的讲明，已经是势如破竹。可是，凡说一种精神全是说它是一种理想的。说它是理想,就是说在事实上所表现多不能恰到好处,只是一个悬在前面的共同理想。另外一方面,它既是一件共同的理想,它就像是一个中心,一切的事情,虽说多数还不能完全同它相合,但是全体都好像是围绕着它,不能离开太远。像这样的看法,才可以找出来历史上主要的潮流,不至于拿三五偶然的事件遮蔽着真正的方向。然则我们对寡小民族的历久不变的真精神,到底是什么呢?

第一,我们可以说:我们的真精神是我们的民族偏见很浅。民族(Nation)这个观念是到欧洲近世才发达的。像在古代罗马帝国时候,就是在纪元后七、八世纪沙尔大帝的时候,民族观念,仅少说,是与近代的人大不相同的。近代的人说一个民族,就是假想着它里面的每一个人,在血统上,原来是一致的。因为血统的纯粹,就生出对于自己民族的骄傲,对于其他民族的蔑视。其实,如果稍微研究一点历史,如果不是闭着眼睛瞎说,全可以明白世界上没有纯粹的血统。疯狂的希特勒高唱"阿利安民族高于一切,日耳曼民族高于一切"的学说,我们要问他,日耳曼传说中最早的民族英雄是什么人?是不是 Attila?这位先生是那一种族?是否是匈奴族?恐怕他也要瞠目不知所对了!至于我们中华民族,从来只是一个文化的团体,没有这样似是而非的偏见。我们的圣贤垂训就是:"诸侯用夷礼,则夷之;夷而进于中国,则中国之。"诸侯是我们本族的首长,礼包括风俗习惯而言,夷是指外国人。说这句话的意思,是要说:就是我们自己的首长,他要改用外国的风俗习惯,我们只好拿看待外国人的方法看待他;就是外国人,只要他肯改用中国的风俗习惯,我们也就可以像看待中国人一样看待他。这个教条,并不是一条偶然的垂训,却是两三千年来大家遵守弗渝的真精神。

因此,第二,我们对寡小民族的态度是兼容并包的。我们数十年来,"内中国而外夷狄",只是因为他们的文化道德同我们的水平线不合,并不是因为他们是夷狄。这一点,就是民族观念最强的王船山先生也还是清清楚楚的守着这个限度。他对于金日䃅、长孙无忌、尉迟敬德、李光弼等外国种姓很清楚的人毫无贬辞,甚至于慕容恪身为夷酋,只因为他有不嗜杀人的美德,就特别嘉许。这一切全可以证明我们的圣贤专注意于文化道德的标准，对于无法弄清楚的血统问题并不重视。在汉魏，四夷投诚，多迁之于内地。这并不是想把他们分配于豪族，作为奴隶，这是他们觉得这样办，这些投诚的民族才容易同化，他们文化及道德的水准，才容易同我们一样。虽说后来因为政治未全上轨道，以致闹出五胡乱华的大乱子。但是经过一番的扰乱，还是达到同化的目的，都仍是因为我们历来的态度就是兼容并包的，不是排斥异己的。

第三，我们对寡小民族的政策是防患的，是偏于消极的。我们对于四周围的寡小民族，不管他们是否隶属于我们政治的范围，全是希望他们不来扰乱我们，各种不同的政策，全是要达到此目的。"薄伐玁狁，至于太原"的政策为历代文人所歌颂，就是因为它可以代表互不相扰的倾向。有时候，也未尝不可以"大张挞伐，扫穴犁庭"。但是细读当时谋臣策士事前的备划、事过的善后，全可以看出，我们并非有利于他们的土地人民，不过防备他们使不为我患而已。宋元明清之革除土官，郡县边地，除了迫于不得已的情形，也绝没有芟刈其人民，扩充我土田的行为。明清朝利用喇嘛教治理蒙藏，有似于愚民者之所为，但如果知道吐蕃、蒙古扰乱边境的历史，计算到当时双方人民受祸的惨酷，则利用他们自然的信仰，以驯扰其野性，使双方得以安居乐业，仍不失为两利的善策。读清乾隆皇帝在北京雍和宫及他处所立的喇嘛教碑，就可以知道他们的政策仍不失防患的本意。我们当时的工商业，虽不足以语近代化的规模，但比附近寡小民族的工商业全要高出许多。以比十六七世纪欧洲各民族对非、美各州民族的差异，殆有过之，无弗及者。如果国家奖励，并不难造成近世帝国主义吸收他民族脂膏以繁荣本国的样子。但是这样办法，同我们中华民族历久不变的精神相刺谬，没有被采用的希望。所以现在我们研究历史，说当日谋国诸君子对于像近世帝国主义的作风，"不为也，非不能也"毫没有一点夸张的地方。因为除了防患没有其他的目的，所以一切积极的建设，全谈不到。偶然立一个学校，教训他们的子弟是可能的。至于经济、交通、卫生及其他一切建设，因为离防患的目的很远，并且当时人觉得这些对于提高他们的文化道德水平也无关系，所以全不能成问题。

（二）欧美各国对于寡小民族的精神

第一，他们同我们相反，对于民族的成见异常的深。民族观念在西欧，虽说近七八百年才开始发展，可是到了十九世纪的下半纪，算是登了峰造了极。几乎可以说：有一种特殊的语言，就有一个排斥异己的民族。他们的语言又是异常复杂！走几百里地，总要变换一种语言！走几十里地就变换语言的，也不是没有！比利时的地方，不及中国的一府，语言就有七种的不同！在感情方面，就有七种的歧异！像在我们中国，从东三省走到云南、贵州还可以随便说话的现象，他们做梦也难做到。他们这些民族，差不多总有一个强盛的时代，他们就拿他们最盛时代的领土，悬为理想，叫它作民族的理想（Idee Nationele）。各种民族的理想，互相重叠，互相排挤！结果演成互相残杀的惨剧！你要告诉他们说：民族观念是相当近世的，你这个民族，既有所始，必有所终。将来必有一时，你这个民族的名义可以不存在于世间。听见这话的，不要说普通的人民，就是很有学问的人，一百个人里面一定有九十九个人，说你所说的是疯话！他们虽然没有天朝大国的虚荣幻觉，可是他们全是相当的骄傲。

所以，第二，他们的态度是抱的本民族至上主义。不惟犹太民族觉得他们自己是天的选民，就是什么德国人、英国人、法国人，那一国人不觉得他们是天的选民？我们中国的先哲虽说对于国家民族也极为重视，但是他们对于民族，不过如上面所说，看作一种文化道德的团体。对于国家，他们知道上面还有一个人类的团体，就把它叫做天下，从来没有觉得国家是至上的。至于欧洲，从马基业佛以后，可以说，一切的政治家全是承他的衣钵，看国家是至上的，国与国的中间是没有什么道德原则可守的。他们的国家又全是狭义民族的国家，所以进一步，就是民族至上主义。现在德国的国社党正是他们很好的代表。其实不惟国社党，他们从来就是如此。他们的民族主义又是极含混的。比方说：法国的阿尔萨斯、罗兰两省，从人种同语言上说，谁也不能否认他们是属于日尔曼系，但是德国当日用全力把他们争回去以后，却不肯拿待德国公民的待法待他们，所以这两省的人民宁愿属于法国，不愿属于德国。

我们并不否认欧洲有许多贤哲，有正谊、人道等最高尚的理想，并且艰苦的为它们奋斗。可是我们更不能否认英美的政治家从来不信任这些抽象的观念；法国的政治家拿这些观念当作一种玩艺。德国虽然对于观念能有信仰，可是他们政治家所信仰的，并不是康德、叔本华诸人的人道观念，却是特莱式开、本哈底诸人的武力至上主义！因为有这样的极偏狭的思想。

所以，第三，他们对寡小民族的政策是积极压榨以繁荣本民族的。他们从他们的民族主义、资本主义所合成的一个主义，叫做帝国主义。从这个主义所生出的政策，剪毛的、吸血的！他们最典型的代表是英国。至于我们敌人的吃肉帝国主义，是昏蛋的，并不是正宗老牌。他们不能忍受别民族的不愿作羊，可是另一方面，却也不愿他们的羊太瘦，以至于无毛可剪，无血可吸！他们不惟对于殖民地如此，就是对于本国也是如此。英国人为什么总同爱尔兰人闹不好，便是因为英国人要剪他们的毛，吸他们的血，他们却不甘心忍受的缘故。现在德国人为什么那样恨犹太人，就因为德国人要剪他们的毛不很容易，而他们自己的血又有被他们吸去嫌疑的缘故。因为要剪他们的毛，吸他们的血，所以就要为他们便利交通以使毛容易剪，血容易吸。又要为他们改良卫生，免得将来无毛可剪，无血可吸。教育有可以帮助剪毛吸血工作的，也要积极举办，有对于此工作无益或有损的，那就万万不能允许。一切政策的施行，全以对此种工作有益与否为标准。并且他们意志坚强，不惜出全力以赴之，所以在他们的殖民地里面，也可以夸说是百废俱举，绝不是我们那样消极防患政策所能够赶得上。

（三）我们今日所应取的态度、应用的政策

因为民族的精神不同，所以两边的态度及政策也因之有很大的差异。因为我们民族的偏见很浅，我们的态度兼容并包，所以四千年来，包涵孕育，成了世界上一个最庞大的民族。我们不要误认汉族为同出一源，永久如此。实在，三代时候的夏后、殷商、周、秦、楚、徐、句吴、于

越以及其他,全是些独立的民族。他们中间的分别,绝不亚于希腊之于罗马,英国之于波兰。秦汉以后,历史更明:所谓鲜卑、乌桓、吐谷浑、契丹、女真、满洲人,以及一部分的匈奴、柔然、突厥、回纥、蒙古人,不是变化为汉人,是到那里去了?我们今日,如果稍留神一点,还不难把我们的形貌分作西北的典型、下江的典型、两广的典型及其他典型,这就可以证明我们原来的血统并不是一元的。但是我们的历史是统一的,我们的感情是统一的,我们的语言差不多是统一的。黑龙江同云南相隔数千里,可是无论什么人,全不愿意分作两国!此次抗战之所以能长久支持,就亏得我们的土地大、人民多。人民之所以众多就因为我们的民族偏见甚浅,对于异族能兼容并包的缘故。可是因为我们的政策不过是防患,精神偏于消极,所以闹到百务废弛,组织松懈,机构不适于抗战。并且我们不能否认:压榨异族的政策虽然为贤哲所反对,不为国家所保护,而细民却利用寡小民族的语言不通、经济力薄弱,仍不免暗地的进行。蒙古人所传"向汉人赊一捆葱,而辗转年月,层层剥削,还了二百两银子还没有清账"的故事,虽然并没有历史的价值,可是汉商的剥削寡小民族,却也是一定的事实。我在新疆和蒙古,好多的汉商亲自告诉我说些他们剥削"夷人"的几乎很难相信的故事!这样的情形全可以延搁我们的公共理想,使它不容易实现,使我们那喜欢挑拨离间的敌人有所借口!至于欧美帝国主义者之所为,虽说也能一时好像百废俱举,并且繁荣了本民族,可是民族间的感情一天一天的恶劣,归结要闹出人我皆弊!并且十九世纪是帝国主义的鼎盛时期,廿世纪是它的没落时期。等到它快要没落的时候,我们又掇拾别人的牙慧,也未免太昏庸了!我们原来消极的办法,既然闹出来很大的毛病,与时代不适合,他们积极的办法,虽然有很多可取处,而精神错误,也要"差之毫厘,谬以千里"。这两方面办法的不合是有一个共同的原因,就是一国内主要的民族,无论他们的态度积极消极,他们的观点完全以自己为中心,对于别民族自身的利益不甚注意。仅少说是穿过自己带色的眼镜去看,没有法子看出它们的正色的。积极建设以便利压榨,固然是以自己的利益为中心,就是消极防患的政策,又何尝不是忽视了兄弟民族本身的利益!从人类全体的利害观点去看,消极办法,利小,害亦小;积极办法,利大,害亦大。度短量长,"秦则失矣,而楚亦未为得也"。吾人今日,如果不想救亡图存抗战建国则已,如果还想救亡图存抗战建国,那就需要高掌远跖,在这两种走不通的道路以外,另辟一种新道路! 实在说起,也未见得是一个纯新的道路,仍是我国的旧理想。我国儒家所想象的大同社会,"以天下为一家,以中国为一人",绝不是消极防患所能完事,必须要拿出来积极的精神,找出来适当的理法,才能使这个理想有成功的希望。我们今日应当承继先哲高尚的理想,积极前进。可是我们的积极,不同欧美帝国主义的积极。我们只想到我们的中华民族,纯没有什么汉族、满族、蒙古族及其他民族的歧视。我们的师长法国大社会学家杜尔干说得好:"民族不是由于血统或语言的,是由于沿袭流传(Tradilun)和感情的。"我们不管我们原来的血统和语言怎么样的歧异,只要我们曾经同患难共安乐,已历年所,我们的感情融合一片,那我们就属于一个"Nation"。我们汉人同蒙古人、满洲人、西藏人、突厥人、苗瑶、疃黎以及其他各小民族,已经同患难共安乐数百年或数千年了。我们的利害相同,我们的悲欢相通,我们同属于中华民族,尚有什么分别的可言? 如果说有分别,那也就像一家兄弟的分别。我们汉族,因为人民较多,文化较高,成了国内民族的老大哥。但是,既成了老大哥,就要拿出来老大哥的身份。老大哥的真正身份,绝不是压迫各位小兄弟以便利私图,是要汲汲孳孳,谋全家的福利,就是说,谋各位小兄弟的福利,利用自己特别丰富的经验以指导各位小兄弟的不及,"中也养不中,才也养不才"。我们今日对于民族的小兄弟,第一步应该明了他们、认识他们。(自己的小兄弟,可是对于他们的认识,有时候还要借助外人,那真是大笑话了。)第二步应该体贴他们的苦痛,帮助他们解除。就他们的自身着想,看出来他们应该走的前途,然后尽力帮助他们、推动他们、纠正他们,使他们的生活渐渐改善,他们的知识渐渐增高,携手同心以抵抗强权,促进人类的大同,那中华民族将来在历史上一定可称为人类中最优良的民族。至于希特勒及其党徒的自称自赞,这个时候,真像日月出而爝火熄,失何足言? 失何足言?

(《益世报·边疆》第1、2期,1938年12月19日、26日,第4版)

关于云南的民族问题

楚图南

汉人殖民于云南的历史,差不多纯粹是一部民族争斗的历史。汉人挟其优越的军事和政治的势力征服了各地,深入云南来。别的种族以力量不足,自然只有屈服,但这只是一时的,待汉人的防卫稍有一步的松缓,或是他们的力量渐渐恢复起来,他们又乘机反叛了。这样循环不绝的演着民族争斗的战争,小之影响到云南生产建设,大之影响到云南的文化,停滞不进。譬如杜文秀之乱,杀戮之惨和物质文献之被摧毁焚劫,差不多几十年还没有恢复。这都是由于过去执政者的无智和人民种族的成见太深。所以这个问题始终不能解决,历史上的悲剧也终于演了又演。现在正值抗战建国的严重时期,这个问题似乎不能再因循敷衍,彼此欺蒙下去。如果再加上敌人汉奸的利用和挑拨,其后患更不堪设想。所以,我以为当此国内专家及各学术团体集聚在云南,并对于这个问题很感兴趣的时候,我们似乎可以根据孙中山先生三民主义民族平等的原则,将这个问题彻底地研究一下。因此我希望对于云南边疆的研究,不仅是为好奇心所趋使而专作学术上的一种研究,更希望的是要将各部门各方面的研究,集中在民族问题实际的解决上。

云南民族除汉人以外,重要者如回、藏,如蒙人,如苗夷即云南的土人。就中回族虽生活习惯还多少与汉人有不同的地方,但在社会上、政治上的地位,已经完全与汉人平等,可以说大体已不成什么问题了。藏族在云南并不居于重要的地位,且其宗教信仰以西藏的拉萨等地为中心,在云南除了生活上与汉人不同而外,大约不会掀起极严重的问题。至于蒙人则是元亡以后流落在云南的,因为人数很少,且大多数与汉人同化，也不成为问题。所以在云南的民族问题，其重要的中心，似乎只在于云南的土人，即摆夷、罗罗、苗子等云南的土著，姑假定他们是云南的土著。他们的种族虽然复杂，且不相统属，但由于人数之多（据说有八百万人，几占云南人口的三分之二，见杨成志的《云南民族调查报告》。这自然只是一个概数，并不是一种十分精确的统计），分布之广，每每酿成云南种族争端的大问题。很古的时候不必谈了，只就明末以后说起，短短的二百余年间，汉苗两族的争斗，或土人的叛乱，在昆明有沙定洲之乱，沾益有土妇设科之乱，而东川、武定各地应之；阿迷有普名声之乱；元谋有吾必奎之乱；寻甸有安舍全之乱、扬理海冲之乱；武定又有凤朝文之乱、凤继祖之乱、郑举阿克之乱；元江有那鉴之乱；大姚有宁安、狗獛等夹起之乱；顺宁有猛廷瑞之乱、莽应龙之乱；永昌有思伦之乱；定边有入斯郎之乱。民国初，迤西、迤南亦各有土人之乱。其他小规模的叛乱，或在发动之初即被解决，如最近陇川土司问题之类，尚不在内。可知这是云南的何等严重的问题。在国际间无纠纷的时候，这些问题的爆发，我们固可从容应付；但在抗战发生之后，这却足以增加我们的后顾之忧，且要消弱了我们一部分种族的力量。至于要动员各种族使他们来共同抗日，共同参加抗战建国的大业，当然更说不上了。

现在要解决这个问题，因为原因是复杂的，所以解决的方式也不能不是多方的，需要我们从各方面去努力。但我们检讨一下过去云南各民族争斗的历史，似乎以政治的原因和社会的原因乃是这个问题的核心，至于种族的原因还在其次，也可以说并不甚重要。如俄国国内许多小民族问题之很顺当地解决，也就还最先在政治上有了合理的办法，社会上有了合理的待遇，然后所有的小民族，不但不会发生意见，并且是能同心协力的共同创造新社会和新国家的大业。所以要解决云南的民族问题，似乎也只有先从政治问题和社会问题着手。

所谓政治问题，即根据于三民主义种族平等的原则，给各民族以平等的待遇或平等的地位。这不是一句空话，也并不是过谈，过去云南的种族问题，都可以说是政治的问题。元虞集的《大理事略·序》曾有几句极机要中肯的言语，如下：

　　是时，治平日臻，士大夫多才能，乐事朝吏，不事外官。天子悯人之失牧也,常简法增秩以命吏,而为吏者多徼幸名器,无治术,无惠安遐荒之心,禽兽其人而渔食之。无以宣布德泽,称旨意,甚者起事造衅以毒害其人。其人故暴悍素不知教,冤愤切发,势则使然。不然,恶死乐生,夫岂其情也哉?

所以由于执政者的无智,"禽兽其人而渔食之","起事造衅以毒害其人",可以说是过去云南民族所以不断发生问题的重要症结。最近有某先生冒险调查,所作成的勘界记,亦说到滇土人颇有不少不堪压迫,而全部村落焚屋西迁,或私移界碑,托庇外人保护之事。所以,这是极值得我们注意和警惕的。近年来,云南省府颇积极提倡云南的边地教育和边民教育,这当然是解决云南民族问题所必有的准备;不过,这种教育似乎也应该先从边地的行政工作人员训练起,使他们先对于民族问题有相当的认识和相当的理解,并彻底明了三民主义中民族平等的原则。则改善边民的生活,提高他们在政治上、社会上的地位,甚至于动员他们来参加抗战建国的大业,都似乎容易得多了。其次关于社会的原因,即使汉人无心对于土人有所歧视,但以民族传统成见和政治上的不能平等的原因,自然要影响到他们在社会上的地位。结果他们受了两重以上的压迫,第一是汉人,其次土司。欲求云南小民族的彻底解放,还必须取消了土司制度。到那时,他们才真正的可以成为中华民国的自由平等的国民,可以得到中华民国的法律的保障,可以享受一个国民所应当享受的各种权利。关于边民教育,在教育厅的办法,是由免费教育以进于强迫教育,这是很对的。这样,土人的平民子弟或穷民子弟也可以入学,边地民族解放,自较容易推进,容易实现。否则,只是土司或富厚地主的子弟可以入学,边民教育或边地文化发达的结果,将必越发巩固了土司制度。或变相的土司制度,使边地民族问题的解决,又多了一层困难、一层障碍。这实在是在进行边地发育或文化工作之先,值可考虑到的。

此外以学者研究或考察的结果,用作改善边民生活的张本,也是极为必要。不过工作的态度,必须是严肃而又诚恳。在动手去研究或解决一个新问题的时候,是当具有一种宗教的精神。拿这种精神去教育或组织边地的民众,自然容易获得她们的信仰。如一般宣教士所采用的办法，尤其是以罗马字母为夷字拼音，并以此著书，用以推行教育的汉森夫妇，即在此方面获得了很大的成绩。看了外籍教士教育边民、爱护边民的这种情形，至少我们模仿了帝国主义的学者探险南非洲的那种态度是不该有的了。这样，我们的调查和研究才不会引起边民的畏惧，以为这又是一种新压迫、新侮辱或新的不理解。

这样，我们的调查和研究，才可以明了实情实况，可以得到正确的资料，才不会是学术上的一种新的装点，而流于空疏无补直弊。

这便是在此各学术团体、各专家对于边疆研究和边地民族问题感到深切注意的现在，我所提供的一点小小建议。

廿七年十二月六日

（《益世报·边疆》第5期，1939年1月16日，第4版）

清代怎样治理西南少数民族

宓贤璋

我们从史册和前人的私家著述里，颇可找出一些关于清代怎样治理西南少数民族的记载。可是这些记载太散漫了，现在给它归纳起来，简单地叙一下，以见大概。

一、招　　抚

清代初叶，仿照明太祖故事，凡是土司来归顺的，都授以世袭职衔。有的给他"委牌"，有的给他"印信"，有的给他"号纸"，有的给他"委牌住牧"，有的兼给"印信""号纸"，有的"印信""号纸"等都不给而仍存其职衔。这所谓招抚政策，是清代最初用以对付土司的，顺治、康熙、雍正三朝都曾行过，也就是"德以绥远"的老法子。

二、征　　讨

清代对西南少数民族用武力征讨的次数很多，现在我们把大且著者举一下。康熙时三藩借土司兵为助，藩乱既平，施以讨伐，这是第一。雍正时开拓苗疆，这是第二。乾隆时苗疆复叛，再施戡定，这是第三。征剿金川，这是第四。湖贵征苗，这是第五。嘉庆时湖贵征苗，这是第六。道光时湖粤平瑶，这是第七。咸同时平定贵州苗乱，这是第八。光绪时赵尔丰督办川滇边务，平定西康，这是第九。这些都是清代行施征讨政策的实例，也就是"威以慑服"的老法子。

三、分　袭

我们知道土司和流官根本不同,土司的官职是不流动的、世袭的,所以年代久远,很容易造成独霸一方的局面。明朝的王守仁早就看到了这种弊病,因此,在他平定思恩、田宁二州之后,分设土司巡检,削弱土司。到清朝康熙年间,给事中陈允恭倡土司分袭之议。他的方法是:当老土司传位的时候,要把职位的等级降低,并且要给各个儿子分袭;这样,可以分化他们的土地,减杀他们的地位和权势。两广总督赵宏灿反对这个主张,他说:

> 若令长庶降袭分管,恐将来势均力敌,弟不逊兄,互起争端。虽田土有肥硗不一,然皆纳赋输粮,诸子分割,各管各业,则必各怀猜忌,从此互相争夺不已,何暇按数册报?(见《皇朝政典类纂》卷二五〇)

因了赵的反对,陈的建议就被打消。

后来等到雍正皇帝,很□思制驭土司之道,于是他又想到了"分袭"这个政策。他批驳湖广总督杨宗仁的奏折里面说:

> 朕谓其势既分,心既离异,日后纵欲张,其中必互相掣肘;或畏惧相诫,则其邪谋自息矣。(见《清世宗朱批谕旨》卷二)

当时廷议多不以"分袭"为然,然而英断深刻的雍正,毕竟把这个政策实施了。

四、改　土　归　流

土司既是世袭,所以想取消土司制度,莫善于改设流官。我们读《明史·土司传》,在洪武、永乐年间,已见到过改土归流。不过这种政策的推行,在土司方面,当然不很愿意,因此改流之后,往往凭借余威,迫使土民从己叛乱,结果复设土官。明代王守仁时,对于改流之制已稍有变通,就为了这个缘故。

清代改土归流,始于康熙年间。但魏源说:

> 三藩之乱,重喙土司兵为助,及叛藩戡定,余威震于殊俗。至雍正初,而有改土归流之议。(见《圣武记·雍正西南夷改流记》上)

这话怎样讲呢?因为康熙承开国之初,事多草创,并且正忙着应付三藩之乱,那里还顾得到土司?所以虽有改流,却不是很多的。直到雍正才厉行这个政策,从雍正四年起到九年,这五年之间真可说雷厉风行。

不过我们应该知道,雍正并没有想把土司尽行入流的意思,我们从《东华录》里看出他一段谕旨:

> 若各处土司因他处已改为流,不得已而仿效呈请者,朕皆不准。若被汉奸唆使控告,俾土司获罪而改土为流者,朕更不忍。该督抚等当以朕内外一体之怀,通行晓谕,俾土司等守土奉法,共受国恩,不必改土为流,始为向化。

这很可以明白他的态度。

康熙、雍正以后,到清代末年,又大行改土归流政策。光绪二十二年七月,赵尔丰受任督办川滇边务大臣,经营西康,土司相率归流。继他职位的傅嵩炑,收缴各土司印信,改设三十县。宣统三年二月,规定各省土司非不得不设的都要废止,改设地方官,于是土司就逐渐减少了。

但是康雍时代的改土归流和光宣年间的改土归流,目的各有不同。康雍时代因开拓苗疆,裁汰土司,所以要行改流政策。至于光宣年间之改流,因为土司入贡,朝廷向有"劳来"之赐,后来年久弊生,土司惮于远行,贿请粮员称病免觐,粮员既贪求小利不识大体,土司就愈加放纵,往往据地自豪。在逊清末年,戕官抗差的事情常有发生。土司们闹到这般田地,那里谈得上谋开化而靖疆边?这是光宣年间所以要行改流政策的缘故。

五、屯　政

明代备苗,专重防范,边墙碉堡,筑哨屯兵。清雍正时张广泗有请设屯政之奏,贵州屯防因而肇兴。后来渐渐推广,屯丁耕守,目的在镇慑西南少数民族,例如湖南的苗屯、贵州的苗卫、四川的番屯都是。

六、防　堵

我们从历史上看来,历代对付西南少数民族,往往在要隘设置大员,相机处理。清代在苗疆边区即采用屯政,驻兵镇慑,在冲要的地方,又筑城寨为营垒用来防范,就叫做防堵。

七、安　抚

清代对西南少数民族,还行一种安抚政策。所谓安抚,无非拿金钱和官职去牢笼他们。官职的名称很多,等级也不同,有土司、土舍、千户、副千户、百户、副百户、酋长、土目、当差、夷约、夷兵等,每年都有俸给。不过这个安抚政策并没有多大成效,入城领饷,出城就杀人越货,是司空见惯的。

因了他们的抢劫,另外又想出些应付的方法：或是给他们金钱,买取太平,叫做"包山包路";或是押他们人丁,借以钳制,叫做"作质当差",也可说是安抚之道。

八、收缴武器

清代对西南少数民族征讨平服后,往往收缴他们的武器,并且要他们出具不敢隐匿的切结,目的在使他们不易反抗。

九、编甲稽查

我们在光绪《大清会典·户部》里,见到有编甲稽查之法,现在给它摘录出来：

> 其苗疆省分,苗瑶寄籍内地者,即编入民甲。其余各处苗瑶,令

千户及头人、峒长等稽查。……广东乐昌县、翁源县安插湖南省迁来瑶民，设立瑶甲稽查，给予官荒亩耕种；所居山场，不许占越定界。

这当然是为了便于治理而设的。

十、教　　化

关于教化，可以分两种来叙述，一是立学校以启智识，一是结婚姻以通族类。

在立学方面，从顺治十二年起到乾隆十一年，前后百余年间，在西南少数民族区域中广设义学。这种制度，到清季虽已渐趋废弛，但汉化所被，也不能说没有成效。像嘉庆年间举人王伦、生员曹国儒，都是苗族同胞中的读书明理之士，他们劝苗族不受匪诱，朝廷因而赏顶带。这样的事情，不得不归功于教育。

在通婚方面，乾隆二十九年早就弛了苗汉通婚之禁；此外臣僚们也有苗汉兵丁互通婚姻的奏请。苗瑶等同胞虽没有和内地同胞融成一片，但时至今日，都已感觉到了兄弟家人之亲，将来的融合当然更会加速度推进的。

上项所叙十项，说明了清代怎样治理西南少数民族。我们觉得除改土归流和教化两项，比之前代较为积极和进步外，其余种种还脱不了狭义的、消极的民族政策。这种态度，一本传统，在现代的我们故不必多非议。

吾国政治思想上对边疆民族问题有重大进步的，要算中山先生民族主义的主张：中华民族一方面须摆脱帝国主义者的压迫，争取国际间的自由和平等，一方面应扶持国内各少数民族，给予政治、经济、文化、社会……发展机会的平等。这样，消极可免除彼此的怀疑，积极能达成彻底的团结，并力前进，集中力量，构成坚强而伟大的国家。

中华民族，是全国诸族的总称。中山先生民族主义的主张是我们现在应行的政策。清代怎样治理西南少数民族已成过去，只不过给我们作历史上的探讨罢了。

(《益世报·边疆》第5期，1939年1月16日，第4版)

对西南诸族应有设施刍议

宓贤璋

西南诸种族散处在云南、贵州、四川、西康、广东、广西、湖南各省，所占的地域很广，种类也很多。他们有的住在深山僻壤，有的和外邻毗近，然而那一个不是中华民族的成员？那一个不是中华民国的同胞？当现在整个国家民族危急存亡的时候，他们所处的地位，实在太重要了。

考吾国历史，中朝对西南诸族，无非是狭义的消极政策，简约言之，脱不了"威"和"德"两个字。所谓"威"，就是临以兵力；所谓"德"，就是施以羁縻。所以几千年来，叛则加杀，杀了又叛，循环在叛、杀两字的圆周内，如出一辙。有的时候弄到杀不胜杀、叛而又叛的地步，则以"瓯脱"弃之。这种办法，在中华民族中的汉、满、蒙各族统政时代都是一例，仿佛已定下了公式似的。

我曾经说过，吾国政治思想上对边民问题有重大进步的，要推中山先生民族主义的主张：一方面中华民族须摆脱帝国主义者的压迫，争取国际间的自由和平等，一方面则扶持国内弱小各种族，给予政治、经济、文化……发展机会的平等。假若能照中山先生所说而努力推行，那么外抗强权，保障独立，内除隔阂，达成团结；集中国内各种族的特性和力量，一齐起来，共同抗战建国，构成一个坚实而伟大的国家。（参阅本报副刊《边疆》第五期拙作）

可惜中山先生手创民国，而他上述的主张，却未出口头和文字的宣传范围。从北政府时代直到定都南京的国民政府，治理边务工作，紧弛虽有不同，可是治边政策的实质，都是本着传统的、狭义的消极政策，目的只求边民不叛乱，保持边疆的安宁，就算极尽治边之能事了。所以北政府时的蒙藏院和南京的蒙藏委员会，它们的主要工作，不过羁縻王公喇嘛，比较进步的办法，也不过羁縻之中带控制，充其量，聊以教育方法，希望加速他们的同化而已。边民问题未见多大进展，这不是理所当然吗？至于西南诸种族，更少注意哩！

假若中国还在孤处东亚闭关自守的时代，汉族是唯一强大和进步的种族，没有更强大更进步的民族在我们边疆诸种族的外面窥伺着，边疆诸种族没有被他人挑拨鼓动的机会，那末传统的治边政策，或许还能苟存于一时。可是现在边疆四面，强邻逼处，因缘利用，巧肆构煽。而适逢此时，根据中山先生的民族政策，对外和日本帝国主义者作殊死战，以求解放，那末对内应当怎样扶持弱小诸种族，共同奋斗呢？

抗战以来，局势既异，绝不能再因袭以往之成规，宜一变从前消极的态度，谋积极的团结。亟应灌输科学教育，培植新兴人才，助长发展，使西南诸族迎头赶上水准，作跃飞的进步，这样，边圉将固若金汤，还怕野心国家的挑拨分化吗？

至于具体方法，应当从刷新政治制度入手。中央或可设一管理西南诸族的机关，罗致西南诸族英才，参加主持，使得和边民的利害关系加紧密接。（近见报载云南省政府已令准民厅通饬边县，各选所属夷民三十人，送省受训，将来分发回籍，担任干部，训练民众。还有四川王主席为改进西南诸族生活，特电中央贡献意见。）川滇当局的迫切注视，实是很好现象。不过或有人以为目前抗战正殷，于此何暇顾及？那晓得当前国难之重，从古所未有过，中央政府当确立种种政策，团结全国诸种族合力对外，才是道理。况全面抗战，战区扩大，西南和西北事实上确已是复兴国家的根据地。讲到西南，种族不一，情形实有相当复杂，中央政府应当怎样急起直追，致力设施呢？爰草刍议，以质读者。

对于西南诸种族应有的设施，不外内政、外交、经济、国防荦荦诸大端，请分论于后，并一一条举，以清眉目。

第一，内政和外交

关于内政者：

甲、研究和调查办法

（一）由中央特设一研究机关，并在西南各省设立分所，广集明了西南诸种族之人才、各种专家，切实调查，缜密研究。例如政治怎样改革，经济怎样发展，教育怎样推行，兵役怎样征发，等等，都得依据研究和调查结果，寻求设施。并且考察物产、矿藏，等等，同时还得注意天时地利究应怎样利用，详细计划，分别情形，由中央和地方政府尽量实施。

（二）西南诸族固有的文字、经典、符箓、书录等，也应当设法调查，并从事搜集，以供研究。

乙、教育办法

（一）厉行教育，并按照情形，于学制规定之外，采用一种单行的特别教育制度，使能适合需要。

（二）目前西南各省大学如林，不妨筹立专系，或斟酌情形，开设有关西南诸族的课程，使有志青年习其语言，谙其政教，业成后派往服务，担任领导之责。

（三）用渐进和缓方法，纠正淫俗，革除淫祀、淫会，导西南诸族的同胞以正当娱乐。

丙、治理办法

（一）在中央特设西南诸族管理机关，或在蒙藏委员会增设西南诸族事务处，积极推动教、养、卫等事务。

（二）用渐进和缓方法，彻底肃清豪劣巫蛊，解除西南诸族同胞的痛苦。

丁、开发办法

（一）由中央组织西南国产运销公司，开发经济，改善西南诸族社会。

（二）特别奖励国人投资开发西南。对于国人私自组织的考察研究等社团，可由中央查明情形，酌予补助，并给以便利和保障。

关于外交者：

（一）严饬边吏查报外人传教、游历、经商、居住……种种实况，按月呈由省府汇呈中央政府，编辑书报，颁示国人，使得国人都能了然于边防情形，并预为适当的有效措置，防制一切危机。

（二）注意土司头目对于外人的种种交往。

第二，经济和国防

关于经济者：

（一）由国家银行，或另设一边民拓殖银行，利用他们的勤劳，贷与低息资金，发展生产，并组织生产消费种种合作事业，以杜垄断盘剥。

（二）保护森林，奖励种植。

（三）关于农作方法和农具的应用，须整个改善，增进工作效率。

（四）按照土地生产效率，厘定赋税，如赋额增加，就可移充开辟经费。

（五）提倡分工办法，改良纺织和其他一切生产工具。

（六）颁行治路法令，利用民众之力整理路政，并提倡航空交通和电政事业。

（七）调协劳资双方利益，并用累进方法科征地主林税（自种者免税），作荒年备赈之用。

（八）从大规模的组织，发展矿务、畜牧诸业，建立新的基础。

关于国防者：

（一）调查沿边关防要寨形势，预为适当的设备。

（二）参酌征兵制度，训练民团，各委军事长官专责训练。

上面所举的虽是一个纲要，似乎也有几点值得注意：不用变动现行的政治区分，即可达到中山先生对国内弱小各种族的理想，这是第一；一切设施，由中央统筹兼顾，可免除分裂之虞，这是第二；西南边地政治、经济、文化等逐渐推进，边地人才渐多，经济渐裕，可作国防人与物的就地准备，且可补助中央，这是第三；吸收西南诸族优秀人才，使有为之士不致彷徨无所,受外人利用,这是第四;一般边地民众有了光明生路,边地前进青年也有致力之所,自易整理,这是第五。作者不揣冒昧,匆匆写此,挂一漏万,当不免浅陋之讥。不过这个问题的重要性,一般人都已公认,本篇之作,目的在引起同志们讨论,促请政府垂注,热血至诚,希望抛砖得玉。

(《益世报·边疆》第 15 期,1939 年 3 月 27 日,第 4 版)

西南寡小种族的传教问题

汝 灰（方豪）

最近有许多边疆问题的研究者对天主教、耶稣教在苗夷等族中的活动非常注意，有的竟持不赞成或反对态度。我们觉得要是这件事确成问题的话，这问题当然相当严重，不能等闲视之，更不能稍有忽略，所以很愿站在客观的立场上加以讨论，与关心边疆者商榷。

我们推究一般人对教会在寡小民族中工作的怀疑，不外起于下列六则原因：

（一）何以肯冒绝大危险和绝大困难去传教？

关于这一点，我们实不必疑虑。须知普通一个学术研究兴趣浓厚的人也能废寝忘食，视苦如饴，置生外于度外，"一瓢饮，一箪食，居陋巷"等，便是绝好写照。何况宗教家心目中视各色民族为兄弟，视造物为大父，视传教为救灵魂，为促使荡子回返父家，为导迷入正，又视传教为无上功德，为可博造物欢心，为爱造物之表示，身后可获上赏……这一切的一切，在非宗教徒看来近于迷信，但真正的宗教徒确有此种信条，亦为不可否认的事实。惟其如此，才有天主教初兴时，罗马教友三百年内被杀三百余万，老弱妇孺视死如归，毫无惧色。当时的死刑，如与猛兽搏斗、剥皮、钉十字架、牛马分尸、凌迟处死、铁床火炙等，远非所谓"蛮烟荒雨""瘴气湿毒"可比。即以中国论：罗明坚、利玛窦等初入中国与雍、乾、嘉、道禁教时外教士潜入内地之困难，均较现时在苗夷族中传教之困难为大，若说现时传教别有作用，则试问明末清初传教时有何作用？进而上之，元代欧洲各国，几尽为蒙古附庸，但当时柏郎嘉宾、罗柏鲁和德理等亦冒风霜雨雪，盗匪饥馑，跋山涉水而来，若谓今日强国教士传教于弱国为有作用，试问当时弱国教士传教于强国有何作用？况我本国教徒，亦尝闻有不畏险阻，不辞艰困，深入穷乡僻壤、荒山绝域而布教者，因教而罹难者所在多有。义和团一案，全国教徒死者五六万以上，谓外国教士有作用，试问本国教士、教徒有何作用？吾国人以前视边疆为畏途，裹足不前，因此见教会人士接踵前往，遂不免因惊奇而生疑虑，猜忌百出，误会遂生。我们以为学者对此种宗教精神只应钦佩，只应法效，只应自愧自励，如认某某一二传教人员或伪装传教人员确有可疑处，更应深切注意，密为监视或与之接近探询，不能道听途说，冒昧从事也。

（二）何以传教者多外国人员？

关于这一点，我们当知各国传教史都经过外人传教这一阶段。最初时期，欧洲传教者尽属亚洲之犹太人，曾有一时期，欧洲一部分地方且为非洲人传教区。宗教本无国界，故传教人员之分配亦视环境需要而定。现时中国天、耶两教传教人员缺乏亦系事实，所以尚有赖于外国人员的补助，这与国家任用客卿，原则相同。边疆开教较迟，教务较不发达，故外国教士亦较多，并不足奇。但就本省天主教而言，现在昭通一区，已完全改为华士管理，边省得此，实非易事。滇南一带亦有设立中国主教之议，想在最近的将来即可实现。即法属安南、英属印度，亦各有本籍主教辖治本区教务，教会固不与政府同谋也。

（三）传教者何以偏重于云南之寡小种族？

对于这一点，我们认为应凭各种族人口的数字与信徒数字作比例来断定，决不能因身处特殊种族较多的地方发现特殊种族信教者较盛，遽下断语。我们承认有若干种族杂处的地方，信教者也是以寡小种族所占之数目为大，这有若干原因可以解释：

（甲）云南寡小种族多处山头乡间，乡村人宗教信心往往较城市人为深。这在世界各国都是如此，边疆更不必说。这是因为城市人多忙于逸乐或经营商贾，习道机会较少，现实主义、享乐主义的观念较浓。二因城市人迁徙无定者多，不如乡村之固定。三因城市人多傲慢，不如乡民之朴素谦厚，易于劝导。这几个原因，都可用为解释若干处信教人何以在寡小民族内所占之数为大的原因。

（乙）外国教士往往为好奇心所吸引，以传教为主要目的，以研究人种为副目的，故亦有特别爱好在西南寡小种族中传教者，此亦人情之常。我们来自同国异省者，对西南诸种族的服装、言语、风俗、居处，当感觉新鲜，更何况外国教士？

（丙）汉人往往有欺凌寡小种族者，此寡小种族因不谙汉文，故转而托之教会中人。教会中人或代约排解，或代写书信契约，或代为解释文字，或代向各方说项，目的当然想借此传教，诸寡小种族亦因此由爱教会人而爱教会，而信教。我们不必讳言，因悟彻教理而始信教者，那只限于有学识、有时间研究的人们，其余一般人生于自然，习于物质，对于超自然而属于精神的理论，岂能一蹴而至，所以常有经过物质利益而始倾向精神利益的。这无异国家要唤起民众爱国情绪时亦常以物质条件为手段，非此即无以达其目的。

（四）外国教士之研究工作

外国教士在西南各族中传教者，常有关于史地……的著作，这是最足引起外界怀疑的一点。我们认为研究的动机，若只出于学术上的爱好，或为便利传教，无可厚非，若出于外国政府或其他有关之学术团体的委托，就得不合。但外国人经商、游历、传教既为条件所许可，此事由政府出面注意，即不致有何影响。但有许多考察，仅为传教利便，如路径、里程、水道、山势、教区图籍等，但于国防无害，亦不能妄加疑忌。

（五）创 造 文 字

这也是国人最反对的一点，认为文化侵略。但其实耶稣教有苗文、栗粟文等《圣经》，天主教有夷文《经言问答》等，对于保存和传播各种族原有文字，尽力颇大。至若有些地方教士用拉丁化字讲经说教，我们在原则上也反对。不过在国内既尚有汉语拉丁化问题在争论，前几年并有俗字、简字运动，都说明汉字确有其困难处和应有改良处，至少一般人有这样的希望。那么我们何必对教士因谋传教利便，想代以较易文字而多加责难？边疆各种族的原有文字将来能否存在，确成问题，改良汉字汉文，和向边疆推进教育，推广国语运动，实为目前当务之急。

（六）传教方式之不合

到滇以来，常听说某某教教士，因云南各种族有敬拜孔明之习，便捏造耶稣是孔明的兄弟，以为引诱。《云南边地问题研究》上册《英帝国主义之种种侵略·丙·文化侵略》，和本刊第九期顾颉刚先生《中华民族是一个》文中均有此说。作者曾向各方询查，此说在天主教中尚无传述。但不论那一教，这种不光明的手段是应当彻底消除的，这不特有损教会尊严，暗地里或恐不免有某种作用，不然，何必如此卑鄙？或者是教会雇佣人员想借此传教，又想借传教进展之快速来获取教会的信用。我们以为只要有人能指出地点、姓氏向各省城高级教会机关报告，必能加以取缔，因为这种不道德行为决不是各教会所能容忍的。

最后，我们对政府和教会亦各有忠告数点：

1. 外国教士应洁身自好，避免与本国政府人员、游历家、考察团、军人……往来，即招待向导，亦应谢绝。

2. 外国教士写教务报告或传教历史时应谨慎落笔；发表学术作品，尤不可有意无意的泄露所在地有关军事或政治的秘密。

3. 本国教士应竭力振兴教会，力筹自理办法，从速实现完全华人传教。

4. 政府既规定信教自由，应竭力奖励本国人统治之教区，在教产及其他问题上不应以外国教会看待，加以限制，使经费无着，转而谋诸国外。

5. 政府及学术机关应迅速对边疆各项问题加以详细调查,统筹办法。不然空谈开发,不明底蕴,应注意者不注意,不应注意者加以注意,同属不合,同为建国前途的障碍。

(《益世报·边疆》第 15、16 期,1939 年 3 月 27 日、4 月 3 日,第 4 版)

湘西南的苗瑶和屯政

杨力行

一、序　　言

以前为着讨论湘西苗瑶的问题,曾给陈序经教授一函,现在把这封信的全文抄下,另外附上几句话,作为这篇文章的序言。原函是这样说:

序经先生院长:

顷在《新动向》第二期上,拜读大作《研究西南文化的需要》一文,语重心长,慧眼独具。我觉得凡是读了此文的国人,或关心东方文化的外国人士,都会感到研究西南文化是怎样迫切需要的工作。以先生的才识和地位,来就近研究这个问题,将来的成就是可以预期的。惟是文中有"其实八十年前,湖南还常有苗患……然湖南苗民,在今日已不容易找出来"一语,我认为不大妥当。我是湖南人,我在湘西苗民集中之地的乾城等县(苗民几占全人口之半)服务很久,对于湘西苗民问题,也曾加以注意。以平时旅行苗疆时调查所得,和翻检各种有关典籍,如《屯政考》及各家笔记等类,知道他们不仅不曾被淘汰、消灭,并且一天一天地在繁荣滋长着。他们的文化思想和政治意识并不低于汉人,只是为了时代所迫而潜居穷山僻岭之中,生计艰难,无从发扬起来罢了。湘西苗民文物,有许多是很宝贵的(其他黔、桂、川、滇的苗胞自也不能例外)。二十六年八月,立法委员何遂氏来湘时,我们曾经征集了很多的苗民文物,呈送湘省府转给他带到南京展览,其后因为抗战军事的紧张,接着南京的沦陷,或许没有开成吧!

去年轰动一时的乾城"九·九"之变,苗兵二千余,由凤凰苗子龙云飞[原隶新编三十四师陈渠珍麾下,说已改编为正式军队一旅,分驻湘西各县,仍由龙氏任旅长,受省府沅陵行署(现已于二十七年十二月一日起改组为湘西绥靖公署,移驻乾城)主任陈渠珍指挥]统率之下,攻占了乾城,接着麻阳、凤凰、永绥、保靖等有屯县份,都紧张起来,声势浩大,不可收拾。那时我正在乾城第三区行政督察专员公署服务,虽然有许多同事是牺牲了,但我还是苟存着。被俘之后,在五天的囚期内,曾和许多苗兵首领及士兵等交谈。由于他们的诚实和坦白的态度,使我对于他们的举动,虽觉其鲁莽,然而也自有他们的苦衷,不得不铤而走险地来表示一下,以促起政府及国内人士的注意!更使大家知道湘西苗民是不可侮的[我曾写有《湘西屯苗问题》一稿,约五十万言,不幸在此次变乱中被毁,不久仍拟再行广集资料,重写出来。自被释出之后,又应前湘省府主席何芸樵(键)氏之请,与长沙《力报》之约,写有《记乾城事变》一文,约三万余字,连继刊载于九、十两月之长沙《力报》,迨张文白(治中)主席主政后,亟谋解决此问题,以安定后方。同时,派员考察湘南瑶民,我在各苗籍代表奉召来省集议之际,又写有《治理湘西屯苗意见》一文贡于张氏,并刊登于本年二月之湖南《商报》]。此外在湖南之武冈、城步、宜章(二十一年我在城步,二十二年在宜章,均任实际政治工作甚久),新宁等县亦有所谓瑶民(即《明史》中的所谓峒苗)也不在少数,惟不及湘西苗民之多,势力亦不及苗民之大耳。由此可知苗瑶之在湖南,与先生所见者,实大相反也。同时《新动向》第二期全民社通讯《战时湘省政治之改革》一文中,最后一段内也有"苗民首领吴恒良氏曾来省表示,愿为抗敌救亡努力"之语。是又可佐证湘西苗民之多,与势力之厚也。否则那来如许多的首领呢? 这里我还可以告诉先生,现任湘省府委员兼湘西绥靖主任陈玉鳌(渠珍,凤凰人)氏,和现任湘省府设计委员石爱三(宏规,永绥人,前乾城专署秘书,与我同事很久,相处亦最相得),也都是纯粹的苗子血统,不过他们父而子、子而孙的相袭下来,汉化已久,而成为熟苗了。要是不知道他们的历史的话,无论何人都不会知道他们是苗族的后裔。他们——陈、石、龙、吴恒良、双景五(现任湘南城步县县长)以及许多的苗民朋友,和苗民同胞的态度,又是那样的严肃而和蔼,谈吐又是那样的有条不紊,并且对于学养,也有相当的根基,尤其是陈、石二氏,造诣更深。

  并以奉闻,谨此即颂

著安,并祈明教!

  这是去年七月二十二日,笔者写给昆明国立西南联合大学法学院院长,兼南开大学经济研究所研究主任陈序经先生的一封信,迄今未蒙复示。虽然去年九月初间,陈先生来到了贵阳,七日辱蒙函召,于下午四时至六时,或晚间八时至九时,前往飞山街公字八三号晤谈,可是不凑巧的很,当时笔者恰好没有在贵阳,直到十月中旬返筑后才谈到。当时拟即刻前往拜会,但又以他故匆匆离筑。如此,半年多以来,行止不定,一直到现在才有机会在筑垣作较长时间的逗留。

  本来与所谓名流学人晤谈,是笔者生平最欣快的事,但是此次是错掉了机会!衷心至为怏怏不快。兹抽暇将湘西南苗瑶同胞的生活情况,和近年来湘省当局对于苗瑶,尤其是苗民政治的设施(以屯务问题为主),来作一简明的说明(其详当俟诸异日)。以期在抗战建国的今日,国人可以认识这构成中华民族的细胞之一的苗瑶同胞,也是不可忽略的!并敬以请教于陈序经教授。

  又据本年二月三日重庆《大公报》载称"湘西向为特种部族区域,近以难民麇集,数达两万以上。第八救济区为推进难民与苗瑶各民族,研究共图生存、共谋生产工作起见,特组织'特种部族考察团',已由沅陵出发,以求难民与苗瑶之精神融洽与合作"云云。这是很可注意的,笔者谨在此馨祝该团的工作顺利和成功。

二、湘 西 苗 民

苗区人口、种类

湘西苗疆有一道边墙,据年老的苗人说,系明朝万历年间建筑的,如今旧址犹存。其南端起自凤凰县西七十里的亭子关,东北绕浪西江,至盛华哨(凤凰县西三十里)经长坪(凤凰十二、十三里)转北过牛岩、芦塘,越高楼哨(凤凰县北四十七里)、得胜营(凤凰县北四十五里),再北至木林湾,绕乾城县之镇溪(别名所里,在乾城东北十里,为县属商业中心,水陆交通都很便利,湘川公路亦由此经过),又西北至良章营(乾城北三十五里)、喜鹊营(乾城北五十五里,与永顺接界)止。在边墙以外的,完全是生苗,如今还保留着凶悍的原始野性,和汉人有很深的隔阂,政府非施以管、教、养、卫的政治教育工作(最好以苗疆知识青年,如湘西特区师资训练和屯中学生都可胜任,施以训练,后派经实地宣化),不容易使其归化。边墙以内,间有民村错居,供赋当差,和内地人民无甚差异,同时也很相与,这便是熟苗。

苗的种类,尚有所谓红苗、青苗(黑苗)、土苗(花苗、白苗)之分。如永绥便统为六里红苗,而县之西南黄瓜寨一带,和县之南鸦西、栗林各寨,则土民亦指为青苗。至县北以东坪、茶洞、腊耳堡和保靖、秀山(川属)接界等处,又黑苗而兼土苗也。红苗寨多人繁,为诸苗所畏。但是黑苗性较强悍,足可与抗,平分春色。至所谓"仡佬"者,比较其他苗民要来得进化多了。现在大部分居于乾城、凤凰、保靖、永绥、麻阳、古丈、泸溪,各有屯县份。总面积为 416 340 市方里,苗疆便占了一半;人口总数有 711 856 人,苗民也要占三分之一强。七县之中苗民最多而又最凶悍者,首推永绥、凤凰(乾城"九·九事变"的三千苗兵,都是绥、凤苗民子弟),次为乾城、保靖,再次为麻阳。至泸溪、古丈二县,为数较少。此外永顺、龙山、桑植、石门、大庸和沅陵等县,也有苗民杂居,但为数却更其鲜少了。

姓氏:吴、龙、石、麻、廖

苗民中的姓氏,本来只有吴、龙、石、麻、廖五姓,其他的所谓杨、施、彭、张、洪诸姓,完全是外民人赘,习苗俗既久,便无形中成为族类。仡佬则以张姓为最多,符姓次之,其他覃、杨、谢、刘各姓,都是零落杂居。相传宋时有江西章姓兄弟二人出为屯长,于是便在苗疆落业下来,子孙繁衍,兄系为大章,弟系为小章,后来不知怎的改章为张,由大小章分支而出，散居在保靖、永绥和永顺（少□）之间的平扒、了家、茶洞、老旺寨、尖岩等处为多。据一般的推测，大约是章氏弟兄赘入苗疆以后，后裔沿袭土习苗俗，在土村为土民，在苗寨为苗人。而张姓都是大小章的苗裔，毫无疑义，观于至今庆吊仍旧相通无间等，更可了然。

生活：住、衣、饮食

苗民在湘西本来大半都是住在山峒里，所以又有峒苗之称（《明史》中称峒苗为一瑶，实则瑶也就是苗的一种）。后来模仿汉人起居，于是渐渐地依山靠岭，结起茅屋草庐来。一直到如今，不但也有了瓦屋，但很小，构造也奇异，每屋三五间，每间五六柱。并且还有崇垣大厦，碉楼高耸，俨然巨室。这不过是极少数、百无一二的富有者的住处。贫穷者还是一样的住茅舍草屋，既不要窗牖，又不需墙垣，仅仅绕以茅茨，风吹雨打，可以想见其简陋。檐门也很低小，出入必须俯首折腰。黑暗的茅屋内，空气阻塞，阳光也不容易透进去，室里没有神龛的设置，仅于上中设一个大榻，和北方人的炕差不多，高可二三尺、四五尺不等，长宽则无一定，中设火炉，炊爨都坐卧在这塌上，这便是所谓火床。据闻火床上的中柱下，即为他们的祖先神祇所在地，忌客人坐卧。否则，他们便会不客气的给你一个难看的脸色，瞧不起你，甚至还要骂你。还有许多苗家屋子里没有间壁，有间壁的也差不多翁姑、子妇、兄弟、妯娌杂处不避，但是夫妇的关系到底密切些，并且富有神秘性似的，却是同衾共枕。女儿长大了，要是还没有出嫁的话，则另外设一个小床于榻右，要是客人到他们家里去借宿的话，可以听凭你杂处，决不会怪你，更不会拒绝。猪、羊、鸡、鹅、鸭等家畜都关在榻下，牛马则拴在榻上，不嫌污秽。要是汉人初走进去，真要作呕三日，但是他们处之泰然。这一方面是不知卫生的习惯，同时，也是为了便于照顾，以免被人偷窃。居住有如游牧，大多没有固定的住处，如果死了人的话，即行迁移，另觅住处。

在夏日炎炎之下，男女浴于溪流中，彼此各自泅泳，打水嬉戏，两性之间似乎没有什么神秘的隔阂。苗民男女老幼都喜欢游泳，并且有很坚实强健的体格，这更足以证明苗民是极能吃苦耐劳的。

妇人遇见了客人，没有什么羞涩的妞妮态度。至于少女，那更是没有丝毫避忌,天真活泼的姿态和健美的体格殊令人可爱,尚存留着原始时代的风格。

苗民无论老幼男女,都喜欢缠上青、白和花帕头巾,一年四季都很少有取去的时候。男人戴银钏、颈环、项圈,短衣跣足,青蓝衫裤,束腰带,留胡须,也很多蓄头发的。衣服都是布料,用棉花自纺自织,间或有用土绢的,但为数甚少。至于舶来品,那是从来没有见过。笔者在乾城事变中,看见许多苗兵苗妇的掳获,除金银首饰外,只要布料布衣,至于绸缎等软料之类,都摈弃不要。还记得有一个苗兵,他搜了专员公署各职员的杭绸衣裤等,在清点时都抛弃了,笔者的一件新制的杭绸长衫,也蒙他原件奉还了(当时放在飞山庙,后为旁人冒名取去)。要是看见花花绿绿的标布和印花大布等,真会如获至宝一样的高兴。妇女衣服较男子长些,斜领直上,有钱的钮扣也都用银制,和□季妇女衣服有些相似。衣裤裙鞋的周缘,刺绣花草,深合图案,红绿辉映,鲜艳可观。但都不穿里衣,班布褶子裙,很普遍的穿着,虽在长途跋涉之中和工作的时候,都很少脱下,天生赤跣,和男子差不多。最喜欢戴上银制的首饰,如颈环、项圈、手钏、耳环、戒指之类。贫富之别,只要看他们所戴首饰的多少,一目了然。富妇重叠佩戴,重至数十两,并不觉得累赘。辫发盘头,外裹大帕。没有出嫁的女子,额发中分,这表示她们和已嫁妇人有分别的意思。

饮食也很别致,日常两餐,春夏因为是栽种和收获之季,所以用三餐。这和汉人农村中的习俗差不多,不过汉人农村中在栽种收获之季,每日除用三餐极为丰富的酒食外,上下午还要加用两顿稀饭。这虽是苗民所没有的,但是很足以看出他们的忍饥耐劳的精神来,又为汉人所不及。他们的食料多半是包谷、荞麦、番薯、豆类等杂粮。米除富户外,很少自吃,省出来背到市上去卖。饮料是生冷的溪水,因为身体强健,很少因吃生冷的水而发生什么病症。有客到来,便煮姜汤或胡椒汤以示敬。如遇大宾,那便宰牛羊、杀猪鸡以款待,每块大至二三两,这似乎还存留着章氏兄弟带来的江西风味。他们不知道调和五味,除油盐以外,再也没有其他的什么味道了。要是汉人吃起来,真会难以下咽,可是他们却会狼吞虎咽,酣饮大嚼,似乎饶有很深长的味道。"食物不需美味,但求果腹"的古训,是他们始终奉行不渝的"饮和食德"。

所谓仡佬的生活也很简单,他们以鱼和盐为唯一的珍味上品,每次肩挑或背上土物土产上市的时候,必定要斟换(以货易货)或购买几斤,至少也要弄到一斤或半斤回去。谷烧酒、高粱酒、甜酒和番薯酒都酿得很好。如有客人来,必取鸡,用木棒对客打鸡头数下,以示敬。鱼也是一样地如法炮制。住宅,普通都是茅庐草舍,但比较富厚之家,却也间有用瓦砖砌成的房屋,可是规模很狭隘简陋。猪牢、牛栏、马槽、鸡笼和狗窠等也都在一处。火床,也是供全家男女老幼共坐同眠的。这些都和苗民差不多。

仡佬的村寨,地势较高,气候也比较要寒冷些,和永绥相似。秋冬之间,雾气整日夜弥漫着全宇寅,咫尺莫辨,伸手不见掌,要到正午时候,才会看到一会儿太阳之昏黄微弱的光。男女老幼都很能忍热耐寒,在六月炎天的天气里,挑背着很重大的重物,奔驰于险峻的山岩之中,和崎岖的道途上,虽然汗流浃背,还是脚不停步地向前奔驰,日行一二百里,并不觉得吃苦,也是习以为常的事。至于到了隆冬严寒的天气,也仅只穿着单衣薄袷,很自然地行走于风雪之中。若无寒风冷气之袭击者,然绝无妞妮畏缩之态,女人穿花褶子裙,不着下衣。普通都知道刺锈,花纹大多粗糙,但也有很细致的,和苗妇不相上下。

苗夷大多吸鸦片,但身体却并不因此而致过于瘦弱,这也是他们体格壮健,即以鸦片之毒也不能袭弱他们的明证。

性情:游击战术、技击、医药

苗民的性情,自古即以犷悍刚直著闻于世,所以很容易发生轻生好斗的不良而又不幸的事件。彼此之间,只要稍许有点嫌怨,便就聚众纠党,实行大械斗,不闹一出大流血全武行的惨剧,决不休止,就是官府也奈何他们不得。他们的战略和战术,最好奇袭,声东击西,化整为零,化零为整,神出鬼没,莫测高深。械斗如此,战争亦然,历代西南各省的苗乱,及二十六年轰动一时的乾城"九·九"之变,便是这样来的(详拙著《纪乾城变乱》)。如今称著一时的八路军和其他满布各战场抗日军队的游击战略,虽然是因八路军而著名,但不是八路军所创造,而乃是苗民所创造的。这种战略,如今已是处处予敌人以重创,粉碎了倭奴征服中国的迷梦和速战速决的谬想,我们决不可忘了苗民同胞们的贡献。陈渠珍氏在长沙青年会演讲时,曾这样说:"保卫大湖南、大湘西的工作,湘西潜在的武力,是很可以大大的发动一下,使敌人不敢在湘南立足。"同时,湘前任主席张文白氏也有同样的表示。是的,"若要中国亡,除非湘南人死尽"的这一句话的精神,正用得着来粉碎倭寇大陆政策的迷梦。甚愿当局立刻把他们组织起来,训练起来,培植这长久的、伟大的、坚固的湘西武力(省府令陈渠珍将湘西绥靖公署由沅陵移驻乾城,便是为此)。

他们用于械斗的奇袭战术和战略,有这几种名称:伏在菁莽之中的叫做"伏草",设计伏于要隘之中的叫做"妆塘",而妆塘又有所谓"头塘""二塘""三塘"之说。遣派一人登高以窥望敌情的叫做"登高"。等候那一寨的人(敌方)过尽了,即一跃而起,大肆劫掠,或一人或二三人,反缚被俘者的手,驱之入寨,如有不从,便白刃相加,即绝无关系者也常常不幸而被波及,这叫做"捉黑抵白"。到了村寨以后,以丁字形的短棍,在一端穿一个孔,把俘虏枷起来,这叫做"碓枷"。被枷的人必待对方拿多量的财物来赎取,方得释放。要是使者排解不得宜的话,这种仇恨会循环着没有休止的时候。如果是强弱悬殊的话,弱者必定植树作标志,表累世不忘,以图报复,所以俗谚有所谓"毋苗仇,世不休"。到双方势均力敌的时候,便大大的酿酒樵牛,邀集亲党,实行大规模的斗殴,这叫做"打冤家"。亲朋族党闻讯,即在数百里以外,也要兼程奔至,经主盟者详告以起事的原因,痛饮后,便慨然捐躯,这叫做"帮兵"。等到双方可望临阵以待的时候,起先是放火枪,男人持枪在前不住的放,女人跟在后面,做着接枪注药的工作,这便是号令,意在准备肉搏冲锋。放过以后,大家各舞杆枪(梭标之类),猛烈的向前冲进。如果这一着不能胜敌,便拔短刀相搏。如果又不胜,便以匕首扭袍相拼,非到胜利的阶段,决不会罢休!这样以来,如果双方都是劲敌,即可以想见当时死亡之惨状。官府对之绝对不可以武力胁迫停战,只能婉转解劝,才能休散,否则,两方反而携起手来,以全力来对付官厅,真要惹起天大的祸来。战死的立刻掩埋,隐瞒着不肯告官,就是官厅知道了派人往验,也绝找不出头绪来。双方结束战争以后,计尸相抵,除一命抵一命外,有多尸的便算是人命,要强索对方的牛马财物来抵偿,对方虽不愿意,但也并不坚持,所以暂时没有再度起衅的情事,这样叫做"倒骨价"。所索之价,乃视凶手的贫富以定等差,富户自三百三十两起至五十五两止,贫者自四十四两起减至二十二两止。如果无银可偿的话,就是老牛瘦马、破衣旧物等也可以拿去抵算,直至计算足额而止。由此很可以看出苗人重财物轻性命的奇特性格来。两方主盟的人叫做"背箭",和解的人叫做"牙郎",又名"行人"。

在苗疆作官的人,如果不依苗俗作事,他们便会乘你不备,出以奇袭的方式,请你抵偿。要是你妄杀他一人,就是增添了一层仇恨,死者的子孙虽然暂时寻不到你的抵偿,但是他们会以忍辱负重的心情,植树于死者的墓旁,以记其恨,一旦有机可乘,便纠众报复。这样滋蔓下来,或至累世不休。

因为苗民极端勇敢尚武的原故,所以对于技击特别注重,这也是他们自卫的一种手段。凡是富厚的人家,对于国术(即技击)必定要延请专师至家,以授其子弟,贫穷之家虽不能自家专请一个教师,但他们却会联合数家集合起资金来请一个教师。他们的武术便是拳术、刀棍、梭标、挡钯、钢叉、铁铜等项,一件一件的精练熟习。到了农暇时候,便拿鸟枪到山谷中去猎取禽兽,射击的手段非常精确,真有百发百中的神奇(如今苗人中也有很多现代式的步枪、盒子炮、手枪、轻机关枪等,瞄准也是十分准确的。忆乾城变乱时,笔者亲见一苗妇,两手各持盒子炮对放,瞄准极确,后麻老韦告我,方知彼为首先入城进攻专员公署的先锋),并且能够骑在无鞍的怒马上,奔驰于崇山峻岭危岩陡壁之间,所以体格异常健壮,毅力也很大,平常的人是比不过的(男人背负一二百斤,越山跨险,疾行如飞,女人赤足天成,负重任劳,也不在男子之下。生产在苗民女子中并不是一件苦痛的事,常常因为勤劳动作的原故,在山林里、田野中就产生了婴儿下来。婴儿产下之后,把自己身上穿的衣服解下来包裹好,放在背筐里背回家去,仍旧操作如故,并不感觉痛苦。而且她们还不避忌喝生冷的水,她们认为产后喝了冷水,可使污血迅速消除),女人身体的强健尚且如此,男人更不必说了。

苗民虽不知道卫生的道理,可是医药还是有的。患病的人,常请巫师祈祷,画符水以驱除鬼怪,虽然迷信不经,但也有时奏效。间或也有用药疗病,药材都是采自山中的草,名称奇异,在汉人医书中有时会找不出来。此种草药或吞或敷,奏效奇捷。往往在枪伤刀斫和跌打损伤的时候,虽然痛不可支,但一经化水吞服,或以草药吞敷,血痛立止,肿胀也消除,不多时便好了,本非科学所能解释,然而却也有事实可言,并非毫无效验。但笔者总认为苗民同胞死亡率的加大,其最大之症结便在此,今后改善尚有待于政府的努力。

歌谣

世界人类唯一爱好歌谣的,恐怕要首推苗民了。他们有一位歌神,名为刘三妹,奉之极为诚虔。陆次云之《峒溪纤志》有一段神话,云:

> 刘三妹为苗俗所祀之善歌者,不知何时人。游戏得道,通晓诸溪峒方言,皆依声就韵,作歌与之,以为谐婚跳月之辞。后人奉以为式,蛮夷之善歌此。相传同时有白鹤秀才与三妹在粤西七星岩绝顶相酬唱(按,七星岩在桂林城东二里许,所谓粤西,谅系指此而言),听者数千人,已而,两人皆化为石,诸苗等遂礼刘于涧中。

又《浔州府志》云:

> 刘三妹系汉刘晨之裔,父尚义,以唐庄宗时流寓浔州。三妹貌美如天仙,聪慧而善歌,通蛮语,闻风而来者,迭为唱和,或一日或二日,即罄腹结舌而返。有秀才张伟望者,慕而访焉,与歌唱三日夜不倦,乃相率登山巅,连唱七日,声出金石。久之,不见下山,村人登山视之,则皆化为石矣。

这两段话的内容,是很相似的,惟所谈不经,我们只可以神话视之。刘三妹或许有其人,她和张秀才歌唱三日,或者从此互相倾慕,携手而逃,乡人不知,便以为登山化石。《浔州府志》谓:"三妹已许人,化石后,其未婚夫往视,亦化为石。"大概是她的未婚夫追之不获,以致失踪吧。这和梁山伯同祝英台殉节后,祝之未婚夫马郎亦失踪,三人都变成了鸳鸯鸟等汉人神话,是一样的荒诞不经。

如今柳州的立鱼峰、雒容的高岩、庆远的山北等处，还祀有三妹的□□，土人呼为刘三姐。又《宜山县志》（宜山，柳州110公里）称三妹为三妠，谓是庆远僮人，因登崖高□，失足落水，流至梧州云云，姑并志之。

此外，在广西贵县附近的西山，有一首流传民间的歌词云："刘三妹，秀才郎，望见大茶江水茫，江水茫茫过不得，浸湿几多伶俐郎。"这里笔者还要补充说明的是：刘三妹和张秀才应该是一对情投意合的歌神配偶，然而苗民只虔奉女歌神刘三妹，直到如今而不歇，而那位男歌神白鹤秀才，猜想一定也是一个风流倜傥的人物，但是却给苗民遗忘了。这样他和深入汉人民间的梁祝故事，以及八仙中的吕洞宾与何仙姑的艳史，是相差太远了。

苗民因为好歌的原故，所以在苗区中流行的歌谣不可胜数，词旨悱恻者，也有其不可没灭的价值。据说苗民好歌的原因，不外是：（一）善于唱歌的人，很容易博得一般人的垂青，尤其是容易博得妇女们的欢心，并且可以借以为媒介，进而达到恋爱的境地，更进而达到最美满的婚姻目的。（二）苗民凡是在集会婚娶、宴饮和集体工作的场合里，都喜欢以竞赛的方式来唱歌，并且由此以判断胜负的荣辱，使千百人在大庭广众中，集中视线于歌战的胜负。所以他们和她们在唱歌的时候，不仅以娱乐为目的，而且深深地含有一种剧烈的战斗性质。（三）苗民最富于虚荣心，从唱歌这件事就可以看得出来，因为很会唱歌的人，便能博得全苗区一般民众的尊誉和敬爱。（四）苗民生活大多数是贫苦的，居地荒凉，工作繁多，若不以唱歌来宣泄心情中的忧郁，那就绝没有怡情悦性之可能的余地了。（五）湘西苗民没有文字，歌词便是他们传播文化的唯一捷径，缕述先哲史事的无上法门，一切神话、历史、社会形态和男女相悦之情等，这些歌词差不多都把它们包括尽了（自然道巫经典也是传述诵念的一种）。所以苗民眼光中的歌谣，可以和汉人历代的宗谱、史乘、典章等，具有同样的价值。

因此，苗民中无论男女老幼，都认唱歌为其人生观的切要问题。因为人如不能唱歌，那是一生最大的缺陷，不仅在社会上枯寂寡欢，落落不与人合，而且从此便断送了恋爱求偶的可能性，此外，又不能通古博今，求得智识上的慰藉。他一生的乐趣，便无形中永远断送了，成为一个蠢愚如猪的顽民。如此相沿成风,把唱歌看得非常重要,所以他们每次逢到了大集会的时候,各个苗寨事先都在寨内遴选聪明强记、喉音嘹亮、善于歌唱的人,鏐金为学费,使往某地某寨从某善歌者学习歌唱。被选者自然兴高采烈,不远千里而赴之,以求为本寨博取荣誉(此举在西南各省的苗山中更为普遍,容俟另述之)。学成以后,便归回本寨而将自己之所得教授同寨的男女,日夜练习歌唱,很少间断。教者诚心诚意,学者心领神会,抑扬顿挫,很合节拍。一到会期,大家都来竞赛,或个人或团体,各择对手,以绝雄雌,阵容森严,双方都有"背城借一"的威势。时而男对女,时而女对男,又时男对男,女对女,轮流赛唱,异常激烈。各方的领队者,便是那个善唱而又教人歌唱的人。竞赛到几天几夜之后,方能决定胜负。胜利者不消说是大家所注意的人物,自有许多同寨的人将他抬举起来,高歌奏凯,爆竹声和欢呼声相应,其喜悦之情,较之我们球类比赛的胜利者,有过之而无不及。

至于个人方面,平常自由选择意中人,缠绵悱恻的对歌,互相爱慕的竞唱情事,那是桑间濮上极为普遍常见的事。这也就是男女之间由恋爱而至结婚之过程中应有的阶段。

总而言之,苗民好歌,是因了环境的关系而至养成了历代相袭的天性。不仅在道巫经典中可以看出歌谣的性质,就是在事祝祖考、祭祀神祇、焚香礼拜肃穆严谨的时候,也常常有涉及男女风流情歌喁喁的艳事。此外,在平常市集的日子,和在田野山林中工作的当儿,当男女相遇于途之际,难免不发生歌战的事。如有时兴致浓厚,歌战剧烈,自朝至暮,彼此都拉开嗓子拼命地唱。或兀立不动,或手舞足蹈,甚至肚子饿了也不觉得,至于原来想要作的工作,自然也就撇在一边不理了。此等情形,即使家贫如洗、待米而炊者,亦所不免,非至歌唱完了之后,是不肯罢休的。

笔者在苗区中所搜集的苗歌很多,同时,也曾看到现任湘省府参议苗民石启贵兄也有湘西苗歌的编译刊行,前任湘省府统计室科员田三立先生也有苗歌专集的出版,可惜他们的译笔都犯生涩的毛病,词不达意,很难引起一般人的注意。这是出于对于苗歌没有深切的认识,和研究的工夫尚欠成熟的原故。石启贵兄虽然是一个苗民,可是其先世汉化已久,苗性的成分已是很少了,并且他对于歌词的兴趣不甚浓厚,缺乏修养,所以没有好的成果。笔者对于西南夷族问题的探索虽然很感兴趣,但是对于歌词的修养自问也很肤浅,自然也很容易犯着以上的毛病。兹将《贺结亲》的原音和汉译,以及其他几首汉译的短歌写在下面,借以窥见湘西苗民的思想及其生活之一般情形:

(甲)《贺结亲》之原音与汉译

散胆蕊纽部当出,底含底研囊后天! 哑嘴多蕊怕大见,二层多兰丢荞了。不挑奈胆作东出,襄见多丢九连宝。金花多蕊银花红,天成佳偶同到老。有缘沙多龙配凤,白虎青龙沙的搏。襄碑总当缸买封,补仙老豆发告老。

(原音)

良辰吉日结了婚,欢天喜地乐融融! 一贺娇妻如天仙,二庆嘉宾满座春。好比旭日东方涌,龙获至宝喜无穷! 金花银花交辉映,佳偶天成偕老终。有缘才得龙配凤,白虎必须合青龙。神仙下凡赐吉语,坐看他年受朝封。

(汉译)

(乙)汉译情歌十五首

(一)《负心》

上山采柴薪,形影两相亲。告妹衷肠话,谁知妹负心! 焚薪犹有炭,共枕岂无情! 去去匆留恋,从今是路人。

(二)《郎水妾舟》

江水流悠悠,扁舟水面浮。郎如比作水,妾愿比作舟。

(三)《甜心》

东村飞飞蝴蝶儿,西村摇摇新花枝。蝶儿贪花甜在口,□□□□□□□。

(四)《心花》

不是开花是落花,随风飘荡归无家。年年花开又花落,不见同心空见花。

(五)《叹天》

天呀天! 过了一年又一年。可恨三年逢两闰,为何不闰五更天?

(六)《约郎》

约郎约在三更天,不见郎来把门关。含恨来把灯光熄,泪如泉涌点点滴。

(七)《心焦》

太阳出来火样烧,背起篓子采猪草。汗流浃背衣尽湿,不见哥来我心焦。

(八)《月亮光光》

月儿出来亮光光,照着我郎傍墙行。院里狗子你莫叫,叫了郎去怎开交!

(九)《痛断肠》

路上行人我的郎,你且抬头把姣望。姣在山上树林里,望郎望得痛断肠!痛断肠!

(十)《夕阳》

夕阳落坡坡背黄,唱首山歌送夕阳。夕阳送往天边去,妹子还在看牛场。好看牛场,同哥分开各一方。

(十一)《恩义好》

凉风更动高坡界,水打砂子桥脚来。金鸡不爱蓬蓬草,凤凰于飞金龙台。因为情哥恩义好,恩义重重难分开。

(十二)《嫩娇娇》

情姐生得嫩娇娇,好似花儿初放苞。花儿放苞蝶来采,情姐娇娇郎心爱!

(十三)《阻挡》

天上星子颗颗亮,坐在窗前把郎望。狗叫千声都不是,难道路中有阻挡?

(十四)《到白首》

望见郎君笑溜溜,奴心有话难出口。若是情郎答奴意,奴愿偕郎到白头。

(十五)《不见郎亲》

太阳出来温汤汤,看牛看到大山上。满山满谷草青青,只见草上青,草上青。如何不见我情郎,我郎亲?

(丙) 汉译牧童歌三首

（一）

　　看牛苦，看牛难，看牛娃娃不值钱。清晨起来踏露水，半日回家吃早饭。打开锅盖不有菜，嚼颗辣子无油盐。忙忙溜溜吃几口，拿起镰刀又上山。

（二）

　　打往家里无钱洋，姐姐看猪我看羊。妈妈天天拧猪草，爸爸帮人少回乡。

（三）

　　叫我唱歌不耐烦，今年不比去年样。五黄六月少饭吃，十冬腊月少衣穿。

文字、言语

　　据史书所载，苗瑶无文字，而在现在他们所常用的仍是汉字，就是符箓经文亦大半是用汉字写的。在苗民中，不认识汉字的很是少数，只有生苗多半不识汉字。生苗除以鼠、牛、虎、马记作年月暗与历书合外，并结绳为契券，刻木为信号，以资递传，这便是因袭的太古遗风。

　　但如果从苗夷社会的里层加以探讨的话，他们从前确已发明一种应用文字。《云南旧志》有云："苗人惟东川、昭通、曲靖一带有之，其姓以陈、蔡、田、罗为多，书契数目字迹并六十甲子，皆如汉制。"又据锡蕃氏研究，云："前清末叶有西人斐亚传教于云南师宗一带地方，着有《苗文字曲》一书，其字迹和汉字古体差不多。"再就苗区中所谓木契、草契等类观之，其应用之广，和汉人使用契纸如出一辙。更以康、滇、黔的《舆地图志》加以研究，随处都可以看到"刻木为契"的记载。同时，云南夷民北胜土司高玉桂女士，在民国二十五、六年间畅游东南各省市时，所发表的言论和她的蟹行夷文签名，以及在二十七年九月九、十两日她在港汉《大公报》上发表的《抗战与西南》一文里，也有"以夷苗具有其单独之语言文字、风俗习惯"之语。又有义田君在《全民抗战》第三十七期上发表的《值得注意的苗夷问题》一文里，也说："我们单就云南一省来说，苗民诸族至少占全省人口十分之六七，而大部分都各有他们的言语文字、传说风习。至于散布在滇缅国道和澜沧江下游的摆夷，他们的人数各在千万左右，各有他们自己根深蒂固的语文和信仰。"

陈正祥君在《国是公论》第十二期《西南苗族与西南国防》一文里说："苗族中流行着一种苗文写法自左至右，横行如英文；但此等简陋的文字，又仅在特权阶级（按即土司流官之类）才能流通，平民方面只有苗语而已。"又《民族哲学大纲》作者任少伦君也在《国是公论》第十三期《中华民族的意义》里说："而所谓汉、满、蒙、回、藏、苗诸族，在实际上已多同化成共同自然、共同文化，其著者如语言、文字、习惯、道德的一致。"

二十七年十二月十三日，云南昆明《朝报》副刊萍君之《闲来无事话南荒》一文中有："丽江民族纯为拿喜族，性朴实而勇敢，尤富团结性。他们另有一种夷文，惟时间渐久，此种文字已淘汰不多见，只有东叭（即巫人）所用的符文为其遗迹。"方豪君在二十八年一月八日《益世报》副刊《宗教与文化》第四期《路南夷族考察记》一文里说："晚与袁司铎研究夷字，谈三小时，赠夷文《教会经言》及《教理问答》各一册，《问答》共采用夷字四百二十九个，教友皆能诵读，而不识字者少。夷字系前任邓明德司铎，托法国工厂所定铸者，铸成运华，交香港教会印书馆排印，路美邑天主堂亦藏有一副，约二千余字。"

苗民王连光君在《边声》第一卷三期《苗民的文字》一文里更说："苗文字出名问世至今仅三十余年，可是它的渊源已远在二、三千年以前了。根据苗族诗歌故事的历史传说有云：苗民原有文字，惜均遭遗失。其遗失的原因，系因蚩尤与轩辕在涿鹿冲突之役，苗人崩溃后，被逐南迁，当迫渡江河时，舟船均赶造不及，所揣书籍恐渡江时被水浸透，故置诸头顶顶之。及至行抵长江，众苗争先抢渡。渡至中流，水势猛，人淹没过半，书籍亦什九损失。嗣后，始有人设法将其字的样式刺绣于衣服上，以为纪念。故今苗人花衣花裙之花纹，仍存有历史遗迹之意味。"这仅是一种传说，自然不会有历史上的证据。吾人从事于研究苗夷的工作，自不能专凭抄袭书本而忽略了民族的神话传说。研究苗人的历史、文学、民族性等等问题，除了书本的原来记载及其他科学方法而外，还应该在他的故事、诗歌及艺术上去研求。上面的传说虽然不能视为史实，然亦或有其历史上之背景。总括所述，我们不能武断的说，苗民是无文字的民族。

现在石门坎苗区流行的文字产生地，是在贵州省极西的威宁县。石门坎的出名问世距今不过三十余年。自前清光绪年间基督教传入苗区以后，滇东、黔西、川南等地信教的苗民，就在其居住区域建筑教堂，创办基督教会，并设立学校，这时才诞生今日代表西南苗民文化中心的石门坎。至于苗文则诞生在石门坎教会成立之后。历年来到过此地的学者们，都有关于该地历史及苗人文化事迹的记载，这些人都说苗文是由英人柏格里所作，然此种说法，实与事实不符。这种荒谬的记载，不独是留给滇东、黔西、川南等处苗人一种不好的印象，也是整个苗人历史文化过程中的一件大损失，因为各作者所站的立场不同，认识互异，少有站在客观的立场，用历史精确的眼光去推测事实的事相。兼之，能够了解边民心理的作者是太缺乏了。

晚近关乎《边事杂志》刊物登载苗人文字问题的，都是异口同声地说：现在石门坎流行着一种符号，其字母来历是由英人柏格里氏创造的。这类的话是未免太过于武断了。原来苗人文字的创造者，不是英人，也不是汉人，而是苗人的先进者张岳汉先生。笔者以前曾受教于他，他将他的花衣花裙之花纹及日用生活用具指给我看，并且讲明了这种花纹的类别。他说："这些花纹就是苗人昔时所用以记载事物的文字，不过字体过于简单，仅可用以描画物形，不容易用以记事达理。我因为感到此种缺点，乃终日孜孜研求，欲另觅他法补斯缺。昔有基督教传入吾等苗胞区域，有英文牧师柏格里氏及汉人李武先生者，来吾乡传道，余乃询问中英文字之结构，及音韵读法。李、柏二氏谓：英文字取拼音读法，中国文字系由象形演化而来。闻其说后，遂将苗文昔时之象形字体，加以音读，并采用英文字之拼音结构方法制成新字。当创造此种文字之时，曾经多方请教于李、柏二氏，且邀请苗中先进，如杨雅谷、王胜莫及杨芝诸先生，共同研求创造，所费之力实多。"

这一段谈话中，我们可以断定无疑的，苗人文字的创始者是苗人，如此，则由英人柏氏创作的说法，不攻自破了。

张氏所创现在已流行的苗人文字，都是本着不违反苗人历史传说为原则，而采用苗人历史事迹及日常生活必需用具之形象作为字母，至于音读和字的构造，大多是采用了罗马字母拼音方法。字母的数目，大小共计六十六个（大字母即声母，小字母即韵母，因为声母与韵母字体有些相似，而仅有大小之别，所以为避免声母韵母混淆起见，不曰声母与韵母，而曰大小字母），大字母（即声母）的字形大部分是象形，而小字母（即韵母）则多属新创。最后王君更举出很多例子，并一一注释其字的来历，这是很值得注意的。

由此，我们可以知道苗民同胞们文字之有无了。可是在湘西的苗区中，始终找不出苗文的陈迹来，除了花衣花裙以外。

苗民的语言咿哑鸠舌，亘古不变，汉人骤闻之，或偶然旅行苗疆和苗民交谈起来，一句话也懂不得。如果在苗疆旅居久了，和苗人渐渐往来密切，慢慢的也会懂得些，不过，总不容易说上口来。反观苗民，尤其是熟苗，无论男女老幼，不但懂得普通汉语，而且说得一口很流利的普通汉话，这是汉人所不及的地方。

他们的语言，通常说来，虽然是咿哑鸠舌，亘古不变。可是，散居在西南各省偏僻地方的苗民，为了山河阻隔交通不便的关系，语音也就各有不同。这和汉人各省各地的方言不同是一种原因。兹将西南各省夷人语群之分别，简单述之如次：

（一）苗瑶

苗瑶这一部分，可以分为三群，甲曰苗群，包括着红苗、白苗、青苗、黑苗、花苗等。他们散布的地方是在贵州、云南东部和南部、四川南部及湖南西北部。乙曰瑶群，包括着瑶、畲民或輋客（畲即为瑶之分支，輋亦即畲，不过輋全在广东西北而已，见《南宁府志》《南越笔记》。畲和輋同音，因系同类，故音同而字异）。他们散布的地方是在广西的东、北及中部，广东西北，湖南西南，贵州东南和云南南部。丙曰卡瓦群，他们散布的地方是在卡瓦之北，及云南西南滇缅南北段未定界线的地方。

（二）禅(Shan)台

这一种族也可以分为若干群，甲曰僰夷群，包括着僰夷（或摆夷）、蛮等。他们散布的地方是在云南西南及滇缅边界的芒市等处。乙曰仲家群,包括着仲家、水家、洞家等部落,而散居于贵州中、南部,及云南之东南部。丙曰僮僚群,所属有僮族,散布在广西全省,及广东肇庆、高州、廉州、新会、四会、遂溪等处。又有僚(仡佬、土佬)族,分布于广西西北极边及湘西一带地方。又有侬(或龙家、农)族,分散在广西中、西、南部的南宁、太平、镇安、泗城、思恩等县,及云南东南、贵州中部等处。又有沙族,居住在广西西隆、西林等县及云南富州一带。又有俍族,居住在广西南丹、庆远等县。又有伶族,居住在广西柳州、宜山等县。又有但族(或称延),居住在西江的下流。又有母老族,居住在广西柳州、庆远等县。又有水族,居住在广西南丹、荔波、天河、宜山等县和云南西北一带地方。又有巴族,居住在广西三江及贵州古州等处。又有佯族,居住在广西宜山和南丹二县。又有牙族,居住在广西柳州、宾阳、武宣等处。又有徕族,居住在广西西隆等处。丁曰黎群,所属有黎(或称俚)族,居住在海南岛的北部及中部。又有那马族,居住在广西凤山、那马及东兰等处。

(三) 藏缅

此族亦可分为若干群,甲曰西藏群,所属有藏族,居于西藏;又有古宗,居于西康。乙曰西番群,所属有西番族,居于西康及四川之西北。又有么些族,居住于云南之北部及四川之西南境。又有怒子,居住在云南之西北境。丙曰果罗群,所属有果罗族,居住在四川之西南,贵州之西北及云南之东、北、中三部。又有栗粟族,居住在云南之西北部。又有罗婺族(果黑),居住在云南之西南部。又有窝泥族(包括马黑、卡惰、普特、骠人、阿卡、山苏、苦葱、糯比等族),分散于云南之中、南及西南等部。

关于苗夷的各种语言,在这里可以略知其梗概了,自知疏漏在所难免,好在不过暂时引申一下,详细讨论尚有待于异日。

因为苗荒的文化闭塞,所以语言的称呼也就未免过于简单。古时少有的东西,如烟茶、枪炮、火柴、煤油等类,不能不跟着汉人一样的称呼。不过卷舌重浊,至今还是没有什么改变。现在摘录些普通的基本的湘西苗语,分类音译如下,以见一般:

1. 衣帽类: 窝鸭(单衣)、窝夹(夹衣)、窝机炉(棉衣)、窝貌(青衣)、窝朴(蓝衣)、窝机炉斗(长棉衣)、窝机炉类(短棉衣)、果帽(帽子)、硝配(鞋子)、水靴(靴子)、果处(裹脚)、果朵(衣领)、及苟(裤子)。

2. 动植物类：大美(马)、大欲(牛)、大客(羊)、大戒(鸡)、大规(狗)、大芭(猪)、大难(猴)、大能(蛇)、大交(狼)、大谋(鱼)、大脚(虎)、怒思(鹅)、怒索(鸭)、个老(竹)、被怪(桃)、被茶(梨)、被李(李)、被蛮(柿)、被若(栗)、比怒(豆)、李白(谷)、波若(包谷，即玉蜀黍)、高目(麦)、枷浓(稻草)、铜仍名铜、卵(铁)、格(金)、恩(银)、鍊(锡)。

3. 身类：禾丢(身)、破卑(头)、靠巴(脸)、劳界(眼)、懂谬(耳)、巴留(鼻)、加卵(嘴)、松空(颈)、膊际(肩)、过头(手)、过递(肚)、过面(舌)、过鲜(齿)、过笾(发)、嘴柱(背)、架布(股)、板糯(脚板)、被大糯(脚趾)、善乃(人高)、哑(短)、生如(貌美)、生佳(貌劣)。

4. 数目类：阿(一)、偶(二)、补(三)、彼(四)、罢(五)、左(六)、中(七)、意(八)、脚(九)、谷(十)、阿摆(百)、阿串(千)、阿万(万)。

5. 器物类：果箕(背笼)、果袋(箱)、果侬(鼓)、果金(锣)、果锁(锁)、且恩(戥)、告且(秤)、鸟铳(炮)、果膝(刀)、果夺(柴)、阿者(一碗)、果响(升)、果斗(斗)、阿杯(杯)、果嘴(碗)、喇叭(号)、头(书)、记北(桌)、阿构(椅)、果矮(罐)、阿灶(灶)、阿完(锅)、阿扛(三脚)、阿走(筷子)、缎劳(锅铲)、白渣美(面盆)、阿本渣糯(脚盆)、尚美(帕子)、线(油)、线务(茶□)、线头油(桐油)、操农(小米)、操糯(糯米)、操渣(粘米)。

6. 称呼类：阿谱(祖父)、阿□(祖母)、阿爸(父)、阿妳(母)、阿令(伯父)、阿么(叔父)、阿那(兄)、代讲(弟)、阿雅(姐)、阿沟(妹)、代令(子)、代帕(女)、阿猛(姑)、能龙(姨)、阿者(外祖父)、阿太(外祖母)、阿敬(舅)、能(媳妇)、枷(孙)、抱(夫)、芭(妻)、巴注(亲家)、果乍(客人)、果熊(苗人)、猛贵(大官)、得贵(小官)、遭(兵)、出遭(当兵)。

7. 自然界：大霸(天)、大豆(地)、奈(日)、纳(月)、甲度(云)、箕(风)、龙(雨)、培(云)、必斗(火)、雾(水)、如内(天晴)、达龙(天雨)、茫内(天晓)、明(天明)。

8. 饮食起居及通常语：咙唎(吃饭)、咙中有(吃菜)、咙唎朝(早点)、咙唎徒(中餐)、咙唎荞(晚餐)、呼酒(喝酒)、呼已(喝茶)、呼烟(吸烟)、保目(睡觉)、销孟(起床)、辽(大)、削(小)、研(哭)、遭(笑)、在目

（看见）、布睹（讲话）、格茶（小便）、格枷（大便）、胀（肥）、瘠（瘦）、故务（洗澡）、透头（读书）、扭揉（上山）、赶场仍名赶场、拢（冷）、硝（热）、该降（欠债）、毕降（还债）、布理（公道）、屈布理（不公道）、宁（是的）、几宁（不是）、仲（坐）、销（起）、送代帕（嫁女）、堂帕（完娶）、达内（丧事）、凉内（葬人）、楚肱（祭祀）、打乃（杀人）、搏乃（打人）、疏那（耕田）、疏卤（犁土）、内乃沟（问路）、矮（知）、屈矮（不知）、□靠（多谢）。

这里所译的，完全是根据凤凰、乾城和永绥三县的苗语（详见民国二十年湖南全省地方自治筹备处《自治调查汇刊》拙著《湘西苗俗篇》，虽然各地音调略有区别，可是动物都有一个"大"字冠在头上，称呼也都有一个"阿"字冠在前面，物品等也大多有一个"阿""窝""果"或"被"字冠在开首，这一点是完全相同的。并且有许多音义和汉字很多相同。如呼帽子为果帽，靴子为水靴，李为被李，铜仍称铜，万为阿万，炮为鸟铳，锁为果锁，斗为果斗，杯为阿杯，号为喇叭，父为阿爸，母为阿妳，烛为阿烛，天明为明，赶场仍称为赶场等都是。又如呼睑为靠，眼睛为劳界，千为阿串，锣为果金（古代汉人大多呼锣为金，如战场上的鸣金收兵，如今旧式礼节中，礼生喊的鸣金击鼓，也就是敲锣打鼓之谓），碗为果嘴，锅铲为假劳，小米为操农，外祖母为阿太，丈夫为抱，妻子为琶，大官为猛贵，小官为得贵，喝酒为呼酒，吸烟为呼烟，睡觉为保目，看见为在目，大为辽，小为削，瘦为瘠，公道为布理，不公道为屈布理，以及是为宁等等的称呼，都是很有深切的意义的。由此看来，似乎可以说在以前汉夷原是一家的，如果这种说法可以相信，我们更该用同情的态度来提挈他们，同隋于自由平等的地位。一般社会人士，尤其是在大学里工作的人们，应该多组织些考察团到西南各省苗瑶区里去实地考察，以提示提挈的门路。这样作去，裨益于国家民族的前途是非常伟大的。

教育

湘西苗民教育的起源，究竟在什么时候才开始，以及如何推进，我们无从知道，不过到了清朝，政府对于他们的教育问题，已经注意到了。吾人试自顺治十二年至乾隆四十一年的前后百余年间，湘西苗瑶区域实行改土归流后，积极兴办义学的情形，便可以看出它的大概情形来。

可惜的是：各省疆吏督责不严，土司流官等不明大义，敷衍塞责，始终没有好的成效。兼且自满清中叶以后，国势日衰，内忧外患交相煎逼，朝廷无暇顾及苗疆教育，于是原有义学逐渐废弛，乃至完全停顿。

但自嘉庆时湘西苗乱平定之后，辰、沅、永、靖道傅鼐颇有心于推进苗民之教育与文化，因于乾、凤、古、绥、保等县苗区中，分设义学馆七十所，每馆按苗生的多少，每年授谷十六石或二十四石不等，并遴选品行端正文字精通的童生充任馆师，专课苗民子弟。此外并酌定每县新籍（苗民）附生名额，且为奖勉苗民士子前进的向学心起见，特奏准于乡试中规定乾、凤、绥、保等县苗民，另编田字号，增加额外举人一名。因此苗民向学之风顿开，科举功名一时甚盛，奉委、知县、教谕等官职者大有其人。吾人试读其《贺接亲歌》末句"坐看他年受朝封（见前刊《歌谣》篇）"一语，便可以想象得到当时苗民读书风气的一般了。

清廷于苗区设立义学的宗旨，系在推行科举制度，后来到了清末，义学废止，科举亦停，继之以学校兴起的时候，苗民青年之负笈于沅、常、长、汉和平、津、京、沪一带者，亦时有所闻。

民国成立之后，西南各省地方当局，对于苗夷教育也相当注意。就湘西论，民国十年，陈渠珍驻防保靖时，对于苗民教育，提倡甚力，除资助苗民优秀子弟游学他省外，更于苗乡中每乡规定设立小学五所，其已达学龄的儿童，即劝令入学，违者责其父兄。此种劝诱和强迫的办法实施后，风气顿开，一时读书之风遍及整个湘西苗疆。所惜的是当时有川、黔乱军两度进扰湘西和不断的黔省连年内乱中散兵游勇的混扰，并伙同两省边境土匪时常出没于黔属松桃、铜仁和湘境乾、凤、绥等县，杀人劫财，肆行不法。于是各乡苗民小学，便因地方的糜烂和经费的支绌，相率停闭。否则，湘西苗民教育文化的开展，虽不敢说已和汉人同挤于水准之上，但至少已有非常的进步了。

北伐成功，国民政府奠都南京后，湘西苗民知识青年，也受到了三民主义之革命思潮的渲染，再也不能固步自封的老死苗乡中，要跳出来接受党国的新洗礼。同时踏上大时代的最前线，共同负荷起拯救民族国家的伟大使命，由是而投身军旅，或者入中央党、政、军各校肄业者大有其人。笔者曾于二十六年七月，在乾城专员公署看到几位在南京中央军政二校求学的苗生(姓名已忘记)联名写的一封信,钢笔字是写的那样的挺秀活泼,文章又是做的那样的真挚而动人,一种爱乡、爱国、爱民族之满腔热诚的情愫,充溢着每一页信笺和每一个字的里面,读之令人顿起无限的感慨!

二十四年八月,湖南第三区行政专员公署于第一届行政会议中,曾提议:请湘西屯务处每年划拨屯谷一万石,以五千石用于乾城开办中学一所,附设师范班(中学便是下文所说的屯中学校,师范班则另由省府设置特区师资训练所一所)。另以五千石专作有屯七县屯苗义教经费。同时并通令各县于公私立小学中,应尽量收容苗民子弟。此外又有人联名拟具了一种湘西苗民文化经济建设的案中,其中关于教育事项计有:(一)增设苗区完全小学;(二)提倡苗民生产教育;(三)创办师资训练班,招收苗民优秀分子及熟悉苗情之汉人学生以相当训练;(四)省立中等以上学校,酌设苗民免费学额;(五)酌设教育巡回指导员,巡视苗乡教育;(六)有苗各县小学,广收苗民子弟;(七)增设苗乡短期小学及民众班,并附设问字处、代书处、壁报处;(八)改良苗乡私塾;(九)奖励苗民子弟入学等九条,俱经政府采择施行。不久湘西特区师资训练所和屯中学校俱先后成立,由苗区各县选送苗民知识青年(大多系高小毕业或具有同等学力者),和熟悉苗情深通苗语的汉人青年(仅有百分之七八)一百人,前往该所受训,六个月后,即行分发到各县苗乡中去,成立一百个义务小学校,他们便是这个学校的唯一主持人。除开办费每校二十元外,教员月薪仅十七元,办公费八元。这第一期的一百个学生,本来要训练一年的,其所以提早的原因,是因为一百个苗民小学亟须成立,需要甚急,迫不及待。半年以后,第二班结业,就分派他们到各苗校去接替教务,又把这第一班学生调回,补习半年的课程和训练。笔者于该所第一班学生出发时,曾参加过他们的休业和出发的盛典,除几十个来宾和该所教职员十余人,及屯中学生百余人外,那一百个即将为人师表,负责教导苗民子弟,作开化苗疆之急先锋的九十多个苗生和几个汉生(屯中学生则专任童子军的职务),在接待一切来宾的时候,是那样的和蔼可亲,彬彬有礼;在立着开会的时候,又是那样的精神严肃,态度沉着,虽然在排成行列中站立了三四点钟,接受各种勉励的训示,始终没有一点倦容,最后由一位年岁稍长大约二十多岁的苗生,以汉苗语同时演讲致答词的时候,说得有条有理,又极合体,而且态度从容;以及散会后又活活泼泼的奔来奔去,忙着作各种各样的游艺运动等,都是叫人佩服。

现在这两个学校已经是办到第三年了,现有学生一百二十一人,苗民子弟仍是占绝对多数,约百分之七十以上。而苗民小学,已由一百个增到二百多个了,这样一年一年的增加下去,将来苗民教育文化的普及是可以预期的。希望该校继续努力,并希望湘省府和最高教育当局切实维护,使他能够长久的培育人材,以为国用,至于经费更应设法补充,设备之类也要大量增加。

屯中学校,在这里也有补充说明的必要,他的性质和师训所不同,而和普通中学一样,系给苗民知识青年以学得普通科学知识和再求深造的梯梁。他的经费不在省款内开支,而全由每年五千石屯谷(约二三万元左右)来支用。其支细情形,和师训所相较,尤有过之。如能再由政府加以补助,则裨益苗民教育文化的加速发展是很大的。

变乱

苗汉战争见于史书者,历代都有记载。但湘西苗民却有二千年平静无事的时间。到了明季,情形稍稍不同。潜在的势力逐渐地嚣张起来。迄乎清代的乾嘉间,卒成燎原之祸。原来明朝的时候,凤凰原为五寨司和筸子坪长官司都隶属于保靖宣慰使。至镇溪千户所,则隶属于永顺宣慰使。所有使司各职官,都是选择了土人中夙具才智、孔武有力,而又为苗民所信服的人充任的。起初官民间尚称融洽,没有什么事故发生。后来以承袭此种官职的人,一代不如一代的恣意暴戾,苗民不堪其扰,于是祸乱便兴起了。

清初,对于苗疆的经营不遗余力。设治置官,分兵驻守,以制止苗民势力的发展。那时候的永绥旧城孤立于苗巢中,城外土地,都是属于苗民所有的。于是所谓客家之民(苗民称汉人为客家),便实施以物易地等重利盘剥的手段,从此附郭原野,尽为所谓客民所占据。苗民生齿日繁,生活更增困苦。官吏既不加抚绥,或设法返还其土地,反而多方压制威迫和剥削着苗民。于是稍有知识者便倡言驱逐客民，收复故地。在乾隆五十九年（甲寅，西历一七九四）之正月十五日，为首苗民群集于凤凰鸭保寨吴陇登家，歃血起义。这时，恰遇黔属松桃大寨苗首石柳邓煽惑乡党，实行倡乱，铜仁知府会同营弁等兴兵剿捕。于是纠众窜于湘西，首先攻陷了大塘汛，同时焚掠松桃正大营。正月十八日永绥黄瓜寨苗首石三保，也率众响应，焚掠永绥鸭堡汛，永绥同知彭凤尧和副将伊萨纳率兵六百人前往剿捕，镇筸总兵明安图闻警也领兵进驻新寨，于二十一日和永绥兵会合于鸦西汛。是夜石三保等纠集苗众万余，以逸待劳，围攻鸦西寨，大肆烧掠。而远处凤凰鸭保寨的苗首吴八月等也同时蠢动。永绥清兵便被围困在核心中，兼且弹尽援绝。因而，永绥副将伊萨纳，于正月二十三日在永绥的排打扣陷落后，被苗民戕杀，顿时苗兵声势大震，旋即分兵围住永绥城，攻打镇筸。二十四日乾州（即乾城）三岔坪的苗首吴廷举也率众攻陷了乾州城，同知宋如椿、巡抚江瑶等死难。旋又出兵泸溪，烧掠浦市，于是攻掠之广远及麻阳、永顺等县。川属秀山苗闻讯，也倾巢而出，大举攻掠石堤和太平坝等处。二月清廷闻警，大为震惊，于是急命云贵总督福康安，率云南总兵花连布督兵征讨。同时并命四川总督和琳，率提督穆克登阿，及总兵袁国璜，并贵州提督彭廷栋等统兵会剿，并以领侍卫额勒登保德泰参赞军机。闰二月川滇军会师松桃，旋即大举攻击，并首先击破石柳邓大股苗众于大寨，复毁其巢穴，即留贵州提督彭廷栋率部屯驻正大营，大队人马则仍继续分兵搜索前进。三月清兵会攻永绥的花园、隆团、鸭堡汛等处，并解除永绥的重围。四月分兵五路，会同攻破黄瓜寨、苏麻寨等要隘。苗首石三保、吴半生乘隙逃遁。这时正值湖广总督调任两江总督福宁，以湘西及西南各省粮食不足，兼以军粮运输亦极不便，很想打通镇筸粮道，以便利粮运，率兵出狗扒岩前进，苗民即以迅雷不及掩耳的战略，扼住各重要隘口，大败福宁兵。新任湖广总督毕沅虽已率兵进驻辰洲（沅陵），但也不能驰往援救。五月湖南提督刘君辅又兵败于永绥鸭堡汛，狼狈退守隆团，于是永绥重被围困。同时苗兵又大举猛扑镇筸城，清廷闻警，即增调四川将军观成、荆州将军公兴肇二人，分别率兵会师镇筸，和永州（零陵）总兵苏灵协力击退苗民。七月大兵和苗民激战于大乌巢河。

九月随营知县傅鼐生擒苗目龙乔六、龙八会等于马鞍山，旋即斩首示众，并即合攻高斗寨，又擒苗首吴半生进献京师。十月克复大天星寨，围攻鸭保寨，湘西苗兵魁首吴陇登自知力不能敌，便实行纳降。并为表示真诚起见，诱擒吴八月以献清军。吴之长子廷礼、次子廷义，以父亲被擒俘，必无生还之望，于是兄弟继领其众，到处攻掠，以报此不共戴天之仇。自乾隆五十九年十二月至嘉庆元年四月，和清军鏖战于凤凰的檪木营、火麻营等处。清军以久不能获胜，于是即将吴八月斩首于军次示众，以励士卒，并奏请续调两广、云南、四川四省雄兵六万会师协剿。五月福康安以忧劳卒于军中，川督和琳继领军务。湖南提督刘君辅诱擒石三保于圽溪，进献京师，六月和琳亲自统率大军，接二连三地攻破了马鞍山、尖云山、黄连坡、田头冲和三炮台等要隘，直趋乾州，并将乾州城外木城石卡尽行毁掉，浩浩荡荡移师入城。八月清军继续前进，由乾州攻平陇，在强虎哨地方，两军发生很激烈的遭遇战。旋即大破麻里湾、墨斗溪、天堂铺等处。同时四川总兵袁国璜，又于北路的花园地方，擒杀石柳邓的参谋石代嘎。而川督和琳也继福康安之后，忧劳卒于军次，由领侍卫内大臣额勒登保代总军务。九月清军继续攻了黄土坡、杏口洞等处，进驻大坝角。同时北路驻永绥的四川提督穆克登阿，也攻下了永绥附近的补林、洞口各寨，擒斩苗首龙三章、石老寨等，而驻兵隆团的四川总兵袁国璜也擒斩了苗首石必文。十月钦差广州将军明亮和新授湖广总督鄂辉，奉旨同出苗疆主持军务大计，即分兵五路大举会攻平陇。苗民不支，大溃，吴八月庐舍亦被焚毁。同时并掘戮吴八月长子廷礼的尸首以消愤，同时四川提督穆克登阿攻打腊夷苗寨，也很得手，擒斩极多。永绥附近六七里苗寨，慑其威势，尽皆俯首纳降。旋又先后攻破田家坡、打字坡、岩板、铜木、知耳等苗寨，而永州总兵苏灵、宜昌总兵张廷彦也擒斩了石八月、石七月、李二和刘七官等苗兵首要。苗众经此挫折后，势力渐衰，胜负之分，也就在这里显明的决定了。十二月初三日清军又攻克了贵鱼坡和雨叉湾等险要，初五日额勒登保等分兵四路会攻石隆。其地接连平隆后山，形势极为险峻，为此次苗民变乱的大本营。经额勒登保率领纶布春等督兵从坡下仰攻于前，明亮则由两叉湾绕出猛击于后，这样的前后夹击了十多天，方才将其攻破。苗兵死伤极多，其唯一黔苗首领石柳邓也阵亡了，并生擒其养子老乔。是月吴陇登又先后拿到了石三保、吴八月和石柳邓的子侄献俘。二年二月又分兵剿捕苗乱余孽，并疏通乾绥间道路交通。三月苗乱底定，清军实行撤移。于是从乾隆五十九年正月起，到嘉庆二年三月止，三个多年头的湘西苗乱方才平定。清廷倾调七省的兵力，数达十余万，以征剿湘西苗乱，大小不下百余战，死亡枕藉，尸横遍野，血流成河，实人世间一大惨事也。如果在事变以前，有贤明的地方官吏，妥善调和汉苗间的情感的话，这一出惨剧，自然不会发生出来的。苗民宿耆常说："吴陇登当初起事的时候，不但不加害汉人，并且特别保护"，由此更可知道此次湘西苗乱的症结，完全起因于反抗暴政虐民的不肖官吏也。

最后要说到民国二十六年九月九日的乾城变乱了。详情已见同年九、十两月的长沙《力报》，拙作《纪乾城变乱》一文，这里只能报告些事变经过的大概情形。

自从逊清乾嘉间的湘西苗乱平定后，八十余年来的湘西，在傅鼐和陈渠珍等的先后善意抚绥之下，平静无事的过了些安居乐业的日子。迨陈氏去职后，湘西便又不安起来了。虽然政府很吃力的在实行绥靖湘西的工作，但实效甚少。卢沟桥事变后，苗民龙云飞等变动，以反何抗屯为号召，秘密联络散处湘西各处的龙和卿、麻老威等大小股有枪的便衣队，同时于国历九月九日以一天一晚的急行军，分路向乾城进攻。事先并派了许多身藏短枪的便衣队先行潜入城中，收买保安暂编团连长安少伯，作里应外合的奇袭。虽然第三区保安司令部和专员公署，已风闻各处匪徒有异动的希图，并于九月八日晚做了一次户口大检查，可是这些先行入城的便衣苗民竟没有查出来。碰巧九月九日已是墟场之期，乾城城厢内外赶场的汉苗人民，照例是熙来攘往的。便衣队借此机会，又潜进了城里的不少。于是在当晚三点钟的时候，事情便爆发了，苗民里应外合的奇袭战略成功了，没有费一枪一弹，很惬意地便占据了乾城。政府各机关和人民都在苗民和专员公署及区司令部的卫兵对面枪击的声音里所惊醒，在混乱恐怖的情绪里狼狈奔逃，但死伤的居民很少。专署和区司令部，因为目标太大，为苗民炮火集中的地方，而员兵又大多数住在署部之内，于是员工和兵丁死难者很多。其未及趋避之未死者，便完全变成了俘虏，笔者也是其中之一。

事变的消息到九月十日才传到长沙，十一日长沙各报披露着乾城陷落的简单报道。报道虽简短，可是事变情形之为各方严密注意是毫无疑义的。湘主席何键当即命令留于长沙的第三区专员兼区司令余范传于九月十五日疾赶往清剿。并令驻常德的第二区专员兼区司令王育瑛和驻沅陵的第一区专员兼司令罗寿颐协同分兵征伐，限期收复乾城。但龙云飞很知机，不待省军的来攻，便自动于九月二十七日率部退出乾城，并令所部三千余苗兵和便衣苗民苗妇等终止进攻各县，静候政府的收编，并声明仍须陈渠珍统领回到湘西来主持一切。何主席当即重促养病南岳的陈氏回湘西主持善后事宜。陈氏回省时，何主席已奉召进京，而改组乡省府之令已下。新主席张治中就职后，仍令陈氏回湘西，并组设省府沅陵行署，以陈氏兼主任，负责办理湘西善后事宜，并改编龙云飞部为独立旅，分驻湘西屯苗各县，负维持地方治安之责。湘西情形从此又转向小康之途了。

职业：农、工、商

因为地域的偏僻、交通的不便和生活的艰苦，所以苗民很少有所谓功名富贵的奢望，无论男女老幼的职业，大部分是很辛勤的毕生从事耕作，终日孜孜不倦，以求解决其单纯的面包问题。他们鸡鸣即起，匆忙草率的用过了粗劣的早餐，在灰暗朦胧的晓色里，家人、父母、子、女、夫妇等，个个携着犁、耙、锄、镰、长杷刀、斧头、背枷和桔槔等农具，背负竹笼，贮以午餐粮食，不畏寒暑，不避风霜，相率奔赴各自耕作的地方去，拨雾而出，戴月而归。击壤老人的"日出而作，日入而息，凿井而饮，耕田而食，帝力何有于我哉"的古老之歌，就是活神活现地刻微的画着过去和现在的一幅苗民生活图，他们除了很辛劳的作工外，的确什么都不闻不问，这与初民生活又有什么不同呢？

苗疆地域多半是万山重叠，土地硗瘠，壤质恶劣，其情形，吾人只要一诵昔人所赋"地瘠人耕石，山高马踏云"之句，便可以想象得知了。平坦之地既少，所以他们的田土，大半都是梯形的。山高水冰，干旱是常有的事，因此谷米少种，而只适宜于栽种麦子、高粱、包谷（玉蜀黍）、芝麻、栗、番薯、凉薯和荞麦之类的杂粮及果食等。一块土地被栽种了三四年后便暂时弃置,再开垦另外的土地,等过了几年之后,又将那块被弃置的土地,重行开垦起来。至于田亩,到了春耕的时候,也和汉人一样,很紧张地工作□□□□□□□□地改用犁。犁田不用牛力,却用人力去翻掘,这原因是由于田面太小,不便于牛的旋转之故。但也不时采用所谓"偶耕"的方式,即以两人拖负一犁在前平行,一人执掌犁把以随其后,这样的犁田,其艰苦的情形,真是不可以言语来形容。至于田中缺水的时候,要将小河或小池塘里的水,或是下一级梯田里的水,灌到上面的田里去时,他们戽水的工具,并不是用水车,而是用一个木盆,系上两根长绳索,把木盆系在两根绳索的中央,两个人对面站着,同时拉了绳索的两端,将木盆吊到水里,盛好了水后,旋即扛起来,再倾入田里去,这种愚不可及的戽水方法,真令人不可想象。

割禾不用镰刀或丝铁刀(俗称禾叶刀),而用剪子,连杆束起。晒干后,仍是连杆收藏起来的还很多。柳子厚诗中"租田亦与人分种,摘穗惟将手当镰",和赵云崧诗中"禾收穗满篝(摘穗成把,不刈藁秸)"之语,便是吟咏这种收获情形的写实之作。

至于到了播种的时候,要看田亩的所在位置,而分其下种的先后。如果田在山麓,则水气较暖,下种便要早些,如果在山岭,则水气较冷,下种便要迟些。要是在山腰的话,那便要斟酌在两者之间的时候而定之,否则很难得到收成。如果一家有田数十亩,因为田的所在位置不同的原故,便不得不分先、后、中三个时期来下种了。如是各种田间的工作也随之而分其先后,这样在初春的时节起耕,要到初冬的时候,始可收获这一年一度的辛勤血汗得来的代价。工作既然不一致,结果自然是事倍功半了。这与我们湘东,尤其是浏阳——笔者故乡的田亩,一年有两度收获,来比较一下,那真有天壤之别了。至于其他农具的窳败,更是余事的了。由此可知他们虽然终年胼手胝足的辛勤工作着,还是不免于饥馑,至可悯恤。……略便之地的苗田,苗人的耕作方法大致也和汉人差不多,只是为数太少了。

耕作以外的唯一副业便是畜牧,马、牛、羊、鸡、犬、豕、猫、鸭之类最多,但最看得重的,便是牛。牛既不能担任耕作的工作,他的唯一作用,便是奉神(如椎牛大典等迷信)供口腹,和资贸易而已。

苗疆既完全是农产的部族社会,那么他们的经济制度也就逃不出农业经济制度的范围了。所谓工业,也完全是纯粹的家庭手工业,主要的为其日常所着以苎麻和葛藤所织的衣裙,因之妇女们莫不喜于纺织,矮小的机杼,席地而织。织成的大半都是粗工粗料的青蓝布和花布之类;美观是谈不到,却很坚厚耐久。至于细工细料的所谓"娘子布",染的是青蓝色,要经过九洗九染的手续,而且出品很少,且非富有的苗妇苗女不能出此工艺,其命名为"娘子布",到也是很有□□□□□。

妇女也知道饲养蚕子,却不知道育种。每年到了春季民间蚕子出生的时候,便三五成群结伴,背负其他物品去和汉人交易或购买。蚕子长大了,上簇成茧,抽丝染色,制为裙被等服物,弄作些间道方胜的杂纹,最工细的便要首推鹤、凤、花、鸟之类的所谓"峒锦",但也是限于富有的苗妇苗女的特有工作。

至于商业,那完全是在墟期,日期为一六、二七、三八、四九、五十不等,要视当地人烟的稀密和供给需要的情形,各随其场之便,而今为每三日五日或六日为一场。届期男女参差,各将其所出之物品,如米(少数)、杂粮、果品、家畜、布匹、花带、斗笠、农具等等负之入场,从朝至暮的乡间道上和墟场中,熙来攘往,贫人绿叶包饭,以供午餐,富有者则上馆子,吃酒肉。馆子也是临时的,只此日才有,多卖酒饭面食、猪牛狗肉等。狗肉面是赶场日的顶上等的食品,□□□□□,都在狗肉香的气味笼罩之下,因之狗肉馆子的生意,门庭若市。

墟场多在荒郊旷野,仅用几根小树干支撑的矮小的茅栅,排列成横直不一的行列。货物在场期中的陈列,和乡村小市镇的店铺差不很多,不过热闹些而已。同时汉人前往赶场者也不少。如果墟场在城市或其附近的话,城市里的大小洋杂货商店,到了赶场的那一天,也都将所有日常用品货物,尽行搬到附近的场子里去陈列出售,彼此都是现钱交易,绝对不赊欠。货币最喜欢银洋、铜元、辅币和中、交、农的法币,但五元十元者则不太喜欢收受,原因是交易小,钱币的单位太大了,不容易驳散也。自法币政策推行至苗疆以后,银洋还相当的活跃,银洋一元值法币一元五角。至于"以物易物"的情形也还存在着,不过少些而已。

苗人最需要的是食盐和猪肉皮,每次赶场的苗人,必需要买些或换些回去。苗人交易□□□□□□,童叟无欺,如果他发觉了你在欺他的话,他也决不会空空放过你。苗民最富于报复的特性,旅行苗疆和苗人交接的人要切加注意!

墟场之最盛时期为上午十一时至午后二时,散后及平时均空无一人。其最大而又较为繁盛者,要算是凤凰的得胜营、箄子坪、鸭堡寨、鸦拉营,乾城的校场坪、大兴寨,永绥的卫城、龙潭、麻栗场等处;其他小村镇的场会,更是不可以胜数,无足述也。

赶场!赶场!还是带有古代"日中为市"的古色古香的风味,在这一天里,我希望作战时政治教育宣传工作的人,不要错过了这个良好的机会。

总之,苗人的职业大半还是在中古时代打滚,职业如此,生活亦然。我们要改善他们的生活环境,根本的问题,固须从教育尤其是职业教育着手,但能一面施教,一面改进其农、工、商的职业,相信是最前进、妥善的法门。

(《益世报·边疆》第 18、19、21、22、24、29、32、38 期,1939 年 4 月 24 日,5 月 1 日、15 日、22 日,6 月 5 日,7 月 10 日、31 日,9 月 11 日,第 4 版)

关于路南撒尼夷的宗教

黄季方

一、前　　言

　　宗教是人类文化的主要形态之一。在初民社会里,由于人们对于自然现象的无知,宗教的内容常较文化其他部门更为丰富,因此,从了解初民的宗教来了解他们的文化生活,是不仅可能而且必要的。不过,我们今天来研究初民的宗教,显然存在着许多基本的困难:第一,宗教的内容往往深奥难解,文化落后的民族更有很多禁忌(Taboo),这种禁忌是他们不愿让人看见、听到或触及的,所以,一个社会调查者若希望在有限的时间内获得满意的收获,是不可能的。第二,现在云南境内各种少数人种都已或多或少地受了汉化或其他文化的影响,使他们的固有文化渗入了别的元素,甚至急速地走在淘汰的过程中,这在他们的宗教上反映得异常明显。我们现在要鉴别这种化合物的原来性质,没有宗教上较高深的修养是办不到的。第三,原来比较注意初民文化的人,他们是一贯地戴了有色眼镜来看待这些少数人种,他们缺乏谨严的态度,却喜欢用"迷信""异端"这一类词汇来描写初民的宗教,这样,不但使读者得不到研究的资料,反把真相蒙蔽住了。

　　本文要说到的路南撒尼夷[①]的宗教,在调查的时候,正是具备了以上几个困难条件的,因此限制了本文的内容,难免挂一漏万,希望高明有以指正!

---

① 夷人俗称"罗罗",这个称呼显然有侮辱的意味,是夷人所深恶痛绝的。夷人自己称为"夷家"。路南的夷人支系很多,据《南县志》(马标主编)所载,有撒尼、墨槎、阿细、阿折、子肩、白夷、墨夷、乾夷、撒梅、阿尼沙、土老侬等。撒尼是很大的一支,本文是以尾则的撒尼夷为代表。

在没有说到撒尼夷宗教的各种现象之前,我们该先有一个概念:究竟他们信仰的是什么宗教呢?这里要借杨成志氏的话来答复①:

> 他们并不是信仰佛教,也不是信仰道教,却是信仰拜物教的部属,凡山、石、树木、虎、豹、熊……都是他们崇拜的对象。他们相信宇宙充满各种鬼神,凡一切灾祸、疾病或幸福……都有鬼魔或神明暗中作祟或扶助的。所以他们往往必请咒术师或祭师到家中或到山坡上禳灾或驱魔。偶一举行祭献时,必杀牛、羊、猪为牺牲品,以为非如此,便不能得福避祸。他们又相信"灵魂的存在"的,因此对于祖先的崇拜也如中国人那样的惟诚惟敬。

杨氏的这一段话,确已给我们描摹了一个轮廓。但我们必须注意:今日的撒尼夷在基本上固然还信的是拜物教,但例如在他们进城赶街时,不管是佛教的或道教的寺院,甚至是至圣先师孔夫子的文庙,他们都一一参拜,而且受天主教洗礼的教徒也不在少数。这证明了当一种较高的文化输入时,使他们固有的文化起了急剧的变质,这一个概念对于我们研究初民的宗教实有很大的关系。

二、巫师及其经典

初民社会中,巫师是一种特殊的阶级。巫师往往是年高德劭的知识分子,他们熟悉这个民族的神话和传说,知道历数,懂得农事上必要的知识,以及各种典礼的仪式。因此,在文盲普及的初民社会中,巫师成了知识的宝库,他们(和她们)受一般人民的崇敬。

路南撒尼夷的巫师,也并不例外,以上的德性他们一样也不缺少。撒尼夷的巫师,分男女两种:男的叫做"毕摩"(Bimo)②,女的叫做"师髦"(Shmao),"毕摩"的数量不多,"师髦"则很不少。

如果拿修养来做比较,那显然"毕摩"要比"师髦"高超得多。"师

---

① 参阅杨成志:《云南民族调查报告》,页三二。杨氏书中所称"罗罗",是居住在巴布凉山一带的夷族,因他们和路南撒尼夷大同小异,故引作参考。
② "毕摩"是杨成志氏译的夷音(《云南民族调查报告》,页三八)。曲木藏尧的《西南夷族考察记》译作"兵母","兵母"不像"毕摩"的近似元音,故从杨书。括弧内的拼音是根据北方话拉丁化方案。

髦"只能用于小法事,如天明时的叫魂之类,她们能背诵几部经典,但实际并不认得经典上的文字。至于"毕摩"就不然了:首先,他们不但能诵经(虽然经典里的意义也未必能懂得,正如汉人的尼姑和尚能念经而不知经典的意义一样),而且还掌握着经典,这个特权就是造成他们社会上特殊地位的主要原因;其次,"毕摩"的特殊阶级是世袭的,他们历代相传,一切法事、筮卜、契约、布告、柬帖……只有经过他们才能发生效力,这也是"师髦"所望尘莫及的。

说到经典,其内容究竟是什么东西呢,研究夷族最早的邓司铎(Paul Vial)说①:

> 一个无人认识或被人轻视的种族,一个只度着贫苦生活的种族,在一般学者眼中还是一种神秘的事迹,一个不解的谜。这种族却拥有一些自极远年代世世手抄相传的稿本,在那儿能获得最美丽、最高深而不为人知的真理。

的确,作者所见到的撒尼夷经典都是"自极远年代,世世手抄相传的稿本",其内容也确是高深玄妙的"真理"。这种经典的数量一定不少,作者在一位"毕摩"处见到六部,全是丧葬用的。

从形式上看撒尼夷的经典可分两类:一类是毛边纸订的,好像小学生的作文簿;另一类的纸质较好,上有封面,封底衬以一条很长的麻布,平时卷起来,好像收藏书画家的手卷。这两类中显然的后者较为牢固,也较为珍贵。

经典的内容还没有人把它分过类。据作者所知,撒尼夷的经典内容不外神话与传说、历数、婚事、丧事四类。② 但据杨成志氏所称,他从头至尾的就有八种:《毕毛世纪传》《退咒经》《镇静法》《镇宅经》《驱魔鬼经》《驱麻风鬼经》《新年卦书》《播弄冤家咒语》。③ 以上除《毕毛世纪传》可以归入神话与传说类外,其余的全不能归入前面四类了。因此,在没有收集到撒尼夷经典的全部时,要作一科学的分类是不可能的。

---

① 参阅杰人译:《罗罗人有宗教吗?》,载《益世报·宗教与文化》副刊新十五期。文中所论"罗罗",确是以尾则为代表的撒尼夷,因邓司铎的工作就在那一带进行的。
② 这种分类是作者向尾则好几位夷人访问的结果,他们的分类法自然是不科学的。
③ 参阅杨成志:《云南民族调查报告》,页四二。

不幸得很,这种经典现正陆续散佚中,再经一个相当时期,也许就会全部消灭。散佚的原因是:(一)纸质不良。用了若干次数,就破烂得不能再用了,作者曾亲见某次"毕摩"诵经时,因经典破烂而废弃不用的事实。(二)保存不佳。在尾则有一位毕君,原存夷文歌谣集一本,有一百四十八首,但已被老鼠咬得支离破碎,不可辨认,而这又是一个孤本,这些歌谣从此失传。(三)汉化与流出。汉化是指夷人受汉化教育的渐多,对他们的固有文化反有轻视的趋势,于是巫师和经典都没有过去那样受人崇敬了,甚至经典的散佚也不以为可惜,破烂的也不再重抄了。流出是指研究或游览者收买作为研究资料或作纪念品,因为经典往往是孤本,流出一部就是散佚了一部,在夷族的宗教本身是一宗损失。

巫师们诵经的精彩又是怎样的呢?在某次一家黄姓丧事的场合,作者见到这样的一幕:死者在家停丧的第三天,晚八时左右,"毕摩"四人各持经典而来,入场时粗乐队①奏乐相迎。"毕摩"并无特殊装束,入停尸堂屋席地而坐,主人先敬以酒,然后诵经开始,诵经时甲乙丙丁轮流高唱。每人一句,声调悠扬,酷似汉族的私塾老师。四人中有一人手持铜锣,念三四句击锣一下。在诵经的场合并不十分严肃,"毕摩"有时也可和人谈话,并且时时喝酒。这样继续的念,到第二天午后三时许才能念完。

诵经既毕,主人即设宴款待。一席盛宴,是一头牛的血肉、肝、肠……甚至它的骨头,以大木盘盛之。当然,酒更是不可少的。最可异者,是这一席盛宴完全是生的,腥味令人作呕,然而"毕摩"对于生食,非但毫无嫌恶之感,竟能谈笑自若,痛饮狂啖,一扫而空!

这种巫师虽是自由职业者,但报酬却不是金钱。每次法事过后,主人的酬劳除了一席盛宴外,要敬以牛羊头若干,富者七八个,贫者一二个,巫师对于报酬多少照例是不计的。

三、法　　事

关于撒尼夷巫师的法事,作者知道得很少。但我们确信,初民社会

---

① 粗乐队以喇叭四支组成,这种喇叭的形式与汉族所用的无异,但吹奏的调子则不同。

法事的种类很多,如祭神、祭物、丧葬、出猎、驱鬼……都有隆重而严肃的法事。然而,正因为它隆重,所以在有限的时间不容易见到;正因为严肃,所以不相干的外人当然禁止旁观。

夷族的宗教法事,比之苗瑶等族更为丰富,这是一般研究西南民族者共同的结论。他们有所谓"打木刻""雍骨祭""鸡""做和尚""吃血酒"等特殊的法事,①但本文所说的撒尼夷,则因受了汉化和其他宗教的影响,这种种法事已被逐渐淘汰。现在,据作者所知,路美邑的撒尼人,已不常举行法事,甚至"毕摩"也要从别村去请来;在尾则,撒尼人的丧葬,已没有很隆重的法事,而出猎、交易的法事则都已完全消灭。

邓司铎在描写夷人的"叫魂"时写道:

> 施术者坐在十字路口,地上画着通神的符号,铺以炉灰,杀一鸡,将鸡血洒上,然后鸣锣作声,口中喃喃有词,念他的咒语。②

这种法事,作者也见到过一次,大致和上面所述的相符。作法者——"毕摩",和主持"叫魂"的先摇着铜铃,"毕摩"抱着鸡,主人挑着法器,走到十字路口,就在地上用白粉画了五个大圈,然后把五个小斗,每个盛满了米,里面插了木符、竹枝、松枝、李树叶,安放在每一个白粉圈内,然后烧了纸钱,杀鸡,把鸡血洒上,最后"毕摩"就喃喃地念起经来。这种法事是简便的,"毕摩"可以不带经典就背诵出来,作法时间约四小时。

在所有的法器中,显然以木符为重要。这种木符是长约四寸、阔约一寸的小木片,木符在无论何种法事,都是必不可缺的东西。如果村里发生瘟疫,便把许多木符用绳子拴了,悬挂在村子的入口处,不过上面画的鬼相就大不相同了,作者在尾则和所各邑都见到这种拴着绳子的木符。这种木符比做法事用的大得多。另为一种圆柱形的,两端和中间稍宽,中段也画几道符(都是用牲畜的血来画的),但没有鬼相。

---

① 参阅曲木藏尧:《西南夷族考察记》,页四五—四六。该书所论的夷族,住居于四川西康一带,但和路南撒尼夷也不无相似之处,故引作参考。
② 参阅杰人译:《罗罗人有宗教吗?》,载《益世报·宗教与文化》副刊新十五期。

四、密　　枝

拜物教的最大特点,是他们所崇拜的神,不是泥塑的偶像,而是自然界的山石古木。这个特点今日还保存于撒尼夷的宗教中,便是所谓"密枝"。

关于"密枝",邓司铎也曾写道:

> 无疑的,他们不拜偶像,不建庙宇,在一丛所谓"圣林"中放上一块祝圣过的石,就算是至尊之神降临的坛。但事有稀奇,这至尊之神在他们是一个善神,保护生命,加惠于人的。[①]

是的,"密枝"没有庙宇,却有"圣林",没有塑像,却有一块小卵石。这种迹近怪诞的宗教信仰,却是明明白白的事实,连汉化程度很深的路美邑的撒尼人也还有这一个"至尊之神"存在着。

祭"密枝"是夷人最隆重的祭典。祭期是在废历十一月里,日期由"毕摩"决定,这时庄稼已经收获完毕,大概是酬谢的意思。在这一天,主持祭典的人手牵绵羊一头,行经村中大街,口呼"祭密枝!""祭密枝!"全村男子就来参加了,沿途如遇鸡狗,便以石击之,甚至击死都无不可。到了"圣林",就在这一"至尊之神"相近之处,以草绳把树木结起来,划定一个范围,然后杀羊,把羊血滴在石上,另以酒米等物祭之。至于详细情形,作者并未亲见,只能从简了。

在祭"密枝"期的一星期内,妇女是绝对不准走进"圣林"的,平时汲水牧畜都由妇女担任,在这期间就只能由男子代庖了。

五、山　　神

山神庙是尾则仅有的一所寺庙。庙建在半山中,房屋矮小得很,仅一小间,祭坛以前以木栅栏之。山神也没有塑像,是纸画的一幅神像,从那纸质和裱工上,都看得出是城里买来的。作者到山神庙去过两次,

---

[①] 参阅杰人译:《罗罗人有宗教吗?》,载《益世报·宗教与文化》副刊新十五期。

所见的神像并不相同,虽然都是画的文武二将,穿的是汉人装束,原因是第一次所见的神像已被风吹去,有人在城里另买一幅挂上了。

这山神绝不是撒尼夷原有的宗教信仰,除了上面所说的神像可作证明外,更有别的证明:第一,撒尼人所居的村落,除尾则外,如所各邑、路美邑都没有山神庙,而汉人所居的堡子(镇名),却有一所山神庙,那山神是泥塑的一员武将。第二,在尾则山神庙祭坛前的木栅上,贴满了许多春联,例如其中的一幅写道:

"民主千秋开大业,春风一片启新机。"

这种语调更显然是和夷人无关的。但无论如何,夷人是"有神必信"的,即使是外来的山神,还是不妨去参拜的。祭山神是废历八月十四日晚间,以鸡羊为祭品。平时有所需求,随时都可去祭。平时祭山神时杀鸡一双,把鸡毛插在神像身上,[①]另外还用连叶的李树茎一枝和棒香一枝。这山神虽不是夷族的,但这种祭典却是道地的夷族仪式,我们不妨这样说:山神已经"夷化"了。

在路美邑尚有土主庙(祀凶神,据云系观音化身),和关帝孔明庙。这两庙更是百分之百的汉族的,但夷族却同样去祭祀。至于山神、土主等神所司何事,则没有人能说得出来。

六、抬 跤

"抬跤"是撒尼夷的盛大典礼之一。"抬跤"的目的有二:一是祈求风调雨顺,天下太平;二是逢凶化吉。前者有一定的日期,尾则是八月十五日,路美邑是正月初四日(都是废历),后者则没有定期。

"抬跤"的情形是怎样的?《路南县志》有这样的记载:

> 又有所谓交会者,其会无常。或因村中牲畜有瘟疫传染,乃行,若汉俗斋蘸之属。先行定期通告各村,汉人有相识者亦邀请参观。选平原宽广之地名曰"交场",届期男女毕集,有力者出而相较。初入场鞠躬相向,继维以握手,其斗力以跌至地者为负,不相

---

① 纸画的神像是插不住鸡毛的,就只能插在土墙上;作者在堡子所见的泥塑山神,满身满脸都是鸡毛,好像是胖了不少。

搏击,有跌至血流蔽面而犹未肯甘休者。若连胜敌人名"拔扛子",言无敌也,共相喝彩,敬酒挂红,礼毕,相与笙歌爆竹迎送回家,以为非常之荣幸云。①

这里,有两点需要补充和修正:第一,所谓"以跌至地者为负",这"跌至地者"必须是背脊着地,别的部分着地还是不算的,而胜者至少要连胜三人才能"拔扛子";第二,"拔扛子"者大家替他挂一匹红彩,却并不把他"迎送回家",却当他是凶神的代表,当天逐出村庄。令其在村外露宿一晚,第二天才准许回家。

七、木主及其他

汉人普通都祀家堂,夷人没有家堂,他们有的是"木主"。所谓"木主"是一个小竹箩,竹箩内放最近一代祖先的胡须、指甲,和衣服上剪下的小方布一块。祭祀时则用"棒香"一枝,松树叶和李树叶各一枝。

对于祖先崇拜,他们也是惟诚惟敬的。拿胡须、指甲和衣服的一部来代表祖先灵魂的存在,最足以说明这一点。在丧事中的祭祀,也是这几样东西(女子则以头发代替胡须)。此外,他们更以小木匣一个,盛了这几件祖先的遗物,藏之于山洞里,每一个氏族有一个山洞,这已是宗法的雏形了。

这个山洞的所在地是秘密的,不但非本村人无从知道的,就是非本族的夷人也不一定知道。每年废历七月十五日扫墓,本族的全体老小,都要到这个山洞来祭祀,仪式也极其隆重。

八、尾　　语

本文对于撒尼夷宗教的叙述,只是一个初步研究的尝试。自知挂一漏万,难免有坐井观天之讥。但作者企图打破有志研究夷族社会者畏惧的传统心理,和引起对此问题作更深刻研究的动机,则多少做到了

---

① 参阅马标主编:《路南县志》,页四二。

一部分。作者更深信一切原始民族所有的信仰习俗,必有其历史的、社会的基础,拿它当作社会进化的一个特殊阶段看就无所谓"野蛮"或"迷信",从这样的观点出发,是研究初民社会最好的方法。

一九三九年四月二十,完稿于昆明

(《益世报·宗教与文化》第 21、22、24 期,1939 年 5 月 14 日、21 日,6 月 4 日,第 4 版)

路南撒尼、阿细二族琐记

方　豪

去年十二月，余至路南旅行，略作考察。时入滇方匝月，于地方风土，都无所晓，行前亦未参考书籍，且为时短促，所获殊浅，迄不敢公世。会《边疆》索稿，经月无以应，乃草草整理，以求教于读者。其宗教、文字、语言各端，虽为余所爱好，记录较详，顾以内容繁杂，而镂版镌字，两俱不易，发表商榷，盖尚有待焉。豪识。

（一）考 察 区 域

民国二十七年十二月，予至路南考察撒尼、阿细二族的生活。此次考察路程：计自宜良至路美邑四十五里，坐滑杆；路美邑至路南十五里，至青山口二十二里，又至滥泥箐八十里，均坐滑杆；滥泥箐至尾则八十里，尾则至路美邑四十五里，路美邑返宜良四十五里，均骑马。昆明至宜良系乘滇越路火车，有公路，但不通汽车，自行车三四小时可达。（行程图从略）

（二）姓　　氏

路南撒尼、阿细两族中现行汉姓有：毕、段、李、黄、高、方、金、张、孔、王、赵、钱、普、曾等。毕姓最多，方姓居海泥村，孔姓居尼邑村，钱姓曾任把总，势力较大。

他们也有双姓或三姓的。因夷人入赘，须在原来的姓上加上一个姓,如李姓赘于鲁姓,即姓鲁李,但若此鲁李或他的儿子再赘于杨姓,即为杨鲁李。双姓取名只用一字,三姓即不再取名。

夷人取名,亦有如浙江绍兴等处,以初生时之体重为名,如:六斤、十斤等;亦有以生时祖父的年龄为名的,如六十三、七十五,但不多见。夷人招赘者约占百分之三。

撒尼女子取名喜用花字,如曰"留维""守维","维"即花,"留"有喜欢意,"守"有重生意。

阿细女子取名,用花字者少。多以所属的生肖为名,如属鸡生的取名鸡,但用"白"字或"娘"字的却不少。"白"字夷人读若"土","娘"曰"那"。

夷人称汉姓,或谐音,如毕作笔,杨作羊,赵作罩,章作毡,段作断;或会意,如孔曰洞。又呼王姓为鸦,因鸦鸣声似"王王"。其他如金、高、钱、李姓,夷汉所称皆同。

(三)礼　　尚

夷人不爱礼节,宾客临门,也不请坐。但汉人去的话,使照汉人风俗相待,非常客气。

(四)卫　　生

他们的屋宇,除了灶里的烟灰外,倒还清洁。身体也很健壮。患眼疾的不少,但少有瞎子。亦有麻风病,患麻风病的便住在村角的小屋里,没有远走的。(苗人生麻风病后,大多不容于本村。)以前曾由政府成立了几处麻风院,其实只是圈禁而已。后因经费支绌,病人衣食不足,也就废去了。

患病,多不就医,病重,请师娘作法术。医生大多是汉人,或是从汉人学会的,所以看病方法全是按脉、视舌那一套,也有行按摩的。

我曾经查阅了路美邑天主堂的教友死亡登记册,成人死亡年龄多在六十岁、七十岁之间,有疫病的时候除外,那儿最多的疫症是伤寒、重性疟疾等。（近年高寿者已少见。）

夷人保育婴孩较汉人精明，所以小孩的死亡率很低。不过咳嗽症是小孩的大敌，小孩多死于此症，亦时疫之一。

（五）饮　　食

1. 食粮

平原夷人大多吃米，米亦一年一获。每日进食二次，与滇中汉人同。佐膳用品极少，多不用，用亦只限蔬菜，肉不常用，其余食料，有荞麦、玉蜀黍、豌豆、黄豆等。山头夷民多食荞麦粉或玉蜀黍粉。

2. 饮料

夷人不爱饮茶，但饮热水，出外则饮溪水或泉水。凡夷人群居的地方，必有泉源或池沼。但路南山间，水源稀少，往往有数十里没有水，或有水而不能饮的。他们喜饮酒，大多是自制的烧酒。（附鸦片）夷人吸鸦片者极少，仅得百分之一；但种者极多，售与汉人，汉人常有因吸鸦片而穷困的，便将田地卖给夷人。所以最近数年来，夷汉杂处的地方，夷富汉贫的现象很为显著。

鸦片本是违禁的，据说前几年路南来了一个贪污的官吏，强迫人民购买。他将吸烟的人数向主管机关多报一半，所以领到的官烟也多一半。被强迫购买而染上瘾的很多。大约每售一元半，他可以赚得半元。后经民众向省主席控告，听说这个官早已去职了。但我在路美邑还见到一家烟馆，这问题是相当严重的。

（六）狩　　猎

夷人极爱打猎，几乎每一个成人有一支枪。有些是土枪，但也有从法国来的双管枪。他们利用使用过的弹壳，装上火药，射力非常伟大。不过，像路南这些地方，鸟兽已被他们打得几乎绝种了。往往见到他们背着枪来来去去，可是猎获物是少有见到的。

阳历十一月起,便有人出外去打猎,有远至七八日或十余日路程的,有到贵州去的。大约往返一月,随身只带毡毯,年老人亦有爱去的。

(七)经　　商

夷人不知经商,在他们村里找不到铺子。偶有一二家小商店,也大多是汉人开设的。在路美邑我就只看到一个有铁栅子的小窗口,在那儿可以买到酒、烟、自来火、香。不过,出外经商的也不是绝对没有,如贩牛、贩粮食等,但为数极少。

(八)甲　　头

夷人有所谓"甲头",是挨户轮流任职,一月一任。轮着你做的时候,不论你胜任不胜任,愿任不愿任,你得做去。反正甲头也不做事,只召集开会而已。夷人议事或公断讲情……都须集众开会,开会前鸣锣为号。

甲头例须由家中年事最高者担任,但得让与年小者,惟不能让与他家。妇女亦可充任,然不多见。

现在政府虽已派有保甲长,但山中的夷民仍按着自己的习惯,一月一任的轮流做去。据说,他们这"甲头"制度的历史已很久远,无从稽考。

(九)男　女　平　等

夷人男女很平等,你能看到女子在田里劳作,你也能看到男子背着小孩。他们不重男轻女,没有溺女的坏风气,见不到孤儿、孤女。天主教到处设立的孤女院,这儿是用不着的。他们不单爱护自己的女孩,汉人有不愿养女孩或养不起女孩的,也都肯收养,完全和自己的儿女一样看待,长大了也可和他们结婚。

（十）身体特征

乍一看去，夷人的身体和我们似乎没有分别，但仔细观察，便可知他们的头发要较为粗直，眼睛的瞳子也较我们为黑，四周微带绿色，而眼皮里层的红色也常显露在外。

此外，另有几点特别引起我的好奇心：

1. 有骈指的较别处为多，有一手六指，有两手十二指的；有双手双脚都有骈指、骈趾的。骈指生在大指旁，骈趾生于小趾旁。据查：尾则共约六百人，四个人有骈指，阿细人一，苗人一，撒尼人二。

2. 脐高。这是由于断脐时不得法。据云：滇军阵亡时，察脐的高低可以分别谁是夷人。

夷人听觉、视觉都很敏锐，爱听音乐，但无乐器。皮肤略黑，较南方汉人略为高大。

（十一）经济状况

夷人生活简单，不须购置大批用具；他们蹲而不坐，桌椅凳几都成了废物。所以人人自食其力，全可勉强度日，不过他们每家的经济实情却无法调查。据张连科先生（撒尼人）对我说：夷人对于家中钱财极守秘密，入钱即藏于地下或墙洞中，怕土匪抢去。但另有一夷人说：夷人不爱储蓄，有钱即买田买枪。枪是他们的第二性命。夷人无大富大贫，无乞丐。

夷人旧俗不借贷不放债，穷人可为富人做工，以米麦或玉蜀黍为工资。最近亦有开始借钱的，汉人向夷人借钱，多以米为息。

（十二）智力

在路南城里，我曾访问路南中学某教员，据云：夷人和汉人智力大略相若，但总觉稍差。在尾则，我遇到圭山小学校长，他说：夷人成绩有时的确差些，那是因为他们在校时读的虽是汉文，教员讲的虽是国语，但一回家中，和他们的家人聚谈时，却都用夷话，因此不易进步。另据一位法国教士说：学校的校长和教员尽是汉人，有时他们也故意将夷人的分数减少，以博汉人学生的欢心。曾有一次因夷人考取第一名，致汉人学生起而反对。于是我想到天主教的修道院去考察。云南修道院共有三所：初级的在路南县青山口，中级的在昆明北郊白龙潭，高级的在昆明市平政街。中级修道院，夷族院生甚少，现在且已绝迹，故无从调查。据院长（法人）说：汉人夷人智力完全相等，但夷人极易灰心失望，常须鼓励。初级修道院，前任院长是法国人，现任院长是瑞士人，因此对待学生是极为公平，绝无夷汉之分，这是我要向初级修道院去调查的第一原因。二是初级修道院读的是拉丁文，这在夷汉学生亦无难易之分。三是修道院的考试成绩年年保留，故作比较亦更精确。而且民国二十二年至二十六年之间，初级修道院的夷汉籍学生人数亦大略相等，所以我费了半夜之力，将那几年的学生成绩抄录如下：

学期＼名次＼种别	夷	汉	苗
二十二年上（共十七名）	1,6,8,10,11,13	3,4,5,7,9,12,14,16,17	2,15
二十二年下（共十七名）	1,2,7,8,10,14,16	3,4,5,9,11,12,13,15,17	6
二十三年上（共二十一名）	4,5,8,10,17,19,20,21	1,2,3,7,11,12,13,14,18	6,9,15,16
二十三年下（共十四名）	1,2,10,14	3,5,6,9,11,12,13	4,7,8
二十四年上（共二十一名）	1,2,3,4,11,13,14	5,6,7,8,9,10,12,15,16,17,18,19	20,21
二十四年下（共十名）	1,4	2,3,6,8,10	5,7,9
二十五年上（共二十三名）	1,4,5,6,8,9,13,16	2,3,7,10,11,12,14,15,17,18,19,20,22	21,23

(续表)

学期＼种别名次	夷	汉	苗
二十五年下（共十名）	2,5	1,3,7,8,9,10	4,6
二十六年上（共二十二名）	1,3,6,8,10,11,14,22	2,4,5,7,9,12,13,15,16,17,18,19	20,21

根据上述九次成绩,再为说明如下:

第一名夷人得七次,汉人二次;

第二名夷人得四次,汉人四次,苗人一次;

第三名夷人得二次,汉人七次。

足证夷人智力,或在汉人之上。该院汉人常较夷人为多,故夷人的优良成绩更觉可靠。

（十三）地 方 自 卫

以前汉回有事的时候,夷人常助回人。遇战时或遇盗匪来攻,由甲头派人四出探信报告。队伍以各色旗帜为号,临时变换,免对方袭用。如单日用红白二色,双日用黑色,或单日用黄色,双日用蓝黄等色。

（十四）服　　装

男子几已完全汉化。女子的上衣有对襟开和斜开的两种：前一种有五钮,每两钮为一组,前短(约在膝下寸许),后长(约在踝上一寸),裤与衣齐。质料以青布为多,但四周配着极鲜艳的边缘,花纹精细。夷妇仍蓄发,帽以五六尺长之花布围绕头上,又以石菇花干皮剪细,盘于头顶。石菇花,色黄,约高二尺,干皮约阔一寸半。背披羊皮,套于肩腰间,坐时可以垫地。

撒尼族多系腰带,阿细族亦有斜挂布袋的,自右肩垂至左腰。

（十五）性情与道德观念

关于这一节，我要特别声明：1. 本节内容大半是某法国神父告诉我的。2. 我们认为各地人民都有优点，也都有劣点；我们愿以客观的态度，作极忠实的报道，希望夷胞对于这一层能深切了解：

甲、自尊心颇重，不能直言规过，须婉转而谈。

乙、猜疑心颇重。例如对门户或行李稍示谨慎，即认为不信任，并认为侮辱。

丙、易受刺激，易灰心，但亦易于说服。

丁、重视公义，窃贼极少。对待夷人须至公无私。旅客在道旁或山上采取一二果实，或摘取玉蜀黍等充饥，不加干涉，但不得携至家中。（亦有几村较为严格的）我们可举事为例。某次，飞机一架被迫降落某地，县政府令每村派若干夫役扛抬，因人数不匀，致生纠纷。兵役问题，情形亦同。夷人爱国心极重，从军亦很喜欢，但若办理有弊，必遭反对。

戊、忠实。夷人非常可靠，在那儿传教的神父，向不关闭室门，亦从无遗失。

己、贞操。这是最复杂的一个问题，各处对夷人种种的传说中，亦以关于这一层的最多，但以讹传讹的不少。

据我考察所得，夷人恋爱极自由，所以婚姻的惨剧决不能发生。每一个村子有一所公房，那是青年男女谈爱情的处所，儿女们在那儿约会诉说，父母是不能干涉的。每年正月初一和六月二十四，更是男女狂爱的节日。那两天青年男女漫山遍野的在放肆着，穿的是最好最鲜艳的衣服。

据毕神父（撒尼人）说：在滥泥箐有两个四十以上男子还没有结婚，没有别的原因，只是为了怕羞，在夷族里有这样的现象，真是"咄咄怪事！"

夷人结婚前虽极自由，但一结婚后却始终如一。男子近亦有纳妾的，可是为数极少，在路美邑——八户中，只二三人而已，且被人鄙视。寡妇可以再醮，对方大多是鳏夫。

以前夷人有一种陋风,名"活枕"。即甲村少男至乙村,不能和乙村少女随便谈话游戏,若偶一失检,必被乙村少男殴打。不过,要是乙村少男中有你的朋友,他就得代你找一个或指派一个少女做你临时伴侣,晚间也和你同寝一室,所以名为"活枕":表示亲热和客气。有时也不限于少男少女之间,某法国神父对我说:邓神父 P. Vial(维亚耳)初到路南开教时,还有这风气,地方人为邓神父也预备了一名"活枕",在日间邓神父以为是乡俗如此,不便推却,及到晚间还留着不去,便起了惊慌,经恳切说明理由,才由他们带回去。"活枕"虽未必与人发生肉体关系,但危险性之大是可想而知的。听说此风早已绝迹,现在的青年夷人多不知有这样的习俗了。

庚、孝爱。夷人极尊敬老长,不仅孝敬自己的父母,遇有纷争,只须有老人出来一讲,立即帖服。爱国,我们认为是应属于"孝"德的,因为是敬恭父母之邦。夷人爱国热情恐在汉人之上,关心国事,爱听抗战消息,自动从军的很多,抽着壮丁,决不推诿或装病,一入军伍,决没有开小差的。某神父因教友出征的很多,有几名还是教友中的中坚分子,教会少了这些人,未免略受影响,在宗教一方面说起来,他不禁有些伤痛!

有一件事是不可抹杀的,那便是夷人和苗人的乐于投军,毕景星神父和李神父(苗人)宣传的力量实在不小。

在捐钱方面:"九·一八事变",路美邑、青山口各捐滇币五十元,烂泥箐捐滇币一百元。"一·二八事变"后共捐滇币一百元。七七抗战起捐滇币一百九十三元。

以上但就天主教方面而言为数虽小,但在这样清贫的地方,也实有可观了。

辛、友谊。夷人友谊平泛,仇恨极深,历十余年不解的很多。

(十六)婚　　姻

男女结婚期多在十七岁后,二十岁后结婚者少。男女年龄不论大小,女大于男者亦多,但最爱同年结婚和近亲结婚,表兄妹结婚的很多。

男女相悦后,男即带女子到家中住宿两天,复送女回本家若干天,并须送酒。在大都市,婚姻愈来愈自由,夷人适得其反,民国后,倒逐渐在实行"父母之命,媒妁之言"了。

兹将路美邑天主教堂之结婚登记,为表于后:

结婚年龄	12	13	14	15	16	17	18	19	20	21	22	23	24	25	26	27	28	29	30	31
女	1	2	1	5	1	1	1	5	4	2	1	2	3	1	3	0	1	0	2	2
男	0	0	0	1	3	3	1	4	4	2	2	5	2	2	2	1	1	1	1	2

男子尚有三十四岁、三十九岁结婚者,各一人。

男女结婚年龄之差异	同年	差一年	差二年	差三年	差四年	差五年	差六年	差七年、九年、十六年者,各一人
人数	十一人	八人	十一人	十一人	五人	三人	二人	

(十七)生 殖 率

平均每一夫妇约有三四子。

(十八)生　　育

夷妇产子时,多由姑婆接生,没有以收生为业的。产妇停工一月,产长子、女,亲戚须送鸡卵十余枚,米不定,约为半升,米称"祝米"。小儿满月,须宴请外祖父、外祖母。

(十九)丧　　葬

夷人对于小孩夭折最为悲伤,但无特殊礼节。成人死后,须请端公举行"跳狮子",请客,备酒席,约两天毕事。寻常是死后第二天入葬,但筹备稍慢,亦可延迟。

现亦穿素,仿效汉人,式样相同。

夷人葬埋尸体,在昔只用破席包裹,自邓神父劝导后,近五十年来,已逐渐改用棺木。

(二十)

损害林、木、果、谷和妨碍饮水的罚例。在宝元厂哨坡一个小池旁的大树上贴有两张告示,是一种禁令,因匆匆路过,只将其中较有兴趣的胡乱记在随带的报纸上:

偷桃李等,每个罚铜元四个。

偷玉麦,罚国币三角。

放野火,罚五元。

马、羊在田内吃草十柯;五月罚二文,六月罚三文,七月罚四文,八月罚六文。

在池内洗菜罚一元,便溺二元,捕鱼二元,水牛入水二元,洗脚五角。

松树等枯死者、有刺者,不禁止。

最后一条,与天主教神学内的学说相同,似受天主教的影响。因为那村里就有一所规模很小的天主教堂。

(《益世报·边疆》第31期,1939年7月24日,第4版)

僰人与白子

方国瑜

（弁言）报载：暹罗政府向人民议会提出改称国名为泰（Thai），艺术厅銮威集·哇他干广播讲演，申述改称国名之理由，而其国内学者大事宣传，组织泰族国家，收复泰族已失故土。狂妄之论，已引起国人注意，陶云逵、陈序经诸先生为文讨论，从民族文化言，诚如所云。顾颉刚先生数告瑜发表意见，瑜所能言者为史事，将从历史证明暹罗学者所谓泰人失地者何在？距今十五年前，暹罗亲王共丕耶达吗銮拉查奴帕，在朱拉銮干大学讲演暹罗史，称：

> 据历史所传，泰族初发源于中国之南部，如云南、贵州、广西、广东四省，以前皆为独立国家，泰人散处各地，中国人称之曰番。至于泰人放弃故土迁徙缅甸及拷蛮等地之原因，实由于汉族之开拓领土。据历史所载，约在佛历四百年间（按，此误，应作佛历七百七十年间），刘备在四川立国，孔明起师征伐番地孟获，以向西拓张其疆土。此段记载，即为汉族南征泰族之记载。泰人既无力与汉族抗衡，又不肯受统治，不得已而移居西方，另辟新土。……泰人虽失其发祥故土之大部分，但非尽亡，尚能保存一部分原有土地，维持独立局面，至数百年之久。据中国方面记载，谓泰人有五个独立区域（按，此误，应作六个或八个），合成一国，时在唐朝，称之曰南诏，南诏王国都昂赛，即今之云南省大理府。……泰人维持独立局面，直至元世祖忽必烈可汗在中国即皇帝位，始于佛历一千七百九十七年（按，是年为元宪宗四年甲寅，忽必烈尚未即位）调动大军，征伐泰国，至入缅甸境内。自彼时至今日，泰人原有土地，乃尽

沦落,变成为中国领土。

在此讲演所提出之问题:(一)泰人发祥于金沙江流域;(二)诸葛亮所征服者为泰人;(三)南诏为泰人所组织之国家;(四)元世祖征大理,泰人放弃故土。此与吾人所知之史实,绝不相容。达吗銮拉查奴帕,虽在暹罗为有威权之史学家,而于中国历史,所知甚陋,即于上文所引附注数处,亦可见之。且彼在讲演之初,声明:"此次讲演,绝非依照任何现有之历史,乃就予考察所得,阐述历史之事实果如何者也。"既无依照任何历史,而信口雌黄,当无可信价值。惟见近年我国学者阐述泰人史事,对于暹罗学者之谬说,不惟不加非难,且从而附和之,是不可不辩也。瑜初拟作一短文,然此问题为学者所误解,盖由不肯多假时日,钩稽史事,瑜愿为其所难,汇录资料,以供学者研究,虽所知甚寡,或有可取。而颉刚先生,将取以充《边疆周刊》篇幅,索稿甚急,当随写随印,拟目如次:(一)僰人与白子;(二)叟与爨;(三)南诏之民族;(四)白衣与摆夷;(五)中国的云南;(六)暹罗与中国。每一个问题当详于系统与地理。尤有进者,瑜虽因暹罗学者误解史事而作,然纯为史实之陈述,不欲因宣传而曲解历史矣。

自汉以来载籍,云南有僰人,今之言西南民族者,以为僰人即摆夷,故称摆夷为僰夷,述摆夷史事,即援引僰人。谓古之僰人为泰族,盖因摆夷之摆字,音与僰(蒲北切)相近而附会之。然吾人考校历史事实,僰人绝非摆夷,而为今之白子之先民。其称摆夷为僰夷者,始见于明万历间李元阳之《云南通志》,在此以前,则僰字绝不用于摆夷也。兹述僰人史迹与地理,以实吾说。

《史记·司马相如传》曰:"唐蒙使略通夜郎西僰中。"文曰:"南夷之君,西僰之长。"按,唐蒙通夜郎西僰事,详见《西南夷传》,夜郎在今贵州,西僰则在云南。《旧唐书·张柬之传》曰:"前汉唐蒙开夜郎、滇、莋。"以滇、莋易西僰,因同地也。

《水经·江水注》曰:"汉武帝感相如之言,使县令南通僰道,费功无成。唐蒙南人,斩之,乃凿石开阁,以通南中,达于建宁,二千余里,山道广丈余,深二三丈,其鏨凿之迹犹存。"按,汉设益州郡于云南,治滇池县(即今晋宁),蜀汉改称建宁郡,治味县(即今曲靖),唐蒙开道二千余里以通建宁郡僰人,故称僰道。

王象之《舆地纪胜》曰:"西汉僰道,即汉武帝遣唐蒙凿石以通南中者,今石门是也。"按,石门者,樊绰《云南志》曰:"从戎州南十日程至石门,贞元十年七月,四川节度使韦皋遣巡官监察御史马益,开石门路量行关。"今大关县豆沙关,有贞元十年九月袁滋摩崖,记马益开路置驿事,则豆沙关即古之石门,唐蒙开僰道即经此也。汉唐以来,自成都至大理由二道:一为清溪道,经今西昌;一即石门道,石门开道以通僰人,故称僰道。汉犍为郡有僰道县,即今宜宾县故地,为通僰中所必经,故名。以是言之,今云南地汉代有僰人,僰果为何种人耶?

《说文解字》"人部"曰:"僰,犍为之蛮夷。"又,"羊部"羌字曰:"西南僰人。"此以地理释之。《水经·江水注》引《地理风俗记》曰:"僰人,夷中最仁,有仁道,故字从人。"《蜀中广记》引《郡国志》曰:"僰在夷中最贤者。"此以性质释之。论其族类,当与羌相近,故载籍以僰与邛、莋、滇、羌、氐并称。兹举数例:

《汉书·食货志》:"通西南夷道,作者数万人,散币于邛僰以辑之。"颜师古注曰:"本西南夷两种也。"

《后汉书·种暠传》:"出为益州刺史,在职三年,宣恩远夷,开晓殊俗,白狼、槃木、唐菆、邛、莋诸国复举向化。"按,白狼、槃木为莋都夷,见《西南夷传》。

《史记·西南夷传》:"巴蜀民或窃出商贾,取其莋马、僰僮、髦牛,以此巴蜀殷富。"《正义》曰:"今益州南戎州,北临大江,古僰国。"

《汉书·张骞传》:"蜀犍为发间使,数道并出,出駹,出莋,出徙、邛,出僰,皆各行一二千里,其北方闭氐、莋,南方闭巂、昆明。"颜师古注曰:"皆夷种名。"

《史记·货殖传》:"南御滇、莋,僰僮,西近邛、莋马、旄牛。"按,此自蜀郡而西与商,南为滇、僰之民。

《汉书·地理志》:"南贾滇、僰僮,西近邛、莋马、旄牛。"语本《货殖传》。

《汉书·严安传》"上书"曰:"今徇南夷,朝夜郎,降羌僰。"按,夜郎与羌僰,并各为一种,盖以僰与羌近,故称羌僰也。

《后汉书·杜笃传》"上奏论都赋"曰:"捶驱氐、僰,寥狼邛、莋。"李贤注曰："氐、僰、邛、莋，并西南夷。"

凡此言西南夷事，僰与西南诸种人并称，西南种人大都据蜀郡边外，羌族也。《后汉书·西羌传》曰："或为犛牛种，越巂羌是也；或为白马种，广汉羌是也；或为参狼种，武都羌是也。"生息于越巂、沈黎、汶山、武都数郡者，皆羌族。僰与诸羌族相近，故《史记·司马相如传》集解引徐广曰："僰，羌之别种也。"僰为羌族分支否？虽不可必，然其生理之混合，文化之交流，则意中事，僰当与羌相近也。

僰与羌相近，尤与汉族相近，其始盖为汉族，后乃与羌相混，故谓僰为"夷中最仁""夷中最贤"。其在夷中为特出者，此可知也。明曹学佺《蜀中广记》引《夷裔考》曰：

> 僰人，其本先华人，有罪贬远方，以棘围之，故其字从棘、从人。其俗每岁六月二十四日为星回节，兢以火把盈野，傍居城郭，与汉人无异。

谓有罪贬远方者，盖本《礼记·王制》"屏之远方，西方曰僰，东方曰寄"之说，虽不必有罪而屏之远方者，然自内地移植边境，则可得而说。《华阳国志·蜀志·僰道县》曰："本有僰人，故《秦纪》言僰僮之富，汉民渐多，斥徙之。"可见僰本居蜀郡以南，后始入滇。至谓僰人有星回节，则僰人即今之白子，亦称民家，可无疑义。元李京《云南志略》已申此义，《志略·诸夷风俗》曰：

> 白人，有姓氏。汉武帝开僰道，通西南夷，道今叙州府属县是也。故中庆、威楚、大理、永昌皆僰人，今转为白人矣。白人语，着衣曰衣衣，吃饭曰咽羹，樵采曰析薪，帛曰幕，酒曰尊，鞍粘曰悼泥，墙曰僰垣，如此之类甚多，则白人为僰人明矣。

李景山证僰人为白人，又以为僰人与汉人相近，举语言为例，其说可信。剑川赵星海先生著《白文考》，举证白人语中之中土故训，成数厚册，多精确不易之论，可补景山所说。

景山又谓僰人有姓氏，此自古已然，且姓氏与汉人同，其他西南民族则初不尽有姓氏，或其姓氏与汉人异，故古南中有姓氏与汉人同者，可知为僰人。《华阳国志·南中志·朱提郡》曰："大姓朱、鲁、雷、兴、仇、递、高、李，亦有部曲，其好学，滨犍为，号多士人，为宁州冠冕。"按，晋之宁州所属，有建宁、晋宁、永昌、云南、兴古、朱提数郡，并在今云南境。朱提，方俊之见于《南中志》者，若：牂牁太守朱褒，平乐太守李壮，兴古太守李播，牂牁太守雷炤，铁官令毛铣，中郎李叡，大中大夫李猛，都尉雷逢，辅汉将军孟炎，此皆僰之杰出者。又《南中志》与兴古郡律高县曰："大姓陈、赵、谢、杨氏。"律高在今南盘江下游，亦以僰为望族。而《南中志》所载建宁、晋宁、云南等郡人物，多董、王、李、孟，姓氏与汉人同，亦当为僰人也。

汉晋称西南人种有昆明，当即僰人，僰与明发音本相近，当音之讹变，而昆字则附加之形容词也。《华阳国志·南中志》曰："夷人大种曰昆，小种曰叟。"以昆与叟区分南中民族之两大系，叟当为爨，昆则僰人，若非以爨、僰分昆与叟，则□□当之。而所谓昆明，亦近于羌族。《华阳国志·蜀志·定莋县》曰："定莋夷也，汶山曰夷，南中曰昆明，汉嘉曰嶲，蜀曰邛，皆夷种也。"则昆明与莋、邛、嶲诸种人相近，移植南中，与叟族错综而居。《史记·西南夷传》："西自同师以东，北至楪榆，名曰嶲、昆明。"《册府元龟》卷九五七引此文注曰："嶲今嶲州，昆明又在其西南，即南宁州诸爨所居，是其州也。"《舆地广记》卷三〇昆明县下所注□。按，唐设南宁州都督，治味县，领十六州，辖境较今云南省略小。盖昆明散居各地，与爨族相杂也，兹以获见于史者识之：

《史记·自序》："奉使西征巴蜀以南，南略邛、莋、昆明。"此昆明在嶲州南，居金沙江北者。

《史记·西南夷传》："王然于夷西指求身毒国，至滇，皆闭昆明，莫能通身毒国。"此昆明在金沙江南，居滇以西者。

《南中志·永昌传》："哀牢夷，南中昆明祖之，故诸葛亮为其国谱。"按，哀牢夷非泰族，当作别文详之，□□明之居澜沧江流域者。

《后汉书·哀牢传》：哀牢王类牢反，"邪龙县昆明夷卤承等应募，率种人与诸郡兵击类牢。"按，邪龙县在今蒙化，此昆明之居洱河附近者。

《后汉书·滇王传》："元封二年，设益州郡，后数年，复并昆明皆以属之。"按，益州郡治滇池县，即今晋宁，此昆明之居滇池附近者。又：

"建武十八年,夷帅栋蚕与姑复、楪榆、弄栋、连然、滇池、建伶、昆明诸种叛反。"按:姑复今盐源盐边,弄栋今姚安、大姚,楪榆今大理,连然今安宁,建伶今昆阳,滇池即晋宁,此六县并有昆明种也。《新唐书·南蛮传》:"咸亨三年,昆明十四姓,率户二万内附,析其地为殷州、总州、敦州。"按,此三州在戎州南,即僰道,在唐代仍以昆明为大姓也。

以是知昆明种遍居于南中,其人与羌近,故亦称为昆明羌,省为明羌。腾冲李先生《景遂堂题跋》曰:"弥羌或曰明羌,自昆明、昆弥字来。"按:明羌今讹为民家,即白子之别称,以明羌为昆明,此说最确。今日称白子为明羌,与古之称僰人为昆明者正相似,而白子与明羌二名,来源已甚古也。

两汉昆明散居南中各地,以滇之东北最盛;迄唐,昆明亦散居南中各地,又以滇之西为最盛。盖自东晋以后,爨姓崛疆南土,争长称雄,他姓不免受其侵凌,故昆明种亦向西南移植,其势力最称雄厚者,即在嶲州以南至西洱河附近之地。《新唐书·南蛮传》曰:"爨蛮西有昆明蛮,一曰昆明,以西洱河为境,即楪榆河也。"《册府元龟》卷九五七、《唐会要》卷九八并同,且曰:"有胜兵数万人。"足见其势之不可诬,盖为昆明之根据地也。《旧唐书》本纪:"麟德元年五月乙卯,于昆明之弄栋川置姚州都督府。"《唐会要》卷七三同,且曰:"每年差兵募五百人镇守。"盖唐置姚州都督,既为经略昆明也。

又:"开元十七年二月丁卯,嶲州都督张审素功破蛮,拔昆明城及盐池,杀获万人。"按,此昆明城应在金沙江北、嶲州之南。《太平寰宇记》曰:"昆明县,本汉定莋县地,唐武德二年置昆明县,盖南接昆明之夷,因名。"又曰:"天宝中,于昆明县置昆明军以镇抚之。"大渡河以南,后为南诏所有,盖因有昆明种也。

唐初遣兵南征姚州蛮,当即征昆明蛮,如咸亨四年梁积寿往姚州征叛蛮,神龙三年唐九征,击姚州叛蛮(并见《旧唐书》本纪),及垂拱四年前赵武贵、李义总之讨姚州(见《张东之传》),即征昆明。当日在此区域,昆明之势力最盛,亦可知也。

昆明蛮又称白蛮,即汉晋间所称僰字之对音也。樊绰《云南志》卷四曰:"弄栋蛮,则白蛮之苗裔也。"《新唐书·南诏传》曰:"弄栋蛮,白蛮种也。"按，《旧唐书》《唐会要》称昆明之弄栋，而此曰白蛮种，是知白蛮即昆明种也。又樊《志》："青蛉蛮，亦白蛮苗裔。"青蛉在弄栋北境，亦属姚州。又樊《志》曰："壹登城，东西散居，皆为蛮白蛮之种族。"《新唐书·南蛮传》曰："邛部六姓，一曰白蛮，又有东、钦二姓，皆白蛮也。"按，壹登邛部并属巂州，巂州南有昆明城昆明军，即昆明蛮所聚居，此白蛮，当即昆明蛮也。樊《志》卷五曰："渠敛赵有王、杨、李、赵四姓，皆白蛮也。曰是沮蒲州人，迁徙至此，因以名州焉。"按，渠敛赵即赵州，今凤仪县，在洱海南，此白蛮，当即以西洱河为境之昆明蛮也。

而昆明白蛮，以所居之地，亦称松外蛮，《新唐书·地理志·嶲州昌明县》曰："贞观二十二年，开松外蛮，置牢州，及松外、寻声、林开三县，永徽三年废，省三县入昌明。"此当以是年梁建方击松外蛮而设治，事见《旧唐》本纪及《通鉴》胡三省注曰："松外诸蛮，依阻山谷，亦属古南中之地，盖以其地在松洲之外而得名也。"按，松洲今松潘，在嶲州北，而松外蛮应在嶲州南。胡氏说未是。李兆洛《历代地理志韵编今释》曰："昌明，在今四川盐源西南。"则近之也，樊绰《云南志》卷六："昆明城正南有松外城。"盖牢，设松外县，其民为昆明，故以松外蛮称昆明蛮也。《新唐书·南蛮传》曰："贞观中，嶲州都督刘伯英上疏：'松外诸蛮，率暂附亟叛（《册府元龟》卷三五八作：松外诸蛮，虽暂降款，旋即背叛），请击之，西洱河天竺之道可通也。'"此可见松外蛮在巂州至西洱河之间。《传》又曰："居数岁，太宗以右武侯将军梁建方发蜀十二州兵南讨，酋帅双舍拒战，败走，杀获十余万。群蛮震骇，走保山谷，建方谕降者七十余部，户十万九千，署首领蒙、和为县令，莫不感悦。"以讨松外蛮而杀获至十余万，降户十万九千，其种人数，亦可谓多也。梁建方出征事，亦见《唐会要》卷九八，在《昆弥国传》称："降蛮七十二所，户十万九千三百。"即征松外蛮之役，因松外蛮即昆明蛮，故二书虽名称异而实同也。

《唐会要》记昆明蛮曰：

> 有数十部落，大者五六百户，小者二三百户，无大君长，有数十姓，以杨、李、赵、董为名家，各擅一州，不相统摄。自云其先本汉人，有城郡村邑，自夜郎、滇池以西，皆曰庄蹻之余种也，其土五谷与中夏同。

《新唐书·松外蛮传》所记与此同,而《太平寰宇记》所载更详,曰:

> 松外诸蛮,唐贞观末为寇,遣兵从西洱河讨之。其西洱河从巂州四千五百里至其地,有数十百部落,大者五六百户,小者二三百户,无大君长,有数十姓,以杨、李、赵、董为名家,各擅山川,不相役属。自云其先本汉人,有城郭村邑,弓矢矛铤,言语虽小讹舛,大略与中夏同,有文字,颇解阴阳算术。自夜郎滇池以西,皆云庄蹻之余种也。

则松外蛮或昆明蛮,当与汉人相近,其姓氏、城郭、五谷与中夏同。言语虽小讹舛,亦与汉人同,此即白蛮也。樊绰《云南志》卷八曰:"言语音,白蛮最正,蒙舍蛮次之,诸部落不如也,但名物或与汉人不同,及四声讹重。"闻在宥先生曰:"最正者,以其多汉语借字,即以汉语为本位言之也,四声讹重者,犹今人恒以自身方言为准,而疑其他方之声调为不合也。"盖松外蛮或白蛮本自汉族分支于南中,惟因年代长远,又与他族混合,故言语与汉语稍异耳。

如上所举诸书之记载,同为一事,或称昆明蛮,或称松外蛮,或称白蛮,当因名号虽异而实为一种人也。其名号之来历,昆明沿用汉晋以来之称,《通鉴》武德四年曰:"昆弥,即汉之昆明也。"又白蛮即与汉晋僰字同音而用之。松外蛮,则此族居松外县,因称之也。而松外蛮或白蛮,自言本汉人,其语言与汉语近,则尤可证其族即汉晋之僰人,今之白子也。

唐代白蛮,居巂州,南经姚州至西洱河一带,诸家记其地有数十部落,此为贞观以前之记录。自后,在此区域,部落之强者,以六诏(或称八诏)为最著,又拼而为南诏,南诏民族,当以白蛮为主体。迄五代、赵宋之大理国,其民族亦以白蛮为主体,而大理国置八府四郡,较之南诏本土为扩大,白蛮亦因政治势力而移植,渐遍于今之云南省各地。南诏大理国之民族,当别作一文详之,兹言元代。

元代史事,屡见僰人之称,即为汉晋僰人,唐之白蛮,今之白子,可无疑义,兹举数例:

《元史·信苴日传》曰:"僰人也。"按:信苴日即段实,大理国段氏之裔,为元大理路第一代总管。

李源道撰《王惠墓志铭》曰："世居中庆之晋宁,后徙滇为滇人,曾祖考讳世,僰人。"按,王惠子昇,至正间官儒学提举,有《王彦高文集》。

景泰《云南志·楚雄府名官》曰："董文彦,元威楚路知事,临安通海僰人。"按,文彦,天历间死节,赐谥庄愍。

陶宗仪《书史会要》曰："张志诚,大理国僰人,蒙氏保和年间学书于唐,有晋人笔。"按,志诚为唐人,惟陶宗仪作书于元代,故录于此。

考元代大理、中庆、临安,以僰人为主要民族,不由此数人,惟此数人传中特标为僰人,余则多称其地不及族姓耳。元周致中《异域志》曰："僰人,其国则中庆、威武(按,武为楚字误)、大理、永昌等府是也,今滇南者皆是焉。"

又《元史·地理志》："临安路、河西县、蒙自县、舍资千户、石屏州,并曰阿僰蛮居之。"按,阿僰即僰人。《元史·兀良合台传》作"阿伯",而元代称云南民族,多以爨僰并举。《元史·张立道传》曰："爨僰之人,虽知农桑,而未得其法,立道始教之饲养。"王彦撰《中庆路泮宫记》曰："北人鳞集,爨僰循理。"《元史·地理志》曰："昆阳州,僰爨所居。"姚驱之《元明事类钞》引范汭《滇中词》曰："五月爨僮劖雪去,三冬僰女担花来。"以僰与爨为云南主要民族,则僰即白子可无疑焉。

其尤著者,元代云南有爨僰军,音字亦作寸白军,《元史·兵志》："至元十五年,云南行省言:云南旧屯驻蒙古军甚少,逐取渐长成丁怯困都等军,以备出征;云南阔远,多未降之地,必须用兵,已签爨僰人一万为军,续取新降落落、和泥等人,亦令充军。然其人与中原不同,若赴别地出征,必致逃匿,宜令就各所居一方未降处用之。"是知所谓爨僰军者,以爨僰人为军,而戍其本土。《经世大典叙录·政典军制》谓:"云南之寸白军,不出戍他方,盖乡兵也。"爨僰军或寸白军之名,亦见于《元史·信苴日传》(卷一六六)、《爱鲁传》(卷一二二)、《脱万世官传》(卷一三三)及《经世大典征缅录》《招捕录》,不一而足。而《元史·兵志》载云南行省所辖军民屯田,记爨僰军户口及所屯驻之地,可略知僰带人之地理分布。志所载屯驻爨僰军者,有大理金齿宣慰司、鹤庆路、武定路、威楚路、中庆路、曲靖路、乌撒宣慰司、临安宣慰司、罗罗斯宣慰司等处,而此等处,乌撒、曲靖、武定、罗罗斯,当以爨为多；大理、鹤庆、威楚、中庆、临安，当以僰为多，明清以来亦如是也。

明景泰六年所修《云南图经志书》每一府州，记其风俗，称其种人，其境内有僰人者，如云南府、晋宁州、澄江府、马龙州、石屏州、楚雄府、镇南州、姚安州、澜沧卫、大理府、蒙化府、鹤庆府、剑川府，此皆大理国八府四郡之地，其民当自南诏以来居之。而景泰志以汉僰并称，且多记僰人汉化之深，兹录数事：

> 僰人，有姓氏，云南在处有之。初从庄蹻至滇，遂留其地，后与夷人联姻，子姓蕃息，至汉武帝时，已侏离唱咿，尽化为夷也。追今，渐被华风，服食言语，多变其旧。亦皆尚诗书，习礼节，渐与中州同，嘻！民德归厚，岂其然乎！（见卷一）

澄江府多僰人，而汉人杂处其间，初不知学，今以岁久，渐被文教，有以科第跻朊仕而封及其亲者，于是闾里翕然向学，相率延师训子，而家有诵读之声，皆乐于仕，非复往昔比矣。

姚安府，近城居者，皆汉僰及四方移徙之人，比屋连甍，服习礼教，凡诸善事，咸乐从之，今士类之盛科不乏人。

蒙化府，近域居者，皆汉僰人，男女动于耕织，会饮叙齿而坐，婚姻必察牲行，皆非前代之故习矣。盖自开设学校以来，闻礼义之教，且近于大理，其学亦有渐染者欤？

鹤庆府治，居者皆汉僰人，今乐育教化，渐被华风，而语言服食吉凶庆用之俗，俱变其旧矣。

剑川州治之近者，皆汉僰人，知向学。按，志书所载，汉僰并称，盖汉僰已无别。而僰人初自内地移至，后受中原文化。不始于明，当作别文述之。然从景泰志之记录，知僰人必之白子。

金沙江北至巂州有昆明，即僰人，亦见记录，明曹学佺《蜀中广记》引《士夷考》曰："大渡河南岸为临河堡，有僰夷村，旧僰人聚落地也。"又引《九种志》曰："僰人，重儒敬佛，傍居城郭，与汉人无异，相见之礼，惟长跪不拜，亦有读书入学者。"明代著述，大都以僰人称白子，今不能过举。惟《土官底薄》，摘录档册之作，其载土官族姓，凡称僰人者，即白子也。兹录其特著者：

云南县知县杨奴，大理府赵州云南县楚人。
云南县主簿张兴，大理府赵州云南县楚人。
青索鼻检司巡检杨良，大理府太和县僰人。
蒙化府杨备驿驿丞尹义，蒙化州僰人。
楚雄府楚雄县县丞砀益，僰人。
广通县主簿段玺，僰人。
镇南州同知段良，楚雄镇南州僰人。
英武关巡检司巡检张宗，僰人。
镇南巡检司巡检杨昌，僰人。
沙桥驿驿丞杨均，楚人。
姚安府土官高寿，僰人。
姚州同知高义，僰人。
北胜州知州高策，僰人。
楚雄府同知高政，僰人。

明代土官大都以其地望族为之，凡所称僰人有，皆白子区域也。尤以高姓，自大理国高智昇以来，有谱系回考，且传至今。

而僰人汉化日深，已与汉人无别，迨万历年间李元阳纂修《云南通志》，以"民"代景泰志之"汉僰"，间称为白人，而称摆夷为僰夷，名号之乱自此始。顾炎武《天下郡国利病书·云南备录》，且谓"白人，旧讹僰为白"，以为僰人称白子者误，顾氏盖用包见捷说，失之不考也。

如上所述，自汉以来，云南有僰人。僰人之始，为汉族支裔，迁至西南，与羌混合，而文化较他民族为高。汉晋设郡县于云南，僰人随政治势力，分布于各地，与爨部为云南主要民族之两大系。齐梁以后，爨部倔强于建宁，僰人乃聚处西洱河附近，为南诏大理国之主要民族。元明以来，新汉人大量迁至云南，僰人与之混合，已无分别，而其史迹班班可考，其有误解者，则不知史实之过也。

附 论

余既述僰人史事，知汉晋之僰人，即唐之白蛮，元明之僰人，今之白子,此义已见于元大德间李京之《云南志略》。然自明季,以僰字称摆夷,今之言摆夷史事者,必援引古代僰人,甚至谓南诏国、大理国为摆夷组织之国家。余当撰一文述摆夷史事,记其民族源流,犹恐读者以先入为主之念,以众人所说为是,而以余言为非,故附论数事,证明南诏国、大理国非摆夷组织之国家。

欲讨论此问题,须先知今日之白子与摆夷并非一族,此为今日存在之事实,凡曾至摆夷区域者,莫不知之。从言语观察,前人已言者,如英人台维斯(Dovis)之《云南民族分类》,以白子为蒙克(Monkhmer)语系,以摆夷为掸(Shan)语系。又凌纯声先生之分类,以白子为蒲人类,摆夷为掸人类。台维斯氏与纯声先生亲至滇边,留心考察,其说可信。若丁在君、马长寿、林惠祥诸先生,则仅书案上之工作,为民族分类,故其谬误莫可究诘。以吾人所知,摆夷语音素有-p、-t、-k 附声,而白子语无之。摆夷语法,以形容词置名词之后,副词置动词之后,而白子语反是,此其大较。若名物称谓,则两种语言,仅有偶然之相同,不能列为同语系,更不能认为同族,此确然无可疑者。又从一般之文化观之,则不论物质与精神方面,逐处可见其不相类,固不待举例言之。

又吾人必须承认元明以来之白子,为南诏国、大理国之主要民族之后裔,盖白子所居为大理国八府四郡之地。吾人有充分之证据证明白子在元以前生息于斯,无从证明存元以后始迁而至,则南诏国、大理国为白子组织之国家。摆夷与白子并非一族,则南诏国、大理国绝非摆夷组织之国家也。

今人以古之僰人为摆夷者,其理由无非因僰字音与摆相近。然古称摆夷为白衣,始见于《唐书》,尤详于《元史》,明初称为百夷,详于钱古训书及景泰《云南志》,又称伯夷、白夷,又后作摆夷。以初称白衣观之,当二音为一词,后虽以衣字对音作夷,然不能释为摆称其族,夷字附加,则古只有称僰或僰人,无称僰夷者。岂能以摆与僰字音相近而附会之?且《元史》、景泰《云南志》等书,僰人与白夷有别,元周致中《异域志》僰人与伯夷、《明一统志》(卷八七)僰人与百夷、陆次云《峒溪纤志》之僰人与摆夷、田汝成《行边纪闻》之僰人与白夷,莫不别为二种,岂能相混?

说者谓:摆夷本为南诏国、大理国主要之民族,迨元世祖征服大理始相率南迁,此说无从证明。以吾人所知,元兵至大理,段氏降服,即以段氏为大理总管,率爨僰军助元征讨未降部落。李源道《崇圣寺碑铭并序》称:"世祖克大理,而居民安诸,不知有兵,段氏族属,皆有保有,使永其世纪。"又称:"段氏以三百年,幅员万里之土,纳款于我。岁癸丑后,厥祖么呵罗嵯(按,段兴智)奉命四征不庭,至于宋境,深入邑管日南之区。"元初郭松年《大理行记》亦曰:"大理之民,数百年间五姓(按,蒙、郑、赵、杨、段)守固。"则元代大理之人民,即南诏、大理国之人民。而大理有少数摆夷,则自南方迁至者。景泰《云南志》卷五"大理府"曰:"其在海东牛井者曰小白夷,服食器用与汉僰不同,传曰:段氏时,海东地广民稀,又炎热生瘴疠,乃于景东府移此白夷以实之。"此可见白夷非自大理之土著,即少数白夷亦自他处移至,更可见白夷非自大理南迁也。若谓摆夷从大理南迁,则虽异地,而已有之文化,未必尽弃,何以南诏国、大理国民族濡染汉化已深而元明摆夷则汉化甚浅?即以深入人心之宗教言之,云南在唐宋自中原传来佛法,其信奉之诚,甚于中原,家不论贫富,多有佛堂(详见拙著《唐宋间之云南佛教》),所流行者为密宗(详见拙著《云南阿左梨教》)。然在摆夷区域,元至元间马可·波罗(Marco Polo)至其地代称:"其人无偶像,亦无庙宇。"明洪武间钱古训至其地,亦曰:"其俗不祀先奉佛,亦无僧道。"以摆夷文耿马源流考之,摆夷佛教,明万历间始自暹罗传入,即今所信奉之小乘佛教。若摆夷曾居大理,则大理在唐宋间已流行佛教,何至南迁而弃其已有之宗教?此令人深思者也。

说者又谓:杨慎书《滇载记》后称:"求蒙段之故于图经而不可得,问其籍于旧家,传西岩有《僰古通》《玄峰年运》,其书用僰文,义兼众教,稍为删正,令其可读,其可载者盖尽于此矣。"则其书由僰文翻译,今摆夷有文字,而白子无之,故疑所谓《僰古通》者为摆夷文书。

惟按,李元阳《云南通志》卷一六曰:"考《南诏始末》,出于《白古通》《玄峰年运志》者,其文用方音,缙绅罕解。成都杨修撰慎,谪居永昌四十余年,熟习其语,因译之为书,曰《滇载记》。"此谓"文用方音"。

又按:寂裕刊《白国因由》书末曰:"逐段缘由,原是僰语,但僰字难认,故译僰音为汉语,俾阅者一见了然,虽未见僰古通,而大概不外于斯。"此谓"原是僰语",又谓"译僰音为汉语",可注意焉。所谓僰文、僰字者为何种文字？可由元至大三年《雄辩法师大寂塔铭》证之，碑曰："法师为乌僰人说法，□□□□以僰人之言，于是其书盛传，解者益众。"释圆鼎《滇释记·雄辩法师传》即以碑文为蓝本者，传曰："师解僰人之言为书，其书盛传，习者益众。"则僰文者，以僰之言为书，即用汉字之音记僰语，当如杨补"词记出花"碑之类，非别有一种文字也。考南诏国、大理国时代所用之文字为汉文，今存碑刻及诗文尚多，可以为证。《太平广记》称松外蛮有文字，即谓流行汉字。至于历史之记载，《新唐书·南诏传》曰："蒙氏自舍龙以来，有谱次可卷。"姚安《兴宝寺德化碑》曰："曾祖相国明公高泰明，祖定远将军高明清，已备国史。"楚雄《高生福墓志铭》曰："公之言行志节、恭友孝弟，备在史籍。"则在当时已有史书，且当为汉文之记录。而平民亦多读汉书，郭松年《大理行记》曰："师僧往往读儒书，段氏而上，有国家者，设科选士，皆出此辈。"

《南诏野史》（王嵩本）亦曰："段氏有国，亦开科取士，所取悉僧道读儒书者。"可见同行者为汉文。然以汉文之同音异义、同义异字，非功夫深厚者难以通晓，若以汉字写僰语，则粗识汉字者，读其音可以解义，于是有《僰古通》之书，与近世以吴语、粤语作小说者正相类。则《僰古通》者，蒙段氏之通俗史也。

且吾人已知元明所称之僰为白子，则《僰古通》为《白子书》，不容疑即摆夷也。今摆夷所用之文字，乃锡兰小乘佛教传至后所造，其初则无文字也。《马可·波罗行纪》称其族"无字母，亦无文字"，钱古训《百夷传》称其族"无中国文书，小事刻竹木，大事作缅书"。李京《云南志略》亦曰："金齿百夷，记识无文字，刻木为约。"则元以前摆夷无文字，而《僰古通》为元以前之书。倪蜕《滇小记》著录元赵顺《白古通浅说》，此书尚有抄本藏赵澄甫先生家。闻澄甫先生曰："赵顺为剑川赵氏迁滇一世祖，生当元朝初年。盖当时《白古通》已流行，而别为浅说也。"吾人于此犹可议者：南诏国、大理国时代已用汉文，且以汉文记土音，若谓摆夷为南诏国、大理国之主要民族，元初始迁而南，则何至弃其已用之文字？此亦令人深思者。

说者又谓：《唐书·南诏传》称："蛮谓王为诏。"诏之称王为摆夷语,则南诏为摆夷国家。按,谓南诏主要民族为摆夷者,无他可证,惟此一事,则似有理由。钱古训《百夷传》谓:"其称下思仑发曰昭,犹中国称君主也。"昭,盖有首领之意,故称官吏有昭录、昭纲、昭伯、昭哈斯、昭准、昭录令(并见《百夷传》)。今摆夷语称皇帝曰昭翁,称土司曰昭爷(按:旱摆夷),又曰昭录(按:水摆夷),称土司中最长者曰昭贺罕,则谓南诏以诏称王为摆夷语,其说未始无理由。然一语之相同,或为偶然之事,或为借用他族语,不能以借用他族一语而定其族类也。即以南诏、大理国主言之,曾以赞普钟为年号(见德化碑及《唐书》),又曾称骠信(见《唐书》),后又有摩诃罗嵯之号(见《元史》及崇圣寺碑),而高祖、世宗等之谥号,建极、贞明等之年号。赞普钟为西藏语,摩诃罗嵯为印度语,骠信为缅甸语,谥号、年号用中国语,若以称诏谓为摆夷族,则称赞普钟、骠信、摩诃罗嵯、高祖、世宗之号,又可谓为西藏族、印度族、缅甸族、中国族也,将何以解之?今卡瓦山之酋长,自称为王有五王、十七王之目,亦犹南诏之六诏、八诏,而王字为汉语,则将谓卡瓦为汉人乎?凡此,稍有语言学知识者能察之,何至以语言之借用而误认其民职也。

如上所述,吾人既无从证明元世祖征服大理后摆夷始南迁,且可证明摆夷非自大理南迁,则谓南诏国、大理国为摆夷所组织国家之说,断不能成立!而白子则元以前已生息于大理国之八府四郡之地,则可断言南诏、大理国之主要民族为白子。

或又谓:元世祖入大理后,大理国民族有一部分南迁,其一部分仍居故土。若然,则必能证明白子与摆夷为族。然以两族之比较,只能证明非一族,而不能证明为一族,此则事实俱在,不容巧说者。吾人亦知摆夷区域之地理环境与白子所处者异,且元明以后有多量之新汉人移至白子区域,则两民族不免以环境而歧异。惟须知元世祖至大理,距今不过六百八十余年,岂能在此短时期中本为一族而今变为俨然不同之两族?况在元明时代之记录,已知两族之不相类乎。

(《益世报·边疆》第40、41期,1939年10月2日、9日,第4版)

云南西部边境中之僰夷民族
——"云南西部边境中之民族"之一

江应樑

云南全境中西南民族散居区域，大体言之，有如下之地理分布现状：

1. 东部接近四川、贵州之边区地带，罗罗族系之主要分布地。
2. 西北部丽江以北，近西康边地，西番族系之主要分布地。
3. 南部及西南部，与缅甸、暹罗、安南邻近边地，僰夷族系之主要分布地。腾越、龙陵沿边与缅甸接壤，今梁河、盈江、连山、陇川、瑞丽、潞西六设治局所属之南甸、干崖、盏达、陇川、猛卯、遮放、芒市、猛板、户撒、腊撒十土司地，依照上分区域，当属诸僰夷民族之主要分布区。惟事实上各区域中集居之民族，非仅单独一种，每一边区中，除其种民族集居人数较多，可称为该区中之主要分布民族外，更复杂居有多种之他种民族；腾龙沿边一带，情形亦复如是。全区中杂居之人种，概括言之，共得七类：(1) 僰夷；(2) 汉人；(3) 山头；(4) 傈僳；(5) 阿昌；(6) 崩龙；(7) 卡拉。若以各土司统治区域作单位，则各民族分布情况当如下表：

地 名	境内最多数民族	次多数民族	少 数 民 族
芒 市	僰夷	汉人	傈僳、崩龙、山头
遮 放	山头、僰夷	傈僳、崩龙	汉人
猛 板	汉人		
猛 卯	僰夷	山头	汉人、傈僳、崩龙

(续表)

地名	境内最多数民族	次多数民族	少数民族
陇川	㑩夷	山头、汉人	傈僳、崩龙、阿昌
户撒	阿昌	㑩夷、汉人	
腊撒	阿昌	㑩夷、汉人	
干崖	㑩夷	山头、汉人	傈僳、崩龙
盏达	㑩夷	山头、汉人	
南甸	汉人	㑩夷、山头	傈僳、阿昌、崩龙、卡拉

　　诸土司区,除户撒、腊撒、猛板外,皆平原地,四围则环以高山。各民族之分布区域,亦依据地理条件而有一定。大抵平原之地,气候热,雨量充足,植物生长繁茂,有热带风光,住民则全皆㑩夷。山之高部,气候寒,土地贫瘠,稻作不能生产、多山禽野兽,宜于山耕畜牧民族居住,故山头、傈僳、崩龙诸种民族,皆分布于四山之上。山之下部,地势较平原为高,气候无平原之热,土地又不似山上部之贫瘠,无烟瘴之忧而有耕地之利,此则为汉人居住区域。由各民族习性之不同,于是各散居于地理条件不同之区域内,由其所居地带之地势、气候、生产诸种不同,于是更形成各民族生活阶段之互异。兹先略述㑩夷民族于此,其他民族当依次于本刊中分述之。

　　㑩夷,今人类学者通称之为台族(Tai),缅甸则呼之为掸(Shan),暹罗呼之为佬(Lao),安南呼之为侬(Nung),通常见于中国史书上者,有下列诸种不同之名称:

　　哀牢夷,见《史记·西南夷列传》。

　　百夷,见《明史》及明人李思聪《百夷传》。

　　永昌蛮,见清冯甦《滇考》。

　　㑩人,见《元江府志》。

　　摆衣,见《宁州志》。

　　大伯夷,见《龙陵县志》。

　　小伯夷,见同上。

清人檀萃《滇海虞衡志·志蛮》载：

> 僰夷一名摆夷，又名白夷，盖声相近而讹也，性耐热居卑湿棘下，故从棘、从人。

其民族现分布于安南、暹罗、缅甸及中国西南边省——云南西部南部沿边，广西、贵州诸地。全族人口，据英人 William Clefton Dodd 调查①：共二千余万，其中又分有文字及无文字两系，有文字一系一千三百余万，分布于暹罗者一千万、缅甸一百万、安南一百万、云南一百万。在云南境内之主要分布地，西起腾龙边区，东南经顺宁、镇康、澜沧、宁洱、元江、思茅等县而至车里区域；此外则散居于贵州一带之仲家，近广西及昆明南部之侬人、沙人、昆明四乡之僰子，皆其同族。

据中国史书所载，僰夷民族之发源地，即在今云南保山县（古永昌郡）境内，《华阳国志》及《后汉书·南蛮传》同载：

> 永昌郡，古哀牢国。哀牢，山名也。其先，有一妇人，名曰沙壶（《后汉书》作沙壹），依哀牢山下居，以捕鱼自给。忽于水中触一沉木，遂感而有孕，度十月，产子男十人。将沉木化为龙，出谓沙壶曰：君为我生子，今在乎？九子惊走，惟一小子不能去，陪龙坐，龙就而砥之，沙壶与言语，以龙与陪坐，因名曰元隆（《后汉书》作九隆），犹汉言陪坐也。沙壶将元隆居龙山下，元隆长大才武，后九兄曰：元隆能与龙言，而黠有智，天所贵也。共推以为王。时哀牢山下，复有一夫一妇产十女，元隆兄弟妻之。由是始有人民，皆象之，衣后着十尾，背胫刻文。元隆死，世世相继，分置小王，往往邑居，散在溪谷，绝城荒外，山川阻深，生民以来，未尝通中国也。

今保山北门外有易罗池，相传即为沙壶触木生十子处。意者，永昌一带，汉以前为僰夷民族之主要生活地，初本小部落民族，其后文化渐高，农业生产方法亦渐进步，由小部落兼并而为大部落统治，此即唐代初年之六诏。后大部落兼并而为独一统治部落，是即唐天宝间建都于大理之南诏帝国。南诏帝国成立以后，僰夷民族势力大张，云南西部以大理永昌为中心，东北至滇池，皆僰夷统治区域，甚至东部若干罗罗（爨

---

① 见 William Clefton Dodd, *The Tai Race*, chap XXI.

人)部落亦为南诏所征服。在政治上,僰夷民族俨然与中国政府成对等之独立国家。自唐经五代、两宋至元初,元世祖远征云南,亲临大理,自此而明而清,汉民族移植南来者日众,昔日之僰夷区域,渐被汉民族侵占。僰夷除一部分同化于汉族(如今日大理一带之民家)外,多数被迫而退居于今西南沿边地带。今腾龙沿边十土司地,除户撒、腊撒两司主要居民为阿昌,猛板司皆汉人,余外七司,各司所辖境内僰夷及汉人人口数,据各司署调查所得者如下①:

司 名	户 数	口 数	汉人占全数之百分比
芒 市	五四六一	一七〇〇〇	百分之三十
遮 放	一二六〇	三三〇〇	百分之十
陇 川	二一六二	七八六〇	百分之十
猛 卯	一五〇〇	二九三〇	百分之五
干 崖	五〇〇〇	二〇〇〇〇	百分之三十
盏 达	三〇〇〇	一二〇〇〇	百分之三十
南 甸	八〇〇〇	三〇〇〇〇	百分之六十
总 计	二六三八三	一〇三〇九〇	百分之二五

一般人对僰夷民族,又有所谓水旱之分,西部一带,有谓猛卯、陇川诸地皆水僰夷,芒市、南甸皆汉僰夷。其实,边区僰夷,皆同属一种系之民族,固无水旱之别,李拂一《车里》载:

  《普洱府志》《普思沿边志略》俱有旱僰夷、水僰夷之分。其解释水僰夷曰:妇女日赴清泉沐浴,故曰水僰夷;旱僰夷之下,则不见有何解说。其实,旱僰夷之妇女,又何尝不日赴清泉沐浴?不过旱僰夷大多数为汉族混种,华父僰母,受汉化较深,为汉人礼教所传,不敢在万目睽睽之下,如水僰夷妇女之公然裸浴耳。按"旱"字

---

① 所列各土司户口数,系根据民国二十六年作者第一次入边区调查所得。二十七年再度入边区,据各土司称,年来为某种政治及其他关系,各司地人口均一般地减少,如遮放较去年减少约二百户,猛卯、陇川各减少约百户,然因无确切统计,故仍以第一次所调查得者列入。

当为汉字同音之误,盖谓其受汉化或与汉族混血之㑩夷也。至水㑩夷命名之由来,当为因汉误为旱,由旱之对称上得来,欲圆其说,遂附会到日赴清泉沐浴之上。至其自称,则水㑩夷曰歹勒,汉㑩夷曰歹湿,花㑩夷曰可鸦,对外族则概称歹。

芒市土司代办方裕之君曾对作者言,旱㑩夷固应作汉㑩夷无疑,至若水㑩夷,或当写作暹㑩夷或缅㑩夷。盖汉㑩夷者,汉化较深之㑩夷,而水㑩夷者,暹罗化或缅甸化较深之㑩夷也。此论甚确,可作水、旱㑩夷最适当之解释。

腾龙沿边之㑩夷,因自来统属于一种特殊之土司制度下,未直接受治于地方政府,故迄今整个民族之社会、政治、经济、文化诸种形态,均成一特异之个体。兹分述其梗概于下。

一、政 治 组 织

西部沿边,在昔分属腾越、龙陵,今则分置六设治局管领,惟地方治权,并未直接属诸设治局而掌握于数百年相袭土司之手。明严从简《殊域周咨录·云南百夷》载:

> 洪武十四年,命颍川侯傅友德、永昌侯蓝玉、西平侯沐英,率兵讨云南,于是百夷皆请内附。今其地为府者二:曰孟定,孟良;为州者四:曰镇康,曰湾甸,曰大侯,曰威远;宣慰司六:曰车里,曰木邦,曰猛养,曰缅甸,曰八百大甸,曰老挝;宣抚司三:曰南甸,曰干崖,曰陇川;长官司二:曰钮元,曰芒市。

皆故诸司除户、腊撒,猛板成立年代较晚,余均设置于明代,缘中国历代政府,对边地均采羁縻政策,所谓"设土司皆置长,食其土,岁各量出差发银,多不过二千五百两,少者四十两或十五两"(见清毛奇龄《云南蛮司志》)。政府既以边地大权全部付之土司,而土司职位又系世袭。数百年来,土司便俨然为一境之君主,土司之一家一族,成为一特殊之贵族阶级;土司之一家,世代居于统治者地位,而异姓人民,则永为被统治者。故其政治统治系,数百年不一更易。

二、社会及经济形态

由于土司一家数百年统治之结果,于是使僰夷社会形成为两个对立阶级。一为贵族阶级,亦即统治阶级,土司及其族属属之;另一为平民阶级,亦即被治阶级,全体夷民属之。且更有一特殊情况,全境土地全部为土司个人私产,人民无土地所有权,故境内无土地买卖等事,人民耕种田地,皆向土司请领,每一人民对于土司,须负下列任务:

1. 纳租谷;
2. 服差役;
3. 应征派。

故土司实际上亦即一境之大地主,而人民则全为土司之佃奴,于是,土司及其戚属之经济生活,与人民之水准相差甚大,而知识教育,亦远高出一般人民之上。

三、语　　言

僰夷语言,亦属单音语系,惟有数特殊点:

1. 有 t、p、k、m 等尾音,例如:

鞋 Chap-tin　　　花 Mok-jat
水 Lam　　　　　主 Tsaut
饮 Lud　　　　　九 Kaut

2. 若干语言系采用汉语或与汉语偶合者,例如呼灯为 Ten-fn,下一音夷语意为"火",上一音则置用汉音,合之则谓灯火之意;其他如先生、委员、中央政府等,为新名词之传入夷方者,故皆读如汉音。又如数字中之一至十,则与广州读音绝相类似。试观僰夷之数字读音:

一 Len　　　　　二 Suy
三 San　　　　　四 Si
五 Xa　　　　　　六 Xo
七 Cha　　　　　八 Pi-a

九 Kaut　　　　　　　十 Sip

此偶合欤？抑自汉语传入欤？梁任公曾有言曰：今之广东人，乃僰夷与汉民族之混血种（见梁任公近著第一集《中国历史与民族之研究》）。由此种偶合之语言上观之，梁氏此论，不为无因也。

3. 语句构造，多有特殊处。僰夷一般语法组织，皆与汉语无大差异，通常均主词在动词之前，宾词则在动词之后，如"我吃饭"，夷语读"Kau（我）Tsin（吃）Xau（饭）"。惟偶有构造特殊之语句而不同于汉语文法者，例如"我比你高"一语，夷人说作"Kau（我）Suy（高）She（比）Mer（你）"，语句构造，正如英语之"I am taller than you"。又如"我的父亲"，不说作"Kau（我）Kwan-tan（父亲）"，而说作"Kwan-Tan（父亲）Kau（我）"，此或由于与缅甸、暹罗接触甚频，语言间有暹缅化者。

四、文　　字

云南西部边民僰夷区中，现通行一种拼音文字，用十九个简单字母，外加若干音符，拼为流行之僰夷语言。十九字母之写法及读音如下（由左至右横行）：

考中国史籍，清代初年以前，绝无道及僰夷有文字之记载。南诏文化甚高，而碑刻记事皆用中国文字，足见今日之僰夷拼音文字，其起源当不甚早，由字母之写法及读音上推究，可显然见出其十九字母，全由缅甸四十一字母中脱胎而出。此因僰夷之有文字，始由于宗教上之需要，即佛经之翻译，而僰夷佛经，初皆以暹罗、缅甸文写出。但夷人并不皆能识暹、缅语文，为求普及计，乃采缅文字母之一部分拼为僰夷语，用以翻译（音或义）佛经，后由于此种拼音文字之便利易学，故其应用乃不限于宗教范围以内。现时凡各土司署中对人民之布告，民间往来之书信单据，皆通用僰文，且有以僰夷文翻译中国之旧小说如《西游记》《三国演义》《说唐》等而广大流行于民间者。夷人读之夷文，一般仅需三四月时间即可写读如意，故今日夷区中夷人之识夷文者，甚为普遍，据各土司估计境内识夷文男子（夷女习惯上皆不读书）之百分比数如下：

地　名	能读夷文人数与全境男子之百分比	能读与写人数	能读写作人数
芒　市	百分之七十	百分之三十	百分之五
遮　放	百分之二十	百分之十	最少数
猛　卯	百分之二十	百分之八	最少数
陇　川	百分之三十	百分之十	百分之三
干　崖	百分之七十	百分之三十	百分之五
南　甸	百分之七十	百分之三十	百分之五

足见僰夷之文化，实较一般西南民族为高。

五、宗　教

僰夷皆崇佛教，佛教系由缅甸、暹罗所传入，故与中国内地流行之佛教不甚相同，而近似印度之小乘佛法，所奉惟释迦佛，除佛外无其他菩萨、罗汉等。因夷人不论老少男女，无不信佛者，故佛寺（夷语曰总房）在夷地中随处皆是，每校大村寨，必有佛寺三五所，小村落则每村一所或二三村合有一所。人民对于宗教上之经济负担甚重，除佛寺中僧尼之食用皆由寨中人供应外，人民稍有存积，莫不花费于宗教法事上。

此种普遍一致之宗教信仰,直接养成僰夷民族和善柔懦之个性,间接帮助土司在政治上收到长期统治之效果。

就整个民族性上言,和平清洁是僰夷之美德,而怯懦懒惰则为其缺点。夷人皆业农,农业之技术极进步,已进至锄耕与园艺阶段之间,所有工具大体同于汉人,惟不善经商。无任何工业或其他技术人才,故夷区中除农而外,所有工技贸易,无不仰给于汉人也。

(《益世报·边疆》第 44 期,1939 年 10 月 30 日,第 4 版)

云南西部边疆之汉人与山头民族
——"云南西部边境中之民族"之二

江应樑

汉人

汉人之入僰夷区域中者，就其居住性质上言，可大别为两种：A.固定居住者；B.流动往来者。所谓固定居住，即汉人之举家定居夷地者。此类汉人，多不居于夷人集居之平原上而系住于较高之山腰地带。所谓流动往来，乃临近夷区之汉地人，每于年终霜降以后，走入夷方，至次年清明前又回至汉地，以冬春之季，夷地无瘴疠之毒也。就此两类汉人入夷区中之任务上言，可大别为五项：一、边区的行政官吏及其雇员；二、土司署聘任之汉人职事；三、小资本商人；四、泥木或其他工人；五、特种农产之种植人，如种植鸦片烟等。

各土司区内居住汉人户口，多少不等，且多无确切统计。在腾龙十土司区内，以南甸宣抚区辖境内汉人最多。据土司龚印章君言，全境汉夷人口约八千户，共三万人，汉人占十之六。此在各区中为特殊现象，其原因尽出于：一、南甸与腾越邻接，由历史上长时期汉夷交接，遂成为汉人移植之主要区域。境中如距今土司驻地遮岛数里之九保街（即现代闻人李根源先生故里）全镇皆汉人，因于民初划为腾冲县而脱离土司统治。二、在滇缅公路未开通以前，此地为由滇入缅要冲。三、云南全境现已严施禁烟之令，惟边境各土司区，则暂划为展禁区。因之，昔日汉地之业种鸦片者，多相率迁入南甸境内，向土司领取山地，种植鸦片。此为最近两年内南甸境内人口激增之最大原因。

汉人户口次多之地为干崖、盏达、芒市，汉夷人口数约一与三之比，遮放、陇川、猛卯，汉人则较少。

夷区中之汉人，其系边地行政官地土司署聘请所任者，可称之为特殊阶级，人数不多。至特种农产之种植人一类，则近于一种投机之临时事业。故严格言之，夷区中汉人之主体，当为小资产商人与手工业者两类。此盖由于：一、临近夷区诸县多山地而少平原，出产不丰，人民生活不易维持，自不能不群向富饶之夷区中谋生存。二、夷人不善经商，且无专门手工业人才，对于所需要之外地货品及生活工具之制造，均迫切需要汉人。因此，西部诸县区，近如腾越、龙陵、保山、永平，远至祥云、镇南，皆有不少人固定移植或流动往来于夷区中，以谋自身生活之解决而适应夷人之需要。

汉人在夷地中经营之商业，主要者为：一、米商（将夷地产米贩运至汉地售卖）；二、杂货商（自汉地或缅甸贩运日常生活品至夷地售卖）；三、鸦片烟商（收取夷地出产之鸦片至汉地售卖，现时云南政府，已在夷区中设立鸦片展禁委员，禁人民私自买卖，此后鸦片烟商，当不能再有所营业）；四、高利贷者（每年耕种时借款与夷人，收获后以新谷抵偿，于中收取极大利润）；五、赌商（赌而言商，名近新奇，惟夷地实有以赌营生之汉人，盖夷民嗜赌，现时流行于夷区中之各种赌博方法，全皆由汉地所传入，而各村寨之赌博主持者，又全皆汉人，大都公开营业，按日纳捐于土司）。

至于夷区中之汉工，则可概括如下数项：一、建筑工人（为土司或贵族，建筑汉式或缅式房屋衙署）；二、木工（制作各种木器）；三、石工（除做建筑用之石器外，兼做夷人日常之石制用具）；四、铁工（制造铁器，如锅、犁、刀等）；五、劳役工人（在土司署或贵族家作工役）。

凡固居或往来于夷区中之工商阶级与游宦耕作之汉人，其在夷地中之一般生活，依然全部保持其固有习惯，此由于：一、居住地区与夷人分离而自成一集团。二、除少数娶夷女为妻室外，一般均不与夷人通婚。三、通用汉语。四、饮食起居，全保有其固有之俗好。

故汉人在僰夷区中，既不能使僰夷同化，亦不同化与僰夷。而在夷人之一般观感上，反多少留有不佳印象，诸如汉官之贪污，汉人高利贷者之盘剥，赌博营业者之导人为恶，莫不使稍有识见之僰夷，言之切齿也。

山头民族

滇中人士之研究边地民族者，多谓山头民族即蒲蛮，亦即濮蛮。按，蒲蛮，《周书·王会篇》称为"百濮"，《唐书·南蛮传》称"三濮"，后讹"濮"为"蒲"。即指今日之僰夷民族而言。山头，在腾越西北部又称野人，英人谓之开钦（Kachin）或青颇（Chin-paw），与僰夷并非同族。故英人 H. R. Davies 之云南民族分类，将蒲蛮归入蒙克语系（Mon-khmer Family）的瓦濮喇群（Wa-Palaung Group），① 开钦则另成归入藏缅语系（Tibets-Buzman Family）。凌纯声氏分蒲蛮于蒲人类之蒲僰群，山头则归入缅藏类之野人群。作者从其语言系统及习俗上，疑山头民族或系罗罗族之支系。

山头民族中，又有大山、小山、浪速、茶山、卡苦诸种之别，除语言装束小有不同外，在种系上无若何差异。沿滇缅交界线上，山头民族之分布地带极广，北至思梅开江上游起，经江心坡、野人山、户拱、猛拱、密支那，至二龙沿边十土司地，皆有山头踪迹。十土司境内以遮放、陇川、猛卯、南甸境内最多，遮放境内约有山头二百余寨，人口当在四千户以上，陇川境内约有万人，猛卯约有五百余户，南甸万余人。此诸司接境处，山脉连绵，山头村寨，即稀疏错落分布于诸山之中。

各土司署对于境内居住之僰夷汉人均有严格之管理，惟对于山头、傈僳、崩龙等山居民族，似皆置之于统治之外，试看：

A. 每司境内对山头、傈僳诸山居民族，无确切之人口统计数。

B. 山头、傈僳等，对土司署不纳一切租赋徭役。

C. 凡土司向人民有所征派，均不及于山头等民族。

D. 土司对僰夷村寨，分设昹头、老幸等职事治理；对汉人村寨，有练绅、村长诸管民职司之设，惟对山头、傈僳村寨，则概不设官，山头自有山官头目，不由土司委派。故山头、傈僳、崩龙诸山居民族，可称为土司治下之治外民族。其中尤以山头人数较多，性凶悍，喜滋事。以其散处四山，无固定居址，山地出产贫乏，每当山耕捕猎不能得温饱时，即持

---

① 见 H. R. Davies, *Yunnan: Link Between India and Yantze*.

枪负刀,于通衢小径抢劫行旅,或入僰夷村寨掳掠牲畜,汉夷苦之,诸土司亦无如之何也。

兹分述其生活之一般情况于下:

一、社会与家庭组织

今日西部边区之山头民族,其生活尚停滞于狩猎与山耕阶段中。因其所居皆山谷一带,无肥沃平原可供耕种,仅就山腰坡地,布种苦荞、玉蜀黍,或于较平地区,布种旱谷,又由于雨量缺乏,且不知施用肥料。故每开垦一地,耕种一年之后,即便舍弃,又于另一山坡间,放火烧去草木,垦而种之,此正所谓刀耕火种者。山地农产不丰,乃兼营狩猎以为生,志书称虫、鼠、蚊、蝎,皆生食之,此狩猎民族之当然现象也。耕种已知用耙与锄,狩猎之主要工具为大刀、弩、火药枪,皆非自制而系向他族购来。因耕地常变动,故居住亦无定址,时或率族整寨迁移。

每一山寨中有头目,谓之山官。山官亦世袭,但其统治权力远不如土司之大,且一山寨中山官不止一员,甚或官多于民,故夷地中有"山头十户九是官"之俗谚。官之于民,在无绝对阶级之分,民对官亦无纳税义务,惟遇寨内有纠纷事件或对外战争时,山官有调节纷争及统率战争之权。

山头民族之家族组织极为特殊:

A. 实行多妻制,每一男子通常皆有三四妻室。

B. 子嗣无嫡出庶出之别,而以最小一子为宗法承继人。此种宗法制度,与族内之婚姻制度有相联之关系。山头俗不重处女,未婚或已婚而未生子之女子可与任何男子交往,直待有孕或竟生子后,始正式归向夫家。故凡长子多非亲出,此其宗法不传之长而传之小也。

C. 父死后,除生身之母外,诸子可分取其母为妻,山头有俗言曰:"老爹留下此碗饭,不是儿吃谁来吃?"盖妇女在家庭中实不啻一份产业也。

此种制度,与巴布凉山独立罗罗所保有者完全相同,此作者所以假定山头民族为罗罗族支系之所由也。

二、婚　　姻

山头男女两性之结合，极有原始意味。村寨间于每年秋收之后，于寨旁建竹屋一间，供青年男女作恋爱之所。于时，每当黄昏人静之后，多情少年，即可潜入所恋少女之家，唤之出外。女之父母兄弟，虽于睡梦中被惊觉，亦佯作不知。此一对男女，即可相携至特建之茅屋中，乐此终宵，及至有孕之后，男子始正式向女宅求亲，而以下列诸物为聘：

（一）牛或马

不论大少，以头计，通常须四五头或七八头，故一般均以初生下之小牛小马纳聘。

（二）铜锣

一对或二对。

（三）象牙

一对，昔日旁区产象，故象牙得之不难，今则须向缅地高价购买。故除特殊者外，一般不以象牙作聘。

（四）龙袍

即汉人戏班中所用者。均向汉地买来，此在山头，并非衣饰中之必需品，但在男女婚嫁上，则视为一种不可少之聘物。女家得之，喜为珍存，视为家传之宝。

聘礼送到后，男郎娶女归，亦无迎娶之礼。惟娶取之后，于生子或相距一二年时，男女须备牛马、铜器、象牙等物，至岳家回门认亲，岳家以青布一匹与女作包头之用。至此，夫妇名分始确定。

三、丧　　葬

人死亦用土葬，尸盛以木棺，或用草席包裹。惟葬时不得将尸体平放土中，而系于地上掘一深坑，将尸体直立于坑内，此谓之直葬。据土人传说，此葬法系由孔明老爹（按：蜀丞相诸葛亮）所教。相传孔明南征，曾至其地，以其族凶悍，思灭绝其种类，乃教以尸体直葬法，盖直葬则子孙不昌盛也。时山头亦疑之，乃请疑于孔明，孔明诳之曰："直葬最好，子孙昌盛。"从此，即应此"口封"，山头民族，至今昌盛不绝也。

子孙对坟墓无祭扫之俗。惟有一盛典，名曰挖坟。父母尸体埋葬后，不论经过若干年月，为子孙者，必设法举行一挖坟典礼。届时，于坟前杀牛屠猪，大宴亲友，由亲友相助，于坟之四周，掘深壕，经此之后，为人子者对父母之礼始云尽到。由挖坟而大宴亲友，所费不少，故此盛典，非人人所能做到。

四、宗教信仰

山头信鬼，在其生活中鬼之活跃占重大阶段。其意念中之鬼，乃人或其他自然物之灵魂，可视之为一种拜物或多神教之变形，包括一切所崇拜之自然物之替身。惟在鬼之上，有二神灵为其宗教中之最高信仰。此神非他，一为距今一千七百年前，五月渡泸，深入不毛之汉丞相武侯诸葛亮。另一为五百年前，率十万大军三征麓川，明靖远伯兵部尚书王骥。诸葛□遗事迹及其神话传说，在云南西部边疆民族中，有意想不到之广大流传与被普遍崇奉。山头民族之于武侯，尊之曰阿公、阿祖，呼之为孔明老爹，谥之曰 Wu-Pu-tie，此山头语含有礼法之意，意谓孔明为开辟天地、定理立法之最高神人。王骥则被称为王尚书或王官督。每有宗教上之祭祀，必先请孔明，次请王尚书，后始敢次第及于欲祀祭之诸鬼。

凡灾祸或疾病，皆以为鬼祟，醮之之法，惟杀牛以祭。祭鬼之牛，与食牛之屠宰法不同，先以二木桩立地上，中间横束利刃二柄，刃口相向，将牛颈引入二刃锋间，于是以鞭鞭牛，牛被鞭而上下摆动其首，颈部便被割于二利刃间，如是自杀而死，山头谓之鬼杀。

山头之住宅有前后二门，一曰生门或人门，一曰死门或鬼门。

家内人可由任何门出入无忌，若非家人由死门入其家，则认为大不利，必要由入来者杀牛以祭鬼，否则主人必杀自死门而入之人以谢鬼。

五、战争与仇杀

山头民族之民族性，可以战争与仇杀二事代表之。个人或集团抢劫掳掠汉人与猓夷，此为山头家常便饭。所以造成此种行动之原因，非尽为古昔书中所谓"素性凶悍，不通人性"，而系由于：

（一）山地生产贫乏，即佑以狩猎，亦不能绝对温饱，故劫掠乃系一时求生之出路；

（二）对猓夷或汉人之仇杀；

（三）受夷地汉人中之奸宄者勾引指使。

为劫掠抢杀而引起统治者之征剿，于是种族间之战争乃因而发生。山头村寨，散处四山，平时本无联络，惟一旦有事，则可立时团结御侮。其俗：某寨有警，由寨中杀牛一只，带毛且作若干碎块携往各寨，按家分发，凡接此毛牛肉者，不论远近，立持枪裹粮前往集会，此谓之"发毛牛肉"。人众聚齐后，由头目手举长矛一柄立寨门前，诸战士俯首自矛下过。于是呼啸而出，山路既熟，枪法又准，敌攻则散伏山内，敌退则群出截击，真所谓以个人作单位之游击战。故征剿山头，汉猓军队皆视为畏途。

战争不常有，而仇杀之事则无时无地无之。山头民族中，有一极普遍之习俗，名曰"拿事"，如某山头被某猓夷或汉人村寨众人杀死，则此山头之族人或寨中人，必刻木为誓，对此猓夷或汉人村寨杀死山头之仇，永世不忘。从此每年必寻故，往此村寨中扰乱，或掳人勒赎，或偷劫牛马，由此冤冤相结，世代不已，又有所谓"吃新米，说旧话"之俗。于每年新米上场时，必举行一种仪式，聚家人团坐一处，由老辈讲述先人仇怨，某祖爷为某村所杀，至今未拿事，子孙听之，则切记于心，寻机报复，虽是些小仇怨，累世必报。又如某先人渡河死于水，则在吃新米之日，必持刀至河边，以大竹一枝放水牛，用刀将竹节节斩断,竟谓为先人报仇拿事也。有此风俗,于是仇杀之事,在山头民族间为无可避免者。

六、日 常 生 活

山头之日常生活即异于汉人,复兴于僰夷,而与罗罗民族多少相似。种地、伐薪、担水、煮饭、负物、入市买卖,皆由妇女担任,男子日间于屋内睡眠或看领小孩、磨刀弄杖,至夜,则持枪负刀,或外出猎兽,或入夷寨偷劫牛马。有时妻子入市赶集,丈夫在家饿不及待,燃火煮饭,妻归必认为极大侮辱,必使丈夫认错立誓不再如此而已。盖山头妇女视家庭杂物为己身事,丈夫不能代劳也。

饮食极简单,苦荞、玉蜀黍为主要食粮,嗜生或略带腥臭之肉类。嗜烟酒,有钱必买酒狂饮,饮至醉,时高歌狂舞,斗殴之事,常由此起。烟有二类,一为草烟,和槟榔、卢子、石灰嚼食;一为鸦片烟,先用蕉叶切作丝,和鸦片烟汁拌匀,晒干,放于草烟管中吸食,夷语呼之为"多巴烟"。

衣皆以青色布制成,男子短衣短裤,赤足;女子短衣,不着裤,以青布作裙围腰间,上锈红花,赤足;少女截发,结婚后留发束为一结,顶以青布包头,以银纽、银镯、银戒指等作装饰品,腰及两腿臂间,围数百细藤髹黑漆之圆圈,此在山头妇女为不可少之装饰品,边地人民,因附会谓此即武侯南征时藤甲兵之遗裔。

住屋用竹建成,上盖茅草,无窗,两端各有一门:一生门,一死门。家具极简单,无床凳等,地上铺竹板,人皆席地坐卧。织布绣花,为妇女之特有工艺。

七、语 言

亦单音语系,兹将作者在遮放境内记录得之大山、小山、浪速三种山头语,略举数例于下:

意义	大山语	小山语	浪速语
吃饭	tsa tsa	tsay tso	wa-m tso
喝酒	chu lu lu ka	jieper su	ji su
米	un ku	chin	chay
肉	ah zan	so	so
火	ah van	mi	mi
水	wu-n tsen	ji tsay-m	chi
我	yai	o	o
你	nen	nen	nen
他	y-na-wa	joy	tujau
父亲	ah wa	ahwa	ah po
母亲	ab lu	ah lu	ah ml
祖父	ah chi	ah chi	ah pau
祖母	ah vie	ah vie	ah pie
天	le moe	moi kuy	moi kuy
地	ah ka	mi kuy	mi chay
日	ab chiay	pai	pai
月	x-da	le moi	la moi
星	sj-kay	kie	kie
山	ah buy	buy	miy ml
树	pen	sl-kam	sai-kam
花	nen nen	nen	nen
草	ah tsan	mau	mau
头	ah po	o luy	wu-luy

(续表)

意 义	大山语	小山语	浪速语
手	ah da	lo	lo
足	le kan	kie	kie
眼	ah me	mi-o-chi	mi-o-chi
耳	ah ra	le nio	le chan
口	y-kem	lud	la-ed
鼻	ne die	ni-on	ni-o
猪	ah wa	wa	wu
牛	ah na	le-chi-joy	lu
羊	bai lam	bai lam	jan hal
马	kuy-m ba	mi-an	mi-an
鸡	ah vu	vo	chi-o

(《益世报·边疆》第 46 期,1939 年 11 月 13 日,第 4 版)

云南西部边境中之傈僳等民族
——"云南西部边境中之民族"之三

江应樑

一、傈 僳 民 族

傈僳，或作"力些""黎苏"。《云南通志》载：

> 傈僳，相传楚庄蹻开滇时，便有此种。无部落，散居姚安、大理、永昌府。其居六库山谷者，在夷中为最悍；其居赤石崖、金江边地与永江连界者，依树木崖穴，迁徙无常。

Davies之云南民族分类，置傈僳于藏缅语系之罗罗群中，丁文江亦以之与罗罗系同列藏缅族类；按，罗罗自称"乃粟"(Nei-su)或"纳粟"(Ngo-su)或"来粟"(Lei-su)，与傈僳二字均相近。傈僳之为罗罗族，似无问题。其分布地点，多在怒江流域一带，西南起龙陵、腾越，北上至江心坡、左永、葛蒲桶、上帕、知子罗、泸水、兰坪、淮西诸地。分布于怒江流域各行政区内者，人数约二三万人，在龙陵境内者约千余人，腾越、左永一带者约五六千人，江心坡约千人，此外散居各地人数，无所统计。①

四川边地近巴布凉山一带，亦有傈僳民族，惟与云南西部之傈僳，已多有所不同：四川之傈僳，体质高大，性情凶悍，似系独立罗罗之直系支派；怒江一带之傈僳，性情已较和顺，体质据丁文江先生报告，为一点六二四米，属于中等身材。故怒江一带之傈僳，因与多数他种民族杂居，其血统上或已发生混化。

---

① 见云南民众教育馆出版之《云南边地研究》上卷。

傈僳在西部诸土司区中，人数远不如山头之众多，而社会经济阶段，似较山头为前进，其生活主体，虽仍停滞于山耕与狩猎之间，但耕地及耕种物，已较为广泛进步，除将山地开为坡田外，且多能在平原处辟为水田以种稻，山地除种苦荞、玉蜀黍外，兼能种大麦、燕麦、马铃薯、花生等。一九三〇年中山大学地理学系德籍教授 Credner 氏率学生至云南西部边区考察地理，其报告中对此一带傈僳民族之农业状况，有详细之描写，据谓：黎苏所居之地带，其农业与掸人及汉人不同，而与在罗罗地所见者相近，掸人所种者皆禾谷，用广种法（Extensive Method），汉人亦以禾谷为农业中心，但用集种法（Intensive Method）。至于黎苏之农业，则以种植种类繁多为其特色，耕种亦用广种法，开山林为耕地之后，即以耕牛犁之，再以小锄修整土壤，然后种植。施肥方法，普通皆集树枝树叶于田中，纵火焚之而已，若此法无效，则认土地之力已竭，当使土地有长期之修养。至其耕种植物之多，殊可惊人，此即表示其人有吸化新植物之非常能力也。所种者有各种黍类、荞麦、高粱、小麦、大麦、燕麦等，此外尚有数种尚重要之夏季农作物，即美洲玉蜀黍及稻是也。所种之稻，不仅限于依雨量多少而荣枯之旱稻，且种普通禾稻于山坡层地可以灌溉之处，灌溉之水，由山中小涧引来，有时此种稻之山坡倾斜甚急也。尚有非洲落花生，亚洲热带及副热带之番薯，及欧洲马铃薯等，在黎苏人之农业中，当为最新输入之份子也。为通应年中各季节气之变化，各植物之耕种时期皆按农时分配。黎苏人农业之复杂，可用以下诸因子说明之：第一为气候之变化无定，此不定之气候，即彼广种法农业所依赖者也。能免除此气候变化所限制者，仅为灌溉所及之稻田，但此种稻田，于黎苏人农业统计上观之，实不甚重要者也。第二原因则为黎苏人南迁中所得结果之一，当日云南西部之山居土人尚在，遂令黎苏人得稔知此较南部之植物，习之既久，亦纵而种之。Credner 氏由南至西北部山中，在北纬二十度之地，获见一黎苏人之小村，在此地彼等已完全放弃原有之农业而种山谷矣。第三个原因，似因黎苏人耕者皆有其田之故，此事乃一刺激剂，可以刺激彼等于农业发展之兴趣。使其能自由采用新种，以改良其经济状况，而当日之自然环境，亦甚适宜于此种活动也。

由Credner之报告，可知傈僳民族之农业种植实已极进步，因耕种之进步，故社会经济亦不似□由之穷困更兼，傈僳妇女皆勤于耕作贸易，男子除狩猎外，亦能勤于工作，且多有为汉夷人作劳役者。以此之故，傈僳在僰夷区中，勤苦、朴实、勇敢诸美德，均为他民族所不及。

二、阿昌民族

阿昌本缅甸种系，一作"阿成"或"峨菖"，掸人称之曰"台蒙沙"（Tai-Mong-Hsa），其住缅甸境内者，称"大阿昌"，住中国境内者，称"小阿昌"。在西部边区，以户撒、腊撒两司为主要居住地，小阿昌有三特点：

（一）多数能通汉语；

（二）男子习性近于汉人；

（三）女子习性近于缅人。

《云南边地问题研究》上卷，张笏著《腾越边地状况及殖边刍言》一文中，对户撒、腊撒境内之阿昌民族，有如是之记载：

> 按，户撒、腊撒人民，原系汉人与阿昌之混合种。距今二百年前，干崖土司驱两撒男子与陇川土司械斗，阿昌之一部，悉数中计覆没，所有妇女，即联合向干崖土司索夫。干崖司招腾冲男子配之，因此，该族男子系腾冲化，而女子仍阿昌化也。

此言果确，则今日之小阿昌民族，实即汉缅之混合种。

阿昌族之生活阶段已进步至介乎汉人与僰夷之间，从户撒、腊撒两地之阿昌民族社会生活中，可以见出：

（一）土地皆为私人所有，人民皆小农，不似僰夷之全为土司佃户，因土地私有，故人民居住已有固定性，而私有财产制度亦已确立。

（二）工商业为农业以外之主要副业，户撒、腊撒人有数种特殊工技，一为制钢刀，钢制极柔而锋利无比，特出者可将数尺长之钢刀屈曲围于腰间，在边地虽英国炼钢，亦多不及。一为制衣鞋，在夷区中之街场上，随处可看到售卖钢刀与衣鞋之阿昌人。此外则多有经营吃食买卖者。

（三）物质生活已较僰夷平民为高，如所居住宅，多以砖瓦木石建筑，相似山头，傈僳之茅屋甚少见，似僰夷之竹楼则绝无。

此可见其族汉化程度实极深，惟住居缅地之大阿昌，则生活阶段与中国境内之小阿昌又多有不同，以非本文研究范围，故略不论，兹略举大阿昌与小阿昌单语数则于下：

意　　义	小阿昌语	大阿昌语
吃饭	chijo chijo	chia chia
饮酒	le-xe-so	chiai su
火	pait	mi
水	tie	tche
田	jo	ta len
衣	chija	the-men
鞋	chie tian	ke-tie
裤	ku	xuy kwa
房屋	jin	jin
睡眠	ai-po	i-de
起身	to-a	ta
我	ota	y-a
你	nuy ja	nay
他	ni-xan	nan
父亲	te	je
母亲	me	ma
祖父	luy	ah po
祖母	lun pa	ah ja
男人	i-chije	ni chi-e

(续表)

意　义	小阿昌语	大阿昌语
女人	yin-ni-jo	ni-ja
天	mau	mau
地	kan-lin	li-a
头	wu-kwan	wu-luy
手	lok	la
足	kie	kier
眼	nijo	nia-chi
耳	ni-tao	lapie
鼻	xue-lan	lai-kan

三、崩龙民族

崩龙民族在边区中人数不多,在芒市、遮放、陇川、猛卯、南甸诸司,每司属境内仅有十余至数十户不等,此种民族之特点有六:
（一）性情近似僰夷——懦柔;
（二）宗教与僰夷同——崇佛教;
（三）男女装束近似山头;
（四）与傈僳、山头同散居于四山间;
（五）山耕狩猎,经济生产与山头、傈僳近似;
（六）语言另成一系统。
凌纯声氏以之归入蒲人类之瓦崩群——与僰夷同类,与卡瓦同群。

四、卡拉民族

卡拉,腾越及南甸土司属境内有之,自称大汉人或旧汉人,亦称守土人。据言武侯南征以前,已有此族,武侯征南蛮至此,其族长名汪伯爷者,助武侯灭贼有功,贼平,武侯赐之以"一望之地"。所谓一望之地,乃令汪伯爷伏地上,自武侯胯下望出,所能望到之地,即赐以之。时汪所望到者,即今之甘蔗寨地,距南甸土司所在地之遮岛七十里,距腾越三十里,故甘蔗寨乃卡拉民族之发祥地,后人以卡拉族所居地,乃其祖先目武侯胯下望得者,滇人呼胯下为"胯裆",即以胯裆二音呼此族,今讹为卡拉。此虽无稽,然亦民间有力之传说也。

卡拉民族现时之分布地为:

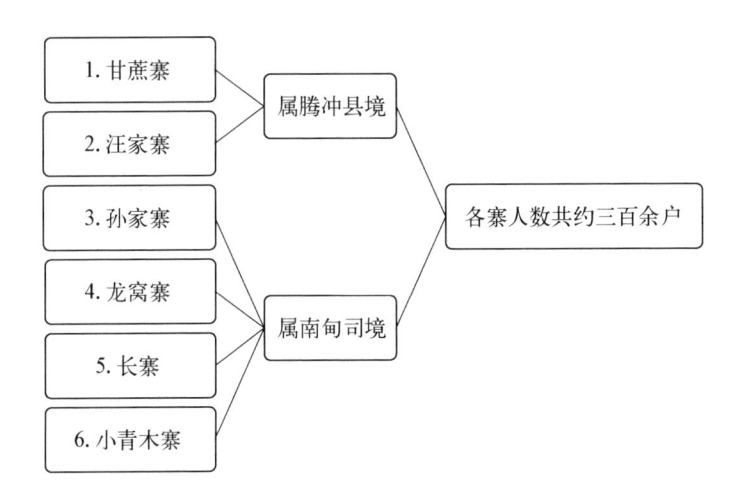

- 1. 甘蔗寨
- 2. 汪家寨 } 属腾冲县境
- 3. 孙家寨
- 4. 龙窝寨
- 5. 长寨
- 6. 小青木寨 } 属南甸司境

各寨人数共约三百余户

民族之特点有六:

(一)通行汉语,本有自有之语言,今渐不通用,除少数年长者尚能讲说外,一般皆以汉语作主要语言,僰夷语副之。

(二)汉化程度极深,各卡拉村寨中,均由汉人混居。

(三)男女衣饰并身体外表,全与汉人同,惟有两异点:甲、妇女皆不缠足;乙、女子所穿之裤,脚边不加针缝,所谓毛边裤脚。

(四)亦有与汉人通婚者。

(五)婚礼全与汉人同,惟不用礼柬,仅由结婚人事先用口头通知戚友。

(六)性纯和,胆小畏事。

凌纯声氏将之归入蒲人类之瓦崩群中,实际,此种民族,恐与汉人血统有极深之关系。

五、附　　论

　　腾龙边地十土司区中,所居有民族,略可以上述四种及僰夷、汉人、山头三种概括之。此外,遮放境内别有两种民族,曰腊,共一寨六户;曰别列,共曰六七户。二者之衣饰习俗皆略同于崩龙,惟语言稍异,疑与崩龙同种。又干崖境内有先德、先令二村,村民另有习俗,最特异者为嗜食狗,祭祀必用狗。按僰夷、山头等民族均不食狗,此或系旁一民族。惟生活大体已僰夷化。此数民族,以其人口不多,故略不详论。

　　诸民族居住西部边地之年代,以其族中无历史传说,故不可确考,惟以多方史事旁证之,则僰夷民族,当系此间原有之土著民族。查云南境内原始之土著民族,实之罗罗(爨)、僰夷二种,罗罗居东而僰夷居西,自昔已然,明谢肇淛《滇略》载:

> 西南夷种类至多,不可名记,然大端不过二种,在黑水外者曰僰,在黑水之内者约爨,有百余种,爨外亦七十余种。僰性柔弱,爨性强悍;僰耐湿,好居卑;爨耐燥,好居高;僰以纺织、稼穑为业,爨以牲畜、射猎为业;僰自为政,有酋长,法令严明,与中国无异;爨虽有头目,然以郡县为处,习染伪诈,少则鼠窃狗偷,大则聚众相攻,不可制止。

　　若以山头、傈僳为罗罗系民族,则自系由东迁移西来者,当其迁移而来时,西部边区之肥沃平原,早已为僰夷所据有,且当时僰夷之社会政治组织已极严密,此移植所来之罗罗系民族,不能侵入僰夷区域。又以习性居山,因即具有四山而散居之,后以长时期与他种民族混化,更以地理环境影响,乃形成今日山头、傈僳族之特殊语言习性,阿昌既为缅族系,则自缅迁移入无疑。元明之世,麓川平缅,两宣慰司境地相邻,今陇川诸司地,固缅僰民族混居之区,今之阿昌人,或即当时缅族之边裔欤? 卡拉民族,或系原日该土著民族之一种而深度汉化者,崩龙若属之蒲僰群,则亦西部之土著也。

　　就人种同属上言,罗罗、僰夷、苗瑶,与汉族固属一家,就民族大统一言，中华民族实无汉夷之分。数千年来，由于汉民自我偏见之甚，乃有关于苗夷始祖之荒谬传说（如《后汉书·南蛮传》中之槃瓠故事），长时期汉民族对边地民族之歧视，乃形成汉夷民族间深度之种族意见，此为整个民族前途上最痛心之事。本文及以前在本刊发表之《云南西部边境中之僰夷民族》《云南西部边境中之汉人与山头民族》二文，为学术上研究之便利，不能不有僰夷、汉人、山头诸种族之分，而在整个民族观点上，实无所歧视。基于是，作者敢于本文之末敬为国人提供如下意见：

甲、彻底改变过去对边地民族误解及歧视之观念；

乙、于学术立场上，以科学方法考察及研究边地民族；

丙、用最大力量加速度同化边地民族；

丁、使边地民族与汉民族彻底地合为一体，提高边地民族之政治、经济、文化水准，使与内地民族生活于同等阶级上。

夫如是，乃可以言民族大团结，而民族复兴亦可赖此以速其成。

（《益世报·边疆》第 47 期，1939 年 11 月 20 日，第 4 版）

时 论

我的两个建议

徐虚生（旭生）

今年的抗战为抗战期间中最艰苦的阶段，大约是一件一定不可移的事实。这句话并不是要说今年的敌人特别的可怕。本来敌人并没有特别可怕的地方，这一年半的抗战更可以坚定我们的信念。顶重要的就是敌人气小易盈，对于用人政治毫无办法，我们中国在抗战以前，不幸想做汉奸的人并不见很少。可是敌人的设施，逼着这些想作汉奸的人不作汉奸。某将领所言："大家没有作过汉奸。所以还想去作汉奸！我是一个过来人，才真知道汉奸不是人作的！如来早知道汉奸这样难作，哪个混账王八蛋去作汉奸！"这些真是剖心沥血的话。现在抗战已经十八个月，没有一个像人的军人去作汉奸，这真是敌人所想像不到的一件大失败。尤其重要的是我国民智不开，抗战以前，老百姓觉得谁来也可以纳粮的，真是比比皆是！可是敌人这一年多奸淫掳掠，无恶不作，强迫着想作顺民的人民真真确确地明白了顺民的万不能作，纷纷地加入游击的工作！现在山西、河北、山东及其他各省的情形，真是去年这个时候我们所不敢希望的。我们本来有极大的缺点，感谢敌人用惨苦的事实替我们宣传，把我们的缺陷弥补了一大部分！并且敌人在攻陷武汉以前，真正是一鼓作气。现在已经到了再而衰的时候。只要我们苦撑下去，最后的胜利是绝不能成问题的。但是大家总不要忘记：我们是一个经过二十余年内战的弱国，敌人却是一个四五十年养精蓄锐的强国。强国虽然到了疲弊的时候，对于弱国还是一个极大的威胁。我有一个朋友，他的围棋下的很坏，可是他有几句话说的很有趣，他说："因为我的棋下的坏，所以高棋同我下，总要让我几个子。每次我总同让我子的人说：请你不要让子，只要你允许我一个条件，就是允许我得于必要时连下两子。可是，这一个简单的条件，无论那一位高棋全不敢答应我！"他这几句话足以指明什么？我觉得它很可以指明：就是很高的棋同很低的棋下，所争者不过一个子。下棋如是，作战争胜亦复如是。历史上许多幸胜或不幸败的故事，就是因为自己或敌人多下一着或少下一着。我们的敌人本年固然已经衰惫，如果我们能坚苦支持，不难等到明年他们三而竭的时候。但是他们到底是强国，并且他们去年还有速战速决的企图。所谓"其战也不怒"，到了现在，他们的迷梦已经粉碎，他们开始明白，如果不能将中国完全打倒，他们自己也就要陷于不得了的地位。所以我们这一次的抗战固然是我们生死的开头，可是他们现在也到了他们的生死关头，至少说，到了他们统治阶级的生死关头。两方面现在全已经到了生死相拼的程度，而我们是弱国，所以我们说，今年的抗战为抗战期间中最艰苦的阶段。

我们既然到了全民族生死的关头，就不能问什么艰苦不艰苦。并且我们所应该受的艰苦，我们从抗战的第一天起就完全料到，所以一点也不怕他。但是，一年半抗战的经验，一方面固然可以完全证明敌人的不足畏，铲除恐日病的心理，另外一方面，我们自身的事情还没有完全调理好，也是一件无容讳言的真实。当这个生死关头所争不过一子的时候，我们如果不急起直追，力争先着，结果一定影响于抗战的前途。至少说，要把我们最后胜利的期限展长，使全国极大多数的民众多受些不必要的痛苦。军事、工业、经济及其他专门的事业自有主者，并且也绝不是我们外行的人所应该插嘴。现在我只就我个人耳目之所闻见，并且认为很重要的两点，向我们的政府及大众略说一说：

第一，我们中国中下级行政人员的腐败实在太厉害了！抗战以来虽有改进，离理想的程度，还差的太远！任何事业还是他们发财的机会！有不少的联保主任，回他们的家，趾高气扬，他们的家人不问就知道又有兵役的征发！他们的发财机会又到来了！我们确切知道：我们的老百姓太好了！他们并不怕去当兵打仗。我亲自看见，有一个联保主任，当县政府宣布他那联保里面应该出两个兵，他就亲自跑到应征的人的家里剀切劝谕。以后又发动民众盛大欢送，归结很高兴地自动去了三个！我又知道：有一个地方近来出一种怪现象：就是老百姓怕被征就自动地先去当兵！为什么呢？就是因为应征的壮丁，官长不令他们吃饱！这一类的黑暗现象，实在是太普遍了！如果不急图挽救，直接影响到兵役的前途，间接就影响到军队的战斗力。并且那些城狐社鼠，趋避的方法很巧妙，用普通法律的手续想到澄清他们的目的，异常地困难。大凡一个大改革的时间，必有他特殊的办法，也全是不得已的结果。他们对于这样的非常时期，就应该有非常时期的办法。我们想到的应急办法约有两种：第一，加强村民大会的实权，使保甲长于每月初一十五召集村民大会，报告其所举办的事情。村民有疑惑的地方，全可提出质问的权利。这一班城狐社鼠之所以能倚张为幻，全在于他们是暗地去作，并不拿到桌子面上去研究，如果一切事情全拿到大庭广众里面去研究，他们就不容易胡作非为。并且在法令范围之中，如果村民大会发现他的作弊有明确的证据，也可以赋给大会以罢免权利。上面用法律相督责，下面用权利相监督，上下交勉，对于扫除弊端，自属易易。第二，前清同光年间的中兴，当时吏治还相当修明，彭玉麟诸人的到处巡查，"先斩后奏"，不任城狐社鼠的巧于趋避，实属一个重要的原因。现在宜略仿其意，特派刚正严明的大员，与之以"先斩后奏"的权利，使遇因战取利、害民误国的贪污，立时正法。将来杀戮不需到二十人，而社会观德即当为之一变。"一家哭何如一路哭？"此法若行，将来前敌将士及后方人民不晓得要死多少！反对的人一定骂前者为共产党的办法，后者为顽固落伍的办法，殊不知前者为广西实用有效的办法，与共产党无干。普通法院重失入轻失出，使贪污误国者异于趋避，不足以救急。必须用后项非常的办法，始足以挽救颓风。希望最高当局详酌厉行，无惑浮议。吏治一清，抗战前途一定顺利了。

第二，我对现在这样处在全民族生死的关头，节约运动的重要，实在人人皆知。不幸这种运动的有名无实，也是人人皆知！汽油贫乏而舞场剧台的门前，尚见不少的汽车！宴会仅限十元，而山珍海错的杯酌，账条虽不越十元，小费却能有五倍六倍的增加！上下相蒙，阳奉阴违！并且这样的生活，如果抗战下去，绝对无法维持，所以不愿舍弃这种腐臭生活的人没有一个不希望战事早日终结！近日动摇、主和的人，也未见得就是贪利卖国,不过带了一架留恋他们那样特殊不合理的生活的带色眼镜,那大地全要变色,玄黄全要失位!我们可以武断说一句话:这样不能咬紧牙关以济大难的人,就不配作自由的国民!对于这样腐臭的人不能严厉制裁的民族,就不配生存于世界!我们的敌人,在甲午战争,在日俄战争,全是因为满清政府和沙皇政府不能抗战到底,救了他们最后的溃败。今日敌国军阀政府的溃败已经在望,恐怕没有人能救,除了这样一班只顾个人享受,不顾民族生存的人们!所以这一班人虽没有汉奸的事迹,却有汉奸的罪状!此种汉奸不除,我们抗战的前途实在很黯淡!在这一点,国家几条法令并没有大用处。欧战的时候,我们在法国看见:如果有壮年男子在后方闲游,他最怕的就是埋伏兵的恶嘲骂到脸上,因为这样,所以全国一心,终究把敌人赶出国境。我们现在也要全国上下感觉到这种汉奸的可怕,不畏强御,口诛笔伐,严厉制裁。这种人均意志薄弱,不堪一击。腐臭的汉奸绝迹,我们最后的胜利就到眼前了。

这两点虽说很普通,却是抗战的总枢纽。这个总枢纽不整理好,其他方面,纵有很好的计划,也很难进行顺利。希望全国人士对于这两点严切注意,则国家民族前途实嘉赖之。

(《益世报·星期论评》,1939年1月15日,第1版)

抗战中心的问题

张荫麟

一个国家在战时,尤其是存亡所系的战时,显然应当把战斗力的增进和维持,作一切政治设施的准的;应当把国力集中在战事上;应当便得和战事关系愈密切的需求,愈尽先而且尽量得到供应,和战事关系愈疏远的耗费愈加节省,甚至免除。简括言之,在抗战时期,应有抗战中心的设施。这是人人可见得到,无须辨说的。但目前中国虽然经历了十八个月的苦战,抗战中的设施还没有完全实现。

现在我们不谈别的,但就士兵生活来说吧。战斗力的基本要素是兵士。要他们乐于赴死,要他们发挥作战的效能,首先要给他们以过得去的生活。苦兵之不良于战,正如饿马之不胜负荷。

去年隆冬的时候,我曾经行浙赣、湘赣和粤汉铁路,沿路有机会观察从前线下来的兵士的情形。他们多数没有充分的寒衣,在车厢里瑟缩着。我问一位,在更冷的地方、更冷的时候又怎么办?他说:吃枪弹里的火药,那是军队里通行的老法。需要者,发明之母。吃枪弹里的火药御寒,是中国兵士的一大发明。然而,他说,挨冻远不是最苦的。最苦的是寒天雨中作战,成日夜在泥淖里,让浑身衣服由干而湿,由湿而干。我又看见,受了重伤的兵士,走两三日的火车,才达到有医院可入的地方,车到站却没有人来接,就在车站上等一日半日,有的就死在车站里。至于在战场上,据说因为救护和担架设备缺乏,每每受伤的兵士勉强能走的自走到后方,不能走的就被遗弃在原处。虽然在这种供给不足的状况下,而我们的士兵很少有出怨言的。为什么他们能忍人所不能忍之苦?因为他们知道自己的责任,牺牲自己,捍卫国家,是军人的天职,牺牲小己,救下大己。死伤的代价是很高的,所以他们才肯死,肯牺牲。具有这样高尚精神的士兵,真值我们钦佩,真又使我们惭愧,因为他们在前线吃苦流血,我们仍在后方讲什么享受,扪心自问,岂不惭恧!"有钱的出钱"的口号,已经喊了一年多,但到现在仍是没有作到应作的地步。往后方逃,往外国逃的人们,甚至把金钱送到外国银行去保险的人们,不知道他们是否已经明白了那个口号:有钱的出钱。

中国的兵士诚然是世界上最能吃苦耐劳的。有些人并且曾以此自豪。不要说他们既然能吃苦,便让他们多吃一点也无妨。为国家负担最急要的任务,为国家受最大的牺牲的人,而给以国家最菲薄的待遇,非独不仁,亦是不智。自古以来的名将,凡能指挥三军,能使士兵效力疆场,没有不是与士卒同甘苦的。人类普通的心理,都是喜欢与之表同情的人,无论在语言或行动上。如果我们与人表同情,人必乐与我们相往来,乐为我们效力。自从全面抗战以来,能为士卒共甘苦的将领,为数很多,但或者也有没有作到的。至于政府,对于士兵的生活,也未尝不设法体恤,然或者亦有未尽之处。均之是死,但心悦诚服地就死,和被驱去就死,其效果可有天渊之别。孙子说:"攻心为上,攻城次之。"后方的民众,尤其在物质生活上专事享乐的民众,应体恤前线上的士兵生活之苦,设法协助政府,使士兵的物质生活提高,否则是我们自己先摧毁了我们的心的壁垒。

也许有人说:我们非不想改善士兵的生活,使他们足食足衣,并且得到适宜的救护和医药,其如国家的财政状况不容许何?按照目前财政上的分配,这也许是真的。但这分配是一成不可变的吗?即使退一万步说,我们宁可在各方面撙节,而不能对士兵的供给上有所不足。在后方的人们,无论是公务员,是普通人民,无论吃什么样的苦头,总比在前线作战的士兵所吃之苦为少。试再问士兵之卖命,之牺牲,果然为谁?普通的一句答话,是为国家。但是实受其惠的,仍是我们站在后方的人们。我们到现在尚不致受敌人的蹂躏枪杀者,是那些英勇抗战的士兵救了我们。可以说他们为救我们作了最大的牺牲,而我们竟肯忍心把一切苦痛集中在以血肉捍卫国家的战士身上。这不仅是道德的问题,而是国家和民众利害的问题。

一滴汽油，一滴血，这是很可使人怵心的话。如果把这一句话掉换一下，也可以说，一分消耗，一滴血。我此地所谓消耗，是指的在紧要生活以外不必要的浪费。如果把那些浪费的金钱聚拢来，看该有多少金钱，拿那些金钱，看能购多少枪炮子弹，来杀死多少敌寇。本来我们的士兵，有许多伤而不致于死的，但是因为缺乏救护，缺乏药品，竟致于死亡。

现在不论走到后方的那个都市，都是呈现一种繁荣的气象。繁荣是好的，但我们再去研究一下，那繁荣的根源，多半是由于人们不必要的消耗。有人统计过，在重庆每日不必要的消耗，其为数之巨，实足惊人。这种现象，不独重庆为然，在其他后方的城市中多多少少都是露着一样的现象。作这种不必要的消耗的，各等级的人都有，他们都不曾想到冰天雪地中的士兵，吃的是什么样的苦，受的是什么样的罪，他们岂只是犯了"只扫自己门前雪，不问他人瓦上霜"的毛病，简直可以说是士兵和民族的大罪人。

我们的战争是全面战、持久战。要想战争长久继续下去，政府自有统筹的全盘计划。为使政府的计划能够完全实现，须后方的民众，以及各级公务人员，都须负相当的责任，使我们在前线作战的士兵，有充分的满意的生活，战局自可支持久长，最后胜利，必属于我。

(《益世周报》1939 年第 2 卷第 1 期)[①]

[①] 编校者按：从《益世周报》第 2 卷第 1 期中的《民国二十八年的前瞻——〈益世报〉新年献辞》一文看，张氏此文与该文同一期，故张氏此文应系发表于 1939 年。《张荫麟全集(下卷)》(清华大学出版社 2013 年版)中所收此文标注发表的年份有误。

关于暹罗改国名为"赛"

陶云逵

本年五月二十五日中央社香港电："暹罗政府昨日向人民议会提出法案改国名为赛（Thai）。"并附按语云"赛"乃自由之邦之意。这是个很值得注意的消息。姑不论其议决如何，我们且先谈谈这个问题。西文"Thai"通常作"Tai"，加入 h，盖循英缅掸人（Shans）之发音习惯，用 h 表示其 T 音之送气。吾国译音通常为"泰"或"歹"。泰是一个民族的名称，其语言即所谓泰语。泰族分布很广，在现在黔、桂、滇、越、缅以及暹罗都有。在此族系之下，又分成若干小支族。在暹罗境内，非尽泰族，暹罗邻境，泰人固甚多也。其以泰为国名，当有特殊用意。

民族这个名词，在人文科学如历史、社会以及民族学上，用以代表一个有共同文化的人群。此名称之形容的范围伸缩性很大，就是说分人类为若干民族，其数目之多寡，视所取以为分类标准之质性多寡而定。民族和政治上的国家，国民有很大的区别，一个国家的国民可以包含若干个民族，如瑞士国包有德、法、意三族。一个民族又可分存于若干国家之内，如日耳曼之分存于德、奥、瑞、捷、波。至于人种，则完全是个生物名词，更是另一件事。

正如同物理科学的结果被军事家利用去造枪炮杀人，近世的政治家也拿民族当口号来施行其政治策略。最显明的例子莫如希特勒籍民族一体之说以并吞捷、奥。政治上借口某事，以达其政治目的的很多，譬如中国以往借名教兴师问罪，所幸道德是个抽象的概念，标准不一，利用的人可以穿凿附会，自圆其说。民族却是个实体，虽然也是拿不着，看不见，但是它有它的定义和组成这个名称的条件来管辖。借民族自决、民族一体等说以行其政策很容易出罅漏、自相矛盾。即以德国而言，离柏林不远的 Shree Waid 地方，就住着一小群习惯上，甚至言语上与日耳曼不同的斯拉夫族人。而德国东部的农民中尚保存着不少的斯拉夫习俗。一个民族仍然是存在的，当它未被另一民族同化时希特勒喊民族一体，则至少要使 Shree Waid 的一群人独立才对，有人以"团结情绪"为民族成立之条件，则许多初民三、四个村寨即结为一团，情绪至高，对而与另数村发生械斗，但吾人委实不能称之为一民族。印度可以分为百数十种语言，这自然是不怎样科学的，但彼此确乎听不懂，若以团结情绪而言，真可以得到相同的数目，自也可以成立相同数目的独立政治团体了。缅甸至少也可以有几十个。非、美、澳、南洋群岛等若均言民族自决，当无虑数千国家成立。所以，如果真正引用民族为政治单位，则这世界将纷乱到不可收拾的地步。国家是个政治组织，其国民是政治的人群单位。其中尽可以包含若干不同的民族，所重要的是政府对各民族待遇平等而已。这待遇平等在现代中国是个顶好的例，政府不能对其国内之某团体特优、某团体特劣，一国之诸民族所应求者，也止于是。至于孙中山先生的民族主义，则他自己说："民族主义就是国族主义。"则孙先生民族一词之定义重点在国、国族，一国内之人群，或国民也，与本文所论无抵触处。

暹罗以族名为国名，使人深思的是它是否也含着一种以民族为政治单位的政策。暹罗自立为国以来，中、暹邦交一向亲睦。① 民国二十五、二十六年，中、暹两政府派遣官员往返聘问，均为亲睦之表现。无如迩来旅暹华侨，备受歧视。而德日人氏在暹政府影响相当的大，尤其是日本。除中日而外，暹罗为东亚唯一独立国，中日不睦，英法与日亦无好感，其勾结暹罗乃意中事。而暹罗处于两大国之间，本亟欲交结另一国以为奥援，日本趁机而入，施其拨弄之术。值此民族一体呼声甚高之际，暹罗易名，难免不是受了这种思想的影响，而想向滇、桂、越、缅之泰族伸手。上面已经说过泰族分布甚广，其族复分为若干支族，暹罗为其一，在中国分布于黔、桂、滇者名为仲、侬、僮、沙、摆。在越南曰牢、茫。

---

① 陈序经先生：《暹罗华化考》，载《东方》三十五卷二十、二十一两号，述中、暹历史关系颇详。编校者按，《东方》即《东方杂志》，第三十五卷出版于 1938 年。

在缅甸为掸或傣。这些群人的语言系统、生活习惯和现在的暹罗人，大体相同。设其改名果有用意，则未尝不可以泰族名称，在各泰族支族中大事宣传。缅越因有英法监视，我国中央及地方政府实应加以注意。虽然中暹不直接交界，设暹罗果受他国蛊惑，未尝不可以缅越为波兰走廊而伸手到滇桂。日本诡计多端，此着不能不防。

  暹罗不利用此策则已，如用，亦如德国一样的不符事实，在理论上矛盾不通。缘今暹罗西北界缅甸掸地，东北界越南之牢（即老挝），均与暹同属泰语系。但其西南，界缅之槟那色利姆，东界越之柬埔寨。此两邻则均为猛吉蔑语系之民族。南界马来英属合众国，其地之极南端即新加坡。川流于今暹罗境者为湄南河与湄公河（即澜沧江），此两河流域，昔尝为诸民族争夺目标。按今一般考证，自纪元前三百年迄纪元后千余年，在暹罗中部、南部，曾为猛吉蔑语系诸部族所占据，初则自相攻斗，继则合力以御自北南下之泰族。至十二世纪初，当以兰甫利（Lumpuri）为两族之接触点，自然有一部分泰族已深入此地之南。至十四世纪泰族展至大城（Ayutthaya），以之为首都。而十八世纪（1767，清乾隆三十二年）始更南部都会曼谷（Bangkok），故今暹罗国民中，尚存有若干非泰族。泰族占全人口百分之八十。而暹罗泰族中又分为两支族：（一）即自称为泰，他族亦呼之为泰族之部分，乃今统治团体，约占全人口百分之五十；（二）自称泰族而他族呼之为牢族之部分，约占全人口百分之三十。若以团结情绪而言则此两族迄至十九世纪初叶，日在仇视攻斗之中，实两个不同之团体也。今将一九〇九年暹罗人口记录之如下：

暹罗全国人口	六二三〇〇〇〇
泰人	三〇〇〇〇〇〇
牢人	二〇〇〇〇〇〇
中国人	四〇〇〇〇〇
马来人	一一五〇〇〇
柬埔寨人	八〇〇〇〇

其他（印度、卡仁、拉泽、安南、西茫、萨开、章，后三族为倭人等各若干）。

这个调查不像中国以区域，而是像缅越以语言为标准，恰合我们的用，但事距今三十年，其中多少自有变动，而其精确程度亦当有疑问，但为本论目的，则已够用。依此统计，则暹罗国之民族可以分成十个以上。若以民族为政治单位，则将成为十余个独立的政治团体。设暹罗向其境外之泰族鼓吹民族一体，则不能否认其国内尚有若干非泰族，亦即不能否认此各族之政治之独立也。泰因占暹罗国人口之大多数，然以之名国，未免牵强，犹如中国不称中华而称汉也。

暹罗改国名为泰，是否含有民族一体政策在内，虽未敢必，但我们不能不顾虑日本人的向这方面煽动。中暹邦交一向和睦，今我政府重心西迁，中暹更将接近，商业交往亦日臻繁密，我们希望暹罗当不受谬说影响。尤其希望现在同属"中华民国人民"的各族，认清了孙中山先生"国族"的观念，一致的精诚团结起来，勿为邪说所动！

凡事关于政治的，便坦白的以国家之土地、人民、主权为对象，用法律、军事去解决。希特勒之并全捷，而非仅捷境之日耳曼居住区，则其侵略野心完全暴露出来。有人说，民族是由团结情绪而成立的团体，是王道。用枪炮争夺来的是国家，是霸道。那么，我要问：希特勒的并捷、奥是王道呢，还是霸道？我相信除了希特勒及其纳粹，恐怕没人不说他是霸道，然而希特勒自己却正以王道自诩。以王、霸来分国与族，未免不恰。因为这两观念根本是主观的、极相对的。国人近甚注意西南问题，关于缅越，颇多论著，对暹罗则漠然视之。昆明有若多个政府机关，若多个大学、研究院、图书馆，在此西南问题高唱如云时，竟找不出一本关于暹罗专著，当作憾事！希望当局加以注意！

一九三九，六，一

（《益世报》1939年6月4日，第2版）

中国之民族性与抗战前途

周钟岳

我们此次对日抗战,到今天差不多是两年了。这两年当中,敌人凭着飞机、重炮、战车和一切优越的武器来侵略我们。可是到如今,表面上似乎敌人占了我们许多地,而实际则敌人愈陷愈深,已经不能自拔。我们只要看敌人反战空气的浓厚,国内存金的枯竭,以及国际形势的不利,知道敌人到崩溃之期已经不远。我们只要拿人口、经济,及国际情形来一比较,已断定最后胜利必属于我。但是我们所以操必胜之权,还有一最大原因,就是民族性。外人批评我们民族性常时说中国人太涣散了、太懦弱了、太爱和平了。不错,中国人平时最讲礼仪,酷爱和平,这是他的天性,但是有敌国外患的时候,到了生死存亡的关头,却有一种潜势力,能够捍卫国家,这种潜势力是什么呢?就是民族性。中国民族性又是什么样呢?我现在举出几点,以历史上的事实来证明:

一、同心御侮。中国人在平常的时候,内部也常有互相争斗的地方。但是一到了外患凭陵,就能释嫌修好。《诗经》上说"兄弟阋于墙,外御其侮",这是说兄弟不和,在家打架,但是遭着外人的欺侮,就共同去抵御了。我们看战国时赵将廉颇、蔺相如不睦欲面辱之。相如不肯与会,遇见廉颇就引车避,门人们都讥笑他。相如说:"吾非常畏廉将军,顾念强秦之所以不敢加兵于赵者,徒以吾两人在也。今两虎共斗,其势不俱生。吾所以为此者,先国家之急而后私仇也。"廉颇听到了,肉袒负荆向相如谢罪,他们遂成为刎颈之交。秦人终不敢攻赵。这是一个释嫌御侮很好的一个先例(我们此次抗战,不论地域、不分党派,全中华民族成了一个大团结,很可以表现我们同心御侮的民族性。这是我们抗战必胜的一个原因)。

二、复仇雪耻。《礼记》上说:"父母之仇不与共戴天,兄弟之仇不反兵,交游之仇不同国。"这复仇的观念深入了国民心中,所以遇了仇人始终存一个报复的志愿。我们看春秋时代:

> 吴伐越,越王勾践御之,陈于檇李,以戈击阖庐,伤将指,还卒于陉。夫差使人立于庭,苟出入必谓曰:"夫差!而忘越人之杀而父乎?"则对曰:"唯,不敢忘!"三年乃报越。越王又卧薪尝胆,遂伐吴以雪会稽之耻。

这又是复仇雪耻很好的一个先例,此次日本人入寇蹂躏我们许多地方,我们同胞受他奸淫抢掠的不计其数,我们各处的民众纷纷起来抵抗,最可以表现我们复仇雪耻的民族性,这又是我们抗战必胜的一个原因。

三、仗节死义。我们中国古来捐躯报国、杀身成仁的人,史书上记载得很多,到如今还凛凛有生气。现在不胜枚举,我们专举显著的几人来讲。唐朝安禄山、史思明之乱,得郭子仪、李光弼协力戡定。李光弼常对将士说:"万一战不利,诸君前死于敌,我自刭于此,不另诸君独死!"其时张巡死守睢阳城,城陷日,张巡说:"臣力竭矣!生既无以报陛下,死当为厉鬼以杀贼!"宋朝文天祥当元兵入寇的时候,他说:"一国存与存,国亡与亡;刀锯在前、鼎镬在后,非所惧也!"明朝史可法当清兵入关的时候,他说:"介胄之士,饮泣枕戈,忠义民兵原为国死!"这是何等壮烈的志气。以上所举,都是国家危亡时候的事迹,现在我们抗战,士气甚壮,国力犹雄,是可以转危为安,转败为胜的。我们将士操必胜之权,而存必死之志,前仆后继,视死如归,尤足以表现仗节死义的民族性。这是我们抗战必胜的又一个原因。

四、攘夷定乱。中国在春秋时代就有一种口号,叫做尊周室、攘夷狄。以现在的话来讲,便是拥护政府,攘除夷狄。因为古人有这种思想,成为尊王攘夷的学说。都知道自尊、自重不肯屈服于外人。虽遇五胡元魏之变,辽金元之变,满清之变,屡侵入中国。但蛮夷猾夏,视为缓耻。历来有志之士,不忘种性力谋恢复故土。前汉时霍去病说:"匈奴未灭,何以家为?"又,后汉时马援说:"方今匈奴、乌桓,常扰北边,欲自请击之。男儿要当死于边野,以马革裹尸还葬耳!何能卧床上,死儿女手中耶?"又,蜀汉时诸葛亮说:"当奖率三军,北定中原,庶竭驽钝,攘除奸凶,兴复汉室,还于旧都。"宋朝时金人入寇,李纲说:"分责诸路大帅,因利乘便,收复京畿以及故都。"岳飞也说:"愿定谋于全胜,期收地于两河,唾手燕云,终欲复仇而报国。"我们古来许多英雄豪杰,时时存一个攘夷复国的心,虽外夷有时侵入中原,终久必为我们收复。所以我们立国至五千余年,而国基终是巩固,到了现在,环海交通,我们在国际间,并不存排外的思想,但是外人若欺侮我国家,我们是万难忍受。日人凭恃武力想并吞中国,只是一个梦想。我们人人有中国不亡的信念,足以表现我们攘夷复国的民族性。这又是我们抗战必胜的一个原因。

此外,我们中国人民。还有坚忍耐劳、急公好义,种种的特性。如负伤士兵之再请从军,海外侨民之热心捐款,皆足以表示我们民族性的好处,此刻也不能尽举。我们只要看以上所举的几点就可以知道此次抗战,人民热烈情绪的由来。我们很可以拿精神战胜物质,拿意志战胜环境。这些事各位自然知道的。我今天再提出一谈,或者可以更坚定我们抗战必胜、建国必成的信念。

(《益世报》1939年7月6日,第3版)

《滇缅路线问题专号》引言

顾颉刚

滇缅铁路的建筑，酝酿于清季而实现于今日。巩固云南的国防，沟通国际的运输，开发滇西的富源，意义之重大远在其它交通线之上，实在是不可忽视的事件。

现在该路在昆明业已动工，远一点的地方亦已勘测。从昆明到祥云一段不生什么问题，自此以西则有北线南线两个主张。听说铁路局方面主张走南线，为的是路线较短，施工较易。当地士绅如李印泉先生等主张走北线，为的是在国防和经济上都有较大的利益。这确是一个应当注意的问题，所以本刊就编辑这个"路线问题专号"，希望两方面的主张都尽量地吐露出来，给全国民众以清楚的认识和公同的决定。庄子说"知出乎争"，我们现在正该提倡辨论来表显真理。尤其是在这国难严重的时候作伟大的建设，勉强在战费之外筹划建设费，是何等的困难。如其浪费一个钱，岂不等于白流一滴血，这是我们良心上所万不能许可的。所以一方面希望政府当局根据各种资料作严密的设计，一方面又希望铁路局同人把南北二线都走一过，把亲身的经验来决定取舍。如果单从地图上决定，那么中国的地图向来就不正确，尤其是边疆方面更多错误（例如某大书局的地图，云南竟和暹逻接界），如不谨慎将事怎不上了大当。

这是我国的百年大计，本社同人敬馨香祷祝其有最大的成功！

（《益世报·边疆》第3期，1939年1月2日，第4版）

我对滇缅铁路的五个希望

蒋云峰

一、希望滇缅铁路不是一个平常建筑,而是抗战建国声中的国家建设。

二、希望当局从大处着眼,大处动手,经济的把它建设成功。

三、希望总工程师把西段的南北两线先去实地走一走。

四、希望注意到铁路本身将来的生活问题。

五、希望为国家百年大计,采用北线。

由迤西来的朋友说:"滇缅路昆明祥云段已经在动工了。"是的,报纸上我也看见过《滇缅铁路某日举行开工典礼》这一类的新闻,消息传来,这是多么够人兴奋!不是吗?一面抗战!一面建设!若在旁的民族恐怕一件也就很够应付了,咱们一面打仗,一面还要干国家百年大计的——滇缅铁道建设!"抗战建国"有条不紊,这还不够兴奋吗?试问,若不是我们这地大物博、人口多的国家,谁有资格来担负这艰难困苦的工作呢?朋友,我保证中华民族是亡不了的,从今天起你就乐观吧!来!参加庆祝滇缅铁路开工典礼,本报《边疆》主编顾先生颉刚特为滇缅铁路路线问题出专刊,知无不言,亦庆祝之道也。云峰战区归来,上月在本报亦曾有《关于滇缅路西段采用北线商榷》一文就正社会,然见解有限,自知无补国是,大人先生是否注意及此?却有问题,谨以至诚,借《滇缅路专刊》一角地写出希望五个,聊申未尽之意,亦所以庆祝滇缅铁路在抗战建国之需要中,得以早日通车也。

一、希望滇缅铁路不是一个平常建筑,而是抗战建国声中的国家建设。由十八个月来的抗战经验,充分证明了建筑是无用的,建设才是有用！上海市政府的建筑总不能说不漂亮！（其他恕不多举）然而日本海盗的炮一响,还有什么用处？假如把当日造房子的钱来干一个什么国防建设,如堡垒之类,即使上海仍不守,也得叫日本海盗付出过本过利的代价才行。全国各地的建设假如都寓国防工事于建设的话,我们还愁持久抗战吗？所以李鸿章的上海兵工厂,张之洞的汉阳兵工厂（其他当然还多）,这次抗战是帮了国家很大的忙。如果大家不健忘的话,我想一定还记得"八·一三"以后的一个月间的战报吧？当日寇起衅后,我军攻击上海日租界的日本小学、六三花园、海军俱乐部那几个地方,是曾经竭了大力的,然而它固若金汤,这秘密是什么？就是日本是蓄意侵略中国的,自"一·二八"战后,即觉着中国军队战斗力之不可侮！为将来进攻的万一计,都把上面说的这几个建筑,造成了几层钢骨水泥,又几层钢板的坚强堡垒,人家的俱乐部是在堡垒里面的,不过是我们的上海官民不察吧了。所以虽是"一·二八"战争时,我们的上海市政府刚修起了下半部,日本海盗在进占市府后,也曾利用居高临下的战术,在上面架大炮打过我们的军队和老百姓,但是后来《淞沪协定》一签字,我们当时的上海官也就忘记其所以然了。因此不幸而"八·一三"战事一起,不数日间我们金碧辉煌的宫殿式的上海市政府,一个炮弹来,即由正中凿个大洞。呜呼！今且沦为日寇之"慰安所"矣。固然我不是主张我们滇缅铁路的修筑,每个机车列车上都架机关枪、大炮,或者每个车站都把它筑成六三花园式的堡垒,因为我们目前对英国用不着这一套,而且也没有这些钱来这样干,但滇缅路西段采用南线而舍北线是失了极大的国防意义的。所以我希望我们修筑滇缅铁路,应该把它看成抗战建国中的建设,不要把它弄成上海市政府一样高贵而无用的平常建筑。

二、希望当局从大处着眼,大处动手,经济的把它建设成功。一般人说,"滇缅路"采用南线的原因是可以省去两座桥梁建筑,少费些金钱。那又不然,以路线来说,南线较北线长,且等样多山,无论如何,不能成为采南线舍北线的理由。照目前拟走南线来说,诚然龙江桥是省了,潞江桥是归英方修去了。但是我们平心静气的说一句,如果在采用南线之先,曾经把北线同时测量比较过,两边工程之差,除国防、经济、文化、政治等均应视为参加决定的因素外,如果南优于北,且采南线可以省去若干万元的桥梁建筑费,我当然也赞成走南线。可是现在就各方面的舆论来说,无论是就国防、政治、经济、文化上都不应该采南线。我以为干国家建设是要从大处着眼的,不是省得一两个桥梁工程就算能事,何况在事前就根本没有把两线测量加以比较。现在南线也才动手测量,怎样就武断南线优于北线,纵然事先会作精密测量,南线并不发现什么困难点的话,为国家打算,从国防、政治、经济、文化各方面讲,亦有采北线弃南线的理由。这是国家大计,不容忽略的。譬如说,卢沟桥事起,就是为日寇要求我们筑沧石路(沧州到石家庄)不遂,才有"七·七"的挑衅,当日的政府为什么不能答应它们? 就是为了国防、政治、经济各方面,是无论如何乱答应不得的,所以宁肯兵戎相见,不愿开口答应一条路线。因此,我们就是拿国防一层来讲,即使采北线要较南线花费些钞票,也宁可采北线,但也不是采北线就多用几千万也不成问题的话,否则这话是有流弊的。我的意思是干国家建设,固然不应该惜省小钱,但当金钱用出去的时候,是应该经过若干工程专家的研究讨论。认为某项工程实无法绕越,或绕越反不经济,不得不用的话,然后始用,并不是一采用北线,就可滥用其钱,不必要的穿山洞也去多凿些,不必要的桥梁也去多造些,那叫浪费公款。所以我希望不惟干国家建设是应该由大处着眼,大处动手,而且还要在大处动手中经济的把它办成功,替国家省几文钱才算能事,这才算是中华国民应有的道德。

三、希望工程师先去把南北两线实地走一走。天下事没有比较是显不出好丑的,现在要明了滇缅南北线孰优孰劣,若不先去实地勘测作一番详细比较工夫,并从国防、政治、经济、文化各观点作一番详细的分析和考量,便不应该随便的下判断。譬如我们把任何地图打开一看,很容易发现江苏全省是一块平原,但你实际去把江苏全省走一走,便觉得江苏也有很多的山。如太湖里有东西洞庭山、苏州有灵岩、天平山、穹窿山、上方山、狮子山,江北南通有狼山、剑山、军山、马鞍山,南京除紫金山外,还有栖霞山、牛首山、方山、土山、汤山。你总不能绝对迷信科学尚在萌芽时期的中国地图为绝对可靠,便照地图上面的高低作标准去实施工程,何况现在采用的南线,在地图上就看着有不少的山,如老别山、大雪山、无量山都是很有名的高山。记得八年前我从这铁路线到腊成去的时候,一共走了二十几个马站,除南涧、澜沧段,南大、芦房段都是大山外,无一天经过的不是山。那些山都是和禄丰、楚雄段的响水关附近的一样,最小的山也和镇南、祥云段的英武关不相上下。若果采用北线,由祥云到下关的定西岭,当然也和英武关段差不多。此外由下关到漾鼻是循着合江、漾濞江的河谷走,根本工程上不发生问题。由漾濞到黄连铺、永平、杉阳、保山、腾冲、牛栏河,干稗地陆基啦牌午穹昔董木里河,瓦宋至湾暮、伊洛瓦底江边止,除永寨的沧江桥和澜沧的沧江桥工程相同,保山、腾越段的高黎贡山和南涧、澜沧段的无量山爬山工程相似外,其余的山都和英武关附近一样,很少有像禄、楚段的山大。但是禄、楚段是已经决采为必经之地,当然其他地方如禄、楚段者,也可以同样经过了。比较下来,采用南线是多了大云山、老别山等大山的爬山工程设计,而北线不过多一二桥梁而已。即使沿滇缅古路至腾冲,出南甸、干岸、弄璋、小辛街、蛮线、芭蕉寨、茅草地、小田坝,沿大盈江河谷至八暮的工程,也不及南线由云县到孟定的工程的十分之一。利用伊洛瓦底江水运,也要比腊成轻便铁道运费低些。耳闻或看地图,总不如亲眼见的来得正确。故我希望滇缅的总工程师实地去把南北两线走一走,作一番实地的调查。

四、希望注意到铁路本身将来的生活问题。如把滇缅铁路比做一个刚刚离娘肚皮堕地的小婴孩,那将来的"营业"便是他的奶妈,货运和乘客便是他需要活命的一双大奶。若要这孩子发育正常,非奶妈给他充分营养的奶汁不可。即是这孩子的家庭环境要为可靠的收入去雇得身体健壮、奶汁丰富的奶妈,这孩子才能快长快大。若果他的家庭环境恶劣,没钱给奶妈,而奶妈也将为着生活问题而离开,在这样情形之下,这孩子的生命是否可以生存便很成问题了。当然,幼稚得无生活能力的孩子是需要人养活他的。因此滇缅铁道将来的生活,也是非有良好的收入不可。正如一个小孩的生活希望有良好家庭状况,如奶汁丰富的奶妈一样。滇缅路这孩子,家庭环境很不坏,而且是足月而生,所以先天上很不差(北线环境优良)。如不因人事上的意外挫折(成见),让这孩子在这样一个好家庭里生活,那无疑的他能做"光前裕后"的佳儿,爱国爱乡的好汉。不幸现在这孩子的家庭遭遇了变故了，眼看他要被一家穷人拿去做孩子（听说决采南线），那么，这孩子将来不堪设想的生活，也就可想而知了。虽然，这孩子慢慢地长大，也可以去卖苦力找饭吃，但孩子的家庭就很不易由穷而富了，总不如在原有家庭里"绍箕裘"比较容易"辉光绪"些。人人知道，穷是顶没奈何的事，把一个好好可以生活的孩子，弄得"衣不终身、食不就口"，这是如何不合理的事。孩子的生身父母（滇缅铁路负责人）也未必肯见自己的孩子一辈子过那可惨的生活，而无所动于中吧！现在听说是要使这孩子南走蛮荒去过穷生活的，这是何等可痛心的事。

五、为国家百年大计，希望采用北线。"抗战建国"是中华民族十九个月来的口号，也是中华民族最伟大的挣扎精神。在这样一个时候来建筑铁路，是如何有意义的事。可见一根枕木、一条铁轨都和抗战建国四个字发生很大关系，对于路线的决定那是可以忽略得的？

滇缅铁路南北两线的利害得失，在李印泉先生致蒋委员长书中，已条分缕析，在在足以证明南线穷而北线富，是不可不采用北线的。天下装穷诉苦的人固多，然而希望穷的人就没有一个，尤其是在今日的中国经济困难到万分的时候，岂能故意找穷？滇缅路线为什么决定走南段，这诚然是一个谜，我们固不愿妄事揣测，但采南线的不幸结果，是不难想像而得。如果为国家民族百年大计着想，我想是有重新决定的必要的。滇缅南线蛮荒无人烟，铁道收入固不可依靠乘客，即就维持铁道命脉的货运而言，采用南线除了搬外货进口，每年使大批金钱向外流出而外，自家元明清以来繁殖在祥云以上大理、永平、保山、腾冲的数百万同胞，和在密支那线的数百万侨胞，对于此路之兴修，就不曾受到半点益处的。我希望滇缅当局，无论是为国家为民族或是为自身计，都应该采用北线，否则历史上的功罪，是自己的力量或权势所不能辩护的。

二七，十二，二十

（《益世报·边疆》第3、4期，1939年1月2日、9日，第4版）

关于滇缅铁路西段路线问题

李芷谷

滇缅铁路的构筑现在已经开始了,此路之重要不仅是西南问题,而且是我国南部的唯一国际陆路干线,不但贯通了我国南部的脉络,而且于太平洋上诸小国家有极大的影响。国人对于西北的重要,差不多得到一点明了的概念了,独对于西南问题,都略而不道,其原因在于不知西南情形,尤其是汉夷难处的边地,中英两国争夺的南北两段未定界。再进一层说到印度、缅甸、西藏、西康,这一带秘密的大地上数十百年来所酝酿着的祸根,那更是无人知道,也没有人把它当作一个问题去研究它。假使我们国家去建筑这一条国际大道,那么多少边疆问题、多少秘密事件、无数弱小民族,若千万方里的肥沃土地,以及一切的大问题,都等待着我们去细心的考察研究和详密的勘测才可以决定路线,断不能以简单的一些桥梁省费的小理由,去漠视了国家的国防、经济、政治、种族、土地的种种大问题,所以我们应在纯客观的立场上给铁路的四围下一番分析的功夫,然后路线的经过可不烦言而解决了。

一、滇缅铁路的前身。当前清光绪末叶,清廷已知边疆问题之重要而不可缓图,所以在滇督锡良监视之下成立了"滇蜀腾越铁路公司"于昆明,款项除一部分指定外,其余的用"随粮认股"的办法按年缴纳积股。一时社会人士奔走呼号,志在必定达到目的,于是派员测勘路线。第一组由玉溪出思普,以达暹罗交界;第二组经镇康出顺宁以达缅甸之八莫;第三组由永昌经腾冲,以出缅甸之八莫。三组勘测完毕,又经长时间之考虑,才决定路线自昆明起经楚雄、下关、永平、永昌、腾冲,以接缅甸的八莫,定名为"滇蜀腾越铁路总公司"。此事虽大体决定,但因国家多故，不久革命军兴，铁路股款分散，于是前度的滇缅铁路也就小产了。不过前人的奔走呼号和详密的规划是不可忽视的。

二、历代对外用兵与西南交通大道。历史的事实告诉我们，中华民族与其他民族的沟通，除西北的几条大路外，云南要算是古代的文化路线了。在东晋时，于法显等一行僧众（见《梁高僧传》，事在晋穆帝中）经由云南出印度，法显以后僧众、商旅之出于此道者络绎不绝。唐之玄奘、元照也从印度过西藏入云南（见慧立《大慈恩寺三藏法师传》）。① 唐玄宗时，②骠人贡乐及火鸡舞（见《唐书》），也从腾冲经过北至长安。历史的事实很多，不能详举，但从未经南段来往的。直至明正统间尚书靖远伯王骥，并都督宫聚率师征缅甸，皆由腾冲经过出孟养（即今密支那，见《明史》列传）。清乾隆间刘藻、杨应琚、明瑞、阿桂、阿里衮等先后征缅甸都从腾冲经过（见《清史列传》及魏源的《圣武记》）。因为数次远征无功，至乾隆二十四年二月二十日才命大学士忠勇公傅恒为大经略，统数省大兵再征缅甸，以四月初九日抵腾冲，七月二十日到达江西戛鸠路，命阿桂出猛密路，阿里衮出野牛坝。八月十三日傅恒渡戛鸠江，猛拱土司（即今之密支那西）浑觉输诚进象，原为前驱。至十月初二日至八莫，初十日进围老官屯（老官屯，昔为我蛮暮土司属地，在金沙江东岸，猛密西，猛野北，猛拱、孟养之南），受缅王之降而归。此后对缅甸、印度的一切交涉代代都有，皆从此道经过，不必详举。总之，云南西北连康藏，及江心坡、野人山西南接缅甸本部，东南接安南，民族之关系甚繁，今腊戍为掸部地，英人视此举为半化地。我国历代用兵交通，皆在北段而不在南段，今之形势一如往昔，绝不当"舍北路而不由"，放弃了国防重要地，去走那荒烟蔓草、蛮烟瘴雨的地带了。

三、南北未定界河流地形内的比较与国防的位置。云南境内各大山脉皆来自西藏，河流多发源于丽江等地，聋莫枯山、扒拉大山、高黎贡山及碧罗雪山，山脉的主支都重重叠叠的自西藏经西康、阿墩子、丽江，过腾冲横亘于北段未定界内，河流都自东北部经腾冲流入缅甸。在腾冲境内有龙江、盈江，北段未定界附近之小江、迈立开江，至缅甸之八

---

① 编校者按：此句有误，玄奘、元照皆没有到过云南。
② 编校者按：此处应为"唐德宗时"。

莫,汇为伊洛瓦底江,可以航行巨轮。山形水势都把中缅地界分作两翼,成对峙之势,但自腾冲仰视康藏,俯瞰缅甸本部,我居屋脊之上,有居高临下之势,实为天然国防线,是何等的重要?再看南段是怎样的形势呢?高黎贡山由腾冲经龙陵过芒市至滚弄,万山起伏,断续无主脉,潞江经滚弄流入缅甸一带皆盆地,夏秋湿热,烟瘴最厉,由滚弄西看腊戍(缅甸地)反在山顶,断无置国防线于此的道理。且腊戍为掸(即僰夷)地,英人视为半化地,不似密支那之为缅人本部,他的国防线经济道路都在此。且西北与印度接壤,东北通片马,可直达我康藏,若使建筑铁道而注意及国防,任何人也不会否认北段的重要性吧!

四、英人于南北两界的全图及其沿革经过。英人将缅甸政治置于印度总督隶属之下,其侵略我南段,纯为印督的一种商业目的,攫取我老银厂炉房的银子去充实印缅的金融。所以由缅京满得勒到腊戍,只是临时架设的轻便铁道,用以拖矿子的。北段密支那铁路呢?是由伦敦政府发动建筑的,用以沟通印缅的陆路干道,侵略我江心坡、片马,直指我丽江、阿墩子、西康,最终目的是要侵吞我西藏,控制我扬子江上游,是国防的大计划,是不列颠的整个侵略政策。所以南北两未定界土地之宽狭,关系之轻重,是不可同日而语的。现在把英人图我的经过,略略叙述,便可知过。乾隆间有云南石屏人宫里雁开老银厂,吴尚贤开茂隆厂最为发达,英人垂涎很久,后来宫里雁、吴尚贤都因事不能开采,印督知道此事,使人组织大公司,大规模的开采,老银厂在班况附近,茂隆厂在班洪及耿马境内。南段未定界,已经中英两国会勘,大体解决,但因南定河至南马河一带,银矿场很富,英人想要深入,所以到今相持不决,现在还是未定界,此地多半都是卡瓦人种盘踞,部落分合不常。今由五酋长分领,俗呼五王,英人虽用尽方法笼络,土人终不服英人,也不似北段的自由设官分治,派兵驻守。只有二十四年班洪事件,轰动全国,其实英兵并未入我境界。我们再看北段就不同了,自清光绪十一年缅甸亡于英,英政府对我驻英公使曾纪泽说:"缅王无理故废之,但滇缅边界,见中国兵与中国旗即视为中国土地。"又许以大金沙江为两国分界处,蛮暮、南掌、木邦、猛良、景线,这许多的掸人地都由中国设关立埠。到了光绪二十年,驻英公使薛福成与英国划界签约,因为英方知道我方不明边情，率性骗着以高黎贡山为界，到了二十六年简直不顾一切的进兵小江，戕杀我茨心土司守备左孝臣，杀死我守兵百余人。那时北京的总理衙门，莫名其妙，答应以小江为滇缅交界，在这糊涂的总理大臣手上就轻轻地断送了几千里地方，还留下极大的祸根到如今。光绪三十一年，英人的欲壑还填不满，又要进兵，我方派迤西道石鸿韶，英方派领事列敦会同查勘，结果又被这石鸿韶送了若干土地，但界务仍然未了。英人越来越厉害，于宣统二年派兵占了我茶山一直到片马，于是这"片马"两字，就与国人初次见面了。到民国十五六年间，英人侵略我里麻长官司全部地方，即所谓的江心坡，于是"江心坡"三字又于国人见面了。现在恩梅开江流域的浪速、羊窝、喇乱、不奢、不等，西至猛养，南至蛮暮，东至片马，北至与西康连界的□□地方，数千里膏腴之地，英人已自由设官驻兵了。是怎样的组织呢？我只简单的举一例吧！密支那是我猛养宣慰司旧地，现在设着密支那府，其下管辖七个厅治，就是昔董、密支那、孟碛、甘板这四厅地方，是在英人自己承认的已定界内，还有拖角、孙布拉蚌、葡萄三厅是在英人许可的未定界内。既说未定界，何以他去设官呢？其实已定、未定都是我国土地，被他抢去的，驻扎这一带的兵力，约有步兵两团、骑炮兵各一连。分布在片马、拖角、罗孔、猛爱木梳足、崩弄蚌、孙布拉蚌、金览蚌、坎底各地，密支那已成北面水陆交通、政治、军事、经济的策源地，轮船、火车可由密支那直达仰光海口，汽车、马车可以东至片马等地，由片马至西康的道路上，英人穿梭般地走着，为什么这样的不辞辛苦呢？除了川康藏三个宝贝还有什么？

英人在南北两段的企图和无理的举动已经写得太多了。可怜的中国，节衣缩食的费尽了气力修条铁路，勉强挣扎撑持门面，要和人家努力奋斗，拿我们的国防企图迎头去接上人家的侵略大道，才算是合理的要求，那里还有多余的血汗，去替人家建筑拖矿子的道路呢？贤明的长官们，可怜的同胞们，请平心静气的想想吧！

五、经济、政治的主流。云南迤西的经济路线，向来是以下关为中点，下通昆明，上达腾冲至缅甸。政治呢？汉人住居之地也是在楚雄、下关、永昌的两翼，譬如屋脊两面分厦，即便于结构，又便于分水。从未有建高楼川一厦的，今如以铁道接于滚弄，那么抛弃政治、经济的主流，远走蛮荒瘴疠的掸夷盆地，此中毛病不必深论，就可知道了。缅甸方面呢？由仰光直达密支那纵穿缅甸本部，是他的政治、经济的主流。由曼得勒至腊成多掸人，文化不如缅人，英人视为半化治，我们竭尽了国家的财力去接上人家的半化治的地方，是多么的可惜呀，而且此方掸夷与彼方掸夷联络起来，恐怕将来的边地要增加无限的纠纷吧。那么就经济、政治两方面说来，此路应该接那里。

六、社会产物的比较和铁路本身的营养问题。滇西的肥沃土地都在汉人所住的地方，凡五谷、森林、农产、赋课、商业、土产，以及地下蕴藏着的矿苗，都在下关、永平、保山、腾冲的两翼。一旦国家有事，任择一地，集合军队，给养财力都可供应，而且铁道本身之发达与否，全视乎社会人力、财力、物力以为断，假令此路出镇康、猛版、渡弄那千里蛮荒，人烟稀少，物力、财力更谈不到。缅甸之腊成，既无密支那那样的繁荣市场，哪里有多数的客商货物，来培养我们的铁道呢？

七、密支那和腊成路线的长短与河流的联络。两线长短的比较虽然有多数的朋友走过，但无确实的测量，不过由可靠的地图放大，和自己经过的回忆，两下比对，似乎滚弄比腾冲还要远些。中间经过的潞江、澜沧江是一样的不能避免。经腾冲须越过高黎贡山，出滚弄须过邦马山、老别山，在工程上不见得比高黎贡山来得小。即使工程稍大，似乎在国家建设大计上，不宜存减工省料的见解。最宜注意的是密支那至仰光海口，有伊洛瓦底江，轮船畅通，可为铁路联运。此江虽在缅甸，中英两国可以公用（见光绪二十年《中英条约》），滚弄以下虽有潞江，但不能航行，且在缅甸，中国不能通舟，在运输上此为一大关键，岂容忽视！

八、两线人物气候的比较。自下关连腾冲皆汉人，自镇康至滚弄皆夷地。由下关至腾冲，气候温和，四时可行，镇康以下气候炎热，土地卑隰，且烟瘴水毒，夏秋之季，皆不能住，客商尤不能至，铁道所经，不能建立市场，即是铁道无营养。国家千辛万苦建筑铁路，须望其发达，若别无收入而年耗金钱去培养它，那不如不建筑了！

九、华侨商务根据地。在缅甸的华侨，以福建、广东、云南人为多，仰光一带，多福建人，中缅多广东人，云南人遍于全缅甸，俱在仰光满得勒、密支那干线沿路。间有往腊戍者,都是水客买卖鸦片,此外更无市场。我国在外侨胞自由贸易,向无他种力量的援助,比较欧美各国的奖励贸易,保护外侨,不遗余力,真是判若天渊。今我国家既决定筑此一道路,那么在外侨商的根据地所在,不应该加以注意吗?

十、开发社会与殖边。云南矿产之富,甲与全世界任何同等地区,矿产种类,不能备举。例如迤西各县皆有铁,又多是硫化铁与氧化铁(如赤铁、褐铁、磁铁之类),金银矿也差不多无所不有,在北段未定界附近很宽广的地方产砒、硒、玉石、珠宝之类很多,腾冲地方有数处石油矿,其地名酸水,经德人朗德(Land)实地调查(见民国三年上海《民立报》副刊),为近代最宝贵的矿产,也是我国最缺乏的必需品。澜沧以下虽然银、铁很多,但工业上最重要的铁质就很少了。说到殖边问题,虽一样的茫茫夷地,人烟稀少,土地肥沃,可以耕植,然而一提到烟瘴,恐怕无人不畏缩吧?北段地区自然也有烟瘴,但由腾冲过牛栏河出密支那,都是人烟稠密的良好地带,而且高黎贡山与扒拉大山的森林,和黑龙江有同等的壮观,数十百年采伐不尽的,缅甸印度又极需要木材,即此一端,就够几十年的铁路营养了。

以上十条,不过就记忆所及,信笔写来,已经很多了,其他如土司夷民问题、印缅经济系统与内地的关系、各地支路的联系、内地与康藏的沟通,以及一切因铁路而起的各种问题,一时也写不完,留待后来分段再写,以求社会人士的指教!

还有要附带申明的,本人写这篇稿子的动机,是用极慎重的态度、纯在国家立场上,就铁路本身打算。对于任何方面都无接触,亦不含有任何善恶的偏见。今日提笔写数十年前的记忆,其中错误当然不免,但决不敢苟且下一句不经意的话,顺便抚拾一些无根据的浮谈,这是可以自信的。

(《益世报·边疆》第3、4期,1939年1月2日、9日,第4版)

略论滇缅铁路线问题

张重华

抗战的持久使西南成为主要的支撑点,而支撑点的脊梁是云南。这是地理的自然环境所规定。目前国际通路只有西南、西北两条,然以交通之便捷而论,与对外贸易之关系而言,则西南较西北尤为重要。西南交通,自广州沦陷,又以滇黔为优,这也是事实。但上述"云云",不过是抗战入于持久艰巨阶段以后的比较论。以现有西南、西北的交通,与华北、东南、华中、华南相较,自觉远逊,事实上也不能担负抗战所赋予的任务而胜任愉快。所以无论西南、西北的交通网,均有待于积极调整和建设。单就云南省境而论,已有滇缅、叙昆两铁路的兴建,即可以说明一切了。然而抗战是大事,建设也是大事,抗战的持久以至于最后胜利的获得,有待于百折不屈的坚强意志,以及种种困难和错误的努力克服,一切计划的切实执行等。但建设的实效,除求能与抗战需要严密配合而外,尤要能奠定战后国防经济的基础,使国家于取得最后胜利之时,若能将支离破碎的河山、流离失所的人民收拾得灿烂光华、蔚复旧观才行。抗战是手段,建设是目的,我们十八个月的殊死血斗,以及此后仍然继续拼命周旋的抗战,无非为争取国家的独立、建设的自由。所以负建设责任的人应放大眼光,旷观远瞩。否则江淮往事,殷鉴已多,国家如此,经不起一误再误了。

拿这种原则来观察现在的建设工作,就不免仍有许多值得讨论批评之处。历史所遗留给我们的错误因素太多了,这一切都在抗战的现实过程中残酷的暴露了。胜利的追求在于一切的错误克服,尤在于不要铸成新的大错。举例来说,现正努力赶修的滇缅铁路路线之采用,便是一个很重要的问题。

滇缅铁路在西南交通网中地位之重要，实无与伦匹，为什么呢？因为此路一成，可以使远东经济、政治起根本的变化。就经济而言，此路成后，欧非两洲，东来货物，既可以在仰光起卸，由铁路运入中国，现在绕过马来半岛以至西贡、香港之路，至少失去一半的重要性。将来叙昆、滇黔两路成后，更可传输川湘，直趋武汉。缅甸的仰光，云南的昆明，将与香港、上海争雄，其影响所及，尚不止于西南各省。就政治言，随着交通、经济的进展，使向来风气闭塞、文化落后的西南，起了根本的变革，可以在中国国防上担任他应尽的使命。远东国际关系更因此路之成，使和平势力紧密合作，足以更有效的制裁日本强盛。因为，第一，中国的西南经济体系从此确立，可以运用过去困在山中埋在地下的人力、物力，予打击者以打击。第二，相反的，日本军阀压榨其人民，罗掘俱穷，所造成的海上武力，不能超越新加坡，问鼎孟加拉国，解消现在华南海面所受的日本威胁。换言之，滇缅铁路的成功，至少可以使日本海军的一半成为残废。陆上和海上的竞赛，会发生这种奇妙的结果，在近代文明史上，真是一种富有幽默的演变，于此更可见滇缅铁路之重要性了。

中国是此路的主人，基于此路成后所引起的更革，当然以与中国的关系最为密切，所以建设当局于兴修赶造之时，无论如何也应该慎始深虑，免贻后忧才行。对于云南过去地理交通，稍有常识的人，一闻修筑此路，必以为系由昆明西北行经腾冲以入缅，继闻改道南行，不经下关大路便皆引为诧异。所以如此，即因北优于南之故。滇缅铁路路线，因为交通部现在所采取的是由昆明至祥云左转蒙化、云县至滚弄，以接缅甸腊戍之线，与一般推理及常识所公认应由昆明至下关出腾冲以接密支那之线异趋，乃有南北二线之名。南线即腊戍线，北线即腾冲线，两线之中，就国防经济种种观点看，绝对的北较南优。交通部之所以采取南线，除了以为南线路线较短（？）施工较易（？）以外，没有一点符合于国防经济的原则。要探究此中利弊，我们应从在历史上成为悬案的滇缅南北段界务问题说起。

滇缅南北段界务问题，迁延达数十年之久，迄未划定。最近一次的会勘，系民国二十五年，以南段为限。此次会勘结果，虽未成为解决定案，却有妥协可能，而北段之悬而未决，则仍如故。为什么？因为英人在南段可让步，而在北段则不肯，既然如此，在我们立场言，也应该虑北而不虑南。英国经营缅甸，其着眼点在由缅甸向北发展，取得川康西藏的控制权，奠印度于磐石之安。所以在缅甸方面，八募本是滇缅商务汇集的重镇，而英人经营缅甸的铁路干线，则舍此而北行，达于向来荒漠的密支那，也就是以人为的方法，使八募的繁荣移于密支那。在中国方面因此自然发生片马江心坡的强占纠纷，直到现在未了。其症结所在，不外英人欲将密支那至片马的交通线伸延至云南之丽江以外，虎视川康，西藏因此可以完全与中国本部隔离，印度安全更可无虑。英国计划尚不止此，他已准备由缅甸之阿萨密修一条铁路至印度，此路成后，密支那到印度的加尔各答，距离不会超过二十四小时，如此一来，印藏川康及云南腾保一带地区，自然打成一片，其前途发展还有限量吗？至于南段方面，从缅甸满得列至腊戍之铁路，不过轻轨支线，是缅甸地方当局及商人为取得我境内之炉房、银矿及运输鸦片而筑，彼此均无国防上形势利害关系，即以纯经济立场而言，除银矿、鸦片外亦无其他有利条件足以繁荣路身，开发沿线。所以北与南较利害重轻，真有天壤之别。

　　从这种概括的观察，我们自处之道已不辩自明。即使我们没有下关、保山、腾冲等原有优势的自然经济条件，我们也应该效法英人以人定胜天的毅力，经营密支那西北地区的利益，与之共争形势。何况，下关、大理、保山、腾冲，本为滇西重镇，气候温和，人口繁多，宝藏无尽，又早已成为滇缅经济的大动脉呢？！

　　事实尤不止此，密支那除为缅甸本部陆运终点外，还有水道之便，云南境内的龙江、盈江、迈立开江、恩梅开江四条河流，先后在缅境汇合成为伊洛瓦底江，贯通全缅而由仰光出海，除印度恒河及中国长江外运输能力之伟大，当推此河。按之国际惯例，江源既出自我境，中缅在历史上又有特殊关系，我们自有和英国公用此江的充分理由。光绪二年《中英条约》亦早有明文规定。所以滇缅铁路北行，则缅境水陆运输都可利用，其便利岂有底止。国防经济本为一体，虽开经济，即不是以言国防，有自主繁荣的经济做基础，国防问题即可迎刃而解。所以又可以说经济是国防的先决条件。我们修筑滇缅铁路，若舍北而取南，即无异自将滇西膏腴并经济藩篱拱手以送人，勿论如何总非抗战建设的原则所许可，也非负国家政治责任者所应有的怀抱。主张采用南线的唯一理由，不外路线短与工易，而终极是适合抗战需要，救急之谋。然则，闻南线之采用也没有经过测量比较，不过凭图划线，仓促解决。直至现在滇缅铁路当局对于昆明祥云段虽已测过，而由祥云至滚弄之段，则甫在出发勘测中，所以路短易修之说，仍然还没有明白的事实根据。我们试取地图来看祥云至滚弄与祥云至腾冲，即使南线不较北线长，至少也可相等，易修之说，更难判明。主南线者，以为北线有高黎贡山及高梁弓山之险，不如南行较易，实则南线亦有无量山与大雪山，较北线两山的高度，有过无不及。所以采用南线技术上的论据，也就是采用南线的唯一理由，究竟是否可靠，仍有待于速将南北两线同时备测比较。至于"适合抗战需要"与"救急之谋"两者，我们以为相提并论尚可，倒果为因则不可。因为目前所谓"救急"似专为运输军实之解，但"抗战需要"则不止运输军实便算了事。战时生产不旺盛，利源不开发，经济不灵活，国际贸易不平衡，就无钱买军实，所以只就运军实想，不就买军实想，非根本之谋，也非救急之解。采用北线，则既有钱可多买，也可多运快运。采用南线，则不止买的话谈不到，即运也不能多、不能快，利害如何，了如指掌。而百年大计之国防形胜的打算尚不在内，何去何从，有识者当不难抉择了。

抗战建国的进行，已有十八个月，亏得我们地大物博，还经得住，但应趁早打算，有奉陪日本军阀五十年、百年的气魄才行，而打算之来，首在乎对于抗战建国四字的彻底理解。抗战不只是打日本军阀，而要在苦斗之中打出一个铜筋铁骨的"我"来，这个"我"是在国际间与任何人并列而站得住的"我"。建国也可以说就是建设，但建设的内容，与其讲求物质，毋庸先自激发精神始，否则就有舍本逐末之险，为抗战而建设是对的，但尤应当为建设而建设，也就是为建国而建设。假若承认的精神建设先于物质是对的，那么，应该赶快革除祖先所遗留给我们的不幸的遗产：轻易敷衍、顾前不顾后等种种根性。只讲"救急"必陷于欲速不达的困境,十八个月的教训中,想来此种例子。已经不少。莫在烟硝大雾之中,使自己被蒙为"抗战的近视眼"。滇缅铁路路线问题,不过是许多重要问题之一,但原则只有一个,要把眼睛睁得开、放得远,抗战建国就受赐不浅了。

廿七年十二月廿四日

(《益世报·边疆》第 4 期,1939 年 1 月 9 日,第 4 版)

滇缅铁路应走北线吗？（附顾颉刚引言）

陈碧笙

引　言

　　关于滇缅铁路所应走之路线的问题，本刊已经废了很大的篇幅去讨论，只是所有的几篇文章都是讨论北线，没有一篇讲到南线的；这并非编者故意有所轻重，乃是无人肯写这一方面的文章。很庆幸的，本期有陈碧笙先生，费了很大的功夫，写了这篇很长的文章。陈先生是亲自走过南线的，而且也经过一番很详细的调查，因此他对于南北两线的比较说得很透彻。关于这一方面的问题，本刊是很欢迎有人来讨论，无如篇幅所限，不能容纳很多的文章，而且还有其他方面的文章急待刊登，不能尽如我们的愿望。陈先生这篇文章很长，大概两期才能登完。此外还有蒋云峰先生的一篇文章，也是讨论这一方面的问题，上半篇已经发表了，而下半篇直到如今还没有发表。希望等到这些文章发表完了之后，对于这一个问题，暂且告一段落。以后如有必要时，可再旧事重提，现在暂且把它放下，好让出些篇幅来，讨论他方面的问题。（顾颉刚）

　　我于去年十二月参加振委会的滇西边地考察团考察腾龙沿边，十二月周游缅甸，一月由腊戍经滚弄、户板至孟定、耿马一带，这是对于滇缅铁路西段的第二次考察（第一次在民国廿四年），目的在探问此路经正式测量后有无发现重大的困难，以及将来动工时关于工人来源、材料运输、粮食供给、疾病防御等问题，有无解决的方法。于途次，遇第四、第五两测量队的彭、贾两具体队长和许多队员诸君，谈话之余，得知他们对于已测路线都感到远不及预想的困难而抱着短期内把它修通的希望。二月，折至腊戍，看见仰光《觉民日报》载有李根源先生《上蒋委员长书》和李子邕先生《告缅甸侨胞书》，主张滇缅铁路应改走北线。至保山，又看见《益世报·边疆周刊》连出了两期的《滇缅路线问题专号》，载有蒋雪峰先生的《我对于滇缅铁路的五个希望》，李芷谷先生的《关于滇缅铁路西段路线问题》，和张重华先生的《略论滇缅铁路线问题》诸文，都是响应应走北线的主张。本来，关于铁路路线的取舍和工程的难易，纯粹是一个专门技术问题，非门外汉如我所敢于妄自动笔，但细读上举诸位的大文，似乎偏于国防经济方面的讨论者多，关于工程技术方面的讨论者少，因此我也就大胆的站在最客观的立场，就我历年来研究滇边的所得，在国防、政治、经济、交通诸观点根据于种种事实，对北线论者所提出的许多疑难，一一予以详尽的解答，同时关于工程技术方面，亦就我所知道的略述一二以供参考，希望各方面专家多多赐教。

现在我先把北线论者诸大作中所主张应走北线的理由，分门别类的整列如次，然后再逐一加以答辩。

北线论者的理由：

第一，国防上的理由：

一、历史上，历代对缅用兵皆走北线；

二、民族上，北线所接的八莫、密支那为缅甸政治、经济的主流，南线所接的腊戍为掸人半化地；

三、地形上，北线的腾冲俯瞰缅甸本部，南线所走皆低洼平地；

四、界务上，南线必先为不利于我的解决；

五、形式上，北线足以兼顾康藏，应付英人北上侵略，南线则不能。

第二，经济上的理由：

一、人力上，北线所通过的区域人口稠密，南线所通过的区域人口稀少；

二、土地上，北线永腾各地拥有多数之平原，南线没有什么平地；

三、资源上，北线有丰富的矿产，南线则矿产缺乏；

四、气候上，北线气候温和，南线蛮烟瘴雨；

五、华侨经济上，北线所接的密支那、八莫为上缅甸华侨的根据地,南线所接的腊成,除水客买卖鸦片外没有市场。

第三,交通上的理由:

一、费用上,北线可利用低廉的伊洛瓦底河航路;

二、运输能力上,北线密支那为重轨,南线腊成为轻轨;

三、交通关系上,北线可沟通印度、欧洲而成为西比利亚以外的欧亚大干线。

第四,工程上的理由:

一、距离上,南线比北线似乎还要远些;

二、山势方面,南线和北线一样的多山,有的简直说:北线的工程不及南线的十分之一(如蒋云峰先生);

三、水流方面,北线虽然比南线多几个江桥,但不成大问题。

第一,关于国防方面的理由:

一、历史上,历代对缅用兵以及交通大道都走北线。诚如李芷谷先生所说,北线为历代对外用兵与西南交通大道,然而历史上的道路,并不一定就是近代交通最便捷最经济的道路。远如苏伊士运河、巴拿马运河的开通,近如苏联北冰洋航空线的新闻,都开了近代交通革命的新纪元,而都是自古未闻的,难道我们就不该利用它?前人用兵,囿于当时交通工具的幼稚,粮秣给养的困难,疾病气候的限制,以及对于地理智识的缺乏等,很不容易另辟新交通路线。今日工具进步了,智识发达了,给养可以大量运输,疾病可以设法克服,自无牢守数百年前老路线的道理。所以这一点并不能成为铁路应走北线的理由。

二、民族上,北线所接的八莫、密支那为缅甸政治、经济的主流,南线所接的腊成为掸人半化地。其实缅甸的政治、经济、文化、交通,完全集中于由仰光至曼德勒的下缅甸平原区域。曼德勒以北的八莫、密支那以东的洞已、腊成,同样是人口稀少、财富未辟的地方,无所谓主流、支流的分别。英人将掸人区划为南北掸邦,予以相当程度的自治,其用意在分化缅、掸二族在政治上的团结,并非视掸邦为半开化地。事实上,掸人在行政上所享有的自由权,还要大些。至害怕铁路开通之后,"此方摆夷与彼方摆夷联络起来,将来的边地要增加无限的纠纷"云云,这种以愚民锁边为能事的治边心理，在今日要不得的。此外关于民族问题上有一点要特别提出的，就是南线与缅甸接壤的耿马、孟定一带，还可以兼顾卡瓦山的经营。这数十万骠悍善斗的卡瓦民族如为我所用，进可以控制缅属的南北掸邦，退可以保障我西南半壁；如为人所用，则我思普、澜沧、顺镇沿边一带将永远不能高枕而卧（今日有许多边民，正在卡瓦的焚杀抢掠下过生活）。这是谈滇边国防问题、民族问题者所不能不特别注意的。

三、地形上，北线的"腾冲俯瞰缅甸本部，我居屋脊之上，有居高临下之势，实为天然国防线；南段潞江经滚弄入缅甸一带皆盆地，由滚奔西看腊戍反在山顶，断无置国防线于此的道理"。然而由整个地形的构造上说，云南全省的地势，一般的缅甸为高。腾冲可以居高临下，南段如耿马、班洪何尝不可居高临下，况且滚弄地在南丁河以北者，已割与缅甸，南丁河以南虽为未定界，绝无割归我国的希望，将来滇缅界线当不出户板、南大一带。我铁路线所经虽为低洼盆地（其实北线由腾冲顺太盈江峡谷而至八莫所走的仍然是低洼盆地），但盆地两旁都是海拔五千英尺至九千英尺的高山，如班洪、班茂间的高山即高八六一五英尺，较班弄高出二千五百英尺，较腊戍高出六千零五百尺，较滚弄高出六千八百余英尺，形式上足以控制而有余。如由南丁河顺流西下，则整个潞江流域和南北掸部都在我控制之下，而北掸部可以控制上缅甸曼德勒一带，南掸部可以控制下缅甸仰光毛淡棉诸海口和暹罗北部一带，较之北线之仅能影响到八莫、密支那等伊洛瓦底江上流流域者，前者的作用可比之为心脏的，后者的作用不过为四肢的，其在国防军事形势上之孰优孰劣，已可判然。

四、界务上，走南线必先为不利于我的解决。关于滇缅南段未定界的界务问题，此中原委颇为复杂，我方失策之处甚多，现在不能评论。但在中英双方互派专员会勘，以及中立委员处理判决之后，两方界址似已获得大体上的妥协。此后即有所争，出入恐亦不大。况据我方勘界委员的叠次谈话，都否认此次勘界于我方有若何不利的解决。而英方最近一再照会要求我方迅即正式划界，我方在外交惯例上又很难加以拒绝。所以南段划界问题到了今日已如水到渠成，即今有铁路线的通过，迟早是总要解决的。

五、形势上，北线足以兼顾康藏，应付英人的侵略，南线则不能。李芷谷先生说："英人由缅京曼德勒到腊戍只是临时架设的轻便铁道，用以拖矿子的。北段密支那铁路呢？是由伦敦政府发动建筑的，用以沟通印缅的陆路干道，侵略我江心坡、片马，直指我丽江、阿墩子、西康，最终目的是要侵略我西藏。"这一段话是颇有商榷之余地的：第一，印度铁路早已通车至大吉岭，汽车路则通至印藏交界的加林奔，由此至亚东、江孜、拉萨，不过数日之程，他们要侵略西藏绝对没有绕道密支那的必要，这是地理上的常识。第二，腾冲在地理上固稍偏于北，但由腾冲北行经恩梅开江、萨尔温江诸上流流域，过泸水、上帕、知子罗、维西、阿墩子以入西康，距离至少在一千五百华里以上。中途山岭阻隔，冰雪层封，其自然的阻碍，尚非人力所能克服，如谓铁路经过腾冲，便可顾及西康国防，真是谈何容易。照笔者的愚见，以为将来经营西康，由祥云应该修一支线，经宾川、鹤庆、丽江以通理塘，较之由腾冲北上不仅距离上要缩短好几百里（由祥云至丽江约四百华里，由腾冲至丽江至少须一千华里），而且工事上要简便得多。第三，英人修筑曼德勒通腊戍的铁路，最主要的目的，和密支那铁路同样，是在巩固其在广大的新占领区域的地位。次之在谋上缅甸掸邦的繁荣和开发，又次之乃进而谋打通云南、四川，并非如李先生所说的"印度总督""临时架设"作为"拖矿子之用"。（案，英人并吞上缅甸在一八八六年，密支那铁路兴筑于一八九〇年，腊戍铁路兴筑于一八九六年，而南渡银场则开办于一九〇六年；腊戍铁路每英里造价达十三万卢比，为缅甸造价最昂的铁路，南渡银场最初资本仅十万卢比，大部系美国资本，中经二度改组，直至欧战发生始大获其利。）大抵英帝国对缅的经营，可分为前后两期，自一八八六年并吞全缅至一九一〇年以前为前期，在这个期间内，英人对于这新广大殖民地的巩固和开发，尚未取比较积极的、前进的态度。今日缅甸大一点的建设，差不多都是这个期间内完成。而当时的川、滇、康、藏也许亦在他们的心目囊括之中，然而实力上、时机上还谈不到领土侵略。自一九一〇年以后，中经欧洲大战以迄现在为后期，在这个期间内，英人在缅的统治地位已臻巩固，同时国内方面、国际方面，因为欧洲战事的延长，战后大量殖民地的获得，继之以普遍于全世界的经济恐慌，又继之以东亚、欧西均势的大破坏,国际战争的紧迫,等等,英人对缅的经营,乃不得不退而为消极的、保守的。所以滇缅南北段未定界除炉房问题外,大体上得以保持相安无事者垂二十年,而印缅分治亦于数年前见诸事实。可见英帝国对远东的政策是整个的,是自有其国内政治和国际形势上的背景的。如果她决心实行侵略并是一个未定界问题可以阻挡得了。试看中日间的国界何等明显,然而现在敌人军队到了什么地方？更进一步说,诚欲阻止英国势力的侵入,在我们一切比人家落后的今日,最彻底的办法无过于停止滇缅铁路的修筑,或筑了而不与之通车。假使没有南满铁路,敌人的力量断不会这样容易的侵入东北。假使没有滇越铁路,也许现在云南看不见一个法国人。然则北进论者一方面既力说腾冲在国防上之重要,他方面又坚持须替英国人大开方便之门,又何以故？平心而论,我们对外交关系固然不可漫不经心,但亦不必过于危言耸听,今日要高谈对英国防,第一要问客观上有没有这个需要,第二要问主观上有没有这样的实力,第三要问现在是不是这样的时机。如果客观上不需要,主观上无实力,形势上又绝对不是时机,甚至反需要人家物质上、精神上的支持和援助,我想虽有天大的理由也应该等几年再说吧。

第二,关于经济方面的理由：

一、人力上,北线所通过的区域人口最为繁密；南线所通过的区域人烟甚为稀少。首先我们先把南北线所通过区域的人口数字加以比较(下列数字系根据云南民政厅民国二十一年的全省调查)：

(一) 北线所通过区域的人口：

a. 凤仪　　五八 六三四人；

b. 大理　　九二 五五八人；

c. 漾濞　　二八 〇九一人；

d. 永平　　四四 四〇三人；

e. 保山　　三七一 七三三人；

f. 腾冲　　二九一 三四九人；

合计为　　八八六 七六八人。

如不走密支那而走八莫则须加上：

g. 盈江　二一〇〇三人；
h. 蓬山　二〇 九八二人；
i. 梁河约二〇 〇〇〇人；
共计为　九四八 七五三人。
（二）南线所通过区域的人：
a. 弥渡　一〇九 九八七人；
b. 蒙化　一九二 八六三人；
c. 云县　一二九 七五七人；
d. 顺宁　二一五 六二三人；
e. 镇康　一二六 三六七人；
合计　七七四 六〇七人。

二者相较，则北线所多于南线者不过一一二 一六一人或一七四 一四六人。如谓多此十余万的人口便可解决长达三四百英里的铁路营养问题，恐任何经济专家都不敢作此想象。再就两线所影响的区域（龙陵沿边一带适位于南北线之间，双方皆可影响，故不列入）而言，腾冲以北，如：a. 云龙，七七 四三四人；b. 泸水，一七 〇九八人；c. 上帕，一六 四八〇人；d. 知子罗，一四 九五六人。合计仅为一二五 九六八人。云县以南如：a. 景东，一七九 八一〇人；b. 双江，五四 三三二人；c. 缅宁，九二 三二二人；d. 澜沧，一五六 二二五人；e. 沧源约二〇 〇〇〇人。合计为五〇二 六八九人。南线适为北线之四倍。故如就人口方面加以比较，则北线未必即较优于南线。而且由国家的立场上说，铁路所通过的区域，毋宁以人烟愈稀少为愈有利，因为人烟愈稀少（只要不是沙漠的话）开发愈容易，人口愈可以迅速地速增加，而国家亦愈可以收到发展边荒增加国富的效果的缘由。

二、土地上北线永胜各地拥有多数之平原，南线则没有什么平地。此盖知其一而不知其二。南线所经各地正不乏多数平坦广拓而肥美的平原。譬如孟定平原直径最长处达七八十里，而气候常暖，大川中贯，土壤肥沃，农产繁殖，如有人力经营，如何不"能建设为近代化之大都市"？此外尚有南大平原、猛简平原、猛芝平原、猛赖平原皆属商丁河流域而为铁路所通过。其邻近于铁路线两旁的区域，则有耿马平原、大猛萨平原、小猛萨平原、猛勇平原、猛猛平原、猛库平原、猛胜平原、猛角平原、猛董平原、上猛允平原、下猛允平原、大猛统平原、小猛统平原、大逦平原、悉腊平原等大小不下十数。其中未开辟的土地至少在数百万亩以上，奈何目之为平原缺少"不易开辟之区"乎？

三、资源上北线有丰富的矿产，南线则矿产缺乏。矿产丰富与否的问题，没有经过专门家长时间的探测与考验是不容易轻下断语的。姑如李子邕先生所说，北线有许多前代开有成效的铅银矿（惜李先生原文不在手边不能引证），然而南线也并不乏此类的矿藏，炉房以外据我所知倒就有湖广寨、焦山、黑山、蛮平、蛮老、老厂、涌金、永广、募乃等八九处，李芷谷先生则叹息于"澜沧以下，虽然银铁很多，但工业上最重要的铁质就很少"，而不知蒙化之蒙城、新兴，顺宁之莽水，澜沧之上改心，耿马之铁厂河，皆出铁甚富，而且接近于蒙化、弥渡、祥云等县的煤田。李先生又说"腾冲地方有数处石油矿"，但我所怀疑不解的，何以自"民国三年"发现至今，不能引起各方面的注意和开发？所谓"物产丰富"的北线，除矿产外还有什么呢？我们试看民国廿五年度腾越关出口总货值的三百九十万元中，川产黄丝须除去二百六十万元，南线顺宁、镇康各地须除去三十余万元，则由腾冲、保山出口的货物，总计尚不及一百万元。其中尚包括有省城下关一带的土产杂货。我们再看腾越关出口货物的种类，川产黄丝以外较大宗的不过是牛皮、土布、草鞋、铁锅、核桃、鸡蛋、火腿、挂面、毛毡子等零零碎碎的东西，无一件能成为比较大宗的买卖。腾冲、龙陵一带，连农产都不能自给，又如何谈得到培养"铁路本身的生活"呢？

四、气候上北线气候温和，南线蛮烟瘴雨。南线"气候炎热，土地卑湿"的地方，固然较多于北线（北线自南甸干岩以下亦为烟瘴之区），但我们知道愈是历史上著名的瘴乡，同时亦愈是今日世界上出产最丰富、人口最密集的区域，唐时的江南，宋元的两广，十九世纪前后的南美印度和南洋，皆其明例。如照北线论者的说法，一切"蛮烟瘴雨的摆夷盆地"都在不屑经营之列，则伟大的滇边富源将永远没有开发的一日了。美国人开通巴拿马运河，法国人修筑滇越铁路，都是在别人领土内做事，会不闻因为什么"气候炎热，土地卑湿"而畏缩不前。我们在医药日益进步抗疟、确有办法的今日，一方面在支持前线生死存亡的战事，一方面在建设伟大富厚的后方，好意思说出怕炎热、怕卑湿、怕烟瘴的话来吧？

　　说起瘴区，我还要附带的说几句话，就是：云南最大的富源在瘴区，而南线所经正为这伟大瘴区的中心点。将来铁路修通之后，公路西由云县通顺宁、保山，北由猛简通镇康、芒市，南由孟定通班洪、平瓦山、澜沧、孟连，东由云县至景东、景谷、普洱，东南沿澜沧江直下六顺、车里，则整个西南边区皆在大交通网包罗支配之下，自可逐渐走上开发繁荣之境。较之北线影响所及，仅为腾龙沿边设治局者，其意义之重要与作用之巨大，又不可同日而语矣。

　　五、对华侨经济上，北线所接的密支那、八莫为上缅甸云南华侨的根据地，南线所接的腊戍，除水客买卖鸦片外没有市场。李印泉先生以为铁路须"直达上缅甸"不可"直趋下缅甸"；李芷谷先生谓"云南人遍于全缅甸，俱在仰光、曼德勒、密支那干线沿路"，而不知腊戍亦在上缅甸，而且腊戍的铁路必须通过曼德勒和仰光，不过不通过密支那。李芷谷先生又谓"间有往腊戍者都是水客买卖鸦片，此外更无市场"，不知道李君曾否到过腊戍，敢下如此断语。密支那、八莫一带云南人固然很多，但腊戍一带则更多。譬如南渡银矿场，每年祥云、镇南、云县、保山一带的侨胞前往做工者，自五六千人至二三万人。定居、营商者亦数百家，每年汇回云南的款项在百数十万卢比以上。又譬如与镇康接壤的科干、麻栗坝几全部是汉人区域，连地方行政官吏都是汉人，即邦弄山上的回教徒，亦全都是不折不扣的读汉书、说汉话的汉族同胞。见李先生一律笼统的冠以"买卖鸦片"的"水客"的头衔，未免说得太过分一点。

　　第三，交通上的理由：

　　一、费用上，北线可利用低廉的伊洛瓦底江航路。伊洛瓦底江固然大，航运之便，而且我国在条约上亦有利用此江的权力，但问题第一在航运究竟能够比铁路低廉多少？在今日铁路与轮船剧烈竞争之下，一吨棉货由仰光至曼德勒的运费，轮船较火车所廉的不及十分之一。第二在航运能否切应我方的需要？现在由八莫至曼德勒下水轮船，普通须行三日，至仰光须行十日，逆水最少在二星期以上，较之火车仅需怕时二日者相差何止数倍。我国今日的进口货物,以运前线急需的军需用品居多,水运虽然稍为低廉,恐抵不到时间上迁延的损失。第三,如果说水运可为运输的补充线,这话我也承认。但曼德勒以后直至仰光海口,依然有三百八十六英里以上的航程可供我们利用,即以潞江全流而论,除哈基一段(Hat-Gyt)长达十英里之峡谷急流外,几可全部通行巨轮。今日掸邦小船可以由滚弄下驶至叫尼阿(Kyaukhnyat),然后弃舟登陆翻一小山至帕本(Papun),在潞江一支流耶什林西(Yunzalin),即换船直达毛淡棉海口,是潞江水程依然有相当可以利用的余地。问题只在如何避开哈基一带的困难而已。

二、运输能力上,北线密支那为重轨,南线腊戍为轻轨。曼德勒、密支那长达三三七英里,至腊戍长仅一七五英里,比较下来腊戍短一六二英里,所以运费仍以腊戍为轻。再铁路过了密支那以后,走的完全是山岭路线,很难采用重轨,所以重、轻轨在本线运输能力上所可能引起的差别是很有限的。

三、交通关系上,北线可沟通印度、欧洲而成为西比利亚以外的欧亚大干线。此话虽现实还远得很,英国人统治缅甸五十余年,而印缅铁路线至今尤在筹划拟议之中。所以此路何时修通实是绝大的疑问(主要原因当在于害怕印缅二大民族的团结),即使可以修通,并不一定要经过密支那,因为在亲敦江(Chindwin River)上流和阿萨间,他们已保持有数条迅捷而良好的道路。

第四,工程上的理由:

一、距离上,南线比北线似乎还要远些,或谓:"南线不较北线长,至少也可相等。"实际到底怎么样呢?让我们尽可能地把二线距离的长短加以比较:

(一)南线,因为曾经过英人台维斯(Major H. R. Davies)的初测,所以比较有确实的数字:

1. 已成路线,由仰光至腊戍计长五六一英里。

2. 未成路线:

a. 在滇境内者自腊戍至滚弄九五英里,自滚弄至南帕河交界处①一五

---

① 南丁河以南为滇缅未定界,今暂以南丁河以北的第九十七号界椿为准。

英里；

b. 在滇境内者自交界处至祥云二八〇英里。未成合计三九〇英里。

（二）北线甲，北线始终未曾经过正式测量，放下列数字一部分不得不出于估计：

1. 已成路线，由仰光至密支那长七二三英里。

2. 未成路线：

a. 在缅甸境内由密支那至交界处①六〇英里。

b. 在云南境内者由交界处至腾冲②六〇英里。

由腾冲至下关③二四三英里。

由下关至祥云④四〇英里。

滇境内未成路线小计三四三英里。

未成路线合计四〇三英里。

总计一 一二六英里。

（三）北线乙：

1. 已成路线，由仰光至杰沙长六〇五英里。

2. 未成路线：

在缅甸境内者，自杰沙至八莫⑤七〇英里。

自八莫至交界处⑥三二英里。

在云南境内自交界处至腾冲⑦九〇英里。

自腾冲至下关祥云二八三英里。

滇境内未成路线小计三七三英里。

---

①② 二处皆根据英人台维斯调查滇缅铁路时步行之距离，实际上铁路线恐远较此为长。譬如由龙洞至木瓜丫口步行仅二十公里，但汽车路则长至六十五公里，已为人行路之三倍，铁路则更不止此数。

③ 此处系借用龙陵至下关汽车路之距离（即二四三英里）。

④ ……亦更长，且腾冲、保山间之高黎贡山（丫口高八千英尺，最高峰高万二千英尺）远较龙陵、保山间者（六四五〇英尺）为高，马程亦较多一站，故由腾冲至下关之铁路距离，无论如何，须超出上列二四三英里之数。

⑤ 此处为水程距离。

⑥ 此二处仍系根据台维斯之步行距离，但相差数不如前项密支那至腾冲一段之大，因由八莫溯大盈江而上平路较多故也。

⑦ 此二处仍系根据台维斯之步行距离，但相差数不如前项密支那至腾冲一段之大，因由八莫溯大盈江而上平路较多故也。另，北线论者每将滚弄与腾冲并论，其实滚弄远在界外，不比我越俎代谋，腾冲至边界尚有六十英里至九十英里之距离，必须计入我方未成路线之内。

未成路线合计四七五英里。

总计一〇八〇英里。

比较下来,滇缅铁路西段南北线的距离,总长方面(至祥云止)为九五一英里与一一二六英里或一〇八〇英里之比,其中的未成路线约为三九〇英里与四〇三英里或四七五英里之比,未成路线中应归我国修筑的部分则为二八〇英里与三四三英里或三七三英里之比。换句话说,北线走密支那比南线多修六十三英里,走八莫要多修九十三英里(此尚系最低限度的估计,实际测量下来恐怕比这个数字要大得多,其理由见前注)。每英里铁路造价以国币二十五万元计算,北线比南线要多花一千五百余万元至二千三百余万元。然而"金钱是小事","时间也不必去管它",更大的问题在于:技术上有没有可能?

二、山势方面,南线和北线一样的多山,有的说:"出滚弄须过邦马山、老别山,在工程上不见得比高黎贡山来得小。"(如李芷谷先生)有的说:"实则南线亦有无量山与大雪山,较北线两山(指高黎贡山与高良工山)的高度有过无不及。"(如张重华先生)有的简直说:北线"也不及南线出云县至孟定的工程的十分之一"(如蒋云峰先生),事实是否如此呢?我想最可靠的比较无过于数字上的比较。请看下文:

(一)南线:

1. 由滚弄江边顺南丁河流域东上,经南大、孟定、猛简、猛芝而至猛赖,长一一〇英里,完全平路。

2. 由猛赖顺流徐上头道水越潞江与澜沧江间之分水岭,高五六〇〇英尺,而至云县,此段长三五英里,其中山路约长十五英里,坡度为三十分之一。

3. 由云县(三九〇〇公尺)顺南桥河而下至澜沧江边(三二五〇英尺),又沿澜沧江西北上至公郎河口长六十一英里,皆平路。

4. 由公郎河口过江上山越澜沧江与元江间之分水岭(高七五〇〇英尺)而至南涧,长四十英里,其中山路约长十六英里,坡度约二十分之一。

5. 由南涧顺河走弥渡平原而至祥云,又四十英里,大部平路。

(二)北线:

1. 由祥云至下关,须越元江与澜沧江之分水岭,地名定西岭,高七二〇〇英尺。

2. 由下关至漾濞,虽可顺弭水及漾濞江峡谷,但两岸皆悬崖陡壁,开凿甚难,故由公郎河口顺漾濞江而至合江铺入下关之计划,乃不被采用。

3. 由漾濞(五一五〇)至太平铺须越漾濞、胜备二江(皆澜沧支流)之分水岭,地名杨梅岭,高七四〇〇英尺。

4. 由太平铺至永平(五二五〇)须越胜备江与永平河间之分水岭。地名杉松哨,高七三五〇英尺。

5. 由永平至澜沧江边须上升二一〇〇英尺至麦庄了口,然后陡降三六六〇英尺至功果桥(三六九〇英尺),技术上几于不可能。

6. ……枯柯河与澜沧江之分水岭,地名旧寨,高六六六〇英尺。

7. 由保山至潞江边须越枯柯河与潞江间之分水岭,高七〇〇〇英尺,山岭与江边高度(二二〇〇)尺之差达四八〇〇英尺,工程极为困难。

8. 由潞江边至龙川江边,须越二江间最大之分水岭,即有名之高黎贡山,在风口附近高八〇〇〇英尺,最高处达一二〇〇〇英尺。十八英里之间,先突升五八〇〇英尺继降陡四〇〇〇英尺,技术上公认为不可能。

9. 由龙川江边至腾冲,须越龙川江与大盈江间之分水岭,高七三六五英尺。

10. 由腾冲(五三六五)至盏西(三三〇〇),须越南底河与槟榔江(大盈江二支流)间之分水岭,高八三〇〇英尺。

11. 由盏西至猛戛,须越大盈江与伊洛瓦底江间之分水岭,高七〇〇〇英尺。

12. 由猛戛至昔董(四六六四),工事皆极困难。仍须翻越一高山高八九〇〇英尺,然后继续陡降八四〇〇英尺至密支那(五〇〇英尺)。

够了,南线固然也很有困难的地方。但北线呢?不单是山岭多、路线长而已,有许多地段在技术上简直是不可能。北线论者固然可以满不在乎几千万元的金钱,也很可以不管前方军事的需要,其奈事实不允许何!

三、水流方面，北线虽然比南线多几个江桥但不成大问题。南线仅澜沧江桥一处，北线则有漾濞江桥、胜备江桥、澜沧江桥、潞江桥、龙江桥等五处。如走密支那还果如加上一个大盈江桥。这几条水流都是水势湍急、峡谷浚深，两岸高山至少海拔七千英尺以上，不仅工程艰巨异常，即欲改用轮渡亦颇不容易。在物价高涨的今日，一座江桥的造价一动手就是好几百万。曼德勒附近的阿瓦大桥（即伊洛瓦底江桥），自动工到完成，整整花了八年工夫，耗费了一千六百多万卢比，现在要英国人再来一个（北线在缅甸境内尚有一伊洛瓦底江桥），恐怕他们未必愿意。所以说虽然多几个江桥也不要紧，"不是省得一两个桥梁工程就算能事"云云，这些话说起来很方便，但做起来是大不相同的。

此外，还有一点要附加说明，北线论者现在一致的指摘交通当局"根本没有把两线测量加以比较"，"不过凭图测线仓促解决"，所以"希望工程师先去把南北两线走一走"。关于交通当局事先决定路线经过的详情，我与他们毫无关系可言，当然无从明了。不过就铁路南北线的选择取舍而言，似乎中外工程界里头早已有了定论：

（一）远在一世纪以前，英人方面即已注意到滇缅间的铁路交通。一八三一年有斯卜莱队长（Captain Sprye）者，提议由仰光修一铁路到暹罗，然后北上至南掸部的景栋而入车里，此计划线因不为印度政府所赞同，仅测至东吁为止。

（二）一八六七年伊洛瓦底江航路开通，英人纷议由八莫修一铁路通腾冲而至云南，但不久得著名工程师马放列（Margary）与巴柏（Baber）二氏实地踏勘的报告，谓腾冲、大理间的大山峡谷使铁路之修成为不可能，此议因以中辍。

（三）一八八一年考尔康（A. R. Colquhoun）与赫烈（Holt Hallet）乃计划新线，由毛淡棉至暹罗之拉亨（Raheng），然后顺湄南河北上而至景栋、车里、思茅，但亦未被采用。

（四）一八八五年英并上缅甸，一九〇三年铁路通至缅甸，同时滇越铁路亦筹划兴工，英国之云南公司乃先后派遣专门技师，如 E. Pottinger、C. G. W. Hunter、W. A. Wattes-Jones、J. Turner、J. S. Ker、C. H. D. Ryder、H. R. Davies 数度入滇，拟发现一比较易修的铁路线。其中如台维斯（H. R. Davies）曾深入川康滇内地四次，足迹所及，西起腾冲东迄威宁，北自巴塘，南尽思茅，所有交通路线莫不勘察殆遍。而于腾冲、保山一路考察尤称详尽。结果一致选定云县至滚弄一段为滇缅铁路的理想线。台维斯且有专书名：《云南：印度与扬子江之联系》（Yunnan：The Link Between India and the Yangtze，by Major H. R. Davies, Cambridge, 1909）详记其事。以上为英人筹划滇缅铁路的经过。

（五）民国二十三年，交次曾养甫随委员长来滇，曾就所有滇缅路线详加研究，并派云南个碧石铁路工程师吴、段二君前往西段实地勘查，亦认为台维斯所拟之路线尚可采用。此次滇缅铁路的修筑，事先有没有经过一度的详细测量比较，虽不得而知，但至少是"凭图测线仓促解决"的。

好了，现在让我说几句略带感慨的话，以作本文的结束。

在国家民族临到生死存亡最后关头的今日，滇缅铁路早一日完成，前线作战军需的供给便早一日有保障，我们抗战的前途也就早一日步上胜利的阶段。因此滇缅铁路对于抗战的贡献将不是单物质的，而且是精神的。不单是军事的，而且是政治的。因此我们对于滇缅铁路的期望，第一要快！第二要快！！第三还是要快！！！至国防上的价值若何，倒是其次，经济上的利益若何又是其次，对于地方的繁荣与否则又是次之又次，固然个人都可提出理由来拥护自己主张，但一切要以整个国家民族的利益为前提。

（《益世报·边疆》第 12、13 期，1939 年 3 月 6 日、13 日，第 4 版）

在没落中的中国知识阶级

曾昭抡

抗战两年以来，中华民族的勇敢和爱国心充分地得到全世界的崇敬。但是在这个国家存亡的关头上，我国所谓知识阶级所表现的，却未免过分地令人失望。这是我们所不能，也不必隐讳的事实。在过去两年当中，国外和国内的舆论，曾经对所谓中国的知识阶级，有过若干次不良的批评和指摘。可是一般地说，以知识分子自命的人们，对这些讥评，可以说一点反应也没有！

在上次欧战爆发的时候，英国最高学府牛津、剑桥两大学的教授的学生们，一听到大战已起，立刻就纷纷地去投军。我们这次怎样呢？抗战快要两年，前线死伤已经超过一百万。可是这些为国家贡献他们宝贵生命的勇士，大部分却是教育程度很低的同胞。除掉军官学校和航空学校的毕业生而外，受过较高级教育的人们为国牺牲的，实在太少。好像"执干戈以为社稷"的责任，只是一般劳苦大众的专责，一踏进所谓知识阶级的圈里，便可以逍遥自在。

单单不积极地负起国家的责任来，还不足以形容今日中国知识界的现况。我们试把南京、北平、汉口、广州和其他各处傀儡组织下的名单打开一看，那些牛鬼蛇神一般地大小汉奸，哪一个不是读书识字，或者甚至受过高等教育的。这其中固然不免有些人是因为受着敌人胁迫以致失节。但是除掉他们根本就不应该失节而外，真正被迫做这个卖国勾当的，我想恐怕是绝对的少数。极大的多数，乃是甘心情愿地为虎作伥，出卖祖国的利益，为着是要解决自己个人的生活，或者要过更舒适的生活！

陷沦区域以外的情形，同样地也给我们极坏的印象。去年年底，汪精卫发表了荒谬的向敌人屈膝求和的通电以后，全国人民莫不义愤填胸，两粤将士并且呈请中央，明令通缉。而我们知识仰中的败类呢？有的跟着"汪先生"到河内去做寓公，有的奔走港沪参予逆谋，有的在后方抗战中心极力为汪辩护洗刷，有的举酒称庆，妄想这样就可以赶快地回到从前的安乐窝。这些表现方式虽说不同，却同样地都是汉奸的行为，最多不过是程度上的不等。

　　当然我们可以说，这种直接的汉奸行为，究竟只限于少数的所谓知识分子，许多其他的人，虽说不直接地参加这种活动，却是彻底的失败论者和悲观论者。在前方将士与敌人血拼的时候，他们的生活，不但没有紧张，而且反而松懈起来。他们不但不加倍努力，而且比以前更懒。假设我们替他们记日记的话，我们会要发现他们每天的生活，不过是陪太太、抱孩子、打牌、看戏、躲警报。假设敌机多来几次的话，他们也会一早夹着面包，往野外去疏散。谈起国事起来，敌人的谣言总以为真的；对于我国正确的消息，却始终抱着怀疑的态度。听见有和议的谣言，马上就笑逐眉开；讲到抗战到底，根本就以为是办不到的事。抱这样态度的人，老实说，根本就等于替敌人作义务宣传，他们的行为也可以说是准汉奸的行为。尤其可异的，有一部分从前抬着抗战招牌，猎取地位的"抗战专家"，现在也居然改变论调，主起和来了。

　　近几十年来，中国的知识界曾经有过光荣的历史，或者至少可以说"差强人意"的历史。在"五四运动"的时候，在"三·一八"血案的时候，在国民革命军北伐的时候，知识界的同人，对于参加这些伟大的民族解放运动，是何等的踊跃，是何等的热血。然而今日的中国知识阶级却是没落了！

（《益世报·星期论评》，1939年4月23日，第2版）

抗战建国与史地教育

余文豪

本刊第九期载《由民族教育谈到当前高等教育的怪现状》一文,其中有几句话颇值得我们反省,他谈:

> 一个政治系毕业出来的法学士,不能不懂外国政府的组织,但是对于中国政府的组织则可以一点不懂;至于问到他现在中国政治机构有什么缺陷的地方,他会一点也答不出来。

同期,天竞君的《一个青年的话》一文中,又谈到敌人在平实施奴化教育,改变历史课程,更值得我们严重的注意,他说:

> "七·七事变"爆发了,不落伍的我,还想继续读书,可怜偌大的北平,竟找不出一个没有受过魔手摧残的学校!课程是改变了,而改变最多,几乎完全相反的,就是平素被人视如垃圾认为不值一顾的历史,有人偷着对我说:这个计划太毒了!毁灭历史,就是毁灭民族的将来,无形的屠杀,甚于有形的炮火!

读了这两篇文章,不禁使我联想到近几年来所耳闻目见的,关于一般知识分子因本国史地常识的缺乏,而闹出的种种笑话来,现在随便举几个例子如下:

"九·一八事变"发生的时候,上海的学生出外作街头宣传,一位大学生对民众高声说:"我们的东三省给日本强盗抢去了!哪东三省呢?就是辽宁、吉林、哈尔滨。"他对中国地理的认识,还不如一个日本学生!

前年北平某大学招考新生,地理试题中有一题叫考生把中国各省的位置简单的图示出来,一位考生把河北省画到广东省的位置上去,其余各省的位置亦都画得颠倒错误，此事曾发表于《大公报·史地周刊》。

今年某大学招考，有一位考生把"五口通商"的"五口"答为昆明、蒙自、河口等，又有一位考生把敌人进攻武汉的路线答为海陆空三路。真不知他们过去中小学所受的教育，究竟得了些什么！

今年一二月间，敌人进攻徐州，陷我的安徽凤阳的考城镇，长沙某报却误为河南考城县。失之毫厘，差以千里，为民众喉舌耳目的新闻记者，似乎不能错得如此离奇！

上举各例，充分的显示出一般大中学生以及其他知识分子对于本国史地常识的蒙昧。显然的，我国的史地教育是完全失败了！这都是近几年来偏重理工教育，忽略中学史地师资所造成的恶果。普通一个中学生，莫不以其全力灌注于数学理化之学习，而对于史地课程大多抱着轻视的态度。正如天竞君文中所谓"视如垃圾，认为不值一顾"。最好的也不过在考试前抱着教科书，费上几点钟的时间，死记零碎的事实而已。但其目的却是应付考试争求分数，而一般中学史地教师又大多是"客串"，学理化的可以教史地，反正买两本教科书，依样葫芦的照着念念而已，谁不会做？至于学生懂不懂，听了后发生兴趣与否，他们却置之不管，先生与学生都把史地看作是一门极不重要而且无用的课程，上述许多令人啼笑皆非的例子，便是由此而生的，而高君所谓"一个政治系毕业出来的法学士，不能不懂外国政府的组织，但是对于中国政府的组织则可以一点不懂"的怪现状，也是发源于此。

史地教育在抗战建国中所占的地位，不用说是十分重要的，敌人任凭大改其历史课程，就是一个极好的说明。历史教育对于国家民族的复兴，所发生的巨大作用，历史上的例证极多，最显著的莫如德意志的统一。在德意志的统一运动中，普鲁士学派的史学家是一根有力的支柱，他们提出了"历史必然"的法则，从历史发展中证明德意志统一之必然，此说坚定了德意志人民的信念，奠定了统一运动成功的基础。他们认为墨水和铁血一样，也是德意志统一的因素，因此他们发表了许多历史著作，并且到处演讲，而终于以此唤起了德意志民族之魂，完成了统一的历史使命。在我国如明末遗老顾亭林、黄梨洲诸先儒，在国破家亡，过着流浪的生活当中，还写了《日知录》《天下郡国利病书》《宋元学案》《明儒学案》等不朽的著作留给我们后人,其用心显然是很深长的。

史地教育是使我们明白我们在时间上与空间上所处的地位,简单地说,就是叫我们明白我们的国家,明白我们自己。明白了我们的国家,明白了我们自己,进而便明白自己与国家的关系,因此才能发生爱国热情,才能牺牲奋斗,才能负起救亡的责任,最后才能完成抗战建国的历史使命,不明白自己的民族,是绝不能存在于世界上的。

听说前几年一个福建籍的中学教师带着他的学生到日本某校去参观,该校一位招待人从寒暄中知道了那位教师的籍贯后,便提出了福建在经纬度上是什么位置的问题,那位教师不能答,招待人便很不客气说:"你不配来参观,因为你还不知道你自己!""你还不知道你自己"这句话真令人愧死啊!

敌人已在毁灭我们的历史了!难道我们还不知道我们自己吗?我再重复一句:不明白自己的民族,是绝不能存在于世界上的!

二七,十二,十,昆明

(《益世周报》1938年第1卷第12期)

四十年之北大
——并论目前国内高等教育一个重要的问题

钱 穆

本月十七日为国立北京大学四十周年纪念,孟邻校长即席指名鄙人讲演,适余因事未获到场,事后闻之,殊深歉仄,特撰此文,告罪于是日莅会诸君,并以谂谂并世注意北大历史及当前国内高等教育问题者。

余在北大,乃专务教课、长日闭门之一人,对于北大其他活动,殊少预闻,惟余乃一治历史学者,四十年来之北大,对于中国近世史无疑的已占到一重要的地位,即在中国传统教育史上,亦应有他的位置。本文并非以北大教授资格,即站在北大之圈子内来讲话,乃以平日研治历史的眼光,站在北大圈子之外面,来谈一谈四十年来之北京大学。

北京大学之特征,为一般社会所重视者,似乎有两点。一是北大之老,一是北大之新。

何以说北大老?即就创建历史言,北大较国内其他各大学比较已是一个老前辈,其他的一切,北大实在有好多处,代表了中国传统的老相,熟悉北大的人自知。

何以说北大新?新文化运动常与北大为人联想。其他如设办研究院,兼招女生,创立学生军,开种种新风气的亦是北大。北大在学术、思想、政治、社会活动方面,令人觉其另有一种新的活气。

北大四十年来社会上的地位,一是老,二是新,三则在其同时又老而又新。

何以北大同时又老而又新?此层可把已往传统的中国高等教育之

演变来略加说明。

中国已往传统的高等教育，大体上可以分为四类。

一是国家主办的教育，此可以汉明两代为代表：汉代的五经博士是国家特设的大学讲座。博士不仅担负教育的责任，并备政府各项政事上之咨询。政府有大事，公开建议，博士亦例得出席。郡国有大狱讼、大荒歉、大水灾，以及其他临时发生事项，亦往往特派博士去处理。（如大狱讼派治法律，大水派治地理水利的等。）博士升擢，即为大官。博士弟子亦有法律上规定的出身待遇。明代的国子监，由全地贡生入学。其被贡的，地方官资送本人及家眷到京，天子亲加面试，在学时并分派到各衙门实习政务，谓之历事监生，满相当时期多得优擢。另有科举出身的进士，国家亦择优令其在内廷（或翰林院）读书，谓之庶吉士。此群庶吉士时得侍从天子、大臣，由学业上之修养而连带预闻到政事，庶吉士散馆更是政治上的好出身。国子监大司成及庶吉士掌教皆用朝廷有名望的大臣。

二是贵族家庭的教育，此可以魏晋南北朝及唐代等为代表。中央政府无力把持到教育权，教育的事业转到贵族门阀私家的手里，他们各自教育他们私家的子弟，不仅在文艺美术礼仪种种方面，尤其重要的是国家传统的典章制度等，如南朝王氏青箱的故事，可为其例证。他们在传袭的教育上把握到传袭的政权。

三是平民社会之自由讲学，此可以先秦诸子、儒墨百家及北宋洛阳程氏、关中张氏及南宋朱陆诸子为代表。此一派讲学，并不由国家主办，亦不是贵族私有，实为一种平民社会公开的自由研究。他们因此往往易于引起与政府直接的冲突。先秦诸子的结局是秦代的焚书坑儒，元祐庆元党禁以及明代东林党祸皆是。

四是半自由的民间讲学，此可以元代、清代之书院为代表，而尤以清代为显者。书院受政府津贴及监督，避免政府不喜欢讲论的政治社会种种当前的事实问题，而局促于古代经典文字训释之探讨。

上述四种，第一种在政治地位上最为尊严（因其为官办的），第三种在学术地位上最为高尚（因其为自由的），若就上述来看，北京大学在中国传统高等教育上之地位，他是以第一种的资格而来领导第三种的事业。换言之,他是凭借一个国立最高学府之官的尊严(此即北大之所由为老)而走向平民社会私的自由研究之高尚(此即北大之所由为新)。因此北大是以一老躯壳而包藏了新精神,是以一老传统而倡导了新风气。

但是上面所说,已是北大已往,就最近的北大看,似乎他方临到一个需要转向的时代。

何以说北大要转向。因时代的变迁,由国立京师大学变成国立北京大学,再变成北平大学之一部,此后,虽恢复北京大学的校名,而已成一种历史上的因袭。最近他方从长沙临时大学的一分再变成西南联合大学的一分。从前惟一的国立京师大学的尊严(即其老)已大半失去,而变成全国各大学之一,此非北大之退步,乃是国家之进步。

再则近年来的政府似乎逐步走近汉明以国家主办教育的路上去。北大现在的蒋校长,便是以国民政府的教育部长之资格重来复任,最近北大文学院长胡适之做了驻美大使,法学院长周梅荪从教育部次长又转到中央政治学校。其他北大教授新近服务政府的尚多。一面政府加意擢用学校里的教授,一面却逐步要来统制学校内部之设施。即如最近之招生办法,一年级新生之课程规制,及入学、转学、毕业各阶段开于文凭严格检覆等,总说一句,政府方面似乎有意要统制全国的高等教育。北大在此方面,又不免要失去他从前一种自由之特点(即其新)。

所以我说北京大学近年来正要走上一个转向的时候。我想北大同人应该对当前形势有一种理智的观察,来决定自身此后的路向。

并且此问题亦不是北大一校的问题,上述的问题,实在已是当前国家整个高等教育上一个值得注意和讨论的问题。

我想借此申述个人一点希望,并为北大前途之祝。由政府来统制全国教育并非坏事,毋宁说是政府之一种进步之表现。但私人意见,仍望政府能采取较宽的自由主义。何以故?由政府统制的事业,往往在某一平面上不易于变坏,而却亦不易于更进,尤其是意外的突飞猛进。因此政府为统制,最好应在社会的自由成绩已发展到某一阶段之时,使政府有所凭借。否则政府之统制将成为空洞无物。

北大虽说是一个富于自由精神的学校,到底此四十年中之所成就,还未达到我们理想的希望。北大以外几个有成绩的大学亦是如此。我们希望政府采一较聪明、较稳健的政策（在目前为较聪明、较稳健），仍容让国内已有成绩的几个大学任其自由发展。其他较新进、较无显著成绩的，不妨"视其后者而鞭之"。

即就以往历史言，因有先秦一段之自由而汉代统制得而凭借，因有宋代一段之自由故明代统制得所凭借，目下的国内学术界，自然较先秦、宋代远逊。政府遽来统制，恐怕不得谓聪明与稳健。

即就政府擢用大学教授一节而言，政府能看重大学，自属好事，然亦须运用得圆活，有节限，否则使大学渐渐在精神意气上变成了政府的一个附属的机构，而丧失了他超然独立的尊严，便要成"所得不偿所失"。

所谓自由主义：分别言之，对外为争取自由，对内则为培养自由。我们希望教育部对中央政府能争取自由好来培养其所辖各大学之自由地位，我们退一步希望北大以及其他有成绩的大学对教育部能争取自由，好来培养校内各项学术思想工作进行之自由地位。我们更退一步，希望在各大学中有理想、有计划的教授们，各向其学校争取自由，来培养其所希冀、所抱负的学术、思想、工作各方面之自由地位。

反转来说，若不内部自身先有一番培养，则往往易于以争取权利地位而冒争取自由之名。北大在发起新文化运动的一个时期，正为其在内已有相当培养，故得对外发生有实力的、有意义的争取。国难深重已极，国家要我们贡献，自所应该。我们向国家争取贡献之自由，只是争取"所贡献"之自由。或者自由所贡献，较之统制下的贡献，更为有其价值。尤其是在学术、思想方面，尤其是在高等教育方面。

让我们反省罢，我们究竟将对国家能"何所贡献"，我希望能反省的能自争取，我希望能反省的能与容让。

草成于北大四十周年纪念之翌晨。

（《益世报》1938年12月19日，第2版）

读死书、死读书与读书死

钱 穆

曾文正公常言:"扎硬寨,打死仗。"打死仗,死打仗,乃至于打仗死,厥为军人天职。推广言之,吾人无论干何事,操何业,皆应具有此种精神与愿力。为何读书人却不甘读死书、死读书乃至于读书死?

或谓读死书、死读书与读书死三语,乃以春蚕食叶而不吐丝,特为读书而无补时用者言。则兵法有云:"置之死地而后生。"军人若不能打死仗,死打仗,乃至于情愿打仗死,则此军转无生望。读书人若不能好好读死书,埋头读书,乃至于情愿读书死,而递希读书致用,纵使有用,亦非大用。

陆象山云:"吾不识一字,亦将堂堂地做个人",又曰"尧舜以前会读何书来",天下惟最聪明人能即以生活为学问,否则最愚蠢人,亦只能以生活为学问,中人之才,终不免于将生活与学问互相映射。只要你在读书,则只有死书并无活书,所以读书人终不免读死书,以活人读死书所以终不免于死读。苟非死读,则死书将终不为活人所了解。

活人真能了解死书,自然有甘为读书死之想,而那种人却转为真能活的活人。因死书而真有死读之价值者,其先本由真能活的活人所写出也。

青年人一切动摇、惶惑、游移、浮泛、浅薄,皆将在读死书、死读书的面前倒退。

在学校的青年能读死书、死读书,他一旦从军,他亦将能打死仗,死打仗,曾文正即其例。

我所谓死，只是着着实实之意，做人须先着着实实，再能活活泼泼，此谓之死里求生。

不怕死的人有他的生路，读书不能例外。

(《益世报·读书》第 109 期，1939 年 1 月 17 日，第 4 版)

促进边疆教育

牛若望

过去对于边疆问题，在政府方面虽曾经过相当的努力，但成绩方面不曾见得很好。至于一般人对此问题，就很少有人注意，所以过去住在内地的人，对于边疆的情形，都很隔膜，简直连一些边疆的地名都不知道。我们试翻开通行各学校的本国地图，对于边疆的形式、地名或说明各方面简单得很。因此读过那些地图之后，对于那些地方，就不能有什么深刻的印象，因此对于那些地方的失去丧亡，大家自然也就不注意。自从全面抗战以后，沿海各地被敌人占据，许多人由沿海或内地逃到边疆的地带，于是大家感到边疆对我们的关系，才开始研究边疆问题。

我们过去在研究工作最不彻底的是坐在家里研究，专靠书本上的材料，很少实地的考查，所以多不彻底。欧美的探险家，其所以能成功，能够把向来人类所不明了的地方，都弄得清清楚楚的，是因为他们不怕艰险，不畏劳瘁，前仆后继，因此才得到成功，而在各种学术上，也获得了许多的发明和例证。

现在抗战是全面的，所谓全面者，就是凡属生长在中华民国区域以内，青天白日旗帜之下的人，都应参加进去，都应负一部份责任。但"以不教民战，是为弃之"。过去，对于边疆的问题，大家既都玩忽，对于边疆教育，自然也就不注意，因此住在边境上的同胞们，在知识的水准上，就比内地的人差。他们爱国有心，但受了知识的限制，不能完全发挥他们的力量，这是一件很可惜的事。所以推进边疆教育是不可缓的事。为容易推行边疆教育，最要紧的是必须经过一番实地的考查，认识、了解了边疆各地的风俗习惯、语言人情，然后再规定适合边情的教育方针,编制适合边情的教科书本。必如是,对于边疆问题,才能有成功的业绩,必如是,才能把边疆上同胞们的力量完全发挥出来,参加到抗战建国的事业上,然后才能建设起金城汤池般的中华民国。

(《益世报·边疆》第 2 期,1938 年 12 月 26 日,第 4 版)

附 录

表一 《益世报·边疆》(周刊)(1938年12月至1939年11月)刊文一览表

时 间		期数	文 章 题 目
12月	19日	1	顾颉刚:《发刊词》
			顾颉刚:《撒拉回》
			旭生(徐旭生):《我们对于国内寡小民族应取的态度》
	26日	2	宓贤璋:《苗瑶教育问题》
			牛若望:《促进边疆教育》
			旭生(徐旭生):《我们对于国内寡小民族应取的态度(续)》
1月	2日	3	顾颉刚:《滇缅路线问题专号引言》
			蒋云峰:《我对滇缅铁路的五个希望》
			李芷谷:《关于滇缅铁路西段路线问题》
	9日	3①	蒋云峰:《我对滇缅铁路的五个希望(续)》
			李芷谷:《关于滇缅铁路西段路线问题(续)》
			张重华:《略论滇缅铁路线问题》
			希望(顾颉刚):《写在滇缅铁路专号后》

---

① 由于原刊期数编排错误,本期实际应为第4期。

(续表)

时 间	期数	文 章 题 目
1月	16日 5	楚图南：《关于云南的民族问题》
		宓贤璋：《清代怎样治理西南少数民族》
		杨钟健：《喀斯特地形》（西南漫话之一）
		滇缅铁路工程局：《来函照登》
	23日 6	江应樑：《云南境内之西南民族》
		杨钟健：《西南的山洞》（西南漫话之二）
	30日 7	编者（顾颉刚）：《引言》
		蒋云峰：《滇缅铁路北线：矿产与水利分布情况》
2月	6日 8	成僧：《前汉西南开边小记》
		万斯年：《新疆少数民族问题解决的端绪》
	13日 9	顾颉刚：《"中华民族是一个"》
	27日 11	张维华：《读了顾颉刚先生的〈"中华民族是一个"〉之后》
		杨钟健：《西南山洞堆积与中国远古文化》（西南漫话之三）
		罗鸿：《记南明元江之护国英雄——那嵩》
3月	6日 12	陈碧笙：《滇缅铁路应走北线吗？》
	13日 13	陈碧笙：《滇缅铁路应该走北线吗？（二）》
	20日 14	蒋云峰：《滇缅铁路北线之森林与农产》
	27日 15	宓贤璋：《对西南诸族应有设施刍议》
		汝灰（方豪）：《西南寡小种族的传教问题》
		杨钟健：《云南的湖泊》（西南漫话之四）

(续表)

时间		期数	文章题目
4月	3日	16	白寿彝:《来函》
			汝灰(方豪):《云南寡小种族的传教问题(续)》
			西山(张维华):《读〈圣武记〉札记一则》
			江应樑:《今日的云南人》
	10日	16①	萧愚:《宁夏的水利》
			杨钟健:《云南的水系》(西南漫话之五)
	17日	17	罗鸿:《南天琐记》
			西山(张维华):《读〈圣武记〉札记又三则》
			萧愚:《宁夏的水利(续)》
	24日	18	杨力行:《湘西南的苗瑶和屯政》
			杨钟健:《西南的冰雪区域》(西南漫话之六)
5月	1日	19	费孝通:《关于民族问题的讨论》
			罗鸿:《南天琐记(续)》
			西山(张维华):《读史札记》
			杨力行:《湘西南的苗瑶和屯政(续)》
	8日	20	顾颉刚:《续论"中华民族是一个":答费孝通先生》
	15日	21	鲁格夫尔:《来函两通(附顾颉刚按语)》
			杨力行:《湘西南的苗瑶和屯政(续)》
	22日	22	方豪:《名词的讨论——关于"国家、民族、华北、华南"等》
			杨力行:《湘西南的苗瑶和屯政(续)》
	29日	23	顾颉刚:《续论"中华民族是一个":答费孝通先生(续)》

---

① 由于原刊期数编排错误,本期实际应为第17期,往后期数应依次顺延。

(续表)

时　间		期数	文　章　题　目
6月	5日	24	伯平(冯家昇):《我国边疆学之内外研究略史》
			杨力行:《湘西南的苗瑶和屯政(续)》
			杨钟健:《西南的河谷》(西南漫话之七)
	12日	25	萧愚:《塔尔寺》
			徐虚生(旭生):《用历史的观点对鲁格夫尔先生说几句话》
			杨钟健:《西南的河谷(续)》(西南漫话之七)
			张恺:《澄江的新动态》
	19日	26	白寿彝:《跋〈咸阳王抚滇绩〉》
			萧愚:《塔尔寺(续)》
			杨力行:《湘西苗民抗战歌谣》
	26日	27	李霖灿:《观音市和一位古宗朋友》
			马毅:《广西边民的生活近况》
			杨钟健:《路南纪胜》(西南漫话之八)
7月	3日	28	萧愚:《宁夏散记》
	10日	29	李霖灿:《观音寺和一位古宗朋友(续)》
			杨力行:《湘西南的苗瑶和屯政(续)》
	17日	30	李霖灿:《观音寺和一位古宗朋友(续)》
			杨向奎:《论所谓汉族》
			杨钟健:《论红色岩层》(西南漫话之九)
	24日	31	方豪:《路南撒尼、阿细二族琐记》
	31日	32	马学仁:《拉卜楞——甘肃省之藏民中心区》
			杨力行:《湘西南的苗瑶和屯政(续)》

(续表)

时间		期数	文章题目
8月	7日	33	罗香林:《僰夷种属考——序江著〈云南西部之僰属民族〉》
	14日	34	罗香林:《僰夷种属考——序江著〈云南西部之僰属民族〉(续)》
			杨玉光:《漫谈建水》
	21日	36①	卢振明:《广西小记》
	28日	36②	刘克让:《乌伊两盟之蒙汉关系》
9月	4日	37	刘克让:《乌伊两盟之蒙汉关系(续)》
			绍房:《夷人作斋的风俗》
	11日	38	南村:《火把节在丽江》
			杨力行:《湘西南的苗瑶和屯政(续)》
			张西曼:《"回教非回族"(附白寿彝按语)》
	25日	39	绍房:《夷边的人祖神话——汉夷是同胞兄弟》
			杨钟健:《云南最早的陆生动物》(西南漫话之十)
10月	2日	40	方国瑜:《僰人与白子》
	9日	41	方国瑜:《僰人与白子(续)》
	30日	44	江应樑:《云南西部边境中之僰夷民族》
11月	6日	45	绍房:《夷边岁时记》
			周继廉:《柳州、南宁和百色》
	13日	46	江应樑:《云南西部边疆之汉人与山头民族》
	20日	47	江应樑:《云南西部边境中之傈僳等民族》
			绍房:《夷边岁时记(续)》

① 因第17期编排错误,顺延至此为第36期。
② 由于原刊期数编排错误,本期实际应为第37期,往后期数应依次顺延。

表二 《益世报·史学》(双周刊)(1938年12月至1939年11月)刊文一览表

时 间	期数		文 章 题 目
12月	27日	1	张荫麟:《创刊辞》
			辰伯(吴晗):《明代倭患昭忠录(一)》
			书讯·牛若望·报导:《天主教十六世纪在华传教志》
			吴晗:《明末江阴孤城抗敌记》
1月	10日	2	钱穆:《国史引论》
			书讯·希望:《旧五代史辑本发覆》
	24日	3	钱穆:《国史引论(续第二期)》
			容肇祖:《疑古的老祖宗——欧阳修》
2月	7日	4	钱穆:《国史引论(续第三期)》
			钱穆:《史学答问》
	21日	5	孙次舟:《论滕县铜器群之年代及邾国之起源》
			陈梦家:《官书与民间书》
3月	7日	6	邓永龄:《高碉庄传》
			孙次舟:《论滕县铜器群之年代及邾国之起源(续第五期)》
			张希鲁:《跋汉建初画刻》
	21日	7	顾颉刚:《甘青史迹丛谈》
4月	4日	8	及时(郑天挺):《陈伯弢先生传略》
			善因:《缀学堂丛稿目录》
			姚从吾:《忆陈伯弢先生》
	18日	9	江应樑:《云南西部僰夷区域中的土司政治》
5月	2日	10	江应樑:《云南西部僰夷区域中的土司政治(续)》

(续表)

时间	期数	文章题目
5月	2日 10	梁方仲:《〈云南西部僰夷区域中的土司政治〉读后记——兼论差发金银》
	16日 11	余文豪:《南宋的营田》
		张鹏一:《重修西安碑林记稿》
	30日 12	顾颉刚:《史学界消息(两则)》
		张连懋(张希鲁):《袁树五先生传》
		张维华:《罗刹又名老羌或枪》
6月	13日 13	黄仲琴:《岛居脞言》
		容肇祖:《东林领袖顾宪成》
	27日 14	钱穆:《国史漫话》
7月	11日 15	钱穆:《国史漫话(续)》
	25日 16	饶宗颐:《离骚〈伯庸〉考》
		吴于廑:《论名词之弊——一个经济史上的例题》
8月	12日 17	翁同文:《习史杂感》
		徐高阮:《黑格尔的历史观》
	26日 18	史念海:《晋永嘉流人及其所建的坞壁》
		徐高阮:《黑格尔的历史观(续)》
9月	9日 19	王玉哲:《楚民发祥地及其都邑迁徙考》
		刘熊祥:《建文逊国传说考异》
	23日 20	吴晗:《投下考》
10月	7日 21	吴晗:《投下考(续)》
11月	18日 23	佛娄德(撰),容琬(译):《历史科学》

(续表)

时间		期数	文章题目
11月	22日	25	佛娄德(撰),容琬(译):《历史科学(续)》
			姚从吾:《历史与教育》
			张希鲁:《跋昭通汉六器》
	23日	26	佛娄德(撰),容琬(译):《历史科学(续完)》
			姚从吾:《历史的任务》
			张希鲁:《跋豆沙关唐袁滋摩崖石刻》

图书在版编目(CIP)数据

昆明《益世报》选辑 / 颜克成，王嘉淳编校. -- 上海：上海古籍出版社，2024.7
（中国近代史学文献丛刊）
ISBN 978-7-5732-1212-2

Ⅰ.①昆… Ⅱ.①颜…②王… Ⅲ.①中国历史-史料-民国 Ⅳ.①K258.06

中国国家版本馆 CIP 数据核字(2024)第 110087 号

中国近代史学文献丛刊

昆明《益世报》选辑

颜克成　王嘉淳　编校

上海古籍出版社出版发行

（上海市闵行区号景路 159 弄 1-5 号 A 座 5F　邮政编码 201101）

（1）网址：www.guji.com.cn
（2）E-mail：guji1@guji.com.cn
（3）易文网址：www.ewen.co

浙江新华数码印务有限公司印刷

开本 635×965　1/16　印张 36.5　插页 5　字数 526,000
2024 年 7 月第 1 版　2024 年 7 月第 1 次印刷
ISBN 978-7-5732-1212-2
K·3629　定价：168.00 元

如有质量问题，请与承印公司联系